L'ANCIEN
COLLÈGE D'HARCOURT
ET LE
LYCÉE SAINT-LOUIS

PAR

H. L. BOUQUET

DOCTEUR ET PROFESSEUR HONORAIRE DE SORBONNE
AUMONIER DU LYCÉE SAINT-LOUIS

NOTES ET DOCUMENTS
POUR LA PLUPART INÉDITS

AVEC UN DESSIN DE G. ROCHEGROSSE

et plus de soixante-dix vignettes, sceaux, écussons,
plans, vues, portraits, etc.

PARIS
TYPOGRAPHIE DE MM. DELALAIN FRÈRES
IMPRIMEURS DE L'UNIVERSITÉ
RUE DE LA SORBONNE, 1 ET 3,

1891

L'ANCIEN COLLÈGE D'HARCOURT

ET

LE LYCÉE SAINT-LOUIS

L'Escholier normand

L'ANCIEN
COLLÈGE D'HARCOURT
ET LE
LYCÉE SAINT-LOUIS

PAR

H. L. BOUQUET

DOCTEUR ET PROFESSEUR HONORAIRE DE SORBONNE
AUMONIER DU LYCÉE SAINT-LOUIS

NOTES ET DOCUMENTS
POUR LA PLUPART INÉDITS

AVEC UN DESSIN DE G. ROCHEGROSSE
et plus de soixante-dix vignettes, sceaux, écussons,
plans, vues, portraits, etc.

PARIS
TYPOGRAPHIE DE MM. DELALAIN FRÈRES
IMPRIMEURS DE L'UNIVERSITÉ
RUE DE LA SORBONNE, 1 ET 3,

1891

A LA MÉMOIRE

DES

FONDATEURS DU COLLÈGE

D'HARCOURT

1280-1311

L'ASSOCIATION AMICALE

DES ANCIENS ÉLÈVES

DU COLLÈGE ET DU LYCÉE

SAINT-LOUIS

A LA FAMILLE D'HARCOURT

A M. GRÉARD
MEMBRE DE L'ACADÉMIE FRANÇAISE
VICE-RECTEUR DE L'ACADÉMIE DE PARIS

A M. JOUBIN
PROVISEUR
SECRÉTAIRE PERPÉTUEL DE L'ASSOCIATION
DES ANCIENS ÉLÈVES DU LYCÉE SAINT-LOUIS

CE LIVRE EST DÉDIÉ

> Vous comprenez bien tous comme moi, mes amis,
> Que le bon vieux d'Harcourt devenu Saint-Louis,
> S'il a perdu son nom n'a pas perdu sa gloire.
>
> MAURIN, élève de philosophie,
> (*Banquet de la Saint-Charlemagne*, 1885.)

Au moment où l'on songe à rétablir le nom fameux de l'*Université de Paris*, il nous a paru intéressant de signaler à l'attention de ceux qui ne sont pas insensibles à ses gloires, le passé d'une illustre maison de cette Université, de l'ancien collège d'HARCOURT.

Il y a longtemps déjà que son histoire est réclamée par les maîtres et les élèves du lycée SAINT-LOUIS qui lui a succédé.

En 1853, M. Pierron, professeur de troisième, disait en commençant son discours pour la distribution des prix : « La maison où nous sommes n'a jamais eu d'historien; elle a pourtant son histoire ». et, après en avoir lui-même retracé éloquemment les grandes lignes, il terminait par ces mots : « Un jour quelque ami du vieux temps écrira cette histoire. »

A son tour, un des présidents de l'*Association amicale des anciens élèves du lycée Saint-Louis*, M. Pélicier, interprétant les désirs de tous, appelait de ses vœux les plus ardents l'historien du vieux collège. Bien plus, il s'efforçait de lui préparer les voies en insérant, dès 1885, dans l'*Annuaire* de l'Association, un certain nombre de documents empruntés aux anciens auteurs qui ont écrit sur le collège d'Harcourt.

En 1889, quelques *factums* concernant cet établissement, déjà signalés par M. Pélicier, et récemment acquis pour la Bibliothèque de l'Université, m'étaient communiqués par son bienveillant Conservateur M. de Chantepie du Désert. En parcourant ces pièces curieuses, dont la Bibliothèque nationale ne possède que quelques doubles, nous nous sommes trouvé en présence de renseignements précieux sur certaines parties de l'histoire du collège d'Harcourt. Quelques extraits de ces *mémoires* lus au banquet de l'Association, en 1890, obtinrent ses suffrages et celle-ci, non contente d'applaudir à ce premier essai, voulut encore prêter son concours à une publication plus étendue. Fort de cet appui, nous nous sommes mis à l'œuvre en nous livrant aux recherches que nécessitait un pareil travail. Malgré les occupations d'un ministère que nous ne devions pas négliger, nous avons pu amasser des matériaux, rédiger des notes, grouper des faits recueillis dans les archives et les bibliothèques ou signalés par des correspondances et des communications obligeantes, former enfin un récit à peu près suivi. Sans doute, il n'est pas aussi complet que nous l'aurions souhaité; sur bien des points nous n'avons pu l'enchaîner qu'en faisant appel à l'histoire générale de l'Université, mais, après notre insuffisance, il faut en accuser la pénurie des renseignements. Nous avons été cependant assez heureux pour rencontrer un assez grand nombre de documents *inédits* qui nous ont permis de nous prononcer d'une manière plus précise sur certaines questions de fondation, d'organisation et de personnel. Toutes ces pièces ne pouvant trouver place dans le corps du récit, nous avons du réunir les plus importantes à la fin de notre travail.

Voulant faire revivre les gloires du collège d'Harcourt et encourager le patriotisme de la jeunesse qui fréquente le lycée Saint-Louis, nous pensons qu'on ne sera pas étonné de rencontrer, au cours de cette histoire les grandes figures de Charlemagne et de Jeanne d'Arc, cette dernière surtout dont la réhabilitation a été tout particulièrement l'œuvre des deux harcuriens Robert Cybole et Jean Boucard[1]. C'est pour la même raison que nous avons cherché à parler aux yeux en même temps qu'à l'esprit en introduisant dans le texte un grand nombre de plans, vues, portraits, sceaux, écussons tirés, pour la plupart, de dessins de l'époque. Si nous avons reproduit quelques traits ou documents bien connus des érudits, ceux-ci nous excuseront en faveur des lecteurs moins au courant, suivant l'adage :

Indocti discant et ament meminisse periti.

Quoique nous nous soyons efforcé d'exposer les faits, sans aucun parti-pris, d'après les textes que nous avions entre les mains, il pourra se rencontrer des inexactitudes ou des erreurs. Nous sommes prêt à les reconnaître et à les rectifier, comme nous l'avons fait au cours de ce travail, lorsque des juges compétents nous en ont si-

---

1. C'est aussi un ancien professeur du lycée Saint-Louis, M. J. Fabre, qui, de nos jours, par ses ouvrages (sauf certaines réserves) et par sa pièce sur *Jeanne d'Arc*, a été le promoteur d'une proposition de fête nationale en faveur de la *Pucelle* d'Orléans.

gnalées. C'est dire que nous accueillerons volontiers tous les renseignements complémentaires qu'il plaira à nos lecteurs de nous adresser, afin de rendre notre étude moins imparfaite.

En terminant cet avertissement, nous tenons à témoigner notre reconnaissance à tous ceux qui, de près ou de loin, ont encouragé ce travail et contribué à le mener à bonne fin.

Après l'Association des anciens élèves qui a bien voulu en prendre à sa charge la publication, nous remercions tout d'abord M. le duc d'Harcourt et M. Gréard de nous avoir fait l'insigne honneur d'en accepter la dédicace. Elle leur appartenait à chacun à un double titre : à M. le duc d'Harcourt comme descendant des fondateurs et bienfaiteur lui-même de notre Maison; à M. Gréard, comme Vice-Recteur de l'Académie de Paris et ancien professeur du lycée Saint-Louis.

Nous remercions ensuite le jeune artiste, M. G. Rochegrosse, qui, avec son grand talent et son grand cœur, n'a pas hésité à interrompre un instant ses vastes et puissantes compositions, pour dessiner l'*Escholier normand* de notre frontispice. Notre gratitude ira aussi à M. l'architecte Duprez pour les plans qu'il nous a si heureusement restitués, ainsi qu'à MM. Varcolier, Vaucanu, Chesneau, Laroche, élèves et lauréats des Beaux-Arts, auxquels nous devons plusieurs reproductions importantes. Les maisons Didot, Mame, Didron, Garnier et Lecrosnier ont encore droit à nos remercîments pour les dessins et les clichés qu'ils ont mis si libéralement à notre disposition.

Nous ne saurions dire maintenant combien nous sommes redevables à MM. Léopold Delisle, Siméon Luce, Lecoy de la Marche, Chatelain, de Mianville, Travers et aux autres savants archivistes qui nous ont aidé de leurs communications et de leurs conseils. N'oublions pas non plus d'inscrire à leur suite les noms de MM. Gasté, professeur à la Faculté des lettres de Caen, Matinée, proviseur honoraire, Gazier, maître de conférences à la Sorbonne, Porée, correspondant du ministère des Beaux-Arts, qui ont revu avec tant de complaisance les épreuves de notre ouvrage. Remercions enfin MM. Delalain frères et les personnes attachées à leur maison pour les soins qu'ils ont donnés à notre publication.

Nous ne pouvons mieux clore cette préface qu'en rappelant les termes si bienveillants d'une lettre que vient de nous adresser M. le Proviseur du lycée Saint-Louis :

« Pour moi qui n'ai contribué que de mes vœux et de mon
« amitié à la fortune de cette publication, je ne puis la laisser
« paraître sans dire à mes collègues et à mes élèves le sentiment
« de reconnaissance que j'éprouve pour celui qui l'a menée à
« bonne fin.

« En relisant l'histoire d'une maison qui a été dirigée par
« tant d'hommes éminents, qui a fourni à notre pays tant
« d'esprits supérieurs, tant d'écrivains, d'artistes, de poètes, de
« soldats, tant de braves et vaillants jeunes hommes aux jours
« sombres de l'épreuve, je suis fier d'être le proviseur du lycée
« Saint-Louis.

« Je salue avec respect mes prédécesseurs pour tout le bien
« qu'ils ont fait et je souhaite à mes successeurs de continuer
« leur œuvre *pour Dieu et pour la France!* »

Écusson de l'ancien duché de Normandie.

HARCOURT-SAINT-LOUIS

1280-1820

CHAPITRE Ier.

LA NATION DE NORMANDIE.

Origines, sceaux, armes, dignités, assemblées, statuts, calendrier, revenus. — Autorité de la Nation de Normandie. — Une invitation royale aux funérailles d'un prince du sang.

A NATION DE NORMANDIE[1] se rattache à l'histoire du collège d'Harcourt. Elle y tenait ses assemblées, elle approuvait ses proviseurs et ses régents, elle le couvrait de sa vigilante protection. Il ne sera peut-être pas sans intérêt de retracer en quelques mots son organisation.

Les derniers travaux sur les origines de l'Université de Paris ont achevé de réduire à néant la légende qu'avait accréditée son historien **Du Boulay,** en attribuant sa fondation à **Charlemagne.** Rien toutefois ne s'oppose à ce que l'*Alma mater* conserve pour son patron cet illustre restaurateur des

---

1. Cette vignette est empruntée au *Cartulaire du collège d'Harcourt,* dont nous parlons plus loin. Elle représente Louis XI sanctionnant de nouveaux statuts universitaires par une charte donnée en 1473.

lettres, bien qu'il ait été canonisé un peu de la main gauche par l'antipape **Pascal III**. Ces incorrections ne doivent pas frustrer les élèves de ses écoles d'un congé qui, malgré l'édit de **Louis XI** (1479), ne fut vraiment en usage qu'à partir de 1661. Nous savons donc aujourd'hui, et le **P. Denifle** vient de le confirmer par ses récentes publications[1], que l'Université de Paris date de la fin du xiie siècle. Elle a eu pour berceau le cloître de Notre-Dame, et son chef ou grand maître était, à cette époque, un chanoine, le *Chancelier de l'Église de Paris*. Au commencement du xiiie siècle, les bulles du pape **Innocent III** font mention de ses écoles et de ses maîtres en théologie, en décrets et en arts libéraux, qui formaient déjà une puissante corporation répondant au titre d'*Université*, qui lui est donné par le pontife en 1208, et qu'elle prend officiellement en 1221. Cette corporation universitaire se composait de plusieurs groupes distincts, suivant l'objet de leur enseignement ; ce sont les *facultés*, comme on les appelle à partir de 1219 : la FACULTÉ DE THÉOLOGIE, *sacratissima facultas;* la FACULTÉ DE DÉCRET, *consultissima facultas;* la FACULTÉ DES ARTS, *praeclara facultas*, et, venue en dernier lieu, la FACULTÉ DE MÉDECINE, *saluberrima facultas*. En 1231, la bulle de Grégoire IX a consacré leur organisation, et bientôt elles possèdent leurs sceaux, statuts, examens et grades, en sorte qu'en 1274, au plus tard, les quatre facultés sont en plein exercice de leurs droits et privilèges[2].

La plus fréquentée de ces facultés est celle des *arts*, qui servait alors, comme aujourd'hui l'enseignement secondaire des lettres et des sciences, de préparation aux écoles et aux facultés supérieures de Théologie, de Décret et de Médecine. On ne pouvait entrer dans ces écoles, ni surtout se présenter

---

1. *Die Universitäten des Mittelalters*, et son *Chartularium Universitatis Parisiensis*, édité avec la collaboration de M. Chatelain, *Introductio*, p. VIII. — Voir aussi **Thurot**, *De l'Organisation de l'enseignement dans l'Université de Paris au moyen âge*, et l'auteur anonyme du manuscrit conservé à la Sorbonne : *Universitatis Parisiensis ejusque facultatum quatuor origo vera adversus fabulas ac fabulatores vindicata*.

2. **H. Denifle**, *Chartular. Univ. Paris.* Introductio, pp. X, XI.

1.

devant ces facultés supérieures, sans être auparavant gradué de la faculté des arts. C'est ce qui explique le nombre considérable d'étudiants qui suivaient les leçons des maîtres de cette faculté enseignant dans l'Ile de la Seine et plus tard sur la montagne Sainte-Geneviève. La *faculté des arts* comptait à elle seule autant d'écoliers que les trois autres. Or, ces écoliers venaient de tous les pays, attirés par le renom des maîtres de Paris, *artium urbs famosa*, disait le pape Alexandre IV, en 1255. Ils y arrivaient la plupart sans protection, sans aide et surtout sans argent, en butte à tous les dangers matériels et moraux auxquels les exposaient, dans une grande ville, leur turbulence et leur jeunesse. Il n'était pas rare de voir des écoliers mendier leur pain dans les rues et vivre de ce qu'ils gagnaient en balayant ou en ramassant les ordures [1]. Quant à la moralité du quartier des écoles, elle laissait encore plus à désirer qu'aujourd'hui. Si nous en croyons les écrivains du temps, la corruption s'y étalait au grand jour et à la porte même des écoles. Elle était à l'unisson de l'indiscipline de tous ces jeunes gens abandonnés à eux-mêmes, sans surveillance et sans frein pour les maintenir.

C'est pour conjurer ces périls, pour se créer des relations, des soutiens et des ressources, — l'union fait la force, — que les maîtres et les écoliers de la faculté des arts, et aussi de la faculté de médecine, ont recours de bonne heure à l'association fondée sur les affinités de langue, d'origine et de diocèse, et se constituent en *nations* distinctes. Le P. **Denifle** croit, avec l'auteur anonyme de la *Véritable origine de l'Université* [2], que ces *nations* se sont formées entre 1215 et 1222, en sorte qu'elles seraient contemporaines de l'organisation des facultés et de l'Université elle-même et non pas antérieures à ces facultés, comme l'avait dit **du Boulay** [3]. Les *nations*, qui composaient la *faculté des arts*, étaient au nombre de quatre, ayant chacune leur épithète distinctive qui servait

---

1. V. Thurot. *L'Enseignement dans l'Université de Paris*, p. 39.
2. *Universit. Paris. origo vera*, pars III, cap. IV.
3. *Hist. Univ. Paris.* t. III, p. 563.

souvent à les désigner : celle de France, *honoranda natio;* celle de Picardie, *fidelissima natio;* celle de Normandie, *veneranda natio*, et celle d'Angleterre, *constantissima natio*, qui devint plus tard la nation d'Allemagne[1]. Chacune de ces **nations**, celle de Normandie exceptée, se composait de plusieurs *provinces* ou *tribus*.

Sceau des quatre nations.

La Nation de Normandie, la seule dont nous ayons à nous occuper ici, tirait les membres qui formaient sa tribu, *tribules*, des sept diocèses normands de *Rouen, Avranches,*

---

1. Ce changement de nom eut lieu après la mort de **Jeanne d'Arc**, en 1436. Mais déjà, en 1378, à l'occasion de la visite de l'empereur d'Allemagne, **Charles IV**, à Paris, les maîtres et les étudiants de la *Nation d'Angleterre* avaient sollicité l'autorisation de prendre le titre de *Nation d'Allemagne*.

Bayeux, Lisieux, Coutances, Evreux et Séez. Elle prenait sous sa tutelle les collèges d'origine normande, tels que ceux d'HARCOURT, du TRÉSORIER, de LISIEUX, de JUSTICE, de SÉEZ, de MAÎTRE-GERVAIS et du PLESSIS. La *Vénérable Nation* exerçait sur ces établissements une sorte de surveillance qui leur fut plus d'une fois salutaire pour y maintenir la moralité, la discipline et les bonnes études. Les proviseurs des collèges normands, quoique élus par les boursiers, recevaient l'investiture d'un maître de leur *Nation*, en même temps que du Chancelier de Notre-Dame et du Recteur de l'Université. Ils ne pouvaient entrer en charge si leur élection n'avait été auparavant ratifiée par le procureur ou un représentant de la NATION DE NORMANDIE. Les régents ou professeurs étaient aussi approuvés par la *Nation*, après avoir été choisis par les proviseurs. Quelquefois cependant elle abusa de son autorité à l'égard des collèges qu'elle protégeait, comme nous le verrons au sujet du collège d'HARCOURT.

Tout maître ou écolier normand pouvait se réclamer de la NATION DE NORMANDIE et invoquer son assistance. Les écoliers s'adressaient à leur Nation, par l'intermédiaire du maître sous la direction duquel ils étudiaient pour se préparer au baccalauréat et avec lequel ils vivaient, habitant souvent sa maison et mangeant même à sa table[1]. On avait le droit de se faire incorporer à la Nation, *immatriculer*, comme on disait alors, dès qu'on était bachelier, mais après avoir postulé par écrit et réuni la majorité des suffrages de l'assemblée, sorte de conseil de l'ordre ou de la compagnie. Cette assemblée, *comitia*, composée de cinquante à soixante membres au plus, représentait la Nation et la gouvernait par ses mandataires. Pour en faire partie, il fallait être gradué de la faculté des arts, avoir professé au moins un mois, en qualité de maître, être bachelier en théologie et en droit, ou avoir suivi pendant trois ans les leçons de ces facultés[2]. Outre cette assemblée particulière, il y avait l'assemblée générale des *quatre nations*

---

[1] V. **Thurot**. *L'Université au moyen âge*, p. 38.
[2] V. *Repertoire de l'Université* à la Sorbonne. — *Statuts de la Nation de Normandie.*— **Du Boulay**, *Hist. Univ. Paris.* t. III. p. 561.

ou de la *faculté des arts*, qui se tenait aux Mathurins ou à Saint-Julien-le-Pauvre.

La Nation de Normandie avait, comme les trois autres, un Sceau particulier et un contre-sceau, que nous reproduisons ici, d'après une pièce qui porte la date de 1398, conservée aux archives nationales [1].

Sceau et contre-sceau de la nation de Normandie.

Le sceau de la Nation de Normandie a la forme ogivale, mesurant 0^m,075. Il est divisé en trois compartiments et représente le couronnement de la Vierge au sommet; au milieu la Vierge encore, avec l'enfant Jésus, délivrant un écolier debout, les mains jointes, dans un vaisseau qu'un diable

---

[1]. Arch. nat., J. 515, n° 14. — V. **Douët d'Arcq**, *Collection des sceaux*, t. II, n° 8018.

s'efforce de submerger; entre la Vierge et le clerc, un écu aux deux léopards de Normandie. Au bas, trois écoliers à genoux, les mains jointes. Autour régnait cette inscription : Sigillum magnum nacionis Normannorum Parisius studencium. Le contre-sceau porte un clerc debout, de profil à gauche, indiquant de la main droite et tenant de la gauche un livre ouvert, accosté de deux fleurs de lys et de quatre étoiles, avec l'inscription : S. Procuratoris Normanie nacionis. Outre le sceau dont nous venons de parler, la Nation normande avait pris pour armes l'écusson de sa Province d'origine. Cet écusson de *deux léopards d'or* figure au frontispice ainsi que sur les couvertures de ses registres, et on le retrouve dans le sceau de la faculté des arts.

La Nation avait aussi des *statuts* que nous lisons dans un précieux manuscrit de la bibliothèque de Chartres, connu sous le nom de *Cartulaire d'Harcourt*[1]. Plusieurs des pièces qu'il renferme ont été citées par E. du Boulay, Charles Jourdain, et le P. Denifle, mais il en reste quelques-unes qui n'ont pas encore été publiées, et d'ailleurs personne, que nous sachions, n'a retracé l'ensemble des curieux règlements qu'elles renferment. Nous essaierons d'en donner une idée en parlant des offices ou dignités, des assemblées, des statuts, des revenus et de l'autorité de la Nation.

A sa tête était placé un procureur, *procurator ornatissimus*, élu d'abord par un suffrage à deux degrés, et plus tard par le suffrage direct de tous les tribulaires normands. On choisissait au xvii siècle alternativement un régent ou un bache-

---

1. Voir la notice aux *documents annexes*. Le *Cartulaire d'Harcourt*, conservé a la bibliothèque de Chartres, sous le n° 595, est un volume in-4°, relié en veau, aux armes du duché de Normandie, c'est-à-dire deux léopards d'or. Il contient 200 feuillets en parchemin précédés de 16 pages de calendrier et de sept feuilles A-H, mesurant 0^m,270 sur 0^m,205. On trouve aux pages 1, 63, 81, 113, 137 et 182 six miniatures, dont cinq à sujet double. Nous en reproduisons les dessins dans le cours de ce travail. — En dehors de ces statuts, nous sommes encore renseignés sur la Nation de Normandie par les deux registres de ses délibérations ou conclusions : *Acta et decreta Nationis Normannorum*, 1656-1759, qui sont déposés à la bibliothèque de l'Université.

lier non régent. En 1744, quelques-uns voulurent enfreindre cet usage, mais cette dérogation fut repoussée par la majorité[1]. Le procureur présidait les assemblées de la Nation, modérait la discussion et rédigeait, en latin, les délibérations ou *conclusions* signées de sa main sur un registre spécial. Il représentait la Nation dans les assemblées générales et dans les cérémonies publiques; il n'avait au-dessus de lui que le Recteur. Le procureur faisait aussi partie du *tribunal de l'Université*, composé des trois doyens des facultés de Théologie, de Droit et de Médecine, et des procureurs des quatre nations de la faculté des arts, tous présidés par le Recteur.

Un Procureur.

Après le procureur on distinguait le doyen, *decanus*, le censeur, *censor*, et le plus ancien maître, *magister antiquior*, dont il n'est question que dans les documents du XVIe au XVIIIe siècle[2]. Le *doyen* remplaçait le procureur absent et avait avec lui la garde du sceau et les clefs du coffre ou caisse de la Nation, mais il n'avait pas la même importance que dans les autres facultés.

Le *censeur*, appelé aussi *réformateur*, était chargé de veiller à l'observation des statuts de la Nation, au maintien des bonnes mœurs, de l'ordre et de la discipline dans les collèges et les pédagogies qui en dépendaient, de signifier et faire respecter ses décisions, de dresser la liste des tribulaires normands, des candidats admis à la maîtrise ès arts, de recueillir les demandes et les plaintes adressées à la Nation.

1. *Acta Nat. Norman.*, reg. II, an. 1744.
2. *Statuta Nationis*, 1618, in *codice Harcur.*, p. 111, et *Acta et decret. Nat. Norman.*, reg. 1656-1759.

Un recteur de l'Université de Paris.
(XVIe siècle.)

L'ancien était sans doute, comme dans les autres facultés, car il est à peine cité dans les statuts normands, le plus ancien des maîtres régents. Il remplaçait, au besoin, le procureur et les autres dignitaires que nous venons de nommer ; il pouvait même faire élire un nouveau procureur quand le dernier en charge était arrivé au terme de son mandat[1]. Nous le voyons aussi confirmer l'élection des proviseurs des collèges normands avec le Chancelier et le Recteur de l'Université[2].

Un autre dignitaire qui avait bien son importance était le questeur ou receveur, *quaestor*, *receptor*, c'est-à-dire l'économe de la Nation, chargé de s'occuper de la location des écoles, de l'aménagement des salles de cours[3], de percevoir et de dépenser les revenus de la Nation. Il rendait compte à l'assemblée de sa gestion à la fin de l'année, et pouvait être prorogé dans ses fonctions s'il s'en était bien acquitté. Il avait aussi la garde des ornements qui servaient aux offices que la Nation célébrait dans la chapelle du collège d'Harcourt. Le questeur était assisté d'un trésorier, *thesaurarius*, à qui on confiait les clefs de la caisse et du coffre aux ornements[4].

Mentionnons ensuite l'office de l'électeur rectoral, *intrans* ou *quadrumvir*. Chacune des quatre nations choisissait un *quadrumvir*, et ces quatre électeurs s'appelaient *intrantes*, parce qu'ils entraient *en conclave*, comme on disait alors, pour nommer le Recteur de toute l'Université depuis 1249[5].

Il y avait aussi les examinateurs ou tenteurs, *examinatores*, *temptatores*. On en distinguait de deux sortes. Ceux qui examinaient les bacheliers étaient au nombre de trois. Le pre-

---

1. « Ultimo sex mensium die....... liberum sit rectori universitatis, vel antiquo procuratori, vel decano, vel censori aut etiam *antiquiori magistro* prædictæ nationis, » dit le *Statut de 1618*. « nationem cogere et comitiis præesse, ut novi procuratoris fiat electio. »
2. Procès-verbaux des élections du proviseur au collège d'Harcourt : 1598, 1712. V. aux *documents annexes*.
3. A l'origine, c'était facile, quand il ne s'agissait que d'y mettre de la paille en hiver et de l'herbe fraîche en été, en guise de bancs et de tables. Il n'y avait pas, d'ailleurs, d'autres sièges dans les églises en ce temps-là.
4. **Du Boulay**, *Hist. Univ. Paris.*, t. III, p. 561.
5. **H. Denifle**, *Chartular. Univ. Paris.*, Introd., p. XXVI.

mier, qui présidait le jury de l'examen, devait être du diocèse de Rouen et prenait le nom de *métropolitain*. Le second était appelé simplement *diocésain*, et le troisième, *scriba*, faisait fonction de greffier pour inscrire et transmettre au questeur les bourses que payaient les candidats comme frais d'examen[1]. Ce *scriba* est sans doute le même dignitaire qui porte le titre de *scriptor* dans un statut de 1336, dont nous parlerons plus loin. En outre, chaque nation désignait pour la licence deux autres examinateurs, ce qui portait leur nombre à huit, d'où leur nom d'*octoviri*. Quatre d'entre eux assistaient le chancelier de Notre-Dame aux examens dits *d'en bas*, et les quatre autres le chancelier de Sainte-Geneviève, aux examens dits *d'en haut*, pour conférer la licence, *licentia docendi*, à ceux qui en remplissaient les conditions. Au xviiie siècle, les examinateurs de la licence sont désignés par les chanceliers et approuvés par les nations[2].

Signalons encore les quatorze grands et petits messagers, *nuntii majores* et *minores*[3], deux pour chacun des sept diocèses normands, qui servaient, les uns de banquiers, de correspondants financiers et les autres d'intermédiaires, de commissionnaires entre les écoliers de la Nation et leurs familles.

Enfin les deux bedeaux et sous-bedeaux, *bedelli*, *subbedelli*, ou gardiens des clefs des écoles, *clavati*, *clavigeri*, ou sergents jurés, garçons de la Nation, *servientes jurati*, autrement dit huissiers, appariteurs, convoquaient les tribulaires, faisaient connaître les congés, les jours de leçons, les décisions de la compagnie et portaient sa masse d'argent ou la verge à

1. Du Boulay, *Hist. Univ. Paris.*, t. III, p. 561.
2. Crevier. *Hist. de l'Univ.*, I. 484.
3. Au xviie siècle, les fermiers des Postes voulurent s'emparer des messageries de l'Université, mais deux arrêts royaux du 12 décembre 1640 et du 29 mars 1642 confirmèrent l'Université en possession des messageries qui consistaient à « porter lettres, hardes, paquets, or, argent et autres choses pour toutes sortes de personnes, faire la conduite de ceux qui se présenteront à eux, sans aucune distinction; leur fournir des chevaux et vivres, faire toutes autres fonctions et exercices de messageries. » V. **Jourdain**, *Hist. de l'Univ.*, t. II, p. 58.

— 12 —

Un bedeau de l'Université de Paris.
(XVIe siècle.)

bout d'ivoire des huissiers, dans les processions et solennités académiques.

Tous ces dignitaires, officiers ou suppôts, avant d'entrer en charge, prêtaient des serments de fidélité que nous rapporterons tout à l'heure en parlant des statuts de la Nation. On jurait sur les Évangiles, dont les premiers chapitres inscrits, à cette intention, au commencement du *Cartulaire d'Harcourt*, gardent encore sur leurs feuillets de parchemin jauni et noirci les traces du fréquent usage auxquels ils ont été soumis pour ce serment.

L'assemblée de la Nation se tenait primitivement à SAINT-JULIEN-LE-PAUVRE, près de Notre-Dame, ou sous le cloître des MATHURINS, près de la Sorbonne[1]. A partir de 1556, la Compagnie normande siège à peu près exclusivement au collège d'HARCOURT. Cette réunion, qui avait lieu à la fin de chaque semaine, était préparée le vendredi, jusqu'en 1600, par l'office des vêpres, à la chapelle du collège, puis inaugurée le samedi matin par la messe solennelle, célébrée à 6 heures, d'avril à septembre, et à 7 heures, d'octobre à mars. Tous les tribulaires devaient assister à ces offices, sous peine d'amende, ce qui prouve qu'on n'y était pas très fidèle. Plus tard, en 1763, la NATION DE NORMANDIE sera obligée de se réunir au collège LOUIS-LE-GRAND, devenu le chef-lieu de l'Université après l'expulsion des Jésuites.

Ces assemblées, *comitia*, portaient les noms des principaux objets de leur convocation : *comitia rectoria, procuratoria, censoria, quaestoria, quadrumviralia, octoviralia*, suivant qu'il s'agissait de nommer l'électeur rectoral, le procureur, le censeur, le questeur et les divers examinateurs. On y traitait aussi de l'approbation des proviseurs et des régents, de l'admission de nouveaux tribulaires, des licences d'enseignement accordées aux pédagogies, en un mot, de toutes les affaires qui concernaient l'Université et plus spécialement la faculté des arts et la NATION DE NORMANDIE. Pour les affaires plus importantes, la Nation nommait une commission ou un

---

1. V. nos plans du quartier des écoles, chap. II. III, IV.

rapporteur pour en préparer la discussion dans les séances suivantes. Ce n'était qu'après plusieurs délibérations qu'on votait la solution.

Outre ces réunions d'affaires, il y avait d'autres réunions, consacrées aux fêtes de la Nation. Chaque Nation célébrait solennellement la fête de son patron particulier. La Nation de FRANCE avait les *Guillelmalia*, en l'honneur de **saint Guillaume** de Bourges ; la Nation de PICARDIE, les *Nicolaia*, en l'honneur de **saint Nicolas** ; la Nation d'ANGLETERRE, les *Edmundalia*, en l'honneur de **saint Edmond**, et quand elle prit le nom de Nation d'ALLEMAGNE, elle inaugura les *Carlomagnalia*, en l'honneur de **Charlemagne** ; enfin la Nation de NORMANDIE célébrait les *Romanalia*, en l'honneur de **saint Romain**, archevêque de Rouen.

Charte de Philippe-Auguste. La légende de saint Romain.

Une miniature du *Cartulaire d'Harcourt*, dont nous reproduisons ici le dessin, nous donne, outre le motif de dévotion locale, l'explication du choix particulier de **saint Romain** fait par les tribulaires normands et peut-être aussi de la barque en danger de naufrage qui figure dans le sceau de leur compagnie, comme nous l'avons vu plus haut. La miniature n'a fait que traduire un fait de la légende de saint Romain, raconté par les Bollandistes.

Au moyen âge, trois clercs ou étudiants normands avaient entrepris un pèlerinage en Terre-Sainte. Ils voulurent auparavant passer par Rome pour visiter les tombeaux des saints apôtres Pierre et Paul. En quittant la capitale de la chrétienté, ils s'embarquèrent sur l'Adriatique dans un vaisseau qui, avec plusieurs autres, faisait voile pour la Palestine. Assaillis en pleine mer par la tempête, ils furent jetés sur un banc de sable. L'équipage, dans son angoisse, imputait le désastre aux crimes des trois passagers qu'il traitait de sacrilèges. Les clercs normands étaient assez inquiets sur leur sort, lorsque l'un d'eux s'écria : « Saint Romain, venez-nous en aide ! » Aussitôt le saint évêque leur apparut et, avec sa crosse, dégagea leur navire et le poussa au large, avec tant de force, dit la légende, qu'ils arrivèrent au port avant les pèlerins des autres navires partis en même temps qu'eux et qui, les croyant perdus, furent fort étonnés de les retrouver sains et saufs[1].

Aussi, en mémoire de cet événement, la *Saint Romain* était-elle l'objet d'une solennité particulière dans la chapelle du collège d'HARCOURT, le 23 octobre. La Nation s'assemblait longtemps à l'avance pour choisir l'officiant de la cérémonie et le prédicateur chargé de prononcer le panégyrique du saint. La veille de la fête, après les premières vêpres, le procureur de la Nation venait remercier l'officiant par un compliment en latin et le supplier de célébrer la messe le lendemain. L'officiant répondait aussi en latin qu'il acceptait

1. *Acta sanctorum*. Octob. t. X., p. 102. — La miniature de gauche représente, d'après les indications de M. **de Mianville**, *conservateur de la Bibliothèque de Chartres*, **Philippe-Auguste**, accompagné de deux personnages, revêtus de cottes d'armes sur lesquelles figurent, pour l'un, les armes de France, écartelées avec celles de Normandie et, pour l'autre, les deux léopards de Normandie seulement. Le roi de France accorde à l'Université un privilège, peut-être celui qui affranchit ses membres, maîtres et étudiants, de toute juridiction civile.

l'invitation et, le lendemain, après la cérémonie, nouveau remerciement en latin du procureur à l'officiant et compliments de celui-ci à la Nation de Normandie [1].

La Nation avait aussi un culte particulier pour la Vierge Marie et célébrait ses fêtes avec une grande pompe, surtout celle de l'Immaculée Conception « feste propre et péculiaire des Normans », dit du **Breul** [2]. Un des tribulaires normands, en qualité de légat ou orateur de la Nation, était désigné pour aller solennellement, accompagné du procureur et des autres officiers de la compagnie, inviter, deux jours avant la fête, à son domicile, le célébrant choisi par la Nation. Il le haranguait en latin, et, après avoir obtenu son acceptation, il revenait, avec son escorte, en faire part au receveur, qui devait lui donner à dîner, ainsi qu'à ses compagnons, aux frais de la Nation. Le lendemain, veille de l'Immaculée Conception, le célébrant de la *Saint-Romain* venait remercier l'officiant et l'inviter à chanter la messe, à laquelle il l'assistait en qualité de diacre et, l'office terminé, le remerciait de nouveau. Le célébrant répondait par des compliments à l'adresse de la Compagnie et retenait ensuite quelques-uns de ses dignitaires pour partager avec eux le repas que lui offrait le procureur de la Nation [3]. Il y avait aussi, à la suite de ces offices, des distributions d'argent pour les assistants.

On appelait supplications ou prières, *supplicationes*, les cérémonies religieuses dont nous venons de parler. Il y en avait d'ordinaires et d'extraordinaires. Les supplications *ordinaires* étaient les réunions à la chapelle du collège d'Harcourt, qui précédaient les délibérations hebdomadaires, les fêtes qu'elle y célébrait, et quand elle se rendait en corps ou en procession à un sanctuaire voisin, tel que Saint-Jacques-du-Haut-Pas, Sainte-Geneviève, Saint-Étienne-des-Grés, Saint-Nicolas-du-Chardonnet, Sainte-Ursule de la Sorbonne, pour rendre grâces à Dieu, à la fin du trimestre, des heureuses

---

1. *Acta Nat. Norman.*, et du Breul : *Antiquitez de Paris*, p. 641. — **Du Boulay**. *Hist. Univ. Paris.* : De patronis IV nationum, p. 67.
2. **Du Breul**, *Théâtre des antiquitez*, p. 641.
3. *Ibid.*, p. 642.

élections du Recteur ou du Procureur et des autres dignitaires, de la bonne gestion de ses affaires, ou pour demander à Dieu le progrès des études, l'abondance des fruits de la terre, etc.

Les supplications *extraordinaires* avaient lieu à l'occasion d'un événement privé ou public, la mort d'un membre de la Nation, un service pour le repos de son âme; ou bien la naissance d'un dauphin, la santé du roi, une victoire nationale, le retour de la paix, la fin d'une épidémie, la mort d'un prince du sang ou du roi lui-même, etc. Toutes ces circonstances étaient autant d'occasions, pour les tribulaires normands, de paraître, au dehors, en procession, revêtus de leurs insignes, soit seuls, soit en compagnie des autres nations et facultés. Citons seulement, au sujet des funérailles royales, le cérémonial usité pour inviter les diverses corporations universitaires à y prendre part à Saint-Denys ou à Notre-Dame de Paris.

Voici les curieux détails que nous trouvons consignés dans les registres de la NATION DE NORMANDIE. Il s'agit des obsèques du **prince de Condé**, le fils du vainqueur de Rocroy.

Le 27 août 1709, l'Université est convoquée, au collège MAZARIN, en grand costume. Le Recteur, en robe violette, se tient sur un fauteuil élevé, les membres des facultés et des nations, en robes rouges ou noires, sont groupés en demi-cercle à sa droite et à sa gauche, les appariteurs ou massiers occupent l'entrée de la salle. On attend la venue d'un maître des cérémonies de la cour, **Dreux-Brézé** ou des **Granges**. Un roulement de voitures se fait entendre sous les fenêtres du collège, c'est des **Granges** qui arrive, avec sa suite, en huit carrosses. Les deux procureurs des Nations de France et de Normandie, avec le syndic et le questeur de l'Université vont le recevoir à la porte du collège et le conduisent à la salle académique. En avant marchent quatre hérauts d'armes vêtus de longs vêtements noirs, recouverts d'une cotte de velours semée de lys d'or, l'un portant une clef d'argent, les trois autres des verges ou baguettes garnies de glands de

soie; après eux viennent les quatre députés de l'Université, accompagnant le maître des cérémonies. Celui-ci est enveloppé d'un grand manteau noir, traînant à terre; à sa main gauche, il tient son chapeau carré et, à la main droite, une canne noire à bouts d'ivoire. Derrière lui suivent vingt-quatre jurés crieurs en robe noire, portant sur la poitrine et sur le dos l'image du prince défunt, et, dans leurs mains, des clochettes d'argent. Le maître des cérémonies et sa suite saluent le Recteur et l'assemblée, qui rendent le salut en restant assis. Des Granges prend place sur le siège qui lui a été préparé, se couvre et présente la lettre du roi, adressée à l'Université. Le greffier la reçoit et la porte au Recteur qui lit à haute voix la suscription : « *A nos très chers et bien aimez les Recteur, docteurs, régents et suppots de nostre fille aînée l'Université de Paris* », puis il tend la lettre au greffier, qui en donne lecture à l'assemblée : « De par le roi, très chers et
« bien aimez, voulant rendre à la mémoire de notre très cher et
« très aimé cousin, le prince de Condé, les honneurs que sa
« qualité, son rang et la proximité du sang peuvent désirer de
« Nous, Nous voulons que Nos cours assistent au service qui
« sera fait pour le repos de son âme dans l'Église de Paris.
« Et Nous vous demandons de vous y trouver au jour et à
« l'heure que le Grand Maistre ou le Maistre des cérémonies
« vous dira de Nostre part. Si n'y faites faute, car tel est
« Nostre plaisir. »

Donné à Marly, le 24 août 1709.

Signé: Louis, — contresigné : Philippeaux.

Après la lecture de cette lettre, le Maître des cérémonies fait signe de sa canne aux hérauts d'armes d'exécuter ses ordres et aussitôt le premier juré crieur dit à haute voix : *Jurés crieurs faites vos charges !* Ceux-ci agitent leurs clochettes assez longtemps, font une pause et sonnent une seconde fois. Le juré reprend à haute voix, en s'adressant à l'assemblée : « Messieurs, priez Dieu pour l'âme de très haut, très puissant et très magnanime prince, Monseigneur Henri, Jules de Bourbon, prince de Condé, premier prince du sang, premier pair et grand maître de France. » Il répète encore la même formule en omettant le mot *Messieurs*; les jurés crieurs agitent une troisième fois leurs clochettes, et le premier juré reprend : « Pour l'âme duquel l'on fera les services et les « prières en l'Église de Paris, demain à trois heures de re- « levée. L'on dira Vêpres et Vigiles des morts, et le lende- « main, à dix heures du matin, sera célébré son service so- « lennel. » Le Recteur répond au Maître des cérémonies que l'Université obéira au roi. Le Maître des cérémonies se lève, salue le corps académique et s'en va, accompagné des quatre députés qui étaient venus le prendre et qui le reconduisent à sa voiture. Le Recteur fait remarquer, avant de se retirer, que le héraut avait dit : *Messieurs* et non : *Nobles et Scientifiques Personnes*, selon la formule traditionnelle.

Réception des Membres de la Nation de Normandie.   Le serment devant les rois de France et d'Angleterre.

Le jeudi 29 août avait lieu la cérémonie à Notre-Dame. Le corps universitaire se rassemble le matin à l'École de médecine, située alors rue de la Bûcherie[1], en face la cathédrale.

1. V. plus loin, chap. IV, le plan du quartier de l'Université, d'a-

On revêt les costumes et les insignes académiques, et on part en procession pour se rendre à la basilique. Le Maître des cérémonies, avec les jurés crieurs, munis de leurs clochettes, vient recevoir le Recteur et les facultés. L'Université prend place à la suite du Parlement et, après le service, reçoit les distributions d'argent, *sportulae*, usitées en pareille circonstance[1].

Les *Statuts* de la NATION DE NORMANDIE, contenus dans le *Cartulaire d'Harcourt*, sont distribués en quatorze chapitres, allant de l'année 1289 à l'année 1618, auxquels s'en ajoutent six autres d'une date intermédiaire, mais qui, d'après les archivistes paléographes que j'ai consultés, ne peuvent être placés plus tard que 1480. La transcription même des statuts du cartulaire ne paraît pas antérieure à l'an 1387, puisque ces statuts débutent précisément par un règlement de cette année-là, inséré avant les autres pièces qui datent de 1289[2].

Cette pièce a été placée au premier rang parce qu'elle concerne les élections en général[3]. Elle nous apprend que les dignités de la Nation étaient très convoitées par les tribulaires normands, et que pour les obtenir on ne reculait devant aucune démarche. Les sollicitations de porte en porte, les instances les plus pressantes, les brigues les plus éhontées, la corruption même étaient employées par les postulants. Il en résultait des désordres, des abus, des nominations de sujets

---

près *Paris à travers les âges*, de la Maison **Didot**, que M. **Hofbauer** nous a permis de reproduire.

1. *Acta et decreta Nat. norman. reg.* I, p. 204 et suiv.
2. Nous reproduisons, p. 19, le dessin de la miniature du *Cartulaire d'Harcourt*, placée au commencement des statuts de la Nation de Normandie. Elle nous montre à gauche une séance de réception des maîtres de la Nation de Normandie, et, à droite, leur prestation de serment devant les rois de France et d'Angleterre, en présence d'un troisième personnage placé au milieu et portant les armes de Normandie. On remarque, sur la miniature, qu'on a effacé le troisième léopard, qui figurait sur la cotte d'armes du roi d'Angleterre, à gauche.
3. *Statutum de modo eligendi officiarios et de juramento corumdem*, an. 1387. *Cod. Harc.*, p. 137.

incapables ou indignes. Pour couper court à ces intrigues, on décida, en 1387, que désormais les candidats aux dignités de la Nation jureraient sur l'Évangile avant l'élection, de n'avoir eu recours à aucune brigue, sous peine d'être privés de leur office. Les électeurs étaient également tenus, par le même statut, de dénoncer ceux qui, directement ou indirectement, se seraient rendus coupables de pareilles démarches. Mais, comme le dit le proverbe : « Chassez le naturel, il revient au galop », l'abus reparaît quand même. « Un arrêt du Parlement de 1481 nous apprend, dit **Crévier**, qu'il ne se faisait presque aucune élection dans l'Université sans brigues,

Élection d'un Recteur.   La Vierge conseille le Recteur.

sans clameurs, sans violences. Les prétendants aux charges mandaient des troupes auxiliaires et appelaient quelquefois de trente à quarante lieues à leur secours des suppôts qui les favorisassent de leurs suffrages[1]. » En 1656, on dût renouveler le statut sur les élections pour mettre fin aux intrigues de ceux qui voulaient se faire nommer *intrants*, afin de participer.

1. *Hist. de l'Univ.* t. IV, p. 391.

comme nous l'avons dit plus haut, à l'élection du Recteur de l'Université[1].

Jusqu'au xve siècle l'élection des dignitaires de la Nation avait lieu d'une manière assez originale qui dénotait les précautions minutieuses prises pour garantir l'honnêteté de l'opération contre les fraudes qui ont de tout temps été l'écueil des élections. Le bedeau ou appariteur apportait des fèves et un capuchon. Le procureur ou le président de la réunion s'assurait que le capuchon était de drap simple, non fourré, et ne favorisait aucune espèce de fraude. Le bedeau mettait dans le capuchon autant de fèves qu'il y avait d'électeurs ; toutes ces fèves devaient être blanches, sauf une seule de couleur noire. Le président secouait le capuchon et le bedeau le présentait à chaque électeur qui, d'une main non gantée, en retirait une fève. Celui qui retirait la fève noire désignait alors cinq électeurs de la NATION DE NORMANDIE ; et s'il était du diocèse de ROUEN il en désignait trois de ce diocèse métropolitain et les deux autres des six évêchés qui en dépendaient. Ces cinq électeurs, séance tenante, après avoir fait le serment de choisir les plus dignes, nommaient aux offices vacants de la Nation. On prévoyait le cas où les électeurs ne seraient pas d'accord et comment il faudrait les départager[2]. Au xvie siècle, les élections à deux degrés et le tirage au sort de la fève noire étaient abandonnés. Le suffrage direct seul avait cours, mais les élections n'étaient pas pour cela exemptes de contestations. Nous en avons la preuve, le 27 octobre 1691, au sujet de la nomination du procureur **Vadelorge** qui était en compétition avec **Jacques de l'Œuvre**, principal du collège d'HARCOURT. Vadelorge avait plus de quarante voix et son concurrent une dizaine. Les partisans de **Jacques de l'Œuvre**,

---

1. *Répertoire de l'Université.* Bib. de la Sorbonne. — Notre gravure p. 21, représente, d'après le *Cartulaire d'Harcourt*, à gauche, l'élection du Recteur par les conclavistes ; et à droite, la Vierge qui vient conseiller le Recteur à genoux et en prière.

2. Statutum de modo eligendi officiarios per inventionem nigræ fabæ, *Cart. Harc.*, p. 144, an. 1335.

mécontents de l'insuccès de leur candidat, firent du tapage, *clamoribus et vernaculis*, et voulurent empêcher Vadelorge de prendre possession de sa charge. L'affaire fut portée devant le Parlement qui, le 28 février 1692, débouta les opposants et les condamna aux dépens du procès qu'ils avaient intenté[1].

Bulle donnée par le Pape aux dignitaires de l'Université.   Le serment des membres de l'Université.

Deux articles des statuts[2], que l'on peut rapporter au xive siècle, vers 1380, imposent au *procureur* les serments suivants : 1° d'exercer fidèlement son office pour l'honneur et l'avantage de l'Université, de la Faculté des arts et spéciale-

1. *Acta et decreta Nat. Norman.* Reg. I, p. 140.
2. Nous reproduisons ici le dessin de la miniature du *Cartulaire d'Harcourt*, qui est placée au-dessus du texte des Évangiles, sur lesquels on prêtait serment dans la Nation de Normandie. Cette miniature représente, à gauche, un pape (peut-être Clément IV ou Grégoire X) sur son trône, accompagné de deux cardinaux donnant une bulle aux dignitaires de l'Université qui la reçoivent à genoux. A droite, dans le haut, les armes de France et de Normandie, et, au premier plan, les membres de l'Université, à genoux, au pied du Père Éternel, tenant devant lui Jésus-Christ attaché sur la croix; à sa droite, la Vierge Marie debout.

ment de la NATION DE NORMANDIE; 2º de poursuivre les infractions aux statuts de la Nation par tous les moyens et devant les juges capables d'obliger le délinquant à s'amender[1].

Grand sceau de l'Université.

On demandait encore au procureur de renouveler ces serments à certaines époques, telles que les fêtes de **saint Nicolas** et de **sainte Catherine**[2], patrons de l'Université, ainsi que le rappellent leurs images gravées sur le grand sceau qu'elle plaçait au bas de ses pièces les plus importantes.

Ce n'est qu'au xvii° siècle, en 1618, que l'on songea à ré-

1. Isti sunt articuli quos tenetur jurare procurator in sua institutione. *Cod. Harc.*, p. 129 vº.
2. Juramentum procuratoris festorum beatorum Nicolaï et Katharinæ. *Cod. Harc.*, p. 129. circa 1380.

glementer la durée de l'office du procureur dans la NATION DE NORMANDIE. A cause des difficultés que souleva cette question, il fut décidé que cet office ne serait exercé que pendant six mois, sans aucune prorogation possible[1]. Toutefois cette décision n'empêcha pas au XVIIIe siècle de rendre la charge annuelle et même de proroger plus d'une fois le procureur sortant. Mais ces cas de prorogations étaient rares et contestés. Ainsi, en 1746, le procureur **Brenet** est prorogé par la majorité des tribulaires normands et la minorité réclame. Mais Brenet déclare qu'ayant été réélu sans l'avoir demandé, il restera en charge. Cependant, à l'expiration de son mandat, en bon prince, il déposa les faisceaux, selon l'expression consacrée, en faveur de Me **Morin** qui avait crié le plus fort contre sa prorogation et le recommanda même au choix des électeurs[2].

Contre-sceau de l'Université.

Le *doyen* et le *censeur* de la NATION DE NORMANDIE sont mentionnés, pour la première fois dans le statut de 1618, que nous citions tout à l'heure. Les statuts antérieurs n'en parlent pas et cependant ces dignités existaient dans la NATION DE NORMANDIE, comme dans les trois autres depuis 1452. Les registres des conclusions ne laissent aucun doute à cet égard et **du Boulay**, dans son histoire, les mentionne expressément[3].

Le *questeur* ou *receveur* tenait la bourse de la Nation, comme nous l'avons dit plus haut. C'était une charge qui demandait, non seulement de la probité, mais un certain talent

1. Conclusio sive statutum de procuratoriæ dignitatis tempore. *Cod. Harc.*, p. 111, an. 1618.
2. *Acta Nat. Norman.* reg. II, p. 59 v°.
3. *Hist. Univ. Paris.* t. III, p. 559.

d'administrateur. Aussi exigeait-on trois serments du questeur : 1º d'exercer son office fidèlement, en s'inspirant de l'honneur et des intérêts de la Nation ; 2º de ne rien prêter ni recevoir en caution ou garantie ; 3º de ne pas faire de dettes et d'acquitter avec soin les créances de la Nation [1].

Un statut de 1336 parle des honoraires du questeur fixés à 40 sols parisis par an, ainsi que de ceux des *examinateurs* et du *scribe* ou greffier, *scriptor*, fixés à 20 sols par an [2].

Des règlements très précis statuaient sur l'emploi de l'argent et sur les débiteurs de la Nation. La garde de l'argent est l'objet du plus ancien des statuts de la Nation ; il date de 1289, du même temps que la fondation du collège d'Harcourt. La Nation, réunie en assemblée à Saint-Julien-le-Pauvre, décide que l'argent sera gardé dans un coffre, sous trois clefs, déposées entre les mains du procureur, d'un professeur de la faculté des arts et d'un bedeau ou sergent-juré de la Nation [3]. Les peines les plus sévères, la révocation et l'exclusion sont fulminées contre celui des trois gardiens qui toucherait au coffre sans y être autorisé par la Nation [4]. Peu après, en 1309, un autre statut déclare que l'on ne pourra rien donner, distribuer, retrancher, employer à un usage quelconque de cet argent, *nihil dari, distribui, diminui, defalcari, nec ad aliquos usus converti*, sans l'autorisation des maîtres de la Nation [5].

Enfin, en 1342, on revient encore sur ces prescriptions pour fixer l'époque de la distribution de l'argent. Il paraît que la Nation de Normandie avait souffert des embarras financiers causés par les dépenses exagérées de plusieurs de ses

---

1. Articuli quos tenetur jurare receptor nacionis in sua institutione. *Cod. Harc.*, p. 129 vº, circa 1480.
2. Statutum de vesperis et missa nationis et de salario receptoris, examinatorum determinantium et scriptoris nationis. *Cod. Harc.*, p. 143. An. 1336.
3. **Du Boulay.** *Hist. Univ., Paris.* t. III, p. 561.
4. Statutum de modo custodiendi pecuniam nationis et reponendi in archa. *Cod. Harc.*, p. 139 vº. An. 1289.
5. Statutum de modo vocandi magistros regentes ad ordinandum de pecunia nationis. *Cod. Harc.*, p. 140. An. 1309.

maîtres, en libations et en festins, entre la fête de l'Ascension et celle de saint Denys, c'est-à-dire du mois de mai au mois d'octobre. Il en était résulté que la plupart des autres maîtres s'étaient trouvés sans ressources. Aussi fut-il décidé que, désormais, à cette époque de l'année, on ne permettrait pas de toucher à l'argent de la Nation, si ce n'est pour des dépenses sérieuses et nécessaires, sans avoir consulté tous les maîtres de la Nation et obtenu l'assentiment de la majorité[1].

Quant aux débiteurs de la Nation, on ne leur faisait pas grâce. Un statut de 1296 leur enjoint de payer sans retard les dettes qu'ils auraient contractées pour une cause quelconque envers la Nation. Ils seront privés de leur office s'ils en ont, et retranchés de la Nation s'ils ne se sont pas acquittés envers elle dans un délai de huit jours[2]. Le cas se présenta, comme nous le verrons, pour un régent de la Nation en 1715. Il fut obligé de payer sa dette pour ne pas être exclu de la Compagnie.

Enfin il est aussi question des *bedeaux* et *sous-bedeaux* ou massiers de la Nation dans plusieurs statuts du xive siècle. On exige des bedeaux quatre serments : 1° exercer leur charge honorablement ; 2° observer les statuts, privilèges, droits, libertés et coutumes de l'Université, de la Faculté et surtout de la Nation ; 3° obéir au Recteur et aux procureurs ; 4° entretenir de bons rapports avec les maîtres, les écoliers et leurs collègues[3].

Quant aux *sous-bedeaux* on leur fait jurer, en outre, de ne pas accepter de robe ou d'épitoge d'un maître ou d'un étudiant sans le consentement du grand bedeau qui doit avoir d'abord sa part, à moins qu'il n'y ait plusieurs objets de ce genre offerts le même jour[4]. Ces serments n'étaient pas de vaines précautions, car nous voyons que, parfois, les bedeaux

1. Statutum de modo custodiendi pecuniam nationis et quo tempore possit de ea distribui et ordinari. — *Cod. Harc.*, p, 134. An. 1342.
2. Statutum de debitoribus. *Cod. Harc.*, p. 139. An 1296.
3. Articuli quos tenentur jurare bedelli in sua institutione. Circa 1480. *Cod. Harc.*, p. 131.
4. Juramentum speciale subbedelli cum prædictis juramentis. *Cod. Harc.*, p. 131.

se rendirent complices de fraudes en procurant des lettres de maîtrise à des candidats qui n'avaient pas satisfait aux examens. Pour ne citer qu'un trait qui montre jusqu'où pouvait aller la supercherie en ce genre, nous rappellerons ce qui arriva au procureur de la NATION DE NORMANDIE, **Bertrand Duchesne**, en **1627**. Il y avait eu contestation entre les Nations au sujet de l'élection du Recteur **Mazure**, et, comme **Duchesne** était un de ses adversaires les plus acharnés, le syndic de l'Université dévoila la fraude du procureur qui, n'étant que bachelier en décret, avait produit de fausses pièces pour se faire incorporer à la Faculté des Arts. Il dut donner sa démission de procureur et faire amende honorable à la Faculté[1].

Après les officiers de la Nation, les statuts envisagent les obligations des maîtres-régents et des candidats au baccalauréat envers la Nation et son procureur, ainsi que les rapports des candidats entre eux.

Lorsqu'un licencié était admis à la maîtrise, c'est-à-dire au droit d'enseigner, avant de commencer ses leçons, de *régenter*, comme on le disait, il devait supplier la Nation assemblée en ces termes : *supplico pro regentia et scholis*[2], püis prêter serment devant le procureur : d'observer les statuts de la Nation; de se conformer aux prescriptions concernant la disposition de l'argent; d'assister régulièrement à la messe et aux vêpres de la Nation; de ne commettre aucune fraude dans les élections; de dénoncer celles qu'il connaîtrait, de ne pas révéler les secrets de la Nation, de garder les clefs du coffre quand on les lui confiera; de remplir fidèlement les offices auxquels il sera appelé; de ne pas tromper le maître sous lequel il a reçu la licence, enfin d'observer le *statut des tartes*[3].

Qu'était-ce que ce statut des tartes? Il date de **1319**. C'était alors l'usage pour un nouveau maître, *magister incipiens*, de

1. **Jourdain**. *Hist. de l'Univ.* t. 1, p. 220.
2. V. factum de **Jacques de l'Œuvre**, Bibl. nat., n° 24330.
3. Juramenta illorum qui veniunt ad procuratorem quando volunt incipere. Circa 1390-1420. *Cod. Harc.*, p. 147.

payer sa bienvenue par un dîner aux anciens maîtres en exercice. C'est ce qu'on appelait les *tartes*, sans doute parce que ce gâteau en faisait le plus bel ornement. Il arriva que ces repas devinrent une source de dépenses souvent au-dessus des moyens de l'amphytrion malgré lui, et surtout eurent le grave inconvénient de dégénérer en discussions, en querelles et en rixes. Pour couper court à cet abus, la Nation décida, en 1319, que le nouveau régent paierait au procureur seize sous parisis, moyennant quoi il serait affranchi de l'obligation des tartes. Cet argent était placé dans le coffre de la Nation et employé à ses dépenses [1].

Plus tard, les *incipientes* paient deux livres comme droit de bienvenue et *de robe* au profit du Recteur dont le costume assez coûteux ne pouvait souvent être acheté par le nouvel élu.

Les maîtres devaient aussi observer certaines règles envers les candidats au baccalauréat, comme on appelait le premier examen de la faculté des arts au xve siècle. Les examinateurs jureront qu'ils ont enseigné depuis trois ans, ou qu'ils sont dans leur troisième année d'enseignement ; — d'écarter les indignes de l'examen ; — de recevoir avec honneur et respect le procureur s'il vient y assister ; — de ne pas taxer les bourses [2] des candidats en son absence et de ne procéder à cette taxe qu'en présence d'au moins quatre régents députés par la Nation, pour veiller à ce que cela se fasse en dehors de tout sentiment d'amour ou de haine, de crainte ou de cupidité. Il paraît, d'après ce statut, que les examinateurs étaient loin d'être incorruptibles [3]. Il est vrai que ces bourses constituaient alors le plus clair de leurs revenus.

1. Statutum de tartis solvendis ab incipientibus. An. 1319. *Cod. Harc.*, p. 142.

2. Les frais d'examen imposés au candidat pour le baccalauréat, car pour la licence on ne payait rien, n'étaient pas fixes ; ils dépendaient de ses propres ressources. On appelait bourse, *bursa*, la somme que le candidat dépensait pour son entretien, et, d'après cette somme, qu'il était tenu de déclarer, en se présentant à la Faculté, on déterminait celle qu'il devait payer à la Nation. Cela s'appelait taxer les bourses, *taxare bursas*. V. **Thurot**. *L'Univ. au moyen âge*, p. 61.

3. **Robert de Sorbon** s'en plaint dans son discours *de Conscientiâ*.

Les examinateurs promettaient encore d'interroger les candidats sur la grammaire, les premiers livres de la logique et les autres matières qu'ils avaient étudiées, afin de s'assurer qu'ils sont dignes du baccalauréat; enfin de ne pas recevoir ceux qui répondraient mal et qui se montreraient incapables[1].

Quant aux candidats, longue est la liste des serments qu'ils doivent prêter avant l'examen. On en compte bien une trentaine. La faculté ne veut les accueillir qu'après s'être bien assurée de leur soumission par leurs engagements. Il y en a pour la conduite à tenir avant de se présenter à l'examen, il y en a pour l'examen lui-même, il y en a pour ce qui doit le suivre.

Avant l'examen, ils devront jurer qu'ils ont 14 ans; qu'ils sont de bonne vie et mœurs, *quia non sunt infames;* — qu'ils appartiennent à un diocèse déterminé; — qu'ils sont dans leur troisième année de logique suivie à Paris ou dans une école, *studium*, composée au moins de six maîtres; — qu'ils ont étudié les livres prescrits de **Porphyre**, d'**Aristote** et de **Priscien**; qu'ils commenceront leur déterminance le mercredi après les brandons, c'est-à-dire l'octave des cendres, et la continueront pendant tout le carême ou seulement jusqu'à la moitié du carême, s'ils ont un *sous-déterminant* pour les remplacer[2]; — qu'ils paieront la bourse fixée par le maître[3] et en outre, pour le loyer des écoles[4], 13 sous et 4 deniers

« La corruption et la ruse, dit M. **Lecoy de la Marche**, se glissaient quelquefois dans ces jugements solennels. Les examinateurs se montraient moins sévères envers les nobles et les grands; certains candidats refusés obtenaient leur diplôme à force d'argent ou de sollicitations. » *La Prédication au moyen âge*, p. 457.

1. Juramenta temptatorum pro baccalaureatu. Circa 1480. *Cod. Harc.*, 148.

2. Le candidat était parfois admis à se faire remplacer par un *sous-déterminant*, qui disputait pour lui pendant la seconde moitié du carême. V. **Thurot**. *L'Université au moyen âge*, p. 44.

3. Cette bourse variait, suivant l'appréciation des examinateurs, du procureur et du receveur de la Nation. Elle allait de 6 livres, le maximum de la taxe, à 6 sous, et ne descendait jamais au-dessous de 4 sous, le minimum de la taxe.

4. La Nation venait en aide aux maîtres et étudiants normands, en louant des salles de cours, rue du *Fouarre*, et en payant pour les pauvres écoliers, mais à la condition que ceux-ci assisteraient en per-

au receveur de la Nation, ainsi qu'un salaire au bedeau, sous peine d'exclusion de la déterminance; — de se présenter à l'examen en chape ou robe noire avec capuchon de drap pareil, sans glands ou ornements particuliers; — d'avoir la tonsure fraîche et de ne porter ni souliers à la poulaine, lacés ou découverts, ni ceintures vertes ou rouges, ni franges de ces couleurs, sous peine d'exclusion. Le candidat devait aussi présenter à l'examen des cahiers de cours écrits

Un Examen.   La Vierge délivre un possédé.

de sa propre main. Au xviiie siècle, on en dispensera pour raisons de santé ceux qui apporteront un certificat de médecin, mais ils devront présenter des cahiers qu'ils auront fait copier[1]. Nous reproduisons ici, d'après le *Cartulaire d'Harcourt*, une séance universitaire où un candidat est interrogé par les examinateurs. Le jeune déterminant de quatorze ans, avec son bâton à la main et sa robe noire, paraît assez inti-

---

sonne aux leçons, et non pas en envoyant des camarades à leur place, ainsi que cela était arrivé.
1. Juramenta que tenentur præstare determinantes nationis procuratori. Circa 1460-1480. Cod. Harc. 147 v°.

midé devant ses juges qui, à l'exception d'un seul, au visage plus encourageant, n'ont pas l'air très enchantés de ses réponses[1]. Ce bâton, signe du grade ambitionné, donnerait raison à l'étymologie qui fait venir le mot bachelier de *baculus*[2].

Pendant l'examen, d'autres serments obligeaient les candidats à ne pas se présenter avant d'avoir été appelés à leur tour; — à répondre sur les questions traitées à l'école par le maître; — à ne pas tromper l'examinateur sur les matières de la déterminance; — à dénoncer les fraudes qui seraient commises pendant l'examen; — à assister à la déterminance des autres candidats, les jours où ils ne déterminent pas; — à ne pas injurier ou laisser injurier les candidats ou l'examinateur, sous peine d'exclusion de la déterminance et même de la Nation. Grâce à ces précautions, on empêchait les examens de dégénérer en querelles et en batailles, au point qu'il fallait, parfois, les interrompre. Ainsi, en 1472, à cause de ce recours aux arguments *frappants*, la faculté des arts interdit les déterminances du carême[3].

Après l'examen, survenaient d'autres obligations, que les candidats avaient contractées en jurant avant leur déterminance : de solder, sans fraude, les dépenses de vin, viande et autres consommations faites à l'occasion de l'examen ; de ne payer à boire à leurs amis que le premier et le dernier jour de la déterminance ; de ne pas inviter à dîner les amis du sergent-juré ou d'autres familiers de la Nation, sans la permission du procureur; de ne pas faire d'illuminations publiques en plein jour[4] ; de ne pas élire de chef ou de capitaine[5]; d'as-

1. Le dessin, du côté droit, représente la Vierge qui chasse deux démons du corps d'un membre de l'Université, étendu à ses pieds, et reçoit son âme à sa mort.
2. Voir **Vallet de Viriville**. *Hist. de l'Inst. publiq.*
3. **Thurot**. L'*Université au moyen âge*, p. 48.
4. A l'occasion du banquet de leur déterminance, les candidats allumaient, en plein jour, le plus grand nombre possible de chandelles dans la rue du Fouarre. C'était le *monôme* de ce temps-là. V. **Thurot**. L'*Univ. au moyen âge*, p. 64.
5. Pour leurs amusements ou leurs mauvais coups dans le quartier des Écoles.

sister à la messe et aux vêpres de la Nation, sous peine d'amende[1].

Ils devaient aussi jurer obéissance au Recteur de l'Université et aux procureur et examinateurs de la Nation[2], de ne jamais étudier ni enseigner les doctrines des *nominaux*; **Ockam, Grégoire de Rimini, Buridan, d'Ailly, Marsile, Adam Dorp, Albert de Saxe**, et autres semblables; enfin de ne pas révéler les secrets de la Nation et d'en défendre les droits.

On voit par ces défenses que nous pouvions assigner au statut qui les renferme la date de 1460 à 1480, c'est-à-dire du xve siècle, époque où il se manifesta dans la faculté des arts une tendance hostile aux nominalistes. Nous signalerons plus loin le rôle que joua dans cette lutte un ancien boursier d'HARCOURT, **Jean Boucard**, évêque d'Avranches, grand aumônier de Louis XI.

La Nation avait aussi son *calendrier* inscrit en tête du *Cartulaire d'Harcourt*[3], qui indiquait les jours fériés pendant lesquels les leçons étaient suspendues. C'est ce que marque l'expression *non legitur* placée en face de ces jours. En janvier, nous trouvons 12 jours, en dehors des dimanches, ainsi notés; en février 8; en mars 6, sans compter les quinze jours de vacances de *Pâques*, du dimanche des *Rameaux* au dimanche de *Quasimodo*; en avril, 6 jours; en mai, 10 jours, en dehors de la Vigile, des fêtes de l'*Ascension*, la *Pentecôte*, la *Trinité*, jours où il n'y avait cours que le matin; en juin, 6 jours; en juillet, 5 jours; en août, 11 jours; en septembre, 7 jours; en octobre, 7 jours; en novembre 12 jours; en décembre, 14 jours, à cause des fêtes de *Noël*. Cela ferait donc, sans compter les dimanches, plus de cent jours qui étaient enlevés aux leçons des facultés, moins certainement qu'aujourd'hui. Il y avait aussi certains jours dits *néfastes* mar-

---

1. Juramenta que tenentur præstare determinantes nationis procuratori, ut supra. — Sequuntur que determinaturi habent jurare procuratori. Circa 1460-1480. Cod. Harc., p. 187.
2. Juramenta que tenentur præstare determinantes, ut supra.
3. Voir les 16 premières pages du Cartulaire.

qués d'un D gothique, à cause de l'influence de certains astres réputés dangereux au moyen âge. M. de Viriville en a noté quinze dans son tableau des *Calendriers universitaires*[1].

Les *revenus* de la NATION DE NORMANDIE, comme ceux de l'Université, n'étaient pas considérables. En parcourant les délibérations contenues dans ses registres, nous voyons qu'ils provenaient de quelques immeubles et propriétés particulières. Ces immeubles étaient ceux de la rue du *Fouarre*, c'est-à-dire les maisons du Grand-Écu et du Petit-Écu, ceux de la rue *Galande*, et de la rue des *Francs-Bourgeois* (aujourd'hui rue *Monsieur-le-Prince*), et encore cette dernière possession ne datait que de 1759, venant d'un don du professeur **Le Sauvage**. Ajoutons-y un petit domaine à ROSAY-EN-BRIE (Seine-et-Marne) et la propriété d'une partie des terrains du fameux PRÉ-AUX-CLERCS, ancien domaine des Nations de l'Université qui fut aliéné en 1637. On y ouvrit alors une rue qui porte encore le nom de l'Université. Ces immeubles rapportaient à la Nation normande, d'après ses comptes, environ cinq à six mille livres.

La Nation avait aussi sa part des 47 000 livres provenant des *Messageries de l'Université*, environ trois mille livres en 1699, destinées au traitement de ses professeurs[2]. Tous ces revenus, additionnés ensemble, en y joignant les taxes imposées aux déterminants et nouveaux régents de la Nation ne produisaient guère que neuf à dix mille livres dans les bonnes années. C'était avec ce maigre budget qu'elle faisait face à ses dépenses pour le personnel enseignant, pour ses suppôts, pour la location de ses écoles, l'entretien de ses bâtiments, les secours aux étudiants pauvres, les funérailles du Recteur[3] et de ses propres dignitaires ou officiers. C'est ce qui

---

1. *Hist. de l'Instruction publique*, p. 363 et suiv.
2. V. **Jourdain**. *Hist. de l'Univ.*, t. II, p. 58.
3. Quand un Recteur mourait en charge, il avait droit à des funérailles princières auxquelles participaient toutes les facultés. Il était aussi de tradition qu'il devait être inhumé à Saint-Denys avec les rois. V. **Quicherat**, *Hist. de Sainte-Barbe*, p. 57, t. I.

3.

nous explique les statuts si stricts sur l'emploi de l'argent et les débiteurs de la Nation. Malgré ces faibles ressources, la Nation trouvait moyen, non seulement d'équilibrer ses recettes et ses dépenses, mais de faire des économies qui lui permettaient de prêter aux *collèges normands* dans l'embarras, comme nous le voyons pour le collège d'Harcourt, qui lui rembourse 6 000 livres en 1761.

De plus la Nation, comme les autres corps académiques, avait, à son tour, le droit de nommer à certains bénéfices, tels que canonicats, cures et chapellenies. Citons, en particulier, un canonicat d'Arras, les cures de Saint-Germain-le-Vieux, des Saints-Côme-et-Damien, de Saint-André-des-Arts à Paris, et les chapellenies de Notre-Dame, fondées en cette dernière église par un docteur en décret, en 1308, ainsi que les cinq chapelles érigées, en 1403, par **Charles de Savoisy**, en expiation du meurtre de quelques écoliers tués par ses gens [1].

Terminons cet aperçu de l'organisation de la Nation de Normandie en disant quelques mots de l'autorité qu'elle exerçait dans l'Université sur les écoliers, les maîtres, les collèges et les pensions ou pédagogies qui dépendaient de sa tribu.

A l'égard des écoliers, la Nation de Normandie comme les autres compagnies de l'Université n'avait, à l'origine, avant l'institution des collèges, qu'une autorité fort restreinte. Les étudiants normands pouvaient, en recourant aux maîtres de la Nation, sous lesquels ils étudiaient et qui les connaissaient, obtenir sa protection, jouir des privilèges académiques [2] qui les couvraient, surtout quand ils s'étaient exposés, par leurs méfaits, aux rigueurs de la justice du prévôt, mais ils

---

1. V. **Du Boulay**. *Mémoires sur les bénéfices à la collation de l'Université,* et **Jourdain**. *Hist. de l'Univ.*, t. I, p. 11. — Voir aussi chap. III de ce travail pour la fondation de Savoisy.
2. Ces privilèges subsistèrent jusqu'à la Révolution. Ainsi, en 1732, l'écolier **Fiquet** s'était engagé au service militaire sans l'avis de ses parents. Ceux-ci demandent au Recteur de le réclamer au ministre d'État. Le cardinal **de Fleury** s'empresse de faire droit à la requête du Recteur, en vertu, dit-il, des anciens privilèges qui exemptaient du service militaire les suppôts de l'Université. *Acta et decreta Nat. Norman.*, reg. I, 441.

échappaient à toute action en dehors des leçons et des examens. L'Université, et par conséquent la Nation, n'avait de prise sur eux que par son enseignement et par ses grades. Les nombreux serments qu'elle exigeait alors des candidats nous montrent combien était faible et précaire son autorité, puisqu'elle avait besoin de recourir à tous ces engagements pour s'exercer.

Comment, en effet, avec des moyens aussi insuffisants, atteindre cette population considérable de jeunes gens étrangers, inconnus, qui n'obéissaient à aucune règle, à aucune discipline? On sait que les plus nombreux et les plus tapageurs étaient ceux qui vivaient librement, en vrais bohêmes, sans s'attacher à un maître. On les appelait *martinets* et *galoches*, à cause de leurs bruyants ébats d'oiseaux vagabonds et de la chaussure de bois non moins bruyante qui signalait leur approche:

Turba galochiferum ferratis passibus ibat.

S'associant aux truands et aux malfaiteurs, ils excitaient sans cesse des troubles et de vraies émeutes dans le quartier des écoles. Les sergents ou bedeaux des nations et des facultés étaient impuissants à les tenir en respect. Comme le fouet était à peu près le seul châtiment qu'on leur infligeât dans l'Université, ils ne craignaient guère la répression et terrorisaient souvent, par leurs désordres et leurs attaques à main-armée, les paisibles bourgeois du pays latin.

Pour mettre un terme à cette indiscipline ou en diminuer les occasions, l'Université favorisa de tout son pouvoir l'établissement des collèges et la fondation de bourses destinées à les entretenir. C'est ainsi que du xiv° au xv° siècle la Montagne-Sainte-Geneviève se couvrit peu à peu de ces maisons hospitalières ouvertes aux pauvres écoliers des diverses nations, et n'exigeant d'eux, en échange du vivre et du couvert, que la soumission à une règle assez large et la fréquentation suivie des écoles de la rue du *Fouarre*. Plus tard, au xv° siècle, la dissipation qui était inséparable pour ces jeunes étudiants des allées et venues continuelles dans cette rue du *Fouarre*, aussi malpropre que mal famée, se trouve encore supprimée par le droit de *plein exercice* accordé à un certain nombre de ces collèges, c'est-à-dire de donner, sans sortir de chez eux, l'enseignement classique préparatoire aux examens de l'Université. Ces maisons reçoivent des règlements, sont visitées par le Recteur et placées sous le patronage et la surveillance de la Nation à laquelle elles se rattachent par leur origine et les intentions spéciales des fondateurs. Comme le dit **Thurot**, ce sont des chapitres réguliers d'étudiants.

À côté de ces collèges s'ouvrent, dès le xv° siècle, des *pédagogies* ou pensions de moindre importance, qui envoient leurs élèves aux grands collèges et peuvent même donner l'enseignement classique[1]. Les Nations sont appelées à se prononcer sur leur établissement et leur personnel. Les délibérations de la NATION DE NORMANDIE sont remplies de demandes d'autorisation pour l'ouverture de ces pédagogies et d'agrément de leurs régents. Elles deviennent même, à un certain moment, si nombreuses qu'elles se nuisent entre elles et que l'Université est obligée d'en restreindre le nombre et de les soumettre à une dépendance plus complète de son autorité. Tel est l'objet des délibérations de 1762, 1767, 1779[2].

Si chaque Nation avait peu d'action, à l'origine, sur les écoliers, en revanche, elle s'occupait beaucoup des maîtres, c'est-à-dire de ses affaires et de ses intérêts particuliers. « Les débats fréquents qui s'élevaient entre les maîtres absorbaient l'Université plus que la police de ses suppôts », a dit M. JOURDAIN[3].

La NATION DE NORMANDIE intervenait dans les nominations des proviseurs et des régents des collèges qui dépendaient de sa tribu. Elle confirmait l'élection des proviseurs, présidait à leur installation, les surveillait, leur adressait des remontrances, ratifiait le choix des régents, et tenait ses assemblées dans un de ses principaux collèges, celui d'HARCOURT[4]. Nous

---

1. V. **Thurot.** *L'Univ. au moyen âge*, p. 92.
2. *Acta Nat. Norm.*, reg. II *passim*.— Jourdain, *Hist. de l'Univ.*, t. II.
3. *De la discipline dans l'Université de Paris.*
4. Il en était de la NATION DE NORMANDIE comme de la NATION DE

la verrons même s'occuper de l'administration du proviseur et l'obliger à reprendre des régents qu'il avait dépossédés. Au collège de Lisieux, collège normand, le professeur Rouelle, nommé à ce collège, n'est pas agréé par la Nation, parce qu'il n'a pas acquitté entièrement les droits de 30 livres exigés pour cet agrément. Il n'en avait payé que 15, et, voyant les embarras auxquels il s'exposait, il s'empresse de s'exécuter. Un fait qui montre bien encore l'autorité de la Nation sur les maîtres est la question de l'*éméritat* qui est agitée par la NATION DE NORMANDIE, dès 1726, et ne reçoit une solution définitive qu'en 1761 et 1767. Il s'agissait de déterminer le nombre des années de services qui pouvait donner aux professeurs droit au titre d'*émérite* et, comme tels, à une pension de retraite. Après de longs débats, la NATION DE NORMANDIE finit par l'emporter sur les autres et fit décider par le Parlement, qu'au bout de vingt ans d'enseignement ininterrompu dans un collège de plein exercice, on arriverait à l'*éméritat* avec jouissance d'une pension de 300 livres. Cette pension était retirée au titulaire qui possédait un bénéfice de plus de mille livres. En 1761, le professeur émérite pouvait résider partout où il voulait et y recevoir sa pension, mais en 1767, après l'établissement du *concours d'agrégation*, il fut prescrit aux émérites de résider à Paris, pour coopérer aux épreuves du concours en qualité d'examinateurs.

Nous assisterons, en suivant l'histoire du collège d'HARCOURT, aux diverses luttes qu'eût à soutenir la NATION DE NORMANDIE pour maintenir ses droits et ses prérogatives dans l'Université. Sous ce rapport, elle n'était pas moins susceptible que les autres compagnies. Aucun détail ne lui échappait, aucune dérogation aux anciens usages, aucun passe-droit ne la trouvait indifférente. Nous avons déjà vu com-

---

FRANCE, dont il est dit dans les historiens de l'Université de Paris : « La Nation a le droit de visiter, réformer, instituer et destituer les boursiers, les procureurs et les maîtres des collèges fondés par les sujets de ses provinces. » Du Boulay, *Hist. Univ. Paris.*, t. V, p. 680 ; Crevier, *Hist. de l'Univ.*, t. IV, p. 310.

ment elle remarquait, dans ses registres, lors de l'invitation du maître des cérémonies de la Cour aux funérailles du prince de Condé, qu'on avait employé le mot *Messieurs* au lieu de *Nobles et Scientifiques Personnes*. Une autre fois on se sert du terme de *Dévotes* et scientifiques personnes, au lieu de dire *Nobles et Scientifiques*, même remarque. A l'occasion de la paix de Ryswick, en 1697, l'Université s'était rendue à Versailles pour complimenter le roi, mais voici que les chambellans refusent de laisser entrer les *clavati* ou massiers des nations et facultés. Aussitôt réclamation de ces compagnies auxquelles s'associe **Bossuet** lui-même, qui était présent, et **Louis XIV**, informé de l'incident, s'empressa de faire donner satisfaction aux plaignants. Mais c'est bien pis, en 1712, quand l'Académie française voulut prendre le pas, à Versailles, sur les corps universitaires. Le Recteur **Dagoumer**, proviseur d'Harcourt, arrêta par son manteau le directeur de l'Académie, **Régnier**, qui allait passer avant lui. Plainte de cette prétention fut ensuite adressée au ministre **Pontchartrain**, qui obligea l'Académie à faire des excuses à l'Université. Aussi, en 1715, quand celle-ci se présenta à Vincennes pour complimenter le nouveau roi **Louis XV**, elle eut bien soin de prendre rang avant l'Académie.

La Nation de Normandie n'était pas moins pointilleuse pour ce qui la concernait particulièrement. Un proviseur du collège de Lisieux, en soumettant à l'approbation de la Nation les noms des régents qu'il avait choisis pour sa maison, se servit des expressions : *nominavi et nomino*, au lieu de dire : *elegi et nominavi*; aussitôt il fut rappelé à l'ordre par le procureur et il n'obtint l'approbation demandée qu'à la condition d'employer la formule traditionnelle.

Parfois aussi, les Nations n'étaient pas d'accord entre elles. Il se produisait des rivalités d'influence, et on laissait alors échapper, de part et d'autre, quelque mot trop vif. Ainsi, en 1617, à l'occasion de l'élection du Recteur **Dossier**, régent de théologie au collège d'Harcourt, le député de la Nation de Normandie qualifia d'*étrangers* les électeurs des Nations de Picardie et d'Allemagne, parce qu'ils n'étaient pas de son avis sur le candidat. Ceux-ci répliquèrent en traitant les Normands de *perturbateurs*, et il fallut que le Parlement intervint et confirmât l'élection de **Dossier** pour mettre fin au différend.

Malgré ces querelles de mots et de préséance, et d'autres discussions plus importantes que nous rencontrerons bientôt, la NATION DE NORMANDIE n'en rendit pas moins de grands services à l'Université. Jusqu'à la fin elle soutint sa cause et ses dernières démarches, en 1790, pour mettre l'enseignement d'accord avec les idées nouvelles, prouvent qu'elle était décidée à ne rien négliger afin de sauver le corps universitaire de la ruine qui le menaçait[1].

1. V. **Jourdain**, *Hist. de l'Univ.*, t. II, p. 468.

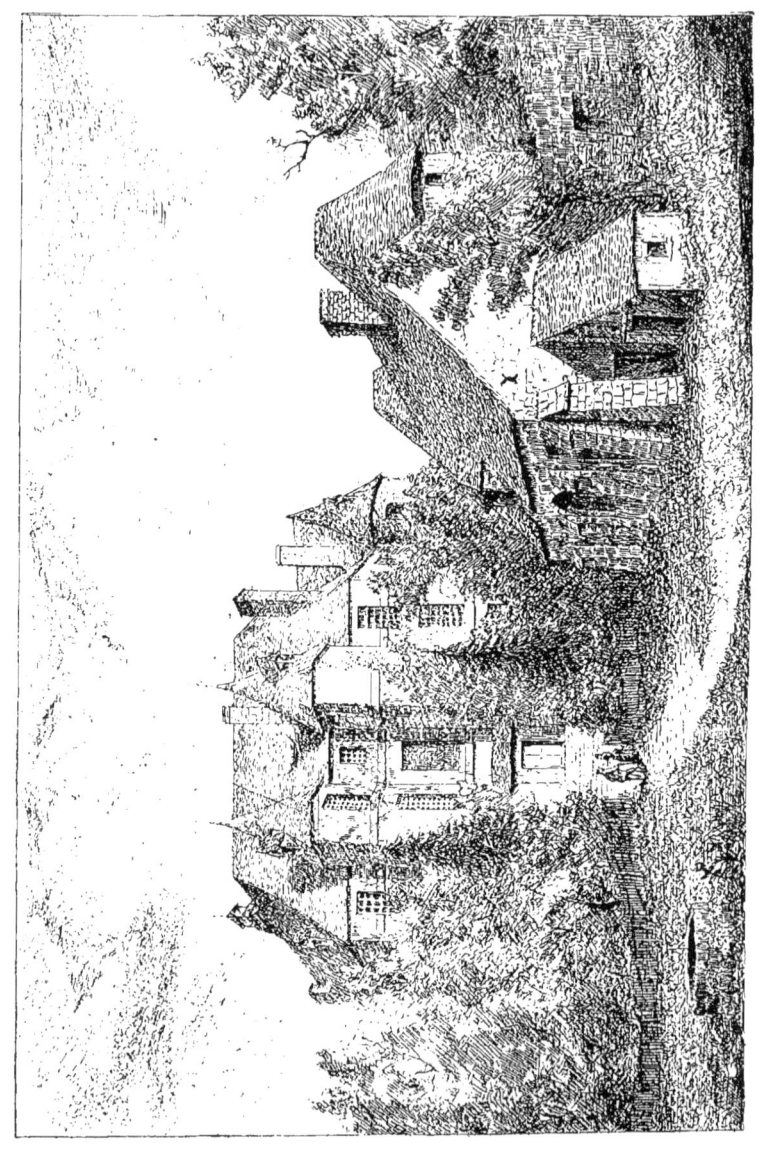

CHAPITRE II.

FONDATION DU COLLÉGE D'HARCOURT.

La famille de Robert et Raoul d'Harcourt. — L'idée première de leur fondation. — Raoul d'Harcourt entreprend de la réaliser en 1280. — Un collége au XIIIe siècle. — Robert d'Harcourt achève l'œuvre de son frère. — Contrats, Chartes et Statuts de fondation en 1309, 1310 et 1311.

C'est un de ces collèges destinés, comme nous l'avons dit, à venir en aide aux pauvres écoliers de l'Université de Paris, qu'entreprit de fonder, en 1280, **Raoul d'Harcourt**, et que son frère **Robert** acheva d'établir, en 1311, sous leur nom patronymique d'HARCOURT.

Ils appartenaient à cette noble famille qui a donné à la France des illustrations dans tous les genres : cardinaux, évêques, maréchaux, amiraux, ministres, diplomates. **Louis XIV**, en conférant la pairie ducale à l'un de ses représentants, le 30 juillet 1701, pouvait lui écrire : « Notre très cher et « bien-aimé cousin **Henri de Harcourt**, lieutenant général « de nos armées, a toutes les qualités nécessaires pour être « élevé à tout ce qu'il y a de plus considérable, une naissance « si ancienne qu'on en trouve des preuves dans les siècles les « plus éloignés ; des ancêtres aussi distingués par les services « que par leurs naissances ; plusieurs alliances avec les pre- « mières maisons souveraines, et en son particulier un mé- « rite reconnu par un très grand nombre d'actions de valeur « et de prudence dans nos armées[1]. »

Ces paroles résument l'histoire de la maison d'Harcourt. Sans remonter jusqu'aux Troyens, comme certains généalogistes l'ont prétendu, elle aurait eu pour souche **Bernard-le-Danois**, un de ces hardis et redoutables pirates scandinaves qui envahirent la France au IXe siècle, sous la conduite de

---

1. P. **Anselme**, *Hist. généalogiq. et chronologiq. de la maison royale de France*, t. V, p. 115.

leur fameux chef **Rollon**, et s'y établirent à sa suite dans cette partie de l'ancienne Neustrie que **Charles le Simple** leur céda pour en former le duché de Normandie. **Bernard** avait sans doute pris part, en 885, au siège de Paris, et porté, avec son terrible chef, le fer et la flamme dans les lieux voisins de l'abbaye de Saint-Germain-des-Prés où ses descendants devaient, quatre siècles plus tard, ériger de pacifiques écoles. Parmi les domaines qu'il avait reçus de **Rollon**, en récompense de ses services, se trouvait le fief d'Harcourt dont toute sa race a gardé le nom. L'historien de la maison d'Harcourt dit que ce nom signifie *maison vaillante*, comme l'indiquent les armes *de gueules à deux fasces d'or* que nous reproduisons à la fin de ce chapitre[1].

On voit encore aujourd'hui près de Brionne, dans l'Eure, les ruines de l'ancien château féodal d'Harcourt, bâti au xiie siècle par le baron **Robert**, fils de **Errand d'Harcourt**, un des compagnons de **Guillaume le Conquérant** dans son expédition d'outremer. Ce qui subsiste de la forteresse avec ses fossés profonds demeure imposant. « Il ne reste de l'ancien château, dit un archéologue, que deux tours fort élevées et un corps de bâtiments peu important, auquel on a ajouté, au xviie siècle, une vaste construction en pierres de taille mieux appropriée aux séjours qu'y faisaient parfois la famille d'Harcourt et sa nombreuse suite. Les appartements ont conservé pour la plupart leur aspect d'autrefois : parquets quadrillés, lambris de chêne, cheminées Louis XIV. Que n'y retrouve-t-on aussi les galeries de portraits, les trophées d'armes, la bibliothèque et le chartrier, les tapisseries et l'ameublement de ce château où cent personnes logeraient à l'aise! Aujourd'hui un silence de mort règne autour de ces murs qui furent jadis témoins de tant de vaillance, de combats et de fêtes[2]. » Nous en reproduisons en tête de ce chapitre un dessin dû au burin de M. Vaucanu, et ci-contre la vue des anciennes tours du château primitif.

1. **André de la Roque**, *Hist. généalogiq. de la maison d'Harcourt*, t. Ier, ch. IV.
2. *Bulletin monumental de la Société française d'archéologie*,

Tours et fossés de l'ancien Château féodal d'Harcourt.

C'est dans ce château que naquit, en 1198, **Jean**, premier du nom, fils de **Richard d'Harcourt, d'Elbeuf, de la Saussaye, de Brionne, Lillebonne**, etc., chevalier banneret de **Philippe-Auguste**, et de **Jeanne de la Roche-Tesson**, dame de Saint-Sauveur-le-Vicomte, d'Auvers et d'Aurilly. Il épousa, en 1240, **Alix de Beaumont**, fille du chevalier **Jean de Beaumont**, chambellan de **Saint-Louis**, qui lui donna quatorze enfants, sept fils et sept filles.

« Ne fuse pas moult notable lignée ? »

s'écrie un vieil auteur[1]. Les fondateurs du collège d'Harcourt, **Raoul** et **Robert**, appartiennent à cette lignée. « **Jean d'Harcourt**, dit son généalogiste, était petit de taille, mais grand par le courage. » Il en donna la preuve en suivant **saint Louis** dans ses deux croisades, surtout à la dernière, en 1269, alors qu'arrivé à l'âge de soixante-et-onze ans, il pouvait prétendre à la retraite et au repos. Bien plus, on le voit, en 1285, prendre part à la campagne d'Aragon ; il avait quatre-vingt-sept ans. **Jean d'Harcourt** ne fut pas seulement le compagnon d'armes du pieux monarque, il en devint aussi l'ami ; « Messire **Jean**, chevallier grandement aymé du roy S. Louis, » selon un biographe, et nous savons que **saint Louis** n'admettait dans sa familiarité que des gens de bien. Or, le chevalier **Jean** remplissait entièrement cette condition, car « il était plus curieux de la vertu que de la fortune », dit **de la Roque**[2]. » Aussi **saint Louis** l'avait-il surnommé *le prud'homme*, surnom qui lui resta et qui fait son éloge, car au moyen âge il signifiait le parfait honnête homme, bon chrétien avant tout et doué des vertus particulières à son état[3]. **Saint Louis** disait un jour à **Robert de**

1881, article de M. l'abbé **Porée**, à qui je dois bien des renseignements importants. Aujourd'hui, le domaine d'Harcourt appartient à la Société nationale et centrale d'agriculture. Le château de la famille d'Harcourt est maintenant dans le Calvados.

1. **De la Roque**, *Hist. généalogiq.*, t. III, p. 204.
2. *Ibid.*, t. I, p. 324 ; t. III, p. 195-203.
3. **F. Faure**, *Hist. de saint Louis*, t. II, 576.

Sorbon : « Maître Robert, je voudrais avoir le nom de
« prud'homme, mais que je le fusse vraiment, car prud'homme
« est si grande et si bonne chose que rien qu'à le prononcer
« emplit-il la bouche. » Le vieil auteur, cité par de la Roque,
confirme le fait dans ces termes d'une poésie primitive :

> « Donc preudhomme tout le monde l'appelle.
> Qui contredit ce mot qu'on le rapelle
> En lui donnant deux ou trois coups de pelle,
> Comme arrogant et lourd deffectueux.
> Le roy Louis qui en gloire éternelle,
> Est couronné de couronnes immortelles :
> Le dit preudhomme prudent et vertueux [1]. »

Le baron Jean montra sa *prud'homie*, c'est-à-dire sa piété, en fondant près de son château d'HARCOURT, en 1254, le prieuré de NOTRE-DAME-DU-PARC, qu'il confia à des chanoines réguliers de Saint-Augustin de l'ordre du *Val des escholiers*. C'était un nouvel institut religieux établi, depuis 1201, dans le diocèse de Langres, par quatre maîtres en théologie de l'Ecole de Paris. Or, en 1229, ils viennent fonder à Paris, pour leur ordre, un collège admis à participer aux privilèges de l'Université; les jeunes d'Harcourt ne puiseront-ils pas auprès d'eux la première pensée du collège qu'ils établiront un jour [2]? Le prieuré du PARC était pour le baron Jean sa *Sainte-Chapelle*, où il venait prier et assister à l'office divin, à l'exemple de saint Louis. Dans ce temps-là, d'ailleurs, les hommes de guerre, même en campagne, entendaient la messe tous les matins, et, dans les loisirs du manoir, récitaient les heures canoniales comme de véritables religieux [3]. C'est au PARC aussi qu'il voudra être enterré, en 1288, auprès de sa femme, qui y sera déposée en 1275.

La femme de Jean d'Harcourt était digne d'un tel mari.

1. *Hist. généalogiq.*, t. III, p. 203.
2. Le prieuré DU PARC était important, car il comptait, en 1684, quinze religieux. Les deux bourdons de la cathédrale d'Évreux et les stalles si remarquables de l'église de Goupillières (Eure), proviennent de ce prieuré, qui disparut à la Révolution (Note de M. l'abbé **Porée**).
3. F. Faure. *Hist. de saint Louis*, t. II, p. 553. — Gautier. *La Chevalerie*, p. 42. — De la Roque. *Hist. généalogiq.*, t. III, p. 201.

Elle joignait aux grâces du corps tous les attraits d'un esprit cultivé et d'un cœur aimant :

« La dame est bele et sage, plaisans et simple et gaie, »

pour parler le langage d'un poète de l'époque[1]. Elle partageait son temps entre la prière et le travail des mains, les soins à donner à ses enfants et la surveillance à exercer sur ses serviteurs, semblable à cette **Berthe de Roussillon** « qui fut si bonne couturière en son temps, mais surtout si « bonne chrétienne, si simple et si loyale[2] ». Elle n'oubliait pas non plus les pauvres et les affligés : aussi **Dom Boulenc**, prieur du Parc, a pu dire de la châtelaine d'Harcourt qu'elle « était d'une bonté et d'une beauté incomparables[3]. » Notre vieil auteur a peint en ces vers naïfs la charité de la dame d'Harcourt :

> En hiver temps craint la pruine,
> Tant en salle que ailleurs que à la cuisine
> Sont là chauffez et repeus maintes jens,
> Et en esté où la chaleur domine
> Soit au matin, au soir ou quand l'on disne,
> Sont bien venus riches et indigents[4].

Elle avait d'ailleurs eu de généreux exemples sous les yeux dans la maison de son père, le rigide et vaillant chevalier **Jean de Beaumont**. Saint Louis, qui le tenait en haute estime, l'envoya au secours des habitants de Carcassonne, assiégés par les bandes albigeoises de **Trancavel**, fils de l'ancien vicomte **de Carcassonne et de Béziers**. Le chevalier Jean s'acquitta de sa mission avec succès, et força le rebelle à repasser les Pyrénées. « Il alla et chevaucha hardi- « ment en la terre des Albigeois, dit **Guillaume de Nangis**, « et la soumit en peu de temps au roi Louis ; dont vraiment on « peut dire de lui : Jean foule la terre en frémissant et ébahit « les gens par sa *forsenerie* (fureur)[5]. »

1. Gautier, *Hist. de la Chevalerie*, p. 567.
2. *Ibid.*, p. 383.
3. **De la Roque**. *Hist. généalogiq.*, t. I, p. 327.
4. *Ibid.*, t. III, p. 203.
5. **F. Faure**. *Hist. de saint Louis*, t. I, p. 507.

Nous ne devons pas nous étonner maintenant qu'élevés dans un milieu si chrétien, les enfants de **Jean d'Harcourt** aient manifesté de bonne heure de tels sentiments de piété qu'ils se traduiront, pour plusieurs d'entre eux, par une vocation à l'état ecclésiastique ou à la vie religieuse. Trois des fils, **Robert, Raoul** et **Guy**, se destineront au sacerdoce et arriveront à de hautes dignités dans l'Église ; deux des filles, **Agnès** et **Jeanne**, se consacreront à Dieu et deviendront abbesses du monastère royal de LONGCHAMP. **Agnès** sera même formée à la vie religieuse par la fondatrice de cette abbaye célèbre, la bienheureuse **Isabelle de France**, sœur de **saint Louis**. Aussi l'oncle de cette princesse, **Charles d'Anjou**, roi de Sicile, demandera un jour à **Agnès d'Harcourt** d'écrire pour lui la vie de sa nièce, et comme **Agnès** mourra en odeur de sainteté en 1261, son biographe **du Rocher** pourra dire de son livre que « c'était la vie d'une sainte écrite par une sainte[1]. »

Les jeunes seigneurs d'**Harcourt** auraient pu embrasser la carrière des armes et s'y distinguer comme leurs aînés **Richard** et **Jean**[2], mais ils préférèrent le service des autels à la vie des camps, et de bonne heure, sans doute, ils furent

---

1. A. de la Roque. t. II, p. 1775. — D. Félibien. *Hist. de Paris*, p. 405.
2. **Richard d'Harcourt** fut fait chevalier par **saint Louis** pendant sa deuxième Croisade, et il mourut sans enfants, en 1269. **Jean d'Harcourt**, devenu le chef de la famille, se distingua, en 1285, dans la Croisade de **Philippe le Hardi** contre l'Aragon. Il mourut en 1302, comme le constate son épitaphe du prieuré DU PARC, où il fut enterré.

    Cunctis Normannis mors est damnosa JOHANNIS
    Est HARCOURT villae nomen cui praefuit ille,
    Alter Roullandus per saecula magnificandus.
    Hic jacet in terra, similem sibi vix homo verra (*sic*),
    Quidquid pro vero dici valet ex Olivero,
    Hæc in eo reperies, si facta per omnia quæres,
    Audax, fortis heros, constans, ad turpia serus.
    Lavit peccata sua Papæ gratia lata
    Ad Siculos Christe, pro te perrexerat iste,
    Aquis dum rediit, jura necis subiit,
    M semel, I bina fert annus C quoque trina
    In Didimi festo : pius illi tu Deus esto, Amen.

        (Bib. nat. Man. lat. 13905. f° 107,
        et **De La Roque.** t. III, p. 231)

envoyés à l'*Université de Paris* qui jouissait déjà d'une grande réputation. Il s'agissait, pour eux, d'étudier *en divinité* et *en décret*, comme on disait alors, c'est-à-dire en théologie et en droit; leurs premiers maîtres de Notre-Dame du Parc ne leur suffisaient plus. Pourquoi ne nous les représenterions-nous pas, **Robert** et **Raoul**, car **Guy** est encore trop jeune pour les accompagner, tels que M. **Lecoy de la Marche** nous a décrit l'étudiant en théologie d'alors dans son *bagage d'un écolier en 1347?* Nous ne sommes qu'en 1260 environ, mais les modes n'ont pas dû changer beaucoup dans l'intervalle. « Monté sur son cheval à robe brune, un manteau
« fait de drap tanné et de ce tissu bigarré qu'on appelait du
« *marbre,* l'enveloppait tout entier. Il portait par-dessous
« une *cotardie*, également marbrée ou tachetée et fourrée
« d'agneau noir, une cote couleur fleur de pêcher, un *blan-*
« *chet* fourré d'agneau blanc, des chausses « fleur de vesce »,
« des houseaux ou moletières, des braies, un brayer et même
« une chemise, suivant la mode nouvelle. Sa taille était
« serrée par une ceinture de cuir rouge, ornée de rosettes
« d'argent, à laquelle étaient suspendus divers objets. Il
« avait sur la tête deux chaperons d'étoffes différentes, mis
« l'un dans l'autre, et par-dessus, un chapeau de feutre : au
« côté une épée, aux talons des éperons, enfin tout l'équipe-
« ment d'un fils de famille quittant, bien pourvu et bien
« couvert, la maison paternelle. »

Nous pouvons croire que les deux frères descendirent, à Paris, à l'hôtel ou *logis d'Harcourt*, que les plus anciens plans nous montrent dans le voisinage de l'hôtel de Cluny, en face le palais des Thermes de Julien, avec lequel on l'a parfois confondu. Il est certain, en effet, que cet hôtel d'Harcourt appartenait à la famille de ce nom, avant la fin du xiiie siècle, comme le dit **de la Roque**[1] et en fait foi un livre de taille de 1298[2]. M. Lenoir a donné une restitution de sa chapelle que nous reproduisons

---

1. A. de la Roque, t. II, p. 1758.
2. Nous tenons cette indication du *Bureau des travaux histori-*
4.

La Chapelle de l'Hôtel d'Harcourt.

page 51 avec son obligeante autorisation et celle de la maison **Didot**. Il est indiqué sur les plans de l'Université de Paris insérés dans ce travail[1].

Nos jeunes voyageurs se mirent aussitôt en quête des meilleurs maîtres de la NATION DE NORMANDIE, à laquelle ils allaient appartenir, pour étudier, sous leur direction, comme le faisaient alors les écoliers sérieux. Il y avait, en effet, un choix à faire, si l'on en croit les prédicateurs du temps, dont nous parle M. **Lecoy de la Marche**. Il fallait se garer des *ergoteurs* qui ne songeaient qu'à discuter « comme les coqs qui se battent à coups de bec et de griffes, » et des *néophytes* qui puisaient tout leur savoir dans les cahiers de leurs devanciers et payaient même les écoliers pour les attirer à leurs leçons[2]. Ils durent aussi fréquenter la maison que les religieux du *Val des escoliers*, établis au PARC, avaient à Paris, au faubourg Saint-Antoine, et peut-être s'y préparèrent-ils à la vie sacerdotale, car les séminaires pour la formation du clergé n'existaient pas encore.

Voici comment un vieil historien nous parle de la vie laborieuse des deux frères : « **Robert** et **Raoul** en leur jeune âge, dit **Jean le Feron**, addonnés à l'estude, leur fut baillé par leur bon père maistre pour les entretenir aux universités et instruire en science et bonnes mœurs, lesquels comme fussent de grand esprit, si bien emploierent le temps aux lettres, et tant profiterent, que iceux venus en adolescence, acquirent degrés de suprême faculté[3]. »

En suivant les leçons de la rue du Fouarre, pour prendre ensuite leurs degrés dans les diverses facultés des arts, de

---

ques de la Ville de Paris. Le prochain volume de la *Topographie du vieux Paris*, qui paraîtra bientôt, contiendra une note sur ce point, conforme au plan qui est également en préparation et qui mentionne l'*hôtel d'Harcourt*, situé jadis à l'angle des rues Coupe-Gueule et des Maçons-Sorbonne. Voir le plan de Berty à la page 66.

1. *Paris à travers les âges*, chez MM. **Didot**, Carton, 11ᵉ: Le Petit Châtelet et l'Université, p. 31. — V. ces plans plus loin, chap. III, IV.
2. *La Chaire française au moyen âge*, p. 452.
3. *Histoire manuscrite* citée par **A. de la Roque**, *Hist. généalogiq. d'Harc.*, t. IV, p. 1189.

décret et de théologie, ils furent témoins des misères dont souffraient alors les pauvres écoliers. Ils virent plus d'une fois passer sous leurs yeux les tristes héros du poème de **Jean d'Hauteville**, moine normand du xiie siècle, ces écoliers « à la toilette en désordre, aux cheveux épars, « n'ayant que le souci d'échapper au supplice de la faim « qui dévore leurs entrailles, creuse leurs joues, fait pâlir « leurs lèvres, entoure leurs yeux d'un cerne livide et « remplace les lys et les roses de la jeunesse par un aspect « terreux. »

> . . . . . Vacui furit aspera ventris
> Incola longa fames, formæ populatur honorem,
> Exhauritque genas macies pallore, remittit
> Quam dederat natura nivem, ferrugine texit
> Liventes oculos, facula splendoris adusta
> Extinxit faciem, marcent excussa genarum
> Lilia, labiorumque rosæ, collique pruina
> Dejicitur livore luti[1]. . . . .

Le même auteur nous dépeint l'horrible nourriture du pauvre écolier, les mets grossiers cuits sous l'auvent de quelque carrefour par la vieille femme en haillons, la marmite où nagent les classiques haricots et toutes sortes de légumes féconds en migraine, enfin le sel, prodigué pour tenir lieu d'assaisonnement.

> Languida sordet anus, admoto immurmurat igne
> Urceolus, quo pisa natant, quo cæpe vagatur
> Quo faba, quo porrus capiti tormenta minantur.

Le poète n'oublie rien, ni le labeur acharné de ceux qui travaillent bien avant dans la nuit, malgré le sommeil qui appesantit leurs paupières, ni le mauvais lit sur lequel ils étendent leurs membres fatigués, ni les cauchemars qui troublent leurs courts moments de repos[2].

1. *Archithrenius* ou *le grand pleureur*, liv. III, cap. i : *De miseriis scholasticorum*.
2. *Archithrenius*, lib. III, cap. iv, vi, vii, viii, x. — **P. Chapotin**, *Le Collège de Dormans-Beauvais* et **Quicherat** : *Histoire du Collège de Sainte-Barbe*. — **Michelet** parle même d'écoliers qui, faute d'huile, étudiaient au clair de la lune dans les greniers du pays atin où ils vivaient. *Hist. de France*, in-12, t. V, p. 278.

Sic varia pectus ambage in somnia vexant,
Sollicitumque trahit curarum turba soporis.

D'autres ont raconté les querelles des écoliers, les injures qu'ils se prodiguaient de Nation à Nation, d'école à école, quand ils discutaient au sujet de l'enseignement de leurs maîtres, les coups qu'ils se donnaient quand ils étaient à bout d'arguments plus persuasifs.

Les jeunes d'**Harcourt** purent assister aussi aux désordres causés dans le quartier des écoles par la vie indépendante des étudiants, toujours prêts à quelque mauvais coup pour molester les bourgeois. Ils durent entendre raconter la grande émeute de 1229, dont le bon **du Breul** nous a laissé le récit dans ses *Antiquitez de Paris*. Survenue à l'occasion d'une boutique de cabaretier mise à sac par des écoliers qui, après avoir bu de son vin, et trop bu même, ne voulaient pas le payer son prix, cette émeute fut réprimée si rudement par les soldats de la régente **Blanche de Castille**, que plusieurs écoliers restèrent sur le carreau. L'Université suspendit les cours et voulut même se retirer à Angers. **Saint Louis** finit, non sans peine, par arranger l'affaire[1].

Mais ce qu'il y avait de plus déplorable que l'indiscipline et la pauvreté, c'était la dépravation qui régnait parmi la jeunesse des écoles. Le cardinal **Jacques de Vitry** nous a raconté, dans son *Historia Occidentalis*, ce qu'il avait vu, au XIIIe siècle, en ce pays latin. « Paris, dit-il, c'est la source
« d'eau vive qui arrose toute la surface de la terre, mais c'est
« aussi, dans le monde des écoliers, une brebis galeuse dont
« l'incomparable corruption gagne tous ceux qui l'appro-
« chent, c'est une tare qui dévore ses habitants... Dans la
« même maison vous trouvez, en haut, des écoles, en bas,
« des lieux de débauche. Qu'un étudiant soit prodigue et
« déréglé, tous ses camarades glorifient la noblesse de son
« caractère et sa libéralité ; qu'un autre veuille mener une vie
« sage et chrétienne, on le traite d'avare et d'hypocrite. Le

1. **Du Breul**, p. 610. **Du Boulay.** *Hist. Univ. Par.*, t. III, p. 132. **Crévier.** *Hist. de l'Univ.* t. I, p. 337.

« plus grand nombre de ces écoliers sont des étrangers qui
« viennent à Paris dans le seul but d'y apprendre quelque
« chose de nouveau. Les uns étudient pour acquérir de la
« science, et c'est curiosité ; les autres, pour se parer de leur
« savoir, et c'est vanité ; d'autres encore, pour faire fortune,
« et c'est cupidité ou simonie ; quelques-uns seulement pour
« s'édifier eux-mêmes et pour pouvoir travailler au bien et à
« l'édification des autres[1]. »

C'est parmi ces derniers que se rangèrent nos gentilshommes normands. Ils ne connaissaient sans doute que deux chemins, celui de l'église et celui de l'école, comme les deux jeunes Cappadociens **Basile** et **Grégoire**, qui fréquentaient, au IVe siècle, les écoles non moins dissolues d'Athènes. Mais, en même temps qu'ils étudiaient, germa dans leur cœur le projet de venir en aide, d'une manière efficace, aux pauvres écoliers, par une fondation semblable à celle que **Robert de Sorbon** venait de faire, en 1256, pour les clercs séculiers, étudiants en théologie.

Ils revinrent en Normandie, après avoir conquis leurs grades académiques, en particulier la *maîtrise en décret*, car les archives de Saint Victor, les auteurs de la *Gallia Christiana* qui les mentionnent[2] et tous les historiens de l'Université donnent à **Robert** et à **Raoul d'Harcourt** le titre de *maître* et affirment qu'ils étaient très versés dans la science des canons, dans la connaissance du droit ecclésiastique et du droit civil, *canonum scientia clarus, juris utriusque peritus*. Cette dernière expression est même consacrée pour désigner le doctorat en droit. S'il en était ainsi, nous aurions là une preuve de plus que l'enseignement du droit civil n'a pas cessé d'être donné dans l'Université de Paris, même après la défense du pape **Honorius**, en 1219, comme on l'a établi récemment[3].

Ainsi préparés par l'étude des sciences sacrées aux fonc-

---

1. *Hist. Occident. De statu civitatis Parisiensis*, cap. VII.
2. *Gallia christiana*, t. XI, p. 884. D.
3. G. **Périès**. *La Faculté de droit dans l'ancienne Université de Paris*, ch. VI.

tions du sacerdoce, les jeunes **d'Harcourt** reçurent les ordres de la main de leur évêque, sans doute **Raoul de Chevry**, qui occupait le siège d'Évreux vers 1270[1]. Les deux frères sont aussitôt appelés aux dignités ecclésiastiques. Leur nom, leur science et leurs vertus les désignent à l'attention des évêques normands. **Raoul d'Harcourt** est fait chancelier[2] d'Évreux, puis chantre[3] de Bayeux, archidiacre[4] de Coutances et de Rouen. L'Église de Paris veut se l'attacher à son tour et il devient chanoine de Notre-Dame.

Ses mérites ne tardent pas à être connus à la Cour et **Charles de Valois**, deuxième fils de **Philippe le Hardi**, le demande pour son aumônier. Puis c'est **Philippe le Bel**, le roi-juriste, qui, frappé de sa profonde connaissance du droit, l'appelle dans ses conseils et, comme l'a dit un historien, met à profit ses lumières et son habileté dans plusieurs affaires de conséquence[5].

Les documents nous manquent pour apprécier sa conduite dans ces circonstances; disons seulement que **Raoul d'Harcourt** ne fut pas un servile instrument des volontés royales. Nous savons, en effet, que les conseillers du roi, à cette époque, n'étaient pas ces légistes roturiers, imbus de droit romain et de maximes despotiques, comme il en apparaîtra plus tard. Ils étaient tous clercs ou chevaliers et, sans ignorer le droit romain, ils jugeaient plutôt avec le droit féodal et coutumier. « De là, dit l'historien à qui nous empruntons ces

---

1. *Gallia christiana*, t. XI, p. 589.
2. Le *chancelier* était un chanoine qui avait la garde des sceaux du chapitre. Le chancelier de l'église de Paris était chargé, dans l'ancienne Université, de conférer la licence et le doctorat au nom du souverain pontife.
3. Le *chantre* était le chanoine qui présidait au chant de l'office divin dans les églises, cathédrales et collégiales. Il portait un bâton comme insigne de son autorité à cet égard.
4. L'*archidiacre* était un des premiers dignitaires ecclésiastiques dans un diocèse. Au moyen âge, les archidiacres, jouissant de l'inamovibilité, étaient devenus presque aussi puissants que les évêques qui durent restreindre leurs pouvoirs et les transformer, à partir du XIIIe siècle, en vicaires généraux révocables à leur gré.
5. **Hermant.** *Hist. du diocèse de Bayeux*, p. 254 (1705).

remarques, l'indépendance qui s'alliait chez les conseillers du roi à la sagesse et à l'équité[1]. »

Nous ne suivrons pas **Raoul d'Harcourt** dans sa haute situation, nous avons hâte de montrer comment il établit son collège. Sa double qualité de chanoine de l'Église de Paris et de conseiller de **Philippe le Bel**, l'obligeait à élire résidence dans la capitale, et c'est alors qu'il résolut de mettre à exécution un projet dont **Robert de Sorbon**, et, tout récemment, un de ses compatriotes **Guillaume de Saânne**, grand trésorier[2] de l'église cathédrale de Rouen, lui avaient donné l'exemple. Ce dernier venait de fonder, en 1268, rue Saint-Côme ou de la Harpe, à deux pas de la Sorbonne, le collège *du Trésorier*, pour vingt-quatre étudiants pauvres du pays de Caux[3].

Du Breul nous dit, en effet, que « Maistre **Raoul de Har-
« court** ayant, sur son vieil âge, arresté sa demeure à Paris,
« dont il estait chanoine, prenait grand plaisir de voir les
« diverses fondations des collèges et maisons d'estude que
« l'on faisait de son temps en l'Université, et presque toutes
« lesdites fondations sur le modelle de celuy de Sorbonne[4]. »
Or, à côté du *Collège du Trésorier* se trouvaient, ajoute du
Breul, « partie sur la rue des Massons (aujourd'hui rue Cham-
« pollion), partie sur la rue de la Harpe, quelques vieilles et
« ruineuses maisons, » aux abords de la place de la Sorbonne,

---

1. **Langlois**. Le *Règne de Philippe le Hardi*, p. 321.
2. Le *Trésorier* avait la garde de tout ce qui appartenait à l'église cathédrale, les reliques, les ornements, les vases sacrés, et même était chargé d'en percevoir les revenus.
3. Guillaume de Saânne était originaire du village de ce nom dans la Seine-Inférieure, près de Dieppe, que sa famille possédait en seigneurie. Sa fondation, la première que l'on connaisse en faveur des écoliers normands, après avoir été assez longtemps prospère, périclita au XVIIIe siècle, par suite de la mauvaise administration de ses revenus. Le *Collège du Trésorier* fut alors réuni à celui de *Louis-le-Grand*, et, à la Révolution, il disparut complètement. Ses bâtiments ont fait place au boulevard Saint-Michel (V. la notice du marquis de Belbœuf, dont la famille jouissait du droit d'y présenter des boursiers. Paris, 1861).
4. *Théâtre des antiquitez de Paris*, éd. de 1612, p. 65.

— 58 —

non loin des dépendances de l'hôtel d'Harcourt, dont nous avons parlé. Ces maisons, d'après les notes et les anciens plans de Paris que M. Tisserand doit éditer bientôt dans son volume de *Topographie de la région orientale de l'Université*, s'appelaient les maisons de *la Rose vermeille*, des *Serviets de Notre Dame*, des *Trois Croissants rouges*[1]. Raoul d'Harcourt en fit l'acquisition, en 1280, et les appropria aussitôt pour donner asile à un certain « nombre de pauvres « estudians, tant en la faculté des arts que de théologie. Les« quels il voulut choisir de ces quatre diocèses de Coutances, « Bayeux, Évreux et Rouen : pour ce qu'il avait au précédent « tenu des premiers rangs esdites églises[2]. » C'est ce que nous avons désigné sur le plan de Berty sous le nom de *Petit Harcourt* pour le distinguer du *Grand Harcourt*, établi en face, sur la rue de la Harpe.

Malheureusement, malgré nos recherches, nous n'avons pu trouver aucun acte authentique attestant cette fondation à la date de 1280, et nous sommes obligés, sur ce point, de nous en rapporter à ce que tous les historiens de l'Université, de la Ville de Paris et de la famille d'**Harcourt** ont unanimement affirmé[3].

Citons seulement **du Boulay**, qui les résume :

« En 1280, **Raoul de Harcourt**, docteur en droit, aupa« ravant archidiacre de Coutances, chancelier de Bayeux, « chantre d'Évreux, grand archidiacre de Rouen et alors « chanoine de l'Église de Paris, conduit par la généreuse « pensée qui, dans ce temps, animait beaucoup de personnes, « commença à établir le Collège qui du nom de son fonda« teur fut appelé Collège de Harcourt. Ce Collège était des« tiné aux pauvres écoliers *normands* des quatre diocèses de « Coutances, d'Évreux, de Bayeux et de Rouen, dans lesquels

---

1. V. le plan de **Berty**, p. 66.
2. *Théâtre des antiquitez de Paris*, p. 65.
3. Le **P. Denifle**, que nous avons consulté, nous a déclaré qu'il ne connaissait aucun document avant ceux de 1311, que nous mentionnerons bientôt. Nous en citerons cependant deux de 1309 et 1310 qui lui ont peut-être échappé. Nous sommes heureux de les lui signaler pour son grand et beau travail.

« Raoul de Harcourt avait occupé les premières dignités
« ecclésiastiques. A cet effet, il acheta plusieurs maisons qui
« menaçaient ruine, les restaura et les fit disposer, avec une
« cour, pour la commodité des Étudiants ; mais, prévenu par
« la mort, il ne put achever cette louable entreprise[1]. » Nous
verrons que dans les actes de 1309, 1310 et 1311, émanés
de Robert d'Harcourt, cette fondation est supposée, puisqu'on y fait partout allusion aux projets de Raoul que Robert déclare ne faire que réaliser et compléter.

Pendant vingt-sept ans, puisqu'il n'est mort qu'en 1307, Raoul d'Harcourt s'occupa d'assurer l'avenir de son œuvre, et on peut dire qu'il ne la perdit pas un instant de vue, à travers les occupations multiples que lui imposait sa charge de conseiller du roi. Nous le voyons, en effet, en 1293, présider à l'exécution du testament de Jeanne de Chatillon, veuve du comte d'Alençon, cinquième fils de saint Louis ; en 1302, représenter Charles de Valois dans l'acquisition du château de Chartres, que lui cédait le chevalier Pierre de Plailly ; en 1305, assister au contrat de mariage de Jeanne de Valois avec Guillaume, comte de Hainaut, de Hollande et de Zélande. C'est en 1307, comme nous l'avons dit, le 21 septembre, jour de la fête de saint Mathieu, qu'il quitta cette vie, en laissant à son frère Robert le soin d'achever, en qualité de son exécuteur testamentaire, ce qu'il avait si bien commencé, ainsi que le dit D. Félibien[2]. Raoul d'Harcourt fut inhumé auprès de son père et de sa mère, dans la chapelle du prieuré de N.-D. du Parc, à gauche du maître autel. Nous avons retrouvé son épitaphe « qui portait, dit de la Roque, qu'il était docteur aux droits et personnage très savant, le comparant à Papinien[3]. » Elle confirme ce que nous savons de ses mérites et de ses vertus.

---

1. Du Boulay. *Historia Universitatis Paris.* t. III, p. 152. — D. Félibien donne la même version de la fondation du collège d'Harcourt. V. *Hist. de la Ville de Paris*, t. Ier, p. 446.
2. *Hist. de la Ville de Paris*, ut supra.
3. De la Roque, *généalog. Harc.*, t. II, p. 1760, et t. IV, p. 1225. V. aussi Bibl. Nat. man. lat. 13905, f° 107 :

D'après ce que nous venons de rappeler, la fondation de **Raoul d'Harcourt** était, à l'origine, assez modeste, comme le sont ordinairement les commencements de toute œuvre destinée à produire un grand bien. Ainsi qu'on l'a remarqué[1], rien ne ressemblait moins à nos collèges modernes que ces fondations primitives. Un collège n'était guère, à cette époque, qu'une hôtellerie où quelques écoliers, désignés par le fondateur, trouvaient gratuitement le vivre et le couvert. Celui-ci, seigneur ou évêque, achetait une maison, l'appropriait tant bien que mal au logement d'une communauté de jeunes gens, lui assurait un revenu, nommait un maître, *proviseur* ou *principal*, pour l'administration générale de la maison, un *procureur*, pour les revenus et la dépense, un *sous-maître* ou *sous-principal* pour surveiller les écoliers, un ou plusieurs *chapelains* pour donner l'instruction religieuse et acquitter les messes établies par les fondateurs et bienfaiteurs ; en outre il y admettait, suivant les ressources dont il pouvait disposer, un certain nombre d'étudiants qu'on appelait *grands boursiers*, quand ils étaient en théologie, et *petits boursiers* jusqu'en philosophie. Dans ces maisons, le portier est un personnage important, non par sa position, mais par le concours qu'il apporte à la discipline, concours qui va jusqu'à la fustigation de ceux qui se permettent de la violer[2]. Souvent même ce portier était un étudiant qui n'avait trouvé que cette situation pour s'assurer un gîte qui lui permit de s'instruire. Il n'est

> Flos legistarum constans pugil Ecclesiarum,
> Hic jacet in loculo sub modico tumulo.
> Ex Harcourt natus est Radulphusque vocatus ;
> Ingenti cura cognovit hæc omnia jura.
> Ingenio sanus velut alter Papinianus,
> Consilio clarus fuit, atque per omnia gnarus
> M. cum ter centum septem planxit monumentum,
> Præbens istud ei september luce Mathaei.

Sur le tombeau est figuré un personnage revêtu d'une dalmatique, ce qui prouve qu'il était archidiacre.

1. **Thurot.** L'*Université au moyen âge*, p. 125. — **P. Chapotin.** *Hist. de Dormans-Beauvais.* — **Quicherat.** *Hist. du collège Sainte-Barbe*, t. I, ch. IX.

2. *Væ natibus !* disait Erasme, en parlant du fouet donné aux écoliers de son temps.

pas question de régents ou de professeurs, à l'origine, parce qu'il n'y en aura guère avant le xvi⁰ siècle, et encore n'en verra-t-on que dans les collèges les plus importants, ceux qui ac-

Robert d'Harcourt en prière sur la tombe de son frère [1].

querront le droit du *plein exercice*, c'est-à-dire de donner l'enseignement classique complet. Jusque-là, les élèves vont aux

[1]. Ce dessin sert d'estampille aux livres que la comtesse d'HARCOURT a légués au lycée Saint-Louis.

cours publics de la rue du Fouarre, ou auprès d'un professeur qui enseigne chez lui, mais ils sont surveillés et accompagnés par un maître de leur collège, qui, au retour, leur fait reprendre la leçon qu'ils ont entendue, afin de voir s'ils l'ont comprise. Enfin, au-dessous des boursiers et du portier, il y avait d'autres pauvres écoliers qui, faute de mieux, venaient encore au collège servir de domestiques, nettoyer, balayer les salles et les cours, pour obtenir, en échange, un morceau de pain et le droit d'assister à la répétition du maître.

C'est un collège ainsi organisé qu'avait fondé **Raoul d'Harcourt**, mais il comptait lui donner plus de développement, lui assurer des ressources matérielles et surtout en affermir l'établissement par des statuts, lorsqu'il fut surpris par la mort. **Robert d'Harcourt**, en qualité de son exécuteur testamentaire, accepta la mission de compléter son œuvre. Elle ne pouvait être remise en de meilleures mains. **Robert d'Harcourt** n'était-il pas son frère, initié depuis longtemps à ses projets, et la grande situation qu'il occupait dans l'Église et dans l'État ne devait-elle pas lui donner encore plus d'autorité pour réaliser ses projets? En 1285, le roi **Philippe le Hardi**, le nomme clerc de son conseil, aux gages de la couronne. En 1288, à la mort de son père, il devient seigneur de Saint-Sauveur-le-Vicomte[1] et il est qualifié, à cette époque, dans certains actes, archidiacre du Cotentin[2]. Le diocèse de Coutances était alors administré par l'évêque **Eustache de Rouen**. En 1291, le chapitre le choisit à l'unanimité, à cause de ses qualités et de ses mérites, pour succéder à ce prélat qui venait de mourir[3]. En 1296 et 1298 il est mentionné au nombre des conseillers de **Philippe le Bel**. En 1302, il apparaît comme membre de la chambre des enquêtes de l'échiquier

---

1. **L. Delisle.** *Hist. du château et des sires de Saint-Sauveur-le-Vicomte*, ch. II.
2. *Gallia christiana*, t. XI, p. 882. A. de la Roque, *Généalog. d'Harcourt*, t. II, p. 1731.
3. **Toustain de Billy.** *Hist. des évêques de Coutances*, t. II, ch. VI.

de Normandie. En 1310, il siège au parlement d'hiver assemblé à Paris[1]. Entre temps **Robert d'Harcourt** bâtissait un cloître pour ses chanoines de Coutances; restaurait l'abbaye de Saint-Sauveur-le-Vicomte; sacrait, en 1303, son frère **Guy**, évêque de Lisieux, celui qui fondera en 1336, le collège de ce nom; tenait dans son diocèse deux synodes par an, assistait aux conciles de la province de Rouen, et à la translation du chef de saint **Louis** à la *Sainte Chapelle* (1306). Mais il était mêlé, et plus qu'il n'aurait voulu, à la querelle de **Boniface VIII** avec **Philippe le Bel**.

Robert d'Harcourt fut plus d'une fois, à ce sujet, envoyé en ambassade auprès du pape pour arriver à une entente entre les deux puissances, et il ne dépendit pas de lui d'empêcher la querelle de dégénérer, du côté du roi de France, en violences lamentables. Il fut plus heureux dans la mission dont il fut chargé par **Clément V** auprès du duc de Bretagne, **Jean III**, qui avait à se plaindre des évêques de Rennes et de Vannes. Il réussit à rétablir la paix entre les parties[2]. Toutefois ces négociations ne lui firent pas oublier l'œuvre de son frère et nous le voyons, en 1311, l'année même où il fut appelé au concile de Vienne par le pape **Clément V**, lui donner sa forme définitive.

Il s'était déjà occupé auparavant de constituer un fonds de revenus suffisant pour l'entretien du collège qu'il voulait agrandir. Nous en avons retrouvé la preuve dans un Vidimus conservé par le généalogiste **de La Roque**. Il est daté de la huitième année (1421) du règne du roi d'Angleterre **Henri V**, se disant régent de France, au temps de la guerre de Cent ans, et il reproduit le texte des lettres patentes de **Philippe le Bel**, données en la fête de saint Denys, au mois d'avril (le 22) de l'année 1309. Dans cette pièce, ce prince autorise le transfert à la prévôté de Caen de deux cents livres de rente achetées au chevalier **Guillaume de Histelle**, par **Robert d'Harcourt**, évêque de Coutances, exécuteur du testament et

---

1. **Lecanu.** *Hist. des évêques de Coutances*, p. 199.
2. *Gall. Christ.*, t. XI, p. 884.

des dernières volontés de son frère **Raoul d'Harcourt**, chanoine de Paris, pour y fonder des écoles : *ducentas libras annui reditus ...... pro scholaribus fundandis et statuendis Parisiis perpetuo.* On trouvera cette pièce aux *documents annexes*[1]. L'année suivante il préparait aux boursiers une large installation en acquérant, en face de l'endroit où **Raoul** avait établi son collège, de l'autre côté de la rue Saint-Côme ou de la Harpe, des bâtiments connus sous le nom d'hôtel ou de *Maison d'Avranches*. Cet hôtel se composait de trois maisons qui appartenaient à des chapelains de l'église d'Avranches et il était placé entre l'hôtel des évêques d'Auxerre, près de la porte Saint-Michel ou d'Enfer (aujourd'hui l'entrée de la rue Soufflot), et la maison dite de *la Corne de cerf*, près de l'église Saint-Côme-et-Saint-Damien qui occupait l'angle de la rue actuelle de l'École-de-Médecine. L'emplacement était vaste et confinait aux anciens remparts de **Philippe-Auguste** dont les fossés, creusés sous le roi **Jean**, sont devenus la rue *Monsieur-le-Prince*. Il obtint des chapelains d'Avranches, le 21 juin 1310, la cession de leurs trois maisons en échange d'une rente de 45 livres tournois à prendre sur la recette de Caen. Nous avons également retrouvé le contrat de cet échange aux archives nationales, et nous en donnons la copie aux *documents annexes*[2]. Les chapelains s'appelaient **Philippe de Aleinvilliers, Thomas de Houlebet** et **Jean Delachon**, titulaires des chapellenies de Saint-Éloi et Saint-Gilles, Saint-Julien et Saint-Nicolas, Saint-Théobald et Saint-Patrice. La position des maisons est nettement déterminée comme nous venons de le dire : « *tribus domibus contiguis Parisius contiguatis in vico Sancti Cosme, juxta manerium episcopi Altissiodorensis, versus portam quae dicitur porta Inferni.* » C'est là, sur ce terrain occupé encore aujourd'hui par le lycée Saint-Louis, que **Robert d'Harcourt** installa les deux communautés des boursiers *théologiens* et *artiens*, réservant la première maison, fondée par son frère, pour la

---

1. V. de la Roque, *Hist. généalogiq. d'Harc.*, t. IV, p. 1225.
2. Arch. nat., S. 6439.

communauté moins nombreuse des boursiers *grammairiens*. Plus tard on établira, avec l'autorisation de la Ville, un passage souterrain entre les deux maisons pour que les communications soient plus faciles. On se rendra compte de cette installation nouvelle en jetant un coup d'œil, soit sur le dessin qui représente le collège d'Harcourt d'après le plan **Dheulland** dit de *la Tapisserie* ou *du Cerceau*, qui est ci-contre, et aussi d'après le plan si savamment restitué que M. **Duprez**, inspecteur des travaux de la Ville, a bien voulu dresser pour notre travail[1]. Nous y ajoutons ici-même le fragment parcellaire du nouveau plan de Paris, encore inédit, que le *Bureau des travaux historiques* de la Ville nous a obligeamment communiqué[2]. Voici d'ailleurs ce que dit à ce sujet du Breul : « Messire Robert de Harcourt, évêque de Coutances, comme exécuteur « du testament et dernière volonté de son frère, s'employa « fort pour establir et asseurer (suivant l'intention de son « défunct frère M. Raoul) les susdits étudiants. Au moyen « de quoy il recompensa un chappelain de l'église cathédralle « d'Avranche, propriétaire d'une autre court bastie de trois « corps d'hostel, située vis-à-vis et à l'opposite de la première « court acquise par son défunct frère et qui est en « la même rue de la Harpe, et de présent s'appelle le costé « des théologiens[3]. » **Du Boulay** dit également de la continuation de l'œuvre de Raoul d'Harcourt que « **Robert de « Harcourt**, son frère, évêque de Coutances, et son exécuteur « testamentaire, agrandit beaucoup l'établissement de « Raoul, en achetant d'autres maisons, et en rendit l'habitation « plus commode[4]. »

Cette fois nous ne sommes pas embarrassés pour justifier par des actes authentiques les assertions que nous empruntons aux historiens. Excepté le contrat de cession des trois maisons des chapelains d'Avranches, dont nous parlions plus haut, ces

1. V. chap. IV de ce travail.
2. Nous devons le relevé de ce plan à M. L. **Varcolier**, lauréat du concours d'architecture, ancien élève du lycée Saint-Louis.
3. *Th. des antiquitez*, p. 636.
4. *Hist. Univ. Paris.*, t. III, p. 152.

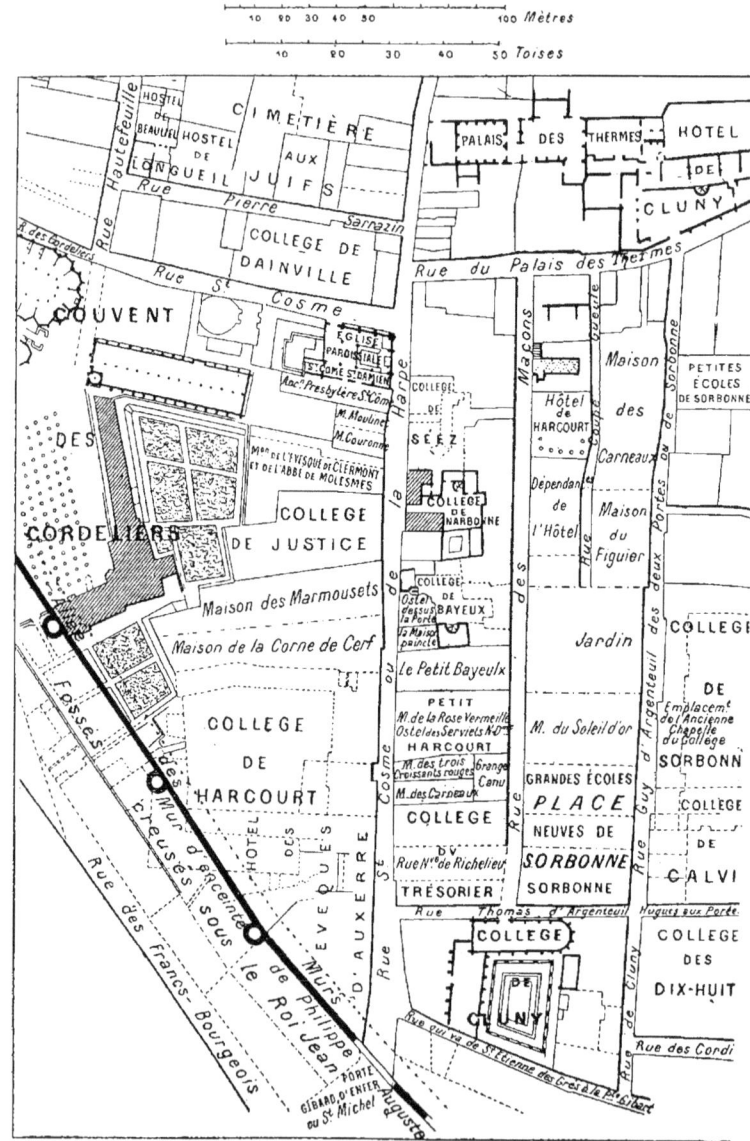

Plan de Berty.

— 67 —

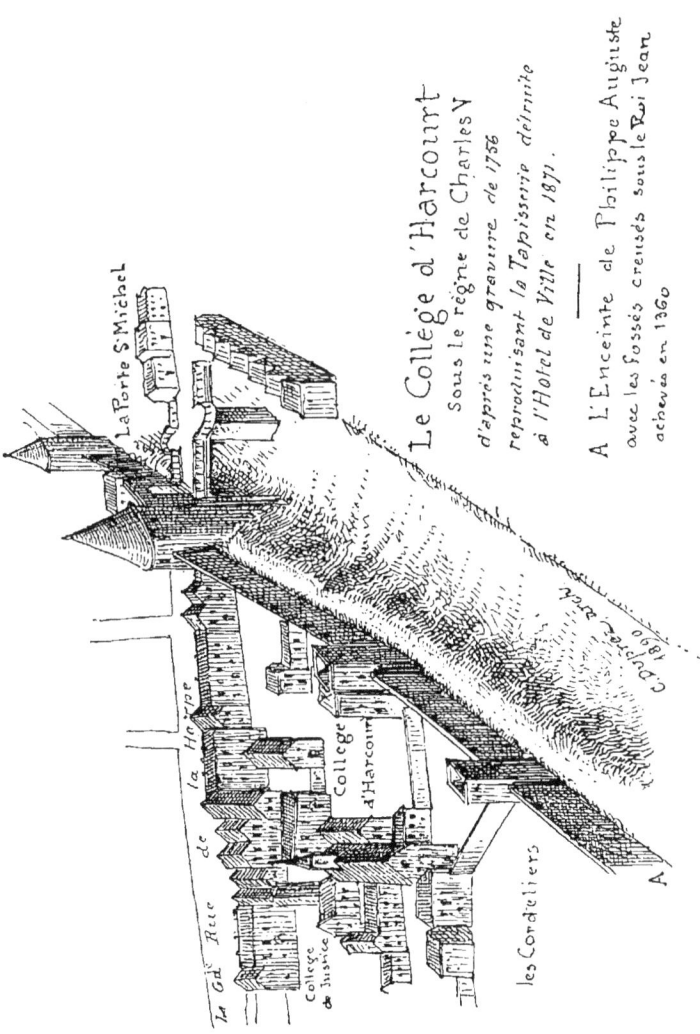

Plan de la Tapisserie ou du Cerceau.

actes ont été insérés dans du Breul, dans du Boulay, et dans tous les auteurs qui ont parlé un peu longuement de la fondation du collège d'HARCOURT complétée en 1311 par l'évêque de COUTANCES Robert d'Harcourt, frère du premier fondateur Raoul d'Harcourt. Voici d'abord ce que nous tirons de l'*Histoire de l'Université* par du Boulay[1].

« L'An 1311, la fondation du COLLÈGE DE HARCOURT, qui
« avait été commencée en 1280, par Raoul de Harcourt, fut
« achevée par *Raoul*, son frère (d'autres l'appellent ROBERT),
« évêque de Coutances, qui régla alors, en 84 articles[2], les
« statuts de l'établissement. Le Collège était ouvert à 28 étu-
« diants dans les Arts et 12 étudiants en Théologie, mais
« pauvres et n'ayant pas de quoi se soutenir à Paris pour
« leurs études; comme il est dit dans les statuts des mai-
« sons de Sorbonne et de Navarre. Suivent les lettres de fon-
« dation :

« A tous ceux qui ces présentes verront, **Robert**, par la grâce de Dieu, humble ministre de l'Eglise de Coutances, exécuteur du testament ou des dernières volontés de **Raoul de Harcourt**, d'heureuse mémoire, autrefois archidiacre du Cotentin, en l'Eglise de Coutances, salut en Notre-Seigneur.

« Après avoir, comme exécuteur testamentaire et sur les biens dudit legs, acquis à perpétuité trois bâtiments avec leurs dépendances, situés à Paris, dans le quartier *Saint-Côme*, près la porte qui s'appelle *Porte d'Enfer*, bâtiments communément appelés *la Maison d'Avranches*, et après avoir acheté, au même titre que dessus, deux cent cinquante livres tournois de rente annuelle amorties, à prendre sur la prévôté de Caen, ainsi qu'il est dit plus au long dans les actes passés à ce sujet[3], nous faisons savoir que nous donnons, autant qu'il est en notre pouvoir, les susdits bâtiments et deux cent cinquante livres tournois de rente annuelle, que nous les consacrons, assignons et établissons, au même titre que dessus, pour l'usage, la nourriture et l'entretien des écoliers pauvres, qui étudient dans les Arts et en Théologie, établis et à établir dans ce lieu selon la forme et la règle déterminées par les *statuts* faits par nous à ce sujet. En foi de quoi, nous avons cru

1. Tome IV, p. 152.
2. On trouvera la traduction de ces articles aux pages qui suivent.
3. Il est fait allusion ici aux actes d'achats de rentes mentionnés par le VIDIMUS d'**Henri V** d'Angleterre que nous avons cité plus haut.

devoir sceller les présentes de notre sceau. Donné le lendemain de la Nativité de la Bienheureuse Vierge Marie, l'an 1314 [1]. »

En même temps **Robert d'Harcourt** promulguait les *statuts* qu'il imposait aux deux communautés des boursiers pour les placer sous une règle qui put donner à son œuvre la double garantie de la discipline et des bonnes mœurs. C'est par ces sages règlements qu'elle se distingue de plusieurs autres qui datent de la même époque. On y verra, en les parcourant, qu'il n'abandonnait pas entièrement l'administration de la maison à la direction des boursiers, comme on le pratiquait au *Collège du Trésorier*, par exemple, ce qui en causera un jour la ruine. Tout en faisant une large part à leur initiative, il voulut mettre à leur tête un chef inamovible, assez indépendant pour les contenir dans le devoir et les empêcher d'abuser de leur position. Nous croyons devoir publier intégralement ces statuts pour en donner une idée plus complète.

STATUTS DU COLLÈGE DE HARCOURT [2]

DRESSÉS EN 1311 PAR ROBERT D'HARCOURT.

« A tous ceux qui ces présentes verront, **Robert**, par la grâce de Dieu, humble ministre de l'Eglise de Coutances, exécuteur du testament ou des dernières volontés de **Raoul de Harcourt**, d'heureuse mémoire, autrefois archidiacre du Cotentin, en l'Eglise de Coutances, salut en Notre-Seigneur.

« Ayant donné, consacré, assigné et établi, tant en notre nom personnel qu'à titre d'exécuteur testamentaire, plusieurs maisons situées à Paris, quartier *Saint-Côme*, près la porte *d'Enfer*, et 500 livres tournois de rente annuelle amorties à prendre sur la prévôté de Caen pour l'usage et l'entretien des maîtres et écoliers pauvres, étudiants dans les Arts et en Théologie, établis et à établir dans lesdites maisons ;

---

1. Voir le texte latin de cette charte aux *documents annexes*.
2. Voir le texte latin aux *documents annexes*. Ces statuts ont été traduits sur plusieurs textes anciens, manuscrits et imprimés, où ils sont divisés tantôt en 82, tantôt en 83 et en 86 articles. (V. Arch. Nat., M. 133. — Bib. de l'Univ. Archives, carton 17 et M. S. rég. 96. — **Du Boulay** et **D. Félibien**.)

« Et désirant pourvoir au gouvernement, à l'utilité et à la tranquillité desdits étudiants, nous avons ordonné ce qui suit : »

I. Nous voulons avant tout que l'on reçoive dans ledit établissement vingt-huit écoliers pauvres, étudiants en Arts et en Philosophie, dont quatre du diocèse de Coutances, quatre du diocèse de Bayeux, quatre du diocèse d'Évreux et quatre du diocèse de Rouen, tous natifs de Normandie seulement, auxquels diocèses sont assignés à perpétuité pour la majeure partie les biens ecclésiastiques que le même Raoul a perçus de son vivant. Le reste des écoliers sera pris dans les mêmes diocèses ou dans d'autres, et indifféremment de toute nation, partout où il s'en trouvera de susceptibles d'instruction. Et nous voulons que chacun desdits écoliers reçoive trois sols parisis par semaine, depuis la Fête de saint Michel jusqu'à l'octave des apôtres Pierre et Paul et même plus si les fonds y suffisent.

II. On recevra dans le même établissement au moins douze pauvres écoliers, soit déjà gradués, soit simples étudiants dans la Faculté de Théologie, desquels il y en aura toujours deux du diocèse de Coutances, deux du diocèse de Bayeux, deux du diocèse d'Évreux et deux du diocèse de Rouen, natifs de Normandie ; les autres pris indifféremment de toute nation comme il a été dit plus haut. Et chacun desdits écoliers recevra par semaine cinq sols parisis.

III. Si quelqu'un des étudiants de ces diocèses vient à mourir ou s'il se retire, s'il est renvoyé pour quelque cause que ce soit, ou s'il s'est absenté de la maison sans motif légitime, pendant plus de trois mois, non compris le temps des vacances, un autre écolier capable, du même diocèse, sera nommé à sa place par le maître de ladite maison, en sorte que le nombre susdit des écoliers soit toujours le même selon l'ordre déjà exprimé.

IV. Les Théologiens vivront et habiteront séparément des Artistes ; les premiers dans la grande maison qui avoisine l'église Saint-Côme, et les Artistes dans le petit bâtiment qui est près de la porte d'Enfer. Ils n'auront rien de commun dans l'habitation, excepté la Chapelle, où ils se réuniront pour l'office, selon l'ordre qui sera réglé par le Prieur dont il est parlé ci-après.

V. Le maître de la maison assignera, comme il le jugera convenable, des chambres aux susdits étudiants, tant en Théologie qu'en Arts ou en Philosophie.

VI. Les Théologiens et les Artistes dîneront et souperont à la même heure, les uns et les autres dans leurs salles respectives, suivant l'usage observé dans les autres écoles de Paris du même genre.

VII. Nul étudiant n'aura de domestique particulier demeurant ou mangeant dans la maison ; mais les Théologiens ainsi que les Artistes auront des domestiques communs selon qu'il leur semblera nécessaire ou avantageux et de l'avis du maître de la maison.

VIII. Toute personne Ecclésiastique ou Laïque qui aura donné et assigné à ladite maison dix livres tournois de rente annuelle amorties pour l'entretien d'un Artiste pendant toute l'année, ou douze livres parisis pour l'entretien d'un Théologien aura à perpétuité et conservera pour elle et ses successeurs, le droit de présenter au maître de ladite maison un ou plusieurs écoliers, de quelque pays qu'ils soient, selon le nombre des bourses fondées. Si l'écolier présenté est trouvé par le maître digne d'être admis d'après sa vie, ses mœurs et ses aptitudes, il sera reçu sur-le-champ; dans le cas contraire, la même personne présentera encore un autre écolier qui sera admis ou rejeté, comme il vient d'être dit; mais si, à la seconde fois, l'écolier présenté est rejeté, le droit de présentation sera suspendu et alors le maître de ladite maison nommera lui-même un écolier capable, le droit du fondateur restant maintenu pour les autres présentations. Mais, pour que le maître de ladite maison ne soulève pas de difficultés afin d'accaparer le droit de nomination, nous voulons que ledit maître choisisse toujours dans la ville ou dans le diocèse auquel appartient, en raison de son origine ou de son domicile, celui qui a fondé la Bourse, s'il s'y trouve un écolier capable, sinon dans une ville et dans un diocèse voisins.

IX. Nul Artiste ne sera admis dans ladite maison s'il a douze livres parisis et au delà de patrimoine, ou un bénéfice ecclésiastique dont il doive toucher annuellement le revenu pendant ses études. Ne sont point admis non plus les Théologiens ayant trente livres parisis ou au delà de revenu annuel, ainsi qu'il vient d'être dit, à moins qu'ils n'aient déjà étudié les *Sentences*[1] et, dans ce cas même, ils ne seront point admis s'ils ont soixante livres parisis ou au delà de revenu annuel. Mais au-dessous des sommes susdites le maître pourra, selon sa conscience, accorder l'admission, mais seulement aux sujets capables de profiter de cette faveur.

X. Si quelque écolier capable, quel que soit le lieu de sa naissance, désire habiter avec les susdits écoliers, il sera reçu par nous ou par celui que nous aurons délégué à cet effet tant que nous vivrons, et, après notre mort, par le maître de ladite maison, selon que la place le permettra, à charge par l'écolier de constituer sa bourse, de payer le loyer de sa chambre, et d'acheter des provisions proportionnellement à ce qu'il y en aura dans la maison au temps de sa réception, eu égard au nombre des écoliers selon l'estimation du maître et des gens de la maison.

XI. S'il arrive que les revenus de ladite maison soient portés par nous ou par quelque autre au delà de ce qui est nécessaire à l'entretien de quarante écoliers, ledit maître pourra recevoir des Artistes ou des Théologiens capables, de quelque nation qu'ils soient, suivant les ressources de l'établissement, en leur assi-

---

1. V. plus loin la note de l'article LVIII.

gnant des Bourses d'après ce qui a été réglé plus haut pour les autres. Nous voulons cependant qu'en cas d'augmentation du nombre des écoliers, on reçoive un Théologien contre deux Artistes.

XII. Tout Artiste qui aura étudié dans les Arts pendant trois ans, vivant dans la maison, n'y restera pas au delà de ce terme et un autre sera reçu à sa place[1].

XIII. Les susdits écoliers de l'une et de l'autre maison seront examinés par le Proviseur et par le Prieur, deux fois l'an, la première semaine de novembre et la première semaine d'avril, à commencer d'avril prochain, et si l'un d'eux est trouvé incapable de progrès par suite de sa conduite ou s'il n'a pas fait des progrès remarquables, il sera renvoyé pour toujours.

XIV. Nous voulons en outre, et ce règlement concerne spécialement et conjointement chaque communauté, nous voulons *premièrement*, quant à l'office divin, qu'il soit célébré les jours fériés avec solennité dans la Chapelle desdites maisons, et qu'il se compose des Vêpres, des Matines et de la Messe.

XV. Tous les jours de Vigile d'Apôtre, de fête de Martyr et de Confesseur, et, tous les samedis de l'Avent, il y aura une Conférence dans la chapelle après les Vêpres.

XVI. Dès que la cloche de Saint-Jacques aura sonné, le prêtre de semaine célébrera une Messe, avec chant les jours de fête et les samedis de la Sainte Vierge, ou un autre jour si le samedi est occupé. Les autres jours, c'est-à-dire les jours de classe, la messe sera dite sans chant. Les jours où il y aurait *déterminance*[2] trop matin le prêtre ne sera tenu de célébrer qu'après la *déterminance*, si cela se peut faire convenablement.

XVII. Deux fois par an on célébrera dans la maison un service pour notre frère **Raoul de Harcourt** : le vendredi d'avant les Cendres, et on aura trente sols pour la *pitance*, et le vendredi d'après l'Exaltation de la Sainte-Croix, et on aura pour la *pitance* vingt sols parisis. Et dans le partage de cette pitance un Théologien recevra autant que deux Artistes.

XVIII. Tous les écoliers tant Théologiens qu'Artistes seront tenus d'assister en personne auxdits offices, sous peine d'un denier d'amende, avec cette réserve pourtant que nous n'entendons pas obliger les Artistes à assister à la Messe les jours de leçon.

XIX. Nous voulons *secondement*, quant à la table et aux repas des écoliers, qu'avant de se mettre à table la bénédiction en soit faite dans les deux maisons, par le prêtre de semaine chez les

---

1. L'art. LXIIIe accorde cinq ans aux Artiens.

2. On appelait ainsi, *determinatio*, une discussion publique sur certaines questions de logique et de morale en Mars, de physique et métaphysique en Juin, soutenue par les étudiants en philosophie. C'était le baccalauréat de cette époque. Voir au chapitre précédent.

Théologiens, et par le Principal chez les Artistes. A la fin des repas l'action de grâces sera dite par les mêmes personnes, le tout suivant la forme d'usage.

XX. Pendant le plus fort repas des Théologiens le lecteur lira un passage de la Bible au commencement et à la fin du repas. Les jours de fête il fera un résumé du sermon ou, selon les circonstances, il lira quelque chose qui ait rapport à la Conférence, et, à la fin du repas, le lecteur après le texte ajoutera : *Tu autem, Domine*, etc. Les autres jours le même lecteur, au petit repas des Théologiens et le Principal des Artistes à tous les repas de sa maison diront pour prière : *Omnis spiritus laudet Dominum. Tu autem*, etc. Alors les Théologiens et les Artistes, dans leurs salles respectives, se lèveront et rendront grâces devant l'image de la Vierge Marie.

XXI. Nous voulons *troisièmement*, quant au vivre de la communauté des Théologiens, qu'il y ait quatre officiers de semaine savoir : un prêtre, un clerc de chapelle, un lecteur et un dépensier.

XXII. L'office du prêtre consistera à dire Vêpres, Matines et la Messe, à bénir la table et à rendre grâces. Tous les prêtres, boursiers ou non boursiers, seront tenus de remplir cet office à tour de rôle.

XXIII. Le clerc de chapelle devra après le coup de Saint-Jacques sonner la Messe, préparer le vin, l'eau et le feu, et orner convenablement l'autel avec l'aide du clerc de la maison. Au commencement, au milieu et à la fin de la Messe il servira le prêtre en surplis. Il aidera aussi le dépensier à table lorsqu'il en sera besoin. Tous les Théologiens seront tenus à cet office, excepté les prêtres.

XXIV. L'office de lecteur dont les fonctions, ainsi qu'il a été dit plus haut, consistent à lire à table, à résumer le sermon, sera rempli par tous les boursiers, excepté le Prieur et ceux qui seraient maîtres en Théologie, et de cet office ils passeront immédiatement à celui de dépensier.

XXV. L'office du dépensier consistera à s'en aller avec le clerc de maison acheter le pain, la viande et le poisson, ou à envoyer en sa place un des autres boursiers, à tenir note jour par jour avec le même clerc des dépenses et des recettes, à les écrire et additionner, et à rendre compte du tout à la communauté avec le même clerc le vendredi. Le dépensier devra faire ses distributions fidèlement et également, le mieux qu'il pourra, à tous les boursiers dans leurs chambres ou à table. Il sera aidé par le clerc de la chapelle, par les domestiques de la maison, et par un ou plusieurs boursiers qu'il appellera quand il le jugera à propos. Nous défendons aux autres, sous peine d'une amende de six deniers, de se servir eux-mêmes ou de servir quelqu'un à table.

Ces quatre offices hebdomadaires seront assignés par le Prieur à tous les susdits alternativement. Nous voulons, en outre, que le Prieur fasse observer un silence convenable pendant l'exécution de tout ce qui a été dit plus haut.

XXVI. Nous voulons *quatrièmement*, quant à la tenue générale de l'une et l'autre maison, que chaque boursier vive paisiblement et amicalement avec ses confrères, que l'un ne donne point de démenti injurieux à l'autre, sous peine de six deniers, qu'ils ne se disent point de paroles grossières, sous peine de douze deniers; que nul d'entre eux ne frappe quelqu'un des serviteurs sous peine d'une bourse, ni un condisciple sous peine d'être renvoyé de la maison.

XXVII. Que nul ne profère des paroles déshonnêtes à table ou dans la chapelle sous peine de six deniers.

XXVIII. Que nulle personne de la maison ne boive au cabaret, à titre de partie de plaisir, sous peine de six deniers. S'il y a habitude, la peine sera d'une bourse : et si, après avoir contracté cette habitude, le coupable ne s'en corrige pas sur l'avertissement du Prieur ou du maître de la maison, il encourra l'exclusion à perpétuité.

XXIX. Que nul ne hante les mauvais lieux, sous peine de renvoi.

XXX. Que nul n'amène des femmes dans la maison, de quelque condition qu'elles soient, pendant la nuit; qu'on n'en amène pas non plus pendant le jour, à moins qu'elles ne soient telles et si bien accompagnées que le Prieur de la maison et les boursiers soient convaincus qu'il n'en résultera aucun mauvais soupçon, sous peine d'exclusion.

XXXI. Tous, sans distinction, prendront le grand repas au réfectoire; les Théologiens y feront même le petit repas sauf le cas de nécessité. Il y aura trois cas de nécessité :

1° Celui de maladie; car nous ne prescrivons aucune loi aux malades, mais nous voulons qu'on les traite avec douceur et humanité, les laissant manger dans leur chambre, et appeler près d'eux des condisciples ou d'autres personnes pour se consoler ou se distraire.

XXXII. 2° Le cas de saignée : celui qui aura été saigné pourra manger dans sa chambre pendant trois jours, avec un ou deux condisciples.

3° Le cas où un boursier voudrait recevoir des hôtes, pourvu qu'ils soient tels que l'on doive pour eux quitter le réfectoire, et voici nos intentions à ce sujet. Nul ne quittera le réfectoire pour un serviteur ou une personne de condition inférieure à celle d'un boursier, ni pour des égaux, à moins qu'ils ne soient en trop grand nombre pour que la communauté puisse alors les recevoir convenablement. Mais s'il vient une ou plusieurs personnes respectables qui puissent procurer de l'honneur ou quelque avantage à la maison ou à la personne qui les amène, celle-ci pourra leur donner à dîner dans sa chambre. Celui qui recevra ces personnes pourra, par déférence pour elles, appeler un ou plusieurs confrères. Dans tous les cas précédents les personnes de la maison recevront, d'après l'estimation du dépensier et de ses aides, les portions qui leur reviennent dans le boire et le manger; mais celui qui traite paiera l'excédent.

XXXIII. Celui qui se proposera d'amener à dîner ou à souper plusieurs hôtes devra en prévenir le dépensier ou le clerc de la maison avant qu'on fasse la cuisine. Autrement il n'aura rien pour ses hôtes, à moins qu'il ne reste abondamment de la nourriture après que les boursiers et les domestiques en auront usé.

XXXIV. Ceux qui recevront des hôtes dans leurs chambres devront se pourvoir, en temps opportun, de tout ce qui leur sera nécessaire, afin que les domestiques ne soient pas dérangés pour eux dans le service de la communauté.

XXXV. Ils paieront toutes les dépenses occasionnées par leurs hôtes en sorte que la communauté ne soit pas lésée.

XXXVI. Leurs restes seront remis au clerc de la maison pour les pauvres.

XXXVII. Aucun hôte ne restera dans la maison plus de sept jours sans la permission du Proviseur.

XXXVIII. Celui qui amènera souvent des camarades pour boire aux dépens de la communauté paiera ce que le dépensier aura évalué.

XXXIX. Nul ne doit amener d'étrangers aux assemblées des boursiers spécialement consacrées à traiter des besoins de la communauté.

XL. Que personne ne dépose d'immondices au bas des murs de la maison si ce n'est dans les lieux à ce destinés.

XLI. Que nul ne dîne en ville, si ce n'est avec des personnes et dans des lieux honnêtes.

XLII. Ceux qui habiteront en ville, à plus forte raison ceux qui demeureront dans la maison paieront la bourse et l'excédent quand même ils auraient souvent ou pendant toute la semaine pris leurs repas hors de la maison, afin de leur ôter l'envie de réitérer souvent ces diners. Si quelqu'un a été hors de la ville pendant une partie de la semaine il paiera autant qu'il aurait dépensé dans la ville.

XLIII. A l'heure du dîner ou du souper, la nourriture étant prête, le clerc de la maison sonnera la cloche et alors le dépensier viendra pour servir, et celui qui doit bénir la table pour la bénir sous peine d'amende de trois deniers s'il y manque. La bénédiction étant faite, on se mettra à table et celui qui devra lire ou dire le *Tu autem* n'attendra pas ceux qui seront en retard, afin que l'attente d'un ou de plusieurs boursiers ne soit pas à charge au plus grand nombre.

XLIV. Celui qui se trouvant dans la maison ne viendra pas au son de la cloche n'aura que du pain, sauf les trois cas prévus plus haut. S'il était dehors et se présentait aussitôt après l'entrée au réfectoire, il mangera avec les autres ou suivant le cas il n'aura que du pain. S'il arrive après le milieu du repas le dépensier lui donnera une portion suffisante. S'il ne vient que lorsque l'on a commencé à dire les grâces, il n'aura que du pain à l'heure du petit repas et les jours de jeûne. Aux jours sans jeûne il aura du pain et du vin pour le grand repas, si toutefois il vient promptement et n'a pas mangé. Nous voulons néanmoins que l'on admette l'excuse raisonnable établie pour les cas suivants : par exemple s'il vient des leçons ou argumentations de sa faculté, des conférences ou choses semblables : ou s'il vient du dehors de la ville pour cause de nécessité, et non d'agrément, ou pour les affaires de la maison.

XLV. Depuis la Toussaint jusqu'au Carême, les jours de jeûne on ne mangera point au réfectoire avant que les leçons et la conférence, s'il y en a, ne soient terminées.

XLVI. Depuis Pâques jusqu'à la Pentecôte, les jours de classe, l'heure du déjeûner ne sera point transportée du matin au soir.

XLVII. Nul ne demeurera en ville, hors de la maison, sans la permission du Prieur sous peine d'amende d'une demi-bourse, et si quelqu'un le fait, qu'il présente au Prieur une excuse suffisante. Mais surtout que personne ne s'habitue à cela, sous peine d'exclusion : et celui qui aura commis cette faute, après une défense formelle, sera renvoyé. Les mêmes peines s'appliqueront à ceux qui rentreront trop tard ou qui sortiront de trop bonne heure, d'une manière indue ou suspecte.

XLVIII. Les maîtres susdits devront exhorter les boursiers à aller dans la ville deux ensemble afin d'éloigner d'eux tout mauvais soupçon.

XLIX. Qu'ils ne portent point de vêtements qui les fassent remarquer, coupés courts ou trop ajustés, ni des souliers découpés ou lacés ; mais qu'ils aient un extérieur honnête et décent.

L. Une fois au moins par semaine on traitera dans l'une et l'autre maison des questions qui concernent la maison et ceux qui l'habitent.

LI. Chaque boursier s'obligera par serment à prendre soin des livres de la maison comme des siens propres, et à ne les prêter à personne hors de la maison.

LII. Que nul ne sorte aucun ustensile de la maison sans la permission de celui qui est chargé de les garder.

LIII. Que dans les délibérations de la communauté personne ne parle avant d'en avoir été préalablement requis par celui qui préside l'assemblée : et qu'alors il s'exprime paisiblement et que personne ne l'interrompe.

LIV. Nul boursier nouveau venu ne donnera de repas d'entrée ni dans sa chambre, ni au réfectoire : il ne pourra donner à chaque associé qu'une chopine de vin, encore ce vin devra-t-il être d'un prix ordinaire. Si quelqu'un cependant veut donner généreusement une somme pour acheter des timbales d'argent à l'usage de la communauté, nous le permettons jusqu'à concurrence de vingt sols.

LV. Nul individu, soit qu'il arrive dans la maison, soit qu'il en sorte, ne pourra offrir du vin.

LVI. Le tarif des amendes que nous avons fixées ci-dessus pour les Artistes sera doublé pour les Théologiens parce qu'ils doivent avoir plus de discrétion, et qu'ils doivent par conséquent être punis plus sévèrement.

LVII. Dans tous les cas précédemment exprimés où la peine est celle de l'exclusion, le Proviseur et le Prieur pourront la prononcer ou, selon qu'ils le jugeront convenable, la commuer et même l'adoucir; mais la peine ne sera adoucie qu'une seule fois pour chaque individu. Les règlements susdits seront observés dans les deux maisons.

LVIII. Mais pour les Théologiens, en particulier, notre intention est qu'ils connaissent aussi bien que possible la *Bible* et les *Sentences*[1].

LIX. Les Théologiens tâcheront de s'instruire assez dès le commencement pour qu'au bout de sept ans ils soient capables de prêcher dans la ville, et, au bout de dix ans, d'enseigner les *Sentences* et de faire les petits cours : sinon qu'ils soient renvoyés, à moins qu'ils n'aient une cause légitime d'excuse admise par le Proviseur et par le Prieur de la maison.

LX. Nous défendons rigoureusement que ce motif n'en porte quelques-uns à entreprendre témérairement d'enseigner, et nous voulons qu'aucun élève de la maison n'enseigne ou ne prêche sans en avoir été jugé capable par le Proviseur et le Prieur assistés de deux ou trois des plus anciens.

LXI. Nous voulons pour l'honneur du Collège, que les élèves de la maison témoignent de la déférence à ceux de leurs condisciples qui feront des leçons, et qu'ils leur signalent amicalement les défauts qu'ils auront remarqués en eux ainsi que devra le faire le Prieur à l'égard des prédicateurs. Les professeurs susdits pourront, au commencement et à la fin de leurs leçons, offrir, s'ils le veulent, à leurs condisciples un régal de vin, pourvu cependant que chaque invité ne reçoive pas plus d'une chopine.

LXII. Tout Artiste qui aura entendu parler d'un livre devra se renseigner pour l'indiquer au Principal de la maison.

LXIII. Tout Artiste devra étudier de telle sorte qu'au bout de cinq ans le Prieur des Théologiens et le Principal des Artistes le jugent digne de la licence.

LXIV. Ils ne pourront à leur *déterminance*, à leur licence ou à leur début amener dans la maison une troupe de camarades, ni donner des repas, ni faire des libations à moins que ces régals ne soient modérés, privés et autorisés par le Proviseur.

1. Il s'agit des livres des *Sentences* du fameux théologien **Pierre Lombard**.

LXV. Nous défendons à tous d'aller, de nuit, au bal, ou à la procession d'aucune Nation[1].

LXVI. Nul ne se présentera à l'examen d'*en haut* ou d'*en bas*[2], sans la permission du Proviseur, de peur que son échec ne cause une mauvaise impression aux autres.

LXVII. La même disposition s'appliquera aux Théologiens pour leurs présentations aux examens.

LXVIII. Outre les dignitaires susdits la maison en aura encore d'autres : savoir un Proviseur, un Prieur, des Procureurs et un Principal.

LXIX. Le Proviseur sera élu à l'avenir, ainsi qu'il suit : les huit Théologiens des quatre diocèses, qui reçoivent des Bourses sur les biens de ladite maison devront, dans la quinzaine, non compris le temps des vacances, à compter du jour où ils auront eu connaissance de notre mort, ou à compter du jour de la mort ou de la démission du maître de ladite maison, choisir pour Proviseur un homme capable, prudent, respectable, natif de Normandie seulement, et ils le présenteront à l'approbation du Chancelier de Paris, en charge à cette époque, à celle du plus ancien maître séculier en Théologie de la Nation de Normandie s'il s'en trouve un, sinon au plus ancien maître séculier en Théologie de quelque Nation qu'il soit ; enfin à l'approbation du Recteur de l'Université alors en exercice. S'il y a dissidence entre ces trois personnages relativement à l'approbation du sujet présenté, la majorité l'emportera. Si, dans l'élection d'un maître, les suffrages des Théologiens se partagent entre deux ou plusieurs personnes, celle qui réunira le plus grand nombre de voix sera choisie, pourvu cependant qu'elle soit jugée capable par ceux ou par la majorité de ceux à qui elle aura été présentée. S'il y a plusieurs élus et qu'ils aient le même nombre de voix, ou si aucun d'eux n'a pour lui la majorité de tous les Théologiens, celui-là sera nommé Proviseur, que les susdits approbateurs ou la majorité d'entre eux aura jugé le plus capable. Si les susdits approbateurs ne peuvent ou ne veulent pas tous prendre part à la délibération, deux suffiront s'ils sont d'accord ; sinon l'on préférera l'avis de celui auquel se sera joint par lui-même ou par un procureur l'Évêque de Paris alors existant, et auquel il faudra avoir recours en cas d'absence volontaire ou forcée de l'un des approbateurs. Si l'élection tombait pendant les vacances on différerait cette élection jusqu'à la fête de saint Denys, et alors elle devra être faite dans la huitaine, ainsi qu'il a été dit plus haut.

1. Chacune des *quatre nations* qui composaient la faculté des Arts avait ses fêtes et processions. V. du **Boulay**, *De patronis IV nationum Universitatis*, et notre chapitre Ier.

2. On appelait *examen d'en haut* celui qu'on subissait devant le chancelier de Sainte-Geneviève, et *examen d'en bas*, celui qu'on subissait devant le chancelier de Notre-Dame.

LXX. Les trois approbateurs pourront destituer le Proviseur toutes les fois qu'il paraîtra incapable de gouverner ladite maison.

LXXI. Si les étudiants en Théologie n'ont pas élu de maître dans le délai fixé, le droit d'élection sera de plein droit dévolu aux approbateurs qui seront cependant obligés de choisir dans la Nation de Normandie seulement.

LXXII. On n'attendra aucun des Théologiens pour procéder à l'élection, mais tout absent sera remplacé par un autre Théologien, s'il s'en trouve dans la maison, qui soit du diocèse de l'absent, ou par le plus âgé des Artistes du même diocèse. L'office de Proviseur consistera à recevoir les écoliers, à les corriger, à les renvoyer s'il y a lieu, et lorsqu'il lui paraîtra raisonnable à employer au soutien des plus pauvres une partie des bourses des plus riches. Il suivra fidèlement par lui-même ou par un fondé de pouvoir les procès qui intéresseront les écoliers et les affaires des deux maisons devant quelques juges que ce soit, et veillera soigneusement à tous leurs intérêts. Le Proviseur élu ou approuvé, restera en charge jusqu'à ce qu'il se démette, qu'il meure, qu'il soit déposé pour cause raisonnable ou qu'il ait cru devoir se transporter ailleurs qu'à Paris pour quelque motif. Dans ce dernier cas, la charge sera vacante et l'on procédera à l'élection d'un autre Proviseur, selon la forme déterminée lorsque l'ancien aura demeuré plus de six mois de suite hors de Paris pour quelque cause que ce soit.

LXXIII. Quant à l'élection du Prieur, nous avons résolu ce qui suit : Tous les ans, le jour de la fête de saint Luc, l'un des Théologiens de ladite maison ou l'un de ceux qui demeurent avec eux sera choisi pour Prieur par le maître et les Théologiens ou la majorité d'entre eux et présenté au Proviseur : et, s'il arrive qu'il meure ou se retire pendant le cours de l'année, un autre sera nommé en sa place pour le reste du temps : l'élection devra se faire dans les cinq jours. Le Prieur aura plein pouvoir pour régler et distribuer les messes, prédications, jeûnes, argumentations, leçons et conférences qui doivent avoir lieu entre les Théologiens et les Artistes, et pour faire célébrer les fêtes des Saints, les services des défunts et autres semblables. Le Prieur devra aussi exhorter à table les boursiers à mener une vie honnête ; il proposera à table ou ailleurs, quand il le jugera à propos, ce qu'il croira nécessaire au bien des étudiants en ayant soin toutefois de ne point tenir d'assemblée après un régal de vin. Il exécutera par lui-même ou fera exécuter par ceux à qui il appartiendra les délibérations des boursiers ; il punira, conjointement avec le Proviseur, les délinquants, infligera aux Théologiens les peines prononcées contre eux ou les en dispensera, et aux jours de fête il exhortera les boursiers à se conduire correctement.

LXXIV. Le dit Prieur devra en outre consigner par écrit, tous les vendredis, la somme des bourses des étudiants et, tous les dimanches, les dépenses et recettes des Procureurs ; et il apportera au bout de l'année, aux comptes de la maison, son registre pour le comparer à celui des Procureurs.

LXXV. Il visitera, chaque semaine, la maison des Artistes, et assistera en personne à une de leurs argumentations. Chaque étudiant, à son entrée dans la maison, promettra entre les mains du Proviseur et du Prieur obéissance dans toutes les choses permises et honnêtes. Ledit Prieur aura vingt deniers par semaine de plus que les autres en considération de sa charge.

LXXVI. Le maître et la communauté des Théologiens éliront en outre, dans les quatre jours de la nomination du nouveau Prieur, deux grands Procureurs, l'un des Théologiens et l'autre des Artistes, lesquels jureront devant le maître, le Prieur et les Théologiens de la maison, que les fruits, revenus, profits et toutes choses concernant leur charge seront par eux soigneusement gardés et fidèlement dépensés ; que, laissant de côté tout objet inutile, ils procureront autant qu'ils pourront tout ce qui sera utile ; et que, deux fois l'année, au mois d'avril et à celui d'octobre, ils rendront fidèlement compte de leur gestion, le Procureur des Théologiens devant le Proviseur, le Prieur et les Théologiens de la maison, et le Procureur des Artistes devant le Proviseur, le Prieur et six des plus anciens Artistes. Les comptes de la maison ainsi faits seront, avec l'état de ladite maison, présentés sommairement ou en gros par le maître de la maison, aux approbateurs susdits, et alors les Procureurs, s'ils ont bien administré, pourront être maintenus jusqu'à la fin de l'année. Les Procureurs devront, conjointement avec les dignitaires dont il a été parlé plus haut, veiller à la conservation des ornements et autres meubles de la chapelle, fournir cette même chapelle d'huile et de cire, pourvoir à toutes les nécessités des deux maisons, et recevoir les sommes dues ou léguées au collège. Les Procureurs pour leur peine et leur travail auront chacun le tiers d'une bourse de leur maison à prendre chaque semaine.

LXXVII. Outre ces Procureurs, il y en aura deux autres pour les deux maisons : ils seront élus à la Saint-Jean et devront pourvoir le collège de vin, à l'époque des vendanges, et de bois au mois d'août. Le susdit Prieur députera cependant quelques boursiers avec les Procureurs pour faire lesdits achats. Le vin et le bois seront acquis aux risques et périls de la communauté qui profitera aussi du gain que ses mandataires auront pu faire sur le marché.

LXXVIII. Chaque année, à la Purification, on fera une collecte parmi les boursiers pour le payement des objets usés au réfectoire, pour le déchet des vins, s'il y en a, et pour le renouvellement des nappes et choses semblables, ainsi que pour le louage des serviteurs, comme il est d'usage en Sorbonne. La collecte sera faite dans les deux maisons par le Prieur qui en remettra le produit aux Procureurs susdits.

LXXIX. Chaque étudiant sera tenu, sous peine de privation de sa bourse, de payer, pour la susdite collecte, la somme qui aura été convenue entre les boursiers, dans la huitaine qui suivra cette délibération.

Les vins seront livrés contre payement immédiat dans le réfectoire et sur inscription dans la chambre au taux fixé par les membres de la communauté.

La note de chaque tonneau, dès qu'il sera épuisé, sera remise par le clerc de maison au Prieur ou au Principal, lesquels la remettront aux Procureurs, sauf les profits qu'ils peuvent faire. Les Procureurs seront tenus de payer aussi dans les huit jours le montant de la collecte et ils auront pour dédommagement de leurs peines le sixième d'une bourse de leur maison à prendre chaque semaine.

LXXX. Un Principal sera donné chaque année à la maison des Artistes par le Proviseur et le Prieur, ou par le Proviseur seulement, mais après avoir pris l'avis du Prieur. Son office consistera à présider dans la communauté des Artistes aux argumentations, à modérer les discussions à table, à faire observer le silence convenable, à rendre compte au Proviseur et au Prieur de l'état de la communauté, à inscrire les bourses le vendredi, ainsi que les recettes et dépenses des Procureurs le dimanche avec le Prieur, et il devra présenter sa note au compte général. Il aura chaque semaine les mêmes honoraires que le Procureur de sa maison. Et tous ces dignitaires jureront de remplir fidèlement leurs obligations.

LXXXI. Les susdits Théologiens et Artistes auront un coffre commun où seront déposés exactement les lettres, actes et titres quelconques des deux maisons, l'argent destiné à acheter des rentes ou des livres et les autres objets importants. Ce coffre aura trois clefs dont l'une sera gardée par le maître de la maison, l'autre par le Prieur, et la troisième par le grand Procureur des Artistes. Les sommes provenant des revenus et profits quelconques de la maison seront conservées dans un autre coffre muni pareillement de trois clefs gardées comme-ci-dessus, et ces sommes seront employées ainsi qu'il a été dit.

LXXXII. Il sera fait un inventaire de tous les livres, meubles et ustensiles quelconques communs aux Théologiens et aux Artistes, et, tous les ans, dans la première semaine de Carême, on représentera lesdits objets devant le Proviseur, le Prieur, les Procureurs, les Théologiens de la maison, et on les comparera à l'inventaire qui en aura été fait. S'il manque quelque chose on en fera une recherche exacte, et si l'on fait quelque nouvelle acquisition elle sera fidèlement portée sur l'inventaire.

LXXXIII. Tous les présents statuts seront lus deux fois par an, à la Toussaint, et à la fête de la Chaire de Saint-Pierre, en présence de tous les étudiants des deux maisons et du Prieur.

LXXXIV. Le Prieur et le Principal veilleront sur les serviteurs des deux maisons. Ces serviteurs recevront chacun le salaire qui leur aura été assigné ; et trois fois par an : à la Toussaint, à la

Noël et à Pâques, le Proviseur fera une enquête sur leur compte, auprès des boursiers, relativement à leur capacité, et ils seront conservés ou renvoyés, selon ce qu'ils méritent.

LXXXV. Nous défendons à tout Proviseur ou maître qui sera élu à l'avenir de rien révoquer ou changer aux présentes prescriptions, à moins que le plus grand avantage de la communauté ne le demande, et, dans ce cas, il faudra une requête de tous les boursiers. Mais ces changements ne pourront être faits qu'au milieu de l'année, aux mois de janvier ou de décembre.

LXXXVI. Nous voulons en outre, tant pour éviter la perte du présent acte que pour assurer l'exécution des dispositions qui y sont contenues, que chacun des fonctionnaires susdénommés ait copie des présentes lettres. En foi de quoi nous avons apposé notre sceau sur les présentes.

Fait le lendemain de la Nativité de la Bienheureuse Vierge Marie, l'an du Seigneur 1311, et scellé avec de la cire verte retenue par une double queue de parchemin.

Rien de plus sage que tous ces règlements, dans lesquels le vénérable fondateur s'était efforcé de prévoir tous les points sur lesquels il était nécessaire d'attirer l'attention des boursiers pour éviter le désordre et l'anarchie. On voit qu'il avait été, comme son frère, préoccupé de remédier aux deux grands maux qui affligeaient les écoliers du moyen âge, la misère corporelle et la dépravation morale. En leur offrant un gîte où ils devaient trouver le vivre et le couvert, il avait eu l'intention de préserver leur esprit et leur cœur des dangers auxquels ils étaient exposés à Paris. Voilà pourquoi, non content de leur assurer le pain matériel, il veut qu'il y ait chaque jour des moments marqués pour la prière comme pour le travail, que ce travail soit surveillé, afin que le boursier n'abuse pas des avantages de sa situation pour se livrer à l'oisiveté. Les heures des repas, la tenue qu'on devra y observer, les vêtements des écoliers, les rapports qu'ils auront entre eux, les visites qu'ils pourront recevoir, les dépenses qu'ils feront, leurs sorties, les habitudes d'ordre, d'économie, de propreté[1], de bonne éducation, en un mot, rien n'est omis de ce

---

1. Ce n'était pas alors une recommandation inutile si l'on songe à l'affreuse litière de paille, pendant l'hiver, ou d'herbe fraîche, pendant l'été, qui formait tout le mobilier des classes de la rue du Fouarre. Les élèves s'y vautraient par humilité et leur longue robe

qui peut contribuer à la formation religieuse et morale du jeune étudiant. C'est ce qui a fait dire à M. **Thurot** que « le régime des collèges était intermédiaire entre celui d'un couvent et celui d'un chapitre séculier, en sorte qu'on pouvait définir les collèges fondés dans l'Université de Paris, des chapitres réguliers d'étudiants[1]. » Ce qui n'est pas moins admirable, c'est l'élection qui préside à la nomination des principaux fonctionnaires ou dignitaires de la maison établie par l'évêque de Coutances. On y reconnaît l'esprit de sage liberté de l'Église, qui, dans son gouvernement et dans ses communautés religieuses, admettait l'intervention du peuple chrétien, en accordant aux fidèles le droit d'élire leurs pasteurs et aux moines leur abbé ou supérieur. Le proviseur, le prieur et les procureurs d'Harcourt étaient élus par les boursiers. « Rien n'était plus démocratique, » dit **Michelet**[2]. Il en résultera peut-être dans l'avenir des difficultés, des conflits, mais, à tout prendre, ce régime pouvait être admis dans un cadre restreint où une légitime part faite aux droits de chaque membre de la communauté avait plus d'avantages que d'inconvénients. Notons d'ailleurs que les grands boursiers auxquels revenait ce droit d'élire leurs chefs, avaient souvent atteint un âge assez avancé pour qu'il fût difficile de leur imposer un maître qui n'aurait pas été de leur choix. Ne fallait-il pas aussi leur accorder ce dédommagement pour ne pas leur faire regretter l'indépendance dont jouissaient la plupart des écoliers à cette époque ?

Au mois de mars 1312, le second fondateur du collège d'Harcourt, pour assurer l'avenir de cette maison, obtenait encore des lettres patentes de **Philippe le Bel**, autorisant le

---

s'en ressentait. « Au réfectoire, dit **Quicherat** (*Hist. de Sainte-Barbe*, t. I. p. 82), il était défendu de porter la main à son bonnet, tant l'état des têtes inspirait de crainte. On inspectait la surface, sans épiloguer le dessous. Ainsi se forma la renommée proverbiale de la *crasse de collège.* »

1. *L'Université de Paris au moyen âge*, p. 126.
2. *Hist. de France*, t. V, p. 278, in-12.

transfert à la prévôté de Caen de trois cents livres de rentes qu'il avait achetées à la comtesse **Marie de Juliers**[1].

Robert d'Harcourt ne se contenta pas de pourvoir à l'existence matérielle de son collège par une fondation en règle, par des actes et des statuts authentiques, notariés, il voulut encore le placer sous la protection de l'autorité ecclésiastique, en demandant à l'évêque de Paris de le reconnaître par une approbation officielle. Tel est l'objet d'un troisième document qui se rapporte à l'année 1312 et qui émane de **Guillaume de Beauffet**, dit aussi d'Auvergne ou d'Aurillac. En voici la traduction :

« A tous ceux qui ces présentes verront, Guillaume, par la Grâce de Dieu, Évêque de Paris, Salut.

« Voulant, autant qu'il est en notre pouvoir, favoriser le louable dévouement de la pieuse entreprise de notre Révérend Père en Dieu, **Robert, Évêque de Coutances**, lequel a établi de nouveau et veut établir vingt-quatre Écoliers, dont seize dans les Arts et huit en Théologie, dans les bâtiments communément appelés *Maisons d'Avranches*, situés dans le quartier *Saint-Côme*, à Paris, près la *porte d'Enfer* : lesquels bâtiments il a acquis à titre d'exécuteur du testament de **Raoul de Harcourt**, son frère, d'heureuse mémoire, autrefois archidiacre du Cotentin, en l'Église de Coutances, afin que lesdits Écoliers y vivent en communauté suivant les règlements faits à cette intention par ledit Évêque; pour l'entretien desquels Écoliers le même Évêque a consacré, assigné et réglé deux cents livres de rentes annuelles amorties.

« Considérant en outre que ledit établissement peut contribuer à la gloire de Dieu et procurer à l'Église de très grands avantages, ce que nous désirons de tout notre cœur, nous approuvons la congrégation et la communauté desdits Écoliers tant élus qu'à élire, et de ceux qui pourront être admis dans ladite maison, au delà du nombre susdit, ainsi que l'acquisition qui en a été faite à l'usage susdit, en vertu des *statuts* dressés par le même Évêque et qui pourront être raisonnablement établis dans la Société, nous louons autant qu'il est en nous, et de toute notre autorité épiscopale nous ratifions, approuvons et confirmons par les présentes toutes lesdites institutions, réservant toujours à l'avenir nos droits et ceux de notre Église de Paris. En foi de quoi nous avons

---

1. V. aux *documents annexes* le Vidimus d'**Henri V d'Angleterre**. — V. aussi **de la Roque**, *Hist. généalogiq. d'Harc.*, t. IV, p. 1225.

scellé les présentes, de notre sceau. Donné l'an du Seigneur 1312, le jeudi d'avant la fête de la Nativité de Saint Jean-Baptiste[1] ».

Mais un fondateur prudent doit être aussi prévoyant que possible et se mettre en règle avec toutes les exigences qui peuvent gêner son œuvre. **Robert d'Harcourt** a fait élever dans les nouvelles constructions de la rue de la Harpe une chapelle dédiée *à la Vierge et à saint Louis*. C'est même l'un des premiers sanctuaires qui aient été placés en France sous le vocable du pieux roi[2]. Cette chapelle doit être commune à tous les boursiers, car, pour tout le reste, réfectoire, salles de cours, lieux de récréations, les théologiens seront séparés des artiens et grammairiens. Or la règle défend de faire des offices solennels et même de célébrer la messe certains jours de fête dans un oratoire privé qui ne jouit pas de cette autorisation, qui n'appartient pas à une communauté exempte. Il est bon de parer aux difficultés qui pourront surgir du côté de la paroisse *Saint-Hilaire*, près la rue des Carmes, dont le collège dépend à cette époque. Déjà même le curé a réclamé la présence des boursiers aux offices de son église. On lui a opposé les lettres d'approbation de l'évêque de Paris, mais elles ne sont pas explicites sur ce point, il y a matière à contestation. L'évêque de Coutances est en relations particulières avec **Bertrand de Got**, devenu le pape **Clément V**, on dit même qu'ils se sont connus autrefois aux écoles de l'Université; il n'hésite pas à s'adresser directement à lui et à solliciter pour son collège les

---

1. V. aux *documents annexes* le texte latin de cette lettre. Notons que la lettre de l'évêque de Paris spécifiait le nombre des écoliers pauvres admis à Harcourt, ce que ne faisait pas **Robert d'Harcourt**, dans sa lettre de fondation. C'est dans les statuts seulement qu'il détermine ce nombre, sans cependant obliger à s'y tenir, si on peut l'augmenter par de nouvelles fondations de bourses, comme on le fera plus tard.

2. Il paraît que le premier sanctuaire placé en France sous le vocable de *saint Louis* a été l'église du couvent des dominicains d'Évreux, consacrée par l'évêque **Matthieu des Essarts**, en 1299, moins d'un an après la canonisation du pieux monarque. — V. le **P. Chapotin**, *Études historiques sur la province dominicaine de France* : Le couvent royal de Saint-Louis d'Évreux, p. 8.

exemptions nécessaires. **Clément V** s'empresse d'accorder cette faveur à la maison de son ancien condisciple, et on peut lire encore aujourd'hui aux Archives nationales, munie du sceau pontifical, la bulle que le pape envoya, en 1313, au maître et aux écoliers du collège de Harcourt. En voici la teneur :

« Clément, Évêque, Serviteur des Serviteurs de Dieu, à nos chers fils le Maître et les Écoliers du Collège de Harcourt à Paris, Salut et Bénédiction apostolique. La tendresse de votre dévouement pour Nous et pour l'Église Romaine a mérité que nous accueillions favorablement vos demandes autant que Dieu nous en donne le pouvoir. Cédant donc aux supplications que vous nous avez adressées à ce sujet Nous vous permettons, par grâce spéciale, en vertu de Notre autorité apostolique, de célébrer et faire célébrer chaque jour dans la Chapelle ou l'Oratoire du Collège de Harcourt, à Paris, l'office divin de jour et de nuit, avec note et sans note, même sans qu'il soit besoin de demander ou d'obtenir la permission de l'Évêque de Paris actuel ou futur (les droits de l'Église épiscopale et paroissiale et de toute autre demeurant entiers pour tout autre objet). Qu'aucun homme quel qu'il soit n'ait donc la hardiesse d'enfreindre cette permission que nous vous accordons, ni de rien faire à l'encontre. Et si quelqu'un ose s'opposer à Notre volonté, qu'il sache qu'il encoure l'indignation du Dieu Tout-Puissant et celle des Bienheureux apôtres Pierre et Paul.

Donné à Avignon, aux Calendes de juin, l'an 9 de notre Pontificat[1]. »

Nous ferons remarquer, au sujet de cette bulle, qu'elle est adressée au maître et aux écoliers du collège d'Harcourt, *Magistro et collegio scolarium domus de Haricuria*, et non pas au fondateur, car alors le pape se serait servi de l'expression consacrée pour les évêques : à notre vénérable frère, *venerabili fratri nostro*. **Du Breul** nous en donne l'explication en attribuant la demande d'exemption à **Marin de Marigny**, le « premier maistre et proviseur qui fut audit « collège incontinent après le decez du fondateur **Robert de** « **Harcourt**. » Mais le bon **du Breul** commet une erreur, car **Robert d'Harcourt** n'était pas mort en 1313. Il vécut encore plusieurs années, assez pour être sûr que son établissement

---

1. Archiv. Nat. M. 133. V. le texte latin aux *documents annexes*.

ne péricliterait pas après lui. Il avait seulement pris soin de faire élire un proviseur par les boursiers, comme le prescrivaient les statuts. C'est ce qui lui permettait de pouvoir résider dans son diocèse de Coutances, « se contentant de venir faire ses visites de temps en temps au collège dont il était le fondateur[1]. » **Robert d'Harcourt** avait aussi donné au collège le droit de prendre ses armes, de gueules à deux fasces d'or surmontées d'une crosse d'or, comme on les voyait, dit **A. de la Roque**, au prieuré de Saint-Lo, dont il était le bienfaiteur[2]. Ce sont, en effet, les armes que nous avons retrouvées aux Archives nationales, sur un livre de comptes du collège, telles que nous les reproduisons ici. Le généreux évêque pouvait,

Écusson d'Harcourt.

sinon dire comme le poète : *exegi monumentum aere perennius*, il n'y a rien d'éternel en ce monde, les révolutions se chargent

1. *Factum* de **Jacques de l'Œuvre**, Bibl. nat., n° 24430.
2. *Généalog. mais. d'H.*, t. II, p. 1736.

au besoin de le démontrer même pour les collèges, mais, du moins, mourir en paix avec le *nunc dimittis* de l'espérance chrétienne sur les lèvres : il avait vu l'œuvre de son frère qui était la sienne, achevée et en bonne voie de prospérité et de succès. On mentionne encore, à la date de 1311, la donation de plusieurs maisons faite par les fondateurs « les unes situées « entre la rue des Maçons et la rue de la Harpe, et les autres « vis-à-vis, entre cette même rue de la Harpe et les Fossés de la « ville. Dans la première partie, était l'hôtel des fondateurs, « appelé l'hôtel d'Harcourt » Leur frère **Guy d'Harcourt**, évêque de Lisieux, confirma ces donations en 1316, et y ajouta la part de l'hôtel d'Harcourt[1] qui pouvait lui appartenir. Après avoir testé avec autant de libéralité à l'égard de plusieurs autres établissements et maisons religieuses, **Robert d'Harcourt** mourut à Paris le 7 mars 1315[2], et fut enterré dans la cathédrale de Paris, auprès du grand autel, ou au prieuré du Parc, dit la *Gallia christiana*[3]. Les registres du chapitre de Rouen ont consigné ce bel éloge de notre fondateur : « Il fut un des évêques les plus recommandables par sa fidélité au roi, son zèle pour la discipline ecclésiastique, sa vigilance pastorale, sa sollicitude pour toutes les églises, sa vraie et universelle charité, sa douceur et sa bienfaisance[4]. »

La conclusion de ce chapitre serait, d'après les autorités et les documents que nous avons invoqués, qu'il y eut une première fondation du collège d'Harcourt par **Raoul d'Harcourt**, chanoine de Paris, en 1280, entre la rue de la Harpe et la rue des Maçons-Sorbonne, et une seconde fondation, extension de la première, en 1311, par **Robert d'Harcourt**, évêque de Coutances, sur la même rue de la Harpe, mais de

---

1. V. *Factum* des *fondations du collège* d'Harcourt, Bibl. de la Sorbonne, U. 132, n° 1. p. 1 et 2.
2. D'autres disent 1316 et même 1318, 1329. **A. de la Roque**, t. II, p. 1736, et t. IV, p. 1980.
3. *Gall. christ.* t. XI, p. 884. M. **L.** Delisle tient pour l'inhumation à Paris, dans son *Hist. du château et des sires de Saint-Sauveur-le-Vicomte*, ch. II.
4. *Gall. christ.* — **Lecanu**, *Hist. des évêq. de Coutances*.

l'autre côté de cette rue, en face de la maison précédente, là où est encore aujourd'hui le lycée Saint-Louis[1].

Pour rendre un dernier hommage à la mémoire de nos fondateurs, rappelons, sinon pour leur poésie, du moins pour leur simplicité naïve, ces vers du vieil auteur que nous avons déjà cité, d'après **de la Roque** :

> **Robert** le tiers (3ᵉ fils) que Dieu voulut servir,
> Rois, princes désiraient à l'ouïr,
> Pour son conseil, ses belles élégances,
> De ses beaux dicts les faisait réjouir,
> Dont par raison doit avoir et jouir
> De l'évesché qu'on appelle Coustances.
> . . . .
> **Raoult** cinquième fut moult scientifique,
> Des droicts et sceu et conneu la pratique,
> Grand orateur, plein de philosofie,
> Parquoy a fait maint effet magnifique.
> Dieu le colloque en siège séraphique :
> Clers à l'ensuivre mettez-y vostre estude[2].

---

1. **Étienne Pasquier**, dans ses *Recherches de la France*, qui sont de 1560, confirme ces deux fondations en disant que « le collège était divisé en deux diverses maisons au-dessus de l'église Saint-Côme-et-Saint-Damien, des deux côtés de la rue; l'une est vouée pour la demeure des théologiens, et l'autre aux grammairiens, c'est-à-dire pour ceux qui étudient, tant ès lettres humaines que philosophie. » Liv. IX, ch. xv. Sauval parle de même dans son *Histoire des Antiquitez de Paris*, t. Iᵉʳ.
2. **De la Roque**, *Hist. généalogiq.*, t. III, p. 205.

Façade de l'ancienne École de Médecine.

CHAPITRE III.

LE COLLÈGE D'HARCOURT ET SES PROVISEURS AUX XIVe ET XVe SIÈCLES.

(*Les deux premiers siècles harcuriens.*)

Les premiers proviseurs du collège d'Harcourt : Marin de Marigny et Richard Barbe. — L'organisation et le sceau du collège. — L'Université et les collèges au temps d'Étienne Marcel. — Les proviseurs Jean Boutin et Thomas de Saint-Pierre, médecins de Charles VI. — Essais de suggestion et d'hypnotisme au XIVe siècle. — Troubles dans l'Université. — Préludes de l'insurrection cabochienne au collège d'Harcourt. — L'Université et le collège d'Harcourt au temps de l'occupation de Paris par les Anglais. — La réforme du cardinal d'Estouteville. — Deux Harcuriens défenseurs de Jeanne d'Arc : Robert Cybole et Jean Boucard de la Vaucelle. — Abolition de la fête du *roi des fous*. — L'origine de la censure dramatique. — Une garde nationale universitaire. — Les livres des nominalistes chargés de chaînes par l'évêque d'Avranches. — La Saint-Charlemagne. — Destitution d'un régent de philosophie par le proviseur Étienne Gervais. — Le destitué Pierre le Secourable devient proviseur à son tour.

Nous avons vu que Robert d'Harcourt avait voulu donner de son vivant un chef aux deux maisons que son frère et lui avaient établies pour les pauvres écoliers sur la rue de la Harpe, en face de la Sorbonne. Ce premier proviseur fut choisi avec soin, parmi les hommes au courant de l'administration d'un collège de cette époque, et capable par sa situation et ses mérites, voire même par son nom et son origine normande, d'en imposer aux jeunes étudiants de cette province, qui formaient la population du *grand* et *petit Harcourt*. Il appartenait au diocèse de Bayeux et s'appelait Marin ou Martin de Marigny. Du Breul dit qu'il était proche parent d'Enguerrand Le Portier de Marigny; mais nous n'en avons aucune preuve[1]. Un *factum* du collège d'Harcourt, de

---

1. *Antiquitez de Paris*, p. 644. V. aussi de la Roque, *Hist. généalogiq. de la maison d'Harcourt*, t. IV, p. 1199.

1666, nous montre aussi qu'on n'en avait pas non plus à cette époque, puisque son auteur, le proviseur **Thomas Fortin**, dit « qu'on n'a pas vu la généalogie de **Marin de Marigny**, pro- « viseur en **1318**, pour savoir s'il était proche parent d'**En- « guerrand de Marigny**[1] ». Peut-être serait-il tout simplement natif du bourg de Marigny, dans la Manche, comme me le faisait observer M. **Siméon Luce**, et avait-il, d'après l'usage des gradués de son temps, ajouté à son nom de *Marin* ou *Martin* celui du lieu de son origine. Il ne serait cependant pas impossible qu'il appartînt à la famille du fameux ministre de **Philippe le Bel**[2], et qu'il ait eu par ce fait des relations avec **Robert d'Harcourt**, qui fut, comme nous l'avons vu, conseiller de ce prince. Quoi qu'il en soit, nous savons de source plus certaine que **Marin de Marigny** était chanoine de Saint-Honoré et proviseur du collège des Bons Enfants quand il fut placé à la tête du collège d'Harcourt vers l'an 1315. Parmi les collégiales érigées sur le territoire de l'ancienne église canoniale et paroissiale de Saint-Germain-l'Auxerrois, s'élevait encore avant la Révolution, l'église Saint-Honoré[3]. Elle comptait, au commencement du xiiie siècle, plus de vingt chanoines, que l'évêque de Paris, **Renaud de Corbeil**, réduisit à douze en 1257. Près de cette collégiale s'élevait un collège dit des Bons Enfants[4], dont on a attribué la fondation au célèbre argentier de Charles VII, **Jacques Cœur**, parce que son fils y fut inhumé. Il était établi pour treize pauvres écoliers, et le proviseur devait être chanoine de Saint-Honoré[5].

1. Bib. de la Sorb., U. 132, n° 5.
2. V. **P. Anselme**, *Hist. de la Maison de France et des grands officiers de la couronne*, t. VI, p. 311. — Nous voyons aussi dans le généalogiste d'Harcourt que la fille d'**Enguerrand de Marigny** épousa un **Robert d'Harcourt** vers 1340. De la Roque, t. II, p. 1815.
3. V. l'abbé **Lebeuf**, *Hist. du diocèse de Paris*, t. 1er, Ed. Cocheris, p. 115.
4. Il ne faut pas le confondre avec un autre collège du même nom situé sur la rive gauche, près de l'église Saint-Nicolas-du-Chardonnet, qui devint le séminaire Saint-Firmin, un des principaux théâtres des massacres de septembre 1792.
5. V. **du Breul**, *Antiquitez de Paris*, p. 805. L'abbé **Lebeuf** conteste la fondation de ce collège par **Jacques Cœur**. Il la croit plutôt,

C'est de là que sortit le premier proviseur du collège d'HAR-
COURT. Il était donc déjà préparé, par l'expérience qu'il avait
pu acquérir aux BONS ENFANTS, à la direction d'une maison
plus importante, puisque l'on comptait à Harcourt quarante
boursiers et, sans doute, un certain nombre de pensionnaires
payants qui demeuraient au collège pour suivre les leçons
que l'on y faisait en dehors des cours de la rue du *Fouarre*.
Dans les *factums* du XVIIe siècle, au sujet des contestations
qui s'élevèrent, à cette époque, entre le proviseur d'HAR-
COURT et les boursiers, on dit formellement, et à plusieurs
reprises, que, dès l'origine, il y avait dans le collège des
exercices particuliers, autrement dit des *leçons*, un enseignement préludant à l'établissement de l'*exercice public* ou
du plein exercice qui y sera introduit au XVIe siècle. « On
« ne doit pas douter, dit l'un de ces *factums*, que la cous-
« tume de recevoir et tenir d'autres estudians que les bour-
« siers n'ait esté introduite par le fondateur mesme, en lisant
« seulement le 10e article du statut, où il est porté que, si
« quelque estudiant de quelque pays que ce soit, pourveu qu'il
« soit propre à l'estude, désire vivre dans le collège, il y pourra
« estre receu par le fondateur, et, en son absence, par son
« député, et après sa mort par le maistre de la maison, qui
« est le proviseur [1] ». C'est ce qui nous permet, avec l'auteur
de cette remarque, de rectifier ce que dit **du Breul** à ce sujet,
dans ses *Antiquitez de Paris*. Nous y lisons que « les estudiants
« en grammaire alloient par la ville en quelques maisons pri-
« vées apprendre la congruité (grammaire). Et les estudiants en
« philosophie alloient de tous les collèges et quartiers tant de
« la Ville que de l'Université aux quatre grandes escholes des
« quatre Nations situées en la rue du Foarre, près S.-Julian
« le pauvre ; et là seulement, non ailleurs, se faisoient les le-
« çons publiques en Logique, Physique et Métaphysique.
« Ausquelles chacun estudiant en Philosophie devoit aller et
« se ranger pour ouyr lesdites leçons en l'eschole propre

d'après **Sauval**, faite par **Etienne Berot** et **Renold Cherey**, à la
même époque que la chapelle Saint-Honoré, en 1208.
1. Bib. de la Sorb., U. 132, n° 5, p. 6 et suiv.

« de sa Nation, afin que, son cours achevé, il fût par les
« intervalles et espace de temps portez dans le statut de la
« Faculté des Arts receu et admis au degré de maistrise. Or
« c'estoit, pour tels estudians aux Arts pauvres et destituez
« de moyens, comme aussi pour des pauvres estudians en
« Théologie, que les anciens collèges de Paris, et entre autres
« celuy de Harcour (sur lequel nous sommes) avoient été
« fondez [1]. »

Évidemment du Breul était mal renseigné sur ce qui se passait à l'origine du collège d'Harcourt, parce qu'à cette époque, dit un *factum*, en dehors des « actes et des disputes
« publiques pour prendre les degrez de la Faculté des Arts
« dans les escholes des quatre Nations, il n'est pas véritable
« qu'on ne fist pas leçon des Arts dans les collèges, estant
« certain au contraire qu'on enseignait en la plupart [2]. » On en trouve, en effet, des preuves dès le xve siècle, bien avant l'établissement du *plein exercice*, dans les collèges de Lisieux, de Justice et d'Harcourt. Nous verrons, pour ce dernier, qu'au temps du proviseur **Étienne Gervais**, en 1470, on y conférait même les grades universitaires.

Un vieil historien que nous avons déjà cité, **Jean le Feron**, nous dit que **Robert** et **Raoul d'Harcourt** établirent dans leur collège « régens et précepteurs de trois ordres députés.
« C'est à scavoir régens pour enseigner la grammaire et lo-
« gique aux jeunes adolescens; secondement pourvurent de
« gens pour interpréter la philosophie, et tiercement ils dépu-
« tèrent par semblables hommes théologiens, tous lesquels
« ils pourvurent de rentes et revenus annuels perpétuellement
« pour eux appliquer à l'estude des Lettres [3]. »

En dehors de ces documents que nous venons d'invoquer, nous ne connaissons rien sur l'histoire du collège d'Harcourt sous l'administration de **Marin de Marigny**. On dit seulement qu'il n'y résidait pas ordinairement, sans doute parce qu'il avait conservé son bénéfice de la collégiale de Saint-

1. *Antiquitez de Paris*, p. 638.
2. Bib. de la Sorb., U. 132, n° 5, p. 7.
3. *Histoire manuscrite*, citée par **A. de la Roque**, t. IV, p. 1190.

Honoré et peut-être aussi la direction du collège des Bons Enfants. Son nom est mentionné dans un titre d'acquisition du fief de Gigermont, en *Gâtinais*, fait par les boursiers du collège d'Harcourt, tant pour eux que pour leurs successeurs, le 6 août 1317[1]. Cet acte, en même temps qu'il atteste la prospérité croissante de cette maison, confirme ce que nous avons dit sur la situation qu'y occupait **Marin de Marigny**. Combien de temps resta-t-il proviseur d'Harcourt? Les indications très sommaires, beaucoup trop sommaires, que nous avons trouvées, semblent affirmer qu'il demeura en charge jusqu'en 1369, ce qui ferait plus de cinquante ans d'exercice. Le proviseur **Turgot**, en 1598, déclare qu'il n'y avait déjà de son temps aucun document qui pût le renseigner sur la suite des proviseurs, de 1311 à 1369 : « *Nec etiam alia superesse monumenta quae certam fidem faciant quinam fuerint magistri et provisores a die obitus dicti quondam bonae memoriae* **Reverendi Patris Roberti de Haricuria** *usque ad annum* 1369[2]. »

Pendant cette longue administration, il ne se passa pas, sans doute, d'événement bien important à l'intérieur du collège, puisque aucun écho n'en est arrivé jusqu'à nous. Heureux, a-t-on dit, les peuples qui n'ont pas d'histoire! Ce fut durant cette période le sort du collège d'Harcourt. Toutefois, cette tranquillité du dedans ne devait pas empêcher les étudiants de s'intéresser à ce qui se passait au dehors au sujet des privilèges de l'Université. Voilà pourquoi nous mentionnerons à ce sujet un fait d'autant plus important que la Normandie n'y fut pas étrangère. On sait que **Philippe-Auguste**, en vertu d'une décrétale du pape **Célestin III**, avait renvoyé toutes les causes des écoliers devant l'évêque de Paris, même en matière criminelle. C'est ce qu'on appelait le privilège du *Committimus*. **Saint Louis** et **Philippe le Bel** confirmèrent cette prérogative ; mais il arriva que, par la suite, la juridiction ecclésiastique ne devint pas moins gênante pour

---

1. Bib. de la Sorb., U. 132, *Fondations, donations, legs et acquisitions faits en faveur des boursiers du collège d'Harcourt*.
2. *Ibid.*, U. 132, n° 7, p. 40.

l'Université que ne l'aurait été la juridiction civile, à cause des excommunications dont l'évêque de Paris se montrait parfois trop prodigue à l'égard de la population turbulente des écoles[1]. Aussi, sur ses instances, en **1340**, **Philippe de Valois** plaça l'Université sous la garde et protection du prévôt de Paris, qui devint dès lors le Conservateur de ses privilèges royaux. Mais les juges du duché de Normandie n'acceptèrent pas ce nouvel état de choses et refusèrent d'obéir aux lettres royales, en prétextant des chartes contraires. L'Université demanda alors au roi de nouvelles lettres patentes qui lui furent accordées en **1345**. Il y était déclaré de la manière la plus explicite que la connaissance des causes des maîtres, suppôts et écoliers était attribuée désormais au prévôt de Paris ou à son lieutenant, et « ce malgré tous privilèges, accordés ou à accorder à nos sujets Normands ou de quelque autre province [2] ».

A cette époque l'Université et ses collèges se ressentaient du contre-coup des événements politiques qui troublaient la France entière. On était, en **1357**, au lendemain du désastre de Poitiers; le roi **Jean II** avait été fait prisonnier par les Anglais, et son fils aîné, le dauphin **Charles**, duc de Normandie, administrait à sa place avec le titre de lieutenant général du royaume. La bourgeoisie de Paris, mécontente de n'avoir pu obtenir les réformes demandées par les États généraux, s'insurgea contre le pouvoir sous la direction du prévôt des marchands **Étienne Marcel**. Nous n'avons pas à raconter les conséquences tragiques de cet événement, il nous suffit de signaler l'effet qu'il produisit dans l'Université et au sein de ses écoles. Disons d'abord à la louange de la corporation enseignante que, tout en réclamant aussi la réforme des

---

1. Il est vrai que les écoliers s'attiraient bien les foudres de l'Église par leur conduite. L'évêque de Paris, **Étienne Tempier**, en 1269, leur reproche « quod de die et nocte multos vulnerant, atrociter interficiunt, mulieres rapiunt, obprimunt virgines, hospicia frangunt, necnon latrocinia et multa alia enormia Deo odibilia sepe et sepius committendo ». (*Statutum episcopi Parisiensis contra scholares*, dans le *Cartulaire de Notre-Dame de Paris*, pub. par **Guérard**, t. I, p. 162).

2. *Recueil des privilèges de l'Université*; Paris, Thiboust et Esclassan, 1674, p. 8 et 9.

abus, elle sépara nettement sa cause de celle des factieux. Non contente de faire bon accueil à leur adversaire le chancelier de France, **Pierre de Laforêt**, archevêque de Rouen, que le pape venait de créer cardinal, en allant en procession au-devant de lui avec les collèges et les ordres religieux, l'Université refuse de porter le chaperon rouge et bleu des partisans du prévôt et défend à ses écoliers de revêtir aucun signe de révolte. Bien plus, elle envoie une députation au dauphin pour l'assurer que tous ses suppôts lui seront dévoués jusqu'à la mort. Cela ne l'empêche pas d'accompagner le prévôt et les bourgeois quand il s'agit de réconcilier le duc de Normandie avec le roi de Navarre, et de se charger, sur les instances d'**Étienne Marcel**, de la mission de solliciter du dauphin la grâce des Parisiens révoltés. Si l'Université ne réussit pas à rétablir la paix, elle la désirait vivement, car la guerre civile qui se préparait allait nuire aux études et faire le vide dans les écoles. C'est ce qui inspirait cette lettre à **Pétrarque**, témoin de la situation : « Que sont devenus les
« bataillons pressés des étudiants et l'ardeur qu'ils mon-
« traient pour l'étude, et la gaieté qui les animait? Ce n'est
« plus le bruit des controverses, mais des bruits de guerre
« qui retentissent; ce ne sont plus des amas de livres, mais
« des monceaux d'armes qui frappent la vue : il n'y a plus
« ni syllogismes, ni sermons, mais la voix des sentinelles qui
« font le guet, près des machines de guerre, sur les remparts
« de la ville. » Les intérêts matériels des collèges, comme ceux des maisons religieuses, eurent beaucoup à souffrir du régime organisé par **Étienne Marcel**. Plusieurs furent inquiétés et pillés par les soldats du prévôt. Aussi, ne se sentant pas suffisamment protégée à Paris, l'Université s'adressa, en 1358, au dauphin pour faire respecter ses écoles de la rue du Fouarre. Elles étaient toujours fréquentées par les étudiants de la Faculté des arts et, à cette époque, on avait sans doute réussi à les délivrer du mauvais voisinage que signalait au siècle précédent le cardinal **Jacques de Vitry**. Nous apprenons, en effet, par la lettre du dauphin, que cette rue était alors entièrement réservée aux maîtres pour enseigner et aux

écoliers pour écouter leurs leçons et en profiter : « *vicus dic-
« tus* du Fouarre *magistris ad legendum, scolaribus vero au-
« diendum et perficiendum fuerit assignatus.* » Mais il paraît
que la population dissolue qu'on en avait écartée se vengeait,
la nuit sur les écoles, de son expulsion. On remplissait la rue
d'immondices, *immunditias et fecosa portando;* on s'intro-
duisait dans les salles de classe, et on souillait la chaire des
professeurs et la paille destinée à servir de siège aux étudiants, comme si on eût voulu les empêcher de recueillir,
suivant l'expression du temps, la fleur et la perle de la
science, *florem et margaritam scientiae.* Au lieu de ces par-
fums, les écoliers trouvaient, en arrivant le matin, des ordures telles, *tam enormia, turpia ac fetida reperientes,* que
les classes étaient inabordables. Le régent **Charles** répondit
à la requête de l'Université et l'autorisa à établir aux extrémités de la rue du Fouarre des portes qui seront fermées le
soir après les classes. Sa lettre est des plus affectueuses, elle
fait l'éloge de la Faculté des Arts, fondement, origine et principe des autres sciences, *fundamentum, originem ac principium aliarum scientiarum,* en un mot elle témoigne des bons
rapports que le corps universitaire entretenait avec le représentant de l'autorité royale. C'est ce qui permit à l'Université
de reprendre les négociations pour la paix, et elle l'aurait
obtenue si **Étienne Marcel**, en repoussant ses conseils,
n'avait compromis la cause de la réforme des abus en même
temps qu'il se perdait lui-même [1].

En 1369, **Marin de Marigny** eut pour successeur **Richard Barbe**, qui paraît avoir administré le collège d'Harcourt jusqu'en 1380. Nous disons *qui paraît,* parce que nous
sommes encore plus dépourvus de renseignements sur le
second proviseur que sur le premier. On ne connaît même
pas son diocèse d'origine, comme l'avoue, en 1620, le proviseur **Turgot**, qui ne peut en dire que ces mots : « *Quo*

---

1. V. du Boulay, *Hist. Univ. Paris,* t. IV, p. 336-354; et **Crévier**, *Hist. de l'Univ. de Paris,* t. V, p. 68. — **Ch. Jourdain**, *L'Université de Paris au temps d'Étienne Marcel.* — **F. Perrens**, *Étienne Marcel,* p. 167 et suiv. — *Ordonnances des Rois de France,* t. III, p. 237.

« *quidem anno* (1369) *provisoris munere fungebatur M. Ri-*
« *chardus Barbe, cujus diœcesis ignoratur; ideo hic M. Ri-*
« *chardus Barbe, ab anno* 1369 *ad annum* 1380[1]. » Nous
savons seulement par un ancien *factum*[2] que sous ce proviseur les étudiants conservaient longtemps leurs bourses.
Ainsi, on parle, en 1369, de six ans pour **Gilles des Champs**,
et de douze ans pour **Nicolas de Mezerey**; en 1380, de
treize ans pour **Guillaume Dujardin**, et de seize ans pour
Nicolas Pitemen. Nous ne devons pas nous en étonner, car,
au commencement du xive siècle, il ne fallait pas moins de
seize ans pour arriver à la licence ou à la maîtrise en théologie. Cette faculté exigeait quatorze ans d'études et d'épreuves
préalables, sans compter deux ou trois ans pour la licence
ès-arts auparavant. On n'était docteur qu'à trente-cinq ans[3].
Mais ces longues études conduisaient souvent ceux qui les
couronnaient par le doctorat aux plus hautes dignités. Ainsi
nous verrons **Gilles des Champs** devenir chanoine de Rouen,
proviseur du collège de Navarre, confesseur et ambassadeur de **Charles VI**, évêque de Coutances, enfin cardinal,
sous le pape **Jean XXIII**[4].

Nous sommes un peu mieux renseignés au sujet de **Jean
Boutin**, qui administra le collège, après **Richard Barbe**, de
1380 à 1383. Nous apprenons, en effet, par une pièce de
l'époque que nous citons aux *documents annexes*[5], qu'il était
du diocèse de Coutances, maître ès-arts et en médecine,
archidiacre d'Avranches, premier physicien ou médecin de
Charles VI, et proviseur du collège des théologiens et des
artiens d'Harcourt, en 1383. Un historien des médecins des
rois de France dit également que « le premier médecin qui
fut mis sur les états de la maison de **Charles VI**, dès que ce
prince parvint à la couronne, c'est-à-dire le 22 septembre 1380,
est maître **Jean Boutin**, qui entra à la cour aux appointements

---

1. Bib. de la Sorb., U. 132, n° 7, p. 40.
2. Bib. de l'Univ., U. 10, *Réplique*, p. 26.
3. V. **Thurot**, *L'Univ. au moyen âge*, p. 110.
4. V. *Gallia Christ.*, XI, 889.
5. *Fondation d'un obit par Me Jean Boutin*, en 1384.

de 8 sols par jour avec le chirurgien **Jean Dubourt**[1]. » Il ne faut pas nous étonner de rencontrer au xiv° siècle des médecins dans les rangs du clergé : ce n'était pas chose nouvelle et insolite à cette époque. **Honorius III** a bien interdit, en 1209, aux membres du clergé régulier l'étude et l'exercice de la médecine, comme il leur avait interdit l'étude du droit civil. Il a étendu même cette défense aux membres du clergé séculier[2], de peur qu'ils ne soient détournés par là de s'instruire dans les sciences sacrées ; mais l'interdiction n'a pas été appliquée d'une manière absolue, puisque **Jean Boutin** est médecin de **Charles VI**, en 1380, et nous en trouverons encore un autre au collège d'Harcourt. N'est-ce pas le cas de rappeler l'observation de M. S. Luce au sujet du célibat imposé alors aux médecins? « Combien il est dangereux, dit-« il, d'écrire l'histoire d'après le texte des institutions qui « contredit si souvent la réalité historique[3]! »

Maître **Boutin**, malgré tout son savoir, ne put guérir son royal client. Il ne fut pas, d'ailleurs, le seul médecin qui ait échoué devant la folie de **Charles VI**, sorte de *manie furieuse*, avec des intermittences lucides. Pendant les quarante-deux ans que dura son règne, le malheureux prince vit soixante-treize médecins ou empiriques. Naturellement les charlatans s'essayèrent à sa guérison : les uns prétendaient y arriver par *une seule parole*, comme **Armand Guillem** ; était-ce la *suggestion* de ce temps-là? les autres, comme **Poinson** et **Briquet**, avaient recours à une sorte d'hypnotisme ou de mesmérisme, en entourant le roi d'un cercle de fer[4]. Il n'y a rien de nouveau sous le soleil. Si M° **Jean Boutin** ne put guérir le roi, il fit du bien à son collège en lui léguant, d'après une pièce que nous avons encore, une somme de 600 florins d'or

---

1. Dr **Chéreau**, *Les Médecins de Charles VI*. (*L'Union médicale*, 1862.)
2. « Statuimus ut nulli post professionem ad leges mundanas, physicamve audiendas permittantur exire..... ad archidiaconos, decanos, præpositos, plebanos nec non presbyteros hoc extendi mandamus. » (*Super specula*, 10, *ne clerici*).
3. *Duguesclin*, p. 69.
4. Dr **Chéreau**, *Les Médecins de Charles VI*.

pur pour deux messes à dire chaque semaine à son intention, et à celle de sa famille et de ses bienfaiteurs, avec distribution de 40 sols parisis aux boursiers qui y assisteront[1].

Nous pouvons penser aussi que le proviseur **Boutin** profita de sa situation à la cour pour soutenir les intérêts de l'Université et obtenir du roi ou de ses oncles, les Sires des fleurs de lys, avec la confirmation des anciens, de nouveaux privilèges en sa faveur. A la date de 1383 nous trouvons, en effet, des lettres patentes par lesquelles **Charles VI** veut que « les « maistres, bacheliers et escholiers de l'Université et officiers « d'icelle, soient francs, quittes et exempts de tailles, imposi- « tions et autres aydes, pour vins et autres biens quelconques « crûs en leurs héritages et leurs bénéfices qui sont ou seront « vendus par lesdits maistres, bacheliers ou autres suppôts ».

Nous avons cité cette charte royale, parce qu'on en a conclu que les *collèges* étaient compris dans les privilèges accordés par le roi aux maîtres et écoliers de l'Université, même à ceux qui étudiaient en grammaire. C'est ce que dit le Dr **Rebuffe**, qui écrivait sur ce sujet vers 1530 : « J'ai vu juger ainsi au Parlement pour le collège de Saint-Victor[2]. »

A Pierre Boutin succéda **Thomas de Saint-Pierre** (1383-1419). Avec lui nous entrons dans le *deuxième siècle Harcurien*, selon l'usage de compter au collège d'Harcourt. **Thomas de Saint-Pierre**, comme son prédécesseur, et comme la plupart des proviseurs de cette maison, appartenait au diocèse de Coutances. Il était, sans doute, de la famille de ce **Thomas de Saint-Pierre** que nous voyons figurer en qualité de veneur dans le récit d'une chasse à courre accordée, en 1298, par **Nicolas d'Auteuil**, évêque d'Évreux, pour récréer l'abbesse et les religieuses de Saint-Sauveur. « Quelque temps avant de mourir, dit l'historien du *Comté* « *d'Évreux*, ce même évêque, par une indulgence assez ordi- « naire dans ces temps-là, permit à **Alix de Mergiers**, ab- « besse de Saint-Sauveur, le divertissement de la chasse du

---

1. V. cette pièce aux *documents annexes*.
2. *Recueil des privilèges de l'Université*, p. 88.

« cerf, dont la dixme lui appartenait, suivant la donation
« faite par les fondateurs **Richard** et **Simon**, comtes
« d'Évreux. Cette dame, ayant choisi un beau jour d'été, alla
« en sa maison et seigneurie d'Asnières pour s'y divertir,
« accompagnée de **Perrette de la Croisette**, prieure du
« monastère, de **Nicole de Coligny**, de **Julienne du
« Plessix**, de **Julienne de Brione**, et d'**Alix de Crève-
« cœur**. **Guillaume d'Ivry**, grand veneur de France, prit
« cette occasion de chasser un cerf, qui, poursuivi jusqu'aux
« abois, alla se jeter dans la rivière proche de Saint-
« Germain-lez-Évreux où ces religieuses eurent le plaisir
« de le voir expirer. La nappe, dépouillée par **Thomas de
« Saint-Pierre**, fut portée en l'abbaye de Saint-Sauveur,
« où il se fit de grandes réjouissances au son des tambours
« et des trompettes et de plusieurs autres instrumens[1]. »

Thomas de Saint-Pierre, proviseur du collège d'Harcourt, est qualifié dans les anciens documents, des titres de chancelier de l'église de Bayeux et de chanoine de l'église de Paris. On trouve son nom sur les registres capitulaires de Notre-Dame à la date de 1392 et au delà[2]. Il était aussi, comme **Jean Boutin**, médecin de **Charles VI**. Des lettres patentes de 1383 le nomment, en effet, « physicien du roi et de sa très-aimez suer (sœur) Catherine[3] ». Il appartenait à l'École de Paris, et son nom figure en tête de la liste des 31 maîtres-régents ou professeurs inscrits sur les registres de la Faculté de médecine qui commencent à l'année 1395[4]. On le retrouve encore sur les sept autres listes suivantes, jusqu'en 1402, ainsi désigné : *Thomas a S. Petro*[5]. Nous appre-

---

1. **Brasseur**, *Hist. civile et ecclésiastique du comté d'Évreux*. Paris, 1722, ch. XXVIII, p. 206, et *Mémorial des évêques d'Évreux*, édité par **Lebeurier**, p. 80.
2. Arch. Nat. LL. 108 et suiv. Comme il y a une lacune dans ce registre de 1370 à 1392, il est probable que **Thomas de Saint-Pierre** fut chanoine avant cette dernière année.
3. Dr **Chéreau**, *L'Union médicale*, 1862.
4. Le titre de docteur en médecine ne date que de 1413.
5. *Commentaires manuscrits* de la Faculté de médecine, t. Ier, que son très obligeant bibliothécaire, M. le Dr **Corlieu**, m'a communiqués.

nons aussi par l'historien des médecins des rois de France qu'il fut pendant plusieurs années revêtu, dans la faculté, du titre d'*antiquior magister*. C'était, dit le Dr **Corlieu**[1], l'*ancien des écoles*, c'est-à-dire le plus anciennement reçu parmi tous les docteurs régents. Il était l'objet de la vénération de tous ses collègues ; à son entrée dans l'école tous se levaient, et les appariteurs allaient avec leurs masses à sa rencontre. En l'absence du Doyen, il pouvait, à la demande d'un docteur, convoquer la faculté et la présider. Nous avons vu quelque chose d'analogue pour l'*antiquior* de la NATION DE NORMANDIE[2]. Telle était la situation de **Thomas de Saint-Pierre**. Aussi a-t-on dit qu'il jouissait à son époque d'une réputation méritée par ses talents, son caractère et les hautes fonctions qu'il remplissait, soit dans la faculté, soit à la Cour de France[3]. **Guillebert de Metz** confirme cet éloge en mentionnant **Thomas de Saint-Pierre** comme la plus grande célébrité médicale du commencement du xve siècle[4].

Nous savons par une fondation d'*obit* de **Jean Boutin**[5] que sous le provisorat de **Thomas de Saint-Pierre**, en 1384, le collège d'HARCOURT était en état de prospérité.

En ce qui concerne le *personnel*, nous le trouvons à peu près au complet. On en peut juger par la nomenclature des signataires de l'acte de 1384.

Thomas de SAINT-PIERRE, *proviseur*.
Gilles LABBÉ, *professeur de théologie*.
Robert CHARDON, *prieur et procureur des théologiens*.
Jean TROP HARDI, *procureur des Artiens*.
Guillaume DUJARDIN, *bachelier en théologie*.

---

1. *L'ancienne faculté de médecine de Paris*, p. 93. Nous reproduisons au frontispice de ce chapitre la façade de ce monument, d'après ce curieux ouvrage (Paris, 1887, Vve Adr. Delahaye et E. Lecrosnier.)
2. V. notre chap. 1er, p. 10.
3. Dr **Chéreau**, *L'Union médicale* de 1862, p. 219.
4. *Description de la Ville de Paris au quinzième siècle*, publiée par **Le Roux de Lincy**, p. 83.
5. V. cette pièce aux *documents annexes*.

Les maîtres ès-arts ou grands boursiers[1] :

Godefroy Bigot.
Nicolas Pitemen.
Jean Milon.
Jean Tovigis.
Roland Ramier.

Ursin de Talvende.
Jean Régis.
Pierre Delorme.
Jean Fessard.

Les écoliers ou petits boursiers.

Richard Duquesnes.
Guillaume Beaufils.
Robert le Vieux.
Jean Aillot.
Raoul Mauhaut.
Laurent Tireavent.
Jean Beraut.
Guillaume Barbe.
Ruand Silvestre.
Thomas Duc.
Jean de Beauvais.
Jean la Chièvre.

Jean Siral.
Pierre Chataigne.
Jean Féron.
Pierre Suhel.
Jean Potage.
Jean Malpoyvre.
Godefroy Hay.
Raoul Charon.
Mathieu Goubert.
Pierre Caron.
Roger Daniel.
Jacques Daniel.

Outre ces boursiers, citons encore, au temps de **Thomas de Saint-Pierre, Ravenne Varrot, Pierre Guespin, Jean Pigace, Thomas Hobe,** qui conservèrent leurs bourses pendant douze ou quinze ans.

Nous voyons, d'après ce relevé, qu'il y avait au collège d'Harcourt, en 1384, outre le proviseur, un prieur et deux procureurs, comme le prescrivaient les statuts. On y comptait douze grands et vingt-quatre petits boursiers, qui, avec les deux bourses allouées au proviseur, atteignaient presque le chiffre des quarante bourses fondées par **Robert d'Harcourt.** Nous trouvons aussi un professeur de théologie attaché au collège, pour faire des conférences aux étudiants qui se préparaient aux grades de cette faculté et qui suivaient les cours de Navarre ou de Sorbonne.

En ce qui concerne les *revenus* du collège, on y mentionne que l'argent de ces revenus est placé dans un coffre, *in scrinio*

---

1. Les trois précédents étaient aussi grands boursiers.

arche, sous quatre clefs, confiées chacune à la garde du proviseur, du prieur et des deux procureurs.

Enfin le collège possédait un sceau particulier, qu'il ne faut pas confondre avec les armes ou l'écusson du fondateur, qu'il avait aussi le droit d'arborer. Le sceau que nous avons retrouvé au bas de la fondation **Boutin**, et que nous reproduisons ici, représente la Vierge portant l'Enfant Jésus sur le bras

Sceau particulier du Collège d'Harcourt.

gauche et tenant un sceptre en forme de lys de la main droite; de chaque côté trois étudiants, à genoux, implorent sa protection; aux pieds de la Vierge, l'écusson de **Robert d'Harcourt**, évêque de Coutances, de gueules à deux fasces d'or, traversé par une crosse; à droite de la Vierge, le même écusson sans crosse, mais brisé en haut d'une fasce vivrée d'argent, qui est encore d'Harcourt, et à gauche la reproduction de l'écusson du bas. Autour on lit : Sigillum scolarium domorum de Harcuria Parisius, ce qui confirme l'existence des deux maisons du collège d'Harcourt, à droite et à gauche de la rue de la Harpe.

Thomas de Saint-Pierre imita son prédécesseur, en donnant par testament, le 29 juillet 1416, aux boursiers des deux communautés « 594 écus d'or à la couronne avec une cédule

« de 1400 autres écus d'or aussi à la couronne et 600 livres
« tournois en monnaie, ainsi que tous ses meubles et con-
« quêts, sa bibliothèque, et même sa maison située rue de la
« Harpe, près de la rue des *Deux-Portes (Porte Saint-Michel)*,
« laquelle a été ensuite aliénée par le collège à la charge de
« 26 livres de rente foncière à son profit. Ce proviseur laisse
« encore aux boursiers une rente de 3 livres 8 sols 9 deniers
« à prendre sur les anniversaires du chapitre de Notre-
« Dame [1] ».

Notons encore, au temps de **Thomas de Saint-Pierre**, quelques troubles qui agitèrent l'Université et durent avoir leur retentissement au collège d'Harcourt, par suite de l'émotion qu'ils causèrent parmi la jeunesse des écoles.

En 1387, un sergent du Châtelet, **Richard de Metz**, viola les privilèges universitaires en s'emparant de deux écoliers qui, pour échapper à la justice, à cause de quelque méfait, s'étaient réfugiés dans l'église du couvent des Carmes, situé alors près de la place Maubert. Aussitôt grand émoi dans l'Université, qui menaçait de suspendre ses cours, si elle n'obtenait une réparation éclatante. **Richard de Metz** fut obligé de s'exécuter et de venir, en chemise, pieds nus, une torche à la main, accompagné de deux huissiers du Parlement, faire amende honorable, à genoux, devant les religieux carmes, qui relevaient de l'Université par les grades qu'elle leur conférait. Et, pour perpétuer la mémoire de cette réparation, un tableau qui représentait **Richard de Metz** dans son attitude de suppliant fut placé près du grand portail de l'église des Carmes, où il se voyait encore au xviie siècle, quand **du Breul** l'a mentionné dans ses *Antiquitez de Paris* [2].

En 1404, l'affaire devint plus grave. Comme la procession de l'Université, présidée par le Recteur, se rendait au sanc-

---

1. *Archives de l'Univ.* à la Bibl. de la Sorb., U. 132. N°s 1 et 3.
2. Édition de 1612, p. 375. On conserve à l'École des Beaux-Arts, et nous en donnons ici un dessin, le bas-relief d'une réparation analogue accomplie en 1440 par trois sergents du prévôt de Paris qui avaient maltraité plusieurs religieux augustins, docteurs en théologie de l'Université (V. **du Breul**, *Antiquitez de Paris*, p. 554).

Une réparation publique faite en 1440 à l'Université par les sergents du prévôt de Paris.

tuaire de *Sainte-Catherine-du-Val-des-Écoliers* ou *de la Couture*, dans le faubourg Saint-Antoine, pour demander à Dieu l'extinction du Grand Schisme et la guérison du roi, un incident se produisit devant l'hôtel de Savoisy, rue du Roi-de-Sicile. Un des valets de l'hôtel, en faisant galoper son cheval à travers les rangs des écoliers, couvrit de boue quelques-uns d'entre eux. Ceux-ci ripostèrent en frappant le valet, qui courut chercher ses camarades et, avec eux, poursuivit à coups de flèches les écoliers jusque dans l'église. Il y eut bientôt de nombreuses victimes, et des traits vinrent même tomber sur le maître-autel pendant qu'on y célébrait la messe. Le service divin fut interrompu, les chantres s'enfuirent, les officiants eurent leurs ornements percés, l'assemblée se dispersa et le prêtre put à grand'peine achever le sacrifice. L'Université réclama contre ce scandaleux outrage, avec d'autant plus d'énergie que **Charles de Savoisy**, chambellan et favori de **Charles VI**, avait encouragé la conduite de ses gens, croyant que sa situation leur assurerait l'impunité. Le Conseil du roi fut saisi de l'affaire, puis le Parlement, qui, après avoir entendu les plaidoyers du cordelier **Pierre aux Bœufs** et du chancelier **Gerson**, résolut de donner pleine satisfaction aux plaignants. Il fut décidé que l'hôtel de Savoisy serait démoli, et le chambellan condamné à une forte amende envers l'Université et les victimes, ainsi qu'à la fondation de cinq chapelles. Quant aux valets coupables de profanation et de meurtre, ils durent faire publiquement amende honorable, en chemise et nu-pieds, puis recevoir le fouet de la main du bourreau.

Les écoliers n'attendirent pas l'exécution de la sentence : ils démolirent de leurs mains l'hôtel de Savoisy. Le chambellan de Charles VI rentra en grâce auprès de l'Université, en 1406 ; mais il ne put obtenir son consentement pour rebâtir son hôtel qui ne fut relevé qu'en 1517, et encore à la condition qu'une plaque commémorative de l'événement serait placée au-dessus de la porte d'entrée pour le signaler à la réprobation des âges futurs [1].

1. V. du **Breul**, *Antiquitez de Paris*, p. 613 ; du Boulay, *Hist.*

Mais ce fut bien pis, en 1407, quand le prévôt de Paris, **Guillaume de Tignonville**, fit pendre deux écoliers, l'un Normand et l'autre Breton, qui l'avaient, du reste, bien mérité pour les vols et les meurtres dont ils s'étaient rendus coupables. Les privilèges universitaires se trouvaient compromis par cette exécution; mais l'Université réclama en vain une réparation. L'année suivante elle recourut à son arme favorite, la suspension des cours; en même temps que l'évêque interdisait la prédication de l'Avent et du Carême. La cour ne cédait pas, le prévôt ne s'humiliait pas davantage. L'Université menaça alors d'émigrer à l'étranger, là où ses privilèges seraient mieux respectés. Devant cette menace, le prévôt dut se soumettre à la réparation qu'on exigea de lui. Il s'agissait de détacher lui-même du gibet les cadavres des écoliers, de les baiser sur la bouche et de les conduire en grande pompe sur un char drapé de noir au parvis de Notre-Dame, pour les présenter à l'évêque, et ensuite au couvent des Mathurins pour les remettre à la députation de l'Université, afin de leur donner une sépulture honorable. Après cela **Tignonville** fut révoqué de ses fonctions et ne put arriver plus tard à une autre charge qu'après avoir obtenu de l'Université le désistement de son opposition. Voilà comment, en ce temps-là, la *Fille aînée des rois* savait maintenir et défendre ses privilèges[1]. Disons cependant, avec l'historien **Cousinot**, que l'Université avait d'abord désavoué les écoliers sous l'administration du duc d'Orléans, et qu'elle ne fit ensuite tout ce tapage en leur faveur que sous l'administration du duc

---

Univ. Paris. t. V, p. 95; **Crévier**, *Hist. de l'Univ. de Paris*, t. III, p. 222. Le *Journal de Nicolas de Baye*, publié par **A. Tuetey**, t. Ier, p. 100, résume le bizarre plaidoyer de **Pierre aux Bœufs**, tout farci de textes latins et de souvenirs mythologiques dans le goût de l'époque. Il termine en conjurant la Cour de punir **Savoisy** qui a battu la fille du roi, c'est-à-dire l'Université de Paris, et de vérifier la sentence *Mane, Tecel, Phares*, que Daniel vit écrire sur la muraille du palais de Balthazar par trois doigts qui signifient les trois états du Parlement : présidents, conseillers, avocats et notaires.

1. V. du **Breul**, *Antiquitez de Paris*, p. 613; du **Boulay**, *Hist. Univ. Paris.* t, V, p. 146; **Crévier**, *Hist. de l'Univ. de Paris*, t. III, p. 295.

de Bourgogne[1]. C'est que **Tignonville** avait insinué que **Jean sans Peur** n'était pas étranger au meurtre du duc d'Orléans. Il n'en fallut pas davantage pour provoquer sa disgrâce.

Les boursiers du collège d'Harcourt durent concevoir une haute idée de la force et de la vigilance de l'Université, en la voyant contraindre les plus puissants à respecter ses privilèges et couvrir si efficacement de sa protection les moindres de ses écoliers. Quel encouragement pour de pauvres étudiants à conquérir ces grades qui leur permettraient, à leur tour, de faire la loi aux grands de la terre ! Mais, en attendant, n'avaient-ils pas à se réjouir de vivre sous une discipline bienfaisante qui les préservait des dangers de l'indépendance auxquels étaient exposés leurs camarades moins favorisés ? Le fondateur d'Harcourt avait donc sagement fait d'interdire à ses pensionnaires la fréquentation des processions de l'Université, source de tant de désordres[2].

Les jeunes *Harcuriens* pouvaient encore se glorifier d'appartenir à un collège qui possédait alors à sa tête des hommes aussi distingués que ceux dont nous venons de rappeler le souvenir, **Jean Boutin** et **Thomas de Saint-Pierre**. Nous ne connaissons pas toutes les illustrations qui en sortirent au xve siècle ; mais nous pouvons invoquer ici les noms de **Gilles Deschamps** et d'**Ursin de Talvende**, qui jouèrent un rôle assez important à cette époque.

Gilles Deschamps, né à Rouen, était fils de **Robert Deschamps**, sieur de Tourville, qui fut maire de cette grande cité. Boursier au collège d'Harcourt, il y devint docteur en théologie en 1383, et telle était sa réputation que son contemporain **Guillebert de Metz** le qualifie de *souverain docteur en théologie*. Sa science et son éloquence lui valurent d'être désigné parmi les députés du clergé de France envoyés à Avignon, sous le pontificat de **Clément VII**, pour y soutenir la doctrine de l'Immaculée Conception particulièrement chère

---

1. Cousinot, *La Geste des nobles*, XCVI, et **Puiseux**, *Docteurs normands*.
2. *Statuts d'Harcourt*, art. LXV.

aux docteurs normands. A son retour, il est nommé Grand Maître du collège de Navarre et, peu après, aumônier du roi Charles VI, en 1404. C'est en cette qualité qu'il est chargé de plusieurs négociations importantes à *Avignon* et à *Rome* pour mettre fin au *Grand Schisme* par *voie de cession*, c'est-à-dire en obtenant la démission des deux papes, afin de pouvoir en nommer un seul qui serait accepté par toute la chrétienté. **Gilles Deschamps**, dit un biographe, fit admirer à Rome son éloquence dans vingt discours qu'il prononça devant la cour pontificale[1]. Ce fut le duc d'Orléans, l'ami du pape d'Avignon, qui par deux fois fit échouer la combinaison au moment où elle allait aboutir. Ce prince n'aimait pas d'ailleurs voir les universitaires contrarier sa politique. Bien que lettré et maniant habilement la langue des écoles, il traitait assez cavalièrement la docte corporation. Un jour que plusieurs membres de l'Université étaient venus le sermonner sur les abus de son administration, il leur dit d'un ton bourru, digne du *bâton noueux*[2] qu'il avait pris pour emblème : « Régents, retournez à vos écoles. A chacun son métier. « Vous n'appelleriez pas apparemment des gens d'armes pour « opiner sur la foi... L'Université est appelée la fille du roi, « soit ; mais il ne lui appartient pas de s'entremettre dans le « gouvernement du royaume. » Il ne manquait non plus aucune occasion d'être désagréable à l'Université. Les Armagnacs continueront cette mauvaise politique qui leur aliénera les docteurs de Paris. Tout au contraire, le duc de Bourgogne se montrait favorable au pape de *Rome* et poussait à l'extinction du Schisme. De là, les sympathies qu'il trouva plus tard du côté de l'Université. **Deschamps** est encore envoyé en ambassade aux deux papes **Grégoire XII** de Rome et Be-

1. L'abbé **Guiot**, dit *le Moréri des Normands*. Guillebert de Metz, *Description de la ville de Paris;* du Boulay, *Hist. Univ. Paris.*, t. IV, p. 947.
2. On sait que le duc d'Orléans faisait figurer dans son écusson de fantaisie un *bâton noueux*, comme une menace à l'adresse de son ennemi le duc de Bourgogne, qui riposta en prenant un écusson sur lequel on voyait un *rabot*. C'est ce qui a fait dire, lors de l'assassinat du prince d'Orléans, que le bâton noueux avait été raboté.

noît XIII d'*Avignon*, en 1407. Il se rencontre dans cette mission avec le fameux cordelier **Jean Petit**, encore un docteur normand, qui sera l'apologiste du meurtre du duc d'Orléans par **Jean sans Peur**. A son retour, **Gilles Deschamps** est fait évêque de Coutances, en 1408, et il devient cardinal, en 1411. Ses efforts pour rendre à l'Église la paix et l'unité méritaient bien cette récompense. Il n'est pas d'ailleurs le seul docteur normand sorti du collège d'Harcourt, qui ait travaillé à cette grande œuvre[1].

Ursin de Talvende, ou plutôt de Tallevende, près Vire, fut neuf ans boursier du collège d'Harcourt, puis principal des Artiens, et nous trouvons son nom sur la liste des maîtres ès arts qui signèrent à *l'obit* de la fondation **Boutin**, en 1384. Il devient peu après docteur en théologie et archidiacre d'Évreux, sous l'épiscopat de **Guillaume de Cantiers**. Sa science et son éloquence, disons-le aussi, son caractère ambitieux et violent, l'appelaient à prendre part aux affaires politiques et religieuses qui agitaient l'Église et la France, au temps du Grand Schisme et de la folie de **Charles VI**.

En 1412, le collège d'Harcourt participa le 4 juin à la procession de l'Université, ordonnée pour le succès de l'expédition de **Charles VI** contre le duc de Berry. « On vit, dans cette circonstance, dit le *Journal d'un bourgeois de Paris*, les petits enfants des écoles tous nu-pieds, un cierge allumé à la main, se rendre des Mathurins à Sainte-Catherine-du-Val-des-Écoliers, portant de saintes reliques, afin d'obtenir la paix entre le roi et les princes[2] ».

En 1413, **Talvende** intervient, au nom de l'Université, dans les efforts qui sont tentés par l'Assemblée des Notables pour rétablir la paix dans le royaume troublé par les factions des Armagnacs et des Bourguignons, et l'ordre dans les finances dilapidées par les ministres du roi.

« On connut, dit le continuateur de **Fleury**, les bonnes

---

1. **L. Puiseux**, *les Docteurs normands au commencement du XVe siècle.*
2. *Journal d'un bourgeois de Paris*, publié par **A. Tuetey**, p. 21.

« intentions de l'Université par le discours que fit, en pré-
« sence du roi, le docteur **Ursin de Talvende**, sur le sujet
« de la paix au nom des facultés. Il y marque fortement tous
« les désordres qui étaient dans l'administration des finances,
« dans le choix des officiers, dans la fabrique des monnaies.
« Il n'épargna point les personnes coupables, non pas même
« le chancelier **Arnaud de Corbie**, quoiqu'il n'y fût pas
« nommé. Mais le roi protégeait ce magistrat [1]. »

Les réformes demandées par l'assemblée furent accordées ; mais l'Université et la bourgeoisie de Paris voyaient avec déplaisir que leur idole, le **duc de Bourgogne**, fût l'objet des défiances de la cour. Le jeune dauphin commit alors l'imprudence d'accorder sa protection au prévôt de Paris, **Pierre des Essarts**, l'ennemi de **Jean sans Peur**. Il n'en fallut pas davantage pour déterminer une émeute, que le moindre incident ferait éclater. L'incident vint précisément, qui le croirait ? du côté du collège d'Harcourt. C'est pourtant l'exacte vérité.

Au mois de février 1413, quand on ouvrit un matin les portes du collège d'Harcourt, on les trouva obstruées par un cheval mort que les gens d'un hôtel voisin étaient venus y déposer pendant la nuit. Les écoliers, furieux de cette mauvaise plaisanterie, transportèrent la bête devant l'hôtel d'où elle venait et brisèrent la vaisselle de l'hôtelier. Ce fut au tour de l'hôtelier de se mettre en colère, et, comme il était sergent du Châtelet, il fut soutenu par le prévôt **des Essarts**, qui fit remettre le cheval mort à la porte du collège. Les écoliers en vinrent aux mains avec les sergents du Châtelet et eurent le dessous. Il n'en fallut pas davantage à un moment où les esprits étaient déjà surexcités, pour troubler l'Université. Un grand rassemblement se produisit auprès du corps du délit, et une vive querelle s'engagea entre les suppôts de l'Université, le prévôt de Paris et ses sergents [2]. **Pierre**

---

1. *Hist. ecclesiastiq.*, t. XIV, p. 138.
2. Nous empruntons ce récit à du Boulay, *Hist. Univ. Paris* (t. V, p. 235) et à la remarquable étude de M. Coville sur *Les Cabochiens et l'Ordonnance de 1413*, p. 183. V. **Cousinot**, *La Geste des Nobles*, CXXVIII.

des **Essarts**, se sentant menacé, chercha un refuge à la Bastille, où on vint l'assiéger. Il était dans la destinée de cette célèbre forteresse de servir d'objectif à l'émeute. Peu de temps après éclatait l'insurrection des *Cabochiens*, dont les violences fatiguèrent bientôt la bourgeoisie de Paris. Les écoliers n'en souffrirent pas moins que les bourgeois : les classes, dans beaucoup de collèges, furent converties en clubs, dit **Quicherat**, pour la discussion des théories cabochiennes. La corporation des bouchers, d'abord respectueuse pour l'Université, dont elle prenait conseil, ne l'écoutait plus et même la persécutait. Une partie du corps enseignant dut émigrer pour ne rentrer qu'au bout de vingt ans[1].

Si l'incident du collège d'Harcourt n'avait pas été étranger à la révolte, ce fut, par contre, un de ses maîtres qui travailla à l'apaiser. Nous retrouvons, dans cette circonstance, **Ursin de Talvende**, qui, à huit heures du matin, le 4 août 1413, harangue encore le roi au nom de l'Université, dans la cour de l'hôtel Saint-Pol. **Charles VI** et les princes l'écoutaient par les fenêtres du premier étage. **Talvende** prit pour texte de son discours: *Rogate quae ad pacem sunt*, et, dit un historien de **Charles VI**, « il employa fort heureusement tout
« l'art de la rhétorique avec la connaissance des Saintes
« Lettres, qu'il professait, à la louange de la paix si néces-
« saire, et fit voir que non seulement l'Université, mais que
« tous les gens de bien et les bons Français l'avaient at-
« tendue avec beaucoup de passion et d'impatience, et ce à
« propos des troubles apportés dans Paris par **Caboche**,
« **Denys de Chaumont** et leurs complices[2]. ». L'orateur de l'Université parlait encore quand les bourgeois vinrent demander au dauphin de se mettre à leur tête pour aller prendre possession du Louvre et chasser les Cabochiens.

Talvende pouvait aspirer aux plus hautes dignités ecclésiastiques. Il fut, en effet, sur le point d'être nommé évêque

---

1. Quicherat, *Hist. de Sainte-Barbe*, t. I, p. 28.
2. Godefroi, *Hist. de Charles VI*, t. II, p. 839. V. aussi **Félibien**, *Hist. de Paris*, t. II, ch. xv; Coville, *Les Cabochiens*, p. 357.
8.

de Coutances, en 1414, à la mort de **Gilles Deschamps**. Ursin avait un compétiteur, l'Armagnac **Jean de Marle**[1], et, pour l'emporter sur lui, il lui fallait l'appui de l'Université. Le Recteur **Campan** le lui refusa dans l'assemblée des facultés. Il s'ensuivit une altercation assez vive entre eux, c'est-à-dire entre la NATION DE FRANCE qui avait pris parti pour **Campan**, un de ses membres, et la NATION DE NORMANDIE, qui soutenait son tribulaire **Talvende**. Des injures les deux partis en vinrent aux coups, et, dans la bagarre, le Recteur fut fort maltraité. Celui-ci demanda réparation dans une assemblée générale de l'Université. On fit une enquête, et deux des principaux coupables furent mis en prison. Toutefois la querelle ne prit fin que par l'intervention du Cardinal **de Bar**, cousin du roi, qui obtint la grâce des prisonniers, et réconcilia les parties. Si on n'avait eu égard à son mérite, et à la satisfaction qu'il donna au Recteur, **Talvende** aurait été chassé de l'Université. En tout cas, il y perdit sa mitre; mais il put s'en consoler, en remplissant au concile de CONSTANCE le rôle de député de la NATION DE NORMANDIE pour l'extinction du Grand Schisme.

L'historien du *Comté d'Évreux* nous apprend que **Talvende** se signala dans le concile en soutenant deux propositions importantes : la première au sujet du droit de suffrage, et la seconde touchant l'abolition des *Annates*[2]. Sur le premier point il combattit avec son évêque, **Guillaume de Cantiers** et les cardinaux de **Cambrai** et de **Saint-Marc**, la proposition de ceux qui voulaient réserver dans le concile le droit de suffrage aux seuls prélats majeurs, c'est-à-dire aux évêques et aux abbés, et il fit maintenir ce droit aux curés, docteurs et prêtres de l'assemblée, comme cela s'était pratiqué dans les conciles précédents[3]. Sur le second point, il ne fut pas aussi heureux; et cependant, dit **Pasquier**, « il parla avec beaucoup

---

1. C'était le fils du chancelier de France, **Henri de Marle**, qui fut assassiné avec lui, à Paris, par les Bourguignons, en 1418.
2. On appelait *Annates* l'impôt de la première année des revenus d'un bénéfice vacant que devait payer au pape le nouveau titulaire.
3. Brasseur, *Hist. du Comté d'Évreux*, p. 277.

« d'éloquence et se fit surtout remarquer par ses discours
« contre les *annates* que les papes s'attribuaient dans toutes
« la chrétienté [1] ». Il prit aussi part à l'examen de l'hérésie
de **Jean Huss**. Talvende mérite encore qu'on se souvienne
de son nom au collège d'Harcourt, parce qu'il en fut un des
bienfaiteurs, ainsi que le mentionne le catalogue des *obits* [2].

Thomas de Saint-Pierre lui avait donné l'exemple. « Celui-ci était mort dans un âge avancé, *valde senex*, le jeudi
30 octobre 1420, ayant laissé de grands biens au collège, en
sorte que plusieurs années après lui, dit un *factum*, les procureurs rendaient un compte particulier des revenus qu'il
avait donnés [3]. »

A la date de cette même année 1420, le compte des fondations d'Harcourt accuse « un don fait aux boursiers d'Harcourt par haute et puissante dame **Isabelle**, reine de
France [4]. » Il s'agit de la reine **Isabeau de Bavière**, qui,
par un singulier contraste, de la même main qu'elle enrichissait le collège d'Harcourt, dépouillait le dauphin son propre
fils, en signant l'horrible *traité de Troyes* qui assurait la
succession de **Charles VI** au roi d'Angleterre (1420). Quoi
qu'elle fût encore plus portée à la cupidité qu'à la galanterie,
disent les historiens, la reine **Isabelle** se montrait parfois
généreuse envers les monastères et les écoliers de l'Université, soit par sensibilité de cœur, soit aussi pour se faire pardonner ses crimes [5].

Au XVe siècle, dans lequel nous nous trouvons, en ces
temps troublés de la *Guerre de Cent ans*, le collège d'Harcourt
traverse une crise qui aurait pu lui être fatale s'il n'avait été

---

1. *Biograph. manuscrit.* — V. aussi Lebreton, *Biographie normande*; B. du Chastenet, *Hist. du Concile de Constance*, p. 185.
2. V. cette pièce aux *documents annexes*.
3. Bibl. de l'Université, U. 132, n° 3, p. 15. Les registres capitulaires de Notre-Dame ne mentionnent plus son nom à partir du 22 juin 1419, et plusieurs fois auparavant il est noté comme absent aux réunions du chapitre pour cause de maladie, *infirmus*. (*Arch. Nat.* LL. 1412-1414-1424.)
4. *Fondations et donations*, Bibl. de l'Université, U. 132, n° 1.
5. **Vallet de Viriville**, *Isabeau de Bavière*.

dirigé par des hommes dévoués comme le furent les proviseurs **Roger de Gaillon** et **Denys du Quesnay**. Malheureusement nous savons peu de chose sur leur administration.

Roger de Gaillon occupa dix ans sa charge (1420-1430). Il appartenait au diocèse de Coutances, dit un registre du collège[1], quoique nous ayons de bonnes raisons de le croire plutôt d'Évreux, à cause de l'importance de Gaillon, dans l'Eure, dès le moyen âge[2]. C'est là sans doute qu'il était né, comme son nom en témoigne. Nous apprenons que, fidèle à l'obligation de la résidence, il demeurait au collège dans un appartement appelé la *salette d'Harcourt*, et placé entre les deux communautés des *Théologiens* et des *Artiens* pour mieux les surveiller[3]. Nous le voyons aussi mentionné dans un *factum* où il est dit qu'il a donné au collège, entre autres biens, des maisons, jardin et vignes situés aux environs de Paris[4]. Il s'agit des propriétés que le collège possédait avant la Révolution à Arcueil, ainsi que nous le savons d'après les contrats de vente conservés aux Archives nationales[5]. Il y est surtout question de vignes achetées par le proviseur **Roger de Gaillon** au laboureur **Guillaume Pignet**, au lieu dit le *Clos Mignon*. Le prieur de **Saint-Denys de l'Estrée**, qui avait des droits sur le territoire d'Arcueil, et le prévôt de Paris, en qualité de protecteur des intérêts des collèges, sanctionnent cette acquisition, à la date de 1430.

Sous **Roger de Gaillon**, nommons aussi le boursier **Nicolas Confrans** (1423), qui fut chanoine, grand pénitencier de l'église de Paris et bienfaiteur du collège[6].

En 1422, **Roger de Gaillon** assistait avec les boursiers du

---

1. *Arch. Nat.* S. 6444.
2. Cette ville possédait un château magnifique où les archevêques de Rouen aimaient à résider. Le portique est dans la cour du palais des Beaux-Arts, à Paris.
3. *Factums* de la Bibl. de l'Université, U. 132, n° 4, p. 48.
4. Bibl. de l'Univ., U. 132, n° 3, p. 15.
5. *Archiv. nat.* S. 6443, liasses 6, 7, 8, 10.
6. Bibl. de l'Univ., U. 10. Le *pénitencier* est le chanoine chargé par l'évêque d'entendre les confessions et d'absoudre des cas qui lui sont réservés.

collège d'Harcourt aux funérailles de l'infortuné **Charles VI**, qui venait de mourir à Paris en son hôtel de Saint-Pol. Le *Journal d'un bourgeois de Paris* raconte, en effet, comment le corps du roi fut porté à Notre-Dame et à Saint-Denis avec le concours du clergé, des ordres mendiants, de l'Université, de *tous les collèges*, du Parlement, du Châtelet et de tout le peuple, qui s'écriait tristement en le voyant passer : « A ! très cher prince, jamais n'arons si bon, jamais plus ne te verrons. Maldicte soit la mort ! Jamais n'arons que guerre, puisque tu nous as laissé. Tu vas en repos, nous demourons en toute tribulacion et en toute douleur[1]. »

Quant au successeur de **Roger de Gaillon**, nous ne connaissons que son nom **Denys du Quesnay (1430-1435)**. Mais, en revanche, nous sommes renseignés sur la situation du collège au temps où il le dirigeait. A cette époque, la France est envahie par les Anglais. Ils sont maîtres de la Normandie, de la Picardie, de la Bretagne, ils possèdent Paris, **Charles VII** erre de Poitiers à Bourges, doutant de son droit et même de la légitimité de sa naissance, en un mot, comme on le disait alors, *c'était partout grand'pitié sur le royaume de France*. Cette navrante expression est bien justifiée par le tableau de l'état du pays que retraceront les députés de l'Université de Paris au congrès d'Arras.

« Les églises sont pillées et dévastées, les reliques des saints
« jetées au vent ; les immunités ecclésiastiques foulées aux
« pieds ; des viols, des meurtres, des incendies ; nombre d'en-
« fants morts sans baptême et égorgés jusque dans le sein de
« leur mère ; des chrétiens traités si cruellement par des chré-
« tiens qu'il eût mieux valu pour eux tomber dans les mains
« des païens et des infidèles ; les écoles désertes ; les campagnes
« dépeuplées ; les routes si peu sûres, qu'on n'osait pas s'y ha-
« sarder ; partout l'image de la désolation et de la misère[2]. »

Quant à Paris, rien n'égale sa détresse sous la domination

---

1. Édition publiée par **A. Tuetey**, p. 178.
2. **C. Jourdain**, *Index chronologicus chartarum pertinentium ad historiam Universitatis*, p. 258.

anglaise. Les loups y entraient chaque nuit pour déterrer les cadavres dans les cimetières, si l'on en croit l'allégation d'un témoin oculaire; on y mourait de faim et de froid sur des fumiers infects, et il y avait vingt-quatre mille maisons vides[1]. Tout conspire à désorganiser les études. Avant l'arrivée des Anglais, malgré les édits royaux qui les en dispensaient, on imposait aux maîtres et aux étudiants de l'Université le service de jour et de nuit sur les remparts et aux portes de la Ville. Lorsque les Bourguignons viennent saccager Paris, en 1418, ils pillent le collège de NAVARRE, massacrent ou mettent en fuite les maîtres et les écoliers. Aussi, les collèges sont en pleine décadence. En 1429, dit du Boulay, on est réduit à démolir des collèges qui n'ont plus de population[2]. C'est la conséquence de l'édit de 1428 qui prescrit l'aliénation des maisons inhabitées et permet de racheter pour une somme dérisoire les rentes constituées sur les maisons ou héritages de la Ville de Paris « à quelques personnages qu'elles appartiennent, soient églises, collèges ou autres[3]. » A l'arrivée du roi anglais Henri V, l'Université souffre encore davantage d'une occupation brutale qui ne respecte pas ses privilèges et fait peser sur elle un joug aussi écrasant que sur le reste du peuple. Un instant, à l'avènement d'Henri VI, le pouvoir étranger semble vouloir la protéger, comme le faisaient les rois de France, mais cette protection lui est proposée en des termes si humiliants, qu'ils équivalent à un outrage[4]. L'Université, d'ailleurs, de même que le Parlement, est remplie de docteurs bourguignons et anglais. Les maîtres qui conservent encore un peu de patriotisme ne peuvent se soustraire que par la fuite à une situation aussi abaissée. Déjà le chancelier Gerson leur a donné l'exemple en se retirant à Lyon, d'où il fait entendre, avant de mourir, une éloquente

---

1. *Journal d'un Bourgeois de Paris*, p. 77. V. Vallet de Viriville, *Hist. de Charles VII*, t. II, liv. V, ch. vi.
2. *Hist. Univ. Paris.* t. V, p. 385.
3. Ch. Jourdain, *L'Université de Paris à l'époque de la domination anglaise.*
4. *Ibid.*

protestation en faveur de la mission libératrice de **Jeanne d'Arc**. Son attitude, dans cette cause célèbre, consolera un jour la France des honteuses défections de certains docteurs de l'Université qui, aveuglés par leur haine contre les Armagnacs ou partisans du roi, trompés et gagnés par **Cauchon**, conservateur de leurs privilèges apostoliques, et peut-être aussi préoccupés avant tout de leurs intérêts matériels garantis par le nouveau régime, se feront les misérables instruments des basses vengeances de l'Angleterre. On sait d'ailleurs, qu'en 1432, plusieurs maîtres de Paris seront arrêtés à Rouen et emprisonnés pour avoir voulu défendre **Jeanne d'Arc**[1]. En dehors de ces honorables exceptions, il n'y eut guère à Paris qu'un corps ecclésiastique qui ait conservé sous la domination étrangère un dévouement incontestable à la cause française, c'est le Chapitre de Notre-Dame de Paris, auquel appartenait **Gerson**. Les chanoines qui étaient restés à Paris repoussèrent les tentatives d'asservissement des Anglais; plusieurs d'entre eux furent, pour ce fait, incarcérés, et si le Chapitre céda parfois aux exigences menaçantes du vainqueur, il fut le premier à encourager l'Université à reconnaître **Charles VII**[2].

Nous ne serons pas surpris de voir que le collège d'**Harcourt** ait souffert d'un pareil état de choses. On n'y tient guère compte des règlements sur la possession ou la distribution des bourses. Peu importe, pourvu qu'il échappe à la ruine.

« En ce temps de confusion et de malheur, comme le rap-
« pelle un *factum*, il ne faut pas trouver étrange que les
« règles générales et les statuts particuliers aient été violés.
« Depuis l'an 1436 jusqu'en 1451, il n'y eust point d'*Artistes*,
« entretenus dans le collège, et n'y eust le plus souvent que
« deux boursiers théologiens et quelquefois quatre, qui
« estaient **Jean Postel, Robert Cybole, Gilles Marie**,
« et **Guillaume Aubry**. C'est beaucoup que le collège ait pu
« subsister pendant une si longue misère, vu qu'en la der-

---

1. Quicherat, *Procès de Jeanne d'Arc*, t. V, p. 272.
2. *Mémoires de la Société de l'histoire de Paris*, t. IX, 1882 : G. **Grassoreille**, *Hist. politiq. du Chapitre de N.-D. de Paris pendant la domination anglaise*.

« nière année de la demeure de **Postel** dans le collège, qui
« fut l'année 1452, la ville de Paris estoit si déserte et si
« désolée qu'on vendoit publiquement au Chastellet au plus
« offrant et dernier enchérisseur, les maisons vacantes et
« abandonnez par les propriétaires[1]. » Nous voyons, d'après
ce témoignage, que le collège d'Harcourt a été, comme les
autres maisons d'enseignement, fort éprouvé à cette époque,
et qu'il faillit succomber au milieu du bouleversement général.
Il subsista cependant, mais il est probable que sa qualité de
collège normand ne fut pas étrangère à sa conservation. Les
Anglais témoignaient alors un grand respect pour tout ce qui
touchait à la Normandie qu'ils voulaient conserver, et, afin
de se l'attacher, ils créaient à Caen une Université. Nous trouvons d'ailleurs deux documents qui confirment nos présomptions. Il s'agit d'abord de ce Vidimus dont nous avons parlé
au chapitre précédent[2]. Le 20 décembre 1421 le roi d'Angleterre **Henri V**, se disant régent de France, avait confirmé
les lettres patentes de **Philippe le Bel** qui, en 1309 et 1312,
transféraient à la prévôté de Caen les rentes achetées par
Robert d'Harcourt pour la fondation de son collège. Ce
Vidimus, signé des clercs royaux **Richard Sturgeon** et **Jean
Stopindon**, mentionne même les statuts et la lettre de fondation de **Robert d'Harcourt**, sauf de légères additions,
comme on pourra le voir aux *documents annexes*.

C'est ensuite un acte que nous avons retrouvé aux Archives
nationales, par lequel le collège d'Harcourt est confirmé,
en 1424, au nom d'**Henri VI** d'Angleterre, dans la possession
des terres, héritages, propriétés, rentes, revenus lui appartenant dans le duché de Normandie et les autres pays conquis
par les Anglais. Ainsi les vainqueurs régularisaient la situation de leurs nouveaux sujets[3]. De cette façon le collège
d'Harcourt put conserver ses revenus puisqu'ils lui étaient

---

1. Bibl. de l'Univ., U. 10. *Réplique à la responsc de Noël*, en 1666, p. 26.
2. V. **A. de la Roque**, *Hist. généalogiq. d'Harc.*, t. II, p. 1759, et t. IV. p. 1225.
3. V. la pièce aux *documents annexes*. Arch. nat. S. 6443.

garantis par les maîtres du jour. Mais sa situation ne fut pas pour cela plus prospère, le malheur des temps éloignait de Paris les écoliers qui venaient de la province ou de l'étranger. Aussi, comme nous l'avons vu, Harcourt ne comptait alors que trois ou quatre étudiants. On mentionne cependant au temps du proviseur **Denys du Quesnay**, les noms des boursiers **Jean de la Fontaine** et **Roger de Tournebu** qui précédèrent ou suivirent immédiatement ceux que nous avons signalés tout à l'heure. Si nous en croyons encore un *factum*, il y aurait eu, à la date de 1440, un différend entre le proviseur et les grands boursiers du collège d'Harcourt. L'affaire fut portée devant la Nation de Normandie qui chargea ses députés d'entendre les parties et de les mettre d'accord. On arriva, en effet, à un accommodement qui fut approuvé par l'assemblée de la Nation le 2 avril 1440. Quel était le sujet de ce différend ? Nous l'ignorons, mais nous aurons assez souvent l'occasion, dans le cours de ce travail, de rencontrer ces difficultés pour que nous puissions conjecturer qu'il s'agissait de l'emploi des revenus du collège que s'attribuaient trop libéralement les boursiers [1].

En 1437, **Charles VII** rentre à Paris, après vingt ans d'une absence qui avait eu pour lui toutes les tristesses du plus pénible exil. Il est reçu par une procession solennelle de l'Université où l'on voit figurer plus de quatre mille personnes, tant maîtres qu'écoliers, tenant toutes un cierge à la main. Chaque collège marche à son rang, et parmi les premiers le collège d'Harcourt, suivant sa bannière qui flotte au vent, sous la conduite des proviseurs, des principaux et des procureurs de chaque Nation [2]. Mais si le jeune prince a recouvré sa couronne, grâce à l'héroïsme de **Jeanne d'Arc**, la guerre sévit encore et il faut aller jusqu'à l'année 1453 pour que les Anglais soient *boutés hors de France*, suivant l'énergique expression de la Pucelle. La vaillante libératrice a payé de sa vie son dévouement à la cause nationale. Captive des Anglais,

---

1. *Défense des droits de l'Université*, 1657, Ire partie, ch. XI.
2. V. **Fournel**, *Vieux Paris, fêtes et jeux*, p. 50.

un odieux supplice, précédé d'un jugement plus odieux encore, a mis fin à sa courte et glorieuse carrière. Sa mémoire déshonorée par d'iniques accusations attend une réhabilitation éclatante. L'Université de Paris qui a trempé dans sa condamnation, éclairée par les événements, ne peut manquer de travailler à la réparation de l'injustice. C'est, en effet, de son sein que vont sortir les docteurs qui élèveront les premiers la voix pour préparer la revision du procès de **Jeanne d'Arc**. Plusieurs d'entre eux appartiennent au collège d'Harcourt et ce n'est pas un léger titre d'honneur pour cette antique maison que de pouvoir citer parmi les défenseurs de l'héroïne d'Orléans les deux harcuriens **Robert Cybole** et **Jean Boucard**.

Robert Cybole est né à Breteuil, dans l'ancien comté d'Évreux[1]. Il appartient donc à ce diocèse, et, de bonne heure, il vient étudier à Paris. Nous le trouvons boursier du collège d'Harcourt au temps du proviseur du Quesnay auquel il succédera. Il reste seize ans à Harcourt (1430-1446), il y vit avec les rares boursiers qui l'habitent pendant les sombres jours de la domination anglaise, et il y devient docteur et professeur de théologie. Son caractère et ses talents lui méritent de bonne heure la confiance du corps universitaire et du roi. Il est élu, en 1437, Recteur de l'Université, et **Charles VII** le charge de plusieurs missions importantes auprès du pape **Eugène IV**. Tandis que le clergé de France se faisait l'exécuteur des décrets du Concile de Bale devenu hostile à ce pontife, **Cybole**, rompant avec les errements de l'Université qui soutenait l'antipape **Félix V**, allait porter à **Eugène IV**, en 1439, les assurances de filial dévouement à l'Église Romaine et d'attachement à sa personne dont l'avait chargé **Charles VII**. En 1441 et en 1445 **Cybole** est encore envoyé en ambassade à Rome par le roi de France pour protester de sa soumission au pontife légitime[2]. Un *factum* le désigne également comme ambassadeur de **Charles VII**, en Flandre et en Angleterre, sans doute à l'occasion de la révolte des Gantois (1451) et des

1. *Gallia christiana*, t. XI, p. 623.
2. G. de **Beaucourt**, *Hist. de Charles VII*, t. III, ch. vi.

négociations pour quelque mariage avec un prince anglais, mais nous ne pouvons préciser, ignorant les motifs de ces missions[1].

En 1452, **Robert Cybole** est chancelier de l'Église de Paris et, à ce titre, il veut tenter la réforme des abus qui se sont introduits dans l'Université pendant les longues guerres dont on touche enfin le terme. Les études et la discipline se ressentent des malheurs de ce temps, dit **Crévier**[2]. Les maîtres négligent leurs leçons et prêtent même les mains aux désordres des écoliers. Ceux-ci surtout se livrent à de vraies débauches à l'occasion des fêtes patronales de chaque Nation. Mais le chancelier n'aboutit qu'à obtenir la nomination d'un certain nombre de députés des diverses facultés qui ne paraissent pas très pressés d'entreprendre les réformes demandées. L'autorité pontificale, dont relevait l'Université, vient alors à la rescousse. Le cardinal d'**Estouteville**, apparenté à la famille d'**Harcourt**[3], est chargé, en qualité de légat, par le pape **Nicolas V**, de visiter et réformer les écoles et les collèges. **Charles VII** lui adjoint huit commissaires royaux pour l'éclairer de leurs conseils, et parmi eux figure **Robert Cybole**, mais le légat a seul le titre de *réformateur*. L'historien de l'Université remarque à ce sujet que pour la première fois le pouvoir royal intervient dans les affaires intimes de l'Université. Nous ne devons pas nous en étonner, **Charles VII** a pu lui pardonner, en reconnaissant ses privilèges, mais il n'a pas oublié que cette corporation a trahi sa cause pour se donner aux Anglais. Aussi, à partir de cette

1. Bib. de la Sorb., *Factums*, U. 132, n° 2.
2. *Hist. de l'Univ. de Paris*, t. IV, p. 170.
3. Guillaume d'Estouteville était le second fils de **Jean**, seigneur d'**Estouteville**, bouteiller de France sous **Charles VI**, et de Marguerite d'**Harcourt**. Né vers 1400, il entra dans l'Ordre de **Saint-Benoît** et vint se fixer à Rome, où le pape **Eugène IV** le fit cardinal en 1437, puis il devint successivement évêque d'Angers (1439), de Digne (1439), de Nîmes (1441), de Béziers (1444), de Lodève (1450), enfin archevêque de Rouen (1453), où il resta jusqu'à sa mort (1483). Il cumula encore plusieurs autres bénéfices importants, en particulier le prieuré de Saint-Martin-des-Champs et l'abbaye du Mont-Saint-Michel. (V. **de Beaucourt**, *Hist. de Charles VII*, t. V, p. 191.)

époque, le rôle politique de l'Université est fini, la *fille aînée des rois* devra désormais se soumettre comme une simple sujette. Le choix du réformateur était heureux, car le cardinal d'**Estouteville** était un prélat français qui avait contribué avec son frère, **Louis d'Estouteville**, à la défense du Mont-Saint-Michel contre les Anglais et qui travaillait à la réhabilitation de la mémoire de **Jeanne d'Arc**. De plus, il connaissait et aimait nos écoles, ayant été doyen de la faculté de Droit de Paris. Il est du reste bien secondé par **Robert Cybole** et les autres commissaires parmi lesquels se trouvaient **Guillaume Chartier**, évêque de Paris, **Jean**, évêque de Meaux et cinq magistrats du Parlement.

Les réformes portèrent sur l'enseignement et la discipline dans toutes les facultés. Celle qui avait le moins d'abus à corriger était la faculté de Médecine ; celle qui occupa davantage le réformateur fut la faculté des Arts à cause des nombreux écoliers et collèges qui en dépendaient. Aussi est-ce surtout à cette dernière que s'applique l'œuvre de **G. d'Estouteville**.

Au point de vue de l'*enseignement,* le cardinal maintient l'étude de la philosophie d'**Aristote** alors en honneur dans les écoles, et les exercices publics : leçons, conférences, disputes, thèses, examens qui avaient lieu, soit rue du Fouarre, soit à l'intérieur des collèges, comme à Harcourt, où ils étaient établis. Il n'est pas question de la rhétorique dans les statuts de réforme, et cependant on l'enseignait alors dans les écoles, notamment à la Sorbonne et à Navarre. Mais on y donne plus d'importance à l'étude de la grammaire qui est imposée aux écoliers avant d'être admis à entrer en philosophie. Les leçons des maîtres auront un double objet : faire de vive voix l'explication du texte d'**Aristote** et dicter les traités composés par eux. Les élèves seront tenus de rédiger leurs cahiers et de les présenter aux examinateurs pour le baccalauréat. Nous retrouvons dans toutes ces prescriptions les règlements sur les bourses, sur les *tentateurs* et les *déterminances* que nous avons exposés dans notre chapitre premier. Mais il ne sera peut-être pas sans intérêt de rappeler, d'après les statuts de réforme, quels étaient les auteurs classiques suivis alors et sur lesquels les candidats devaient être interrogés.

Pour les *grammatistes* ou étudiants en grammaire, ce n'est plus, comme auparavant, la grammaire de **Priscien** qui est mise entre leurs mains; on leur substitue, en 1452, le *Doctrinale puerorum*, en vers, de maître **Alexandre de Villedieu**, les *Grécismes*, également en vers, d'**Ervard de Béthune**, et, en fait de sciences, on y ajoute l'*algorisme*, c'est-à-dire l'arithmétique. Disons aussi que la versification fait dès lors partie des connaissances grammaticales et que bientôt on enseignera le grec en même temps que le latin dans tous les collèges [1].

Lorsque les élèves, de *grammatistes* qu'ils étaient, deviennent *artistes* ou *summulistes* c'est-à-dire étudiants en philosophie, on leur fait apprendre la logique et la dialectique dans des manuels intitulés *summulae*. Ce sont d'abord les *logicalia* ou *parva logicalia*, attribués à **Petrus Hispanus**; puis ils abordent les livres d'**Aristote** : les *Praedicabilia*, le *Porphyre*, les *Praedicamenta*, l'*Hermenia*, les *Priora analytica* et les *Posteriora*, les *Topiques*, les *Elenchi*, les trois *Physici* et le *Proœmium de anima* [2]. Quant à l'enseignement scientifique, il se borne à quelques notions de géométrie et d'astronomie. Voilà pour le baccalauréat.

Pour la licence, elle portait sur d'autres livres d'**Aristote** : la *Philosophie naturelle*, les *Météores*, les *Parva naturalia*, les traités *du Ciel* et du *Monde*, de *la Génération*, de *la Conception*, les huit livres de *Physique*, la *Métaphysique*, enfin quelques opuscules sur les mathématiques où l'on range la musique à côté de l'arithmétique et de la géométrie. En 1452, la réforme du cardinal d'**Estouteville** insiste sur la morale et on ajoute au programme la *Morale à Nicomaque* d'**Aristote**.

1. Un Grec fugitif, **Grégoire de Tiferne**, ouvrit à Paris, en 1458, un cours de grec qui fut suivi par de nombreux écoliers.
2. V. *Cartulaire d'Harcourt, Juramenta que determinaturi habent jurare Procuratori;* et notre chap. Ier, p. 28. — **Du Boulay**. *Hist. Univ. Paris.* t. V, p. 576. — **Thurot**, *L'Université au moyen âge*, p. 47, 51, 71, 72. — **A. de Bourmont**, *L'Université de Caen*, 103-112. — **Rathery**, *Journal de l'Instruction publique*, 1854, 1855.

A partir de cette époque la licence et le baccalauréat sont plus distincts l'un de l'autre, celui-ci restant un examen de grammaire et de logique, tandis que la licence devient surtout un examen de philosophie.

Le doctorat ou la Maîtrise ès arts était moins une épreuve nouvelle qu'une introduction solennelle du licencié dans la corporation des maîtres qui l'agréaient : *dignus est intrare in nostro docto corpore*. Nous en avons parlé dans notre premier chapitre[1]. La réforme de 1452 dispense les candidats à *la maîtrise* de l'obligation de disputer pendant quarante jours sans interruption, ce qui, du reste, ne s'observait plus.

En ce qui concerne la *discipline*, le statut de réforme recommande aux chefs des maisons d'enseignement de choisir avec soin les régents auxquels ils doivent confier l'instruction de la jeunesse. Il les veut hommes de bien, graves et doctes, capables de servir d'exemple à leurs élèves et de s'en faire estimer par leur savoir et leurs vertus, *viros bonos, graves et doctos qui sint suis discipulis ad exemplum, et qui tales sint ut eos pro merito virtutum et scientiae in scholaribus revereantur*[2]. Il exige qu'on assure à ces maîtres des appointements convenables au lieu de s'en faire payer, « car il n'est point naturel, dit-il, qu'un homme de mérite consente à payer lui-même le droit de travailler, au lieu de tirer lui-même du fruit de son travail. » Il condamne avec indignation les brigues honteuses des maîtres pour s'attirer des élèves, les prix exagérés que demandaient ceux qui se chargeaient de nourrir les pensionnaires, les épargnes misérables sur la qualité ou la quantité des aliments, enfin les conventions passées entre certains chefs de maison pour faire monter les pensions à un chiffre trop élevé[3].

Au sujet des écoliers le réformateur n'hésite pas à entrer dans les plus humbles détails pour accomplir consciencieusement sa mission. C'est ainsi qu'il se montre résolu à bannir

---

1. V. p. 28.
2. Du Boulay, *Hist. Univ. Paris*. t. V, p. 571.
3. *Ibid.*, p. 572.

des écoles le luxe corrupteur de la jeunesse. Qu'entendait-il par là? Tout simplement les bancs qu'on avait commencé à introduire dans les classes. Il les fit enlever et les écoliers furent astreints à s'asseoir par terre, comme autrefois, sur la paille en hiver, ou sur l'herbe en été pour éloigner de leur cœur, disent les statuts de réforme, toute tentation d'orgueil : *sedeant in terra coram magistro, ut occasio superbiae a juvenibus secludatur*[1]. Que dirait aujourd'hui le rigide cardinal? Ainsi, par humilité, il fallait s'asseoir à terre, *humi*. On observera ce règlement jusqu'au commencement du xvie siècle, car dans une *moralité* de cette époque, remarque M. Rathery, l'élève *Malduict* dit à *Discipline*, sous laquelle il veut vivre :

> Comment se faut-il seoir à terre
> Qui veult vostre savoir apprendre?

Et *Discipline* lui répond :

> Ouy dea, et le grand et le mendre,
> Car c'est signe d'humilité,
> Or, escoutez l'autorité
> Que nous avons en l'Évengile ;
> A tout chascun croire est facile :
> *Qui se humiliat exaltabitur*,
> Celui qui se humiliera
> Par après exaulsé sera[2].

Il y avait cependant des prescriptions mieux justifiées. Ainsi celles qui interdisaient les banquets trop fréquents, *les joyeuses beuveries* auxquelles se livraient les nouveaux gradués, parce qu'elles étaient l'occasion de débauches et de querelles. On aimait à banqueter dans l'ancienne Université.

De même pour le *costume*, que le réformateur voulait plus sévère, en rapport avec la gravité des études universitaires. En conséquence, il défendait les habits mondains, en étoffe de couleur voyante ou bariolée, les capuchons fourrés, les

1. Du Boulay, *Hist. Univ. Paris*, t. V, p. 571.
2. *Journal de l'Instruct. publiq.*, 1854. *Moralité des Enfants de maintenant*, dans l'*Ancien Théâtre françois*, publié par **Viollet-Leduc**, 1854, t. III, p. 30.

nœuds de rubans, les coiffures d'hommes d'armes ou d'astrologues, *armigerorum vel hastricorum*, les tuniques courtes, ouvertes, décolletées, retroussées, les souliers à la poulaine, *solulares rostratos*, comme les prohibent également les serments de la *déterminance*, que nous avons rapportés au chapitre Ier de ce travail [1]. Il veut que les écoliers portent le manteau à capuchon, ce qu'on appelait *tabard de brunette*, la robe universitaire, sorte de soutane fermée du haut en bas, et serrée à la taille par une ceinture, comme on le prescrivait aux clercs : *veste honesta et decenti, talari et clausa atque discincta*. Tout en eux, gestes, démarche, nourriture, vêtement, doit respirer la décence et l'honnêteté. Les délinquants sont menacés de punitions et même d'excommunication ou d'exclusion de l'Université.

Pour assurer l'application et la durée de ces réformes, le cardinal d'**Estouteville** créa dans chaque Nation un nouvel office, celui de *censeur* ou *réformateur*, qui avait la charge de visiter les collèges et les pédagogies, pour veiller à l'observation des règlements sur les études et les bonnes mœurs, signaler les abus et en exiger la correction. Nous en avons parlé dans notre chapitre Ier en observant que cette institution était postérieure aux premiers temps de l'Université [2].

Telle est, en résumé, l'œuvre de réformation à laquelle fut associé **Robert Cybole**, et dont il inspira certainement plusieurs points importants. A cette même date, 1452, il attacha son nom à une autre œuvre qui ne préoccupait pas moins l'Église et la France. Il s'agit du procès de **Jeanne d'Arc**, dont **Charles VII**, obéissant à de tardifs remords d'ingratitude et d'oubli, réclamait la revision. Le pape **Nicolas V** a demandé à **Cybole** son opinion, comme il le dit lui-même dans le préambule de la consultation qu'il a rédigée sur cette cause à jamais célèbre : *quum irrefragabilis auctoritas, cujus jussa mihi capessere fas est et nefas eidem non obedire, jubeat me aliquid dicere super quodam processu facto dudum Rotho-*

---

1. V. p. 31.
2. V. p. 8 et 25.

magi contra dictam Johannam ¹. Résumons en quelques mots son argumentation en faveur de la *Pucelle*.

Robert Cybole annonce l'intention de répondre seulement aux quatorze principaux chefs d'accusation : il y en avait soixante-dix, dressés contre **Jeanne d'Arc**. Après avoir rappelé la sentence, il observe, d'une manière générale, que dans tous les griefs reprochés à l'héroïne, quelle qu'en soit la réalité, il s'agit de fautes contre la morale, et non pas de fautes contre la foi. Or, on peut pécher contre la morale sans pécher par là même contre la foi, et, d'ailleurs, le péché contre la foi ne peut être imputé à une âme qui a la foi et en témoigne comme l'a fait **Jeanne d'Arc**.

Partant de cette distinction importante, **Cybole** examine en particulier chacune des quatorze accusations, et il montre sans peine qu'il n'y a pas ombre d'hérésie dans les prétendus crimes de mensonge, superstition, fourberie, trahison, orgueil, cruauté, révolte ou autres qui constituent tout le fond de cet inique procès.

Puis, entrant dans le vif du débat, **Cybole** aborde la question, encore agitée aujourd'hui, du surnaturel des apparitions que les juges de la Pucelle d'Orléans attribuaient au démon, comme les rationalistes de notre temps les attribuent à des hallucinations. L'argumentation du chancelier est plus serrée ici que précédemment. Il a soin de poser les principes théologiques qui régissent encore actuellement la matière², distinguant trois signes à l'aide desquels on peut reconnaître la vérité ou la fausseté des apparitions, leur origine divine ou diabolique.

Elles sont bonnes et vraies : 1° quand la personne qui est l'objet de ces manifestations célestes reste humble, simple,

---

1. Nous suivons ici le texte complet récemment publié avec beaucoup de soin par M. Lanéry d'Arc, qui nous a permis de le reproduire dans nos *documents annexes*.
2. V. les *Panégyriques de Jeanne d'Arc*, et en particulier *Les Apparitions libératrices*, de Mgr d'Hulst. — V. aussi la *Mystique divine*, de M. Ribet, de SAINT-SULPICE, t. II, p. 97, 246 ; t. III, p. 62. — S. Luce, *Jeanne d'Arc à Domremy*, ch. v.

bonne, obéissante à ses pères selon la chair ou selon l'esprit, en un mot vertueuse et fidèle à ses devoirs ; — 2° quand l'apparition trouble, effraie d'abord, puis réjouit et console ensuite ; — 3° quand elle pousse à accomplir des actions bonnes, louables, honnêtes, justes, utiles en soi, quoiqu'elles ne le semblent pas au premier abord. Le consulteur appuie cette théorie sur l'enseignement de l'Écriture sainte et des Pères de l'Église. Il conclut, tout en réservant à Dieu seul le droit de se prononcer sans erreur sur ces sortes de faits, que, d'après les réponses et les aveux de **Jeanne d'Arc** à des interrogatoires pleins de finesse, d'habileté, d'astuce, comme d'après ce que l'on sait de sa vie, ses apparitions étaient bonnes dans leur objet, leur forme et leur but.

Dans leur *objet* : elles s'adressent à une jeune fille de treize à quatorze ans, sage, modeste, humble, pieuse, soumise à ses parents, d'une réputation inattaquable. Elle est si loin d'être présomptueuse qu'elle hésite à obéir aux voix célestes, parce qu'elle ne se croit pas capable d'accomplir la mission qui lui est confiée. Dans la *forme* : les apparitions l'effrayent d'abord, ainsi qu'il arriva à la Vierge de Nazareth, puis la rassurent et la réjouissent, quand elle voit que l'ange et les saintes ne lui donnent que de bons conseils, ne lui tiennent que le langage de la vertu, l'encourageant à rester toujours bonne, pure et vertueuse. Enfin, dans leur *but* : tout y tend au bien, à la délivrance d'un peuple malheureux et opprimé. Ici, le consulteur va au-devant de l'objection qui observe que sauver les Français c'était perdre les Anglais, chrétiens comme eux. Il y répond en rappelant que la guerre juste est approuvée de Dieu, que, dans ce cas, la perte des ennemis n'est pas le but, mais un accident de la guerre, et que, d'ailleurs, les voix célestes ne disaient pas à **Jeanne** de tuer les Anglais, mais de les chasser, de les *bouter hors de France*. Il n'y a là rien de cruel ni d'impie.

Ainsi le chancelier **Cybole** réhabilite l'héroïne en réduisant à néant les accusations portées contre elle, et surtout les deux principales, autour desquelles gravitait toute la procédure : l'*hérésie* et la *sorcellerie*. Il établit que **Jeanne d'Arc** était une *croyante* et une *voyante* dans la plus religieuse et la plus

— 132 —

Le triomphe de Jeanne d'Arc.

haute acception de ces mots qui seuls peuvent expliquer et caractériser sa mission. Il terminait en faisant ressortir l'incompétence du tribunal.

Nous ne suivrons pas **Cybole** dans tous les détails de sa consultation ; on les trouvera à la fin de ce volume. Relevons seulement un argument qui permet, non pas de justifier l'Université, mais de plaider les circonstances atténuantes en sa faveur. Nous avons vu à quelle misérable condition elle était réduite sous la domination anglaise : ses meilleurs et principaux membres étaient en fuite, comme **Gerson**, ou en prison, comme **Basset,** et ceux qui restaient cédaient à la pression exercée par les docteurs bourguignons et anglais, qui leur faisaient la loi. **Cauchon**, le Conservateur des privilèges apostoliques de l'Université, grâce au crédit dont il jouissait auprès de l'étranger, avait, au sein de la corporation, des intelligences, dont il se servait pour former son opinion et l'amener à se prononcer dans un sens hostile au roi de France et à la Pucelle d'Orléans. Il lui fallait cet appui pour arriver à une condamnation qui lui permettrait de satisfaire ses ambitieuses convoitises. On sait, en effet, que l'évêque de BEAUVAIS, pour prix de ses lâches complaisances, attendait le siège archiépiscopal de ROUEN qui faisait du titulaire un primat de Normandie. Aussi n'épargna-t-il rien pour tromper l'Université sur le compte de **Jeanne d'Arc**, en excitant ses haines, en tronquant ou altérant les pièces du procès, afin de présenter l'accusée sous le jour le plus défavorable.

C'est ce que dit formellement **Robert Cybole** : « Dico
« *rursum* quod non constat per processum quod talis pro-
« cessus aut quod seriatim omnes interrogationes aut omnes
« responsiones dictæ Johannæ fuerint transmissæ ad prædic-
« tam Universitatem, *sed tantum quidam articuli in quibus*
« *cum irreverentia omni notoria erat discrepantia ad suas con-*
« *fessiones seu responsiones*, prout liquido patere potest per
« inspectionem articulorum et totius processus [1]. »

---

[1] Pour honorer la mémoire des courageux universitaires qui prirent la défense de **Jeanne d'Arc**, nous reproduisons ci-contre le dessin de

D'après cette courte analyse de la consultation du chancelier de Paris, on peut voir combien est excessive l'appréciation d'un récent historien de **Jeanne d'Arc** qui a prononcé ce jugement[1]. « Un cinquième mémoire, *assez médiocre*, malgré ses allures doctorales, était l'œuvre de **Robert Cybole**, chancelier de l'Université de Paris. C'était une consultation théologique élaborée dès 1453, et à laquelle l'auteur a fait d'amples retouches avant de l'envoyer aux juges du procès de réhabilitation. » Il se plaint aussi que les *mémoires* des docteurs sont d'une extrême sécheresse, ne donnant aucun détail sur la vie de la Pucelle et se bornant à ergoter sur son orthodoxie. Cet écrivain, d'ailleurs bien intentionné pour l'héroïne, oublie que ces docteurs, comme le remarque si justement M. **Lanéry d'Arc**[2], « n'étaient consultés qu'au point de vue dogmatique et n'avaient point à s'occuper de questions de fait, ni à se laisser aller à leurs sentiments; ils devaient juger avec leur raison, et non avec leur cœur ». Nous ajouterons que, le procès de la Pucelle roulant tout entier sur son *orthodoxie*, il fallait bien défendre dans sa cause ce qui était le plus vivement attaqué. Un avocat consultant, interrogé sur une procédure inique, avant de s'apitoyer sur la victime, doit s'efforcer de montrer qu'elle est injustement condamnée. C'est ce qu'ont fait les docteurs de l'Université, c'est ce qu'a fait en particulier **Cybole**, et, si son sévère critique a lu jusqu'au bout le plaidoyer qu'il nous a laissé, il a dû s'apercevoir qu'à la fin, emporté par la grandeur de la cause, le défenseur s'anime et célèbre cette femme admirable, qui, à l'exemple de **Judith**, a délivré sa patrie du joug de l'étranger et rendu la France à ses glorieuses destinées.

En 1453, nous voyons que **Cybole** est attaché à l'Église

M. **Lameire**, qui représente **Gerson**, le livre de *l'Imitation* à la main, participant au triomphe de la Pucelle d'Orléans. Elle traîne un drapeau anglais d'une main, et de l'autre tient la couronne de France, qu'elle a reconquise.

1. **J. Fabre**, *Procès de réhabilitation de Jeanne d'Arc*.
2. Préface des *Mémoires et Consultations en faveur de Jeanne d'Arc*, p. 13.

d'Évreux, avec le titre de doyen du chapitre, sous l'épiscopat de **Guillaume de Floques** dit **Floquet**[1]. C'est en cette qualité qu'il reçoit la châsse destinée aux reliques des S.S. **Abdon** et **Sennen**, que **Pierre de Brézé**, grand sénéchal de Normandie, offrait à la cathédrale d'Évreux, en mémoire de la délivrance de la France et de la Normandie, ainsi que de la fin du Grand Schisme d'Occident. Les vitraux de cette église conservent le souvenir de cet événement, et on y voit encore figurer dans un groupe **Robert Cybole**, à côté de l'abbé du Bec, **Jean de Rouen** ou **de la Motte** et de l'évêque **Guillaume de Floques**. Nous devons à l'obligeance de M. **Didron** la communication du dessin de ce groupe intéressant, qu'il a détaché de cette magnifique verrière, et nous en donnons la reproduction à la page suivante [2].

A Évreux, **Cybole** compose deux ouvrages qui nous sont connus. C'est d'abord un *Commentaire sur les Épîtres de saint Paul*, qui lui valut un bref très élogieux du pape **Nicolas V**. Ce pontife, non content de décerner à son auteur le titre de camérier qui en faisait un prélat romain, y ajoute un bref « portant permission de tenir les bénéfices qu'il voudrait sans obligation de résidence et même de choisir pour sa demeure le lieu qui lui semblerait le plus favorable à sa santé et le plus propice à ses études [3]. »

Mentionnons encore l'ouvrage intitulé : *Livre de saincte méditation et cognoissance de soy*, qui fut imprimé à Paris,

---

1. **Guillaume de Floques** était le fils de **Robert de Floques**, chef de bande ou *écorcheur* au service de **Charles VII**. Comme Robert avait aidé les Français à reprendre Évreux aux Anglais, il voulut faire nommer son fils Guillaume évêque d'Evreux, à la place du Limousin **Pierre de Treignac de Comborn**, élu par les Anglais et reconnu par le Saint-Siège. Mais le pape n'accepta pas cette substitution, et **Guillaume de Floques** ne devint réellement évêque d'Evreux qu'en 1464, quand **Pierre de Comborn** passa à l'évêché de Saint-Pons. V. *Gallia christ.*, t. XI, p. 604.

2. J'en prends occasion pour remercier M. l'abbé **Porée** et M. l'abbé **Hugonin**, vicaire général d'Évreux, qui m'ont mis sur la voie de ce document artistique.

3. V. *Gallia Christiana*, t. XI, p. 623; et aussi **Le Batelier d'Aviron**, *Description de la Cathédrale d'Evreux*, p. 132.

Vitrail de la cathédrale d'Évreux représentant :
1. Robert Cybole. — 2. Jean de Ronen. — 3. Guillaume de Floques.

en 1510 et à Louvain en 1556. Il est divisé en trois livres ou parties, et **Cybole** y traite des cinq degrés qui conduisent à la perfection, surtout de l'oraison ou méditation, citant **Aristote** et **Ovide**, en même temps que *Monseigneur* **Saint-Pol** (S. Paul) et les autres écrivains sacrés [1].

Robert Cybole ne fut pas le seul *harcurien* du xve siècle qui soit arrivé au rectorat. Nous pouvons citer encore, en 1440, **Guillaume Aubry**, et nous en trouverons d'autres plus loin. Ce personnage est peut-être le même que *Guillelmus Auber*, mentionné dans la *Gallia christiania* comme chanoine de Coutances, sous l'épiscopat de **Gilles de Duremort** [2], et nous avons vu plus haut qu'il fut boursier du collège, où il demeura de 1425 à 1444.

En 1455, le proviseur du collège d'HARCOURT, **Denys du Quesnay**, était remplacé par **Robert Cybole**, qui pouvait cumuler cette charge avec ses autres bénéfices, sans même observer la résidence, ainsi que l'y autorisait le pape **Nicolas V**. Il faut dire, d'ailleurs, qu'il ne fit que passer au collège d'HARCOURT (1455-1458), et que la situation de la maison se ressentait encore des commotions de la guerre et de l'invasion. Nous apprenons, en effet, par un *factum*, que les boursiers n'y étaient pas en grand nombre, que le collège était loin d'être rempli, puisqu'on en louait une partie pour se faire des revenus, et encore ne trouvait-on pas de locataires, ou ceux qui y habitaient ne payaient pas leurs termes. Aussi le proviseur **Cybole** ordonne de baisser les prix de location et de faire des réductions aux débiteurs. Les comptes de 1455 mentionnent une diminution de six sols parisis au terme de la Saint-Rémi, en faveur de **Pierre Paillard**, et ceux de 1456 une réduction de six livres parisis en faveur de **Simon**

---

1. **Paulin Paris**, dans ses *Manuscrits français de la Bibliothèque du Roi*, t. IV, p. 162, nous apprend que la 2e édition du livre de **Cybole**, faite par les soins du confesseur de **Charles-Quint**, Pierre Lefèvre, a donné lieu à la méprise de **La Croix du Maine**, qui a attribué au chancelier de Paris le titre de confesseur de l'empereur des Romains **Charles V**.
2. *Gall. christ.*, t. XI, p. 892, C.

Morin sur les arrérages de seize livres qu'il devait au collège [1]. Pour relever cette situation matérielle, **Cybole** fit au collège une donation, car son nom figure sur la liste des bienfaiteurs et sur celle des *obits*, que l'on trouvera parmi nos *documents annexes*.

En 1458, **Robert Cybole** mourait, laissant une mémoire digne de passer à la postérité pour sa science, ses vertus et son initiative patriotique en faveur de **Jeanne d'Arc**. Aussi nous étonnons-nous, avec **Paulin Paris**, de ne trouver l'article d'un aussi grave personnage ni dans **Moreri**, ni dans les *Biographies universelles* [2].

Nous ne pouvons séparer de son nom celui d'un autre *harcurien* **Jean Bochard** ou **Boucard de la Vaucelle**, qui se signala aussi à la même époque par un plaidoyer pour la réhabilitation de **Jeanne d'Arc**. Il était né au manoir de LA VAUCELLE, domaine de sa famille, près de la rivière de Vire, à l'extrémité d'un faubourg de SAINT-LO. Le chantre de cette ville, **Guillaume Ybert**, a immortalisé dans ses vers le nom de LA VAUCELLE et de son châtelain **Boucard**, qui embellit ou rebâtit le manoir, dans lequel séjournèrent plus tard **François I**er et **Charles IX**. On trouvera les vers latins d'**Ybert** aux *documents annexes* [3].

Voué de bonne heure à l'état ecclésiastique, dit un érudit normand [4], **Boucard** fut envoyé à Paris, où il fit de brillantes études au collège d'HARCOURT, dont il était boursier. Il s'y rencontra avec **Robert Cybole** et les autres boursiers que nous avons mentionnés au temps de l'occupation des Anglais. **Boucard** en sortit docteur en théologie et en décret. En 1447, nous le voyons Recteur de l'Université de Paris. L'évêque d'AVRANCHES, **Martin Pinard**, ne tarda pas

---

1. Bib. de la Sorb., *Factums*, U. 132, n° 7, p. 52.
2. Les *Manuscrits français de la Bibliothèque du Roi*, t. IV, p. 162.
3. *Urbs Sanlaudus*, par G. **Ybert**, professeur au collège de Saint-Lo, MDCLXVIII. Les **Boucard** étaient, à l'origine, monnayers en la monnaie de Saint-Lo.
4. M. **Lepingard**, *Choses et autres relatives à Saint-Lo*, (*Mém. de la Société d'ag. et d'hist. du dép. de la Manche*, t. 8, p. 153.)

à l'attacher à son église, en le dotant de plusieurs bénéfices et bientôt en l'élevant à la dignité d'archidiacre. Il en exerçait les fonctions, en 1452, quand la faculté de théologie le députa à l'assemblée de Bourges, où il était question d'abroger la *Pragmatique sanction* qui fut maintenue, malgré les réclamations du pape et de son légat, G. d'Estouteville. Au retour de cette mission, Boucard perdait l'évêque qui avait été son bienfaiteur, et le 28 avril 1453 il lui succédait. Il jura fidélité au roi pour sa prélature et les baronnies d'Avranches et de Saint-Philibert (sur-Risle) (Eure), le 2 juillet de la même année, et quelques jours après, il prêtait serment à son métropolitain dans l'église cathédrale de Rouen[1]. C'est à cette époque, en 1456, que, se trouvant à Paris, Jean Boucard, sans doute pour remplir à la cour ses fonctions de confesseur de Charles VII, qui lui avait donné sa confiance, fut sollicité par l'archevêque de Reims et l'évêque de Paris, ainsi que par l'inquisiteur de la foi Bréhal, de donner son avis sur le procès de Jeanne d'Arc. Pris un peu au dépourvu sur une question qu'il n'avait pas étudiée, et n'ayant que peu de temps à y consacrer, il lut, comme il le déclare, pour former son opinion, le sommaire du procès qu'il attribue à Paul Pontanus, alors qu'il est prouvé que ce sommaire est de Théodore de Leliis, un des plus grands canonistes du xve siècle. On conçoit que, composé dans ces conditions, son plaidoyer n'ait pas la même valeur que celui de Robert Cybole. Il n'examine la procédure qu'au double point de vue scolastique de la *matière* et de la *forme*. La *matière*, ce sont les accusations des adversaires et des juges de Jeanne d'Arc; la *forme*, c'est l'ordre suivi dans le procès jusqu'à la condamnation. Dans la première partie, la plus importante de son *mémoire*, Boucard s'étend assez longuement sur les apparitions et la question de savoir si elles venaient du bon ou du mauvais esprit. Lui aussi fait appel aux arguments déjà employés par Cybole : la vie si chrétienne, les mœurs si pures, la mort si courageuse de la Pucelle, les admirables résultats de sa mission : le roi rétabli,

---

1. *Gallia Christiana*, t. XI, p. 494.

la France délivrée; tout cela est bon, honnête, généreux, ne peut venir que de Dieu.

Il invoque, au sujet des apparitions, un témoignage local, ce qui s'est passé au MONT-SAINT-MICHEL, dans son diocèse d'AVRANCHES, l'apparition de l'archange à l'évêque saint Aubert. Il rappelle que cette citadelle, protégée par saint Michel, plus encore que par ses défenseurs et par les flots qui l'entouraient, seule de tout le duché de Normandie, est restée imprenable pendant la guerre de Cent ans, malgré tous les efforts des Anglais pour s'en emparer. Pourquoi le même archange n'aurait-il pas pu assister **Jeanne d'Arc** et la conduire à la victoire[1]?

Quant à la *forme* du procès, la seconde partie de son *mémoire*, qui est assez courte, **Boucard** plaide l'incompétence du tribunal et la nullité du jugement, comme l'avait déjà fait **Cybole**. Il montre que toutes les règles de la justice ont été violées à l'égard de la Pucelle : le tribunal n'est composé que d'ennemis; on la trouble par des interrogatoires captieux; on la terrorise par les rigueurs excessives de sa prison; on la condamne sur un faux exposé de la procé-

---

1. On sait que Jean **d'Harcourt**, comte d'Aumale, cousin de **Charles VI**, fut capitaine du Mont-Saint-Michel, de 1418 à 1424, et qu'il fit éprouver aux Anglais plusieurs défaites, notamment à la Brossinière, sur la Marche de Bretagne, en 1423. V. dans **Vallet de Viriville**, *Chronique de la Pucelle*, la lettre de **Charles VII**, sur cette victoire. C'est encore un membre de la famille **d'Harcourt**, **Louis d'Estouteville**, frère du cardinal Guillaume, cousin germain du comte **d'Aumale** par sa mère Marguerite d'Harcourt, et son compagnon au combat de la Brossinière, qui défendit le Mont-Saint-Michel pendant vingt-cinq ans, 1425-1450. La gloire de l'avoir préservé de la domination anglaise revient tout entière à **Louis d'Estouteville**, comme l'a établi M. **Siméon Luce** dans le savant article qu'il lui a consacré au *Correspondant* du 25 septembre 1890. Il a même retrouvé à Monaco un document précieux pour cette histoire, provenant des archives des princes **Grimaldi**, qui, par suite de leurs alliances avec les **Torigni-Matignon**, comptent parmi leurs ancêtres plusieurs défenseurs du Mont-Saint-Michel, les deux **Olivier de Mauny**, sires de **Torigni**. Aussi sont-ils restés de fidèles amis de la France. Voir aussi la *Chronique du Mont-Saint-Michel*, publiée par M. **Siméon Luce**. Je le prie d'agréer ici mes remerciements pour les bons conseils qu'il a bien voulu me donner afin de rendre ce chapitre moins incomplet.

dure fait à Paris et ailleurs. Ici encore nous retrouvons ce qu'avait dit Cybole sur les procédés déloyaux dont on avait usé pour obtenir de l'Université un avis favorable à la condamnation [1].

Jean Boucard, déjà en faveur à la cour, sous Charles VII, y fut encore appelé et très considéré par son successeur. Un biographe nous rapporte que Louis XI étant venu visiter l'Avranchin, qui dépendait de son domaine, eut occasion d'apprécier les connaissances et le caractère de l'évêque d'Avranches, aussi le choisit-il pour diriger sa conscience, en qualité de *confesseur ordinaire* [2]. Cette charge ne fit que mettre le sceau à la réputation de savoir et de vertu dont Boucard jouissait déjà parmi le clergé français. Nous le voyons, en 1470, très écouté de l'assemblée des *Notables* tenue à Tours, au sujet de la dénonciation du *traité de Péronne*, violé par le duc de Bourgogne, Charles le Téméraire. C'est pourquoi, l'année suivante, le pape Paul II engagea vivement l'archevêque de Tours à se servir de l'influence que Jean Boucard exerçait sur l'esprit du roi pour décider ce prince à donner suite à son projet de croisade contre les Turcs. Mais des préoccupations politiques d'un ordre tout intérieur empêchèrent Louis XI de réaliser une entreprise qu'il n'avait, peut-être, jamais envisagée sérieusement. Toutefois la confiance qu'avait en l'évêque d'Avranches son royal pénitent était telle que celui-ci n'entreprenait rien d'important sans l'avoir consulté. C'est ainsi que Jean Boucard fut associé à cette époque aux réformes et aux innovations que Louis XI voulut introduire dans l'Université, dont il avait cependant confirmé les privilèges. Il y en eut d'heureuses; il y en eut aussi de bizarres.

Citons, parmi les réformes heureuses, la suppression de la

---

1. V. aux *documents annexes* la consultation de J. Boucard.
2. Girard, *Annuaire d'Avranches*, 1842. Quoique cet auteur ne donne pas la date de ce voyage de Louis XI, on pourrait le placer en 1462, d'après la *Chronique du Mont-Saint-Michel* publiée par M. S. Luce, t. Ier, p. 65. Il y est dit, en effet, que le roi « vint en Normandie l'an mil IIIICLXII, et le XXVIIIe jour du moys d'aoust alla couchier à Avranchez. »

fête du *roi des fous*. A certaines époques de l'année, les écoliers se livraient dans la ville à des mascarades, notamment aux fêtes de Saint-Martin, Sainte-Catherine, Saint-Nicolas et de l'Épiphanie. Cette dernière fête était désignée sous le nom de *regalia*, dans le latin de la Montagne Sainte-Geneviève, dit **Quicherat**, mais elle se serait appelée *saturnalia* dans le latin de Rome. Ce jour-là, racontent les historiens de l'Université, les portes des collèges restaient ouvertes, et les élèves, libres de toute surveillance, sortaient couverts de haillons, d'habits retournés ou de tout autre accoutrement ridicule. Ils se réunissaient en une vaste salle et nommaient un *roi des fous*. C'était alors l'occasion de débauches et d'orgies dont l'auteur de *Notre-Dame de Paris* nous donne une idée dans son élection du *pape des fous*. En 1469, cette bacchanale dégénéra en une batterie sanglante, qui troubla profondément la paix publique. Le *tribart* ou bâton ferré dont s'armaient les écoliers fit de nombreuses victimes. Aussi le pouvoir civil s'en émut, et ordre fut donné à la faculté des Arts de réprimer ces excès. Convoquées aux Mathurins par le Recteur **Kennedy**, les Nations décidèrent que les déguisements seraient interdits, et que le jour des Rois les collèges fermeraient leurs portes. Pour rendre la mesure plus efficace, l'Université déclara que les déguisés seraient abandonnés à la justice du prévôt de Paris, sans qu'on fît rien pour leur élargissement. Les écoliers se dédommagèrent en célébrant les *regalia* dans l'intérieur des collèges, sous le nom de fête du *roi de la fève*, accompagnée de représentations de farces, de soties qui servaient de prétexte aux travestissements [1]. Peut-être devons-nous voir dans ces représentations l'origine des pièces de théâtre qui seront jouées dans les collèges aux siècles suivants, et en particulier à Harcourt?

Le Parlement ne se montra pas très favorable à ces amusements et fit parvenir à l'assemblée de l'Université, en 1483, ses doléances sur l'autorisation donnée par les principaux de col-

---

1. Du Boulay, *Hist. Univ. Paris*, t. V, p. 690; Crévier, *Hist. de l'Univ.*, t. IV, p. 325; Quicherat, *Hist. de Sainte-Barbe*, t. I, p. 24.

lèges de jouer dans leurs maisons des comédies qui ne convenaient ni à la dignité, ni à l'honnêteté du corps universitaire. Sur ces plaintes, le Recteur défendit de telles représentations. Nous lisons dans les délibérations de la NATION D'ALLEMAGNE, dit du Boulay qui rapporte ce fait, qu'il fut décidé que désormais aucune pièce ne serait jouée dans les collèges sans avoir été auparavant *visitée* et *examinée* avec soin par les Principaux ou leurs Régents, *nullus aliquem ludum luderet, nisi fuerit visitatus et examinatus per Principales, aut eorum Regentes*, afin d'éviter les personnalités blessantes. En 1487, on statua également que les pièces de comédie ne pourraient être jouées que sous la direction d'un maître et d'un régent, *nulli sine aliquo ductore magistro ac Regente ad ludos comœdiarum intenderent*[1]. On défend même dans les costumes l'usage de la soie et des objets précieux. En 1488, nouvelles défenses de la faculté des Arts au sujet des réjouissances licencieuses qui profanaient, dit **Crévier**, les fêtes instituées par l'Église pour servir d'aiguillon à la piété et qui devenaient pour les écoliers l'aliment du vice par les désordres auxquels ils se livraient à leur occasion. Les divertissements ne sont plus autorisés qu'à l'Épiphanie, la veille au soir et le jour après vêpres; le lendemain les leçons reprendront comme à l'ordinaire. Les comédies ne sont pas interdites, mais elles seront examinées avec soin, « afin, est-il dit, qu'il n'y reste ni trait mordant et satyrique, ni rien de déshonnête qui puisse offenser un homme de bien ». De plus, elles ne se joueront qu'à l'intérieur des collèges. Ces prescriptions sont appuyées par la menace de peines sévères pour les délinquants, en particulier le fouet, donné à l'écolier coupable dans la salle du collège, par quatre régents, en présence de tous les camarades assemblés au son de la cloche et sous les yeux du Recteur et des quatre procureurs. Les délinquants qui se déroberaient au châtiment par la fuite ou par tout autre moyen seront privés de leurs droits universitaires. Quant aux maîtres

---

1. Du Boulay, *Hist. Univ. Paris*, t. V., p. 761, 777. **Cougny**, *la Comédie politique dans les collèges*.

qui participeraient à ces désordres, on leur interdirait pendant deux ans l'exercice de la régence. Les censeurs des quatre Nations étaient chargés de veiller à l'exécution de ces décrets. Ils nous montrent que le système d'éducation préconisé par M. **Cinglant** était en honneur au xve siècle[1].

On cherche de nos jours l'origine de la censure dramatique, et on l'attribue à Louis XIV; peut-être faudrait-il remonter plus haut et la placer au temps de Louis XI, inaugurée alors par ordre du Parlement dans l'Université?

Une innovation moins heureuse, et que **Jean Boucard** n'inspira certainement pas, ce fut le projet de l'organisation d'une sorte de garde nationale universitaire. **Louis XI** ne s'avisa-t-il pas, en 1468, raconte **Crévier**, d'enrôler et de distribuer en brigades, sous différentes bannières, tout ce qu'il y avait d'hommes à Paris, capables de porter les armes, depuis l'âge de seize ans jusqu'à soixante? L'Université était comprise dans ce projet et devait fournir une compagnie spéciale, formée des professeurs et des gradués qui n'étaient pas encore dans les ordres. Ainsi, **Louis XI** était en avance de plus de trois cents ans sur la loi militaire appliquée de nos jours à toutes nos écoles. Il ne parut pas alors que ce service fût conciliable avec les obligations du corps enseignant et la préparation aux grades des étudiants, clercs pour la plupart ou en portant la robe et la tonsure. L'Université réclama, fit valoir l'incompatibilité de la vie militaire avec les exigences de l'étude, offrit au roi ses prières et ses bénédictions en échange de l'incorporation, rien n'y fit : **Louis XI**, dit **Quicherat**, tint opiniâtrement à avoir sa compagnie de lettrés, de sorte que cette fois la toge dut céder au harnais, et qu'il fallut en passer par cette singularité de voir dans les collèges, aux jours ordonnés par les prises d'armes, des maîtres de grammaire et de philosophie ayant sur le dos la cotte de mailles ou le justaucorps de buffle[2]. La mesure porta bientôt ses fruits. Il se forma au sein des écoles une classe de professeurs

---

1. V. **Crévier**, *Hist. de l'Univ.*, t. IV, p. 435.
2. **Du Boulay**, *Hist. Univ. Paris*, t. V, p. 682, 684.

bravaches et spadassins, qui n'argumentèrent plus qu'en menaçant de dégainer; bien plus, les élèves des classes supérieures s'autorisèrent de l'exemple pour porter sous leur robe l'épée courte, le braquemart, que **Rabelais** n'a jamais manqué de pendre au flanc de *Pantagruel*. Ces manières soldatesques furent si bien adoptées par la jeunesse des écoles, que l'Université ne parvint jamais à les faire disparaître complètement, même lorsqu'elle eut reconquis, sous les autres règnes, son privilège de cléricature[1]. Nous en retrouverons des traces dans les siècles suivants.

Une autre bizarrerie passa par la tête de **Louis XI**. En 1471, quand il entra en lutte avec **Charles le Téméraire**, pour évincer l'élément bourguignon des écoles de l'Université, il exigea le serment de fidélité de tous les écoliers qui les fréquentaient. Ce fut dans une vaste salle du couvent *des Bernardins* que ce serment, qui préludait au serment civique de 1790, fut prêté successivement par les diverses maisons d'enseignement de Paris. Les jeunes écoliers, conduits par leurs maîtres, furent tout fiers de se voir traités comme des hommes, et **du Boulay** nous raconte, qu'à l'appel de chaque collège, ils jurèrent fidélité au roi en agitant les mains et en jetant des cris assourdissants. Naturellement, les sujets du duc de Bourgogne ne parurent pas, et le lendemain on les réunit au nombre d'environ quatre cents pour les reconduire à la frontière[2].

Mais, si l'évêque d'AVRANCHES ne doit point avoir suggéré ces mesures singulières, il est certain qu'il ne fut pas étranger à l'issue de la querelle des *Réalistes* et des *Nominaux* qui agita l'Université en 1473. Le franciscain **Guillaume d'Ockam**, précurseur des rationalistes modernes, avait renouvelé cette vieille querelle philosophique, au xive siècle, en enseignant, comme **Roscelin**, que les idées sont de pures conceptions de l'esprit et n'ont d'autre substance ou réalité que le *nom* qu'on leur attribue. Ainsi renaissait l'ancien *nominalisme*,

---

1. Quicherat, *Hist. de Sainte-Barbe*, t. 1er, p. 25.
2. *Hist. Univ. Paris*, t. V, p. 692.

dont retentirent bientôt toutes les écoles, surtout celle de Paris, grâce à ses partisans, **Buridan, Marsile d'Inghem, Grégoire de Rimini, Pierre d'Ailly** et autres. Les représentants du système opposé, le *réalisme*, soutenaient, au contraire, que les idées répondent à de véritables réalités, que ce à quoi elles s'appliquent est chose, *res*, par soi-même, indépendamment de tout effort de l'homme pour le saisir et le nommer. Quoique les adversaires n'eussent plus, comme autrefois, l'occasion de s'entreprendre aux cours de la rue du Fouarre, depuis que les écoliers les désertaient pour recevoir à l'intérieur des collèges l'enseignement de la philosophie, ils ne s'en faisaient pas moins une guerre acharnée. Or, il arriva que, sous **Louis XI**, les *nominalistes* gagnèrent du terrain, soit que leurs maîtres fussent plus brillants, soit que la jeunesse des écoles se montrât plus sympathique à leurs doctrines. Mais les *réalistes* attendaient l'occasion de reprendre l'avantage, lorsqu'une thèse nominaliste un peu trop hardie la leur fournit. Ils jetèrent les hauts cris contre les contempteurs d'**Aristote** et de **saint Thomas**, dit **du Boulay**[1], et, comme **Jean Boucard**, le confesseur de **Louis XI**, était réaliste, on l'intéressa à la querelle. Par lui on décida le roi, qui s'en souciait peu, à intervenir; et voilà comment l'évêque d'**Avranches** fut chargé par **Louis XI** de visiter les écoles de l'Université et d'en réformer les abus. Une commission, presque entièrement composée de réalistes, fit condamner le nominalisme par lettres patentes du roi, dont la rédaction fut attribuée à **Jean Boucard**[2]. Cette condamnation frappait, non seulement les doctrines, mais aussi les livres des *nominaux*, qui étaient voués à la destruction. Les maîtres ès arts et les candidats à la déterminance devaient jurer de ne jamais ni les étudier, ni les enseigner, ni même les ouvrir. Nous avons cité ce serment dans notre premier chapitre[3]. Toutefois l'arrêt ne fut pas exécuté avec rigueur,

1. *Hist. Univ. Paris*, t. V, p. 679.
2. **Luthereau**, *Tablettes historiq. et bibliographiq. de la Normandie*.
3. Page 33.

ni longtemps maintenu. Les livres, encore rares à cette époque, étaient attachés dans les bibliothèques à des pupitres, sur lesquels on venait les consulter aux jours de leçon, et, quand les classes vaquaient, on les tenait fermés et recouverts par des chaines munies de cadenas. Une requête adressée au roi obtint que les écrits nominalistes fussent non pas détruits, mais seulement enchainés et cadenassés. De là des quolibets, que rapporte **du Boulay**, sur ces malheureux livres enchainés dans les bibliothèques des collèges, comme les bêtes féroces d'une ménagerie, pour les empêcher de mordre les écoliers[1]. Le ridicule de la mesure la fit tomber complètement. Quelque temps après, le prévôt de Paris, **Jacques d'Estouteville**, écrivait au Recteur de l'Université : « Le roi m'a chargé de faire déclouer et déferrer tous les livres des *nominaux*, qui ja pieça furent scellez et clouez par **M. d'Avranches**, ès collèges de ladite Université de Paris. »

Mentionnons encore une prescription de **Louis XI** qui dénotait son caractère absolu. Il professait une dévotion spéciale pour **Charlemagne**, « l'emperor à la barbe florie » et comme ce monarque avait été canonisé, en 1165, il voulut que sa fête, déjà en honneur parmi la Nation d'Allemagne dont il était le patron, fut célébrée solennellement à Paris. Pensant mieux atteindre son but, il rendit, en 1479, une ordonnance qui défendait ce jour-là, sous peine de mort, de se livrer à aucun travail. « *Addens etiam pœnam capitalem, si quis secus facere aut celebrare contemneret*, dit **du Boulay**. Mais, soit que la canonisation de **Charlemagne** prononcée par l'antipape **Pascal III** ne parût pas régulière, soit que la sanction royale fût trouvée excessive, cette fête ne devint pas populaire et l'ordonnance de **Louis XI** tomba en désuétude. En 1629, le Recteur **Le Maistre** essaiera par un congé donné aux écoles de la rétablir le 28 janvier, on l'oubliera l'année suivante. Ce sera le Recteur **du Boulay**, l'historien de l'Université, qui réussira, en 1661, à lui donner le caractère d'une

---

1. *Hist. Univ. Paris.* t. V, p. 711.

institution scolaire que la jeunesse studieuse a perpétuée jusqu'à nos jours malgré les révolutions [1].

Jean Boucard obtint comme **Cybole**, l'autorisation de cumuler plusieurs bénéfices. « Le luxe corrupteur de la sphère élevée où s'écoulait sa vie, dit un biographe que nous avons déjà cité, ouvrit le cœur de Jean Boucard à l'amour des richesses qui envahissait à cette époque le haut clergé [2]. » Le 30 mai 1476, après y avoir été autorisé par le pape, sur la demande expresse du roi, il se faisait nommer abbé commendataire du fameux monastère du Bec, au diocèse d'Évreux, et ensuite de celui de Saint-Paul de Cormery, au diocèse de Tours. Le grand prieur de l'abbaye du Bec, **Jean d'Harcourt**, avait présenté le candidat à l'assemblée des prieurs de l'ordre en leur remettant la lettre de **Louis XI** qui demandait que son confesseur fût élu. Aussi, devant un tel désir, il n'y avait qu'à s'incliner, et l'évêque d'Avranches fut nommé à l'unanimité, *unanimiter et concorditer, subito et repente*, dit la *Chronique du Bec* [3]. Comblé d'honneurs et de richesses, **Jean Boucard** mourut au manoir de la Vaucelle, le 28 novembre 1484, et fut inhumé dans l'église Notre-Dame-de-Saint-Lo [4]. La *Gallia christiana* dit qu'il composa, outre son plaidoyer pour **Jeanne d'Arc**, une exposition abrégée de tous les Livres Saints. Mais ce qu'elle ne mentionne pas, ce sont ses fondations charitables. S'il ambitionna de riches bénéfices, il faut dire, à son honneur, qu'il fit un généreux usage de leurs revenus. Ainsi, nous savons que, sans compter des

---

1. V. **du Boulay**. *Hist. Univ. Paris*, t. II, p. 344, et du même, *Carlomagnalia*. — **Jourdain**, *Hist. de l'Univ. de Paris*, t. Ier, p. 230. — V. **Fournel**, *Le vieux Paris, fêtes, jeux et spectacles*, p. 58.

2. **Girard**, *Annuaire d'Avranches*, 1842. C'était, du reste, l'époque des cumuls épiscopaux. Nous l'avons vu, plus haut, pour le cardinal **Guillaume d'Estouteville**, et nous pourrions en citer bien d'autres exemples rapportés par M. **Siméon Luce** dans ses *Clercs vagabonds sous Louis XI*. **Nicolas de Clamanges** signalait ces abus en flétrissant les désordres du clergé de l'époque dans son *De corrupto ecclesiae statu*.

3. V. la remarquable édition qu'en a donnée M. l'abbé **Porée**, *Rouen*, 1883, p. 114, 232, 233 et 234.

4. M. **Lepingard**, ut supra.

— 149 —

legs à Notre-Dame-de-Saint-Lo et ailleurs, il donna, dit Félibien, pour établir douze nouveaux boursiers grammairiens dans le collège d'Harcourt, la somme de quatre mille livres tournois. Toutefois, ces douze bourses furent réduites plus tard à six, à cause de la diminution des revenus [1]. C'est qu'en effet, cet argent fut employé en achat de biens fonds qui perdirent ensuite de leur valeur. Avec ces quatre mille livres on paya une partie de la terre d'Imberville, acquise en 1535. Il était spécifié dans l'acte de fondation de ces bourses, réduites à six, qu'il y en aurait deux à la nomination du *chapitre d'Avranches*, deux à la nomination du *chapitre de Notre-Dame-de-Saint-Lo*, et deux à la nomination des *héritiers du fondateur*, représentés en 1535 par le sieur de Sienne et du Mesnil-Amey (Manche)[2]. On devait les donner de préférence à des *choristes* ou enfants de chœur de ces églises. Le chantre de la ville de Saint-Lo a célébré la générosité de Boucard dans ces termes : « Sans parler de ses autres largesses, Boucard fonda douze bourses annuelles en faveur de jeunes écoliers envoyés au collège d'Harcourt, afin que l'on pût initier plus facilement aux belles lettres la jeunesse d'humble condition empêchée par la dure pauvreté de suivre la carrière des muses [3]. » Il paraît cependant que la fondation de Jean Boucard ne fut pas bien accueillie par les anciens boursiers d'Harcourt. Ils auraient voulu, sans doute, avoir les nouvelles bourses pour augmenter leurs revenus, et ils ne se souciaient pas de partager avec ceux qu'ils regardaient comme des intrus, les droits et les privilèges de la fondation primitive. Aussi les traitèrent-ils en conséquence. Ils firent souffrir à ces *béjaunes*, ainsi qu'on appelait alors les nouveaux, toutes les vexations dont les *brimades* d'aujourd'hui, en certaines écoles, ne sont qu'un pâle reflet. Il y eut même bataille, et les choses allèrent si loin que les malheureux nouveaux,

1. *Hist. de la ville de Paris*, t. Ier, p. 449.
2. Bib. de la Sorb., U. 132, *Fondations et Donations*, et Arch. Nat., S. 6444.
3. G. Ybert, *Urbs Sanlaudus*; v. le texte latin aux *documents annexes*.

accablés par le nombre et mal soutenus par l'administration, furent contraints de se retirer. Le Parlement et l'Université, saisis de cette affaire, intervinrent, et justice fut rendue aux boursiers évincés par leurs camarades. Ceux-ci ne les virent pas rentrer sans dépit, mais, avec le temps, leur hostilité s'apaisa et vainqueurs et vaincus finirent par sympathiser comme on le fait entre compatriotes et condisciples [1].

Jean Boucard eut pour successeur le proviseur **Étienne Gervais** ou **Gervaise**, disent certaines pièces, qui est qualifié de confesseur de la princesse Catherine d'Alençon (1458-1484). Son administration ne nous est connue que par les démêlés qu'il eut avec un de ses régents, **Pierre le Secourable**. Dans un *factum* du xviie siècle, dont nous parlerons au chapitre suivant, il est rapporté qu'en 1470 « le proviseur **Gervais** destitua **Pierre le Secourable**, qui faisait au collège d'Harcourt une leçon des arts [2] ». Par *leçon des arts* on entendait alors un cours de philosophie, quoique le collège ne fût pas encore en jouissance du *plein exercice*, comme il le sera en 1554. Mais auparavant, et même dès l'origine du collège d'Harcourt, nous l'avons remarqué au commencement de ce chapitre et à l'occasion de la fondation **Boutin**, il y avait des professeurs qui étaient chargés de conduire les élèves aux écoles de la rue du Fouarre, et de les en ramener pour leur faire ensuite répéter la leçon qu'ils avaient entendue et la leur expliquer dans une sorte de *conférence*, comme cela se passe, par exemple, à l'École normale. C'est ce que l'on appelait *mener une leçon des arts*. Pour faire ces leçons il ne fallait pas seulement avoir l'autorisation du proviseur, les statuts mentionnent expressément que le prieur ainsi que deux ou trois des plus anciens de la maison seront appelés avec le proviseur à donner cette autorisation aux régents qui en seront chargés [3].

Mais si les maîtres de conférences devaient être désignés

---

1. V. **Pierron**, *Notice hist. sur les collèges d'Harcourt et Saint-Louis*, et **Chauvin**, *Histoire des lycées et collèges de Paris*.
2. Bib. nat., *Mémoire instructif pour Maître Jacq. de l'Œuvre*.
3. Art. LX des statuts. V. au chapitre II et aux *documents annexes*.

par ces dignitaires, il paraît que le proviseur pouvait alors de sa propre autorité les destituer ou révoquer. « Maistre **Pierre** « **le Secourable**, dit un *factum*, qui estoit un homme célèbre « en son temps, fut déposé de la régence par maistre **Étienne** « **Gervais**, proviseur du collège d'Harcourt, qui commit un « autre régent à sa place. Secourable porta l'affaire au Par- « lement, et, par un arrest de la Cour du 9 février 1470, il fut « débouté, et **Gervais** maintenu dans le droit de disposer « des classes et de la régence[1]. » Voici le texte de cet arrêt important, conservé par le même *factum*; « Maistre **Pierre** « **Secourable** avoit demandé d'estre remis et réintégré « comme spolié, à la lecture d'une leçon des Arts, et à avoir le « profit et salaire d'icelle leçon luy estre attribuée, et Maistre « **Estienne Gervais**, proviseur du collège d'Harcour, défen- « deur à l'entérinement d'icelle requeste et tendant à fin d'ab- « solution d'autre part. Veu par la Cour ladite requeste, les « avertissements desdites parties, et tout ce qu'ils ont mis et « produit par devers certains commissaires ordonnez par « icelle pour les ouïr ; oüy le rapport desdits commissaires et « tout considéré, dit a esté que ledit **Secourable** seroit sa- « larié du temps qu'il avoit exercé la lecture et mené ladite « leçon par les escoliers qui avoient été sous luy, si fait n'a- « voit esté ; et aussi luy restitueroit celuy qui depuis avoit été « commis à ladite leçon par ledit proviseur, ce qui seroit « trouvé avoir pris et levé desdits escoliers dudit temps ; et « au surplus, la Cour absout ledit **Gervais** de la demande « dudit **Secourable**[2]. »

Cet arrêt nous montre que l'ordonnance de **Charles VII**, qui soumettait l'Université à la juridiction du Parlement, au lieu de relever immédiatement de l'autorité royale, comme elle y avait prétendu jusque-là, était en vigueur sous **Louis XI**[3]. Nous avons vainement cherché la cause de la révocation de **Pierre le Secourable**; nos *factums* n'en disent rien. Mais

---

1. Bib. de la Sorb., U. 132, n° 2, p. 30, 54.
2. Bib. de la Sorb., U. 132, n° 2, p. 30, 54.
3. **Vilevaux** et **Bréquigny**, *Ordonnances des Rois de France*, t. XIII, p. 457. — *Recueil des Priviléges de l'Université*, p. 17.

il faut croire qu'elle n'était pas bien grave, puisqu'il continua à habiter la maison, à y jouir de sa bourse et aussi de l'estime et de la confiance de ses confrères. Nous en trouvons des preuves dans le fait qu'il était alors procureur de la Nation de Normandie, et dans un arrêt de la même date, où nous voyons que deux boursiers firent cause commune avec **Pierre le Secourable** pour un autre procès intenté au proviseur **Gervais**. A la mort de celui-ci, **Pierre le Secourable** recevra des boursiers un témoignage encore plus éclatant de leur considération pour sa personne. Une pareille destitution ne sera plus possible en 1486. Nous voyons, en effet, à cette époque, une décision de la faculté des Arts, qui l'interdit comme un abus, au sujet de la révocation d'un régent du collège de Lisieux, prononcée par le principal **Louis Harel**, docteur en théologie. Il faudra désormais recourir à la Nation dont dépend le régent, puisque c'est elle qui lui donne la permission d'enseigner [1].

Toutefois cette affaire nous renseigne sur la situation des régents et celle du collège à l'époque où nous sommes. Ces régents, maîtres de conférences, étaient des grands boursiers, des maîtres ès arts, étudiants en théologie, admis à faire répéter les leçons de la rue du Fouarre aux jeunes élèves d'Harcourt, en échange d'une modeste rétribution qu'ils recevaient de ces élèves. C'était un moyen de suppléer à l'insuffisance de leurs bourses. On en a conclu, avec raison, que les écoliers qui participaient à ces répétitions n'étaient pas seulement des petits boursiers de la maison, trop pauvres pour payer un maître, mais aussi des *externes* ou des *pensionnaires* plus fortunés qui venaient assister aux conférences du collège. On a même trouvé, d'après les comptes de 1434 à 1458, que dans la première maison établie par **Raoul d'Harcourt** sur la rue *des Maçons* et dans d'autres locaux voisins appelés les *Écoles du Collège* et désignés sur un de nos plans sous le nom de *Petit Harcourt* [2], on avait installé un

---

1. **Du Boulay**, *Hist. Univ. Paris*, t. V, p. 770. — **Crévier**, *Hist. de l'Univ.*, t. IV, p. 420.
2. V. le *Plan de Berty*, au chapitre II, p. 66. — Plusieurs de ces maisons étaient louées au collège par les religieux Mathurins situés

collège de grammairiens ou *grammatistes*. On y recevait un grand nombre d'écoliers *portionistes, caméristes*, qui payaient la location de leurs chambres au principal des Artiens chargé de leur direction, sous l'autorité du proviseur. Bien plus, ainsi que nous le disions au commencement de ce chapitre, dans le collège d'Harcourt, comme dans plusieurs autres collèges, tels que ceux de Justice, de Lisieux, de Séez, en 1470, on y préparait les écoliers aux épreuves de la faculté des Arts, « *on y prenait les degrés de bachelier, licencié et maître ès arts ; enfin on y suppliait pour la régence dans les Nations* », ainsi qu'on le fera au xvie siècle[1]. C'est ainsi, dit **Rathery**, qu'en cessant de s'enchaîner à la lettre des anciens statuts, les collèges, jusque-là peuplés des seuls boursiers, purent s'ouvrir à tous les écoliers indistinctement : cette innovation fut favorable au progrès des études, et, sous **Louis XI**, les établissements de plein exercice étaient déjà fréquentés par dix ou douze mille pensionnaires ou externes[2].

D'après ces détails nous pouvons affirmer que la situation du collège d'Harcourt, au temps du proviseur **Étienne Gervais** était prospère, et que la maison prenait de plus en plus de l'extension et de l'importance. Ce qui atteste encore sa prospérité, ce sont les nouvelles fondations qui viennent s'ajouter aux précédentes. Mentionnons, en particulier, celles de la duchesse de Bavière, **Catherine d'Alençon**[3], qui, en 1461, paya aux boursiers l'acquisition faite à **Jean Boucard** de plusieurs maisons, cours et jardins, situés près de la porte Saint-Marcel, et que l'on appela depuis, du nom de la dona-

---

dans le voisinage de l'Hôtel Cluny. En 1444, un compte mentionne des réparations faites dans ces maisons aux frais du collège d'Harcourt. V. *Factums* de la Sorb., U. 132, n° 5.

1. Bib. de la Sorb., U. 132, n° 5, p. 7-9. — V. plus haut, chap. 1er, p. 26, l'admission à la régence.
2. **Rathery**, *Journal de l'Instruction publique*, 1854. — De Barante, *Hist. des Ducs de Bourgogne*, t. XII, p. 158.
3. Cette duchesse de Bavière est sans doute la femme de ce duc d'Alençon qui déposa en faveur de **Jeanne d'Arc**, lors de son procès de révision, mais qui fut ensuite traître à sa patrie sous **Louis XI**, et mourut en prison, en 1476.

trice, les maisons de la *Cour de Bavière*[1]. Le revenu de ces maisons, en 1691, rapportait 2 776 livres. On s'explique cette libéralité, en se rappelant que le proviseur **Gervais** était l'aumônier de cette princesse. Lui-même, en 1470, avait suivi son exemple en s'inscrivant parmi les bienfaiteurs du collège. C'est ce que fit aussi **Chrestien** ou **Christophe Folliot**, qui vivait sous le provisorat d'**Étienne Gervais** et qui devint Recteur de l'Université en 1470. Il est parlé de lui dans les comptes des années 1458 et 1556 comme ayant été successivement boursier, régent et principal du collège d'Harcourt. Son nom figure également avec ceux de la duchesse d'**Alençon** et d'**Étienne Gervais** sur la liste des *obits* que nous avons retrouvée aux Archives nationales[2]. Mentionnons encore à cette époque le nom d'un boursier distingué du collège d'Harcourt, **Jean Miles**, qui sera recteur de l'Université en 1486.

En 1484, à la mort d'**Étienne Gervais**, les grands boursiers du collège d'Harcourt portèrent leurs suffrages sur le régent qu'il avait dépossédé en 1470; ils lui donnèrent pour successeur **Pierre le Secourable** (1484-1509).

C'est par erreur que certains historiens font naître **Pierre le Secourable** à Rouen : ils ont pris le diocèse où il occupa une haute dignité ecclésiastique pour le lieu de son origine. Tout porte à croire, au contraire, d'après les dernières recherches d'un savant biographe[3], qu'il est un enfant de Saint-Lo. La famille *Le Secourable* y apparait, en effet, dès le xve siècle, et elle compte des représentants jusqu'au xviie, dans les rangs élevés de la bourgeoisie. Cette conjecture devient une certitude quand on lit dans le poème de **Guillaume Ybert**, le chantre latin de Saint-Lo, sa patrie, la déclaration

---

1. **Jaillot**, dans ses *Recherches critiques sur la Ville de Paris*, dit que l'on voyait encore de son temps (1775) des vestiges de l'hôtel de Bavière dans un grand logis habité par des artisans, qui conserve le nom de *Cour de Bavière*, au quartier de la place Maubert, où était l'ancienne porte Saint-Marcel.
2. V. aux *documents annexes*.
3. M. **Lepingard**, *Notice sur Pierre le Secourable* (Société d'Archéologie du département de la Manche, 1889).

formelle qu'il était parent de **Pierre le Secourable**. « *Junctus mihi sanguine,* » dit-il en célébrant les bienfaits de ce proviseur d'Harcourt envers son collège[1]. Il est certain, en effet, que jadis les mariages ne se contractaient pas au loin, mais se concluaient ordinairement dans le pays d'origine de la famille, et que la bourgeoisie cherchait ses alliances parmi ses égaux. Or, les *Ybert*, comme les *Le Secourable*, sont rangés parmi ceux qu'on qualifiait alors de *notables*, et M. **Lepingard** a trouvé la preuve qu'ils ont été alliés, dans un acte notarié du 1er juillet 1588, qui parle d'une **Madeleine Ybert**, veuve de **Jean le Secourable**, et d'une demoiselle **Geneviève le Secourable**, fille de cette même **Madeleine Ybert**, etc.

En 1461, on trouve des *Le Secourable* établis à Couvains; or, la seigneurie de cette grande paroisse appartenait à une branche de la famille d'**Harcourt**. Il ne serait donc pas étonnant que l'appui de « noble dame Marguerite d'Harcourt, de Ferrière et de Couvainz », qui vivait à cette époque, ait été pour quelque chose dans l'éducation que **Pierre le Secourable** reçut au collège fondé par les d'**Harcourt**, et plus tard dans le choix qui le mit à la tête de cet établissement.

Après y avoir été boursier et régent de philosophie, il en devenait le proviseur, et cette élection le dédommageait bien de la disgrâce passagère dont il avait été l'objet de la part d'Étienne Gervais. Déjà, avant cette disgrâce, il occupait une situation enviée dans le corps universitaire.

Ainsi nous le voyons, le 27 septembre 1463, désigné comme *procureur* de la Nation de Normandie, pour faire partie d'une députation que l'Université envoyait à **Louis XI**[2]. Mais, en 1484, non seulement il est proviseur d'Harcourt, nous le trouvons encore qualifié des titres de doyen de la faculté de théologie de Paris, curé de Saint-Gervais et archidiacre de Rouen. Le 21 janvier de cette même année il prenait possession de cette dernière dignité, en vertu de la résignation faite en sa faveur par **Pierre des Champs**, qui l'occupait avant

---

1. V. ce passage aux *documents annexes*.
2. *Défense des droits de l'Université*, 2e partie, ch. xiv.

lui, et d'une provision du pape. L'historien auquel nous empruntons ces détails nous dit que **Pierre le Secourable**, afin de fortifier ses droits, renouvelait sa prise de possession, le 14 octobre 1485, pour se garantir contre les revendications de la *Régale*, rétablie en Normandie par **Charles VII**. Il obtenait, à cette fin, des lettres patentes qui lui assuraient la jouissance de son archidiaconé de quelque manière qu'il eût vaqué auparavant[1]. En 1495, **Le Secourable** se fait également pourvoir d'une prébende de la cathédrale de Rouen, que lui avait résignée le titulaire **Guillaume Boursier**. En 1498, il est député aux États généraux de Normandie, sans doute pour obtenir de **Louis XII** de transformer en un parlement permanent l'ancien Échiquier de cette province, qui ne tenait ses sessions que deux fois par an.

Le nom de **Secourable** est aussi associé à un certain nombre de fondations pieuses. Il reçoit, en 1488, au château de Torcy, la charte de donation de 500 livres de rente que lui présente **Jean d'Estouteville**, seigneur de Torcy et de Blainville, en faveur de l'église de Blainville. Il fonde lui-même plusieurs *obits* à la cathédrale de Rouen, et y ajoute une donation pour que l'on y célèbre avec une grande solennité la fête de l'Immaculée-Conception. Nous avons vu au chapitre Ier que la Nation de Normandie avait une dévotion particulière pour cette fête, et qu'elle l'entourait d'une pompe spéciale au collège d'Harcourt[2].

Le savoir et le mérite de **Pierre le Secourable** déterminèrent plusieurs fois l'Université à le choisir pour son *Proposant*, selon le terme qui désignait alors celui de ses membres qu'elle chargeait de porter la parole en présence des Recteur, doyens et procureurs de la corporation, et dans certaines circonstances solennelles. C'est ainsi qu'il remplit cette

---

1. **Pommeraye**, *Hist. de la Cathédrale de Rouen*, ch. xi, p. 367. — On sait que la *Régale* était le droit que s'attribuaient les rois de France de percevoir les revenus d'un bénéfice vacant, jusqu'à ce que le nouveau titulaire eût prêté serment de fidélité et fait enregistrer son serment à la Chambre des comptes.

2. Page 16.

fonction en deux occasions importantes : quand il s'agit de demander à **Louis XII** la confirmation des privilèges universitaires, en 1498, et d'engager, en 1502, les membres du chapitre de Notre-Dame à élire comme évêque de Paris leur confrère **Étienne Poncher**, chanoine et chancelier de l'Université, que le roi leur recommandait tout particulièrement[1].

En ce qui concerne son administration au collège d'Harcourt, nous ne sommes guère renseignés que par une lettre, fort bien tournée d'ailleurs, que lui adressait **Guillaume de Mara ou de la Mare**, pour lui demander d'accorder à son neveu la bourse qu'il lui avait promise au collège d'Harcourt. G. de Mara était un humaniste distingué du xv° siècle, poète à ses heures, qui fut secrétaire des deux chanceliers de France, **Robert de Briconnet** et **Guy de Rochefort**, puis chanoine de Coutances et enfin recteur de l'Université de Caen[2]. Sa lettre au proviseur d'Harcourt est d'une bonne latinité, et, comme elle est courte, nous ne résistons pas au plaisir de la transcrire ici.

Guillelmus de **Mara** Petro **Succuribili** ecclesiæ Rhotomagensis majori archidiacono, collegii Haricuriæ apud Parisios provisori, salutem.
« Egregiæ circumspectionis Pater et Domine, quæ in me hactenus benevolentiæ signa efficaciter contulisti efficiunt ut apud te audentius pro me ac meis rogare audeam, ne dicam impudenter. Habes in tuo Collegio nepotem ex sorore meum **Joannem Michaelem**, bonæ indolis et spei non modicæ juvenem, cui jampridem Bursam quam vocant, pollicitus es : fac, obsecro, ut dictis data respondeant : quod te facturum pro tua in me benevolentia non dubito. Quod si quid a me volueris, dic et factum puta. Vale[3].

La requête de l'oncle, conçue en des termes si engageants, dut sans doute assurer au neveu, jeune homme de grande espérance, la bourse désirée. Le nom de **Secourable** en serait un sûr garant, si on ne savait, d'ailleurs, tout ce que celui qui le portait aussi dignement fit pour augmenter les

---

1. P. Padet, *Défense des droits de l'Université*, 2° part., ch. xiv (1657).
2. V. Lebreton, *Biographie normande*, t. III. — *Gallia Christ.*, t. XI, p. 605, 897.
3. G. de Mara, *Epistolae et Orationes*, xii, 1513.

ressources du collège d'HARCOURT en faveur des boursiers. Nous avons trouvé aux Archives nationales, sur un ancien registre de cette maison, la mention d'un « contrat passé de-
« vant les nottaires de Paris, le dernier juin 1505, contenant
« la fondation faite par **Pierre le Secourable**, docteur
« régent en théologie, grand archidiacre de Rouen, maître et
« proviseur du collège d'HARCOURT, de premières et secondes
« vespres en chacune feste de l'an et dimanches où est ac-
« coutumé de dire audit collège messe haute, un *obiit* solen-
« nel à pareil jour de son décès, et cependant une haute
« messe de Nostre Dame, la vigile et prochain jour de la
« Magdeleine, pourquoy il donne audit collège six livres pari-
« sis de rente qu'il avait à prendre sur les biens de **Robert**
« **le Pellenier** et sa femme. Et pour ce que les Artiens soient
« payez entièrement de leurs bourses pendant les trois mois
« des vacations, il leur affecte le revenu de la maison par luy
« fait bastie de neuf à la charge de chanter en la chappelle
« dudit collège *Salve Regina* et le *De profundis* en la grande
« salle des Artiens, tous les samedys après souper[1]. » La maison dont il est parlé dans ce document était attenante au collège et louée en 1691, la somme de 500 livres à **François Massebaut**, maître cordonnier[2]. Ainsi Pierre le Secourable complétait l'œuvre des fondateurs. Songeant au malheureux sort des boursiers qui ne voyaient pas arriver les vacances sans appréhension, parce qu'ils ne recevaient rien pendant ce temps-là, il leur assurait un supplément de revenus qui les leur rendrait plus agréables. Sa charité ingénieuse lui permettait de rester l'obligé des écoliers en demandant le secours de leurs prières.

Il n'oublia pas l'Université, car il lui légua cent livres pour être distribuées à ses régents, Mais quand il s'agit de faire la répartition de cette somme, les facultés ne s'entendirent pas : les trois premières voulaient qu'on fît quatre parts égales; la faculté des Arts en réclamait sept, à cause des quatre Nations qui la composaient. **Du Boulay**, qui rapporte la contestation,

---

1. *Arch. nat.*, S. 6445, fol. 6.
2. Bib. de la Sorb., U. 132, n° 1, *Fondations et donations*.

dit qu'il en ignorait l'issue [1]. Ce fait confirme ce que nous remarquions au chapitre Ier sur les rivalités qui se manifestaient parfois entre les diverses compagnies de l'Université.

Pierre le Secourable mourut en 1508, béni au collège d'Harcourt pour sa générosité que le poète **Ybert** nous représente comme un encouragement donné au culte des Muses :

> Templa suis etiam coluit Parnassia donis,
> Unde juventuti, rerum cui suppetat usus,
> Sufficiens Musis census legatur ab ipso [2].

Le Secourable fut inhumé dans l'église du prieuré de Sainte-Catherine-de-la-Couture, où on retrouva ses restes, en 1783, quand ils furent transférés à l'église Saint-Paul-Saint-Louis, *rue Saint-Antoine* [3].

Mais **Pierre le Secourable** inspira encore d'autres vers, qui méritent une mention spéciale, parce que nous les trouvons dans les *Epistolae Pauli*, éditées à la Sorbonne, *in aedibus Sorbonae*, à l'enseigne du Soleil d'Or, *Aurei Solis* [4], en 1491, c'est-à-dire vingt ans à peine après l'apparition du premier livre imprimé à Paris par les soins d'**Ulric Gering**, de Mayence, que les docteurs de Sorbonne avaient appelé et logé dans leur maison [5]. Ægidius Delphus ou **Giles Delf**, théologien italien qui professa à Paris en 1507, était l'auteur de ces *Epistolae Pauli*, et, en les dédiant à **Gering**, son imprimeur, il vante, dans ces deux distiques, la science et la renommée de **Pierre le Secourable** :

> *Ad Ulricum Impressorem.*
>
> Accipe tam breviter paucis congesta diebus
> Ulrice, si bona sunt, sunt tua, dono tibi.
> Ante tamen relegat *Petrus* doctissimus ille
> Quem *Succurribilem* candida fama canit.

---

1. *Hist. Univ. Paris*, t. VI, p. 40-41.
2. V. aux *documents annexes*.
3. *Journal des Savants*, avril 1784.
4. V. notre plan de la page 66.
5. **A. Franklin**, *La Sorbonne, ses origines, sa bibliothèque, etc.*, p. 107. Notons, en passant, que cette invention merveilleuse de l'imprimerie allait rendre les plus grands services aux études en multipliant les textes, dont la dictée deviendrait moins nécessaire.

Une classe au XVIe siècle.

CHAPITRE IV.

LE COLLÈGE D'HARCOURT ET L'ENSEIGNEMENT AU XVIe SIÈCLE.

(Troisième siècle harcurien.)

État florissant des collèges à la fin du XVe siècle. — La Renaissance des lettres commencée par Louis XII. — Nouvelles oppositions aux farces et soties dans les collèges. — Fondations importantes au collège d'Harcourt. — Luttes de l'Université contre le concordat de 1518. — Les serments du prévôt de Paris en faveur des écoliers. — Les pièces de comédie supprimées à l'occasion du désastre de Pavie. — La visite du Recteur au Pré-aux-Clercs. — Les *Colloques* d'Érasme. — La fondation du Collège de France. — **L'établissement du plein exercice au collège d'Harcourt.** — Les classes, les auteurs, l'obligation de parler latin, le fouet, la nourriture, les jeux, les honoraires des régents, les émeutes du Pré-aux-Clercs, le *Lendit* au XVIe siècle. — Le proviseur Maillard au concile de Trente. — Les précurseurs de la Ligue au collège d'Harcourt. — Inauguration du théâtre classique. — Réformes de l'enseignement proposées par Ramus. — Les abus du plein exercice. — Querelles religieuses dans l'Université. — Harcuriens marquants. — La fondation du collège de Clermont. — La Saint-Barthélemy. — Les ordonnances de Blois. — Le proviseur Quittebeuf déposé. — L'Université au temps de la Ligue. — Biens du collège confisqués et rendus. — Révocation du ligueur Nepveu et installation du proviseur Turgot.

Pendant le xve siècle, que nous venons de traverser, l'enseignement a subi bien des vicissitudes. La première partie de ce siècle s'écoule pour la France au milieu des plus cruelles épreuves; l'Université et ses collèges en subissent le contre-coup. Tous les fléaux semblent conjurés contre ces institutions : Grand Schisme, troubles, querelles intestines, guerres civiles et guerres religieuses, sans compter la famine et la peste, qui s'ajoutèrent parfois à ces calamités. Au rétablissement de la paix beaucoup d'écoles se trouvaient à l'état de ruines ou de déserts, et la réforme de 1452 ne put guère opérer que sur un cadavre. Mais à partir de ce moment commence le mouvement des idées, qui s'appellera au siècle suivant la *Restauration des Lettres*. Bientôt, en effet, sous le souffle de la *Renaissance*, qui révèle aux esprits fatigués de dialectique les chefs-d'œuvre de l'antiquité grecque et romaine, sous l'influence de la merveilleuse invention de l'imprimerie et, ne l'oublions pas, du retentissement que va produire la découverte du Nouveau Monde, une ère inattendue de prospérité et de progrès s'ouvre pour les études. Les chaires des facultés voient, comme à leur plus florissante époque, se presser autour d'elles une jeunesse avide de s'instruire; les maisons qui donnent asile aux écoliers deviennent insuffisantes; elles sont obligées de s'agrandir et de se transformer, pour répondre aux exigences de la situation nouvelle. **Louis XI** a beau expulser les étudiants bourguignons, « jamais l'Université de Paris, dit un historien, n'avait été « aussi illustre et aussi fréquentée que sous son règne; on y « comptait dix-huit collèges et dix ou douze mille écoliers[1] ». Aussi, toujours défiant, ce roi politique a soin de se prémunir contre les soulèvements de cette population turbulente, en obtenant du pape **Pie II** (1462) la révocation du droit redoutable accordé à l'Université, plus de deux siècles auparavant, par **Grégoire IX**, de suspendre ses leçons, ses exercices et les sermons jusqu'à ce qu'on lui ait rendu justice. Après lui, **Charles VIII** se montre plus bienveillant; il vient plusieurs fois assister aux thèses de doctorat de la faculté de théologie; mais son successeur **Louis XII** entreprend de nouveau d'assujettir l'Université en réduisant ses privilèges. On sait comment il traita un jour ses députés au sujet d'une tentative de cessation de cours. « Allez, dit le roi, saluez de ma part les honnêtes gens qui sont parmi vous, car pour les mauvais, je n'en tiens aucun compte. Ils m'ont taxé dans leurs sermons, mais je les enverrai prêcher ailleurs. » Il

---

1. De **Barante**, *Hist. des Ducs de Bourgogne*, t. XII. Notons que l'auteur parle des dix-huit collèges les plus importants, car le nombre des collèges et pédagogies était plus considérable à cette époque. Il y avait plus de trente collèges sous **Louis XI**.

exila, en effet, plusieurs universitaires qui l'avaient malmené dans leurs discours[1].

Ces entreprises des rois contre l'indépendance de leur *Fille aînée* n'empêchent pas les études d'être en honneur à cette époque, et, malgré la fondation de quinze Universités nouvelles, celle de Paris garde sa prépondérance. Ses grades sont recherchés à ce point, qu'on a recours à tous les moyens, même les moins légitimes, pour les obtenir, jusqu'à mettre en jeu la faveur royale, et les plus incapables aiment à s'en parer. C'est ainsi que le Recteur Guillaume **Aimery** se plaint avec indignation, en 1503, devant la Faculté des Arts, de ce que « la dignité de maître ès arts est conférée journel-
« lement à des âniers, des maquignons et des bouviers,
« *agasiones, equisiones et bubulci*, qui, non seulement ne
« connaissent pas Aristote, mais qui ignorent les premiers
« éléments de la grammaire ». Il rappelle avec énergie la Faculté à l'observation des anciens statuts, qui défendaient aux étudiants de prendre dans la même année le baccalauréat et la licence; il enjoint aux examinateurs de se montrer moins indulgents envers les candidats et aux bedeaux de la Faculté de ne pas se prêter aux fraudes; enfin il fait interdire aux bacheliers, dont il signalait l'incapacité notoire, l'accès aux grades supérieurs[2].

C'est pour prévenir ou arrêter ces abus, maintenir les bonnes études et arriver à soumettre tous les écoliers à une discipline régulière, que l'Université, dès la fin du XVe siècle, encourage les grands collèges à donner chez eux l'enseignement public, ce qu'on a appelé le *plein exercice*. La Faculté des Arts y pousse dès 1463, quand elle décide qu'elle refusera le certificat d'études aux élèves qui ne résideront pas dans un collège ou une pédagogie. Ces établissements s'occupent dès lors de s'adjoindre un personnel enseignant à l'intérieur de la maison, et admettent, à côté des anciens boursiers, des élèves

---

1. V. du Boulay, *Hist. Univ. Paris.*, t. V, p. 834. — **Crévier**, *Hist. de l'Univ.*, t. V, p. 1-15.
2. Du Boulay, *Hist. Univ. Paris*, t. VI, p. 11. — **Crévier**, *Hist. de l'Univ.*, t. V, p. 40.

pensionnaires ou externes répartis en plusieurs divisions, suivant leur âge et leur degré d'instruction. Ces divisions portent le nom de leçons, *lectiones*, en attendant qu'on leur donne celui de *classes*, car le mot *classes* n'apparaît qu'au xvi⁰ siècle, dans un document de 1539[1]. A l'origine, ces divisions en plusieurs leçons ne sont pas nombreuses, trois ou quatre au plus, répondant aux principaux enseignements de la Faculté des Arts, grammaire, rhétorique, philosophie qui comprenait les deux cours de logique et de physique. La morale est exceptée : il faut encore aller l'apprendre aux écoles de la rue du *Fouarre*, où doivent aussi avoir lieu les *déterminances* ou examens. Nous verrons les leçons se multiplier plus tard, sous le nom de *classes*, dans les collèges, et particulièrement à Harcourt. Les régents ou professeurs chargés de faire ces leçons et les élèves qui les suivent ont à leur tête un maître appelé le *principal maître* ou simplement le *principal*[2], et ce titre sert à désigner le chef de l'établissement scolaire ou celui qui est préposé à la direction des régents et des étudiants en arts. Toutefois, pendant longtemps encore, la grammaire et la rhétorique seront regardées comme des études élémentaires, préparatoires à celle de la philosophie, par conséquent trop peu importantes pour être mises sur le même rang. Les régents en ces deux arts étaient considérés en quelque sorte comme étrangers à l'Université. Ils n'obtiendront d'être assimilés aux régents de philosophie et de participer à leurs droits universitaires que vers le milieu du xvi⁰ siècle (1535)[3].

Quant aux collèges dans lesquels sont organisées ces leçons publiques, **du Boulay** en compte dix-huit au temps de **Louis XI**; mais il ne nous indique pas sur quel document repose son affirmation : c'est que le *plein exercice* ne nous paraît pas alors aussi complètement établi. Les statuts de réformation de 1452 ne parlent point des régents enseignant

---

1. Thurot, *L'Enseignement dans l'Univ. au moyen âge*, p. 100.
2. Pasquier, *Recherches de la France*, liv. IX, ch. xvii. — Crévier, *Hist. de l'Univ. de Paris*, t. IV, p. 299.
3. Du Boulay, *Hist. Univ. Paris*, t. VI, p. 250.

dans les collèges, ce qui prouverait, dit **Taranne**, que cet usage n'était pas encore très commun à cette époque[1]. Il n'est question, dans les règlements du cardinal **d'Estouteville** que des régents professant dans les écoles des Nations et de ceux qui enseignaient dans les pédagogies ou chez des maîtres de pension[2]. Le réformateur prescrit même aux régents de la Faculté des Arts de continuer chaque jour et aux heures marquées leurs leçons dans la rue du *Fouarre*, comme on le faisait auparavant, *singulis diebus et horis statutis ad vicum Straminis se conferant lecturi modo et forma quibus supra regulariter et ordinate*[3]. De son côté, **Louis XI**, par un édit sévère, combat les innovations du *plein exercice* et veut que les maîtres et les écoliers, suivant les anciens usages, restent fidèles aux cours de la rue du *Fouarre*[4]. Enfin, s'il nous est permis d'invoquer l'autorité des *factums* du collège d'Harcourt que nous avons cités plusieurs fois au chapitre précédent[5], nous y voyons que le *plein exercice*, avec toutes ses classes, ne commence réellement dans cette maison qu'au milieu du xvie siècle. Il est vrai, cependant, qu'il y eut, dès le xive siècle, des leçons de grammaire pour les élèves qui fréquentaient le *Petit Harcourt*[6], comme il y avait dans le grand collège des leçons de philosophie pour les *Artiens*. Ce fait n'est pas, d'ailleurs, particulier à cet établissement : on trouve également des leçons de grammaire, de rhétorique et de philosophie professées, au commencement du xve siècle, dans plusieurs collèges, tels que ceux de Justice, de Lisieux, de Navarre, de Séez et de Sorbonne, ainsi que nous l'avons mentionné au chapitre précédent. Mais l'impulsion était donnée ; on marchait vers une transformation pédagogique et rien ne pourra empêcher les étudiants en arts d'abandonner les écoles de la rue du *Fouarre*, pour recevoir plus

---

1. *Journal de l'Inst. publiq.*, 1845.
2. Du Boulay, *Hist. Univ. Paris*, t. V, p. 572.
3. *Ibid.*, t. V, p. 857.
4. P. Chapotin, *Collège de Dormans-Beauvais*, p. 172.
5. Pages 92, 93, 149 et 152.
6. V. plan **Berty**, p. 66.

commodément dans chacun de leurs collèges un enseignement qui doit en accroître l'importance et en étendre la renommée. A quoi bon, d'ailleurs, pour l'Université, conserver un ordre de choses qui n'a plus sa raison d'être, et maintenir des réunions qui ne répondent plus à l'autorité dont elle jouissait autrefois ?

C'est au moment où va s'accomplir ce renouvellement des études que nous retrouvons le collège d'Harcourt sous la direction du proviseur **Jean Boyvin**, qui inaugure le *troisième siècle harcurien* (1509-1517). Nous savons peu de chose sur sa personne. Il appartenait au diocèse de Rouen, qu'administrait à cette époque le fameux cardinal Georges d'**Amboise**, premier ministre de **Louis XII**, chargé par lui d'appliquer les ordonnances de 1499 sur la restriction des privilèges de l'Université. Un registre des *Archives nationales* et un *factum* du collège d'Harcourt nous apprennent que **Jean Boyvin** était curé de Saint-Gervais[1], l'une des plus anciennes et des plus importantes paroisses de Paris[2]. Nous avons vu également à la fin du chapitre précédent que le proviseur **Pierre le Secourable** était curé de Saint-Gervais. Comment expliquer la possession de cette cure par nos harcuriens ? Nous avons trouvé que, par suite de différentes donations, qui remontaient à **Hugues Capet**, la nomination à la cure de Saint-Gervais avait passé des comtes de **Meulan** au prieuré de **Saint-Nicaise** de Meulan et finalement à l'abbaye du Bec, en Normandie, dont ce prieuré dépendait[3].

Or nous lisons dans la *Chronique du Bec*[4], que **Geoffroi d'Épaignes**, abbé de ce monastère (1452-1476), entretint à grands frais à l'Université de Paris trois et jusqu'à quatre écoliers, qui devaient y prendre leurs grades, les uns en théo-

---

1. Arch. nat., S. 6444. Bib. de l'Univ., U. 132, n° 1, p. 15.
2. L'abbé **Lebeuf** montre qu'elle datait du vi^e siècle, et qu'elle rapportait 6 000 livres. — *Hist. du Diocèse de Paris*, éd. Cocheris, t. Ier, p. 315.
3. V. l'abbé **Lebeuf**, ut supra. — D. **Félibien**, *Hist. de la Ville de Paris*, t. I, p. 258. — **Jaillot**, *Recherches sur la Ville de Paris*, t. II, p. 30. — **Du Breul**, *Antiq. de Paris*, p. 806.
4. L'abbé **Porée**, *Chronique du Bec*, p. 25, 41 et 149.

logie, les autres en décret, et qu'il les nomma ensuite aux bénéfices qui dépendaient de l'abbaye. De là, dit le chroniqueur, la considération dont jouissaient les élèves de l'abbaye du Bec à l'Université de Paris. Nous avons constaté aussi précédemment que Jean **Boucard**, évêque d'Avranches, ancien boursier du collège d'Harcourt, devint abbé du Bec en 1476, et occupa cette dignité jusqu'à sa mort, en 1484. N'y a-t-il pas dans le rapprochement de ces deux faits, une indication qui permettrait d'expliquer comment **Jean Boyvin**, après avoir été l'élève et le protégé de l'abbaye du Bec, aurait été, ainsi que son prédécesseur, mis en possession de la cure de Saint-Gervais? Ils pouvaient, en effet, conserver ce bénéfice, car le cumul n'était pas encore interdit sur ce point, comme il le sera à la fin du xvie siècle, et, d'ailleurs, la proximité de la paroisse Saint-Gervais ne les empêchait pas de résider au collège et de vivre au milieu des boursiers, selon les prescriptions des statuts. **Jean Boyvin** était donc en état de satisfaire à ses obligations de proviseur sans manquer à ses devoirs de pasteur.

En même temps qu'on installait à Harcourt, en 1509, le nouveau proviseur, on s'y intéressait à deux événements glorieux, quoique chacun d'un ordre différent. C'était d'abord le Milanais reconquis par l'éclatante victoire que **Louis XII** avait remportée, le 14 mai, à *Agnadel*, grâce à une habile tactique de **Bayard** sur le flanc des Vénitiens. A cette nouvelle, l'Université s'empressa d'organiser une de ses plus magnifiques processions avec le *concours de tous les collèges*, pour aller chanter à Notre-Dame un solennel *Te Deum* d'actions de grâces en l'honneur du triomphe de nos armes.

C'était aussi l'hommage rendu à la science de l'un de ces brillants humanistes de l'Italie qui venaient travailler parmi nous à la renaissance des lettres. **Louis XII** commençait l'œuvre de son successeur, en attirant à Paris des maîtres illustres versés dans la connaissance de la littérature ancienne, tels que Jean **Lascaris** et **Aleandro**. Rien de plus heureux que de tels choix. A vingt ans, **Aleandro** entendait le grec, l'hébreu, le chaldéen, aussi bien qu'il excellait en théologie, en philosophie, en mathématiques et en musique. En 1509, le roi lui accordait des lettres de grande naturalisation et une pension de quinze cents écus d'or, tandis que l'Université, où il enseignait le grec et le latin, lui conférait le titre de maître ès arts et immédiatement, en dépit des statuts, l'élevait par un suffrage unanime à la dignité de Recteur. Ainsi la langue grecque, qui avait déjà été professée à Paris, vers 1455, par **Gregorio Tifernas**, allait prendre une place honorable dans l'enseignement classique. Cette étude, sans être encore bien répandue, n'était plus dédaignée ou tenue en suspicion comme au siècle précédent, où un religieux Carme disait en chaire : « On a trouvé une nouvelle langue, que l'on appelle *grecque* ; il faut s'en garantir avec soin. Cette langue enfante toutes les hérésies[1]. » Le temps n'était pas loin, au contraire, où elle allait exciter un tel enthousiasme parmi la jeunesse des écoles de Paris, qu'Érasme, alors étudiant du collège de Montaigu, écrivait à un de ses amis : « Quand j'aurai reçu de l'argent, j'achèterai des livres grecs d'abord, et, après, des vêtements[2]. » Cet amour du grec, poussé jusqu'à l'héroïsme, est inconnu des écoliers de notre génération ; mais il enflammait ceux du XVIe siècle : témoin cet **Henri de Mesmes**, qui récitait Homère par cœur d'un bout à l'autre, au sortir du collège de Bourgogne[3]. Mais si les élèves des grands collèges de Paris s'appliquaient avec ardeur à l'étude de l'antiquité, ils s'adonnaient aussi aux amusements de leur âge, surtout à ceux qui répondent à notre caractère national, ami de la gaieté et de la plaisanterie. La *comédie*, les *farces*, les *soties*, à l'époque du nouvel an, étaient une de leurs plus agréables récréations. Malheureusement, ils ne savaient pas toujours garder la mesure, et les satires, les allusions politiques y apparaissaient peut-être plus que de raison. Aussi le Parlement exerçait-il alors sévèrement, par ordre du roi, ses droits de censure dramatique. Nous l'avons déjà vu, au siècle

---

1. **Audin**, *Vie de Luther*, t. II, p. 53.
2. **Goujet**, *Mémoire sur le Collège royal*, t. I, p. 8.
3. Cité par M. **H. Lantoine**, *Histoire de l'Enseignement secondaire*, p. 99.

précédent¹, adresser à l'Université ses doléances à ce sujet. En 1515, raconte D. Felibien, il se montra plus rigoureux : « Le Parlement, ayant mandé les principaux des collèges de « Navarre, des Bons-Enfants, de La Marche, du Cardinal-« Lemoine, de Boncourt, d'Harcourt, du Trésorier, et de « Justice, leur fit défense de jouer ou permettre jouer en « leurs collèges aucunes farces, sottises, ou autres jeux contre « l'honneur du roi, de la reine, de la duchesse d'Angoulême, « mère du roi, des princes et seigneurs de son sang et autres « de sa cour, sous peine de punition telle que le Parlement « jugerait devoir être faite². » C'est ainsi que François Ier inaugurait la royauté absolue, qui sera le caractère de son règne, en ne tolérant pas plus que Louis XI qu'on le chansonnât dans le pays latin. Il ne permettait pas davantage qu'on le raillât ailleurs, car il venait de faire enfermer à la prison d'Amboise trois comédiens de la Société des *Enfants sans souci* qui avaient représenté sa mère, **Louise de Savoie**, sous les traits de la *Mère sotte*, comme pillant honteusement la fortune publique et faisant tout marcher à son caprice.

Pour avoir quelques détails sur ce qui se passait dans notre collège, sous le provisorat de Me **Boyvin**, il faut les chercher dans les fondations et les acquisitions de propriétés qui venaient s'ajouter aux précédentes et améliorer la condition des boursiers. Ainsi nous relevons dans les *factums* harcuriens plusieurs legs importants faits, en 1509, par un des insignes bienfaiteurs de la maison, **Geoffroy Herbert** ou **Hébert**, évêque de Coutances. Il donne d'abord aux boursiers « la seigneurie du Bois des Préaux, sis dans la « paroisse de Saint-Jean-des-Champs³, qu'il avait acquise le « 19 août 1505 pour la somme de quatre mille livres, cent « écus sol (au soleil) ». Puis il y ajoute « la terre et le fief de « La Haye et La Hédouinière (commune de Saint-Nicolas),

---

1. V. chap. III, p. 142, 143.
2. D. Félibien, *Hist. de la Ville de Paris*, t. II, p. 728.
3. Il y a encore une paroisse de ce nom dans la Manche, près de Granville.

« près de Coutances, le tout pour fonder quatorze bourses
« d'Artiens, réduites plus tard à onze, à la nomination du cha-
« pitre de Coutances ». Au commencement du xviiie siècle,
ces domaines, loués par les boursiers au sieur **Turpin**, rapportent neuf cents livres par an, somme bien suffisante alors
pour l'entretien des onze boursiers[1]. Aussi, en reconnaissance
de ces bienfaits, les armes de l'évêque **Herbert** furent placées
sur la façade du collège, près de la grande porte d'entrée
érigée par le proviseur **Fortin**.

Geoffroy Herbert, seigneur du Verger, disent les historiens des *évêques de Coutances*, qui le font naître à Paris,
clericus parisinus, était fils de Jean d'**Aussonvillers**, de
Courcy, grand trésorier de France, et de Jeanne **Guérin**.
Destiné de bonne heure à l'état ecclésiastique, il fit ses études
au collège d'Harcourt et prit ses grades à l'Université de
Paris. Dès qu'il eut atteint l'âge requis par les canons, il fut
nommé évêque de Mende, et presque aussitôt, en 1478,
transféré à l'évêché de Coutances, vacant par la démission
de **Julien de la Rovère**, qui devait être le pape guerrier
Jules II, l'adversaire de **Louis XII** en Italie[2]. **Geoffroy
Herbert** devint le chancelier du duc **Jean de Bourbon**, et,
en cette qualité, fut impliqué dans le procès que **Louis XI** fit à
ce prince pour crime de lèse-majesté : il fut arrêté et jeté en
prison. La sentence du Parlement portait ces mots : « Vu les
« informations faites contre **Geoffroy Hébert**, prisonnier en
« la Conciergerie, comme prévenu de plusieurs méfaits et
« spécialement du crime de lèse-majesté à l'égard du roi
« **Louis**, il sera dit que les meubles dudit évêque seront mis
« dans la main du roi et défense est faite à Me **Jean Hébert**,
« son père, de rien lever dudit évêché. » Toutefois il ne
tarda pas à être rendu à la liberté, parce qu'on n'avait pas
trouvé contre lui de motif concluant de condamnation[3]. Par
un heureux retour de la fortune, l'évêque de Coutances fut

---

1. Bib. Sorb., U. 132, n° 1.
2. *Gallia Christiana*, t. XI, col. 896. — **Toustain de Billy**, *Hist. des Évêq. de Coutances*, p. 314.
3. **Legeay**, *Hist. de Louis XI*, t. II, p. 369.

ensuite en faveur à la cour de **Charles VIII**, fit partie du conseil du roi, et, sous **Louis XII**, il devint le lieutenant du cardinal d'**Amboise** en Normandie et le premier président du Parlement de cette province, établi à Rouen, en 1499. C'est à ce titre que le poète normand **Aubert de Carentan**, dans ses éloges des présidents et cours de ce Parlement, rendait hommage en ces termes naïfs à **Geoffroy Hébert** :

> En voyant monsieur de Coustances,
> Premier de la cour principal,
> Tenant gravitez et constances
> En son habit épiscopal.
> Quand il est en son tribunal,
> Il voit un droict plus clair qu'Argus,
> Car il entend les circonstances,
> Et se présente en Lycurgus [1].

L'évêque **Hébert** mourut en 1510, dans son château de Courcy, au diocèse de Séez, et son oraison funèbre fut prononcée par ce même **Guillaume de la Mare**, chanoine de Coutances et Recteur de l'Université de Caen, dont nous avons parlé à la fin du chapitre précédent [2]. Son testament, conservé dans la *Gallia Christiana*, confirme les donations que nous venons de mentionner. Mais, comme il rappelle, en termes explicites, la fondation du collège par **Raoul et Robert d'Harcourt**, nous croyons utile de reproduire ici le passage qui nous concerne :

« *Item*, nous donnons à perpétuité en aumône au collège de Coutances en l'Université de Paris, appelé le collège d'Harcourt, la demie terre et le fief noble, vulgairement nommé le Bois de Préaux, situé en la paroisse de Saint-Jean-des-Champs, dans notre susdit diocèse, avec touttes ses dépendances et appartenances, avec soixante livres tournois de rente que nous avons acquis sur les terres et fief de La Haye-Hédouvinière, de noble homme **Jean de Mas**, tant pour l'accomplissement de la fondation que nous avons faite récemment de douze bourses de grammairiens que, afin que chacun d'eux reçoive cinq sols Parisis chaque semaine, pour son vivre et ses autres nécessitez, et augmenter le nombre et les bourses des artistes, créant de nouveau

---

1. *Le Moreri normand*, t. Ier.
2. *Gallia Christ.*, t. XI, col. 897.

deux bourses et deux boursiers, dont chacun aura chaque semaine autant que chacun des vingt-huit boursiers fondez autrefois par Révérend Père en Dieu Monseigneur **Robert de Harcourt**, en son vivant évêque de Coutances, et par le seigneur **Raoul de Harcourt**, son frère, archidiacre de Cotentin, que aussi pour l'augmentation des bourses des artistes de quatre sols Parisis à chacun par chaque semaine, et encore pour l'augmentation des bourses des théologiens, lesquels n'aïant eu jusqu'à présent que cinq sols la semaine, en auront trois de plus, en sorte que chaque semaine ils auront huit sols, aux charges néantmoins et conditions contenues en la chartre ou instrument qui fut dressé, le 7 du mois d'octobre 1509, entre nous, **Geoffroy**, évêque de Coutances, et messire **Jean Boyvin**, proviseur dudit collège, **Guillaume le Sauvage, Robert Corbet**, et autres boursiers actuellement résidents audit collège, tant théologiens, artistes que grammairiens. Nous supplions donc très-instamment nosdits exécuteurs de vouloir bien veiller avec soin à exécuter promptement et sans aucun délai de notre testament et legs y contenus, attendant la récompense qu'ils en recevront dans le ciel. Fait et dicté au château de Courcy, dans le diocèse de Séez, dans la chambre où nous demeurions durant notre maladie, en présence de messire **Amaury de Sainte-Marie**, alors intendant de notre maison, messire **Jean Greauline**, prêtre et curé de Courcy, appelez à ce sujet pour être témoins et jurez comme cy-dessus. L'an 1509, le premier jour de janvier, ce testament a été fait et passé devant moy, **Théobaud de Fromentières**, prêtre licencié aux loix, chanoine du pénitencier de l'église de Coutances, et curé de Saint-Ébremond-de-Bonfossé, en présence desdits témoins, l'an et le jour susdit, en témoin de quoy nous avons apposé notre seing manuel. »

Ainsi signé : De Fromentières[1].

Cette pièce n'est pas à dédaigner, car, dans notre pénurie de documents elle a l'avantage de certifier, d'une manière authentique, que le proviseur du collège d'Harcourt, en 1509, s'appelait bien **Jean Boyvin**, et non pas **Jean Boutin**, comme l'a imprimé, dans ses documents sur l'histoire de l'Université de Paris[2], Ch. **Jourdain**, d'après une liste défectueuse empruntée à un registre conservé aux Archives nationales[3]. Nous y constatons encore que le collège d'Harcourt

---

1. *Gallia Christiana*, t. XI. *Instrumenta*, p. 280.
2. *Index chronologicus Chartarum pertinentium ad Hist. Univ. Paris.*, p. 180.
3. Arch. nat., S. 6444.

comptait, au commencement du xvie siècle, au nombre de ses principaux boursiers, **Guillaume le Sauvage** et **Robert Corbet**, et qu'il avait même son contingent complet de boursiers théologiens, artiens et grammairiens. Il y a donc là une preuve de l'état de prospérité de la maison, puisque l'évêque de Coutances songe à augmenter le nombre des bourses pour donner satisfaction aux postulants qui affluaient. Mais aussi nous pouvons y voir un témoignage de la trop grande modicité des bourses de la fondation primitive, puisqu'il cherche à en relever la taxe. On trouve également, aux Archives nationales, la mention d'une rente de 160 livres sur le Mont-Saint-Michel, pour des baux de propriétés appartenant au collège d'Harcourt et les titres sur parchemin de la donation des fiefs de la Haye et de la Hédouinière, avec la dispense du ban et de l'arrière-ban, c'est-à-dire du service militaire pour les possesseurs de ces fiefs[1]. A cette même source un document fait mention, à la date du 29 avril 1510, de la prise de possession des fiefs de la Haye et la Hédouinière par **Robert Goulet**, procureur du collège d'Harcourt, délégué par le proviseur et les boursiers[2]. Enfin, en 1516, le collège faisait un héritage. **Robert de Nulli** lui léguait un domaine à Bagneux[3].

Le proviseur **Boyvin** voulut aussi laisser au collège d'Harcourt un témoignage de sa bienfaisance, en fondant un *obit* avec distribution de cinq sols à chaque boursier qui y assisterait[4]. Deux ans après il mourait, et on nommait pour lui succéder **Jean Morin**, du diocèse de Lisieux.

Le nouveau proviseur qui va administrer le collège de 1517 à 1522 ne nous est pas plus connu que le précédent. Le *factum* des fondations du collège dit seulement qu'il fut principal des grammairiens au collège de Navarre avant de devenir proviseur d'Harcourt[5]. Il est encore fait mention de lui

---

1. Arch. nat., S. 6443 et 6445.
2. *Ibid.*, S. 6443, liasse 17.
3. *Ibid.*, S. 6443.
4. *Ibid.*, S. 6444, M. 134.
5. Bib. Sorb., U. 132, n° 1, p. 15.

sur la liste des proviseurs et celle des *obits* conservées aux Archives[1], ainsi qu'à propos de la vente d'une maison qui lui appartenait. Nous trouvons, en effet, dans le *factum* des fondations, à la date du 20 août 1523, cette note empruntée à un ancien registre des comptes de la maison : « Les boursiers
« ont acheté des héritiers de M° **Jean Morin**, cy-devant leur
« proviseur, une maison attenante alors le collège, située dans
« la rue de la Harpe, et qu'ils ont vendue le 21 may 1639 au
« collège des Trésoriers, la somme de treize mille livres, qu'ils
« ont employées en même temps à contribuer à la dépense
« qui fut faite alors pour bâtir trois maisons rue de la Harpe,
« vis-à-vis la place de la Sorbonne, lesquelles sont à présent
« louées aux sieurs **Léger** et **Joran** marchands, la somme de
« onze cent livres[2]. »

A cette époque il régnait dans l'Université et ses écoles une grande effervescence au sujet de l'abrogation définitive de la *Pragmatique Sanction* de **Charles VII** et de la conclusion du *Concordat* passé entre **Léon X** et **François I**er, afin de déterminer régulièrement les rapports de l'Église et de l'État. L'Université s'unit au Parlement pour s'opposer à l'enregistrement de ce Concordat, qui devait être cependant plus avantageux à l'Église de France que ne l'était la Pragmatique, espèce de Constitution civile du clergé de ce temps-là, puisque le Saint-Siège ne l'avait jamais reconnue.

Mais la corporation universitaire, dans cette substitution d'un contrat en bonne forme à un acte irrégulier, voyait disparaître avec peine ce qui restait des anciennes traditions sur l'élection des évêques par le peuple chrétien et certaines conquêtes qu'elle avait aidé à réaliser aux conciles de Constance et de Bale sur l'autorité pontificale ; elle redoutait aussi qu'il ne fût porté atteinte à ses privilèges, surtout en ce qui concernait la collation des bénéfices à ses gradués. De là sa résistance au Concordat de **Léon X**, qui se traduit d'abord par des manifestations religieuses. Le 18 janvier 1518, l'Université

---

1. Arch. nat., S. 6444, M. 134.
2. Bib. Sorb., U. 132, n° 1.

invité les *collèges* et monastères placés sous sa dépendance à prier pour le roi, la reine, le dauphin et la conservation des libertés de l'Église et du royaume de France. Elle préparait ainsi ses suppôts à la protestation publique qu'elle méditait. Le lendemain elle organise une procession solennelle, à laquelle prennent part *tous les écoliers* et toutes les Facultés, sous la présidence du Recteur, qui les conduit à Sainte-Catherine-de-la-Couture, où un sermon est prononcé sur la circonstance. Ce n'est pas tout : une députation du Recteur et de douze docteurs vient au Parlement pour protester contre le Concordat, s'opposer à son enregistrement et demander aux magistrats de « juger les procès, nonobstant sa publication, selon la Pragmatique ». Le doyen du chapitre et plusieurs chanoines de Notre-Dame se présentent à leur tour et parlent dans le même sens. Pour couper court à toutes ces résistances, **François I**[er] donne ordre au Parlement, le 22 janvier, de procéder sans délai à l'enregistrement du Concordat et envoie le sire de **La Trémoille**, son premier chambellan, pour y faire procéder officiellement en sa présence. L'Université, loin de se soumettre, jette feu et flammes, renouvelle ses processions, défend à ses libraires d'imprimer et de vendre le Concordat, veut en appeler au futur concile et s'adresse même à l'archevêque de Lyon, pour lui demander, en sa qualité de primat des Gaules, de convoquer un concile national. Mais le roi ne cède pas : il fait arrêter et emprisonner quelques-uns des conseillers et des officiers de l'Université qui se montraient plus récalcitrants, et, autant par sa fermeté que par l'habileté de son chancelier **Duprat**, finit par rétablir la paix et assurer au Concordat son entière exécution[1]. Malgré cette opposition, le Concordat ne fut pas mal accueilli par la jeunesse des écoles appelée, d'ailleurs, à bénéficier la première de l'heureuse réforme qu'il apportait à la collation des grades universitaires. Ainsi, au lieu de quatorze années d'études, réclamées autrefois pour les docteurs et les licenciés en théologie, l'acte pontifical

---

1. V., sur cette affaire. du Boulay, *Hist. Univ. Paris.*, t. VI, p. 30-100. — **Crévier**, *Hist. de l'Univ.*, t. V, p. 98-120.

n'en exigeait plus que dix ; au lieu de huit ou neuf ans pour les docteurs et les licenciés en droit et en médecine, il ne fallait plus que sept ans ; au lieu de six ans, cinq suffisaient pour les docteurs et les licenciés ès arts ; enfin six ans seulement pour les simples bacheliers en théologie, au lieu de huit ; et cinq ans, au lieu de six, pour les simples bacheliers en droit, c'est-à-dire pour le plus grand nombre des étudiants. Les grades inférieurs, baccalauréat et licence, étaient les seuls requis pour la plupart des fonctions ou des bénéfices, et beaucoup d'écoliers n'arrivaient pas à la maîtrise ou au doctorat, à cause de ces longues années d'épreuves qu'il fallait parcourir, et aussi des frais assez considérables qu'entraînait la recherche de ce grade supérieur[1]. Il n'était ambitionné que par ceux qui se destinaient à l'enseignement, qui voulaient être incorporés à une Faculté ou qui aspiraient à de hautes dignités dans l'Église.

L'Université ne garda pas rancune à **François I**[er] pour lui avoir imposé le Concordat : nous la voyons, en effet, en 1521, ordonner des prières dans *les collèges* et célébrer une procession générale, le 22 septembre, pour demander à Dieu sa protection sur les armes du roi, qui venait d'engager la lutte contre **Charles-Quint**[2]. Cette attention de la part de *sa Fille aînée* n'empêcha pas **François I**[er] de retirer, en 1522, au prévôt de Paris la charge de *conservateur des privilèges royaux de l'Université*, dont le Châtelet était en possession depuis **Philippe de Valois**[3] (1340). C'est qu'on était alors au plus fort de la guerre contre les Impériaux et à bout d'expédients pour remplir le trésor royal épuisé par les prodigalités du roi. Le chancelier **Duprat** recourut au système des emprunts et créa *la dette publique*, qui, depuis, n'a fait que s'accroître. Il

---

1. Pour donner une idée de ces frais exorbitants, disons, d'après **Ramus**, que le doctorat ès arts coûtait plus de 50 livres, celui de droit 150 livres seulement, celui de médecine près de 800 livres, celui de théologie 1000 livres, exigées pour les gants, bonnets, repas, tapis, etc. (**P. Ramus**, *Prooemium reformationis Academiæ Paris.*, p. 457).
2. **Crévier**, *Hist. de l'Univ.*, t. V, p. 145.
3. V. plus haut, chap. III, p. 96.

institua les rentes de l'Hôtel de Ville, imposa le clergé et inaugura la vénalité des charges. Afin d'en augmenter le nombre, la charge de *conservateur des privilèges royaux de l'Université* fut attribuée à un bailli et à douze conseillers, ce qui devait rapporter à l'État cent mille écus[1]. Naturellement ce changement déplut à l'Université et au prévôt, qui protestèrent, chacun de leur côté, et avec tant de persévérance qu'ils finirent par obtenir la suppression de la charge de bailli à la mort de son premier titulaire **Jean de la Barre (1540)**. Disons à ce sujet que le prévôt de Paris, après son installation, devait, en qualité de conservateur des privilèges de l'Université, venir prêter serment, devant toute la corporation assemblée aux Mathurins, de faire respecter ses droits, libertés, prérogatives et franchises. Parmi les engagements que l'on exigeait de lui, en cette circonstance, nous trouvons ceux-ci en faveur des *maistres et escholiers* de la ville de Paris :

« Vous jurerez que vous ferez jurer les citoyens et habitants de cette ville de Paris que, s'ils voient ou savent quelqu'un malfaire à aucun maître ou écolier de l'Université de Paris, ils lui porteront service et loyal témoignage.....
« *Item*, vous jurerez que vous ferez faire diligemment sur ce méfait loyale enquête, et de celui ou ceux qui vous apparaîtront dûment coupables, vous ferez bon et brief accomplissement de justice.....
« *Item*, vous jurerez que pour nul méfait vous ne mettrez ni ferez mettre la main sur aucun maître ou écolier pour le mener en prison, mais le rendrez à la justice de l'Église, à laquelle en appartient la garde. Et s'il advenait qu'en prenant ledit maître ou écolier, il eût été injurié ou blessé, vous, par votre dit serment, en ferez ou ferez faire amende et punition.
« *Item*, si ledit maître ou écolier était pris ou arrêté par vos officiers à telle heure que la justice de l'Église ne peut être trouvée, vous le mettrez ou ferez mettre en garde en aucune maison d'écolier honnêtement, sans lui faire injure ni vilenie, jusqu'à ce qu'il soit rendu à ladite Église.....
« *Item*, vous jurerez que les vrais serviteurs et officiers de l'Université n'arrêterez, ni emprisonnerez, sinon par la forme et manière qui est dit, et les traiterez comme les maîtres et écoliers dessus dits, non autrement[2]..... »

1. Crévier, *Hist. de l'Univ.*, t. V, p. 165.
2. *Recueil des Privilèges de l'Université*, p. 286.

C'est ainsi que l'Université veillait toujours sur ses écoliers et s'efforçait de maintenir en leur faveur le privilège du *Committimus*, qu'elle tenait de **Philippe-Auguste**. Nous voyons cependant qu'à la fin du xvi° siècle, les prévôts de Paris ne se montrent plus disposés à prêter le serment que nous venons de rappeler, et qu'il finit par tomber en désuétude.

A cette même date de 1522, les boursiers du collège d'Harcourt donnaient à **Jean Morin** pour successeur **Guillaume Duchesne**, qui exerce la charge de proviseur de 1522 à 1527. Son administration dure à peine cinq ans et n'a pas laissé de trace dans les annales de la maison. Nous ne trouvons d'autre détail que son nom inscrit sur la liste des proviseurs conservée aux Archives nationales[1], avec la mention qu'il était du diocèse de Coutances. Un biographe normand nous dit seulement à son sujet : « **Guillaume Duchesne**, de Saint-Sever, fut « nommé proviseur du collège d'Harcourt à Paris, en 1522 et « y mourut en 1527[2]. » Quel était ce Saint-Sever d'où il est dit originaire? Il y a plusieurs localités qui portent ce nom en Normandie, une, en particulier, dans le Calvados, environ à trois lieues de Vire, qui faisait partie autrefois du diocèse de Coutances, et qui possédait une célèbre abbaye de Bénédictins, dont les bâtiments considérables servent encore aujourd'hui d'église paroissiale, de mairie, de prétoire, d'écoles et de caserne de gendarmerie[3]. C'est sans nul doute, à l'ombre de cette abbaye que naquit **Guillaume Duchesne**, et que se forma chez lui le goût de l'étude, qui devait le conduire plus tard au collège d'Harcourt, pour en devenir le boursier, puis le proviseur.

A la date de 1522 et de 1523, nous trouvons aux Archives deux quittances attestant le payement de la taxe des droits sur les biens de mainmorte acquittés par Messieurs du collège d'Harcourt[4]. Ajoutons encore la mention de quatre bourses en faveur des écoliers normands, fondées en 1526 par

---

1. S. 6444.
2. **Morin-Lavallée**, *Essai de Bibliographie viroise*, Caen, 1879.
3. A. Joanne, *La Normandie*.
4. Arch. nat., S. 6443.

M⁶ Arthur Fillon, chanoine et curé de *Saint-Maclou* de Rouen, grand vicaire du cardinal d'**Amboise**, et ensuite évêque de Senlis [1].

Faute d'autre document, nous ne pouvons que mentionner quelques événements de l'époque qui se rattachent au provisorat de G. Duchesne. L'un des plus graves fut certainement le désastre de Pavie (1525). La nouvelle de la captivité de **François** I⁶ʳ causa une émotion indicible à Paris; on se crut un instant revenu aux tristes jours de Poitiers et de la prise du roi **Jean**. Aussitôt l'Université, s'associant à la douleur commune, s'empressa d'ordonner des prières publiques dans *tous les collèges* pour intéresser le Ciel au salut de la France et à la délivrance de son chef. Cependant, malgré les efforts de la régente et de ses ministres pour maintenir l'ordre dans la ville, les esprits turbulents cherchaient à profiter des embarras du gouvernement pour fomenter des séditions. Tout leur servait de prétexte. Or, les écoliers de l'Université avaient conservé la tradition des représentations burlesques à l'occasion de la *Fête des Rois* ou de l'Épiphanie. On les tolérait encore, à la condition de se renfermer dans l'enceinte des collèges, et de ne pas y mêler d'allusions blessantes pour le pouvoir ou pour leurs maîtres. Mais, dans les circonstances difficiles où l'on se trouvait, n'était-il pas à craindre qu'un mot un peu trop libre à l'adresse de la duchesse d'Angoulême, dont les mœurs étaient fort décriées, ou de son entourage, non moins impopulaire, ne provoquât quelque désordre, en arrivant des lèvres des écoliers aux oreilles d'une foule que le mécontentement disposait à la révolte? N'aurait-il pas été aussi d'une haute inconvenance de se livrer à des bouffonneries à l'intérieur des collèges, quand les divertissements publics étaient défendus à cause du deuil national? Le Parlement, qui veillait à la sécurité de Paris, le crut ainsi, et voilà pourquoi, à la fin de l'année 1525, il fit signifier au Recteur, au Chancelier de Notre-Dame et aux *principaux de tous les collèges*, « de ne laisser jouer par les

---

1. Pommeraye, *Hist. de la Cathédrale de Rouen*, liv. II, ch. xx.

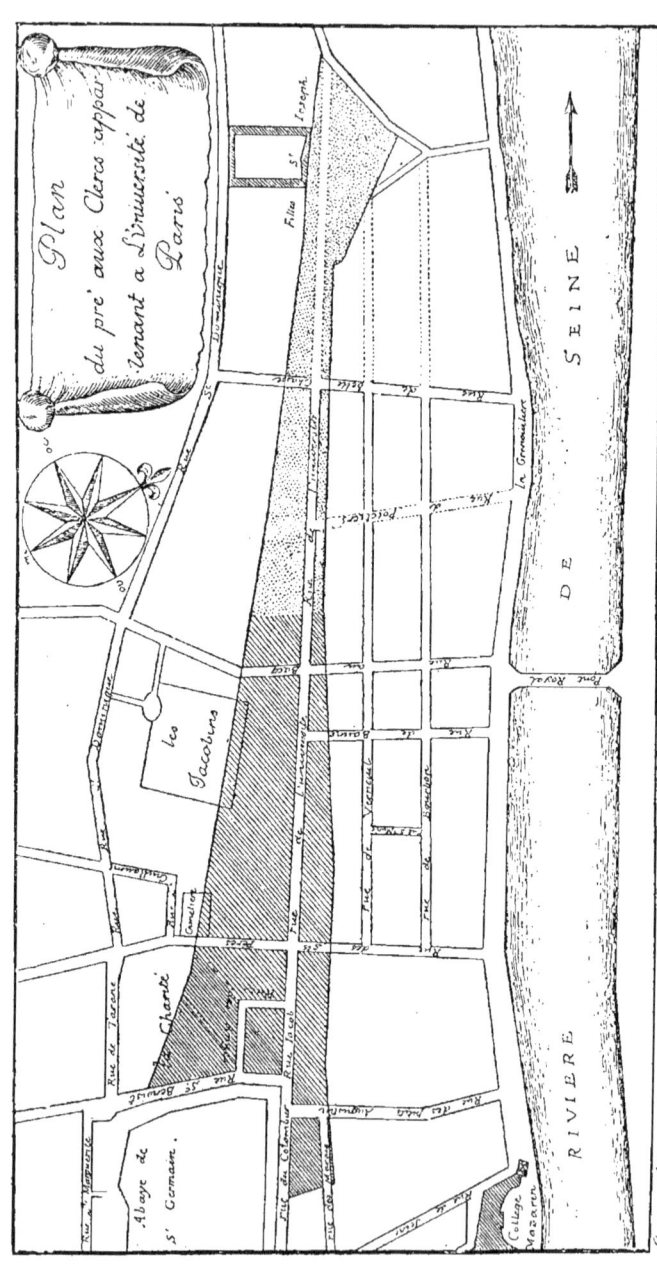

Plan du grand Pré-aux-Clercs, dressé en 1694.

écoliers, dit **Félibien**[1], *aucunes farces, momeries et sottises à la Feste des Roys prochaine*, afin d'éviter que la malignité n'abusast de la liberté de ces jeux pour semer quelques discours qui auraient de mauvaises suites ». Notons que le Recteur, alors en charge, s'appelait Jean Gibouyn et appartenait au collège d'Harcourt, *collegii Harcuriani*, dit du **Boulay**[2]. C'était le sixième Recteur qu'il donnait à l'Université depuis sa fondation. Voilà comment les *soties* furent défendues dans les collèges; mais on aimait trop alors les divertissements scéniques pour y renoncer entièrement. Nous verrons plus tard, et en particulier au collège d'Harcourt, que les écoliers s'y adonneront de nouveau. Les pièces perdront seulement leur caractère bouffon et grossier, pour prendre une forme régulière et classique, et les représentations auront lieu, non plus à la *Fête des Rois*, mais à la fin de l'année scolaire.

Notons enfin, en 1526, la visite solennelle de l'Université au *Pré-aux-Clercs*, qui subit cette année une heureuse modification. On appelait alors *Seigneurie du Pré-aux-Clercs* une longue bande de terrain située hors des murs de Paris, qui commençait aux environs du Pont-Neuf à la hauteur de la rue de Seine, longeait les murs de l'abbaye de Saint-Germain-des-Prés, suivait la rue du Colombier (*rue Jacob*) et embrassait, dans son étendue, à peu près tout l'espace compris aujourd'hui entre le boulevard Saint-Germain et la Seine jusqu'aux Invalides. La rue actuelle de l'Université traverse la plus grande partie de ce terrain, qui était divisé en *petit et grand Pré-aux-Clercs*, par un canal allant de la Seine aux fossés de l'abbaye de Saint-Germain-des-Prés dans la direction de la rue Bonaparte[3]. L'Université possédait ce domaine de temps

---

1. **D. Félibien**, *Hist. de la Ville de Paris*, t. II, p. 728 et 974. — V. aussi **du Boulay**, t. VI, p. 186, et **Crévier**, t. V, p. 191, dans leurs *Histoires de l'Université*.

2. *Hist. Univ. Paris.*, t. VI, p. 977.

3. **Ramus**, dans la *Harangue touchant ce qu'ont faict les députés de l'Université de Paris envers le roy*, 1557, décrit ainsi le Pré-aux-Clercs : « Il s'étend, dit-il, depuis l'isle Maquerelle (*ile des Cygnes*), tout le long du rivage de Seine, jusques aux jardins de

immémorial, et elle en abandonnait la jouissance à ses écoliers, qui venaient s'y ébattre, et s'y battre aussi, les jours de congé. « Les théologiens, dit **Ramus**, y venaient avecques
« leurs grandes robbes bas, avecques toute leur sévérité, s'y
« ébattre et jouer les uns avecques les autres et les gens
« d'estat de la ville et nos princes y prendre bien leurs ré-
« créations[1]. » Mais, comme à plusieurs reprises l'abbaye de
Saint-Germain-des-Prés lui en avait contesté la propriété, chaque année, le jour de Pâques, le Recteur, suivi des quatre Facultés et d'un nombreux cortège d'écoliers, venait solennellement visiter le *Pré-aux-Clercs*, pour attester et confirmer les droits de la corporation. Il en résultait souvent un certain tumulte causé par les extravagances de ce cortège d'étudiants, et le respect dû à la fête du jour en souffrait. Aussi fut-il décidé, au XVIe siècle, que l'on enverrait seulement, le dimanche de Pâques, le syndic et le greffier de l'Université, réservant la visite du Recteur pour le lendemain. Le lundi, en effet, **Jean Gibouyn**, qui était encore en charge, partit, en grand costume, du collège d'Harcourt, où il demeurait, avec le cortège accoutumé des procureurs des quatre Nations et des autres maîtres de l'Université, et se rendit d'abord à l'église *Notre-Dame-des-Champs*[2], hors les murs de Paris, puis, après y avoir fait ses dévotions, descendit au monastère de Saint-Germain-des-Prés, y entendit la messe dans l'église abbatiale, et se porta au *Pré-aux-Clercs*, pour y nommer, selon l'usage, le gardien de l'année. En 1526, ce fut **Jean de la Croix**, *intrant* de la Nation de Normandie, que l'on désigna. Cette cérémonie achevée, le Recteur fut reconduit au

---

« Nelle et murailles de la ville et porte des Cordeliers, boucherie et
« abbaye de Sainct-Germain, et de là qui se bornait à l'alignement
« droit, depuis la chapelle de Saint-Martin-des-Orges jusques à la
« dicte isle, et que ce pré était divisé par un grand chemin qui
« passait au travers : d'où vient qu'on appelait le *grand* et *petit*
« *pré*. »
1. *Ibid.*
2. Alors prieuré des Bénédictins, auxquels ont succédé les Carmélites, en 1604, et où elles sont encore, rue Denfert-Rochereau. V. **Lebeuf**, *Hist. du Dioc. de Paris*, t. II, p. 59 et 78, édit. **Cocheris**.

collège d'Harcourt, avec la même solennité qu'au départ[1]. Tout s'était passé en bon ordre; mais il n'en sera pas toujours ainsi : le *Pré-aux-Clercs* deviendra bientôt le théâtre d'événements moins pacifiques.

Benoist de La Noue, qui succéda à Guillaume Duchesne, n'administra que trois ans le collège d'Harcourt (1527-1530). Son nom figure cependant dans un certain nombre de documents. Ainsi il est question de lui dans le *factum* des fondations que nous avons mentionné si souvent. Il y est qualifié de « boursier, docteur en théologie, ensuite grand pénitencier de l'Église d'Évreux et proviseur du collège d'Harcourt[2] ». La liste des proviseurs conservée aux Archives nationales l'attribue au diocèse de Rouen, ce qui ne semble pas d'accord avec son titre de grand pénitencier d'Évreux. L'un cependant n'exclut pas l'autre, et, dans ce dernier cas, il aurait été attaché à l'Église d'Évreux sous l'épiscopat d'**Ambroise le Veneur**, le dernier prélat nommé par le chapitre de ce diocèse avant le concordat de **Léon X**[3]. Toutefois, comme nous trouvons une localité du nom de La Noue dans l'Eure, à 4 kilomètres d'Évreux, nous pensons que la liste des Archives est encore erronée sur ce point, et que notre proviseur était du diocèse d'Évreux, et non du diocèse de Rouen.

Le nom de **Benoist de La Noue** se rencontre encore dans un acte du 4 octobre 1529. Il s'agit d'un contrat de vente de deux arpents et demi de vignes, en plusieurs pièces, situés au territoire d'Arcueil, et cédés par **Eustache Laisne** et sa femme **Colette** à « Messieurs du collège d'Harcourt », moyennant 12 écus 10 sols de rente pendant la vie de **Laisne** et de sa femme ou de leur survivant[4]. Il paraît qu'à cette époque les vignobles des environs de Paris avaient meilleure réputation que ceux de Suresnes aujourd'hui. Les vignes d'Arcueil étaient même fort estimées, puisqu'elles fournis-

1. Du Boulay, *Hist. Univ. Paris.*, t. VI, p. 187. — Crévier, *Hist. de l'Univ.*, t. V, p. 193.
2. Bib. Sorb., U. 132, n° 1, p. 15.
3. *Gallia Christ.*, t. XI, p. 609.
4. Arch. nat., S. 6443.

saient, dit **Lebeuf**, un crû que l'on appelait *vin du roi*[1]. Il ne faut donc pas nous étonner que nos *Harcuriens* aient fait plusieurs acquisitions importantes de ce côté, comme nous l'avons déjà constaté au chapitre précédent.

Au commencement du xvie siècle un vent de dénigrement et de révolte soufflait contre l'Église. Certains humanistes, faisant le jeu des promoteurs de la réforme protestante, attaquaient les institutions les plus respectables du catholicisme, sous prétexte d'en dénoncer les abus. C'est ainsi que le prince de ces lettrés, **Érasme** de Rotterdam, jaloux des lauriers de **Luther**, ne se gênait pas dans ses livres pour tourner en dérision la vie monastique et la piété chrétienne. Parfois même il poussait le rire jusqu'à la licence, et la lecture de ses écrits devenait d'autant plus dangereuse que tout ce qui sortait de sa plume était l'objet d'une admiration enthousiaste. Les papes et les monarques correspondaient avec lui ; on se disputait ses moindres lettres, et on lui décernait partout les titres les plus glorieux. Aussi, quand parurent ses *Colloques*, un imprimeur avisé de ce temps-là, **Simon de Colines**, pressentant un beau bénéfice à réaliser, tira l'ouvrage à *vingt-quatre mille exemplaires*, d'un format portatif et élégant, comme le raconte Érasme, dans une de ses lettres : *ad viginti quatuor millia Colloquiorum in modum enchiridii, sed eleganter*. L'art de la réclame était déjà connu : l'éditeur répandit le bruit que la Sorbonne s'apprêtait à condamner les *Colloques;* il n'en fallut pas davantage pour que tout le monde voulût les acheter et les lire. On vit bientôt l'ouvrage d'**Érasme** entre toutes les mains, et les plus avides à le dévorer furent les écoliers des collèges, qui délaissaient leurs livres classiques pour s'en délecter, l'emportaient, le commentaient en classe et en récréation.

Comment n'auraient-ils pas été flattés par le soin que prenait un si grand esprit de s'adresser tout particulièrement à la jeunesse, lui traçant dans la langue de Cicéron des règles de savoir-vivre, lui rappelant les formules de politesse, lui

---

1. *Hist. du Dioc. de Paris*, t. X, p. 21.

donnant des conseils de bonne tenue, de civilité, lui parlant de ses amusements, de ses jeux, et aussi de la méthode dans le travail, et de ses devoirs envers les parents et les maîtres? Mais ce qui devait encore plus la réjouir, c'était le dialogue où il consolait les écoliers, en flagellant, de sa plume railleuse, le maître fouetteur de l'époque qui « *nec magis parcit nostris natibus, quam si corium esset bubulum* ». La comparaison entre l'urbanité des Français et la grossièreté des Allemands n'était pas non plus pour leur déplaire. On croirait faite d'hier la peinture de la malpropreté des hôtelleries allemandes, tant elle ressemble à celle qu'on y trouve encore aujourd'hui. Sous le titre de *Banquets (Convivia)* Érasme rapportait des propos de table sur la religion, l'histoire, la poésie, la tempérance. Il encourageait ses lecteurs à fuir le mensonge, l'hypocrisie, la paresse, la volupté et à s'adonner à l'amour des lettres. Malheureusement, il se permettait çà et là d'assez fortes licences; il n'était pas assez mesuré sur le compte de la vie religieuse et de certaines pratiques de dévotion. Il pouvait scandaliser les jeunes gens par ses dialogues sur les femmes, sur le mariage, par ses traits sarcastiques contre les moines mendiants, qu'il représentait injustement comme incarnant en eux tous les défauts et tous les vices.

Aussi l'engouement de la jeunesse des écoles pour les *Colloques* émut l'Université : la foi et les mœurs des écoliers étaient en péril; on remarquait même que beaucoup d'entre eux, sous l'influence de cette lecture attachante, négligeaient la prière et abandonnaient le culte des saints, *ad preces et sanctorum cultum tardi et segnes reddebantur*[1]. Il n'en fallut pas davantage pour exciter le zèle de la Faculté de théologie contre l'ouvrage et la pousser à en prononcer la condamnation. Toutefois nous remarquons certaines divergences de sentiment dans la délibération des Facultés du 25 juin 1528. Tandis que les trois Facultés supérieures votèrent la condamnation sans restriction, la Faculté des arts,

---

1. Du Boulay, *Hist. Univ. Paris.*, t. VI, p. 210.

formée des quatre Nations, proposa quelques correctifs. La Nation de France prononça la condamnation pure et simple; la Nation d'Allemagne demanda que les *Colloques* fussent seulement interdits aux écoliers, et les Nations de Normandie et de Picardie auraient voulu, sans doute pour ménager l'auteur, qu'on lui écrivît une lettre afin de lui signaler les écarts de sa plume et de l'inviter à les corriger[1]. C'est que François Ier protégeait les savants et Érasme en particulier. Aussi, tout en condamnant son livre, l'Université ne rendit pas la censure publique et ne lui infligea aucune note infamante, telle que celle d'hérésie, comme Érasme le reconnaît dans les lettres où il se plaint d'avoir été traité si sévèrement, *edictum tamen nullum facit haereseos mentionem*. Il avait tort de se plaindre, car **Louis Berquin**, le traducteur de ses *Colloques*, fut plus rudement traité, puisqu'on le condamna au bûcher. Plus tard, **Nicolas Mercier**, par d'heureux retranchements, enleva aux *Colloques* les licences qui les rendaient nuisibles à la jeunesse.

François Ier ne se contentait pas de protéger les savants de tous les pays, il aimait à s'en entourer et il rêvait depuis longtemps de créer pour eux, à Paris, un établissement libre où ils enseigneraient les langues anciennes. L'exécution de son projet, retardée par les événements politiques et surtout par sa captivité, fut enfin réalisée, en 1530, par la fondation du *Collège des trois Langues*, qui allait devenir le célèbre *Collège de France*. Nous n'avons pas à raconter comment cette institution eut de la peine à s'installer où elle est encore aujourd'hui, ni comment elle rencontra à ses débuts l'opposition de l'Université et surtout de la Faculté des Arts, qui obtint qu'on n'y professât pas la langue latine, de peur de voir les étudiants déserter ses collèges et ses écoles. Le grec et l'hébreu furent donc seuls enseignés tout d'abord, puis bientôt on y ajouta l'éloquence latine, les mathématiques, la philosophie, la médecine, en sorte qu'à la mort de son fondateur le

---

1. Du Boulay, *Hist. Univ. Paris.*, t. VI, p. 211.

Collège de France comptait douze professeurs ou *lecteurs royaux* (1545). Érasme avait été invité des premiers à en faire partie, et, s'il n'accepta pas les offres du roi, il lui envoya plusieurs de ses amis et de ses disciples. C'est là qu'enseignèrent **Danès, Galland, Latomus, Paradis, Postel, Vatable, Vidus Vidius**, et qu'enseigneront plus tard un grand nombre d'*Harcuriens*, comme nous aurons occasion de le rappeler[1]. Voilà pourquoi il importait de ne point passer sous silence cette grande fondation dans une histoire du collège d'Harcourt.

A cette même date, un nouveau proviseur arrivait dans cette maison, **Étienne Le Roux** (1550-1557). Il appartenait au diocèse de Coutances, d'après la liste des proviseurs conservée aux Archives nationales, celle des *obits* et d'autres documents de la même source, le qualifiant de docteur régent en la Faculté de théologie[2]. La collection des *factums* du collège nous renseigne sur la situation matérielle du proviseur, des boursiers et des classes au xvie siècle. Nous y voyons que le procureur ou économe rendait chaque semaine des comptes au proviseur et lui remettait de la main à la main une bourse double de celle qu'il donnait à chaque boursier théologien : *ex distributionibus theologorum quae fiunt manualiter et extra aulam provisor capit in duplo..... theologo cuilibet sexdecim asses, provisori vero in duplo triginta duos asses*, disent les comptes. Le Proviseur **Le Roux** est désigné nommément en 1556, dans un compte du procureur **Fere**, qui lui remet la somme de 7 livres 17 sols tournois qui lui étaient dus sur ses honoraires, comme l'indique une note marginale, *provisoris stipendium*[3].

Fidèle à la résidence, il habitait la *Salette d'Harcourt*, dont il a été question au chapitre précédent. Voici comment nos *factums* décrivent la disposition de ce logis, qui confirme ce

---

1. Goujet, *Mémoire sur le Collège royal*, t. Ier.
2. Arch. nat., S. 6443, liasse 17, et S. 6444.
3. Bib. Sorb., U. 132, no 3, p. 8 et 9.

que nous avons dit des deux maisons du collège d'Harcourt.
« On peut aisément comprendre que la *Salette d'Harcourt*
« touchait les classes des grammairiens et les écoles des
« théologiens, en se souvenant que le collège d'Harcourt
« était composé de deux maisons, dont l'une était appelée le
« *collège* ou le *côté des théologiens*, et l'autre le *collège* ou le
« *côté des grammairiens;* et que les classes de grammaire
« et des arts, au lieu qu'elles sont aujourd'hui (1666) dans le
« côté des théologiens, étaient dans celui des grammairiens,
« comme aussi la grande salle (*aula*), où les théologiens en-
« seignaient publiquement la théologie, et où ils faisaient
« leurs disputes, leurs actes et *paranymphes*[1], ce qui se voit
« par les comptes des siècles précédents. La rue de la Harpe,
« qui est entre ces deux côtés, n'empêchait pas que les théo-
« logiens ne passassent dans le côté des grammairiens pour
« aller en la grande salle, comme les grammairiens traver-
« saient la rue pour venir à la chapelle, située sur le côté des
« théologiens, commune à l'une et à l'autre maison. Cette
« *Salette* était tellement du dedans du collège des grammai-
« riens qu'elle était presque toujours mise en la recette des
« logements de l'enceinte du collège, et elle n'était que très
« rarement comprise sous le titre de *recepta locationum*
« *domorum extra collegium*, quand elle a été louée au
« profit du collège, depuis que les proviseurs aimèrent
« mieux habiter dans la grande maison des théologiens[2]. »
Nous verrons plus tard que l'on établira un passage voûté
au-dessous de la rue de la Harpe, pour communiquer entre
les deux maisons, sans avoir besoin de sortir du collège.

Nous apprenons aussi qu'Étienne Le Roux louait au
collège, près de cette *Salette d'Harcourt*, des chambres
pour y installer des pensionnaires à son profit. Les comptes
des années 1555 à 1557 rapportent qu'il payait pour ce

1. On appelait ainsi le discours solennel que l'on prononçait à la
fin de chaque licence, et dans lequel on faisait l'éloge des nouveaux
gradués. (Littré.)
2. Bib. Sorb., U. 132, n° 3, p. 21 et 22.

fait 40 livres au collège et signalent une dépense de 30 sols pour avoir blanchi les murs, et une autre de 8 sols pour avoir réparé la cheminée d'une chambre louée par le proviseur, à côté de son logis, au pensionnaire **Michel Le Roy**[1].

Sous le provisorat de Mᵉ **Le Roux**, nous assistons à l'installation complète du *plein exercice* au collège d'Harcourt, qui en fut alors doté avec huit autres collèges de Paris. Bien qu'il y ait déjà une sorte d'exercice dès le xvᵉ siècle, et peut-être même auparavant, puisque nous avons trouvé de bonne heure des leçons en grammaire et en philosophie faites par des régents dans l'intérieur de la maison, ce n'est vraiment qu'au milieu du xvɪᵉ siècle que la division des études par *classes*, avec le mot lui-même, y fait son apparition. Voici comment s'exprime un de nos *factums* à cet égard : « Depuis que le collège a été fondé jusqu'en 1554, il ne paraît point qu'il y ait eu d'*exercice* dans le collège d'Harcourt », c'est-à-dire d'exercice proprement dit avec la division par classes. C'est ce que nous lisons plus loin dans le même *factum*[2] : « On ne voit point que l'*exercice plein et entier* ait été dans le collège d'Harcourt avant l'année 1554. » Mais à cette époque il y est établi dans toute son étendue, « avec un grand nombre de « professeurs de classes et d'écoliers, qui composent une autre « communauté, un autre corps et une autre maison différente « des deux premières ». Le premier principal d'exercice dont on ait mémoire dans le collège, dit encore le même document, est **Jean Alain**, qui sera plus tard proviseur. C'est ainsi qu'en 1556 on constate au collège d'Harcourt l'existence d'un certain nombre de classes, allant jusqu'à la *septième* et même à la *huitième*. Nous l'apprenons par une querelle qui surgit entre le principal des grammairiens de ce collège et le régent de septième **Denys Gallet**. Quelle en était la cause? Du Boulay, qui nous rapporte le fait, ne nous le dit pas ; mais nous présumons, d'après ce qui suit, que le principal, sans doute **Jean**

---

1. Bib. Sorb., U. 132, n° 3, p. 22; n° 4, p. 25; n° 6, p. 278.
2. *Factum* de **Jacques de l'Œuvre**, à la Bib. nat.

Alain, avait fait des observations au régent sur son manque de procédés envers ses collègues et sa dureté envers ses élèves. D'autre part, le régent, mécontent, sans doute, de cette admonestation méritée, riposta en se plaignant des maigres honoraires qu'il recevait du principal, chargé de la communauté des pensionnaires, et s'emporta jusqu'à traiter publiquement celui-ci de *chien*, de *juif* et de *voleur*. En réalité, **Denys Gallet** était un *mauvais coucheur*. L'affaire fut portée devant le Recteur et les députés de la Faculté des arts. Au lieu de s'amender, le régent s'obstina dans sa conduite, au point qu'on dut l'exclure de l'enseignement et de la société des maîtres, en laissant cependant au principal toute latitude pour le rétablir dans ses fonctions s'il venait à résipiscence. **Gallet** en appela de la sentence au Parlement, qui se prononça en sa faveur et donna ordre au Recteur de le réintégrer dans sa classe. Le Recteur, **Nicolas Deu**, convoqua une assemblée de l'Université au collège de Justice, voisin de celui d'Harcourt, protesta contre cette procédure, rappelant que les différends entre les principaux et les régents devaient être portés au tribunal de l'Université, et, séance tenante, il fit rédiger et signer une supplique au Parlement, pour réclamer le respect des privilèges de la corporation qui prescrivaient que toutes les causes et querelles de ses suppôts fussent jugées par elle ou par ses délégués. En la transmettant aux magistrats, il la faisait suivre d'une lettre, par laquelle il les informait que, suivant leur décision, il s'était transporté en appareil rectoral, au collège d'Harcourt, pour rétablir **Denys Gallet** dans la classe dont il avait été dépossédé. Ce dernier, disait-il, lui avait fait la promesse de vivre désormais en meilleure intelligence avec son principal et ses collègues, et de traiter les élèves avec plus de bienveillance et de douceur. S'il vient à manquer à ses engagements, le Recteur déclare qu'il sera de nouveau révoqué, et cette fois sans rémission. Celui-ci ajoutait que **Robert Thiboust** (sans doute de la famille des libraires de l'Université de ce nom) ayant été nommé régent de septième à la place de **Denys Gallet**, afin de ne pas le priver de son office, on créait au collège d'Harcourt une classe de huitième en sa faveur[1]. **Nicolas Deu** nous apprend, à ce sujet, qu'il n'y avait pas d'innovation de sa part, attendu que d'autres collèges possédaient neuf classes. On ira même plus loin, et, en 1576, le collège de Navarre établira une *treizième*[2]. Nous pensons qu'il s'agit, dans ce dernier cas surtout, de plusieurs divisions des mêmes classes de grammaire, motivées par l'affluence considérable des pensionnaires qui fréquentaient alors le collège de Navarre. Le nombre des classes était, en effet, généralement fixé à six, au xvie siècle, indépendamment des cours de philosophie.

Ainsi il y avait, à l'époque où nous sommes, au collège d'Harcourt une huitième, une septième, une sixième, une cinquième, une quatrième, une troisième et une rhétorique. On ne connaît pas la seconde au xvie siècle. Nous verrons plus tard comment la réforme de **Henri IV** gradua l'enseignement dans chacune de ces classes. Tout ce que nous savons sur ce qui s'y faisait, en 1554, c'est que, de la huitième à la sixième on apprenait les rudiments de la grammaire latine, *rudimenta*; de la sixième à la troisième on s'occupait de la syntaxe, puis on commençait la grammaire grecque en quatrième; on passait aux humanités en voyant les éléments de la rhétorique en troisième, pour étudier, en rhétorique même, la versification et les grands écrivains classiques. La philosophie restait ce qu'elle était auparavant, divisée en logique, dialectique et physique.

Quant à la durée des classes, elle était de deux heures en moyenne et il y avait deux, quelquefois trois classes par jour[3]. Leur mobilier s'est modifié : des bancs et des tables sont mis à la disposition des élèves, comme le montre la reproduction du dessin d'une classe de l'époque placée au commencement de ce chapitre[4].

---

1. Du Boulay, *Hist. Univ. Paris.*, t. VI, p. 484. — Crévier, *Hist. de l'Univ.*, t. VI, p. 17.
2. Du Boulay, t. VI, p. 749, et Crévier, t. VI, p. 315.
3. Taranne, *Journal de l'Inst. publiq.*, 1845. — **H. Lantoine**, *Hist. de l'Enseignement secondaire.* p. 29.
4. Nous en devons la gracieuse communication à la maison **Didot**.

Quels sont les auteurs classiques suivis alors? Ce sont, en grande partie, ceux que nous trouverons imposés par la réforme de 1598, c'est-à-dire pour le grec : **Homère, Hésiode, Pindare, Platon, Démosthène**, et pour le latin : **Térence, Cicéron, Virgile, Ovide, César, Salluste, Horace** et **Juvénal.**

L'étude de la langue latine l'emporte sur celle de la langue grecque, car les élèves doivent parler latin partout et en toute circonstance, non seulement en classe, mais encore au réfectoire et jusqu'en récréation. On leur en faisait un vrai cas de conscience, regardant comme aussi coupable de parler français que de mentir, injurier, frapper, dire ou faire des choses déshonnêtes. C'était aussi une faute punie par le fouet comme un crime. On parlait donc latin, mais quel latin! **Mathurin Cordier**, dans son *Guide de Conversation latine*, jette les hauts cris en entendant les écoliers de son temps se servir de locutions vicieuses telles que celles-ci : *Noli crachare super me; semper lichat suos digitos; ludamus ad savatam, ad equum fundatum; comedi grossum boudinum; sanguinat de naso*[1]. Cet abus de la langue latine dans les collèges a fourni à **Rabelais** une de ses plus amusantes facéties. *Pantagruel* rencontre un écolier limousin aux portes de Paris, il le salue et engage avec lui ce dialogue : « Mon amy, dond viens-tu à ceste heure?
« L'escolier lui respondit : De l'alme, inclyte et célèbre Aca-
« démie que l'on vocite Lutèce. — Qu'est-ce à dire? dist Pan-
« tagruel à un de ses gens. — C'est, respondit-il, de Paris. —
« Tu viens donc de Paris, dit-il, et à quoy passez-vous le
« temps vous aultres messieurs estudians audict Paris? —
« Respondit l'escolier : Nous transfretons la Sequane au di-
« lucule et crepuscule; nous déambulons par les compites et
« quadrivies de l'urbe; nous despumons la verbocination
« latiale..... puis cauponizons es tabernes meritoires, et si, par
« forte fortune, y a rarité ou pénurie de pécune en nos mar-
« supies, nous dimittons nos codices et vestes oppignérées. »

---

1. *De corrupti sermonis emendatione et latine loqui ratione*, Paris, 1533, cap. I, XXIV, etc.

Pantagruel, exaspéré de ce jargon, fustige rudement l'écolier, en lui disant : « Tu escorches le latin par sainct Jean, je te feray escorcher le renard, car je t'escorcheray tout vif[1]. » Il paraît qu'entre écoliers il en était de même : les mauvais élèves se moquaient de ceux qui se conformaient trop scrupuleusement à la règle de parler latin, et, s'ils ne les écorchaient pas comme Pantagruel, ils les battaient méchamment, ainsi que le raconte **Mathurin Cordier** : *odio insectantur, saepe etiam verberant*[2].

Puisque nous parlons de fustigation, disons un mot des punitions corporelles en usage dans les collèges à cette époque. Dès le XIII⁰ siècle on voit les verges employées à la correction de la jeunesse. Il y avait alors, en Allemagne, une fête scolaire, nommée la *procession des verges,* qui se continua, dit **Rathery,** longtemps après la réformation[3]. Aux premiers jours de l'été, les enfants se dirigeaient solennellement vers un taillis désigné d'avance ; ils y coupaient des verges de bouleau et revenaient en chantant une sorte de complainte ainsi conçue :

> O père et mère voyez !
> Nous revenons dans nos foyers,
> Chargés de verges salutaires,
> Pour qu'en nos petites affaires,
> Le bouleau vous offre un moyen
> De nous encourager au bien.
> La loi divine le commande,
> Et vous aussi nos bons parents.
> Nous venons donc en pénitents
> Nous-mêmes vous porter l'offrande
> De ces utiles instruments.

Erasme, dans ses *Colloques*[4], met en scène un écolier qui se plaint à son camarade de craindre pour autre chose que sa tête, *non agitur de capite, sed de parte adversa,* quand il comparaît devant son maître plus cruel que l'*Orbilius* qui fouettait Horace. Cet euphémisme nous est expliqué par **Mathurin Cordier,** lorsqu'il rectifie le terme employé par les

---

1. Rabelais, liv. II, chap. VI.
2. *De corrupti sermonis emendatione,* p. 291.
3. Rathery, *Journal de l'Inst. publiq.,* 1855.
4. Erasmi Op. 1703, *Colloquia familiaria,* p. 654.

écoliers pour dire qu'on a reçu le fouet : *habuit ad dorsum*. *Dorsum*, observe-t-il sentencieusement, *omnino aliud est quam tergum; verum ubi agitur de pœna, tergum dici solet*. Le Brugeois **Pierre du Pont**, *Petrus de Ponte*, qui enseigna les belles-lettres à Paris, sous **François I**^{er}, dans une pièce *de conquesta natium*, fait entendre les récriminations de ces *nates* qui payent pour toutes les fautes commises par les autres parties du corps :

> Quidquid delirant alii crudeliter artus
> Plectimur. . . . . . .

L'oreille a-t-elle cessé d'être attentive à la leçon du maître, la langue a-t-elle troublé le silence de la classe, aussitôt c'est le pauvre innocent qui paie.

> Itur ad innocuum multo cum verbere culum.

L'exécuteur de ces basses œuvres dans les collèges, le portier, pour l'appeler par son nom, jouissait comme nous l'avons déjà remarqué, d'une haute considération; par un raffinement de cruauté, dit **Rathery**, à qui nous empruntons ces détails, il fallait le payer pour en recevoir, à son corps défendant, ce pénible service. Il opérait solennellement dans la grande salle, en présence de tous les élèves convoqués au son de la cloche : de là cette phrase consacrée par les écoliers pour désigner la correction, *habuit aulam*, il a été fouetté en salle. Quelquefois le maître de la maison opérait lui-même, comme le fameux **Pierre Tempeste**, principal du collège de Montaigu, où, selon le dicton de l'époque, tout était aigu, le nom, l'esprit de la maison et les dents des élèves, qui y mouraient de faim :

> Mons acutus, ingenium acutum, dentes acuti.

C'est ce **Pierre Tempeste** signalé par **Rabelais** comme « un grand fouetteur d'escoliers » qui fut chansonné par ses victimes dans une satire commençant par ces vers :

> Horrida Tempestas montem turbavit acutum[1].

---

1. Rabelais, liv. IV, ch. XXI.

Malgré ces protestations et ces railleries, le système des punitions corporelles restera en vigueur jusqu'à la fin de l'ancien régime avec plus ou moins d'adoucissement.

Nous venons de rappeler qu'à Montaigu, dans ce « collège de pouillerye », comme l'appelle **Rabelais**, on n'y mangeait pas son content. Le réformateur de ce collège, **Jean Standonc** (1501), n'accordait à chacun des jeunes élèves qu'un potage aux légumes, un œuf souvent gâté ou la moitié d'un hareng, quelques pommes cuites ou pruneaux, le tout arrosé de mauvaise eau de puits. Les plus âgés avaient un hareng entier ou deux œufs, un morceau de fromage ou quelques fruits suivant la saison, avec un vin largement additionné d'eau. On ne connaissait pas à Montaigu la viande, on y faisait abstinence toute l'année, et on y jeûnait plus strictement que dans bien des couvents. Aussi **Erasme**, qui en fut élève, n'a pu s'empêcher, dans ses *Colloques*, de flétrir ce régime débilitant, qui, dit-il, tuait les uns, rendait les autres fous ou aveugles, engendrait la lèpre ou compromettait pour toujours la santé de ceux qui pouvaient y résister[1]. Il en parlait en connaissance de cause, puisqu'il en souffrit toute sa vie. Les autres collèges n'étaient pas aussi parcimonieux ; mais on ne s'y préoccupait guère de la nourriture. Comme le dit **Vivès**, dans ses dialogues, « on y trouve du pain à discrétion de « quoi se nourrir suffisamment ; mais si l'on veut des mets « plus abondants et plus délicats, il faut les chercher ailleurs « que dans les collèges[2] ». Ainsi en était-il à Harcourt, où le pain, le vin, la viande et le poisson, c'est-à-dire une nourriture saine et substantielle y était servie aux boursiers, de manière à satisfaire leur appétit, ainsi que nous le constatons d'après les statuts et *factums* de la maison. On descendait au réfectoire à onze heures du matin et à six heures du soir, pour la distribution des portions, et les retardataires risquaient de n'avoir que du pain s'ils n'arrivaient pas à temps. Chacun

---

1. *Colloquia familiaria*. Ἰχθυοφαγία.
2. *Refectio scholasticorum*, cité par **Rathery**, *Journal de l'Inst. publ.*, 1855.

se rangeait dans l'ordre où il arrivait ; le clerc de semaine récitait la prière, et on prenait sa réfection en silence. Le service des portions était fait par le dépensier, aidé de quelques boursiers et des domestiques. Pendant le repas, un boursier lisait à haute voix un passage de la Bible, au commencement et à la fin, et le reste du temps un livre de piété ou d'édification. On se retirait après avoir récité les *grâces*.

Mais il y avait une nourriture plus recherchée que celle du corps : l'étude remplissait la plus grande partie de la journée des écoliers. De grand matin ils se mettaient au travail, et il faut entendre le président **de Mesmes** raconter comment un bon élève employait son temps, en 1545. « Nous étions, dit-
« il dans ses Mémoires, debout à quatre heures, et, ayant prié
« Dieu, allions à cinq heures aux études, nos gros livres sous
« le bras, nos écritoires et nos chandeliers à la main. Nous
« oyons toutes les lectures jusqu'à dix heures sonnées sans
« interruption ; puis venions dîner après avoir en hâte con-
« féré de demi-heure ce qu'avions écrit des lectures. Après
« dîner nous lisions, par forme de jeu, Sophoclès ou Aristo-
« phanès, ou Euripidès, et quelquefois Démosthènes, Cicero,
« Virgilius, Horatius. A une heure aux études ; à cinq heures
« au logis, à répéter et voir dans nos livres les lieux allégués
« jusques après six. Puis nous soupions et lisions en grec ou
« en latin. » Voilà comment se formaient ces écoliers du xvie siècle qui sont devenus, en si grand nombre, des prélats, des théologiens, des jurisconsultes, des historiens, des érudits, des écrivains remarquables.

Cet austère régime n'empêchait pas les écoliers d'affluer dans les collèges ; car « partout, à cette époque, les réfectoires,
« les cellules, les dortoirs étaient pleins à crever. Dans les
« dortoirs particulièrement, le trop plein des élèves réduisait
« les directeurs de ces maisons à un expédient singulier : on
« suspendait au plafond des couchettes, afin qu'il n'y eût
« rien de perdu dans l'espace d'une chambre..... L'encom-
« brement était partout, dans les classes, dans les rues ;
« les carrefours ne suffisaient plus à contenir cette mul-

« titude d'écoliers qui allait jusqu'au nombre de vingt
« mille[1] ».

Toute cette jeunesse savait aussi tempérer l'étude par le jeu. Nous voyons les écoliers de ce temps se livrer avec ardeur aux amusements de leur âge. Sous ce rapport, on peut les proposer encore comme modèles aux collégiens de nos jours; ils n'avaient pas besoin de recourir à l'entraînement du *sport* ou d'emprunter à nos voisins d'Outre-Manche des jeux et des termes exotiques. L'auteur du xvi° siècle que nous citions tout à l'heure, **Mathurin Cordier**, a consacré un de ses plus longs chapitres à exprimer en latin correct tous les jeux en usage dans les collèges. Nous les énumérons, sans avoir la prétention de les expliquer tous : la paulme, la balle, la boule, la mouche, les barres, le cheval fondu, la savate, le pot cassé, le palet, la morisque, le saut, la course, la joute, les claquettes, les quilles, la crosse, les clefs, les jetons, la vessie ou le ballon, les osselets, les tablettes, les échecs, les dames, pair ou non, la fossette, les noix, la trompe, la toupie, le sabot, etc.[2].

La situation matérielle des maîtres ou régents n'était pas beaucoup plus brillante que celle des élèves. Il n'existait point de fondations ni de revenus dans les collèges de l'Université pour l'entretien des régents. Au temps des écoles de la rue du Fouarre, les régents répétiteurs dans les collèges, comme nous l'avons vu à propos de **Pierre le Secourable**, étaient payés par les pensionnaires, mais sans qu'il y eût aucune taxe déterminée. Plus tard, quand s'établit *le plein exercice*, les écoliers qui fréquentent les classes doivent payer un demi-écu par mois à leur professeur, dans les hautes classes s'ils sont internes, et un tiers d'écu dans les classes au-dessous de la

---

1. « Juvenum numerum non minus quam viginti millia in hac urbe dicunt fuisse, cum omnia collegiorum cœnacula, omnes cellulæ ita erant refertæ, ut præ locorum angustiis de lacunari cubilia funibus demitterentur. Ita omni auditoria studiosorum concursu celebrabantur, ut undique circumfluentem multitudinem collegiorum angustiæ capere non possent. » *De praesenti Paris. Academiae rerum statu*, 1588, cité par M. **Ch. Gidel**, *Revue de l'Enseignement secondaire*, 1886, p. 259.
2. *De corrupti sermonis emendatione*, cap. XXXVIII.

troisième. Les externes ne sont tenus qu'à un quart d'écu, et les pauvres à rien du tout. Mais cette règle ne fut pas longtemps en vigueur, car à la fin du xvie siècle, chacun finissait par donner ce qu'il voulait au régent. D'autre part, les principaux de collèges, devaient, en outre de cette rétribution mensuelle, payer aux régents un honnête salaire prélevé sur ce qu'ils recevaient eux-mêmes des pensionnaires pour la location des chambres et leur nourriture. Mais il arrivait que les principaux spéculaient sur les régents. Comme le choix de ces régents dépendait des principaux, il y avait des régents qui leur offraient de l'argent ou acceptaient les plus maigres salaires pour être placés dans leurs collèges[1].

C'est que le *plein exercice* avec tout cet ensemble de classes, de professeurs, de pensionnaires, ne s'est pas établi sans obérer un peu les finances des collèges, réduire les bourses ou en changer la destination. De là encore les modestes honoraires accordés aux régents, dont les reproches de lésinerie adressés au principal **Jean Alain** par le régent **Denys Gallet** nous offrent un premier témoignage. Nous en trouvons un autre dans le livre de **du Breul**, où il nous dit au sujet du collège d'Harcourt :

« Comme les charges sont très grandes et le revenu assigné
« pour les entretenir, faire et accomplir, fort petit, on est sou-
« vent contraint de modifier sur la rigueur dudit statut,
« mesme de divertir presque tout le revenu dudit collège,
« qui est affecté à l'entretien de certain nombre de pauvres
« estudians, qui doivent, pour la pluspart, estre prins des sus-
« dits quatre diocèses aux frais de l'exercice des classes
« d'humanité et philosophie. Lequel a toujours flory depuis
« que telle manière d'enseigner (incogneuë aux premiers fon-
« dateurs des plus anciens collèges de Paris) a esté introduite
« et restreinte en plusieurs collèges de l'Université. Et ainsi
« n'estant le collège de Harcour fondé pour y avoir exercice
« de classes, non plus que tous les autres fondez avant les
« cent cinquante ans derniers, ce que l'on employe pour

---

1. V. Taranne, *Journal de l'Inst. publiq.*, 1845.

« gager un principal et des régents, ensemble plusieurs autres
« personnes qu'il est requis d'avoir en conséquence de l'exer-
« cice des classes, se prend sur le bien et revenu le plus clair
« dudit collège, avec le retranchement et diminution du peu
« que les fondateurs avoient aumosné, pour ayder lesdits
« pauvres estudians qu'ils entendoient devoir estre reçus à
« perpétuité dans ledit collège. Et pouvons dire avec vérité
« que les fondations susdites pour estre très onéreuses et
« l'exécution des statuts de tous les collèges anciens, et spé-
« cialement dudict collège de Harcour, impossible en ce
« temps, il seroit besoin de les refaire presque tout de neuf,
« pour les conformer à l'usage du siècle présent et à la forme
« et manière d'estudier, vivre et converser, que ces derniers
« siècles nous ont fait recognoître plus commode pour l'in-
« struction de la jeunesse en tous arts et sciences, et de laquelle
« nos bisayeuls n'ayant fait l'espreuve, aussi dressèrent-ils
« leurs statuts selon et suivant l'establissement qui se gardoit
« lors communément en l'Université[1]. »

Je crois que du Breul exagère un peu les embarras de la situation, en tout cas nous trouvons à cette époque un certain nombre de fondations importantes qui pouvaient aider à les conjurer. C'est d'abord, à la date de 1535, une fondation du boursier **Jean de la Fosse**, qui figure aussi sur la liste des *Obits*. Il demeura onze ans au collège d'Harcourt, avec **Jean Alain, Raoul le Danois, Thomas Groult, Jacques Muldrac, Olivier de Quittebœuf, Jean Tanquerel**, ses contemporains (1546-1557), que nous retrouvons dans le cours de cette histoire[2]. Ils sont tous les sept qualifiés docteurs en théologie, et, en dépit des Statuts qui le défendent, ils continuent à demeurer au collège à titre de boursiers. **Jacques Muldrac** jouit même d'un canonicat à Senlis, et on le dit propriétaire d'une maison rue Saint-Victor à Paris. Aussi le docteur **Jean Talpin**, ancien boursier d'Harcourt, signale, en 1567, le désordre de ce cumul illicite, qui fut in-

1. Du Breul, *Antiq. de Paris*, p. 637.
2. Bib. Sorb., U. 10, p. 23, 28.

terdit par le Parlement en 1575 et 1577, ainsi que par l'*Ordonnance de Blois*, dont nous parlerons bientôt.

C'est ensuite le 1ᵉʳ juillet 1535, la mention suivante : « Les
« boursiers ont acquis de noble homme **Geoffroy de Hébert**,
« seigneur de Bréau, le fief, terre et seigneurie d'Imberville,
« pour la somme de cinq mille livres ; de laquelle somme ils
« en ont payé comptant quatre mille livres, que Messire **Jean**
« **Boucard**, auparavant boursier du collège, ensuite évêque
« d'Avranches, leur avait donnés.......... Et les mille livres
« restantes des cinq mille livres, prix total de l'acquisition,
« ont été données par le vendeur aux boursiers pour fonder
« à perpétuité un *Obit* solennel selon l'usage et coutumes du
« collège. Et par ce contrat le même **Geoffroy de Hébert**
« a fondé encore une bourse Artienne, dont la nomination
« appartient à ses héritiers[1]. » Le *factum* auquel nous empruntons ce détail nous apprend que ce fief fut aliéné plus tard pour agrandir les bâtiments du collège, et que, pour honorer la mémoire du donateur, on sculpta ses armes sur la façade de la maison près de la grande porte d'entrée, sans doute à côté des armes de l'évêque de Coutances **Godefroy Herbert**, dont nous avons parlé au chapitre précédent.

A la même époque, autre fondation de **Jean Petit**, boursier d'Harcourt, qualifié évêque du Cap-Vert sur la liste des *Obits* et des fondations. Nous avons, en effet, constaté dans le grand catalogue des évêques de Gams, un évêque de ce nom, **Johannes Parvus**, à la date de 1546[2].

En 1550, à la date du 7 octobre, nous relevons dans le *factum* des fondations que « par contrat passé par-devant
« **Paul Cocaigne** et **Gilbout Havart**, tabellions en la ville
« de Coutances, noble homme Messire **Jean Michel**, doc-
« teur en théologie de la faculté de Paris, chanoine de l'Église
« de Coutances, curé de Muneville-le-Bingard (Manche), a
« donné aux boursiers la somme de deux mille livres pour

---

1. Bib. Sorb., U. 132, n° 1, p. 4.
2. V. aux *Documents annexes* la liste des obits et des bienfaiteurs.

« fonder un *Obit*, une bourse théologienne et deux bourses
« Artienne et grammairienne, à la nomination des descen-
« dants mâles de la famille; et ce contrat a été fait en vertu
« d'une procuration du proviseur et des boursiers du 8 sep-
« tembre 1550, devant **Raimond d'Orléans** et **Guillaume**
« **Disnée**, notaires au Châtelet de Paris, et ratifié le 17 d'oc-
« tobre de cette même année 1550, laquelle somme de deux
« mille livres a été employée en conséquence des clauses de
« l'acte de fondation, à la construction d'une maison dans le
« manoir de la *Cour de la Bavière*, et cette maison, appelée
« depuis ce temps la *maison de la Coquille*, à cause de
« l'écusson armorial du fondateur, chargé de quatre coquilles,
« et placé sur la face du bâtiment, est louée maintenant
« (1628) trois cents livres[1]. » Conformément aux intentions
du bienfaiteur, la liste des *Obits* mentionne le nom de **Jean
Michel** inscrit au 27 août, et ajoutons qu'il était le troisième
fils de **Pierre Michel**, seigneur de Vesly et de Belouse, et
de **Marie de la Mare**, qu'il contribua à la fondation du collège de Coutances et mourut dans sa stalle de chanoine, en
1572[2].

En 1553, c'est encore une fondation due à la générosité du
proviseur **Le Roux** qui donne au collège des vignes à Choisy[3],
et qui, pour ce fait, se trouve mentionné sur la liste des
Obits.

Sous l'administration de ce proviseur, nous constatons, en
1552, la prospérité du collège, d'après un bail à ferme des
fiefs de la Haye et la Hédouinière consenti pour six ans par
les Messieurs d'Harcourt moyennant 170 livres par an. Nous
y relevons, en effet, de nombreuses signatures, qui, sans
compter celle du chef de la maison, nous offrent les noms de
vingt-neuf dignitaires ou boursiers[4].

1. Nous avons déjà parlé de cette *Cour de Bavière* au chapitre précédent, p. 153.
2. *Mémoires de la Société académiq. du Cotentin*, t. IV, p. 248
et suiv.
3. Arch. nat., S. 6444.
4. Arch. nat., S. 6443, liasse 17.

Étienne le Roux, *docteur régent en la Faculté de Théologie, proviseur du collège* d'Harcourt.
Étienne Chevallier, *procureur (des théologiens).*
Jean de la Fosse, *docteur en théologie, prieur.*
Jean Alain, *docteur, principal.*
Nicolas Duquesnoy, *procureur (des Artiens).*

Les bacheliers :

Jacques Muldrac.
Jacques Avril.
Jean Michel.
Pierre Michel.
Guillaume Michel.
Jean Falaise.
Julien Ravallet.

Jean de Bische.
Claude Lecoq.
Jean de Lacourt.
Hector Riveran.
Claude Hubert.
Olivier de Quittebeuf.

Les Artiens :

Joachim Langlois.
Jean Lebrun.
Philippe Dias.
Loys Guilbert.
Pierre Heuze.
Ambroise Maillard.

Pierre Noel.
Simon Maurice.
Jhérosme Gérard.
Antoine Delisle.
Jean de Quittebeuf.
Richard Hervieux.

A cette époque, une certaine émotion se manifestait parmi les écoliers de l'Université, causée par les commencements du protestantisme et les tumultes du Pré-aux-Clercs. **Calvin** venait de publier à Bale son *Institution chrétienne* (1535), qui ne faisait guère que reproduire, en les aggravant, les erreurs de **Luther**, mais qui les accréditait en France, grâce à la remarquable latinité de l'auteur et à l'étendue de ses connaissances. Il avait été élevé à Montaigu, presque en même temps qu'**Érasme et Rabelais**, ces deux impitoyables railleurs des travers et des abus de leur siècle. Ainsi, la jeunesse des écoles, déjà troublée dans ses pratiques religieuses par les *Colloques* du chanoine de Rotterdam, était encore menacée dans sa foi par les *Institutions* du novateur de Noyon. Plusieurs propositions suspectes avaient été soutenues dans les chaires de Paris. Il était temps d'arrêter le mal. C'est pourquoi, en 1543, la faculté de théologie, non contente de condamner le livre de **Calvin**, oblige ses gradués à signer une exposition de la foi orthodoxe en vingt-neuf articles et l'impose dans les collèges aux étudiants en arts qui veulent suivre des cours théologiques[1].

Mais ce qui se passa au Pré-aux-Clercs, de 1548 à 1557, mit bien davantage en émoi l'Université. Nous avons dit plus haut que les écoliers des collèges venaient en cet endroit prendre leurs ébats à certains jours de la semaine, et que l'abbaye de Saint-Germain-des-Prés avait parfois élevé des prétentions sur ce domaine ; de là l'usage de la visite du Recteur au Pré-aux-Clercs pour affirmer les droits de l'Université. Or, en 1548, les écoliers jouaient en cet endroit, lorsque le prévôt et le lieutenant criminel, avec leurs sergents et leurs archers, les enveloppèrent, s'emparèrent de leurs vêtements et blessèrent grièvement l'un d'eux, le tout sous prétexte que, la veille, des charretiers de l'abbaye avaient été maltraités au même lieu. Le lendemain, 4 juillet, les écoliers, « animez,
« dit du **Breul**, par le séditieux conseil de **Ramus** ou
« **Pierre la Ramée**, principal du collège de Presles[2],
« posent des placards aux carrefours, rues et portes des plus
« fameux collèges de l'Université, admonestants tous les esco-
« liers de se trouver en bon équipage et avec armes de défence
« à leur Pré, sur les deux heures après midy, comme ils
« firent : leur premier assault fut contre le clos des moines,
« où ils firent plusieurs brèches, rompirent les arbres frui-
« tiers et les treilles qui estoient aux environs et arrachèrent
« les ceps de vigne. Ils en firent autant au jardin de maistre
« **Charles Thomas**, conseiller au grand conseil, et à d'au-
« tres. Au soir ils se retirèrent en forme de bataille, portans
« en leurs mains des ceps de vignes ou partie des arbres

---

1. Du Boulay, *Hist. Univ. Paris.*, t. VI, p. 384. — Crévier, *Hist. de l'Univ.*, t. VI, p. 385.
2. Ce collège, connu aussi sous le nom de collège de Soissons, avait été fondé par **Raoul de Presles**, clerc du roi **Philippe le Bel**, en 1314. Il était situé dans la rue des Carmes, et, il se réunit au collège de Beauvais, en 1597, puis s'en sépara en 1699, quand Rollin devint principal du collège de Beauvais. V. la belle étude consacrée à ces collèges par le P. **Chapotin**, *Le Collège Dormans-Beauvais*.

« rompus, pour trophées de la victoire, et les bruslèrent
« devant Sainte-Geneviesve-du-Mont, *tanquam gratum Deo*
« *sacrificium offerentes*. J'en parle comme d'une personne
« qui y estait, *turbam ad malum sequutus*. » **Du Breul** était
alors écolier de l'Université, et, il participa au pillage de
l'abbaye où il entrera plus tard comme religieux. Quant au
rôle de **Ramus** dans cette affaire, il est contesté par un historien de son parti [1] ; mais s'il ne fit pas un discours pour
provoquer l'émeute, il n'y fut point étranger par ses invectives continuelles contre les moines et la scolastique.

L'affaire n'en resta pas là : les moines de SAINT-GERMAIN
portèrent plainte au Parlement, tandis que l'Université, pour
prévenir l'opinion en sa faveur, entretenait des rassemblements au PRÉ-AUX-CLERCS, dans lesquels des professeurs, entre
autres **Pierre Galland**, principal du collège de BONCOURT [2],
haranguaient la jeunesse. La cause fut plaidée le 9 juillet.
Ryant, l'avocat de l'Université, ne manqua pas de rappeler
que le PRÉ-AUX-CLERCS était une donation de CHARLEMAGNE à
la *Fille aînée des rois*. Celle-ci obtient gain de cause, et la
Cour décide que le grand et le petit PRÉ-AUX-CLERCS resteraient en la possession de l'Université, l'autorisant à faire
démolir ce qui avait été bâti sur cet emplacement, « de façon
« que la spatiation que les escholiers doivent y avoir soit rétablie, et fait défense aux sergents du Chastelet et aux gens
« du prévost de les empescher d'y prendre leurs esbats [3] ».

Les écoliers prirent si bien leurs ébats qu'ils dépassèrent
toute mesure en 1557. Comme le racontent les historiens de
Paris et de l'Université, de nouvelles attaques de leur part
contre les maisons bâties sur le PRÉ-AUX-CLERCS, furent repoussées à coups de fusil. Il y eut plusieurs victimes. Il n'en

---

1. Ch. **Waddington**, *Ramus, sa vie, ses écrits et ses opinions*, p. 69.
2. Le collège de BONCOURT, fondé en 1353 par le chevalier **Pierre Becond**, était des plus florissants au XVIe siècle. (V. **Crévier**.) Il fut réuni en 1638 au collège de NAVARRE, dont il était voisin, rue de la Montagne-Sainte-Geneviève. V. notre plan de l'*Université de Paris*.
3. V. **Rathery**, *Journal de l'Inst. publiq.*, 1856.

fallut pas davantage pour provoquer une émeute formidable de l'Université. Elle dura plusieurs jours, pendant lesquels les *Artiens* s'assemblaient en armes, attaquant les maisons voisines du Pré-aux-Clercs, les détruisant par le fer et la flamme, maltraitant le lieutenant criminel et ses archers, quoiqu'on eût jeté en prison l'auteur présumé du meurtre. Le procureur général et le Parlement prirent alors des mesures rigoureuses, saisirent un grand nombre d'écoliers, firent pendre au milieu du Pré-aux-Clercs l'un des plus séditieux et informèrent le roi, alors absent de Paris, de ce qui se passait. Comme les désordres continuaient, il fut prescrit de fermer les portes des collèges à six heures du soir, de murer ou de griller toutes les fenêtres des chambres basses qui donnaient sur la rue, enfin d'enlever toutes les armes offensives qu'on trouverait dans les chambres des étudiants. Par ordre du roi, le Pré-aux-Clercs fut confisqué, les leçons publiques furent suspendues, les étudiants étrangers expulsés, et les élèves externes des collèges chassés de l'Université. La consternation était générale parmi les écoliers, d'autant plus que le lieutenant civil, prétendant qu'on lui avait jeté des pierres en passant rue de la Harpe en face des collèges de Bayeux et de Narbonne, voisins du collège d'Harcourt, avait forcé les portes de ces collèges et enlevé treize prisonniers pour les conduire au Châtelet. Il fallut qu'une députation de l'Université, parmi laquelle nous voyons figurer **Turnèbe** et **Ramus**, professeurs royaux, vint à la Fère-en-Tardenois plaider la cause des coupables devant **Henri II**. Le roi s'apaisa, fit révoquer les mesures de rigueur qui avaient été prises et surseoir à l'exécution des écoliers condamnés à mort par le Parlement. Mais cet épisode termine ce qu'on pourrait appeler l'*âge d'or* du Pré-aux-Clercs[1]. A partir de ce moment, les écoliers cessent d'avoir leurs coudées franches sur ce

---

1. **Du Breul**, *Antiquitez de Paris*, p. 386. — **Félibien**, *Hist. de Paris*, t. II, p. 1025. — **Du Boulay**, *Hist. Univ. Paris.*, t. VI, p. 490. — **Crévier**, *Hist. de l'Univ.*, t. VI, p. 30. — **Waddington**, *Ramus*, p. 114. — **Rathery**, *Journal de l'Inst. publiq.*, 1856. — V. P. C. **Fournel**, *Le Vieux Paris : fêtes, jeux et spectacles*.

terrain, et l'Université songe sérieusement à l'aliéner pour accroître ses revenus, comme nous l'avons dit en parlant de la Nation de Normandie[1]. En 1558, il va servir de lieu de réunion aux calvinistes, qui viendront y chanter les psaumes composés par **Marot**. Au xviiie siècle, il aura disparu pour faire place aux nouveaux quartiers qui donneront une plus grande extension à la ville de Paris, délivrée de l'étroite enceinte qui l'enserrait de ce côté.

L'émeute de 1557 ne nuisit pas seulement aux divertissements du Pré-aux-Clercs, elle fit également tort aux manifestations bruyantes du *Lendit*, une des plus grandes solennités universitaires d'autrefois. Son institution remontait au commencement du xiie siècle, alors que, l'Église de Paris ayant obtenu un morceau de la vraie croix, elle *indiqua*, entre le village de la Chapelle et Saint-Denys, plus tard (1444) à Saint-Denys même, un lieu, *locus indictus*, l'*Indict* et par corruption *Lendit*, où chaque année l'évêque et son clergé, le Parlement et les maîtres de l'étude, se rendaient processionnellement au mois de juin, le premier lundi après la saint Barnabé. Et, comme une foire s'était établie en ce lieu, à la faveur de la fête religieuse, les écoliers et les régents prirent l'habitude d'y accompagner le Recteur à cheval, marchant sur deux lignes, enseignes déployées et tambours battants sous prétexte d'y vénérer les reliques de **Saint-Denys** qu'on ne leur montrait pas, et d'y faire la provision de parchemin ou de papier qu'ils devaient noircir pendant l'année.

Un vieil auteur trouvait que cette promenade ressemblait à la cavalcade que faisait la jeunesse romaine, qui avait lieu dans le cirque certain jour de l'année, et que **Virgile** avait célébrée au cinquième chant de l'*Énéide* en montrant **Ascagne** à la tête de la jeunesse[2]. « C'était le temps, comme le rapporte **Crévier**, où l'honoraire se payait aux régents par les écoliers, qui, ayant mis leur présent dans une bourse, une orange ou un citron, l'apportaient en pompe au son des fifres et des

---

1. Chap. Ier, p. 34.
2. *Recueil des Privilèges de l'Université*, p. 213.

tambours¹. » Mais cet argent ne profitait guère à ceux qui le recevaient, car les maitres le dépensaient dans cette foire avec leurs élèves en joyeuses et surtout copieuses libations. Aussi, quand les têtes étaient échauffées par le vin, il en résultait des querelles souvent sanglantes, que les chefs de l'Université essayèrent vainement de réprimer. En 1504, à cause de l'interminable défilé de la procession universitaire, qui entravait la circulation, les collèges furent éliminés du cortège du Recteur. Ceux-ci dès lors s'y rendirent séparément, et le *Lendit* devint plus que jamais un jour de licence et de folies pour la jeunesse. **Louis XI**, en incorporant les écoliers dans sa milice urbaine, avait développé chez eux des sentiments belliqueux, et quand arrivait le fameux *Indictum*, les élèves de tous les collèges s'armaient de pied en cap, déployaient leurs drapeaux, ou bien se faisaient escorter de soldats de louage, de soudards, qui tiraient en leur honneur force coups de feu, avec accompagnement de cris, de tambours et de trompettes. Le Parlement voulut y mettre bon ordre et défendit ces exhibitions armées ; il en résulta des révoltes parmi les pensionnaires des collèges, notamment à Sainte-Barbe, en 1538. Comme le raconte son historien, les élèves de cette maison, sans se soucier de l'arrêt du Parlement, recueillirent une souscription pour louer des tambours ainsi que des spadassins, fournisseurs de mousquets et de flamberges. Ils s'échappèrent du collège par une porte dérobée, les mirent à leur tête et partirent triomphalement pour Saint-Denys à la barbe des autorités. La journée ne se passa pas sans tapage ; mais le retour fut encore plus accidenté et le principal eut à comprimer une véritable rébellion². Aussi, à cause de tous ces excès, l'Université fut invitée par le roi en 1557, à préparer une réforme de la discipline de ses collèges, à l'instar de ce qu'avait déjà fait le cardinal d'Estouteville, et l'année suivante « le Parlement fit de nouvelles défenses « aux principaux et régents de mener désormais leurs éco-

1. *Hist. de l'Univ.*, t. V, p. 347.
2. **Quicherat**, *Hist. de Sainte-Barbe*, t. Ier, chap. xxv.

« liers au *Lendit* avec armes, tambours et enseignes déployées,
« comme ils avaient fait encore cette année-là contre les
« arrêts précédents de la cour[1]. » Malgré ces restrictions et
ces défenses, le *Lendit* était si bien entré dans les habitudes
universitaires qu'il se maintint à l'état de congé et de partie
de plaisir parmi les écoliers jusqu'à la révolution de 1789[2].
Voici en quels termes était rédigée, en 1674, l'affiche de notification du Recteur aux écoles pour le congé du *Lendit* :

MANDATUM RECTORIS.

Nos RECTOR Universitatis Studii Parisiensis universis et singulis Doctoribus, Gymnasiarchis, Professoribus et Magistris mandamus ac præcipimus, uti pro solemni more et Academiæ instituto, propter Ferias Sandionysiacas, die Junii solido et integro creditam suæ fidei Juventutem, intermisso omni docendi discendique munere, liberali et honestæ jucunditati indulgere patiantur. Datum in ædibus nostris[3].

Nous retrouverons plus tard la mention de ce congé dans le règlement du collège d'HARCOURT à l'usage de ses pensionnaires, au XVIIIe siècle.

Au milieu des événements que nous venons de rappeler, cette maison continuait à prospérer sous la bonne direction de ses proviseurs. Celui qui en avait alors la charge s'appelait **Nicolas Maillard** (1557-1564). Son nom est connu dans les fastes universitaires pour avoir été mêlé à certaines controverses dont nous parlerons bientôt. L'historien de l'Université le cite, à la date de 1552, parmi les députés qu'elle envoie au roi **Henri II**, afin d'obtenir certaines franchises en sa faveur et le maintien des anciens privilèges pour ses messagers[4]. Nous savons aussi qu'il était originaire du diocèse de COUTANCES, et les *factums* du collège d'HARCOURT le mentionnent en ces termes élogieux : « Maître **Nicolas Maillard**, docteur en

---

1. Félibien, *Hist. de Paris*, t. II, p. 1058. — **Du Boulay**, *Hist. Univ. Paris.*, t. VI, p. 339. — Crévier, *Hist. de l'Univ.*, t. V, p. 348.
2. Rathery, *Journal de l'Inst. publ.*, 1857.
3. *Recueil des Privilèges de l'Université*, p. 216.
4. Du Boulay, *Hist. Univ. Paris.*, t. VI, p. 454.

« théologie, chanoine théologal de Notre-Dame[1] et proviseur
« du collège d'Harcourt, célèbre entre les plus savants et les
« plus vertueux de son temps. » Ailleurs ils nous disent qu'il
était le doyen de la faculté de théologie et qu'il fut député au
concile de Trente par le roi Charles IX, en 1563[2]. Nous
trouvons, en effet, le nom de Nicolas Maillard en tête de la
liste des douze docteurs de l'Université de Paris que le cardinal Charles de Lorraine conduisit, par ordre du roi, à la
dernière session du concile général : *Nicolaus Maillard, decanus facultatis Parisiensis*[3]. Le cardinal Pallavicini, historien de cette assemblée, raconte, à propos de la question du
sacrement de mariage, traitée dans la xxive session, que « la
« matinée du 10 février 1563 fut entièrement consacrée à en-
« tendre le sentiment de Nicolas Maillard sur ce sujet et
« un discours du même, qui avait pour but d'intéresser l'as-
« semblée aux malheurs de la France. Maillard était doyen
« de la Sorbonne et le premier des Français (inscrits pour
« prendre la parole). Il ne se trouvait pas en mesure pour ce
« jour-là ; car il n'avait été averti que peu de temps aupa-
« ravant, à la suite de la dernière convention faite entre les
« légats et le cardinal de Lorraine[4]. Aussi, ne pouvant se
« fier à sa mémoire, comme la nuit était venue, il fut obligé
« de lire en s'aidant d'un flambeau. Cette lecture monotone
« et cette lumière, qui offusquait les yeux de l'assemblée, con-
« tribuèrent aussi à la rendre inattentive. Pourtant la plupart
« des auditeurs prêtèrent une oreille favorable à un certain
« endroit du discours : c'était celui où le doyen, saisissant

---

1. On appelait ainsi le chanoine chargé d'enseigner la théologie aux clercs de l'école épiscopale.
2. Bib. Sorb., U. 132, n° 1, p. 26; n° 2, p. 42.
3. Il ne fut pas le seul docteur normand qui y ait figuré : **Simon Vigor**, recteur de l'Université et plus tard archevêque de Narbonne, s'y rencontra avec lui.
4. Les secrétaires du comte **de Lune**, ambassadeur du roi d'Espagne, avaient demandé que l'on ne donnât la parole à un docteur français avant un docteur espagnol qu'à l'ancienneté, c'est-à-dire qu'autant que le Français aurait été gradué avant l'Espagnol. De là l'embarras de **Nicolas Maillard**, qui ne s'attendait pas à parler sitôt.

« l'occasion de nommer le pape, lui donnait les titres de *Pas-*
« *teur*, de *Recteur* et de *Gouverneur suprême de l'Église ro-*
« *maine, c'est-à-dire universelle*[1]. »

On sait que le concile de TRENTE accomplit au xvie siècle la plus grande œuvre de réforme religieuse et morale qu'ait vue le monde depuis l'établissement du christianisme. Il s'agissait de formuler plus explicitement certains points du dogme catholique et de restaurer la discipline ecclésiastique, attaqués et altérés par les erreurs et les abus qui troublaient depuis longtemps la société chrétienne. Il ne faut donc pas s'étonner que le concile de TRENTE, souvent interrompu par les événements politiques, ait mis près de vingt ans à s'acquitter de sa tâche (1545-1563). Quoique les docteurs de Paris n'aient pas exercé à TRENTE la même influence qu'ils avaient eue sur les délibérations du concile de CONSTANCE, nous voyons cependant qu'ils y ont pris une part honorable quand ils furent appelés à y paraître. L'historien du concile nous dit que **Maillard** fut écouté dans des conditions bien défectueuses, puisqu'il fut pris à l'improviste et obligé de lire ses notes à la lueur gênante d'un flambeau.

Nous ne savons pas quel fut le rôle de **Nicolas Maillard** dans les infructueuses tentatives faites par l'ambassadeur de France, **Arnaud du Ferrier**, auprès des Pères du concile pour obtenir leur adhésion aux trente-quatre articles de réformes proposées par **Charles IX**[2], mais nous voyons que, dans son discours sur les malheurs de la France, il ressaisit l'attention de ses auditeurs. Est-ce parce qu'il parlait des luttes religieuses dont elle souffrait, et qui devaient, à huit reprises consécutives, ensanglanter notre patrie, en déchaînant sur elle une *guerre de Trente ans* française (1563-1593), non moins sauvage que ne le fut la *guerre de Trente ans* allemande? Nullement, ces malheurs n'étaient pas, hélas! particuliers à la France depuis l'apparition du protestantisme. Ce qui frappa

---

1. Pallavicini, *Hist. du Concile de Trente*, t. III, liv. XX, ch. II. — Éd. Migne, p. 152.
2. V. de Thou, *Histoire universelle*, t. IV, liv. xxxv.

surtout l'assemblée, ce fut le passage où l'orateur décernait au souverain pontife les titres de *Pasteur, Recteur, Gouverneur suprême de l'Église*. Pour comprendre l'impression qu'il produisit, il faut se reporter aux controverses de l'époque, il faut se rappeler qu'au concile de Florence (1439) on avait proclamé le pape *Pasteur de l'Église universelle*, pour en inférer qu'il était supérieur au concile général. Or, en France on ne reconnaissait pas alors cette supériorité ; on l'avait combattue à Constance et à Bale, et le **Cardinal de Lorraine** ne voulait pas en entendre parler au concile de Trente[1]. Comment admettre que le doyen de la Faculté de Théologie de Paris ait tenu un langage contraire aux idées gallicanes de ce temps ? Nous en trouvons peut-être l'explication dans un incident, qui avait eu précisément pour théâtre le collège d'Harcourt, deux ans auparavant. Le 6 novembre 1561, peu de temps après le *Colloque de Poissy*, auquel avait été appelé **Nicolas Maillard**, le boursier **Jean Tanquerel**, bachelier en théologie, soutenait dans cette maison sa *thèse majeure*[2], au cours de laquelle il avança cette proposition : « Le pape, vicaire de Jésus-Christ « et monarque suprême, possède les deux puissances, spiri- « tuelle et temporelle, et il peut priver de leurs royaumes et « États les princes rebelles à ses ordres. » Ainsi, le lendemain du *Colloque de Poissy* (10 août 1561), où les protestants firent litière de l'autorité du pape, dans la Faculté de Théologie, le Normand **Tanquerel** l'exaltait au-dessus de tout. C'était la revanche de l'Université sur les faiblesses du pouvoir et ses concessions à l'hérésie. Cette hardiesse ne passa pas inaperçue : on en eut bientôt connaissance à la cour par le chancelier **de l'Hôpital**, qui chargea le président du Parlement **Christophe de Thou** d'informer à ce sujet et de réprimer énergiquement une pareille licence. **Tanquerel** et **Jacques Cahun**, qui avait présidé à la thèse malencontreuse, furent constitués prisonniers dans les collèges d'Harcourt et des Cholets, où ils de-

---

1. Crévier, *Hist. de l'Univ.*, t. VI, p. 150.
2. On appelait ainsi un acte préparatoire à la licence, une des trois thèses qu'il fallait soutenir de huit heures du matin à six heures du soir, sans désemparer.

meuraient, en même temps que le doyen de la Faculté de Théologie, **Nicolas Maillard**, et quatre docteurs étaient mandés au Parlement. Le président **de Thou** fit comparaître **Tanquerel**, qui reconnut le fait et signa une rétractation, dans laquelle il protestait de son obéissance et de son dévouement au roi. Quand il sortit, il s'empressa de disparaître, ce qui a fait douter de sa sincérité, dit **Crévier**. Il est plus simple de croire qu'il eut peur d'être repris et de payer cher les audaces de sa thèse. Le doyen **Maillard** et les docteurs cités avec lui, parmi lesquels se trouvait le principal du collège d'Harcourt, **Jean Alain**, furent vivement blâmés par l'avocat général **Daumesnil**, d'avoir laissé passer une maxime aussi dangereuse pour le pouvoir royal, à l'époque troublée où l'on se trouvait. Celui-ci conclut en leur déclarant qu'il aurait sévi contre eux, si le roi et son conseil n'avaient voulu traiter avec clémence une faculté qui a toujours tenu en France un rang distingué. **Nicolas Maillard** chercha à disculper sa compagnie de la négligence ou de la complicité qu'on lui attribuait dans cette affaire; mais, dit **Crevier**, il le fit en des termes qui auraient pu lui attirer une nouvelle réprimande. Le proviseur d'Harcourt observa, en effet, qu'il ne fallait pas ajouter foi à tout ce que l'on avait dit de la thèse de **Tanquerel**, et que, d'ailleurs, la question de la suprématie de la papauté sur les couronnes étant controversée, on pouvait soutenir le pour et le contre sans cesser pour cela d'être les très humbles et très obéissants serviteurs et sujets du roi. Il termina en se disant prêt à se rendre à la Cour pour le témoigner à Sa Majesté. Le Parlement n'insista pas, mais il exigea une réparation solennelle, et le président **de Thou**, accompagné de ses assesseurs, vint à la Sorbonne, et là, en présence du doyen, des docteurs et des bacheliers en théologie, au nombre de cinquante, le bedeau de la Faculté dut prononcer, au nom de **Tanquerel** absent, une formule de rétractation qui désavouait la proposition de la thèse du 6 novembre. La cérémonie se termina par la notification d'un arrêt du Parlement, qui condamnait à une amende de cent marcs d'or et à la perte de ses privilèges quiconque la soutiendrait de nouveau. Si nous rapprochons l'affaire de cette thèse et l'attitude de **Nicolas Maillard** dans cette circonstance, de ses paroles au concile de Trente sur l'autorité suprême du souverain pontife, nous pouvons en conclure que la Faculté de Théologie, et son doyen en particulier, étaient alors favorables aux doctrines romaines du pouvoir des papes sur le temporel des rois, doctrines qui seront soutenues quinze ans plus tard, au temps de la *Ligue*[1]. Comme l'a dit un historien, « le problème était clairement indiqué. La Ligue, les « décrets de la Sorbonne, les traités subversifs et les sermons « incendiaires des **Boucher** et des **Roze** en furent la solu- « tion affirmative. Quand on pose des questions si nettement « en temps de révolution, c'est que l'époque n'est pas loin « où les événements, bien ou mal, les résoudront[2]. » La Ligue aura donc eu des précurseurs au collège d'Harcourt. Nous retrouvons encore **Nicolas Maillard**, en 1562, défendant contre les protestants le culte de vénération rendu de tout temps par l'Église aux images de la croix et des saints. Il réussit à empêcher dans l'assemblée de Saint-Germain du 14 février un vote favorable aux erreurs iconoclastes de **Théodore de Bèze**, non moins dangereuses pour le dogme que pour l'art chrétien[3].

Quoi qu'il en soit de cette affaire, pendant que **Nicolas Maillard** était au concile de Trente, le collège fut administré par le principal **Jean Alain**, que le proviseur avait constitué comme son substitut, ainsi que le disent nos *factums* harcuriens. Ils ajoutent qu'il n'avait pas voulu recourir aux bons offices du prieur de la communauté, soit parce que celui-ci changeait tous les ans, soit parce que, n'étant que boursier, il n'avait pas assez d'autorité sur ses compagnons pour gouverner la maison en son absence. Voici, d'ailleurs, le texte de la délibération qui eut lieu à ce sujet, avant le départ de **Nicolas Maillard** ; il nous montre de quelle autorité jouis-

1. V. Mgr **Puyol**, *Edmond Richer*, t. Ier, ch. Ier.
2. Ch. **Labitte**, *Les Prédicateurs de la Ligue*, ch. I, § 2.
3. V. de Thou, *Hist. universelle*, t. IV, p. 105 et 162. — Du Boulay, *Hist. Univ. Paris.*, t. VI, p. 545, 550. — Crévier, *Hist. de l'Univ.*, t. VI, p. 120, 134.

saient les proviseurs à cette époque : « Le 6 octobre 1562 fut
« présent vénérable et scientifique personne M⁰ **Nicolas**
« **Maillard**, prestre docteur régent en la Faculté de Théologie
« en l'Université et chanoine en l'Église de Paris, proviseur
« du collège d'Harcourt, fondé en icelle Université, disant
« comme il soit maintenant sur son partement de cette ville
« pour aller, par le commandement du roi, au concile, qui
« sied et se célèbre en la ville de Trente en Allemagne, et
« que pendant son absence il soit très requis et nécessaire
« bailler ladite charge de proviseur dudit collège à quelque
« honneste personnage, de la qualité qui s'en puisse bien et
« valablement acquitter. A cette cause, etc. il a nommé et
« commis et par ces présentes nomme et commet ledit
« **Allain** pour son absence durant ledit voyage faire, exercer
« ledit estat et charge de proviseur d'iceluy collège de Har-
« cour, et tout ce qui en dépend bien et duement comme il
« appartient, et que ledit **Maillard** a fait par cy-devant, et
« faire pouroit s'il estoit présent en personne. » Mais **Alain,**
ne pouvant administrer seul toute la maison, se donna un
collaborateur en faisant « avec les boursiers, théologiens,
« artistes et grammairiens du collège un bail à ferme des
« bâtiments à un principal de louage, le 8 mai 1563. » Pour
célébrer son heureux retour du concile, le 2 août 1563,
Nicolas Maillard donna un écu d'or destiné au menu du
repas qu'il prenait ordinairement en la salle du collège avec
les boursiers théologiens. Si nous en croyons les mêmes *factums*, ces festins étaient rares et n'avaient rien d'extraordinaire
au collège d'Harcourt. Ils avaient lieu, par exemple, à l'occasion de la promotion au doctorat des boursiers de la maison.
On peut en juger, d'après la mention d'un de ces dîners
donné par le proviseur **Maillard**, en 1665, à plusieurs docteurs. Le voici dans la langue classique du temps : 18 *Januarii*
1565 : *pro cuniculo, capone, alaudis, pane et vino*, etc.,
delatis in domum provisoris, le tout pour la somme de 41 sols[1].

---

1. Bib. de la Sorb., U. 132, n° 4, p. 19; n° 5, p. 29; n° 6, p. 69;
n° 7, p. 70.

Essayez d'avoir aujourd'hui à Paris pour ce prix un lapin, un chapon, des alouettes avec pain et vin à discrétion[1].

Une autre affaire, moins importante, avait occupé peu auparavant le collège d'Harcourt. Elle nous montre que les statuts du cardinal d'Estouteville étaient toujours en vigueur à cette époque. Maître Jean Fine, régent de physique, c'est-à-dire de philosophie dans cette maison, en parcourant la liste des examinateurs pour le baccalauréat trouva que l'un des élus, Maître **Denys du Pré**, qui professait également la physique à Navarre, n'avait pas trois années d'enseignement. Se cachait-il sous cette découverte quelque rivalité de professeur ou de collège, comme on en voit souvent en ce temps-là? L'histoire ne le dit pas. Jean Fine dénonça l'irrégularité devant le Recteur, les procureurs et les réformateurs ou censeurs des Nations assemblés, le 19 janvier 1560, au collège de Boncourt. Les deux régents furent entendus, et, comme l'enquête constata que **Denys du Pré** n'était pas dans les conditions exigées par les Statuts, il fut décidé que la Nation de France, à laquelle il appartenait, procèderait à une nouvelle élection, suivant ce qu'avait prescrit le cardinal d'Estouteville : *Statuimus et ordinamus ut magistri qui per singulas nationes ad examen baccalariandorum solent eligi, de cætero eligantur cum bona deliberatione, nec sint eligibiles magistri cujuscumque nationis ad illud examen faciendum, nisi sint in tertio anno a gradu magisterii suscepto, et hoc absque ulla dispensatione volumus, et auctoritate apostolica observari mandamus*[2].

Quelque temps auparavant, en 1558, **Enguerrand** ou **Guérin Sanguin**, doyen du chapitre d'Avranches, avait fait une fondation en faveur du collège d'Harcourt, ainsi que le mentionnent la liste des *Obits* et nos *factums*, sans en indiquer l'importance. Nous savons seulement, par la *Gallia Christiana*

---

1. Notons que le lapin ou *connin* se servait alors les jours de fête, quand on invitait des convives d'un certain rang. (V. *Menus du prieur de Saint-Martin-des-Champs*, par S. Luce.)

2. *Défense des Droits de l'Université*, Ire partie, chap. xi. — Du Boulay, *Hist. Univ. Paris.*, t. V. p. 573.

et l'Annaliste d'Avranches, que **Sanguin** était de bonne famille et recommandable par sa vertu et ses talents, qui le firent employer avec succès en plusieurs ambassades ecclésiastiques[1].

Le *plein exercice*, en transformant les anciens collèges de boursiers en maisons d'éducation, fut l'occasion de plusieurs abus, en particulier celui du *principal à louage*. C'est ce que signalent les *factums* du collège d'Harcourt, à la date de 1562. On appelait ainsi le maître auquel le chef de la maison cédait une certaine partie des bâtiments du collège, « à la « condition d'y tenir l'économie, nourrir et faire instruire « les boursiers artiens, grammairiens, portionistes et camé- « ristes, et mettre des régents, et d'en rendre par an certaine « somme au collège[2]. » Il en résultait le plus souvent une vraie spéculation de la part de ce *principal à louage*, qui cherchait à tirer le plus d'argent possible des élèves pour leur pension et à en dépenser le moins possible, soit pour leur nourriture, soit pour leur instruction, en n'accordant que de médiocres honoraires aux régents, qu'il nommait ou destituait à son gré, comme nous l'avons vu précédemment pour le régent de septième, **Denys Gallet**. Cet abus, qui n'existait pas seulement au collège d'Harcourt, sera l'objet de plusieurs arrêts et ordonnances de réforme; mais il ne disparaîtra qu'au siècle suivant, quand les proviseurs prendront eux-mêmes à leur charge la location des chambres et le payement des professeurs. Ils nommeront des principaux pour les aider dans la direction des pensionnaires, mais ils ne leur abandonneront plus cette direction; ils n'en feront que leurs délégués. Le proviseur, comme on le dira alors, sera et restera le *principal-né* du collège, malgré tous les efforts que tenteront plus tard les boursiers pour lui enlever ce titre, afin de réduire ses fonctions à un état purement honorifique. Nous verrons plus loin **Jean Talpin** signaler un autre abus.

S'il y eut alors des abus au collège d'Harcourt, nous ne

1. *Gallia Christ.*, t. XI, p. 68. — **Girard**, *Annales d'Avranches*, p. 65.
2. Bib. de la Sorb., U. 132, n° 6, p. 287, 292; n° 4, p. 19, 20.

devons pas nous en étonner : le trouble causé dans les esprits par les querelles religieuses se faisait sentir jusque dans les maisons d'enseignement. Elles n'étaient plus aussi fréquentées ni aussi bien tenues qu'auparavant. Comme nous l'apprenons d'un document de l'époque cité par **Quicherat**[1], après une rixe qui eut lieu dans les derniers jours de décembre entre les catholiques de la paroisse Saint-Médard et les protestants, la déroute se mit dans les collèges. Beaucoup d'élèves de la province s'enfuirent chez leurs parents, malgré la rigueur de la saison, car on était encore en hiver. L'émigration redoubla par l'effroi que jeta dans Paris l'*édit de tolérance* rendu le 17 janvier 1562. L'autorité royale ayant reconnu le principe de la liberté de conscience, presque tout le monde crut qu'il n'y avait plus qu'à se barricader chez soi et à s'attendre aux plus grands malheurs. Comment la jeunesse n'aurait-elle pas partagé des terreurs qu'affichaient le peuple, le clergé et les grands corps de l'État ? De vingt mille étudiants[2] il n'en resta guère qu'un millier, dont quatre cents étaient calvinistes. Ceux-ci se gardaient bien d'appliquer à leurs adversaires la tolérance qu'ils réclamaient pour eux. De là les querelles et les violences entre les écoliers, qui échangeaient avec rage les termes injurieux de *papiste* et de *huguenot*, mis depuis peu à la mode. Le quartier latin voyait ainsi renaître les désordres d'autrefois. La guerre civile était imminente, l'affaire de *Vassy* allait l'allumer. Avant d'en voir les conséquences pour les écoles, rappelons les noms de plusieurs hommes distingués sortis à cette époque du collège d'Harcourt. Nous pouvons signaler, sous le provisorat de **Nicolas Maillard** : **Louis d'Alençon**, les **Muldrac** et **Jean Talpin**.

Louis d'Alençon fut, en 1552, régent, puis principal du collège d'Harcourt, *primarius Harcurianus*, et c'est en cette qualité qu'il est cité comme Recteur de l'Université, pendant le trimestre du 10 octobre au 16 décembre 1561, selon l'usage

---

1. *Dionysii Lambini Oratio*, dans **Quicherat**, *Hist. de Sainte-Barbe*, t. II, p. 25.
2. *De præsenti Paris. Academiæ rerum Statu*, cité plus haut.

de n'élever personne à cette dignité que pour trois mois[1]. C'est tout ce que nous savons de lui.

Les **Muldrac** ne nous sont pas inconnus. Déjà nous avons rencontré leur nom parmi les anciens boursiers du collège d'HARCOURT. Au xvie siècle ils forment toute une dynastie. Il y a un **Jean Muldrac**, issu d'une noble famille de COUTANCES, qui appartenait à l'Université, en 1532; puis un **Jacques Muldrac**, de BAYEUX, en 1553, chanoine de SENLIS et bachelier en théologie, qu'il ne faut pas confondre avec un autre **Jacques Muldrac**, bachelier également, qui signe en 1552, dans un contrat de fermage des domaines du collège d'HARCOURT. Enfin, outre un **Robert** et un **Jean Muldrac**, mentionnons **Antoine Muldrac**, qui est nommé, en 1562, par l'évêque de Paris, **Eustache du Bellay**, chapelain du collège de PRESLES, quand **Ramus** dut le quitter à cause de son attachement au calvinisme. L'Université, pour préserver le plus possible sa corporation de l'hérésie, venait de reprendre le formulaire de foi dressé, en 1543, par la Faculté de Théologie. Le 20 juin 1562 le Recteur **Claude Arnoul** convoqua aux Mathurins les proviseurs, principaux et régents des collèges de BOURGOGNE, HARCOURT et NAVARRE, et les autres les jours suivants, pour signer le formulaire. Ceux qui ne se présentèrent pas ou refusèrent d'y souscrire furent privés de leur charge. **Ramus**, qui était de ce nombre, fut considéré comme révoqué. Aussi, regardant le collège de PRESLES comme une dépendance de sa chapelle, **Muldrac** s'y installa en qualité de principal, quoique **Ramus**, en partant, eût désigné son ami **Jean Poitevin** pour le suppléer dans cette charge. La *paix d'Amboise*, en 1563, permit à **Ramus** de rentrer à PRESLES, et **Antoine Muldrac** fut obligé de lui rendre sa place. Celui-ci fut alors nommé régent au collège d'HARCOURT, et peu après élevé à la dignité de Recteur de l'Université, le 24 mars 1562[2].

---

1. Du Boulay, *Hist. Univ. Paris.*, t. VI, p. 979.
2. Du Boulay, *Hist. Univ. Paris.*, t. VI, p. 659, 954. — **Crévier**, *Hist. de l'Univ.*, t. VI, p. 139. — **Waddington**, *Ramus*, p. 150-155.

Enfin **Jean Talpin**, dont nous avons parlé plus haut, à propos du cumul des boursiers, était du diocèse de Coutances, et, après avoir fait ses études au collège d'Harcourt, avait pris le grade de docteur en théologie dans l'Université de Paris. Il composa un livre remarquable intitulé : l'*Institution du Prince chrestien*, qu'il dédia à **Charles IX,** ainsi que le fait connaître l'*Épître au roi* datée du collège d'Harcourt, le 25 septembre 1567.

Après avoir rappelé au roi quels sont les devoirs d'un bon prince envers ses sujets, il s'élève avec force contre l'abus commis par les étudiants riches ou pourvus de bénéfices, qui détenaient des bourses établies pour les écoliers pauvres. Puis il observe qu'il serait à souhaiter que « le roi et les pré-
« lats fissent instruire et nourrir nombre d'enfants de bon
« esprit », et il ajoute qu'il serait bon aussi que « le roy
« commandast que les collèges dotés de revenus suffisans
« tant par ses ancestres roys que par autres riches et grands
« seigneurs, fussent entretenus selon leur première institu-
« tion, c'est que les bourses qu'on appelle et revenus desdits
« collèges ne soient plus baillez aux riches, mais seulement
« aux pauvres, en faveur desquels ces dits collèges avoient été
« fondez ; et maintenant les riches avares par leur faveur et
« crédit les déjettent de leur légitime droit et possession.
« Mais, qui est bien pis, on trouvera une manifeste simonie
« en plusieurs.... Et outre ce ils prennent ce qui est deu aux
« vrais pauvres, qui est une espèce de larcin, voire plustost
« de sacrilège[1]. » Ces protestations ne devaient pas avoir à cette époque plus de succès que les réformes proposées par **Ramus,** qui demandait de réduire le nombre des collèges et des régents, d'abréger le temps des études et d'en diminuer les frais, de faire payer les professeurs par l'État, de rétablir les écoles publiques de philosophie de la rue du Fouarre, laissant aux collèges les leçons de grammaire, de rhétorique et de logique ; de mettre en honneur l'étude des *artz mathé-*

---

1. **Talpin,** *Institution d'un Prince chrétien,* p. 67, 68. V. aussi Bib. de la Sorb., U. 132, n° 6, p. 52.

matiques, qui sont, disait-il, le premier des arts libéraux. Puis il passait en revue l'enseignement donné de son temps dans les diverses facultés, le critiquait parfois sans mesure, et il indiquait les abus à corriger et les progrès que le droit, la médecine et la théologie devaient réaliser pour augmenter la gloire de l'Université de Paris. Sur bien des points **Ramus** avait touché juste, et la plupart de ses vœux seront accomplis dans la suite; on a même repris récemment son idée de changer l'orthographe de la langue française; mais en 1562 ses projets de réforme furent mal accueillis, et ils contribuèrent, avec ses attaques excessives contre la scolastique, qu'il ne comprenait pas, à indisposer des collègues que son caractère acerbe avait si profondément blessés, qu'on les accusera d'avoir participé à sa mort lors de la *Saint-Barthélemy*[1].

Signalons encore la renaissance du théâtre dans les collèges à cette époque. On sait qu'**Étienne Jodelle** avait inauguré en 1553, au collège de Boncourt, les pièces classiques par la tragédie de *Cléopâtre* et la comédie d'*Eugène* ou *la Rencontre*. Il fut suivi dans cette voie; car nous trouvons, à la date du 21 décembre 1563, la représentation, au collège d'Harcourt, de la tragédie d'*Achille*, composée par **Nicolas Filleul**, poète normand de Rouen, auteur de plusieurs pièces de théâtre dédiées à la reine, sans doute **Élisabeth d'Autriche**, femme de **Charles IX**[2]. Malgré toutes nos recherches, nous n'avons pu retrouver cette tragédie.

En 1564, le proviseur **Maillard** mourait, et les boursiers du collège d'Harcourt lui donnaient pour successeur **Jean Alain** (1564-1568). Nous avons vu que celui-ci avait joui de la confiance de son prédécesseur, qui non seulement l'avait choisi comme principal des Artiens, mais l'avait encore délégué pour administrer le collège à sa place, pendant qu'il assistait au concile de Trente.

Nos *factums* nous apprennent qu'il était originaire du dio-

---

1. Waddington, *Ramus*, p. 140 et suiv.—Compayré, *Hist. critiq. des Doctrines d'Éducation*, t. 1er, p. 139 et suiv.
2. Martin, *Athenæ Normannorum*, manuscrit à Caen.

cèse de Rouen et ancien boursier du collège d'Harcourt, où il demeura dix-neuf ans en cette qualité et y fut contemporain des sept boursiers que nous avons énumérés plus haut, à la date de 1535. Nous savons aussi qu'il avait le titre de docteur en théologie, et qu'il figura pour ce motif à la réunion des docteurs convoqués par le président de Thou au sujet de la thèse de **Tanquerel**. Les renseignements que nous avons pu recueillir sur son administration nous le montrent comme un proviseur modèle, résidant fidèlement au collège et veillant avec soin sur les intérêts de la maison. Pour témoigner lui-même combien il lui était attaché et désirait assurer son avenir, il fonda plusieurs *Obits* sous son nom et légua au collège le fief de Raffouel, près de Gisors (Eure)[1].

Nous avons encore trouvé aux Archives nationales, à la date du 9 mars 1568, sous le proviseur **Alain**, une pièce intitulée : *Amortissement* par **Charles IX**, roi de France, *des fiefs de* la Haye *et* la Hédouinière, *moyennant 10 écus d'or acquités par les Messieurs du collège* d'Harcourt, *outre* 200 *livres payées, en* 1522, *portant exemption du ban et de l'arrière-ban*[2].

Nous avons vu que **Jean Alain** devint proviseur d'Harcourt en 1564. Or, à cette date marquée par la réforme du calendrier, qui fixait le commencement de l'année civile au 1er janvier, au lieu du 25 mars, s'ouvrait un nouveau collège, qui allait devenir l'objet de longues luttes dans l'Université. Comme nous verrons bientôt des *harcuriens* prendre part à ces luttes, nous rappelons ici la fondation du collège de Clermont, établi par les Jésuites, dans la rue Saint-Jacques, derrière la Sorbonne, le 15 février 1564, sous le nom de *Collegium Claromontanum Societatis Jesu*. Bientôt, en effet, l'Université réclame, au nom de ses privilèges, contre cette fondation accomplie sans son autorisation, et intime l'ordre

1. Bib. de la Sorb., U. 132, nos 2, 3, 4, 5, 6 et 7; U. 10, *Réplique*, p. 23, 28, 31, 32.
2. Arch. nat., S. 6443. On sait que *l'amortissement* était la permission accordée par le roi, moyennant une taxe, aux gens de *mainmorte*, de posséder des immeubles.

aux Jésuites de fermer leur collège. De là un procès retentissant devant le Parlement, plaidé avec éloquence et esprit par **Étienne Pasquier**, avocat de l'Université, et avec beaucoup d'habileté par **Pierre de Versoris**, avocat des Jésuites. L'avocat général **Jean-Baptiste du Mesnil**, d'un talent non moins remarquable que celui des précédents, porta la parole pour les gens du roi et se prononça en faveur de l'Université. Mais le président **Christophe de Thou** fit pencher la balance au profit des Jésuites, en maintenant le *statu quo* par arrêt du 5 avril 1565, déclarant la cause *appointée*, c'est-à-dire en suspens. Aucune des deux parties n'était condamnée, la solution du procès était ajournée indéfiniment. Les Jésuites pouvaient continuer leurs lectures publiques au collège de CLERMONT jusqu'à nouvelle attaque de leur irréconciliable adversaire l'Université[1]. Les occasions ne manqueront point, surtout quand les luttes religieuses auront cessé d'ensanglanter la France.

En attendant, on se bat aux portes de Paris, en 1567, contre les protestants, qui ont cherché à s'emparer de la personne du roi. Vaincus à SAINT-DENYS, la cour leur accorde la *paix de Longjumeau* (1568). Mais la conséquence de cette seconde guerre civile se fait sentir parmi les écoles. L'Université ne se contente plus, comme en 1562, d'exiger une profession de foi des principaux et des régents, elle leur enjoint de faire une enquête sur les croyances des élèves de leurs collèges et « de déclarer ceux chez qui ils trouveraient des opinions contraires à la religion [2] ». Le Parlement lui-même se mêle de la partie et ordonne des visites dans les maisons d'enseignement, par arrêt du 21 août 1568, pour en expulser les huguenots. Aussi la dépopulation de l'Université, qui avait commencé avec les premiers troubles, s'accroît tous les jours davantage, et elle ne cessera pas jusqu'à la fin de la guerre civile. Les écoles vont revoir les tristes jours de la guerre de *Cent ans*, c'est-à-dire le pillage, l'abandon et la ruine.

1. A. Douarche, *L'Université de Paris et les Jésuites*, ch. v.
2. Bib. de la Sorb., *Arch. de l'Université*, reg. 23, fol. 610, cité par Quicherat, *Hist. de Sainte-Barbe*, t. II, p. 32.

Le collège d'Harcourt ne sera pas l'un des moins éprouvés pendant cette période lamentable de notre histoire. Jean Alain meurt, au mois d'août 1568, dans sa chambre de proviseur, disent nos *factums*[1], et ceux qui viendront après lui, n'imitant ni sa fidélité à la résidence, ni la sagesse de sa conduite, compromettront l'existence de la maison par leur négligence ou leurs menées politiques.

C'est **Olivier de Quittebeuf** qui est élu pour lui succéder (1568-1581). Plusieurs listes de boursiers d'Harcourt, que nous avons insérées plus haut, mentionnent son nom aux dates de 1546 et de 1552, parmi les contemporains d'**Alain**, de **Muldrac** et de **Tanquerel**; elles le signalent aussi comme ayant gardé quinze ans sa bourse au collège, où il prit le grade de docteur en théologie. Il appartenait au diocèse d'Évreux et était sans doute originaire de la paroisse de Quittebœuf (Eure), où se trouvaient situés les biens dont les revenus avaient été affectés à l'entretien d'une prébende à Évreux. La *Gallia Christiana* mentionne, en effet, à la date de 1511, que le pape **Alexandre VI** permit à l'évêque d'Évreux, **Raoul du Fou**, de disposer des revenus du canonicat d'un Quittebeuf en faveur des enfants de chœur de la cathédrale[2]. Nous apprenons, d'autre part, qu'il fut chanoine d'Évreux et vicaire général de **Claude de Sainctes**, évêque de ce diocèse de 1575 à 1591. On sait que ce prélat, qui avait fait partie de la députation des théologiens envoyés au *Colloque de Poissy*, devint, dans la suite, un des plus farouches partisans de la Ligue. Il vendit, en 1581, l'hôtel des évêques d'Évreux situé au faubourg Saint-Antoine à Paris, pour soutenir les factieux. **Henri IV** l'assiégea à Louviers, où il s'était retiré, s'empara de sa personne et le fit juger à Caen. Il fut condamné à mort parce qu'on trouva dans ses papiers un écrit qui approuvait le meurtre de **Henri III** et affirmait qu'il était licite de tuer le roi de Navarre. **Henri IV** commua sa peine en une prison

---

1. Bib. de la Sorb., U. 132, n° 4, p. 21, et aussi *Registre des Prieurs*, Arch. nat., M. M. 451.
3. *Gallia Christ.*, t. XI, col. 609.

perpétuelle, où il mourut en 1591[1]. C'est sans doute par suite de son attachement excessif à la personne et au service de **Claude de Sainctes**, qu'**Olivier de Quittebeuf** en vint à négliger l'administration du collège d'Harcourt, dont il était proviseur. En effet, jusqu'au moment où il devient son vicaire général, il reste fidèle à la résidence, il maintient la maison en bon état, il restaure et agrandit même les bâtiments. C'est ainsi que nous le voyons signer, le 18 juillet 1569 et le 1er septembre 1571, plusieurs contrats favorables au collège, y ajouter des constructions nouvelles, où il s'installe, ainsi que l'atteste l'inscription qu'il y fit graver[2]. On a conservé avec soin les vieilles portes que le proviseur **Fortin** donna au collège, comme nous le verrons au chapitre suivant. Pourquoi ne conserverions-nous pas aussi le souvenir des deux distiques latins, placés au-dessus de la porte du bâtiment, qu'avait fait élever le proviseur **de Quittebœuf** en 1574? Les voici :

> Hæc cùm sit Charitum, Musarum et Palladis ædes
> Floret et hinc niveis sacra triumphat equis
> Gloria, mirifico sed grandior hocce triumpho
> Quod sit idem Christi nobile Gymnasium.
> 1574. Olivario de Quittebœuf, *Provisore*.

Mais, à partir de l'époque où **Olivier de Quittebeuf** est appelé auprès de l'évêque d'Évreux, il abandonne le collège d'Harcourt à la rapacité et aux déprédations des boursiers. Voici ce que racontent nos *factums* à cet égard : « **Maître**
« **Olivier de Quictebeuf**, dit l'un d'eux, estoit le plus sou-
« vent absent du collège, il résidoit ordinairement à Évreux,
« et ayant besoin que les boursiers ne se plaignissent point de
« ses absences, il étoit nécessité de relascher et céder beaucoup
« de ses droits, et de souffrir les entreprises des boursiers.
« Ce fut durant cette absence que les boursiers, estant sans

---

1. *Gallia Christ.*, t. XI, col. 611. — De Thou, *Hist. universelle*, t. XI, p. 362.
2. Bib. de la Sorb., U. 132, n° 2, p. 28; n° 4, p. 21.

« chef, dissipèrent les revenus du collège, le chargèrent de
« dettes, laissèrent tomber en ruine ses bâtiments et vendirent
« à l'encan les meubles et les tasses d'argent de leur commu-
« nauté[1], et n'épargnèrent point les calices, la croix de la
« chapelle, pour estre payez de leurs bourses[2]. »

Sur un autre *factum* on rappelle encore la vente des meubles et des objets précieux du collège faite en l'absence du proviseur, par les boursiers, « non pas, dit-on, pour la nourriture « des pauvres, mais pour s'enrichir et se faire payer, comme « l'a dit un des prieurs : *suarum bursarum, obituum et mer-* « *cedis prioris*[3] ».

Ainsi le collège est mis en coupe réglée par les boursiers ; ils font main basse sur tout ce qui a quelque valeur, pour l'aliéner ; c'est le pillage organisé, pour se dédommager des bourses qu'ils ne touchaient plus par suite des troubles de la guerre civile et de la confiscation des revenus de la maison, comme nous le verrons plus tard. Et puis ils s'éternisent dans leurs bourses, qu'ils gardent bien au delà du temps prescrit par les statuts, les transformant ainsi en de vraies prébendes. Le proviseur, par sa présence, aurait empêché ces désordres et régularisé la situation en se prononçant lui-même sur la nécessité de ces aliénations. Mais il préférait, sans doute, jouir en paix de son canonicat d'Évreux, et échapper ainsi aux embarras d'une administration difficile au milieu des agitations où l'on se trouvait. Il faut se rappeler, en effet, que la France et Paris, en particulier, venaient de traverser une crise terrible.

Après de nouvelles guerres civiles, les partis religieux avaient paru se rapprocher ; le mariage du **roi de Navarre** avec **Marguerite de Valois**, célébré à Notre-Dame, devait cimenter la réconciliation, et on avait vu le **duc de Guise** donner la main à **Coligny**. Mais cette réconciliation n'était pas sincère, et, d'ailleurs, la politique autoritaire de **Catherine**

---

1. Ce sont les timbales d'argent dont on se servait au réfectoire, comme l'indiquent les statuts. V. notre chap. II, p. 76, statut LIV.
2. Bib. de la Sorb., U. 132, n° 2, p. 43.
3. Bib. de la Sorb., U. 132, n° 3, p. 19 ; n° 7, p. 71.

de **Médicis** ne s'en accommodait point. Voilà pourquoi le 23 août 1572, veille de la fête de l'apôtre *Saint Barthélemy*, elle poussa son fils **Charles IX** à ordonner un massacre général des huguenots, odieuses représailles du massacre des seigneurs catholiques du Béarn, accompli trois ans auparavant au château de Pau, par les ordres de **Jeanne d'Albret**, le 23 août 1569, veille aussi de la *Saint-Barthélemy*[1]. Comme le dit **Crévier**, l'Université ne prit aucune part à ce carnage, et elle n'eut à déplorer que la mort de deux de ses plus illustres professeurs **Ramus** et **Lambin**[2]. Et encore on ne peut pas dire que **Lambin** ait été une victime du fanatisme des massacreurs : car il succomba plusieurs jours après l'attentat par suite du saisissement et de la fièvre qu'il éprouva en apprenant la mort tragique de son collègue **Ramus**. Quant à celui-ci, il ne faut plus imputer son assassinat à ses opinions religieuses ou à la vengence exercée contre lui par son antagoniste au collège royal, **Jacques Charpentier**, comme l'ont prétendu la plupart des historiens. Il est démontré aujourd'hui que **Charpentier** n'est pour rien dans sa mort, et que ce n'est pas le huguenot que l'on poursuivit en la personne de **Ramus**, mais que mal lui arriva, comme au chanoine de Notre-Dame **Rouillard**, massacré dans sa maison le jour de la *Saint-Barthélemy*, parce que, dit **Michelet**, « c'était un homme d'un mauvais caractère. » La même raison s'applique à **Ramus**. Il s'était fait beaucoup d'ennemis de tous côtés par son outrecuidance, par la rudesse de ses attaques et de ses

---

1. V. **Favyn**, *Histoire de la Navarre*, liv. XIV, où il raconte que Charles IX, en apprenant ce crime, jura, dans sa colère, qu'il ferait une *seconde Saint-Barthélemy*, en expiation de la première. Mgr **Puyol** a très bien mis en lumière ce fait dans son beau volume sur *Louis XIII et le Béarn*, p. 35.
2. **Denys Lambin** fut d'abord professeur d'éloquence au *Collège royal*, en 1561, puis de langue grecque, qu'il enseigna jusqu'à sa mort, en 1572. Il compta parfois plus de cinq cents auditeurs à ses cours sur les œuvres de Démosthène, Homère, Sophocle, Euripide et même Aristote. Il contribua avec **Danès, Galland, Turnèbe, Dorat**, à la renaissance de la littérature grecque en France, au xvie siècle. V. **Goujet**, *Mémoire sur le Collège royal*, p. 161.

La Saint-Barthélemy.

procédés souvent mesquins et ridicules[1]. Le protestant **Théodore de Bèze** lui en voulait peut-être plus à cause de son hostilité contre Aristote, que les universitaires ou les catholiques, et dernièrement **Ramus** venait de faire battre et jeter sanglant à la rue un homme armé qui avait pénétré dans son collège. Qui dit que celui-ci ne serait pas l'auteur inconnu de sa mort[2]? Mais ce qu'il y eut de plus cruel dans ce meurtre, ce fut de voir les écoliers du collège de Presles insulter à son cadavre, le frapper de verges, le traîner par les rues et le mettre en pièces[3]. N'est-ce pas le cas de répéter avec le poète, ce qu'il fait dire au lion recevant le coup de pied de l'âne :

> C'est mourir deux fois que souffrir tes atteintes!

Mais si l'Université ne prit aucune part à la *Saint-Barthélemy*, elle n'en eut pas moins à en souffrir. Les collèges se dépeuplent de plus en plus, et, pour peu que ce régime de violence persévère, on les trouvera à la fin du xvi° siècle complètement déserts. Au collège d'Harcourt on n'en est pas encore là; mais l'abandon où le laisse son proviseur donne libre carrière aux abus. Après les dilapidations des boursiers, nous assistons aux exploitations des principaux *à louage*, la plaie des collèges de cette époque. Nos *factums* rapportent comment **Olivier de Quittebeuf** a passé trois « contrats par lesquels le proviseur, assemblé avec les boursiers « théologiens, artistes et grammairiens, donnait à ferme pour « quatre ou pour six ans certains corps de logis, les classes, « la cuisine, les caves et les ustensiles et meubles de cuisine « gratis pour la première année, et à une somme médiocre

---

1. Qui ne connaît la querelle ridicule soulevée par **Ramus** contre les Sorbonistes, parce qu'ils prononçaient *kiskis* et *kankan* les mots latins *quisquis* et *quanquam* ? C'est ce qui a donné, du reste, naissance au mot populaire de *cancan* pour désigner des propos bruyants et inconsidérés.
2. V. J. Bertrand, *Ramus et Charpentier*, dans la *Revue des Deux Mondes* du 15 mars 1881. L'auteur réfute avec succès les accusations injustes portées contre **Charpentier** par M. Waddington dans son *Ramus*.
3. Crévier, *Hist. de l'Univ.*, t. VI, p. 265.

« pour chacune des années suivantes, à un professeur de
« l'Université, qui s'obligeait, durant le temps de son bail, de
« faire valoir, en qualité de principal des artistes, l'exercice
« des lettres et de fournir de régens, nourrir les petits bour-
« siers, les portionistes et les caméristes du collège, selon les
« statuts de l'Université ; de nourrir lesdits petits boursiers
« de mesme façon que les petits portionistes et rendre à la fin
« de son terme les logemens en bon estat et les meubles à
« l'exception de l'usure raisonnable[1]. » Nous connaissons le
nom de l'un de ces principaux *à louage*. Voici ce que dit un
autre *factum* : « Bail fait par le proviseur, les boursiers théo-
« logiens, artistes et grammairiens, le 18 juillet 1569, à
« maistre **François Chaussier**, principal *à louage*, par
« lequel lui est baillée la maison d'iceluy collège d'Har-
« court, où sont les escoles esquelles sont faites les actes
« publics en théologie assises en cette ville de Paris, rue des
« Maçons[2]. »

Quelles étaient les conséquences de cette introduction, au
collège d'Harcourt, des principaux *à louage* et étrangers à
la maison? Voici ce qui nous est signalé : « Durant cette cor-
« ruption des principaux *à louage*, il n'y eut dans le collège
« que dissensions, débats, querelles et procès entre les
« principaux, les régens et les boursiers; *on en vint aux*
« *mains jusqu'à effusion du sang*. On trouveroit à peine un
« seul de ces principaux qui ait passé deux ans en l'exercice;
« quand ils avoient achevé la première année, en laquelle ils
« ne payoient point le louage, ils pensoient à changer de logis;
« ces changemens troubloient toute la discipline scholas-
« tique, ruinoient les régens et les estudes des escoliers et le
« public étoit mal servi[3]. »

C'est pour faire cesser ces désordres que **Henri III**, qui avait
succédé à son frère **Charles IX**, rendit à Blois les ordonnances
de 1579. Ces ordonnances avaient été précédées par la tenue

---

1. Bib. de la Sorb., U. 132, n° 2, p. 44.
2. Bib. de la Sorb., U. 132, n° 4, p. 47. Il s'agit ici du *petit Harcourt;* voir notre plan page 66.
3. *Ut suprà*, U. 132, n° 2.

des *États Généraux* en 1576. Or, à cette époque, la *Ligue* naissait en Picardie, et elle s'élevait contre les concessions que le roi venait de faire aux protestants par la *paix de Beaulieu*. Cette recrudescence d'opposition aux progrès de l'hérésie en France se manifeste jusque dans les collèges. Nous en avons la preuve au collège d'Harcourt, en 1577, dans la harangue latine que le jeune d'Aubigny, guidé par son précepteur Duhamel, procureur de la Nation de Normandie, prononça pour demander que les protestants ne soient pas admis aux *États Généraux*. L'orateur était le fils du trésorier payeur de l'armée royale. Son discours, d'une bonne latinité, n'est guère qu'une amplification oratoire sur les maux de la guerre civile et la répulsion que l'on doit avoir pour l'hérésie qui en est la cause[1]. Dans les *Ordonnances de Blois*, nous trouvons plusieurs articles, 67 à 88, concernant les universités et les collèges. Nous y lisons au sujet de la résidence et des principaux *à louage* (articles 72 et 73) que « les principaux et supérieurs de quelque col-
« lège que ce soit, seront tenus de résider en personnes et
« faire les charges auxquelles les statuts les obligent : faire
« lectures, disputes et autres charges; ausquels principaux
« défendons de souffrir aucuns boursiers demeurer plus de
« temps qu'il est porté par les statuts sur peine de privation
« de leur principauté, et de s'en prendre à eux en leurs
« propres et privez noms pour la restitution des deniers qui
« auroient estés perçus par ceux qui auroient esté demeurans
« esdits collèges outre le temps porté par les statuts et que ne
« pourront lesdits principaux bailler à terme leurs princi-
« pautez[2]. »
Mais déjà quatre ans auparavant, par un arrêt du 13 août 1575, le Parlement avait « enjoint à tous principaux et supé-
« rieurs de quelque collège que ce soit de résider en personne
« et faire les charges auxquelles les statuts les obligent,

---

1. *Oratio deliberativa qua probatur conjuratos Galliæ a conventu trium ordinum esse removendos.*
2. Bib. de la Sorb., U. 132, n° 2, p. 28.

« comme assister au service divin, y faire assister les boursiers
« et autres escoliers; faire lectures, disputes et autres charges
« contenues esdits statuts. Ausquels principaux défenses sont
« faites de souffrir aucuns boursiers demeurer plus de temps
« qu'il est porté par les statuts, sur peine de privation de leur
« principauté et de s'en prendre à eux en leurs propres et
« privez noms pour la restitution des deniers qui en auroient
« esté perçus par ceux qui auroient été demeurans esdits col-
« lèges, outre le temps porté par lesdits statuts. Et les con-
« trevenans seront ajournés en la Cour pour eux voir con-
« damner à restituer les sommes de deniers qu'ils ont perçus
« depuis le temps qu'ils n'ont dû demeurer boursiers esdits
« collèges, par les fondations et statuts desdits collèges[1]. »
Le Parlement confirmait encore cet article par un arrêt du
20 septembre 1577, qui supprimait l'abus de donner les collèges à ferme et à louage.

Ces prescriptions n'innovaient rien, elles ne faisaient que
renouveler les anciens statuts des collèges et du collège d'HAR-
COURT en particulier, qui imposaient formellement la résidence
au proviseur, puisqu'on y lit, article LXXII : « La charge sera
« vacante, et l'on procédera à l'élection d'un autre proviseur,
« selon la forme déterminée, lorsque l'ancien aura demeuré
« plus de six mois de suite hors de Paris pour quelque cause
« que ce soit. » Or, c'était précisément le cas du proviseur
Olivier de Quittebeuf, qui avait été absent du collège dix-
huit mois consécutifs. Le *Registre des Prieurs* ne mentionne
sa présence qu'en 1574 et 1575[2].

Les *ordonnances de Blois* défendaient aussi le cumul, disant
que « les proviseurs et maistres qui seront pourvus de cures
« et autres bénéfices requérant résidence, ne pourront plus
« être proviseurs, mais y sera pourvu d'autres ». C'était
encore le cas d'**Olivier de Quittebeuf**, qui possédait un canonicat à ÉVREUX.

Pour toutes ces raisons il devait s'attirer une disgrâce.

1. Bib. de la Sorb., n° 2, p. 46.
2. Arch. nat., M. M. 451.

— 233 —

C'est ce qui lui arriva en 1581. Le désordre était à son comble au collège d'Harcourt, non seulement dans les comptes de l'administration, mais encore dans les esprits et la conduite. Le proviseur n'exigeait aucun compte des procureurs et receveurs de la maison, il se déchargeait sans doute de ce soin sur son neveu **Jean de Quittebeuf**, qui fut, en effet, procureur du collège à cette époque, comme il abandonnait la maison aux principaux *à louage* et aux caprices des boursiers. C'était un peu l'*abbaye de Thélème* rêvée par **Rabelais**. Les boursiers en prenaient à leur aise, ils lisaient les livres défendus et plusieurs d'entre eux adhéraient à l'hérésie protestante ou en adoptaient certains principes. Enfin il n'y avait plus de règle; les statuts du fondateur, qui devaient être « lus deux fois par an, à la Toussaint et à la fête de la chaire de saint Pierre, en présence de tous les étudiants des deux maisons et du prieur[1] », étaient enfouis au fond d'un vieux coffre et n'en avaient pas été sortis depuis plus de douze ans. Les boursiers se trouvaient trop bien d'un régime aussi accommodant, pour le faire cesser. Aussi ne s'inquiétèrent-ils en aucune manière des absences prolongées de leur proviseur. Au lieu de lui rappeler l'obligation de la résidence, de le sommer de revenir à son poste ou d'en élire un autre après les six mois d'absence révolus, ils laissaient aller les choses. Mais l'Université s'émut de cette situation; le Chancelier et le Recteur procédèrent à la réformation du collège en nommant d'office un nouveau proviseur, qui fut **Thomas Lamy (1581-1584)**[2].

Il y avait au collège d'Harcourt deux boursiers de ce nom qui se suivirent de très près, en sorte qu'on les a souvent confondus ensemble. L'un est mentionné dans les comptes de 1565 à 1579, et qualifié, en 1573, *docteur en théologie*. L'autre n'apparaît que dans les comptes de 1586 à 1595, avec les titres de prieur du collège et bachelier en théologie. En 1590, il figure sur la liste des Recteurs de l'Université, et nos

1. Article LXXXIII.
2. Bib. nat., *factum* R., p. 12933, in-4º.

factums nous apprennent qu'il intenta un procès au collège d'Harcourt, pour se faire payer les arriérés de sa charge de prieur. Les boursiers, en l'absence du proviseur, transigèrent avec lui, et obtinrent qu'il renonçât à sa bourse, en 1597, quand il devint curé de Noisy-le-Sec, près Paris, en lui abandonnant la jouissance viagère de deux chambres au collège[1]. Évidemment ce n'est pas de ce dernier qu'il s'agit ici, mais du précédent, le **Thomas Lamy**, qui fut quatorze ans boursier du collège et *docteur en théologie* en 1573.

Sa nomination faite ainsi d'autorité, sans le concours des grands boursiers, électeurs officiels du proviseur, va soulever au collège d'Harcourt une double opposition, de la part de l'ancien titulaire et des boursiers. Les procès ne vont pas manquer, ce qui n'effraie pas des Normands, dont **Thomas Bazin**, évêque de Lisieux, disait : « *Populum terræ in lites « et forensia certamina ad quas nimis proclivis et facilis « exsistit concitantes* [2]. »

Olivier de Quittebeuf refusa d'être jugé par le chancelier de l'Université ou son vice-gérant, et porta l'affaire devant le Parlement. Me **Ruellé**, conseiller à la Cour, fut chargé d'instruire la cause. Il interrogea **Quittebeuf** et celui-ci reconnut qu'il avait été pourvu d'un canonicat en l'Église d'Évreux et qu'il était resté plus d'un an absent du collège. Mais il déclara aussi qu'il avait l'intention d'y revenir, parce qu'il voulait mettre en règle ses comptes, et réprimer certains désordres parmi les boursiers. Me **Ruellé** rendit une sentence par laquelle « **Thomas Lamy** était maintenu en la possession « et jouissance de sa provisorerie, et ledit **Quittebeuf** con-« damné aux dépens. » Quant aux comptes à régler, son successeur était chargé de les examiner, même ceux qui concernaient son neveu. Nous trouvons, en effet, la mention d'une somme de 75 livres dues à **Jean de Quittebeuf** en 1578 et qui lui fut payée en 1583[3]. La sentence du juge por-

---

1. Bib. de la Sorb., U. 10, *Réplique*, p. 29; U. 132, n° 7, p. 72.
2. *Hist. Ludovici XI*, cap. ix.
3. Bib. de la Sorb., U. 132, n° 4, p. 34, 35.

tait encore à l'égard d'**Olivier de Quittebeuf**, que ses meubles seraient retenus jusqu'au payement des frais du procès et ordonnait que les statuts du collège seraient lus publiquement et les comptes rendus deux fois l'an. Le proviseur **Lamy** avait ordre d'y tenir la main[1].

Olivier de Quittebeuf, ayant perdu son procès, eut le bon goût de ne pas protester. Il donna sa démission de proviseur, et les boursiers, acceptant la décision du juge, signèrent le procès-verbal dressé par Mᵉ **Ruellé**. Tout semblait fini, lorsque le lendemain ils se ravisèrent, tinrent conseil et nommèrent un autre proviseur, **Jean Dupont**. Ils en appelèrent ensuite comme d'abus de la nomination de **Thomas Lamy** et de la sentence de Mᵉ **Ruellé** en sa faveur. Lamy riposta en appelant de son côté comme d'abus de l'élection de **Dupont**, se fondant sur la prescription formelle des statuts qui dit que « si les boursiers n'ont pas nommé un autre proviseur dans la quinzaine qui suit la vacance de la charge, ils sont privés de leur droit d'élection qui sera dévolu aux approbateurs ordinaires, c'est-à-dire le Chancelier de l'Université, le Recteur et le plus ancien docteur de la NATION DE NORMANDIE (art. LXIX). » L'affaire traîna en longueur et ne fut jugée définitivement qu'en 1583, en faveur de **Thomas Lamy** qui resta proviseur jusqu'en 1584. Mourut-il alors ou fit-il simplement place à son compétiteur **Jean Dupont** ? Nous ne pouvons nous prononcer à cet égard, mais nous voyons le nom de ce dernier figurer à cette date sur la liste des proviseurs et dans le *Registre des Prieurs* du collège d'HARCOURT. C'est aussi tout ce que nous en savons. Il ne fit que passer dans la maison, car nos *factums* se contentent de dire de lui : « On « ne trouve point de comptes rendus du temps de Mᵉ **Jean** « **Dupont** que les parties disent n'*avoir été proviseur que* « *durant quelques mois*, pendant lesquels s'il estait à Paris « on doit croire qu'il a eu sa demeure et vescu dans le col-« lège, ainsi que ses prédécesseurs. »

La France traversait à cette époque une crise redoutable

---

1. Bib. nat., *factum* R., p. 12933.

qui a fait dire à **Estienne Pasquier** : « Quand je me remets
« devant les yeux tout ce qui s'est passé en France depuis le
« mois de mars 1585, je ne pense pas qu'entre les histoires
« tant anciennes que modernes il y en ait jamais eu une plus
« prodigieuse que celle-ci[1]. » Pendant que les protestants
suivaient à la victoire le *panache blanc* du **roi de Navarre**, les
catholiques organisaient la *Sainte Union* et marchaient sous
la conduite du **duc de Guise**. La Ligue, établie dans les provinces, avait son centre à Paris et il était bien difficile de se
soustraire à son influence. L'Université de Paris fut dominée de
bonne heure par les Seize qui, après avoir chassé les docteurs
récalcitrants, poussèrent la Sorbonne à rendre des sentences
favorables à leurs entreprises contre la royauté. C'est ainsi
que la Faculté de Théologie qui, déjà, en 1561, avait laissé
soutenir les propositions avancées de **Tanquerel**, formula,
en 1589, ces deux déclarations : 1° que le peuple du royaume
était délié du serment prêté au roi **Henri III**; 2° que le
peuple pouvait en sûreté de conscience s'armer contre lui
pour la défense de la religion.

Bientôt une troisième déclaration s'ajouta aux précédentes,
en 1590; elle disait en substance que les Français sont tenus
en conscience d'empêcher de tout leur pouvoir **Henri de
Bourbon** de parvenir au trône, même au cas où il rentrerait
au sein de l'Église, parce qu'alors « il y aurait danger de
feintise et perfidie[2]. » Ces doctrines subversives passèrent des
facultés aux collèges, et après la *Journée des Barricades*,
inaugurée par celles que construisirent les écoliers à la place
Maubert, et suivie de la fuite du roi, elles mirent la confusion
dans les écoles. « L'autorité royale, dit **Crévier**, étant anéan-
« tie dans Paris, le trouble et la confusion s'emparèrent de
« la ville et l'Université ne pouvait manquer de s'en ressentir.
« Le rectorat était devenu une place orageuse, dont on crai-
« gnait le danger. Chacun souhaitait d'y dérober sa tête et

---

1. *Lettres*, liv. XVI, t. II, p. 466.
2. A. Douarche, *L'Université de Paris et les Jésuites*, p. 98.
V. aussi P. Robiquet, *Paris et la Ligue*, ch. IV-VII.

« l'on vit pour la première fois un Recteur, **Jean Ion**, con-
« tinuer pendant neuf mois, parce qu'il ne trouvait personne
« qui voulût le relever. Tout bien languissait dans l'Univer-
« sité, les exercices qui tendent à former l'esprit et le cœur
« de la jeunesse, ne se soutenaient plus. L'esprit de sédition
« était le seul signe de vie que donnât, non pas le corps,
« mais un trop grand nombre de particuliers : du reste tout
« était mort[1]. » Mais rien n'égale sous ce rapport la peinture
de la situation de l'enseignement au temps de la Ligue
retracée dans la harangue du Recteur **Roze**, que nous empruntons à la *Satyre Menippée* :

L'Université de Paris, dit-il, vous remonstre en toute obser-
vance, que depuis ses cunabules et primordes (*berceau et commencements*), elle n'a point été si bien morigenée, si modeste et si
paisible qu'elle est maintenant par la grace et faveur de vous autres,
messieurs. Car au lieu que nous soulions (*avions coutume*) veoir
tant de fripons, friponniers, juppins, galoches, marmitons, et
autres sortes de gens malfaisants courir le pavé, tirer la laine et
quereller les rostisseurs de Petit-Pont, vous ne voyez plus personne de telles gens parmi les colleges : tous les supposts qui
tumultuaient pour les brigues de licences ne paraissent plus : on
ne joue plus de ces jeux scandaleux et satyres mordantes aux
eschaffauts des colleges, et y voyez une belle reformation, s'estant
tous les jeunes regens retirez qui vouloyent monstrer à l'envy
qu'ils savoyent plus de grec et de latin que les autres. Ces factions
de maistres ès arts, où l'on se batoit à coups de bourlet et de chaperon, sont cessées, tous ces escholiers de bonne maison, grands
et petits, ont faict gille (*ont fui*)...... Les professeurs publics qui
estoyent tous royaux et politiques, ne nous viennent plus rompre
la teste de leurs harangues, et de leurs congrégations aux trois
évesques, ils se sont mis à faire l'alquemie chacun chez soy ; bref
tout est coy et paisible, et vous diray bien plus, jadis du temps
des politiques et hérétiques **Ramus**, **Galandius** et **Turnebius**,
nul ne faisoit profession des lettres qu'il n'eust de longue main
et à grands fraiz estudié, et acquis des arts et sciences en nos
colleges et passé par tous les degrez de la discipline scholastique.
Mais maintenant par le moyen de vous autres messieurs, et la
vertu de la saincte Union et principalement par vos coups du ciel,
monsieur le lieutenant, les beurriers et beurrières de Vanves, les
ruffiens de Montrouge et de Vaugirard, les vignerons de Sainct-
Cloud, les carreleurs de Villejuifve et autres cantons catholiques

---

1. Crévier, *Hist de l'Univ.*, t. VI, p. 411.

sont devenus maistres ès arts, bacheliers, principaux, présidents, et boursiers des colleges, régens des classes et si arguts philosophes, que mieux que Cicéron maintenant ils disputent *de inventione* et apprennent tous les jours αὐτοδιδάκτως (*spontanément*), sans autre précepteur que vous, monsieur le lieutenant, apprenant, dis-je, à décliner et mourir de faim *per regulas*. Aussi n'oyez vous plus aux classes ce clabaudement latin des régens qui obtondoyent (*assourdissaient*) les oreilles de tout le monde : au lieu de ce jargon, vous oyez à toute heure du jour l'harmonie argentine et le vray idiome des vaches et veaux de laict et le doux rossignolement des asnes et des truyes qui nous servent de cloches *pro primo, secundo et tertio* : nous avons désiré autrefois savoir les langues hébraïque, grecque et latine; mais nous aurions à présent plus de besoin de langue de bœuf salée qui seroit un bon commentaire après le pain d'avoyne [1]. »

On ne pouvait, en termes plus ironiquement explicites, donner une idée de la triste situation des collèges et des études à cette époque, alors que les écoliers les avaient abandonnés, et que ces maisons étaient transformées en casernes et en étables. C'est ce que le docteur Ed. **Richer** rappelle plus gravement quand il dit : « Des soldats espagnols, belges et napolitains,
« mêlés aux paysans des campagnes voisines avaient rempli
« les asiles des Muses d'un attirail de guerre au milieu duquel
« erraient les troupeaux; où retentissait autrefois la parole
« élégante des maîtres de la jeunesse, on n'entendait plus
« que les voix discordantes des soldats étrangers, les bêle-
« ments des brebis, les mugissements des bœufs; en un mot
« les collèges étaient devenus plus infects que les étables
« d'Augias et l'Université plus silencieuse qu'Amycla [2]. »
Quant aux écoliers qui étaient restés, les factieux s'en étaient fait donner les noms et venaient les chercher pour les employer, soit à la défense des remparts de Paris assiégé par **Henri IV**, soit dans la fameuse procession de la Ligue au tombeau de Sainte-Geneviève, où le chef de l'*Église militante*, le Recteur **Roze**, avec le camail et le rochet, portait une épée au côté et une pertuisane sur l'épaule; où 1300 prêtres

---

1. *Satyre Ménippée*, éd. **Labitte**, p. 99.
2. Ed. **Richer**, *De optimo Academiæ Statu* (1603), cité par M. H. **Lantoine**, *Hist. de l'Enseignement secondaire*.

et moines, jacobins, cordeliers, carmes, capucins, minimes et feuillants s'étaient accoutrés de morions et de cuirasses par-dessus leur froc, formant ainsi « une mer ondoyante de « piques, de croix, de hallebardes, de bannières, de casques, « de capuchons, de robes, de cuirasses[1]. »

Procession de la Ligue.

Le collège d'Harcourt participa comme les autres aux saturnales de cette bizarre révolution : il dut envoyer ses boursiers se joindre à ceux qui se promenaient dans Paris, chantant des litanies et des psaumes, et portant des cierges allumés qu'ils éteignaient, sur un mot d'ordre, en s'écriant : Dieu, éteignez la race des Valois[2] ! » Il en portera la peine, puisque, comme nous le verrons, ses biens furent confisqués par le roi pour cause de rébellion, et que l'on destitua son proviseur, un ardent ligueur qui sera à sa tête, après celui dont nous allons rappeler le souvenir.

Jean Dupont eut pour successeur **Marguerin de la**

1. H. Vast, *Hist. de la France*, 1270-1610. Nous devons cette gravure, ainsi que les précédentes, à l'obligeance de **MM. Garnier frères**.
2. P. Robiquet, *Paris et la Ligue*, ch. VII.

Bigne (1585-1597) et voici en quels termes il est désigné dans le *Registre des prieurs* : « Anno domini millesimo quin-
« gentesimo sexto decimo quarto, calendas novembris qui
« divo Lucæ medicorum medico sacer est, omnes bursarii
« theologi comitiis scilicet pridie denuntiatis statim a sacro
« in sacellum convenerunt ubi præside præstantissimo et
« inter omnes primario atque nobilissimo viro magistro nostro
« **Margarino de la Bigne**, doctore theologo atque hujus
« venerabilis collegii provisore sapientissimo, ego **Joannes**
« **Avril** Eugensis (*d'Eu*), diœcesis Rhotomagensis, bursarius
« et sacrosanctæ theologicæ facultatis baccalaureus primi
« ordinis, in priorem domus, nullo reclamante, sum electus
« vel ut liberius dicam prorogatus. Quam electionem Deus
« Opt. Max. vertat in sui nominis gloriam totiusque soda-
« litatis utilitatem [1]. »

Le nouveau proviseur aurait mérité cette solennelle mention par lui-même, si elle n'avait été la formule consacrée alors pour désigner le maître de la maison, car il appartenait à une famille de noble origine et célèbre dans les sciences et les lettres. Les seigneurs de la paroisse de LA BIGNE, petit village du diocèse de BAYEUX, ancien doyenné de VILLERS-BOCAGE, près VIRE (Calvados), remontaient au temps de **saint Louis** et exercèrent plusieurs charges à la cour des rois de France. Nous trouvons aussi parmi les **de La Bigne** deux poètes, deux recteurs d'Université, et plusieurs chanoines. Mais le plus célèbre de tous les membres de cette famille, est **Marguerin de la Bigne**, qui fut à vingt ans, n'étant que maître ès Arts, Recteur de l'Université de Paris (1566). Il eut à défendre les privilèges de la corporation menacés alors par les jésuites qui venaient de fonder le collège de CLERMONT, comme nous l'avons raconté plus haut, et il s'en acquitta avec succès. Devenu chanoine de BAYEUX, il fut chargé par le chapitre de plusieurs missions importantes aux *États de Blois* (1576) et à l'*Assemblée du clergé* à MELUN (1579) ; où il s'éleva avec force contre les abus qui désolaient alors l'Église

1. Arch nat., M. M. 451.

de France, dans laquelle on voyait vingt-huit évêchés vacants, sept cents abbayes en commende, et les revenus de ces bénéfices dévorés par des laïques, des gens de guerre et des femmes. En 1572, il fut appelé à succéder à son oncle maternel **François du Parc**, en qualité de grand doyen du Mans. C'est peu après, en 1575, qu'il publia son grand ouvrage, vrai travail de bénédictin, connu sous le titre de *Bibliotheca Patrum*, où il a réuni plus de deux cents écrits des Pères de l'Église pour réfuter les attaques des *Centuriateurs* de Magdebourg [1]. Ses travaux le retenant ordinairement à Paris, il resta plus de douze ans absent de son doyenné. Aussi le chapitre du Mans, fatigué de l'attendre, cessa d'abord de lui envoyer les quatre chapons qu'il lui offrait chaque année, puis lui intenta un procès, en 1597, pour l'obliger à résider ou à démissionner. Le 23 novembre de l'année suivante le doyen mourut à Paris.

Ce **Marguerin de la Bigne** est-il le même que le proviseur de ce nom ? On le croirait, car les deux personnages vivent et meurent à la même époque, appartenant tous deux à l'Université. Mais la biographie de l'auteur de la *Bibliotheca Patrum* a été retracée par vingt historiens, et tout récemment par **D. Piolin**, qui les a contrôlés et complétés avec soin, et aucun ne parle de son séjour à Harcourt, aucun ne le qualifie proviseur de cette maison. Seul **Morin-Lavallée** mentionne un **Marguerin de la Bigne** *proviseur* et un **Marguerin de la Bigne** *doyen du Mans*[2]. Il fait naître le proviseur à Bernières-le-Patry, tandis que le doyen reçut le jour à Bayeux même, dans la maison de son oncle, l'official du chapitre. D'autre part, nos *factums* mentionnent le **Marguerin de la Bigne** *proviseur*, sans rien dire qui puisse autoriser son identification avec le *doyen du Mans*. Tout au contraire, nous y lisons qu'il figurait dans les comptes du collège d'Harcourt, comme boursier théologien, pendant les années 1562 à 1565, puis à l'année 1586, lorsqu'il reçoit les

---

1. V. sa biographie très complète par D. Piolin, *Notice sur Marguerin de la Bigne*
2. *Essai de Bibliographie Viroise*, p. 143.

comptes en qualité de proviseur, et paye 29 sols au maçon qui avait fait une réparation dans sa chambre[1]. Or, à cette date, le *doyen du Mans* était en Normandie[2]. Nous trouvons aussi dans du Boulay[3], un **Marguerin de la Bigne** cité comme régent d'Harcourt en 1559, ce qui ne peut s'appliquer au doyen qui n'avait alors que treize ans et ne fut maître ès arts qu'en 1566. Or, il fallait être maître ès arts pour remplir les fonctions de régent ou professeur. Enfin le proviseur meurt en 1597, tandis que le doyen meurt en 1598. Nous ne devons pas être surpris de cette coïncidence de nom et de situation, puisque déjà au commencement du xvie siècle, nous trouvons deux **Marguerin de la Bigne**, chanoines de Bayeux, un, premier du nom, en 1505, et l'autre, deuxième du nom, son neveu, en 1523[4]. Nous concluons donc, jusqu'à preuve contraire, à deux **Marguerin de la Bigne** aussi à la fin du xvie siècle, et nous séparons la cause du proviseur de celle du doyen, tout en regrettant de ne pouvoir compter ce dernier parmi les gloires du collège d'Harcourt.

En revanche nous avons à enregistrer les noms de trois Recteurs de l'Université qui lui appartiennent à cette époque, **Jean Deniset**, **Jacques-Marie d'Amboise** et **Philippe Corneille**. **Jean Deniset** occupe cette charge du 10 octobre au 15 décembre 1574. Du Boulay, qui le mentionne comme Harcurien, *collegii Harcuriani*, l'attribue au diocèse de Sens, *Senonensis*, ce qui semblerait indiquer que l'élément normand n'était plus exclusivement employé au collège d'Harcourt. C'est tout ce que nous savons au sujet de ce Recteur.

Nous sommes mieux renseignés sur **Jacques-Marie d'Amboise**, qui professa au collège d'Harcourt de 1576 à 1587, et c'est à ce titre que nous lui donnons place ici. Il appartenait à une bonne famille d'Arles, comme le rapporte

---

1. Bib. de la Sorb., U. 132, n° 3, p. 18, n° 8, p. 31; U. 10, *Réplique*, p. 28.
2. D. **Piolin**, *Notice sur M. de la Bigne*, p. 14.
3. *Hist. Univ. Paris.*, t. VI, table.
4. D. **Piolin**, *Notice sur M. de la Bigne*.

Goujet[1], et il fut de bonne heure envoyé à Paris pour y faire ses études dans l'Université. Après les avoir terminées, il voyagea pour compléter ses connaissances, en Espagne, en Italie et en Sicile. A son retour il professa la rhétorique aux collèges de Sainte-Barbe et de Lisieux, puis la philosophie au collège d'Harcourt, et en même temps au *Collège royal* où il fut nommé en 1576. Nous le voyons aussi figurer sur la liste des Recteurs à deux reprises, en 1576 et en 1587. C'est en cette qualité qu'il fut appelé à défendre les droits et privilèges de l'Université devant le Parlement en 1576, et à participer à la réforme de la Faculté de Théologie, en 1587. On y trouve des défenses curieuses telles que celles qui concernaient le port des longues barbes, comme étant une mode trop cavalière, et la prononciation italienne du latin *dominous, virtous*, au lieu de *dominus, virtus*[2]. **Jacques d'Amboise** compta parmi ses élèves plusieurs jeunes gens de grande famille, en particulier **Louis de Gonzague**, duc de Nevers et prince de Mantoue, dont **Henri IV** lui avait confié l'éducation. Il mourut en 1611 et fut inhumé à la Sorbonne à laquelle il avait laissé sa bibliothèque. Outre ses harangues, il est l'auteur de plusieurs traités philosophiques sur les écrits d'Aristote[3].

Quant à **Philippe Corneille**, qui appartient aussi au collège d'Harcourt, il fut Recteur de l'Université du 10 octobre au 16 décembre 1586. Nous ne savons pas autre chose de lui que ce qu'en dit **du Boulay** : *Philippus Corneille de collegio Harcuriano*. Nous voudrions pouvoir le rattacher à la famille de l'illustre poète, mais aucun document ne nous y autorise. Nous mentionnerons encore son successeur **Jean Avril**, qui fut Recteur de l'Université du 16 décembre 1586 au 24 mars 1587. Il était du diocèse de Rouen, né au pays d'Auge, *Augensis*, et il fit ses études au collège d'Harcourt, où il devint prieur et bachelier en théologie. **Du Boulay**

---

1. *Mémoire sur le Collège royal*, t. II, p. 74.
2. Du Boulay, *Hist. Univ. Paris.*, t. VI, p. 790. — **Crévier**, *Hist. de l'Univ.*, t. VI, p. 395.
3. Goujet, *Mémoire sur le Collège royal*.

qui nous donne ces détails cite une pièce de vers composée pour célébrer son élévation au rectorat, par un de ses amis, **Théodore Marcile**, qui fut aussi professeur au collège d'Harcourt, à cette époque, et, plus tard, professeur au *Collège royal* (1602-1617)[1] :

> Ver anni redit, ac tellus aperitur Aprili,
> Menses ante alios quem Cytherea colit.
> Sic lætum renovat tibi ver, Academia, et annum
> Ter felici aperit sidere **Daurilius**.
> Quem nunc, ut meritus, Rectoria purpura vestit ;
> Purpura, qua nunquam clarior ulla fuit.
> Talibus ex humeris nam luce augetur et auget :
> Vir decus hic vesti, vestis ut ipsa viro est.
> Ter felix tali Rectore Academia, tali
> Rector item felix auctior imperio.
> Plaudite felices quibus est Academia mater,
> Plangite quos illa ut saeva noverca fugit.
> Aurea felici remeabunt alite sæcla :
> Dis odio et terris ferrea turba vale.
> **Daurilius** rosea perfundens omnia luce,
> Litigiis major, major et invidia est[2].

Toutefois nos *factums* nous apprennent que **Marguerin de la Bigne** laissa, comme **Quittebeuf**, le collège à l'abandon. « Les boursiers, y est-il dit, entreprirent, sous le temps « de **la Bigne**, durant les grandes confusions du royaume à « raison des guerres civiles, de recevoir les comptes et dis- « poser des biens du collège à leur profit, selon leur fan- « taisie... Du 29 novembre 1585 au 10 avril 1599, il n'y a « eu que confusions et désordres dans le collège, et on ne « voit aucun compte réglé ni rendu avec ordre, et le peu de « boursiers théologiens qui restaient s'étaient emparés des « revenus du collège et de son administration, ou parce que « le proviseur était absent, ou parce qu'il n'y avait aucun « ordre ni discipline[3] ». Notons cependant deux fondations à cette époque, celle des deux frères **Jacques** et **Guillaume Rondin**, boursiers du collège, en 1580, et celle de **Nicolas**

---

1. Goujet, *Mémoire sur le Collège royal*, t. II, p. 131.
2. Du Boulay, *Hist. Univ. Paris.*, t. VI, p. 917.
3. Bib. de la Sorb., n° 4, p. 23.

Christianon, curé de Saint-Innocent, en 1591. Enfin un dernier fait, qui éclaire la situation du collège au même temps, c'est la restitution des biens du collège d'Harcourt, en 1595, qui avaient été confisqués par le roi comme bien de rebelles, c'est-à-dire de *ligueurs*. Nous avons retrouvé aux Archives nationales les actes de mainlevée du fisc sur ces biens par lettres patentes du roi, et nous en donnons la copie dans nos *documents annexes*. C'est au prieur du collège, **Thomas Lamy**, distinct du proviseur de ce nom dont nous avons parlé plus haut, au principal **Denys Guillot** et aux boursiers que ces lettres patentes sont adressées, ce qui prouve encore l'absence du proviseur **de la Bigne**.

A la mort du proviseur **Marguerin de la Bigne**, le ligueur **Raoul Nepveu** fut élu pour lui succéder (1597-1598). Déjà auparavant la Ligue avait eu au collège d'Harcourt un de ses plus fougueux représentants, en la personne de **Georges Critton**, qui y professait les humanités, en 1583.

Critton était un Écossais, né en 1555, qui vint de bonne heure étudier à Paris. Il arriva de son pays sans ressources, n'ayant sur sa route pour nourriture que les fruits ou les épis de blé qu'il pouvait cueillir, et pour abri que la chaumière ou l'étable qui lui servait de refuge. Il trouva moyen de se faire admettre comme boursier au collège de Boncourt où il commença sa théologie, puis il apprit le droit et alla l'enseigner à Toulouse. Il en revint, en 1582, prit le grade de docteur en droit et entra dans le barreau. Voyant qu'il ne réussirait pas à s'y faire une place avantageuse, il se tourna du côté de l'enseignement et obtint une chaire au collège d'Harcourt, en 1583, par la protection de son compatriote **Jean Hamilton** qui devint Recteur de l'Université, en 1584[1]. Nous avons encore la harangue que **Critton** prononça en prenant possession de sa chaire de régent. Il observe, en commençant, que l'Université est fort dépeuplée, *auditorum in Academia est parcitas*, puis il rappelle qu'il doit à **Jean**

---

1. Goujet, *Mémoire sur le Collège royal*. — Niceron, *Mémoires*, t. XXXVII, p. 346.

Hamilton la position qu'il occupe, et, se comparant aux compagnons d'Ulysse qui oubliaient leur patrie chez les Lotophages, il déclare qu'il se trouvait si bien à Paris qu'il perdait le souvenir de son pays, surtout depuis qu'il lui était permis de s'adonner à l'enseignement de la jeunesse. Au lieu de l'aridité du droit qu'il avait appris et professé à Toulouse, il a le bonheur de s'entretenir avec Cicéron, Térence, César et Salluste, *dici non potest quanta perfundebar voluptate, cum Cicerone, Terentio, Caesare, Sallustio colloquens*. Il ressemble au navigateur qui entre au port après un long voyage, où il a été en proie au mal de mer, aux assauts des vents et aux violences de l'hiver; enfin il va se délasser dans les agréables jardins des humanités et en savourer les fruits délicieux. Il fait l'éloge de l'étude des lettres et des hommes distingués qui les enseignent, parce qu'elles sont la base des autres sciences, en particulier de la science du droit, suivant l'axiome qui dit : *nemo bonus legista, nisi prius bonus humanista*. Il célèbre les noms de plusieurs professeurs remarquables, et parmi eux figurent ceux de **Bossulus** qui fut principal du collège d'Harcourt sous **Marguerin de la Bigne**, et de l'Harcurien **Jean Deniset**, dont nous avons parlé plus haut, qui devint Recteur de l'Université, en 1574. Il termine naturellement en glorifiant le collège d'Harcourt dont la réputation est si bien établie, dit-il, qu'il ne s'agit plus de l'augmenter mais de la conserver, *tanta Harcuriani nominis fama concitata, ut non tam illi de parta existimatione augenda quam de eadem conservanda*. Comme témoignage de cette réputation, il rappelle que c'est de préférence au collège d'Harcourt que le roi **Henri III** avait choisi un précepteur pour son neveu[1]. Il s'agit de **Jean de Rouen**, qui fut professeur de rhétorique au collège d'Harcourt, précepteur du duc d'Angoulême, un fils naturel de **Charles IX**, et Recteur de l'Université en 1575. Son biographe nous dit qu'il fit pendant trois ans la classe à quatre cents élèves au collège d'Harcourt, car

---

1. Georgii Crittonii *Oratio Luteciæ habita in Collegio Harcuriano*.

on n'estimait pas savoir la rhétorique si on n'avait pas suivi ses leçons[1].

Critton professa ensuite aux collèges de Boncourt et de Lisieux, puis son dévouement à la cause de la Ligue le fit nommer par le **duc de Mayenne** professeur de langue grecque au *Collège royal*, en 1595. Aussi quand il fut question de la réforme de l'Université, sous **Henri IV**, il se signala par son opposition à ce projet. Il voulait que l'on conservât les *Minervalia*, qui se célébraient encore dans les collèges à la fin du XVIe siècle, comme au temps de **Louis XI**. Pendant plusieurs jours, au commencement de chaque semestre, sous prétexte de payer à leurs maîtres la rétribution convenue, les écoliers désertaient les classes et se livraient à des festins et à des débauches qui étaient une source de désordres, dont les suites ne manquaient pas d'être fâcheuses. Ces *Minervales* étaient, dit un écrivain du temps, de vraies bacchanales, *bacchanalia cum minervalibus commisceantur*[2]. Les maîtres se mêlaient à leurs élèves et par leurs exemples encourageaient leurs excès. Ils mettaient, comme on dit, la main à la pâte, en préparant eux-mêmes les banquets, se transformant en boulangers, bouchers, cuisiniers, échansons, faisant fonction de plats valets, *doctores classicos esse pistores, listas, lanciones, pincernas; quid dicam? Servos omnium abjectissimos*, et banquetant avec accompagnement de chants, de guitares, de flûtes et de tambours. On conçoit que les réformateurs de l'Université fussent décidés à supprimer de telles réjouissances. **Critton** cependant s'y opposa et sa résistance fut telle que le Parlement dut intervenir pour faire cesser la querelle qu'il souleva contre le censeur **Richer**, au sujet des réformes projetées. Il ne fut pas plus heureux dans les thèses qu'il présenta pour se faire agréger à la faculté de droit, en 1607. Il finit cependant par y être admis, en 1609, et il mourut, en 1611, à l'âge de cinquante-six ans, ne laissant après lui que des harangues et des poésies latines composées pour diverses circonstances.

1. V. P. **Martin,** *Athenæ Normannorum.*
2. Claude **Mignault,** *De Liberali Institutione*, p. 15.

Ce ligueur contribua avec ses partisans dans l'Université à faire nommer l'un d'eux, **Raoul Nepveu**, proviseur du collège d'Harcourt, en 1597. Celui-ci, originaire du diocèse de Rouen, avait été boursier, puis principal du collège d'Harcourt, et, en cette qualité, il s'était approprié, en l'absence du proviseur, la jouissance du fief de Raffouel, qui, comme nous l'avons vu, appartenait au collège[1]. A l'âge de vingt-six ans, n'étant encore que bachelier en théologie, il arriva au rectorat, en 1596, et faute de candidats, se fit proroger l'année suivante. Les historiens de l'Université lui attribuent un règlement particulier au sujet du vote dans les Nations qui composaient la Faculté des Arts. Il fit adopter, dans une assemblée générale, que pour jouir du droit de suffrage il faudrait avoir régenté quatre ans ou être gradué dans les facultés supérieures. C'était un moyen d'éviter les brigues, en diminuant le nombre des électeurs, mais aussi de préparer pour lui-même une nouvelle prorogation de son mandat. **Raoul Nepveu** réussit, en effet, à se faire élire Recteur une troisième fois. Mais ce ne fut pas sans peine, car un certain **Pierre Jamin** qui avait posé sa candidature, mécontent d'être évincé par une violation des statuts de l'Université, combattit l'élection de **Nepveu** avec une telle violence, que le commissaire du quartier dut intervenir pour apaiser la querelle. L'affaire fut portée au Parlement qui entendit les deux parties. **Jamin** accusait **Nepveu** de s'être fait nommer contrairement aux statuts et d'avoir forcé la main aux électeurs, et **Nepveu** accusait **Jamin** de s'être vanté d'avoir étudié la théologie et enseigné le droit en Espagne avec tant de succès qu'il comptait plus de cinq mille auditeurs à ses leçons et de l'avoir traité d'ignorant, parce qu'il ne pouvait pas en dire autant. Cette question de *châteaux en Espagne* fut tranchée par le Parlement de la manière la plus simple : il annula l'élection de **Nepveu**, repoussa les prétentions de **Jamin**, et prescrivit aux Nations de choisir un autre Recteur qui ne serait aucun des deux compétiteurs. Afin de prévenir tout

---

1. Bib. de la Sorb., U. 132, n° 7, p. 34.

— 249 —

tumulte, il envoya le lieutenant civil et le procureur du roi au Châtelet présider à l'élection. Ce fut **Jean Ion**, dont nous avons déjà parlé plus haut, que l'on choisit à la place de **Nepveu**[1]. Celui-ci n'allait pas tarder à essuyer une autre disgrâce.

En effet, **Henri IV** venait de pacifier la France par le fameux *Édit de Nantes* et il s'occupait de la réforme de l'Université. En attendant l'élaboration définitive du nouveau plan d'études qu'il voulait lui appliquer, on procéda à l'épuration des universitaires trop compromis dans les troubles de la Ligue. De ce nombre fut le proviseur d'Harcourt, **Raoul Nepveu**. En 1598, **Jean du Vivier**, chancelier de Notre-Dame, **Charles Lerouge**, recteur de l'Université, et **Jean Tourneroche**, syndic de la Faculté de théologie, furent députés par le Parlement en qualité de supérieurs et réformateurs du collège d'Harcourt, pour procéder selon les formes à la déposition de **Nepveu** et à l'élection de son successeur.

Le procès-verbal de cette déposition, conservé dans les archives de l'Université, nous apprend que le ligueur **Nepveu** refusa de se soumettre à la sentence qui le frappait. N'ayant pas voulu céder aux injonctions répétées du prieur **Picquelin** qui lui enjoignait de se retirer, les boursiers électeurs s'en allèrent délibérer dans une autre salle contiguë à la chapelle, où ils s'enfermèrent. Mais alors de nouveaux incidents se produisirent. Le boursier **Legot** forma opposition à l'élection d'un autre proviseur, puis on s'aperçut que l'on n'était pas en nombre, trois des grands boursiers manquaient. Trois autres boursiers furent désignés pour les remplacer et, aussitôt introduits, on procéda à l'élection. Après le chant du *Veni creator*, pour invoquer l'assistance du Saint-Esprit, le prieur exhorta les boursiers à choisir un homme recommandable par sa sagesse, sa science et son honorabilité. Les suffrages se portèrent sur la personne de **Georges Turgot**, mais non sans rencontrer l'opposition des deux boursiers **Legot** et

---

1. Du Boulay, *Hist. Univ. Paris.*, t. VI, p. 896. — Crévier, *Hist. de l'Univ.*, t. VII, p. 22.

Papavoyne. La majorité était acquise à **Turgot** qui fut proclamé proviseur à la place de **Nepveu**. Aussitôt après, le Chancelier de l'Université **Jean du Vivier**, assisté du Recteur **Lerouge** et du syndic **Tourneroche**, par mandement spécial confirma l'élection et chargea le plus ancien boursier de mettre le nouveau proviseur en possession *corporalis, realis et actualis* de sa charge, suivant le cérémonial accoutumé.

Quel était ce cérémonial? Il consistait à recevoir l'élu à l'entrée de la chapelle avec aspersion de l'eau bénite, à le conduire devant le maître-autel où il récitait à genoux certaines prières, puis baisait l'autel. De là on le menait au siège d'honneur réservé, à droite, aux proviseurs et on l'y faisait asseoir; il recevait les clefs de la maison, touchait la porte principale et sonnait, en passant, la cloche de la communauté. La cérémonie se terminait, en signe de joie, par le chant du *Te Deum* et l'un des boursiers déclarait à haute voix devant les assistants que la prise de possession était accomplie[1].

1. Bibl. de la Sorb., *Arch. de l'Université*, cart. 16. Voir cette pièce aux *documents annexes*.

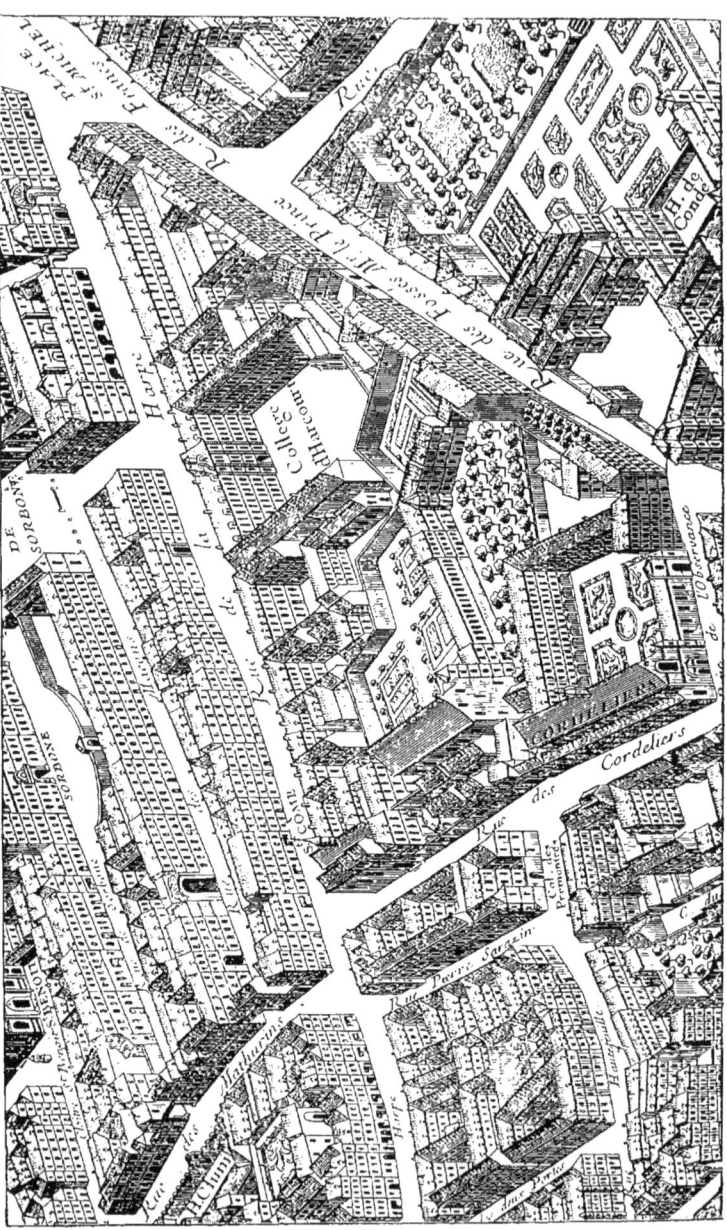

CHAPITRE V.

LE COLLÈGE D'HARCOURT AU XVIIᵉ SIÈCLE.

(Quatrième siècle harcurien.)

La réforme de l'Université à la fin du XVIᵉ siècle. — Les proviseurs Turgot et Padet rendent au collège d'Harcourt son ancienne prospérité. — Établissement de la communauté des pensionnaires. — Luttes contre les Jésuites. — Une tentative de sécularisation de l'enseignement. — Les solennités harcuriennes. — Le panégyrique du roi Louis XIII au collège d'Harcourt. — L'organisation du collège. — Provisorat de Mᵉ Fortin. — Querelles avec les boursiers ; un coup d'état scolaire. — Une révocation de principal. — Constructions nouvelles. — Les revenus du collège. — Le gallicanisme au collège d'Harcourt. — Provisorat de Mᵉ Jean Le François. — La déclaration de 1682 et le Cartésianisme. — Acquisitions nouvelles. — La comptabilité et l'aspect du collège. — Visites de personnages illustres ; élèves remarquables ; les compliments de des Authieux ; discours de rentrée des classes. — Le théâtre au collège d'Harcourt. Tragédies de *Boëce*, *Romulus*, *Sédécias*.

Nous avons laissé le collège d'Harcourt au moment où, à la fin du XVIᵉ siècle, il était remis entre les mains du proviseur **Georges Turgot**, en 1599, après la déposition du ligueur **Raoul Nepveu**. Avant de suivre ses destinées sous cette nouvelle direction, nous devons dire un mot de la réforme que **Henri IV** entreprit alors dans l'Université. Comme l'a dit un historien de l'enseignement, « le nouveau roi de
« France, sans être un érudit, n'était pas étranger à toute
« culture ; il avait été nourri aux lettres grecques dès son en-
« fance ; il n'ignorait pas surtout que le plus solide appui
« d'un gouvernement qui se fonde repose sur l'instruction[1] ».
Aussi, raconte **de Thou**, « dès que Paris fut rentré dans
« l'obéissance du roi, ce prince, après avoir rétabli le bon
« ordre dans cette capitale et fait revenir le Parlement, avait
« songé à réformer l'Université, dont la discipline avait beau-

[1]. H. Lantoine, *Hist. de l'Enseignement secondaire*, p. 5.

« coup souffert pendant les guerres civiles; il chargea de ce
« soin **Renaud de Beaune**, archevêque de Bourges, grand-
« aumônier de France, aussi recommandable par sa science
« que par son expérience consommée; et dès lors, de concert
« avec quelques autres commissaires nommés par Sa Majesté,
« ce prélat travailla avec zèle à cette réforme. Ils consultèrent
« pour cela les doyens et les principaux aux Arts, en Méde-
« cine, en Droit et en Théologie, et surtout le Recteur. Ce fut
« de leur avis, qu'après avoir reconnu par la lecture l'examen
« des lois et statuts donnés, cent cinquante ans auparavant,
« sous **Charles VII**, par le cardinal d'**Estouteville** pour la
« réforme de la même Université, qu'il était important, pour
« le progrès des sciences, d'y faire quelques additions, expli-
« cations et changements, on dressa de nouvelles lois, de
« nouveaux statuts, qui, en vertu de lettres patentes de Sa
« Majesté furent homologués au Parlement le 3 septembre
« 1598. La Cour commit en même temps le président de
« **Thou, Lazare Coqueley** et **Édouard Molé**, conseillers,
« pour procéder à l'exécution [1] ». On dit aussi que les
doyens des Facultés, les procureurs des Nations, les proviseurs
et principaux des collèges furent consultés au sujet de cette
réforme, élaborée pendant trois ans, c'est-à-dire à partir de
1595. Par conséquent, le proviseur **Turgot** et son principal
Padet durent être appelés à donner leur avis dans les projets
qui furent discutés devant les commissaires royaux. C'est
bien, en effet, du pouvoir civil qu'émane cette entreprise de
réformation. Jusque-là l'autorité pontificale ou ecclésiastique
en avait pris l'initiative et conservé la direction; mais cette
fois elle n'apparaît point, et le chef de l'État seul intervient.
Toutefois les droits de l'Église furent respectés, parce que l'on
n'osa pas faire la réforme aussi radicale qu'elle était proposée
par certains auteurs, qui voulaient réduire à huit les cin-
quante-huit collèges ou écoles de l'Université de Paris [2]. Les

---

1. **De Thou**, *Hist. univ.*, liv. CXXIII, p. 449, Éd. de Londres.
2. V. le curieux Mémoire de M. l'abbé **Rance** sur *La Réforme de l'Université de Paris sous Henri IV*.

cinquante collèges mis ainsi à l'écart, et celui d'HANCOURT était du nombre, devaient servir à loger et à nourrir les petits boursiers qui suivraient les leçons des grands collèges affectés au *plein exercice*, parce qu'ils étaient plus vastes et mieux situés. Mais on renonça à ce partage parce qu'on craignit d'agir contre les intentions des fondateurs de ces maisons, dues, pour la plupart, à des personnages ecclésiastiques et confirmées par des bulles du Saint-Siège. Il importait alors de ne pas s'aliéner ce dernier, comme le dit l'auteur d'un projet de réforme[1], attendu que « nous n'estions pas encore en bon mesnage avec le Saint-Père, » car l'absolution du roi ne fut prononcée qu'à la fin de 1595.

La réforme porte sur toutes les Facultés; mais nous n'avons à nous occuper que de ce qui concerne l'organisation des collèges.

Elles recommande d'abord aux chefs des maisons d'enseignement de choisir des maîtres estimables par leur science, leurs mœurs et leur zèle pour l'instruction de la jeunesse. Ils devront encore veiller à ce que leurs élèves remplissent leurs devoirs religieux envers Dieu et leurs devoirs sociaux envers le roi et les magistrats.

Au point de vue de la *discipline*, les nouveaux statuts prescrivent aux maîtres une fermeté aussi éloignée des pratiques brutales des anciens temps, remarque M. **Lantoine**, que d'une indulgence excessive; et aux élèves le respect et la soumission envers leurs maîtres. Ces mesures plus douces étaient sans doute inspirées par les protestations de **Rabelais** et d'**Érasme** contre l'abus de la fustigation[2].

Le *latin* est toujours la langue classique par excellence; les écoliers ne doivent pas parler français, et un surveillant est chargé de dénoncer au chef de la maison ceux qui manqueraient à cette obligation, pour qu'ils soient punis. Les auteurs suivis dans les classes sont les mêmes que nous avons déjà

---

1. *De l'Estat de l'Université et des moyens de la régler*, cité par M. Rance.
2. H. Lantoine, *Hist. de l'Enseignement secondaire*.

mentionnés au chapitre précédent, c'est-à-dire en latin les prosateurs : **Cicéron, Salluste, César, Quintilien**, et les poètes : **Térence, Virgile, Ovide, Horace, Catulle, Tibulle, Properce, Perse, Juvénal** et même **Plaute**; en grec les poètes : **Homère, Hésiode, Théocrite, Pindare**, auxquels on ajoute un peu de **Platon**, de **Démosthène** et d'**Isocrate**. Tous les samedis, revision des leçons apprises et interrogations sur les divers points de l'enseignement de la semaine ; tous les samedis aussi, remise au chef du collège des devoirs de la semaine. Il y a six heures de classes par jour, dont une heure pour les préceptes, et les autres pour lire, étudier, apprendre, imiter les auteurs classiques. Deux heures aussi sont réservées, une le matin, et une autre l'après-midi, pour composer des vers ou des morceaux de prose. Le nombre des classes est de six, et on n'y parle pas encore de la *seconde*, d'après un arrêté de 1599, concernant le collège de Narbonne[1]. Cette dernière classe n'apparaît qu'à la fin du xviie siècle.

La *philosophie*, réduite à deux années, est encore celle d'Aristote, mais dégagée des étroitesses de la scolastique. Le professeur doit expliquer le texte, non plus grammaticalement, comme autrefois, mais philosophiquement, *Aristotelis contextus philosophorum non grammaticorum modo exponatur, ut magis pateat rei scientia, quam vocum energia*[2]. Les disputes publiques sont maintenues dans les collèges pour la première année de philosophie, et à la rue du Fouarre, pour la seconde année.

Les mathématiques n'avaient pas plus de place, ni n'acquéraient plus d'importance qu'auparavant. On ne parle dans les nouveaux statuts que d'enseigner, à dix heures du matin, aux écoliers de philosophie, la *sphère* avec quelques livres d'**Euclide**.

Les banquets dits *Minervalia* étaient abolis, les rétributions aux professeurs et les frais d'examens diminués, le prix de la

---

1. D. **Félibien**, *Hist. de Paris*, t. V, p. 800.
2. *Reform. Univ.*, art. xlii.

pension, fixé à cinq ou six écus d'or au soleil pour chaque maitre. On renouvelle les anciens règlements sur les personnes qui peuvent habiter les collèges, sur l'obligation des proviseurs, principaux et régents de résider dans la maison et d'y prendre leurs repas avec leurs élèves ; de les préserver du contact des vagabonds ; de porter le costume de leur état ou de leur emploi, c'est-à-dire la robe longue et le bonnet carré. Les défenses de 1452 sur les vêtements et la tenue des élèves sont rappelées et maintenues. Il est recommandé au chef du collège d'avoir un bon portier, qui veille à ce que les élèves ne sortent pas sans permission.

Enfin la visite ou l'inspection des collèges sera faite quatre fois par an, le premier mois de son entrée en charge, par le Recteur assisté des quatre censeurs des Nations.

Telle est, en substance, la réforme de 1598, qui marquait un progrès dans l'enseignement classique, malgré ses lacunes et ses imperfections, et qui, « devait, dit M. **Compayré**, jusqu'à la Révolution française régir l'enseignement secondaire dans l'Université de Paris [1]. » Elle fut promulguée avec un certain apparat le 18 septembre 1600, aux Mathurins, et l'historien **Crévier** lui rend justice en ces termes : « Pour les
« humanités, rien n'était mieux entendu que les articles du
« règlement prescrit par **Henri IV**; les auteurs originaux
« sont seuls recommandés, et les meilleurs ; les livres, ou de
« l'antique barbarie, ou, au contraire, de nouvelle fabrique
« et récemment introduits dans les écoles, sont proscrits.
« L'étude de la langue grecque est jointe à celle du latin, qui
« mérite, sans doute, d'être cultivé de préférence; enfin ce
« n'est qu'après avoir parcouru le cercle complet des études
« que les écoliers entreront en philosophie [2]. »

Le proviseur **Turgot** eut à appliquer cette réforme au collège d'Harcourt. Il appartenait à la noble famille de ce nom, qui était venue d'Écosse s'établir en Normandie au temps des Croisades, et qui a donné à la France un certain nombre de

---

1. G. Compayré, *Hist. critiq. des Doctrines de l'Éducation en France*, p. 432.
2. Crévier, *Hist. de l'Univ.*, t. VII, p. 64.

prélats, d'officiers, de magistrats et d'hommes d'État renommés. Les documents du collège l'attribuent au diocèse de Séez et le font naître dans la vicomté de Falaise, ce qui semble d'accord avec les titres de seigneur de Desmonville et de Tourailles, dans l'Orne, qui lui sont donnés par certains biographes[1]. Son épitaphe, que nous avons retrouvée, porte : *Georgius Turgot, dominus de Desmonville*[2]. Il était fils de **Louis Turgot**, qui eut vingt-deux enfants, et frère de **Charles Turgot**, abbé de Saint-Nicolas, en Caux, qui fut conseiller-clerc au Parlement de Rouen. Plusieurs aussi de ses parents furent officiers du roi[3]. Il avait été élève d'Harcourt sous les proviseurs **Dupont et de la Bigne (1584-1587)**, et s'était fait recevoir bachelier, puis licencié en théologie. Il devint official de l'abbaye de Saint-Germain-des-Prés : c'est sans doute en cette qualité qu'il connut le moine du **Breul** et le renseigna sur le collège d'Harcourt[4].

Quand il prit possession du collège d'Harcourt, il le trouva dans une triste situation. Les absences de ses prédécesseurs avaient, comme nous l'avons dit, mis le désordre dans la maison et préparé sa ruine, en laissant les boursiers disposer sans contrôle des bâtiments et des revenus du collège. « On ne « voit, dit un de nos *factums*, qu'un seul compte signé par « **Marguerin de la Bigne**, qui est du 11 août 1586, à la fin « de laquelle année les boursiers théologiens entreprirent de « recevoir un compte du collège le 29 novembre 1586. D'où il

---

1. V. **Huet**, *Origines de Caen*. — *Le Moreri normand*, et **Toustain de Billy**, *Hist. du Diocèse de Coutances*, p. 171.
2. Bib. nat.,Ln.^{27} 19905. Voir plus loin, p. 273.
3. Bib. de la Sorb., U. 132, n° 3, p. 16, et **Toustain de Billy**, *ut supra*.
4. **Du Breul**, *Antiq. de Paris*, p. 645. On sait que Dom Jacques du Breul, bénédictin de l'abbaye de Saint-Germain-des-Prés, composa la *Notice* qu'il a consacrée au collège d'Harcourt dans ses *Antiquitez de Paris*, d'après les documents que lui fournit le proviseur **Turgot** qui était *official*, c'est-à-dire vicaire général de l'abbaye et membre du tribunal ecclésiastique chargé de juger les causes de ses administrés. M. l'archiviste **Bruel** a donné sur **du Breul** et ses travaux une *Notice historique et critique* très érudite, dans la *Bibliothèque de l'École des Chartes*, 29e année, t. IV, 6e série, 1868, p. 56 et 479.

« est aisé de juger ou que le proviseur estoit absent du collège,
« ou qu'il n'y avoit aucun ordre ni discipline, et depuis ce
« temps jusqu'au 10 avril 1599, il n'y eut que confusions et
« désordres dans le collège, et on ne voit aucun compte réglé ni
« rendu avec ordre; quelques boursiers théologiens s'estoient
« emparez des ressources du collège et de son administration
« et en auroient mis les revenus en tel état que si M. **Turgot**
« ne fust venu pour faire cesser ces maux par sa prudente et
« généreuse conduite, le collège d'Harcourt n'auroit ny basti-
« mens ny revenus[1]. » C'est ce que répètent à plusieurs
reprises nos documents, insistant sur les efforts que fit
G. Turgot pour relever le collège. Voici ce qu'il écrivait lui-
même à ce sujet dans un *Registre des comptes* de la maison :
« *Cum statim a mea in provisoriatum assumptione, quae fuit*
« *15 aprilis 1599, videns hujus collegii negotia plurimum*
« *deplorata, collabentia hinc et illinc aedificia, insuper et in-*
« *frugifera pene passim et ubique nostra praedia, cogitassem*
« *de restauratione universae domus, disjungendas esse censui*
« *pridem neglectas rationes et computa plerumque procurato-*
« *rum*[2]. » Pour y remédier, s'inspirant des statuts du collège
de Séez, qui, en cas de guerre, de disette, ou d'autre fléau
menaçant la maison de la ruine, autorisaient son chef à diminuer les bourses et les distributions pécuniaires faites à l'occasion des messes et des obits, jusqu'à ce que la situation fût
meilleure, **G. Turgot** supprima certaines distributions de la
chapelle pour payer les dettes du collège d'Harcourt. Il eut à
soutenir une lutte sur ce point avec le boursier **Pierre le
Landais**; mais le Parlement, devant qui l'affaire fut portée,
lui donna gain de cause. Il ne voulut pas cependant que les
boursiers souffrissent de cette réduction, car il distribua à
onze d'entre eux 36 livres et vint en aide par des gratifications
personnelles à ceux qui étaient sans ressources pour payer les
frais de leurs examens de théologie. Puis il s'occupa de corriger les abus, en éliminant les boursiers qui avaient dépassé

---

1. Bib. de la Sorb., U. 132, n° 4, p. 23.
2. Bib. de la Sorb., U. 132, n° 7, p. 44 et suiv.

le temps fixé par les statuts, qui possédaient des bénéfices suffisants pour vivre, ou qui étaient incapables de conquérir leurs grades théologiques. Il supprima aussi les principaux *à louage*, et, pour l'aider à réorganiser et diriger la maison, il s'adjoignit successivement, comme principaux, **Romain du Feu, Adrien Behotte, Jean Guénon, Jean Auber, Jean Grangier**, qui tous ont dû être des hommes remarquables, d'après ce que nous savons pour plusieurs d'entre eux. Il fit également choix de régents distingués, tels que **Boujonnier, Bourbon, Frey, Guérin, Liénart, Padet, Petit-Pied, Quintaine, de Rouen, Tarin, Valens**, dont nous retrouvons les noms parmi les professeurs célèbres de l'époque. Grâce à ces heureuses recrues, les pensionnaires ne tardèrent pas à affluer au collège d'Harcourt, et le proviseur **Turgot** put alors donner suite à une autre réforme qu'il méditait. Il s'agissait de faire revivre « l'ancienne coutume de nourrir les pensionnaires en commun, prescrite par les statuts de l'Université et par les arrêts du Parlement, qui ordonnent expressément qu'ils soient tenus et nourris par le supérieur de chaque collège, et il marque l'arrêt de 1577, qui porte en termes formels que les principaux et supérieurs nourriront les pensionnaires et les régents [1] ». Comme il avait supprimé les principaux *à louage*, il affranchit les régents, auxquels il assura des honoraires convenables, de l'embarras d'avoir à s'occuper du ménage, et de la nourriture des pensionnaires, ainsi qu'on le pratiquait à cette époque. Les noms de quelques-uns de ces pensionnaires qui nous sont parvenus prouvent, par leur notabilité, la bonne réputation dont jouissait le collège, car ils s'appellent les trois frères **de Thou**, sans doute les fils du fameux historien, **François-Auguste de Thou**, l'aîné, qui succomba dans le procès de **Cinq-Mars**, et ses deux frères **Achille-Auguste de Thou**, qui fut conseiller au Parlement de Bretagne et **Jacques-Auguste de Thou**, baron de Meslay, qui devint président aux enquêtes du Parlement de Paris [2].

---

1. Bib. de la Sorb., U. 132, n° 8, p. 10.
2. Préface de l'*Hist. universelle*, Éd. de Londres.

Ce sont encore les pensionnaires **Fabry**, **Petau**, **Medavid** et **Turgot**, Ce dernier est évidemment un neveu ou parent du proviseur. Nous ne connaissons pas les autres, sauf le nom de **Petau**, qui pourrait bien être de la famille d'où est sorti le célèbre **Denys Petau**. Nous savons, en effet, que, le second et le mieux doué de ses cinq frères, il fut envoyé, par son père, à Paris, pour y achever ses études et prendre ses grades à l'Université. Nos *factums* se plaisent à représenter le proviseur **Turgot** comme un homme « intelligent et sérieux, solide et pénétrant, remarquable par la vivacité de son esprit et la fermeté de son caractère, qui savait prendre et accomplir une bonne résolution. » Il le montra bien quand il entreprit de restaurer la maison, en y ramenant des boursiers et des pensionnaires, en relevant la discipline, en régularisant les revenus et les dépenses. Toutefois ce retour au bon ordre ne s'effectua pas sans lutte : les boursiers avides, au dedans, et le proviseur évincé, le ligueur **Nepveu**, au dehors, suscitèrent plus d'un embarras et pendant plusieurs années, au courageux **Turgot**. Mais il en triompha par son énergie, et le prieur d'Harcourt, **Louis Benoist**, a pu faire de lui ce bel éloge : « Il acquitta les dettes du collège, assoupit les procès, répara les maisons, rétablit les héritages et les biens de la maison, en augmenta les revenus et y appela des hommes studieux[1]. »

Ce qu'affirme le prieur **Benoist**, au sujet de la restauration des bâtiments du collège, nous est attesté par nos *factums*, qui parlent d'un grand corps de logis rétabli par G. **Turgot**, et par le fait qu'on lisait encore, en 1690, cette inscription sur le mur de l'ancienne chapelle : *Ædes restauratae a Georgio Turgot, hujusce domus provisore.*

Quant aux hommes studieux qu'il se donna pour collaborateurs, nous avons cité leurs noms, et nous pouvons ici y ajouter quelques détails pour les faire mieux connaître. Mais auparavant mentionnons qu'en 1602 la nomination du principal fut au collège d'Harcourt l'objet d'une réclamation

---

1. Bib. de la Sorb., U. 10, *Replique*, p. 31.

auprès du Recteur Yves **Herbin**, de la part du boursier Jean **Leprieur**, qui se plaignait que le proviseur ne consultât pas les boursiers pour cette nomination. Le Recteur examina les statuts et coutumes du collège et décida que le proviseur n'avait pas à consulter les boursiers, mais devait seulement faire part de ses intentions au prieur de la Maison[1].

Romain du Feu, qui fut principal du collège d'Harcourt en 1599, était un régent du collège du Cardinal-Lemoine et membre de la Nation de Picardie. Il mourut Recteur de l'Université le 15 décembre 1601, au collège de Boncourt, et ses funérailles furent célébrées presque sans solennité à Saint-Étienne-du-Mont, aux frais communs des Facultés et des Nations, et encore la Faculté de Droit et la Nation de France refusèrent de payer leur quote-part. Il fallut les y contraindre par un procès[2].

Adrien Behotte, qui fut principal après le précédent, était boursier du collège en 1604, en avait été prieur, ainsi qu'un autre boursier du nom de **Hébert**, qui participa avec lui aux générosités dont **G. Turgot** usa envers eux pour les aider à « faire leurs actes de théologie ». **Behotte** devint ensuite chanoine et grand archidiacre de Notre-Dame de Rouen. Mais sa nomination à ce bénéfice fut contestée par l'archevêque de Rouen, **Charles de Bourbon**, cardinal de Joyeuse, parce qu'il la tenait de l'Université et non de lui. Il y eut procès, que gagna **Behotte**, ainsi que le prouvent les pièces que nous consignons à nos *documents annexes*. **Behotte** méritait cependant d'être mieux traité par l'archevêque de Rouen, car il avait écrit un ouvrage sur le *Droit de déport et son origine*, pour défendre le privilège en vertu duquel le primat de Normandie prélevait la première année des revenus de tout bénéfice vacant de son diocèse.

Jean Grangier est une célébrité du commencement du

---

1. V. l'*Édit du Recteur* aux *Documents annexes*.
2. Bib. de la Sorb., U. 132, n° 5, p. 24. — Ch. Jourdain, *Hist. de l'Univ.*, t. I, p. 58.

xviie siècle. Il était de Chalons, en Champagne, et il vint de bonne heure étudier à Paris, où, n'étant encore que diacre, il fut pourvu de la prébende théologale de Beauvais; mais il donna sa démission, en 1605, pour se vouer à l'enseignement. C'est alors que nous le trouvons régent de rhétorique et principal au collège d'Harcourt pendant neuf ans. Il n'y avait pas encore de professeur d'histoire distinct comme pour les lettres ou la philosophie. Les régents de ces classes enseignaient en même temps l'histoire à leurs élèves. C'est ce que nous constatons d'après un cahier manuscrit d'histoire universelle en latin qui est conservé à la *Bibliothèque Sainte-Geneviève*, sous le titre de : *Historiae universalis epitome, data a Domino Grangier in scola harcuriana anno Domini* 1615[1]. C'est le *Cours d'Histoire* dicté par **Grangier** à ses élèves de rhétorique [2]. Dans ce volume de 963 pages, l'auteur, devançant **Bossuet** et **Rollin**, retrace l'histoire du monde depuis la création jusqu'au xviie siècle, en suivant les données de la Bible, des écrivains de l'antiquité et des historiens plus récents. Après avoir raconté l'histoire des Juifs, il passe à celle des Carthaginois, des Grecs et des Romains. Puis il expose l'histoire de l'Église, les persécutions, l'histoire de l'empire d'Orient, des hérésies, du Bas-Empire et arrive à l'histoire des Francs, groupant les événements siècle par siècle sous les noms des empereurs, des papes et des rois de France qui remplissent chacune de ces périodes. Il s'arrête à la fin du xvie siècle et termine par la mention des principaux écrivains qui ont exposé l'histoire du monde depuis son origine jusqu'à cette époque. Ce dernier chapitre est une sorte de nomenclature des sources auxquelles **J. Grangier** avait puisé son récit. Nous y voyons figurer les plus grands noms dont s'honore la science historique depuis **Moïse** jusqu'à **Froissard**, **Monstrelet** et **Comines**, en passant par **Hérodote**, **Thucydide**, **Xénophon**, **Salluste**, **César**, **Tite-Live**, **Florus**, **Tacite**, **Jornandès**, **Zonaras**, **Hégésippe**, **Eusèbe**, **Baronius**,

---

1. Bib. Sainte-Geneviève, H. L. 2, in-4°.
2. Taranne, *Journal de l'Inst. publ.*, 1845.

Luitprand, etc., etc. Ce résumé d'histoire universelle marquait certainement un progrès dans l'enseignement de cette science au commencement du xvii° siècle.

Nous avons encore de **Grangier**, à l'état de manuscrit, un traité intitulé : *De magistratibus et praefecturis Franco-Gallorum liber singularis*, qui fut professé au *Collège royal*, en 1620. Le roi, la reine, les princes, la pairie, les dignitaires, les charges et offices de la cour, la noblesse, les ministères, le Parlement et les diverses cours de justice sont successivement passés en revue, de manière à nous donner une idée de la haute administration française au temps de **Grangier**[1]. Il se signala aussi, dit **Goujet**, par plusieurs harangues latines qu'il fit prononcer par ses disciples, comme nous l'avons vu au chapitre précédent pour **Duhamel**. Dans un discours du même, dédié à G. **Turgot**, nous lisons un bel éloge de ce proviseur et du collège d'Harcourt. Il célèbre d'abord la piété, la prudence et les vertus de **Turgot** : « *Academiam ipsam fide summa tueris, splendore tui generis ornas : pietate augustiorem, prudentia munitiorem, caeteris tuis virtutibus, quae et multae et praeclarae sunt, venerabiliorem facis.* » Puis il glorifie le collège d'Harcourt dont la renommée s'accroît tous les jours par une généreuse émulation que le chef de la maison inspire à ses collaborateurs : « *Te si observem et diligam, quod vere et ex animo facio : tu me foveas amesque, quod generose et certatim facis, atque ex nostrorum conjunctione animorum Harcuriani collegii fama decusque quam longissime proferentur*[2]. » J. **Grangier** devint, en 1611, Recteur de l'Université et, en 1615, il quitta Harcourt pour diriger, en qualité de principal, le collège de Beauvais, où il se donna beaucoup de peine pour rétablir la discipline. Il n'y arriva pas sans exciter les réclamations et les critiques de ses administrés. Un élève de rhétorique, **Cyrano de Ber-**

---

1. Bib. Sainte-Geneviève, F. l. 6, in-8° de 124 pages.
2. *Academiae Paris. ad amplissimum ordinem gratulatio et gratiarum actio pro causae victoria.* Il s'agit dans ce discours du nouveau différend qui avait éclaté entre l'Université et les Jésuites au sujet de leur collège.

gerac, railla même sa raideur avec esprit, sous le nom de **Granger**, dans sa comédie du *Pédant joué*, qui a fourni à Molière deux scènes remarquables des *Fourberies de Scapin*. En 1617, il fut nommé professeur d'éloquence au *Collège royal*. Il y succédait à **Théodore Marcile** qui avait aussi enseigné à Harcourt. **Jean Morel**, principal du collège de Reims, a fait son éloge en vers latins. Nous en citons ce passage :

> Vere Regius es professor, aurum
> Spargens missile e regia cathedra,
> Gazam pectore et ore Tullianam.
> . . . .
> Nemo te sapientius juventam
> Rexit, nec meruit docens quotannis
> Quisquam discipulos habere plures.
> In rebus tibi mens sagax agendis,
> Ætas nulla magis laboriosum
> Te vidit, neque diligentiorem.
> Nomen **Grangerii** est celebre nomen [1].

Jean Guenon était du diocèse de Coutances et boursier du collège d'Harcourt, en 1615. Peu de temps après, il fut choisi par le proviseur **Turgot** pour y exercer la charge de principal et nous le voyons, à ce titre, présider aux exercices des classes de philosophie et d'humanités. En 1620, G. Turgot le destitua et fit approuver cette mesure par le Parlement [2]. Mais nous n'en connaissons pas le motif.

Jean Aubert, ancien boursier d'Harcourt, fut fait principal du collège à la place de **J. Guenon**, et occupa cette charge quinze mois « pendant lesquels, disent nos *factums*, il reçut les appointements et jouit des logements que M. Turgot lui avait assignés. » On le traite aussi d'*ornatissimo viro* et, en effet, sa carrière fut des plus brillantes. Ami de **Grangier**, il est appelé, par lui, en 1620, pour enseigner la rhétorique au collège de Beauvais dont il était devenu le principal, puis au collège de Calvi, en 1622 [3]. Sa réputation grandit telle-

---

1. V. Goujet, *Mémoire sur le Collège royal*.
2. Bib. nat., *Factum de Jacques de l'Œuvre*.
3. Ce collège dépendait de la Sorbonne et avait été fondé par **Robert de Sorbon** : aussi l'appelait-on *la Petite Sorbonne*. Il disparut

ment qu'il est nommé, en 1624, Recteur de l'Université et désigné, en 1643, pour être le précepteur du jeune roi Louis XIV. Par une exception aussi rare qu'honorable, il resta deux années entières en possession de la dignité de Recteur et en profita pour dresser l'inventaire des titres de l'Université. Mais ce qui lui valut surtout l'estime et la sympathie de ses collègues, ce fut l'ardeur et le succès avec lesquels il poursuivit la campagne entreprise par l'Université contre les Jésuites. Enfin, en 1648, il obtint la chaire de grec au *Collège royal*. Son nom est resté attaché à deux grandes œuvres de l'époque : la *Bible polyglotte* de **Guy Michel le Jay**, dont il revit le texte grec, et son édition grecque-latine des *Œuvres de saint Cyrille d'Alexandrie*, en sept volumes in-folio. Il mourut chanoine de Laon, en 1650 [1].

Parmi les régents d'Harcourt, que nous avons mentionnés plus haut, nous trouvons encore trois professeurs du *Collège royal* : **Nicolas Bourbon, Pierre Valens** et **Jean Tarin**.

Nicolas Bourbon, né en 1574, à Vandœuvre (Aube), était le fils d'un médecin, et petit-neveu d'un latiniste distingué du même nom. Il vint de bonne heure étudier à Paris sous la direction de **Jean Passerat**, que l'on regarde comme un des auteurs de la *Satyre Ménippée*. Il enseigna la rhétorique en plusieurs collèges et en particulier au collège d'Harcourt, où il fut appelé par le proviseur **Turgot**. Il succéda à **Georges Critton** au *Collège royal*, en 1611, et donna sa démission en 1619, pour entrer dans la congrégation de l'Oratoire. Nous le voyons ensuite chanoine de Langres, puis membre de l'Académie française, en 1637, où il fut, dit-on, préféré à **Pierre Corneille**. Il a laissé des harangues et des poésies latines remarquables. Une de ces poésies dirigée contre le Parlement,

---

pour faire place aux nouveaux bâtiments de la Sorbonne, élevés par **Richelieu**. L'église actuelle de la Sorbonne occupe en grande partie l'emplacement de l'ancien collège de Calvi. (Crévier, *Hist. de l'Univ.*, t. I, p. 500.)

1. Goujet, *Mémoire sur le Collège royal*. — P. Chapotin, *Hist. de Dormans-Beauvais*. — Bib. de la Sorb., U. 132, n°s 2, 5, 6, 7, *passim*.

au sujet de la réforme du *Lendit*, était si mordante qu'elle lui valut quelques jours de prison. On raconte qu'il avait une mémoire prodigieuse et qu'il savait par cœur l'*Histoire universelle* de Jacques de Thou. L'auteur du *Menagiana* rapporte qu'il souffrait d'une insomnie presque continuelle; c'est ce qui donna lieu à cette épitaphe :

> Pervigilis tandem laxatus carcere vitæ,
> **Borbonius** campos cessit ad Elysios.
> Illic populea stertit securus in umbra,
> Posthabitis vatum lusibus atque jocis.
> Vos, Orpheu, Musæque, viro ne rumpite somnum,
> Hunc oculis nunquam viderat ante suis [1].

C'est à **Pierre Valens** que N. Bourbon transmit sa chaire du *Collège royal*, en 1619. Valens était Hollandais, né à Groningue, en 1561. Attiré à Paris par la renommée de l'Université, il y vint terminer ses études et s'y trouva si bien qu'il se fit naturaliser Français. Il professa en plusieurs collèges et notamment à Harcourt avant d'entrer au *Collège royal*. On a de lui un grand nombre de discours et de pièces de vers latins consacrés à célébrer les événements glorieux de l'époque, comme l'entrée de **Henri IV** à Paris et la prise de la Rochelle. Si ses harangues latines sont oubliées aujourd'hui, elles eurent cependant au xviie siècle leur heure de succès, car c'est à une de ces harangues adressée au chancelier d'**Aligre** pour le féliciter, en 1625, sur son élévation à cette dignité, que l'on dut alors l'achèvement des constructions du *Collège royal*. Le latin était encore bon à quelque chose en ce temps-là [2].

Jean Tarin, originaire de l'Anjou, est né à Beaufort, en 1590. Il commença ses études chez les Jésuites du collège de la Flèche et montra de si heureuses dispositions que les Pères firent tous leurs efforts pour l'attacher à leur compagnie. Il les quitta pour venir prendre ses grades à l'Université de

---

1. V. Goujet, *Mémoire sur le Collège royal*. — **Nicéron**, *Mémoire pour servir à l'Hist. des Hommes illustres*, t. XXVI.
2. V. Goujet, *Mémoire sur le Collège royal*. — **Nicéron**, t. XXXVI.

Paris. Il aurait été alors précepteur du jeune **François de Thou** qui eut une fin si tragique, puis professeur de rhétorique au collège d'Harcourt, ce qui s'accorde avec ce que nous disions plus haut de la présence des trois frères **de Thou** parmi les pensionnaires de cette maison au temps du proviseur **Turgot**. **Tarin** devint même principal du collège et, en 1626, nous le voyons Recteur de l'Université. Il la soutint dans ses luttes contre les Jésuites et empêcha l'extension de leur collège de Clermont. Il fut moins heureux quand il voulut soumettre à sa juridiction le *Collège royal*, qui ne dépendait que du roi et du grand aumônier de France. Ses prétentions furent repoussées, ce qui ne l'empêcha pas d'être nommé professeur royal, en 1636. Les biographes de l'époque ne tarissent pas en éloges sur le caractère aimable et le savoir profond de **Tarin**. « Plût à Dieu, dit **Gui Patin**, que « je susse autant de grec et de latin qu'en savait **J. Tarin** ! « Il savait tout, il était vraiment *panepistemon*, aussi bien « qu'**Ange Politien** ; c'est un abime de science et un des sa- « vants du monde ; je n'ai jamais vu un tel prodige [1]. »

J. Tarin a laissé sur les *Pères de l'Église grecque* des travaux estimés, notamment sur *Origène*. On a aussi de lui des discours et des poésies de circonstance dans lesquels il célèbre les personnages et les événements de son temps. Dans le *Miscellanea Menagiana* on le proclame *le roi de la grammaire*. Ses qualités et ses talents furent signalés au roi **Louis XIII**, qui voulait en faire un évêque. Mais **Tarin** était modeste et ne se croyait pas appelé à l'état ecclésiastique. Il remercia le roi de ses offres et contracta mariage. Vrai modèle des universitaires de l'époque, il vivait simplement, travaillait beaucoup et se montra toujours dévoué pour ses amis et ses proches. Il mourut dans sa quatre-vingtième année, en 1661 [2].

Nous ne parlons pas ici de **Quintaine**, ni de **Padet**, parce que nous les retrouverons plus loin.

---

1. *Lettres* 365 et 700, Éd. Reveillé-Parise, 1846.
2. V. Goujet, *Mémoire sur le Collège royal*. — J. Denais, *Jean Tarin*, 1873.

Tels sont les maîtres que le proviseur **Turgot** avait attirés au collège d'Harcourt et qui contribuèrent à relever la maison et à lui assurer cette réputation de bonnes études qu'elle conserva jusqu'à la fin. Les épreuves ne manquaient pas cependant à son chef, car après les tracasseries de **Nepveu** et des boursiers, il eut à supporter les résistances de certains régents aux nouveaux règlements de la réforme de 1598. « Troublés dans leurs habitudes, comme le dit
« **Ch. Jourdain**, et peut-être atteints dans leurs intérêts pé-
« cuniaires, un grand nombre de régents opposèrent une vive
« résistance aux innovations, et comme au lendemain des
« guerres civiles la résistance dégénère facilement en rébel-
« lion, ils ne craignirent pas d'ameuter les écoliers contre les
« censeurs [1]. » Il en résulta des désordres qui effrayèrent les familles et amenèrent le retrait de leurs enfants pour les confier à des maîtres particuliers ou aux Jésuites. Nous avons vu au chapitre précédent, comment **Critton** fut un des promoteurs de cette révolte des régents. Pour la réprimer, le Recteur et les censeurs de l'Université reçurent du Parlement l'ordre de visiter les collèges et d'y faire prêter serment aux nouveaux statuts. Plusieurs principaux s'y refusèrent, et on cite parmi les plus opiniâtres le principal du collège d'Harcourt, **J. Fraser**, qui déclara « qu'il ne pouvait jurer de faire
« observer les articles du règlement, lui étant impossible de le faire observer, et qu'il se démettrait plutôt de sa charge [2]. » Le Parlement eut beaucoup de peine à triompher de ces résistances.

Outre ces difficultés, **G. Turgot** voit la peste s'abattre sur Paris et faire de grands ravages autour du collège, en 1606. Il avait permis aux boursiers qui avaient peur du fléau de quitter la maison et la ville. Quant à lui, il resta fidèlement à son poste pendant les trois mois que dura la contagion, donnant l'exemple du courage et de la fermeté à ceux qui l'entouraient. Il continua même pen-

---

1. Ch. Jourdain, *Hist. de l'Univ.*, t. I, p. 53.
2. *Ibid.*, p. 54.

dant ce temps la restauration des bâtiments qu'il avait entreprise.

Toutefois les préoccupations de sa charge de proviseur n'empêchaient pas **Mᵉ Turgot** de soutenir les intérêts de l'Université, quand il les croyait menacés. En 1617, en sa qualité de censeur de la Faculté des arts, il fit réprimer un abus qui s'était introduit dans les classes de philosophie. Les régents de ces classes cessaient leurs leçons au mois d'août, bien avant l'époque des vacances qui ne commençaient à cette époque qu'après le 15. Il fallut menacer de révocation et de radiation même du corps universitaire les délinquants pour les obliger à continuer leurs classes.

Mais **Turgot** était encore plus vigilant à l'égard des rivaux de l'enseignement universitaire. C'est ainsi que, chargé de rédiger les *Cahiers des Nations et des Facultés*, qui devaient exprimer leurs vœux aux États généraux de 1614, il fit une violente sortie contre les Jésuites. Ceux-ci aspiraient alors à reprendre dans l'enseignement la place qu'ils occupaient avant leur expulsion sous **Henri IV**, et, afin de les écarter, **Turgot** les représente « comme une société nouvelle, étrangère à la France, notoirement connue pour avoir des intelligences avec les ennemis de notre pays, et s'aidant de l'influence qu'elle acquérait au moyen de l'éducation pour préparer les esprits à la révolte contre les princes légitimes et à la guerre civile[1]. »

Mais ce qu'il y eut de plus curieux dans la harangue de **Turgot**, comme le remarque M. **Douarche**[2], c'est qu'il demandait la sécularisation complète de l'enseignement pour soustraire la jeunesse au contact et à l'influence des congrégations religieuses. « Comme il est peu convenable, dit
« **Turgot**, que l'institution de la jeunesse par laquelle elle
« est rendue capable du maniement des affaires publiques et
« séculières, soit commise à personne d'autre profession que
« séculière, comme l'institution des personnes régulières a

---

1. Ch. Jourdain, *Hist. de l'Univ.*, t. I, ch. IV.
2. A. Douarche, *L'Université et les Jésuites*, ch. XIV.

« toujours été délaissée aux religieux, chacune selon leur
« ordre, les Universités supplient Sa Majesté de faire défense
« à tous les religieux, de quelque règle, profession et ordre
« que ce soit, et en dérogeant à tous rescrits, bulles et conces-
« sions que l'on pourrait alléguer à ce contraire, de s'ingérer
« désormais, ni entremettre directement ou indirectement,
« sous quelque couleur que ce soit, en l'instruction publique
« ou privée d'aucuns enfants de condition séculière...... et
« faire défenses à tous les sujets, de quelque qualité qu'ils
« soient, ayant enfants non religieux, de les envoyer instruire
« aux maisons et collèges de quelque ordre que ce soit, hors
« le royaume, sous telles peines qu'il plaira à Sa Majesté
« d'ordonner ».

Turgot s'élevait aussi contre les doctrines qui avaient eu cours au temps de la Ligue sur les droits du pape à l'égard des couronnes, et il demandait au roi de soumettre « tous
« bénéficiers, officiers et suppôts des Universités, généraux
« et provinciaux, gardiens, recteurs, préfets, prieurs des
« ordres mendiants et non mendiants et en général tous su-
« périeurs de couvents, collèges et congrégations, séculiers
« ou réguliers, à un serment de fidélité déclarant qu'ils pro-
« testent que pour le temporel le roi est souverain en son
« État et ne peut être dépossédé ni ses sujets absous ou
« dispensés de l'obéissance qu'ils lui doivent ainsi que le
« publient et le veulent faire croire les auteurs de pernicieux
« écrits. » Il faisait sans doute allusion aux ouvrages des Jésuites **Mariana** et **Bellarmin**, qui avaient été condamnés par le Parlement.

Mais les propositions de **Turgot** ne furent pas acceptées par toutes les compagnies de l'Université. Les États généraux n'étaient pas moins divisés sur ces questions, car, tandis que le *Tiers État* était favorable à l'indépendance du pouvoir temporel des rois à l'égard du Saint-Siège, le Clergé et la Noblesse prétendaient réserver au pape le droit de déposer les princes, en cas d'hérésie. Les divergences ne furent pas moindres au sujet du rétablissement des Jésuites. Malgré toutes les attaques dirigées contre eux, ils triomphèrent : on avait affaire à trop forte partie. C'est en vain que le proviseur **Turgot** et le recteur **Dossier**, régent de théologie au collège d'Harcourt, à la tête d'une députation universitaire, vont trouver, en 1618, les ministres et le Roi lui-même pour empêcher l'ouverture des classes au collège de Clermont : l'édit que les Pères avaient sollicité en leur faveur est signé par **Louis XIII**, et les leçons publiques sont rétablies dans leur ancien collège. M⁶ **Turgot** se consola de cette déception en se consacrant jusqu'à la fin à la réorganisation de la maison des d'Harcourt, à laquelle il laissa par son testament son argenterie, son linge, sa vaisselle et ses livres. *Collegio legavit D. Turgot, nuper provisor, utpote lances, discos, orbes, vasa, lebetes, variaque ejusmodi instrumenta non pauca tum stannea cum aenea, atque etiam ferrea in commodum et utilitatem aulae communis*, dit un compte de 1621[1].

G. **Turgot** se serait aussi consolé en raillant ses adversaires. Nous trouvons, en effet, sous son nom, parmi les manuscrits de la Bibliothèque nationale un recueil d'anecdotes, de bons mots, et de chansons, sorte de *Turgotiana*, dans lequel figure une complainte latine sur les Jésuites, portant le titre de *Jesuito-graphia*. Cette pièce curieuse se compose de cent couplets et aurait eu pour premier auteur un certain **Viallard**, mais on ajoute qu'elle a été ensuite augmentée et commentée. Sa présence dans le recueil en question semble indiquer que **Turgot** ne fut pas étranger à ces additions. En tout cas, elle prouve que les plaisanteries dont on a souvent gratifié la *Compagnie de Jésus* ne sont pas nouvelles. On en trouvera un specimen dans nos *Documents annexes*.

G. **Turgot** eut pour successeur **Pierre Padet** (1621-1665), dont nous avons retrouvé le portrait à la bibliothèque Mazarine[2]. Il est aussi dans la collection des estampes de la Bibliothèque nationale. Nous en donnons la reproduction après

---

1. Arch. nat., M. 134, et Bib. Sorb., U. 132, n° 2, p. 20.
2. Bib. Mazarine, in-f°, B. 401.

A. X. Ω.

GEORG. TVRGOTIVS . DOM. DE DESMONVILLE.
EX. NOBILI . TVRGOT . FAMILIA . NORM.
DVM. TERRESTREM . DOMVM . INCOLVIT
SACERDOS . RELIGIOSISS.
EXEMPLVM' . BONORVM . OPERVM.
QVAE . SPIRITVS . SVNT . NON . QVAE . CARNIS . SAPVIT.
CENSOR . ACADEMIAE . PARIS.
ET . PROPVGNATOR . ACERR.
NOLVIT . VINCI . A . MALIS. SED . VINCERE . IN . BONIS . MALOS.
PROVISOR . COLLEGII . HARCVR.
MELIOREM . PARTEM . ILLIVS . REFECIT.
COMITES . PEREGRINATIONIS . PIOS . ET . BONOS . SEQVVTVS . EST.
IN . ALIOS . ODIVM . NON . HABVIT.
SED . EORVM . VITIA . IMPIETATEM . ET . IMPROBITATEM.
ODIO . PLVSQ. VATINIANO . PROSEQVVTVS . EST.
HONORIS . ET . AMICITIAE . GRATIA.
PLVRIMIS . EX . ILLIS . QVOS . COLVIT.
LIBROS . QVORVM . MAGNAM. ET . SELECTIS .. HABVIT . COPIAM.
LEGAVIT.
OBIIT . VI. NON . JVLII . AN . R. S. CIƆ IƆC XXI
EXPECTAT . ADVENTVM . DIEI . DEI.
H. S. R. I. P.
PETRO . TVRGOT . CONSIL. CAD. SIM. TVR. DN. DESPLANCHES
LVD. TVRG. BARO. DE . SOLIERES . FRATRES.
CLAVD. TVRGOT. EQVES TORQ. DOM. DE . TOVRAILLES.
SAC. TVRG. MAG. LIBEL. SVPPL. NEPOTES.
KAR. LABBAEVS . EXEQ. TEST.
H . M . P.

Épitaphe du proviseur G. Turgot.

celle de l'épitaphe de **G. Turgot**. Voici en quels termes le *Registre des prieurs* du collège d'Harcourt mentionne le décès de **G. Turgot** et l'élection de **Padet**[1].

« Die 2 julii anni 1621 caducam hanc vitam et miseriæ plenam feliciori commutavit vir a patria, Academia Parisiensi et collegio hocce Harcuriano bene meritus Gregorius Turgotius Emonvillanus, dum viveret censor Academiæ integerrimus, abbatiæ S. Germani a Pratis Parisiis officialis æquissimus, necnon hujusce domus per viginti et duos circiter annos provisor vigilantissimus. Cui postridie in provisorianam dignitatem, communi et unanimi omnium Electorum voce et consensu successit vir optimus ac laudatissimus Petrus Padetius, e diœcesi Constantiensi, professor philosophiæ a decem annis in hac domo celeberrimus, socius Sorbonicus, insuper in sacra facultate theologiæ licenciatus. »

Le nouveau proviseur était du diocèse de Coutances, né à Coutances même, suivant certains biographes, à Pierreville-la-Hague (Manche) suivant d'autres[2]. Il vint à Paris à l'âge de quatorze ans et y étudia la rhétorique au collège des Grassins, puis la philosophie au collège du Plessis[3], prit sa licence en théologie et entra dans les ordres. Lorsque **G. Turgot** réorganisa le collège d'Harcourt et le pourvut de maîtres distingués, il y appela **P. Padet** pour professer la philosophie, en 1612, et exercer la charge de principal. Quand celui-ci lui succéda, en 1621, il n'eut qu'à continuer son œuvre de réforme pour la mener à bonne fin et rendre au collège son ancienne prospérité. Il choisit à son tour d'excellents maîtres tels que **Claude de la Place**, qui succéda en rhétorique à **Tarin**, dont nous avons parlé plus haut, et

---

1. Arch. nat., M. M. 451.
2. Goujet, *Mémoire sur le Collège royal*. — *Le Moreri normand*. — Oursel, *Nouvelle Bibliographie normande*. — Lebreton, *Biographie normande*.
3. Le collège des Grassins fut fondé au xvie siècle par la famille de ce nom. Il était situé rue de la Montagne-Sainte-Geneviève en face le collège de Navarre, devenu l'*École Polytechnique*. — Le collège du Plessis, fondé en 1323 par **Geoffroi du Plessis**, secrétaire du roi Philippe V, était situé rue Saint-Jacques, entre le collège Louis-le-Grand et le Collège de France. Il fut réuni en 1647 à la Sorbonne.

Portrait du Proviseur Padet.

Michel Gérard, abbé de Verteuil, qui succéda à **Claude de la Place**. Disons à l'éloge de ce dernier que, faisant fonction de Recteur en 1652, il demanda à **Louis XIV** l'élargissement du cardinal **de Retz**, emprisonné à Vincennes. Mais il eut beau invoquer la clémence royale, il n'obtint qu'un refus et l'ordre de ne plus se présenter à la Cour sans avoir demandé audience auparavant. Le rôle politique de l'Université était bien fini. **P. Padet** tint aussi la main à l'observation du règlement. Il n'hésita pas à faire un exemple pour rétablir la discipline. Ainsi il chassa du collège un boursier théologien, du nom peu accommodant de **Butor**, pour avoir perdu au jeu et en débauches plus de quatre mille livres des revenus de la maison qu'il s'était appropriés. Grâce à cette sévérité, il préserva le collège des désordres qui troublèrent d'autres maisons d'enseignement au temps de la *Fronde*. On ne vit pas à Harcourt d'insurrection comme il en éclata, en 1649, au collège du Cardinal-Lemoine. Les boursiers mécontents y assiégèrent le logis du Grand maître, tirèrent des coups de pistolet dans ses fenêtres et, n'ayant pu forcer les portes, brûlèrent le mobilier de la maison.

En 1620, il fut question, dans les conseils du roi, de supprimer un certain nombre de petits collèges qui subsistaient difficilement et de les rattacher aux établissements plus considérables. Le proviseur **Padet**, alors recteur de l'Université, fit part du projet aux procureurs des Nations et aux doyens des facultés, dans une réunion qu'il tint au collège d'Harcourt, en 1622. Mais comme on apprit que les Jésuites avaient suggéré ce projet à la Cour pour favoriser leurs propres desseins, il fut aussitôt abandonné. Il ne sera repris qu'après l'expulsion des Jésuites au siècle suivant[1].

On montrait bien alors au collège d'Harcourt que l'on y répudiait les tentatives des protestants contre le pouvoir royal. En 1625, sous le provisorat de **P. Padet**, fut prononcé devant la Nation de Normandie, qui, comme nous l'avons raconté[2],

1. V. Ch. Jourdain, *Hist. de l'Univ.*, t. I, p. 182.
2. V. notre chapitre Ier.

tenait habituellement dans cette maison ses réunions, un discours latin sur l'excellence et les prérogatives, *praestantia ac praerogativis*, de la couronne de France[1]. Il avait pour auteur **P. d'Aulberoche**, et il est dédié à **Louis Servin**, sans doute l'avocat général au Parlement de Paris qui avait repoussé le parti des *Seize*, et qui mourut, dit-on, de la frayeur que lui causa la colère de **Louis XIII** au sujet de ses remontrances sur les Édits bursaux. Dans cet éloge, on rappelle la haute antiquité du royaume de France et de la dynastie qui la gouverne; on y flétrit énergiquement les révoltes des protestants de la Rochelle et la trahison qu'ils ont commise en appelant les Anglais à leur secours.

En 1627, **P. Padet** licencia le collège d'Harcourt à cause de la peste qui sévissait à Paris et donna aux pensionnaires de la province qui en avaient besoin de quoi faire leur voyage. On blâma sa prudence parce qu'on croyait que le collège en souffrirait; mais, quand le fléau disparut, les élèves revinrent plus nombreux qu'auparavant. Quant à lui, il resta à Paris et ne voulut pas quitter son poste. Il fit de même pendant les troubles de la Fronde et reçut à Harcourt les élèves des autres collèges que les maîtres avaient désertés. Cette générosité lui coûta trente mille livres[2]. Observons, à propos de la peste de 1627, que déjà auparavant, en 1619 et 1623, il avait fallu licencier les écoles à cause de la contagion qui faisait de grands ravages dans les rues étroites et les maisons malsaines du quartier latin.

Notons encore la part que Me **Padet** prit à la résistance organisée par l'Université contre les Jésuites, en 1632. Les Pères, revenant sur le projet de 1620, avaient obtenu de **Louis XIII** des lettres patentes qui leur permettaient d'annexer à leur collège de Clermont celui du Mans. Déjà ils avaient tenté cette annexion sans succès en 1624; **Jean Tarin**, alors Recteur, avait fait échouer leur entreprise; mais, revenant à la charge, en 1631, ils croyaient bien cette fois l'emporter.

1. Bib. de la V. de Paris, série 57.
2. V. **Goujet**, *Mémoire sur le Collège royal*.

L'évêque du Mans, M. de Beaumanoir, leur avait cédé ses droits sur le collège qu'ils convoitaient, à la condition de lui payer 35 000 livres, destinées à s'acheter un hôtel à Paris; ce contrat, quoique entaché de simonie, avait été ratifié par le Roi, et deux Jésuites s'étaient même présentés, dans les premiers jours de novembre 1632, avec le maître des requêtes **Villarceaux** et quelques soldats, pour inviter, au besoin *manu militari*, le principal et les boursiers à vider les lieux. Mais le principal s'y refusa, et avertit le Recteur **Mabille** de ce qui se tramait contre son collège. Aussitôt l'Université de Paris adressa une requête au Roi et intéressa à sa cause les autres collèges de Paris et les universités de province, qui redoutaient les envahissements des Jésuites. « **Jean Aubert**, dit l'historien de l'Université, fut, avec **Pierre Padet**, l'instigateur le plus actif de ces démarches. » **Jacques du Chevreul**, professeur de philosophie au collège d'Harcourt, combattait avec eux par la plume et la parole. Citons seulement ce passage d'une harangue latine qu'il prononça, en 1632, devant l'assemblée de l'Université, pour flétrir la conduite des Jésuites dans cette affaire : « *Pactionem ex qua Jesuitae in collegium Cenomanum invaderent, detestabilem esse, totam ex injustitia scelereque factam, fraude compositam et ejus Simonis impia labe perfusam, qui res sacras nefaria pecunia sibi comparandas esse judicarit*[1]. » Les Jésuites, se sentant soutenus par le pouvoir, ne voulurent pas céder aux injonctions de l'Université, et il fallut que celle-ci portât l'affaire en cour de Rome pour les obliger à se désister. Mais les Pères ne manquaient pas de persévérance : un demi-siècle plus tard, ils triomphèrent de toutes les résistances, et le collège du Mans passa sous leur domination[2]. Toutefois les démêlés avec les Jésuites se succédaient. C'est ainsi qu'en 1643, la lutte se renouvela à propos de plusieurs élèves des Pères que la Faculté des Arts n'avait pas

1. *Cenomanica, ex Harcuriano*, XVI. Kal. nov. 1632. Cette harangue fut sans doute imprimée à Harcourt avec les presses qui serviront aux *Provinciales*. — **Goujet**, *Mémoire sur le Collège royal*.
2. **Ch. Jourdain**, *Hist. de l'Univ.*

voulu admettre à ses examens. Les Jésuites s'en plaignirent au roi et demandèrent de nouveau leur incorporation dans l'Université. Ils réussirent à se faire écouter à la cour, et pour empêcher une décision favorable à leur supplique, l'Université fit répandre des libelles contre leur compagnie, en même temps qu'elle agissait à Rome, afin de s'assurer la protection du Saint-Siège. C'était, comme l'observe Ch. Jourdain, le renversement des rôles, car les Jésuites s'adressaient au roi dont ils avaient méconnu l'autorité, et l'Université en appelait au pape qu'elle accusait d'empiéter sur le domaine de la puissance temporelle. La lutte fut si vive qu'elle se fit sentir jusque dans les exercices littéraires. Au collège d'Harcourt, en particulier, la querelle des Jésuites et de l'Université servit de thème à une déclamation récitée publiquement par les élèves et qui se terminait par une sentence en règle contre la compagnie de Jésus[1].

Les statuts du collège interdisaient au proviseur de cumuler ses fonctions avec une cure ou un bénéfice, mais non d'être pourvu d'un office ecclésiastique qui n'emportait pas charge d'âmes. C'est ainsi que P. **Padet** fut investi, en 1631, par l'archevêque de Lyon, **Louis du Plessis de Richelieu**, qui en était supérieur, de la desservance de la chapelle d'Ézanville, dépendant du prieuré de Saint-Martin-des-Champs. Le prieur nomma de son côté un autre titulaire; de là compétition et procès devant le conseil du roi qui confirma, en 1633, la nomination de **Padet**[2].

C'est Me **Padet** qui organisa la communauté des jeunes pensionnaires admis à recevoir l'enseignement classique au collège et reconstruisit une partie de ses bâtiments.

Au sujet de la communauté des pensionnaires, nous apprenons par nos *factums*, que G. **Turgot** avait cherché à l'organiser, mais c'est son successeur qui l'institua définitivement en 1642. Auparavant les pensionnaires du collège étaient placés sous plusieurs directions indépendantes : une partie

---

1. Ch. Jourdain, *Hist. de l'Univ.*, t. I, p. 283.
2. Bib. nat., *Factum* 23 650, in-4°.

était confiée au proviseur, une autre au principal, la plupart aux grands boursiers et aux régents de la maison. Cette répartition des pensionnaires, contraire à ce qui se faisait autrefois et à ce que prescrivaient les réformes universitaires, avait le grave inconvénient de créer autant de petites communautés que de chefs, et de rendre difficile l'administration de ces diverses fractions d'élèves. En 1636, un commencement d'unité apparut dans l'association du proviseur **Padet** avec les cinq régents **du Chevreul, Quintaine, Le Bourg, Picquelin** et **Picard**, en qualité d'administrateurs de la grande communauté des pensionnaires. Mais il y avait encore là trop de chefs et on ne pouvait pas s'entendre. Plusieurs des associés quittèrent alors le collège, les autres étaient fatigués des embarras matériels, des soucis, des inquiétudes que leur créait la charge des pensionnaires. P. **Padet** consentit alors à y pourvoir tout seul. « Il eut le courage d'entreprendre la nourriture
« des pensionnaires, des régents, des portiers, cuisiniers et
« plusieurs autres serviteurs, jusqu'au nombre de vingt-six,
« sans rien payer, il creut que c'étoit son devoir, et que les
« statuts, les réformes de l'Université et les arrests deman-
« doient cela de luy; il en fut loué par tous les gens de bien
« qui aiment l'honneur du collège d'Harcour, de l'Univer-
« sité, et le bien public ». Il faisait « les provisions de bled,
« de pain, de chair, de poisson, de sel et de bois, il recevoit
« les pensions, il donnoit les quittances en son nom et qua-
« lité de proviseur, il payoit de ses deniers au procureur
« du collège les logements des pensionnaires [1] ». Ailleurs on nous dit qu'il payait quatre écus au collège pour chaque pensionnaire, autant pour chaque maitre et autant pour chaque serviteur, qu'il a versé chaque année 1 200 livres pour la location des bâtiments et qu'il avait pris à sa charge les dégâts que les élèves pouvaient causer dans les bâtiments. Afin d'assurer la continuation de cette œuvre, **P. Padet** laissa par testament à son successeur tout ce qu'il

---

1. Bib. de la Sorb., *Factum* U. 132, n° 1, *fondation;* n° 2, p. 15, 19, 21; n° 8, p. 24.

avait acquis en fait de mobilier et de provisions pour son entretien.

En 1628, le nombre des élèves qui fréquentaient le collège d'Harcourt s'était tellement accru, grâce à l'habile administration de P. Padet, que pour loger les pensionnaires on songea à réunir à ses bâtiments ceux d'un collège contigu, moins important et qui périclitait, le collège de Justice. L'affaire avait été conclue, en 1632, quand les boursiers de cette maison, qui avaient accepté la réunion, s'y opposèrent. Le Parlement donna gain de cause au collège d'Harcourt, mais le projet de réunion fut abandonné[1]. Les bourses du collège de Justice seront réunies plus tard au collège Louis-le-Grand et les bâtiments reviendront au lycée Saint-Louis après la Révolution.

N'ayant pu réussir de ce côté, P. Padet n'hésita pas à aliéner, en 1650, le fief improductif d'Imberville pour agrandir le collège en vue de l'installation complète de la communauté des pensionnaires. Il acheta avec le produit de cette vente, moyennant la somme de 50000 livres, dont 15000 comptant et le reste en rentes sur le collège, la maison voisine appelée l'*Hôtel des évêques d'Auxerre*, qu'avait habitée le célèbre **Amyot**, traducteur de *Plutarque*[2]. Sur l'emplacement il éleva six corps de logis, quatre sur la rue de la Harpe pour loger les pensionnaires, deux dans l'intérieur du collège pour servir de cuisine et de réfectoire et un septième bâtiment sur un terrain acheté au collège de Bayeux, où il installa la classe de rhétorique. Au-dessus de cette classe, il établit une infirmerie pourvue de six lits et des meubles nécessaires que l'on voyait encore, dit un *factum*, en 1689[3]. Pour rendre plus facile la communication entre les deux

---

1. Arch. nat., M. 133. — Ch. Jourdain, *Hist. de l'Univ.*, t. I, p. 225. Le collège de Justice avait été fondé en 1354, par les exécuteurs testamentaires de **Jean de Justice**, chanoine de Bayeux.
2. Bib. de la Sorb., U. 132, n° 1, *fondations*.
3. V. chap. II, p. 66, le plan qui indique l'emplacement de l'*Hôtel d'Auxerre*, et dans les chapitres VI et suivants, les plans du collège d'Harcourt, dressés par M. **Duprez**.

maisons du *grand* et du *petit Harcourt*, sans avoir besoin de sortir dehors, **P.** **Padet** obtint, en 1630, de la Ville de Paris, l'autorisation de construire un passage voûté sous la rue de la Harpe[1].

En 1646, il eut à soutenir un long procès contre ses voisins les Cordeliers, qui réclamaient la propriété de la partie des fossés de la rue *Monsieur le Prince*, que le Roi avait concédée au collège d'Harcourt. Les religieux prétendaient que c'était une ancienne dépendance de leur couvent qui leur avait été enlevée en 1358, quand le prévôt **Étienne Marcel** fit compléter les défenses de Paris de ce côté, et qu'elle devait leur faire retour dès lors que les remparts étaient supprimés. Leur réclamation n'obtint aucun succès, le collège resta en possession de ce qui lui avait été concédé, malgré les oppositions de la Ville de Paris, laquelle se prétendait aussi propriétaire des anciennes fortifications[2].

L'enseignement de la philosophie, qui préparait à la maîtrise ès-arts, était tout particulièrement en honneur au collège d'Harcourt à cette époque. **P. Padet**, appelé par le proviseur **Turgot**, la professa dans cette maison pendant trente ans, « avec tout le succès qu'on avait lieu d'attendre de sa constante application au travail, et de la variété, comme de l'étendue de ses connaissances, » dit l'historien du Collège de France[3]. Mais déjà on ne jure plus exclusivement par Aristote comme au moyen âge; Platon, sous l'action de la Renaissance, est préféré au Maître vénéré de la Scolastique. **P. Padet** lui fait place dans son enseignement et inspire à ses disciples un goût particulier pour les spéculations du fondateur de l'Académie. Il exposait ses doctrines avec tant d'élévation et de netteté, que l'on comptait souvent plus de trois cents auditeurs dans sa classe et que de tous les points de la France on s'empressait de lui envoyer des élèves[4]. Malheu-

1. Arch. nat., S. 6439.
2. Arch. nat. M., 133, *Topographie hist. du Vieux Paris*, Université.
3. Goujet, *Mémoire sur le Collège royal*.
4. J. de l'Œuvre, *Padetii panegyricus*.

reusement il ne nous reste rien de ses travaux philosophiques sauf un écrit sur l'Être, *de Ente et ejus partibus*.

On a encore de **Padet** un livre sur les *déclinaisons grecques* en collaboration avec **du Chevreul**, et un autre assez rare intitulé *Défense des droits de l'Université de Paris*, pour rappeler et faire revivre des traditions méconnues dans la corporation. L'impression de cet ouvrage, qui contient 33 feuilles, in-4°, à 12 livres par feuille, lui coûta 396 livres. Comme le proviseur **Turgot** avait contribué à la publication du *Théâtre des Antiquitez de Paris* du Père **du Breul**, le proviseur **Padet** contribua à celle de la grande *Histoire de l'Université de Paris*, entreprise par **du Boulay**. Il soutint l'auteur par ses conseils et son argent. Le premier volume parut en 1665 et le sixième en 1673.

Nous n'avons pas non plus les œuvres d'un autre régent de philosophie au collège d'Harcourt, **des Auberis**, qui se distingua comme **Padet** par son enseignement et fut appelé aussi à professer au *Collège Royal* en 1665.

On est plus heureux à l'égard de l'un des disciples de **Padet**, **Jacques du Chevreul** ou **de Chevreuil**. Originaire de Coutances, il fit d'excellentes études à Paris et acquit une telle habitude de la langue latine qu'il s'oubliait à s'en servir avec les dames, les domestiques et même en s'adressant au chien du collège d'Harcourt, raconte l'auteur du *Menagiana*[1]. Après avoir suivi les cours de philosophie de **Padet**, il fut chargé, à son tour, de l'enseigner au collège d'Harcourt, puis au *Collège Royal*. L'austérité de sa vie était d'accord avec la rigidité de ses principes, c'est ce qui lui valut, de la part de ses élèves, le surnom de *Caton chrétien*. Ardent champion de l'Université contre les entreprises envahissantes des Jésuites du collège de Clermont, il se signala plus d'une

---

1. *Menagiana*, t. II, p. 185, où on rapporte qu'un jour il vit, étendu au soleil, le chien du collège, appelé *Gueule noire*, qui avait pour fonction de tourner la broche, et il l'apostropha en ces termes, croyant parler à un écolier : « *Non studes, gueule noire, tota die otiosus es.* » Il apostrophait aussi son cheval en latin : « *Non ibis, mala bestia, etiam admotis calcaribus?* »

fois par de vigoureuses sorties pour dénoncer et flétrir leurs agissements. Le passage un peu vif des *Cenomanica*, cité plus haut, peut en donner une idée. Quoiqu'il ait étudié Aristote aussi bien que Platon, **du Chevreul** avait pour ce dernier un culte plus marqué qu'il tenait de son maître **Padet**. Toutefois c'est toujours Aristote qu'il enseignait à ses élèves pour se conformer aux programmes universitaires de son temps. Il paraît que son enseignement avait un tel succès que sa chaire était entourée de nombreux auditeurs, car, assure un de ses panégyristes, **Dehennot**, professeur à HARCOURT, « il parlait si bien que si Jupiter était descendu sur la terre, il ne se serait pas exprimé autrement. » Ses travaux philosophiques nous sont parvenus, quelques-uns imprimés, la plupart manuscrits. Parmi les premiers on trouve un traité *de libero arbitrio*, dirigé contre **Calvin**, un autre *de immortalitate animae*, une démonstration du point mathématique, *de demonstratione magnitudinis in puncto*, où il aborde la question de la divisibilité de la matière, et un traité d'astronomie, *de sphaera*, dans lequel il partage plusieurs erreurs de son temps, notamment la négation du mouvement de la terre autour du soleil qu'il croyait opposé à l'enseignement de l'Écriture sainte. Outre ces ouvrages imprimés et plusieurs harangues prononcées en sa qualité de recteur de l'Université (1634), **du Chevreul** a laissé tout un cours de philosophie en latin, fruit de ses vingt-deux ans de professorat, qu'il se proposait de publier lorsqu'il fut surpris par la mort en 1649[1]. Un autre de

---

1. P. **Padet** en envoya une copie à sa famille, sans doute celle que possède la bibliothèque de CHERBOURG, sous les n°s 22, 23, 24, 25, car ces manuscrits portent sur la couverture ces mots : *Pour la famille du Chevreuil*. Ils se composent de quatre volumes peu lisibles. Les deux premiers in-4° renferment un exposé de la *Morale d'Aristote*, dicté en 1625, et de la *Métaphysique*, de la *Physique*, des *Livres du Ciel*, de la *Génération* et de la *Destruction*, dictés en 1629; les deux autres volumes in-f° contiennent un compendium et des commentaires, dictés en 1634 et 1635, sur la *Dialectique*, l'*Éthique*, la *Métaphysique*, la *Physique*, les *Livres météorologiques*, et ceux de l'*Ame*, du philosophe de Stagyre. Il est difficile de se rendre compte de ces ouvrages à cause de leur transcription. Si **du Chevreul** parlait bien on le copiait fort mal.

ses panégyristes, **Jacques de l'Œuvre**, a dit de lui : « *Aristoteles doctrina, nostro Platone* (Padet) *dignus, gravitate censoria Cato.* » Le professeur **Hallé** l'a célébré à son tour en ces termes :

> Nostris Harcurium auspiciis et munere crevit;
> Qui docuit plures, vix Sophus alter erit[1].

Nous voudrions pouvoir citer, en dehors de ces maitres, les noms de quelques-uns de leurs élèves, mais nos recherches ne nous ont guère renseigné à cet égard. On signale cependant un écrivain distingué qui vint à dix-sept ans faire sa philosophie au collège d'Harcourt, **Pierre Nicole**. Il devint, comme on le sait, un fervent disciple de Port-Royal et collabora aux travaux des solitaires. Il a laissé entr'autres ouvrages estimés des *Essais de morale* qui faisaient dire à Madame de Sévigné, qui s'y connaissait, « c'est la même étoffe que Pascal. » Malheureusement l'uniformité de son style plus encore que sa réputation de janséniste a nui à la renommée de ses écrits.

Il en est un autre que nous pouvons mentionner également parmi les élèves du collège d'Harcourt, c'est un Normand, **Saint-Évremond**, qui vint y finir ses études, en 1627. Il y fit sa philosophie, au sortir de la rhétorique qu'il avait suivie au collège de Clermont. On sait comment cet épicurien bel esprit, fut tour à tour soldat et homme de lettres, maniant avec une égale bravoure et une égale indépendance la plume et l'épée. Il servit la *Fronde* et **Mazarin** et ne ménagea pas plus l'une que l'autre dans ses satires, au point qu'il dut s'exiler en Angleterre, pour éviter la Bastille. Son talent d'écrivain, surtout dans le genre épistolaire, lui conquit dans la société anglaise une telle célébrité qu'à sa mort on lui décerna les honneurs d'une sépulture dans l'abbaye de Westminster (1703).

1. V. les éloges de du Chevreul par Jacques de l'Œuvre, la Luzerne-Garaby, Dehennot et Hallé, et l'article de M. Couppey, *Annuaire de la Manche*, 1829.

Signalons encore à cette époque quelques événements qui ont laissé leur trace dans les annales du collège d'Harcourt.

C'est d'abord, en 1629, l'éloge de **Louis XIII**, au sujet de la victoire remportée sur les Anglais devant l'île de Ré. Cet éloge se compose de deux discours écrits en grec et prononcés au collège d'Harcourt par le professeur **Pierre Bertrand de Merignon**, qui enseignait aussi au *Collège Royal*. Il invita le public à venir l'entendre par deux affiches qui furent apposées dans le quartier des écoles. Elles étaient rédigées en latin sous ce titre :

Σὺν Θεῷ,

P. B. Merignonus linguæ græcæ, ex regia munificentia
professor necnon hebraicæ, in Harcurio, de cæsis
ad insulam Retiam fugatisque Anglis, orationem græce habebit,
die sabbathi, D. Martino sacra, hora de meridie prima.

L'auteur ne se contenta pas de prononcer ses deux discours grecs, il les publia et, pensant avec raison que tout le monde ne pourrait pas les comprendre, il annonça une traduction française que nous n'avons point retrouvée. Ces écrits sont précédés d'une dédicace à la reine-mère, **Marie de Médicis**. Nous en détachons ce passage, qui nous donne une idée du ton général : « J'ai cru estre nécessairement obligé par l'honneur que j'ay servant le Roy vostre fils en qualité de professeur et orateur grec, de faire dire à cette langue diserte ses louanges et ses victoires, victoires plus grandes que celles des siècles passez et que les temps à venir ne pourront peut-être pas croire[1]. » Ce langage flatteur ne doit pas nous étonner à cette époque. Le Recteur **Dossier**, un harcurien, ne disait-il pas à **Louis XIII**, en lui présentant, le jour de la Purification, le cierge que lui offrait l'Université : « Sire, ce cierge que nous venons offrir à Votre Majesté n'est pas pour vous porter de la lumière, mais pour la recevoir de vous, qui, l'unique et

1. Panégyrique de Louis le Juste sur le sujet de la victoire que Dieu lui a donnée sur les Anglais, en la journée de l'île de Ré. — Bib. nat., Lb.[36] 2 703.

très agréable soleil de la France, esclairez de vos rayons les parties les plus esloignées de l'univers. »

C'est ensuite, en 1636, lors de l'invasion des Espagnols en Picardie, la jeunesse des collèges qui se signale par son patriotisme en s'enrôlant volontairement pour marcher contre l'ennemi. Le Recteur **Mareschaux** l'y encouragea par un mandement ainsi conçu :

« De par M. le Recteur de l'Université, on fait à sçavoir que
« tous les écoliers qui voudront servir le roi en ses armées, outre
« leur solde, seront receus gratuitement au degré de maitrise ès
« arts en ladite Université, en rapportant bons et valables certi-
« ficats de leurs services; à la charge de bailler leurs noms dès
« demain, 9 de ce mois, audit sieur Recteur, au collège du Car-
« dinal le Moine, où il est demeurant. Fait audit collège le 8 août
« 1636[1]. »   « Signé : Mareschaux, *Recteur*. »

En 1639, une assemblée extraordinaire de trente-huit collèges était convoquée au collège d'Harcourt pour délibérer au sujet de l'imposition levée par le roi sur les biens de main-morte afin de subvenir aux frais de la guerre contre l'Autriche. Ce fut le conseiller **Talon** qui obtint que l'Université et ses collèges continueraient à jouir de l'exemption des impôts qu'elle tenait, disait-il, de sa fondation par **Charlemagne**. Nous avons vu dans notre premier chapitre ce qu'il faut penser de cette fondation légendaire.

Peu après, en 1642, commença la visite solennelle des collèges par le Recteur **Le Bourg**, un harcurien, et tous les dignitaires des Facultés et Nations. L'inspection passée à Harcourt, le 24 janvier 1643, y trouva tout dans l'ordre le plus parfait, et le Recteur n'eut que des éloges à adresser au proviseur **Padet** sur l'excellente discipline de la maison et le grand nombre des écoliers qui la fréquentaient. Il en était de même des autres grands collèges. Ainsi les quarante premières années du XVIIe siècle avaient été favorables à l'enseignement et l'Université s'était bien relevée de l'état d'infériorité où elle se trouvait au moment de la réforme d'**Henri IV**.

1. Ch. Jourdain, *Hist. de l'Univ.*, t. 1er, p. 247.

On constata cependant dans plusieurs petits collèges des abus et des désordres qui inspirèrent au cardinal de **Richelieu** le projet de réduire à quatre ou cinq établissements les quarante collèges de Paris. Mais ce projet ne recevra un commencement d'exécution qu'après l'expulsion des jésuites, sous **Louis XV**[1].

En 1647, **Armand Gaston de Rohan**, évêque de Tibériade, coadjuteur de Strasbourg, venait au collège d'Harcourt, à l'occasion d'un acte public qui lui était dédié et un poète de la maison invitait ainsi les élèves à recevoir leur protecteur :

> Ite, ite sacro nobilis obviam
> Patri, Juventus, currite, currite.
> Harcurianas gaudet ædes
> Magnificus recreare princeps.

A la même date, nous citerons encore les vers de **Michel Laisné**, de Coutances, boursier du collège d'Harcourt, qui célèbre l'enseignement de la philosophie donné dans cette maison.

> Hic resonant Musæ, victrixque opulentia linguæ,
> Hic nova Pallas adest, alter Aristoteles :
> Ergo, domus felix, quis te neget esse Lyceum?
> Quis Phœbi templum, palladiumque tuorum?

L'auteur consacre ensuite à la louange de la philosophie deux cents vers, qu'il appelle un *Péan* en son honneur. Nous en détachons ces passages :

> Docte triumphator, veri anchora, cara sophorum
> Gemma, decor, superis gaudentibus, addite musis.
> . . . .
> Harcurione sonat victrix sapientia Templo?
> Aut plusquam humanis mundi miracula verbis
> Alter Aristoteles pandit, verique sub ala
> Pervolitat tutus volucri cœlestia mente.
> . . . .
> Haud aliter pavidis mentis nox effugit alis
> Ad jubar Harcurium, atque novi lux prævia solis

[1]. Ch. Jourdain, *Hist. de l'Univ.*, t. 1er, liv. II, chap. VII.

> Ducit inoffensas per lubrica et invia mentes.
> Sub duce tam claro juvenis, velut Icarus alter,
> Erigitur procul a terris; atque ima perosus
> Alta petit, mediisque poli spatiatur in aulis :
> Hic varias rerum causas rimatur et ortus.

La pièce est dédiée au professeur d'éloquence DD. II. et au professeur d'humanités DD. de H.

En 1650, nous avons la visite du chancelier **Séguier** qui est accueilli par un compliment en vers latins du célèbre professeur de rhétorique P. **Halley**, ami de ce magistrat[1]. **Pierre Halley** ou **Hallé**, après de bonnes études à CAEN, fut attiré à Paris par le chancelier **Séguier**, et devint professeur de rhétorique au collège d'HARCOURT (1650), puis *antecessor*, c'est-à-dire professeur, à la Faculté de droit ou de décret (1659), qu'il releva en y établissant l'agrégation et en y faisant régner une sage discipline. Nous donnons ci-contre son portrait tiré des estampes de la Bibliothèque nationale.

> Unde repentinos sensere Harcuria motus
> Limina? purpureamque vibrant rutilantia lucem?
> Quis novus ille fragor? cui plaudit læta juventus?
> . . . .
> Ecce redit iterum atque iterum venerabile nomen
> Seguerii : jungo plausus et pectoris æstum.
> Salve mens patriæ : salve sanctissime legum
> Ac sceleris vindex : Lux alma impuberis aulæ,
> Ac viduæ columen : per quem, mea Gallia, famæ
> Nacta decus, viresque novas et fortibus aucta
> Consiliis . . . . .

A la fin une adresse au roi où on lit :

> Aurea tot regum Soboles ; o sera voluptas,
>   O Regni, Ludovix, spesque decusque tui.

A la même époque nous trouvons une autre pièce de vers, qui paraît également d'**Halley**, adressée encore au chancelier **Séguier**, sans doute à l'occasion de quelque spoliation dont

---

1. V. Goujet, *Mémoire sur le Collège Royal*. — G. Périès, *La Faculté de Droit*, p. 258.

Portrait du professeur Halley.

était menacée l'Université, soit à cause des *Messageries*, soit à cause du *Pré-aux-Clercs*. Elle est intitulée : *Élégie au chancelier de France* Séguier, *ex Harcuriano*, c'est-à-dire imprimée à Harcourt.

> Non ego vos patiar spoliari rebus avitis ;
> Dotem ab avis, a me plura feretis, aït.
> Nec semel effatus. Quod dixerat ante Camœnis,
> Dixit idem *nuper*. Bis repetita placent.
> Vive igitur felix Academia : vivite Musæ,
> Aurea sub tali Principe sæcla fluent.
> Non fera vos posthac rabies vexabit avari
> Mancipis, atque fori fertilis hydra dolis.

Puis, c'est en 1660, une autre pièce de vers latins pour féliciter le jeune abbé J. d'Harcourt qui venait de soutenir ses thèses générales de philosophie au collège d'Harcourt, dont il était élève. Le titre en est curieux : *Mars, e Gallia fugatus ab. E. E. principe cardinali duce Julio Mazarino, conqueritur de pace anno MDCLX restituta*[1]. Relevons seulement ce passage où l'on célèbre des victoires auxquelles nous aspirons aujourd'hui :

> Aspicis ut victor regnet *Ludovicus*, et hostes
> Fregerit : hoc nostri pignus amoris habes,
> Pene puer, duce te, vicit certamine Belgas
> Et de *Theutonibus* multa trophæa tulit.
> Testor et Harcurium Alciden virtute tremendum[2] !

L'auteur de cette poésie était le boursier Jean Le François qui succédera au proviseur Fortin.

Toutefois la poésie française n'était pas bannie de ces solennités de famille, car nous trouvons un sonnet qui prouve que l'on ne punissait plus du fouet les élèves qui manquaient à la consigne de parler latin. Le voici dans sa simplicité et son orthographe du temps, tel qu'il fut adressé au professeur des Auberis, qui enseigna, comme nous

---

1. Il s'agit du *traité des Pyrenées* conclu en 1659, qui fut le couronnement de la carrière de Mazarin.
2. Bib. de la V. de Paris, série 57.

l'avons vu, la philosophie au collège d'HARCOURT (1665), puis au *Collège royal*[1].

Sonnet au professeur des Auberis.

Beau soleil des esprits, flambeau de cette vie,
Par tes divins rayons, nos stériles esprits
Se sentans eschauffez et fertiles en fruicts,
Sont emportez au ciel par ta chaste Uranie.

Canal par où du ciel, la divine ambrosie
Coule dans nos esprits; astre qui les conduis
A des pensers divins, et esclairant leurs nuicts,
Descouvrez les beautez de la Philosophie.

Cet esprit, ce sçavoir, qu'on ne peut imiter,
Est un digne sujet aux doctes d'admirer,
Et aux nobles esprits un digne objet d'envie.

Et l'ancienne sagesse estant dans ce séjour
Pour ouvrir les secrets dont nature est remplie,
Emprunterait ta science et ton grave discours[2].

Les grandes qualités de **P. Padet**, le succès de son enseignement, sa situation au collège d'HARCOURT, l'avaient signalé à l'attention de l'Université. Il fut choisi, en 1622, pour exercer les hautes fonctions de Recteur et il s'en acquitta aux applaudissements de la corporation. C'était au moins le vingt-deuxième Recteur fourni par le collège d'HARCOURT. Il fut, dit **Ch. Jourdain**, l'un des plus vigilants défenseurs des droits de l'Université, en lui signalant le coup dont elle était menacée par les Barnabites qui, à l'instar des Jésuites, voulaient fonder un collège à Paris et y tenir des classes. Un procès fut immédiatement intenté à cette congrégation et, en 1635, le Parlement donna gain de cause à l'Université qui obtint que les Barnabites s'engageraient à « ne tenir collège ni escole et à ne faire de leçons de quelque science que ce fust, à autres qu'à ceux de leur ordre à Paris et ailleurs[3] ».

C'est aussi au Recteur **Padet** que revient l'honneur d'avoir, en 1622, terminé le procès que l'Université soutenait depuis

---

1. V. Goujet, *Mémoire sur le Collège Royal*.
2. V. pour toutes ces pièces à la Bib. nat., *Myc*, 909, 920, 953.
3. **Ch. Jourdain**, *Hist. de l'Univ.*, t. I, p. 185.

longtemps contre la reine **Marguerite de Navarre** et ses héritiers, au sujet de six arpents du Pré-aux-Clercs, que le Recteur **Engoulevent** lui avait vendus d'une manière inconsidérée bien au-dessous de leur valeur. Malgré les difficultés qui s'opposaient à la rescision de cette vente, **P. Padet** sut si bien plaider la cause de l'Université devant les magistrats, qu'il fit annuler le contrat de 1606. Cette fois la procession du Recteur et des procureurs des Nations au Pré-aux-clers revêtit un caractère de solennité tout particulier, quand ils vinrent, comme nous l'avons raconté au chapitre précédent, au temps de Pâques, attester par leur présence les droits de possession de l'Université. C'est ainsi que **Padet** justifia l'éloge de **Gui Patin** qui l'appelait *verus Atlas Academiae*[1]. Aussi l'Université pour témoigner à P. **Padet** sa reconnaissance des services qu'il lui avait rendus et des dépenses qu'il avait faites dans son intérêt lui alloua, en 1645, une somme importante, dont le greffier **Quintaine** a omis de donner le chiffre. Il reçut en outre, comme présent, une *Bible polyglotte*, en 10 volumes in-folio, et la grande *Collection des Conciles* en 37 volumes in-folio, imprimées à Paris, en 1644 et 1645. **Padet** les légua à la bibliothèque du collège[2].

Le mérite de **Padet** n'était égalé que par sa modestie. Il serait resté jusqu'à la fin de sa vie simple régent de philosophie au collège d'Harcourt, si l'âge et les fatigues de l'administration ne l'avaient forcé à abandonner ses leçons. C'est alors que le cardinal archevêque de Lyon, **Alphonse de Richelieu**, juste appréciateur de ses talents, voulut le faire nommer professeur au *Collège Royal*, à la chaire de philosophie laissée vacante par la mort de **Guillaume Duval**, en 1647. Sachant bien qu'il résisterait, il ne le prévint pas de son projet et l'informa du choix que le roi avait fait de lui par des amis capables de le décider à accepter. Mais **Padet** demanda à réfléchir, exposa au cardinal les motifs qui l'avaient

---

1. Gui Patin, *Lettre* du 6 février 1665.
2. Ch. Jourdain, *Hist. de l'Univ.*, t. Ier, p. 303. — Arch. Nat., M. M. 453.

déterminé à renoncer à l'enseignement dans son collège, et ne se rendit qu'à ses pressantes instances. Au *Collège Royal*, il exposa la philosophie de Platon, qu'il possédait parfaitement, dit **Goujet**, et jusqu'à l'âge de quatre-vingt-quatre ans, il enseigna avec le plus grand succès[1].

P. **Padet** ne fut pas seulement un administrateur remarquable et un homme de grand savoir, il devint encore, pour la maison d'Harcourt, un de ses plus insignes bienfaiteurs par les nombreuses fondations dont il l'enrichit, au point qu'on l'appela *le second fondateur du collège*.

Son exemple encouragea sans doute d'autres bienfaiteurs, car nous voyons de 1630 à 1665 un grand nombre de fondations qui viennent s'ajouter aux siennes. Ainsi de 1630 à 1650, il y a six contrats passés devant les notaires au Châtelet S. Vaast et Boucaut, par lesquels Mᵉ **Jean Rouxel** donne aux boursiers neuf mille livres pour fonder des *obits* et une bourse à la nomination de ses héritiers. Avec une partie de cette somme on bâtit des maisons sur la rue des Fossés-Monsieur-le-Prince et on paye ce que l'on devait encore pour l'acquisition de l'*hôtel d'Auxerre*. Ce qui reste est employé à la construction de plusieurs corps de logis destinés aux pensionnaires. En 1637, dix mille huit cents livres sont payées en plusieurs sommes à la communauté des boursiers par les sept administrateurs des pensionnaires, dont nous avons parlé plus haut.

C'est encore, en 1638, le boursier **François Coulart**, bachelier en théologie, qui donne aux boursiers 1200 livres pour la fondation d'un *obit* et cinquante volumes in-folio pour la bibliothèque. Puis, en 1643, le portier du collège lui-même qui se montre généreux. **Jean le Fauconnier** lègue 800 livres pour les *obits* du collège. En 1644, Pierre Richer, docteur en médecine, laisse par testament 648 livres pour le luminaire de la chapelle. A la même date, **Robert** et **Nicolas Pelerin**, prêtres de Coutances, anciens boursiers, fondent une bourse moyennant 5 975 livres.

---

1. **Goujet**, *Mémoire sur le Collège Royal*.

En 1639, le collège d'Harcourt céda au cardinal de Richelieu, pour la somme de 13 000 livres, un terrain qu'il possédait à côté du collège du Trésorier. Il s'agissait de dédommager celui-ci de ce qui lui était enlevé pour ouvrir la *rue de Richelieu* en face de la Sorbonne. Dans le procès-verbal de l'approbation de ce projet, on mentionne à la suite du proviseur Padet les noms de Nicolas Quintaine, prieur du collège, Jacques du Chevreul, principal et procureur; J. Guenon; P. Picard, professeur de quatrième; L. Picquelin; Noël Lebel; J. Trotin, professeur de cinquième; G. des Auberis, professeur de sixième; P. Lebourg, professeur de rhétorique; René Robeville, Recteur de l'Université; Thomas Fortin et Jacques Quintaine, principal des boursiers grammairiens et artistes; ainsi que les noms du maître maçon Gazeau et du maître charpentier Duqué [1].

En 1646, le roi donna au collège les fossés de la ville avec remparts et murailles de la quatrième à la sixième tour, en venant de la porte de Buci à la porte Saint-Michel.

En 1648, Jacques du Chevreul, écuyer, sieur de Metot, bachelier en théologie, professeur au *Collège Royal*, principal du collège d'Harcourt, syndic de l'Université, donne aux boursiers 6750 livres, rapportant alors 500 livres de rente, pour fonder une bourse. En 1650, Nicolas Quintaine, boursier d'Harcourt et greffier de l'Université, fonde une bourse moyennant 5 900 livres. Enfin, en 1652, le professeur Denys, ancien boursier et procureur du collège, lègue plusieurs volumes à la bibliothèque de la maison que P. Padet avait réorganisée et enrichie, comme nous le dirons au chapitre VII.

Quant aux fondations de P. Padet, elles montaient à une somme de plus de 65 000 livres. Il avait donc bien relevé le collège d'Harcourt, car il le laissait, à sa mort, en 1665, restauré, très augmenté dans ses bâtiments et ses revenus,

---

1. Arch. M., Rég. XXVII, fol. 269, cité par Ch. Jourdain, *Hist. de l'Univ.* Voir la pièce à nos *Documents annexes.* Voir aussi notre plan de la page 66.

et, ce qui valait mieux, ramené à l'observation de ses anciens statuts. Rappelons en quelques mots leurs principales prescriptions[1].

Ils plaçaient à la tête du collège un *proviseur* élu à vie par *huit* des plus anciens *grands boursiers* qui étaient au nombre de vingt (huit pour *la théologie* et douze pour *les arts et la grammaire*). Le proviseur choisissait et nommait lui-même, sauf avis du prieur, un *principal* et un *sous-principal*, pour l'aider dans la direction des trois communautés des *théologiens*, des *artiens et grammairiens*, et des *pensionnaires* du collège. Lui aussi nommait le *procureur*, sorte de questeur et d'économe pour la gestion financière et les dépenses matérielles, enfin un *bibliothécaire*, depuis que P. Padet avait établi cette charge. La nomination de ce dernier, réservée au *proviseur*, soulèvera plus tard des contestations de la part des boursiers. Le *proviseur* était assisté, dans l'administration spirituelle du collège et le maintien de la discipline, par un *prieur*, élu pour un an par les boursiers, qui avait l'intendance de la chapelle et du culte. C'était l'aumônier de l'époque, avec une certaine part dans l'administration qui en faisait une sorte de censeur. Son élection et le droit que lui donnait sa charge de contrôler les dépenses et les recettes du procureur, de surveiller les études, et de convoquer, à la mort du proviseur, les grands boursiers pour en choisir un autre, en feront parfois un antagoniste du chef de la maison.

Le *proviseur* avait droit à la jouissance d'une double bourse, d'un logement avec la nourriture, et à certains profits sur les locations des maisons appartenant au collège et sur les pensionnaires, sauf, comme nous l'avons vu, redevance au collège de 1 200 ou 2 000 livres.

C'était lui qui admettait ou renvoyait les boursiers, qui nommait également ou révoquait les *régents* ou professeurs, qui avait, en un mot, la haute main sur toute l'administration du collège, au point de vue intellectuel et disciplinaire aussi bien qu'au point de vue moral et matériel.

1. V. ces statuts à la fin du chapitre II.

Telle était la situation à la mort de **Pierre Padet**, en 1665, lorsque certains boursiers turbulents tentèrent un petit coup d'État pour ressaisir l'indépendance dont avaient joui leurs prédécesseurs à la fin du xvie siècle. Ils étaient dirigés dans leur entreprise par un des leurs, **Louis Noël**, prieur du collège et régent de philosophie, esprit frondeur et audacieux, qui devait plus tard se faire vertement admonester par l'Université pour ses hardiesses peu orthodoxes à l'endroit de la liberté de l'homme. En attendant, il prit une autre liberté, celle de fabriquer de nouveaux statuts, qu'il fit signer par six grands boursiers. On était au mois de février, mois des révolutions déjà en ce temps-là, et l'assemblée des huit électeurs allait se réunir le 12 pour choisir un nouveau proviseur. Il était tout indiqué en la personne de maître **Thomas Fortin**, qui avait été *principal* sous **P. Padet** et l'avait soutenu dans ses réformes. **Fortin**, instruit de ce qui se tramait et ne pouvant s'y opposer, faute d'autorité suffisante, son titre de principal étant périmé à la mort du proviseur, avait pris ses précautions. Au cas où **L. Noël** exigerait sa signature avant le vote, et où il la donnerait, pour ne pas compromettre son élection, il avait, par avance, déposé chez un notaire une protestation en bonne forme contre la tentative de **Noël**. A Normand, Normand et demi ! Au moment de voter, le 12 février, **Noël** tira de sa poche une copie de ses nouveaux statuts, la présenta comme une chose de peu d'importance à **Fortin**, et le pressa de signer, sans lui donner le temps de lire la pièce. **Fortin** signa et fut élu *proviseur* à l'unanimité. Mais, aussitôt après avoir été confirmé dans sa charge par le plus ancien docteur de la NATION DE NORMANDIE, suivant l'usage, et par le chancelier et le Recteur de l'Université de Paris, il renouvela devant notaire sa protestation contre les statuts de **Noël**. Cette fois, sa conduite était plus ferme et plus correcte que la veille, au moment de son élection. Il faut avouer que **Fortin**, l'ami de **Pascal**, qui devait, un des premiers, recevoir la confidence des *Lettres provinciales*, se montra, dans le fait qui nous occupe, trop partisan des restrictions mentales qu'elles condamnaient. C'est qu'aussi la situation était grave, et qu'il pouvait dire :

Salus populi, lex suprema! Il s'agissait de sauver encore une fois le collège d'Harcourt de l'anarchie et de la ruine. Noël et ses adhérents avaient dressé des règlements en 14 articles, qui réduisaient le *proviseur* à n'être plus qu'un supérieur *honoraire* et non *onéraire* de la maison, comme on disait alors. On voulait lui retirer son logement au collège, — appelé la *salette d'Harcourt*, — les bourses qui lui tenaient lieu de traitement, et les avantages matériels qu'il tirait des pensionnaires. En outre, on nommait un *principal* indépendant de lui, renouvelable tous les trois ans par les boursiers et administrant selon leurs vues, puis un *procureur* pour les intérêts matériels, également à la dévotion des boursiers. Enfin, ils décidaient que ce seraient eux qui choisiraient et déposeraient les *régents*, et ils stipulaient que les bourses pourraient être conservées à perpétuité et cumulées avec d'autres revenus, contrairement aux statuts qui ne les attribuaient qu'à des *étudiants pauvres*, pour dix ans aux *théologiens* et cinq ans aux *artiens* et *grammairiens*, à la condition d'arriver au bout de ce temps à la licence dans la faculté pour laquelle ces bourses étaient fondées. C'était un bouleversement complet de l'institution des d'Harcourt. Les auteurs de ce projet se faisaient la part du lion : car, plusieurs d'entre eux, fruits secs du baccalauréat, qu'ils n'avaient pu dépasser, étaient boursiers depuis quinze, vingt et trente ans, véritables *vieilles barbes du quartier latin*. Ils étaient d'autant moins excusables que la plupart des six associés de Noël avaient de quoi vivre ; l'un d'eux même jouissait d'un aussi gros revenu que celui du collège entier.

M⁰ Thomas Fortin défendit à ces perturbateurs de donner suite à leur projet ; ils n'en tinrent aucun compte, et, rassemblés *capitulairement* dans la chapelle, selon l'expression consacrée, nommèrent un *principal* et un *procureur* de leur cru. Le *proviseur* invoque alors l'assistance du lieutenant civil, conservateur des privilèges de l'Université, qui interdit aux élus d'exercer leurs fonctions. Ceux-ci résistent, et, pour ne pas envenimer l'affaire, Fortin propose à ses adversaires de recourir à un arbitrage. Trois magistrats du Parlement, de **Beaucquemar**, de **la Grange**, **Turgot de Saint-Clair**, consentent à entendre les deux parties. C'est alors que le proviseur d'HARCOURT rédige les *mémoires* que nous avons encore, dans lesquels il réfute victorieusement les prétentions de **Noël** et de ses adhérents. Tandis qu'il était fidèle à présenter ses moyens de défense, à les envoyer aux arbitres après les avoir fait contresigner par **Noël**, celui-ci dissimulait les siens, et cherchait à triompher sur un autre terrain. C'est ainsi qu'il produisait au Parlement l'acte subreptice qu'il avait fait signer par **Fortin** au moment de son élection, et réussissait à tromper les juges, qui donnèrent leur sanction à un concordat qu'ils croyaient accepté par les deux parties. Le proviseur dut leur ouvrir les yeux sur la perfidie de ses antagonistes, en présentant sa protestation notariée. On n'imagine pas toutes les arguties, tous les subterfuges auxquels recoururent les boursiers récalcitrants. La chicane n'avait point de secrets pour eux : Normands, théologiens et philosophes, c'était plus qu'il n'en fallait pour faire durer la querelle. Ainsi nous relevons cet argument pour rabaisser la dignité du proviseur : « *Le principal est maître; le proviseur est maître : donc le proviseur est principal.* » Si ce n'était raisonner en *baroco*, c'était au moins baroque.

Pour faire triompher leur cause ils ont recours à des procédés de faussaires : ils raturent les textes, retranchent ou ajoutent des mots pour les faire parler en leur faveur ; ils enlèvent des feuillets aux registres des comptes, suppriment même certains de ces registres qui renfermaient des témoignages opposés à leurs prétentions. A bout d'arguments, ils en viennent aux injures, noircissent la mémoire de **Turgot** et de **Padet**, et outragent même le proviseur **Fortin**, le traitant de *fourbe*, d'*avare*, de *Caïphe;* ils vont jusqu'à le menacer, lèvent même la main sur lui. Ils se fâchent, donc ils ont tort. **Fortin**, digne de son nom, *vir vere fortis*[1], et de sa charge, reste calme, discute froidement, répond par des

---

1. P. **Martin**, *Athenæ Normannorum*, manuscrit de la Bib. de Caen.

raisons et des témoignages qui portent, en emprunte partout, même aux empereurs chrétiens **Constantin** et **Anthemius**, aux décrets des conciles et aux ordonnances des rois de France. Comme le juste d'Horace, il ne se laisse pas intimider :

> Non civium ardor prava jubentium
> Mente quatit solida. . . . .

Aussi, après deux ans de lutte, après de longs et nombreux mémoires pour rappeler les boursiers à l'observation des statuts, il mit à la raison les perturbateurs et fit cesser les abus sur la possession illimitée des bourses. La sentence arbitrale fut prononcée en sa faveur le 22 août 1667[1].

M*e* **Thomas Fortin**, qui sera proviseur de 1665 à 1680, était du diocèse du Coutances et docteur en théologie. Il avait publié, en 1655, la vie d'une vertueuse chrétienne, morte en odeur de sainteté, en 1654, à l'âge de trente-six ans, **Élisabeth Ranquet**, veuve de M. du **Chevreul**[2], écuyer, sieur de l'Esturville. C'est sans doute à sa famille qu'appartenait le professeur d'Harcourt, de ce nom, que nous avons mentionné précédemment. Appelé par **P. Padet** à diriger avec lui le collège d'Harcourt, en qualité de *principal*, il était plus apte que personne à y maintenir l'ordre qu'il y avait rétabli. Du côté du pouvoir il trouvait un appui. En 1665, des lettres patentes de **Louis XIV** avaient confirmé les anciens statuts dressés par **Robert d'Harcourt**, et réglé la manière dont les bourses devaient être attribuées et possédées[3]. Après avoir mis bon ordre aux prétentions des grands boursiers, M*e* **Fortin** réforma avec le même soin la tenue des écoliers. Il y en avait,

---

1. Bib. de la Sorb., *Factums* U. 132, et U. 10, carton 17; et aussi Arch. nat., M. 133.
2. *Le Moreri normand*. — **P. Martin**, *Athenae Normannorum*. Le livre de **Fortin** est précédé de plusieurs pièces de vers où nous trouvons les signatures de **Corneille, La Luzerne** et **Scudéry**. V. à la Bib. nat., L. $\frac{27}{n}$ 6979.
3. V. Arch. nat., M. 133, liasse 3. — Bib. de la Sorb., U. 132, n° 2, p. 58.

en effet, qui troublaient la discipline, couraient hors du collège sans autorisation, et s'arrogeaient, comme des gentilshommes, le droit de porter l'épée. Il put alors, ainsi que l'avaient fait ses deux prédécesseurs, accroître la prospérité et l'importance du collège par de nouvelles constructions, qui dureront jusqu'à sa transformation en lycée Saint-Louis.

C'était le moment où l'on venait de terminer la Sorbonne rebâtie par le cardinal de Richelieu, où le cardinal Mazarin, marchant sur ses traces, avait élevé le collège des Quatre-Nations. De si beaux lauriers de bâtisseur devaient tenter le proviseur Fortin. Il résolut de faire pour son collège, mais dans des proportions plus modestes, ce que ces grands ministres avaient fait pour les deux maisons qui leur étaient chères. Voilà comment il fut amené à construire une chapelle plus importante et une façade monumentale au collège d'Harcourt. En 1675, comme le raconte **Piganiol de la Force**, **Nicolas Colbert**, coadjuteur de l'archevêque de Rouen, posa la première pierre de la nouvelle chapelle placée, comme l'ancienne, sous le vocable de la *sainte Vierge* et de *saint Louis*[1]. La façade de la vieille maison d'Harcourt fit place à une construction plus régulière, dont **Piganiol** a donné la description, sans ménager les critiques qu'elle suggérait. Nous la plaçons auprès des dessins que nous avons pu en retrouver et faire reproduire[2]. « La porte du collège
« d'Harcourt, dit **Piganiol**, a de l'apparence, et est fort
« riche en sculptures; elle est en retraite et élevée sur un
« plan courbe, qui forme un renfoncement en voussure, orné

---

1. Piganiol de la Force, *Description historiq. de la Ville de Paris*, t. VI, p. 382.
2. Il existe deux vues de l'extérieur et de l'intérieur du collège, l'une à la Bibliothèque Mazarine et aux Archives, qui date de 1707, due à un élève d'Harcourt, **F. Maillard**, et l'autre de 1780, dessinée et gravée par **Martinet**. Nous donnons la première dans ce chapitre, réservant la seconde pour le chapitre suivant. La porte de l'ancien collège, conservée sous le vestibule du lycée Saint-Louis, a été dessinée par deux jeunes élèves des Beaux-Arts, MM. **Chesneau** et **Laroche**, aussi bien qu'a pu le permettre le jour défectueux qui l'éclaire.

« de grands refends. Au bas est la porte d'entrée, dont
« l'ouverture est carrée et beaucoup trop basse pour sa lar-
« geur. Sur un chambranle fort grossier sont couchés deux
« lions qui supportent l'écusson des armoiries de l'illustre
« et ancienne maison d'Harcourt ; aux deux extrémités, deux
« consoles portent une corniche très déplacée. Sur cette
« corniche, dans le haut de la voussure, est un cartouche
« ovale, où on lit : *Collegium Harcurianum*, et sur le haut
« de la menuiserie des deux ventaux de la porte : *Thomas*
« *Fortin, Provisor et Doctor Harcurianus, ædificavit* 1675. »
(*C'est au-dessous de cette inscription qui porte seulement*
Thomas Fortin provisor donavit, que l'on voit sur deux médail-
lons entourés d'une guirlande de chêne, à gauche la vocation
de saint Pierre, patron du proviseur Padet, *et à droite l'appa-*
rition du Sauveur à saint Thomas, patron du proviseur Fortin
le donateur.) « Deux anges assis et adossés à ce cartouche
« soutiennent une guirlande qui borde les extrémités inté-
« rieures du haut de l'arcade de cette grande porte : on voit à
« leurs pieds les attributs des sciences enseignées dans ce
« collège. Cette voussure, fort exhaussée, porte un grand en-
« tablement corinthien, orné de modillons et de denticules.
« Au-dessus de cet entablement s'élève un attique percé de
« cinq croisées, que l'œil ne saurait voir, à cause de l'énorme
« saillie de la corniche et du défaut d'espace dans la rue, qui
« est plus étroite en cet endroit que dans tout le reste. Enfin
« cette irrégulière composition est terminée par un grand
« fronton angulaire, qui en fait l'amortissement. Toutes les
« parties de cette fabrique sont mal distribuées. Elle a plus
« de cinquante pieds de hauteur, dont on ne saurait voir que
« la moitié, et, par conséquent, ni l'attique ni le fronton [1] ».

Nous disions tout à l'heure que **Th. Fortin** avait été le confident de **Pascal** quand celui-ci voulut publier ses *Lettres provinciales* ou *Petites Lettres*. Voici comment un historien

---

1. V. Piganiol de la Force, *Description historiq. de la Ville de Paris*, t. VI. p. 380. — Brice, *Description de la Ville de Paris*, t. II, p. 477.

Portes du collège d'Harcourt données par le proviseur Fortin
et conservées sous le vestibule du lycée Saint-Louis.

du lycée Saint-Louis a raconté le fait : « D'après une tradi-
« tion qui n'a pas été démentie, dit M. Lacour-Gayet, lors-
« que Pascal avait composé quelques-unes de ses lettres in-
« comparables, où il traduisait sous une forme populaire,
« pour l'amusement de la foule, ces problèmes de théologie
« et de morale qui, jusque-là, n'étaient pas sortis du lourd
« in-folio, il en faisait passer les manuscrits par l'intermé-
« diaire d'un valet de confiance à Thomas Fortin, alors
« principal, ensuite proviseur d'Harcourt. Me Fortin prit
« soin de faire imprimer les *Petites Lettres*, et c'est dans le
« collège même, dit-on, que plusieurs d'entre elles furent im-
« primées en 1656. Le nom de Fortin et les presses du vieux
« d'Harcourt méritent qu'on les salue au passage pour avoir
« assuré à la postérité un des chefs-d'œuvre les plus parfaits de
« la littérature et de l'esprit français. » Les élèves du collège
d'Harcourt, nous le verrons pour Racine, lurent avec autant
de plaisir les *Provinciales* que leurs devanciers en avaient
éprouvé aux *Colloques* d'Érasme. Les *Lettres* d'Arnauld pour
la défense du Jansénisme avaient précédé celles de Pascal.
La Faculté de Théologie les condamna, mais parmi les docteurs qui votèrent en faveur d'Arnauld, nous trouvons le
nom de Fortin. Ce fait nous explique comment il devint l'intermédiaire de l'auteur des *Provinciales*. Nous savons aussi
que Th. Fortin, qui était curé de la petite paroisse de Saint-
Christophe, près l'Hôtel-Dieu, persuada à M. Masure, curé de
Saint-Paul, d'écrire contre la *morale relâchée* des casuistes
flétris par les *Lettres de Pascal*. De là sont sortis les célèbres
factums des curés de Paris dirigés contre les Jésuites (1658)[1].

Th. Fortin prit encore parti dans les débats du Gallicanisme qui commencèrent en 1663. A cette époque on trouve
son nom parmi les signataires des six propositions qui furent
l'esquisse des quatre articles de 1682. Voici d'ailleurs,
comment il était noté auprès du pouvoir :

« Fortin. — Homme fort, ne changeant point de sentiments
« non plus que de conduite. Cherchant toujours à chagriner les

1. *Recueil d'Utrecht* (1740), p. 281. — Jager, *Hist. de l'Église de France*, t. XVII, p. 129.

« Jésuites et tous ceux qui sont attachés à Rome. Fort zélé pour
« tous les intérêts du roi et du Parlement quand ils sont joints.
« Il sait et fait travailler tous ceux qui se mettent sous sa con-
« duite dans son collège d'Harcourt dont il est principal. Il
« connaît fort bien ce qu'il faut lire et les livres; fort hardi,
« point intéressé; fort ferme et propre à conduire une affaire,
« dans la Faculté. Qui a beaucoup de conduite et beaucoup de
« créance parmi les siens et ceux de son parti. Auquel pourtant
« aussi bien qu'à quelques autres il faut prendre garde qu'il
« n'aille trop loin contre Rome, n'ayant peut-être pas trop examiné
« les conséquences fâcheuses que cela peut porter dans la suite
« et dans les occasions qui peuvent naître. Piquant et mordant
« naturellement; tournant en plaisanterie tout ce qui ne lui plaît
« pas. Le coup sûr pour faire proposer tout ce que l'on veut
« contre Rome. Il a toujours dans chaque licence des bacheliers
« pour faire soutenir telles thèses que l'on voudra[1]. »

Nous n'ajouterons rien à ce portrait moral qui paraît avoir été tracé par quelqu'un qui connaissait bien le personnage. Nous serions tentés cependant de le trouver un peu chargé. En tout cas, c'est le type du gallican au xviie siècle.

Le proviseur **Fortin** était-il devenu un peu autoritaire, à la suite des luttes que nous avons rapportées, ou bien eut-il réellement à se plaindre de son principal? Nous ne saurions nous prononcer à cet égard, mais un *Mémoire* présenté au Parlement, en 1677, par l'avocat **Pageau**, au nom de son client **Jacques de l'Œuvre**, nous le montre sous un aspect assez cassant[2]. Il avait fait venir de Provins ce **Jacques de l'Œuvre** qui était principal du collège et chanoine de cette ville pour en faire un principal d'Harcourt. Que se passa-t-il entre eux? Le *mémoire* ne le dit pas, mais on peut croire qu'il l'insinue dans le passage où il fait ressortir que le dissentiment venait de la fermeté montrée par le principal à l'égard des pensionnaires pour les maintenir dans l'ordre et la discipline. Cette sévérité contrastant avec un certain laisser-aller du proviseur à leur égard aurait déplu à ce dernier qui en montra de l'humeur. En effet, tout d'un coup, sans le prévenir,

---

1. Bib. nat., tiré du vol. 155e des *Cinq Cents Colbert*, voir **Ch. Gerin**, l'*Assemblée de 1682*, p. 557.
2. Bib. nat., F$_3$. 1090.

devant la communauté des pensionnaires rassemblés à la chapelle, il avait révoqué **Jacques de l'Œuvre**, et s'était écrié en s'adressant aux élèves : *Je vous défends d'obéir à cet homme-là!* Son doigt indiquait de l'Œuvre. Il s'emporta même contre lui au point d'enlever son couvert du réfectoire et de le jeter à terre sous les pieds des élèves fort surpris de cette violence. **J. de l'Œuvre** se plaint avec raison dans son *mémoire* adressé au Parlement de ce qu'il a été traité sans égard, comme un criminel et réclame contre une pareille destitution. Mais il est bien douteux qu'il ait réussi à se faire réintégrer dans sa charge parce que **Fortin** avait eu soin de prendre les devants en faisant approuver la révocation de son principal par un arrêt de la cour du 6 février 1677 et en nommant de suite un autre principal, **Jean le François**, régent du collège, avec qui il avait eu aussi auparavant des démêlés. **Fortin** avait fait révoquer **le François** par l'Université, mais le Parlement l'obligea à le reprendre.

J. de l'Œuvre espérait sans doute une solution analogue en sa faveur. Mais nous ne voyons pas qu'il l'ait obtenue; et cependant **Jacques de l'Œuvre** n'était pas sans mérite. Son éloge de **P. Padet** est cité comme un beau morceau de latinité[1].

Né à Valognes, au diocèse de Coutances, il vint à Paris étudier, comme boursier au collège d'Harcourt, sous le proviseur **Padet**. Là il connut **J. du Chevreul** qui était principal et **Th. Fortin**, sous-principal. Après avoir achevé ses classes avec succès, il devint précepteur dans la famille **Baudoin**, fit sa théologie et fut ensuite chargé par l'évêque de Beauvais de plusieurs classes de son collège. Il professa encore à Valognes, d'où il passa, en qualité de principal, au collège de Provins. On le vantait alors comme un homme qui avait de l'esprit, de l'étude et beaucoup de désintéressement. Il quitta Provins pour venir à Harcourt, appelé par le proviseur **Fortin**, qui l'évinça comme nous l'avons vu, et fut alors

---

1. V. Goujet, *Mémoire sur le Collège Royal*.

nommé principal du collège des Lombards[1]. Là il se consacra à des travaux littéraires et publia une édition estimée de **Plaute,** *ad usum Delphini,* en 1679, puis une *Vie de saint Yves,* en 1695[2].

Imitant ses prédécesseurs, **Th. Fortin** fit au collège d'Harcourt des donations importantes. C'est ainsi qu'il lui abandonna la somme de 61 133 livres qu'il avait dépensée pour les bâtiments de l'enceinte du collège. Mais il imposait en retour quatre conditions : 1° payer tous les ans cent livres au principal des artiens et grammairiens pour qu'il prenne bien soin de leurs études ; 2° deux cents livres à un chapelain qui célébrera tous les jours une messe pour le repos de son âme ; 3° cent livres pour acheter des livres, du linge, des ornements, etc., à l'usage de la chapelle et y entretenir le luminaire ; 4° vingt livres pour deux *obits* annuels.

Ce n'est pas tout, **Fortin** laissa encore, en 1679, par testament aux boursiers, pour des frais de nourriture et d'études, une rente de 600 livres par an à prendre sur trois maisons dépendantes de la chapelle *Sainte-Marthe,* fondée en l'église Saint-André-des-Arcs à Paris. Il constitua également une rente de cent livres aux petits boursiers.

Pour réhabiliter la mémoire de **Noël,** qui fit une si rude guerre au proviseur **Fortin,** disons qu'il gratifia le collège d'une donation de 3 400 livres en faveur des boursiers.

Nous avons vu précédemment un portier du collège lui léguer une rente de 800 livres, voici maintenant un cuisinier **Guion** ou **Guillaume Gervais** qui laisse 1 000 livres pour la fondation d'un *obit* et d'une petite bourse (1679). Ses héritiers rachetèrent, il est vrai, la rente en 1703 et payèrent 277 livres d'arrérages, ce qui fit une somme de 1 277 livres reçues par le collège pour cette fondation[3].

---

1. Le collège des Lombards avait été fondé, en 1334, par quatre Italiens pour onze boursiers de leur Nation. **Louis XIV** donna ce collège aux *Irlandais,* en 1677.
2. V. *Grand Dictionnaire* de **Moreri.** — P. Martin, *Athenae Normannorum.* — **Goube,** *Hist. du Duché de Normandie.*
3. Bib. de la Sorb., U. 132, *Fondations.*

Mais ce qui témoigne encore mieux de la prospérité du collège à cette époque, c'est qu'il est vanté pour sa bonne discipline et le grand nombre de ses pensionnaires[1]. Parmi les élèves remarquables qui en sortent au temps du proviseur Fortin, nous pouvons citer **Boileau** et **Racine**, **Melchior de Polignac** et **Hercule de Fleury**.

Boileau commença ses études à HARCOURT et faillit y rencontrer celui dont il sera plus tard l'ami, **Racine**, qui sortait alors des *Petites écoles* de PORT-ROYAL. Boileau étant tombé malade, quitta HARCOURT et plus tard alla au collège de DORMANS-BEAUVAIS où il finit ses classes. L'auteur d'*Andromaque* quittait HARCOURT, en 1660, et sept ans après il donnait ce chef-d'œuvre à la scène. On a publié récemment une lettre inédite de **Racine**, à la date du 26 janvier 1659, c'est-à-dire à l'époque où il était élève de philosophie au collège d'HARCOURT. Elle est adressée à **Robert d'Andilly**, auquel il raconte une fête de catéchisme dont il a été témoin, un jour de sortie, dans l'église Saint-Louis, près de la Bastille. Il y fait allusion aux *Provinciales* et à l'occasion d'un jésuite qui figure dans cette fête, il ne manque pas de rappeler le personnage d'*Escobar* vulgarisé par **Pascal**[2].

Melchior de Polignac et **Hercule de Fleury** devinrent tous deux cardinaux et furent étroitement associés à la politique de leur temps, le premier comme diplomate et le second comme ministre d'État. Mais le tracas des affaires ne les empêcha pas de cultiver les lettres dont ils avaient puisé le goût au collège. On raconte que **Polignac** avait donné de bonne heure une preuve de sa facilité et de sa souplesse d'esprit en soutenant, en 1680, deux thèses de philosophie, la première en l'honneur de **Descartes**, qui fut refusée et la seconde en l'honneur d'**Aristote**, qui conquit tous les suffrages. Le *cartésianisme* n'avait pas encore détrôné la scolastique et il y avait alors quelque courage à en déployer la bannière. On

---

1. Brice, *Description de la Ville de Paris*, t. II, p. 478.
2. V. aux *Documents annexes* cette lettre communiquée par M. Gazier, maître de conférences à la Sorbonne.

sait, en effet, qu'en 1678 il était encore défendu de l'enseigner dans l'Université. **Melchior de Polignac** fut aussi bon courtisan que bon humaniste. Étant jeune abbé, il disait pour plaire à **Louis XIV**, que « la pluie ne mouillait pas à Marly. » Plus tard, devenu cardinal, il se consola de ses disgrâces en composant en latin son *Anti-Lucrèce* pour réfuter le poème *De Natura rerum*, et, plus d'une fois, l'heureuse facture du vers répondit à l'élévation des pensées[1].

Nous ne pouvons terminer l'histoire du provisorat de Mᵉ **Fortin** sans rappeler que c'est sous son administration que fut inaugurée à Harcourt la première fête universitaire consacrée à **saint Charlemagne**. Le promoteur de cette solennité, **Égasse du Boulay**, l'historien de l'Université, la proposa, dit-on, moins par dévotion pour le grand empereur que pour assurer la protection de **Louis XIV** à une institution qui se glorifiait d'avoir été établie par un si puissant monarque[2]. Mᶜ **Belleville**, régent de rhétorique du collège d'Harcourt, fit, le 28 janvier 1674, le panégyrique du héros donné pour patron à la jeunesse des écoles et glorifia en latin celui que l'Université regardait alors comme son fondateur. Le lendemain une journée entière de congé fut accordée aux écoliers[3]. La légende n'a pas résisté au temps, mais la tradition subsiste et il ne nous déplait pas, avec son aide, d'entretenir le patriotisme de nos futurs soldats en leur proposant pour modèle un guerrier qui triompha des Saxons d'outre-Rhin.

Notons encore, au temps du proviseur **Fortin**, quelques pièces de vers composées par **Jessé le Duc**, qui fut docteur en droit canon et en droit civil et professa onze ans les humanités au collège d'Harcourt. C'est à l'occasion des thèses de philosophie pour le baccalauréat ès arts, soutenues au collège d'Harcourt en 1679, par les deux élèves **Étienne** et

---

1. A. **Pierron**, *Notice Hist.* lue à la distribution des prix du lycée Saint-Louis, 1853.
2. Ch. **Jourdain**, *Hist. de l'Univ.*, t. I, p. 414.
3. Ch. **Jourdain**, *Hist. de l'Univ.*, t. I, p. 454, et M. **Lacour-Gayet**, discours prononcé à la distribution des prix de 1886.

Gilles d'Aligre, fils du chancelier de ce nom. L'auteur célèbre, dans une ode à **Louis XIV**, la *guerre de Hollande* et la *paix de Nimègue* qui la terminait heureusement :

> O grande cœli munus et arduum
> Opus Tonantis, Maxime Principum,
>   Seu Marte debellare gentes,
>   Seu lubeat recreare pace.
> Invicte Princeps, quid temeraria
> Quid impotenti fingere te manus
>   Labore sudavit ? quid æris
>   Exiguo rudioris orbe
> Nec clausa terris nec maris ambitu
> Trophæa clausit? Nec nisi lucidis
>   Cælanda stellarum smaragdis
>   Et medio referenda cœlo?
>
> Jubes, perennis subsequitur tuos
> Fortuna currus, astra favent, simul
>   Natura conspirat, tuisque
>   Arbitriis elementa pugnant.
> Jubes, amico sidere protinus
> Felix serenos *Pax* revehit dies,
>   Succedit ubertas et aureis
>   Sæcla refert pretiosa rivis.

Jessé le Duc compose encore à la même date et pour la même cause, en faveur de **J. B. Paul Bignon**, un petit-fils du célèbre magistrat de ce nom, les vers suivants :

> Agnosco, en vestris sese penetralibus infert,
> Ingens **Bignonius** (dulce ac venerabile nomen)
> **Bignonius**, cui prisca parens non protulit ætas
> Nec ventura dabit : lætis occurrite musæ.
> . . . .
> Ergo ades optatis, nostrisque penatibus heros
> Succede, et facili hæc solennia respice vultu.
> . . . .
> Certatim applaudunt, vivaque in imagine Patrem
> Mirantur, patriæ simul præludia famæ
> Ut nuper stupuere, pari cum frater honore.
> Nec te, Paule, minora manent crescentibus annis
> Sed meliora vocant : alios meditaris honores[1].

Le même poète, pour les thèses de philosophie d'un autre jeune harcurien, **Jean-Baptiste Bouvard de Fourqueux**,

---

1. Bib. nat. *G.yc*, 603 et 801.

neveu du conseiller **Robert de Pommereu**, s'adresse à la fontaine du collège :

Harcuris lympha reposcitur :

O fons, nectare purior,
O fons Harcurii deliciæ jugi,
Plenis labere jam tubis,
Teque advolve tuo, nympha, loquacibus
Rivis plaudere vindici.
Et vos Harcurides, vos quoque plaudite,
Musæ, en *Pommerelius*, sacro
En vos uberius flumine proluet.
Divinum Themidis jubar.
. . . .
Magnos illa viros Castalis efficit,
Cerne, en ille (tuum genus)
Tanti, *Forquelius*, nectare lætior
Fontis, quam bene ditibus
Cunctos illecebris eloquii rapit.

Dans une autre pièce, **Jessé le Duc** s'excuse auprès du duc **de Montausier**, pair de France, son protecteur, de n'avoir pas concouru pour une place à l'Université de Caen :

Ergo alii faciant, clamosa pericula tentent
Quæ sibi, nec forsan reliquis, certamina prosint;
Dum me publica res, dum poscent munia, nolim
More alio quam quo cœpi contendere scribens
Utilia, atque tibi, dux inclyte, forte probanda,
Qua sors nulla mihi possit contingere major[1].

Le proviseur **Jean le François** fut le successeur immédiat de Mᵉ Fortin (1682-1701). Il était né, non loin de Vire, à Sainte-Marie-Laumont (Calvados), qui appartenait alors au diocèse de Coutances. Boursier du collège d'Harcourt, il y prit la maîtrise ès arts, devint bachelier en théologie et professeur de rhétorique. En 1680, il est mentionné sur la liste des Recteurs de l'Université de Paris et ses biographes le qualifient encore chanoine de Saint-Germain-l'Auxerrois,

---

1. Pour ces pièces V. à la Bibl. Nat. *M.yc*, 919; *G.yc*, 800 et 801.

au temps où cette église était une collégiale[1]. Nous avons vu précédemment qu'il avait été destitué comme régent du collège d'Harcourt, par sentence du Recteur **Barjot de Moussy**, en 1675, sur la demande du proviseur **Fortin**. Quel était le motif de cette disgrâce? Nous l'ignorons, mais il faut croire qu'elle n'était pas méritée, puisque le Parlement, auquel il en avait appelé, ordonna de lui rendre sa chaire de rhétorique. C'est ce qu'affirme d'ailleurs le *factum* de **Jacques de l'Œuvre**[2]. Rentré en faveur auprès de **Th. Fortin**, il fut nommé par lui professeur de philosophie, devint prieur des grands boursiers et succéda à **Jacques de l'Œuvre** quand celui-ci, disgracié à son tour, se vit retirer les fonctions de principal, ainsi que nous l'avons raconté. Enfin, à la mort de **Thomas Fortin**, **Jean le François** était nommé par les boursiers proviseur d'Harcourt et confirmé dans sa charge par **Nicolas Tavernier**, qui avait été élevé après lui au rectorat.

C'est au temps de ces deux recteurs (1682) que, malgré l'opposition de l'Université, les Jésuites consommèrent, avec l'appui de **Louis XIV**, la réunion projetée depuis longtemps du collège du Mans à leur collège de Clermont. Aussi pour témoigner leur reconnaissance à ce puissant protecteur, ils donnèrent à l'établissement ainsi agrandi le nom de collège Louis-le-Grand. En retour de cet hommage, leur maison fut assimilée, sous le rapport des privilèges, aux plus anciens collèges de l'Université[3].

Cette date est encore marquée par les tristes débats du droit de *régale*[4], qui agitèrent si profondément l'Église de France et aboutirent aux quatre articles de la fameuse *Déclaration de 1682*. Nous avons vu que cette Déclaration était

---

1. P. Martin, *Athenae Normannorum*. — Morin-Lavallée, *Essai de bibliographie Viroise*. — Oursel, *Nouvelle bio-bibliographie Normande*.
2. Bib. nat., F_a. 1090.
3. **Ch. Jourdain**, *Hist. de l'Univ.*, t. II. p. 6.
4. On entendait par là le droit que revendiquait le roi de France, pendant la vacance d'un siège épiscopal, de percevoir les revenus du

déjà en germe dans les six articles présentés, en 1663, à **Louis XIV**, par la faculté de théologie. Bossuet, qui fut le rédacteur des articles de 1682, voulut éviter un plus grand mal en donnant satisfaction au roi sur la question de l'indépendance du pouvoir temporel à l'égard de la papauté, mais il ne s'aperçut pas qu'il ramenait sur les autres points l'Église aux plus mauvais jours du Grand Schisme, en érigeant, en matière de foi, l'autorité des conciles généraux au-dessus de celle du Saint-Siège. **Louis XIV** avait obtenu ce qu'il désirait et, pour assurer l'abaissement de la puissance spirituelle du pape, il prescrivit par un édit spécial l'enseignement des quatre articles dans tous les collèges dépendant de chaque Université. Le collège d'Harcourt eut alors comme les autres son professeur des quatre articles, pour ses boursiers théologiens, et si nous en jugeons d'après les dispositions favorables aux prétentions royales que nous avons constatées chez le proviseur **Fortin**, en 1663, on dut lui faire bon accueil. Ce n'était plus le temps où le boursier **Tanquerel** exaltait la suprématie du Saint-Siège au collège d'Harcourt et s'attirait les condamnations de la Cour et du Parlement. Mais l'Université de Paris ne voulut point se laisser imposer une doctrine que tous ses docteurs n'acceptaient pas. Il y eut des résistances au sein de la Faculté de théologie et plusieurs opposants furent exilés. Le roi songeait, pour assurer son triomphe, à en appeler à un concile général, quand il comprit que c'était ouvrir la porte au schisme avec ses désastreuses conséquences. Il s'arrêta au moment de la franchir et retira son édit en 1693.

L'Université était à peine remise du trouble causé dans les esprits par les discussions qu'avait provoquées la *Déclaration de* 1682, quand elle eut à prendre parti dans les querelles

---

diocèse et de nommer aux bénéfices qui en dépendaient. Ce droit toléré par l'Église pour les anciennes provinces de France était interdit dans plusieurs diocèses du midi. **Louis XIV** voulut leur en faire l'application et n'hésita pas à recourir aux mesures les plus vexatoires et les plus violentes envers les évêques récalcitrants, tels que ceux d'Aleth et de Pamiers.

soulevées par la philosophie de **Descartes**. Celle-ci commençait à pénétrer dans les écoles et à y détrôner le vieux péripatétisme d'**Aristote**. Aussi en 1685, son enseignement est-il de nouveau interdit dans les collèges, et en 1691, onze propositions tirées des leçons faites dans ces maisons sont-elles l'objet de défenses spéciales, comme contenant le venin du cartésianisme. Mais en réalité elles renfermaient plus de jansénisme que de cartésianisme. C'est pourquoi les professeurs de philosophie n'eurent pas de peine à prendre l'engagement de ne point les enseigner. Parmi les signataires de cet acte nous voyons figurer **Roussel** et **Le Melorel**, tous deux professeurs de philosophie au collège d'Harcourt[1]. Ils avaient si peu l'intention de renoncer à l'enseignement du cartésianisme, qu'en dépit des défenses et des formulaires, ces régents ont contribué, au xviie siècle, à le propager dans les écoles. D'ailleurs, tout le monde faisait alors campagne en sa faveur, les poètes eux-mêmes prenaient parti avec le public contre Aristote. Nous le voyons dans les leçons que **Molière** fait donner par le docteur *Pancrace* à *Sganarelle*, dans le dialogue de *Thomas Diafoirus* avec *Angélique*, dans l'arrêt burlesque de **Boileau** contre une inconnue, nommée la raison, qui « aurait entrepris d'entrer par force dans les écoles de
« l'Université et, pour cet effet, à l'aide de certains quidams
« factieux, gassendistes, cartésiens, malebranchistes et pour-
« chotistes, gens sans aveu, se serait mis en état d'en expulser
« **Aristote**, ancien et paisible possesseur desdites écoles[2]. »

Pendant ce temps, le collège d'Harcourt continuait à prospérer entre les mains du proviseur **Jean Le François**. Nous en avons la preuve dans la bonne situation financière qu'il accuse à ce moment.

L'état des fondations du collège mentionne en effet, à la date de 1682, l'acquisition faite par *les boursiers* d'Harcourt « *d'une place dans les fossés de la ville attenante le collège,*

---

1. Ch. Jourdain, *Hist. de l'Univ.*, t. II, p. 38.
2. V. H. Lantoine, *Hist. de l'Enseignement secondaire*, chap. iv. — A. Sicard, *Les Études classiques avant la Révolution*, liv. V.

vis-à-vis de la rue de Vaugirard. » Cette acquisition complétait, sans doute, le don fait au collège, en 1646, par **Louis XIV**, d'une portion des fossés de la *rue Monsieur-le-Prince*, qui appartenaient aux anciens remparts de Paris au temps de **Philippe-Auguste**. Le proviseur **Le François** avait contribué à l'achat de cet emplacement, et, afin de l'utiliser, il proposait d'accepter un prêt de cent mille livres qui lui était offert sans intérêts. On devait consacrer une partie de cette somme à amortir plusieurs dettes du collège, à la fille du baron **d'Hasfeld** et au conseiller du Parlement, **Boulet**, puis appliquer le reste, 50 000 livres, à la construction de maisons de rapport, d'après les plans de l'architecte **Carel**. Sur les revenus de ces maisons, chaque année on prélèverait 4 000 livres afin de rembourser le prêt consenti pour 25 ans. C'est ce qui fut décidé dans la réunion des boursiers[1]. En conséquence le proviseur **Le François** abattit les maisons en ruine qui occupaient l'emplacement acheté par les boursiers, et, avec les matériaux, il construisit *la boulangerie de la grande communauté*, c'est-à-dire *des théologiens*, des salles pour les pensionnaires et des chambres pour les domestiques.

Il était alors secondé par un procureur ou économe des plus intelligents et des plus actifs, **Jean des Authieux**, qui fut aussi procureur de la NATION DE NORMANDIE. C'est lui qui en reconstitua les Archives, qui mit de l'ordre dans ses comptes, et fit augmenter les honoraires des professeurs. Aussi sa gestion lui valut-elle avec les remerciements de la NATION DE NORMANDIE un beau présent qui portait cette élogieuse inscription : *Ex dono professorum venerandae nationis, Parisiis, Magistro des Authieux de ipsis bene merito*[2]. C'est **des Authieux**, qui, en 1690, rebâtit une partie du collège d'HARCOURT, la façade intérieure, *interiorem hanc domum aedificandam curavit*, ainsi que le mentionne le dessin qui en a été fait en 1707 par son élève Louis **Maillard** et dont nous

---

1. *Registre du bureau d'Harcourt*, Arch. nat., M. M. 450.
2. C'est ce qui se lit au frontispice du premier registre des *Acta et Decreta Nat. Norman.* conservé à la Sorbonne.

avons donné plus haut la reproduction. La chapelle du collège avait été aussi démolie et reportée plus loin pour l'agrandissement et la régularité de la cour et des bâtiments intérieurs[1].

Des Authieux était aussi éloquent orateur et charmant poète, que bon économe et zélé procureur.

En 1693 et 1696, il prononça le discours de la rentrée des classes. Malheureusement il parle en latin et, si élégamment qu'il le fasse, nous ne pouvons que signaler la justesse et l'élévation de ses idées, pour ne pas fatiguer nos lecteurs.

C'est ainsi qu'il ne se contente pas d'inviter ses jeunes auditeurs à s'instruire, il leur recommande encore de mettre en pratique les leçons morales qu'ils rencontrent dans leurs études, parce que, dit-il, acquérir la science sans la vertu, c'est ressembler aux histrions qui jouent le rôle d'un roi et n'ont que l'apparence de la royauté. Ailleurs, il exhorte les jeunes gens à imiter le travail de l'abeille qui s'empare du suc des fleurs pour le transformer en un miel délectable, à ressembler au laboureur, devançant ainsi La Fontaine qui dira, dans sa fable du *laboureur et de ses enfants* :

> Creusez, fouillez, bêchez; ne laissez nulle place
> Où la main ne passe et repasse.

En 1692, parmi les élèves de haute noblesse qui fréquentaient le collège, il faut mentionner le jeune Armand Gaston de Rohan, cinquième fils du premier prince de Soubise, de la branche de Rohan-Guéméné. Il soutenait alors avec succès ses thèses de philosophie à Harcourt et, suivant l'usage, était complimenté en vers latins. C'est des Authieux qui s'en charge. L'éloge est si délicat qu'on ne peut se dispenser d'en citer quelques mots :

> Desine, quisquis ades, mirari : totus in illo
> Se Pater agnoscit, seque tuetur avus.
> Hinc, Armande, tibi venit illa domestica virtus;
> Progenies regum degener esse nequit.

1. Bib. de la Sorb., U. 132, n° 1, p. 6.

Quelques années plus tard, en 1706, **B. Grenan** complimentera ce même Gaston **de Rohan**, devenu coadjuteur de Strasbourg, qui présidait l'examen de philosophie de Léonard **Lachau** au collège d'Harcourt.

Le même **des Authieux**, en 1696, tournait un compliment non moins gracieux, à l'occasion de la visite du célèbre principal de Dormans-Beauvais, **Rollin**, alors Recteur de l'Université :

> Adventu recreata tuo, tanto hospite major
> Claruit insolito lumine nostra domus.
> **Padetii** exultant invito funere manes,
> Quem totum vita reddis et eloquio.
> Sic beat aspectu terras post tædia brumæ,
> Dum sol dudum absens in sua regna redit.

C'est encore un visiteur distingué, ancien élève d'Harcourt, qui, en 1697, excite la muse du poète, **Joly de Fleury**, magistrat au Parlement de Paris, le frère aîné de celui qui jouait en 1685 et 1688 dans la tragédie de *Romulus*, comme nous le verrons plus loin :

> Illustri quæ te nuper gaudebat alumno,
> Patronum te nunc sentiat ista domus.

Il faudrait consacrer tout un volume à **des Authieux** si l'on voulait seulement rappeler toutes ses poésies de circonstance. Sa verve était intarissable. Ainsi, en 1704, professeur de troisième à Harcourt, il complimente le fils de l'un des ministres de **Louis XIV**, Michel **de Chamillard**, à l'occasion de la soutenance de ses thèses de philosophie. Les vers latins de **des Authieux** furent même traduits en vers français et on y lit cet éloge bien flatteur, sinon très poétique :

> Poussé par votre propre sang,
> Vous pouviez jusqu'au plus haut rang,
> Aller joindre un illustre Père,
> Mais votre esprit mieux informé
> N'ose approcher du Ministère
> Qu'en philosophe consommé.
> . . . .

> Transporté d'amour et de zèle,
> Après tant d'applaudissemens,
> Allez goûter quelques momens
> De la tendresse paternelle :
> Allez vous présenter aux yeux
> De ce ministre glorieux;
> Et soumis dans votre victoire
> Allez même dès aujourd'huy
> Lui rendre hommage d'une gloire,
> Qui vous rend si digne de luy[1].

En même temps que des **Authieux**, le professeur de rhétorique **Grenan**, dont nous parlerons bientôt, avait célébré en vers latins le même **Michel de Chamillard** ou plutôt son père, présent à ses thèses de philosophie. Nous détachons ces quelques vers de sa pièce :

> Quamvis sustineas tantarum pondera rerum,
> Nec gravibus liceat mentem subducere curis
> Quas et Gallica res et regis cœpta reposcunt,
> Hùc adsis paulùm tamen : hoc neque publica nolint
> Commoda, nec **Lodoix**; et dulci tempora Nato
> Si quando brevia indulges, utrisque laboras.

Après avoir rappelé au fils qu'il est entré dans la voie de la sagesse,

> Quin etiam sophiæ puer haud expalluit haustus,
> Audax ire viam quam dux sapientia monstrat;

il signale les dangers qu'il va rencontrer à la cour, dans la haute société où il est appelé à vivre :

> . . . . Quot, nate, pericla
> Jam video impendere, quot heu ! tibi bella movebunt,
> Quæ semper laqueata volant circum atria pestes,
> Luxusque, ambitioque, atque imperiosa voluptas,

Il termine en souhaitant au jeune élève de ne pas oublier les leçons qu'il a reçues au collège et de servir fidèlement le

---

1. Bibl. Mazarine, 401. B.

roi et la France, l'Université n'ambitionne pas d'autre récompense de ses efforts :

> Ah! te nulla dies monitis ingentibus unquam
> Arguerit male dissimilem, cura unica menti
> Hæreat hæc, Regi et Regno prodesse; laborum
> Non alios optat princeps academia fructus[1].

Des Authieux n'est pas le seul poète d'Harcourt qui se soit distingué à cette époque. Nous pouvons encore citer une ode de **Georges Dufour**, professeur de seconde, qui célèbre, en 1682, la soutenance des thèses de philosophie d'un petit-fils du chancelier **Le Tellier, Louis d'Aumont de Villequier**. Naturellement l'éloge s'adresse tout particulièrement au chancelier, protecteur du collège. Il paraît que le puissant ministre de **Louis XIV** aimait à visiter la maison qu'il honorait de sa haute protection :

> Sic tu, compositis rite negotiis,
> Linquens alta sacri tecta Palatii,
> Musarum celebras Harcuridum tuo
> Lætas præsidio domus.

Aussi le poète d'Harcourt l'invite-t-il à venir y voir comment son petit-fils s'applique à l'étude de la philosophie.

> Hic cernis tacito non sine gaudio,
> Crescentem sobolis progeniem tuæ,
> Implexas Sophiæ mille recursibus
> Nodos solvere callidum[2].

En 1687, c'est un condisciple de **Jean de la Martelière, Louis Combart**, qui le complimente sur sa soutenance :

> Haud secus Harcuria qui nunc spectandus arena
> Eminet, ante alios laudis amore, pugil;
> Conscius egregium quâ ducat origine nomen,
> Nescit degeneres sustinuisse moras[3].

---

1. *Selecta Carmina*, 1728, t. I, p. 239.
2. Bib. Maz., 401. B.
3. Bib. Sorb. Pièces diverses, U. 59-60.

Le 16 août 1694, un autre élève d'Harcourt, **Jacques Le Vaillant**, soutenait ses thèses de philosophie sous la présidence du cardinal prince **de Bouillon**, grand aumônier de France, et un professeur du collège glorifiait en ces termes l'illustre origine du cardinal :

> O domus! o gratis devota Harcuria musis!
> Ulla movet, dignum Bullonide concipe carmen.
> Cui patruus Turenes, amor tutelaque regum,
> Turenes decus omne suis, par omnibus heros.

Il termine en formant des vœux pour le candidat :

> Felix ergo pugil! tanto duce et auspice felix!
> Perge sequens rapido patris vestigia gressu.
> Perge immortali circumdare tempora lauro [1].

En 1699, nous sommes heureux de rencontrer encore un membre de la famille des fondateurs du collège, **Charles d'Harcourt de Beuvron**, qui est loué aussi pour ses thèses de philosophie par le professeur d'humanités, **Jacques Piénud**. Après avoir rappelé les gloires de sa famille et célébré le nom des fondateurs, **Piénud**, s'inspirant de **Juvénal**, montre que la noblesse du nom n'est rien si la sagesse et la vertu ne l'accompagnent :

> Carole, nobilitas nihil est, nil stemmata prosunt
> Virtutis si non æmulus ardor agit.
> Nobilitas pulchra est arbor, sapientia fructus,
> Hunc si sustuleris truncus inanis erit.
> Perge, age, quo virtus te ducit, dirige gressum;
> Deferat ut quondam par, tibi, Roma decus.

Ajoutons que **Jacques Piénud** ne fut pas seulement un des professeurs les plus distingués du collège d'Harcourt au xviie siècle, mais qu'il enseigna encore avec succès le grec au *Collège Royal*, de 1697 à 1703. Il était né à Perriers-sur-Andelle, dans l'Eure, et se fit connaître par plusieurs travaux d'érudition religieuse et une étude sur les monnaies anciennes

---

1. Bib. nat. *Myc.*, 966.

comparées avec les nouvelles. Il traita aussi la question de savoir si l'éducation publique dans les universités et collèges est préférable à l'éducation privée, au sein de la famille, et il conclut pour l'affirmative[1].

Citons encore **Gilles Dancel**, qui professa la rhétorique au collège d'Harcourt, à la même époque[2]. Il célébra en vers latins les gloires de cette maison : *Venerandae societati Harcurianae carmen heroicum.*

Il parle d'abord des lettres qu'on y enseigne :

> Harcuriana (*domus*), novem gratissima templa sororum
> Tecta dedit, musa ubi semper habere sodales....

Puis c'est la théologie qui paraît :

> Seu veneranda Trias, persona hæc una sed unum
> Necnon, sive Deus carnis sub carne redemptor
> Seu legis septena novæ, seu plura vetustæ
> Signa, vel humanas collustrans gratia mentes.

La philosophie n'est pas oubliée :

> Si quis Aristotelem, veterumque resolvere libros
> Authorum cupiat, rerumque addiscere causas.

La Nation de Normandie, qui tient ses assemblées au collège, a aussi part aux éloges du poète :

> Bina sed accedunt Normanæ lumina gentis,
> Quæ totum ingentis radios missura per orbem
> Neustriacæ quondam pars ultima protulit oræ.

Il célèbre enfin plusieurs proviseurs et maîtres remarquables du collège d'Harcourt, au xviie siècle, **Padet, Fortin, Halley, Dehennot, du Chevreul, Quillet** :

> Quæ crimen tacuisse foret : non ergo **Padetum**
> **Capreolum**que sinam propriis non esse relatos
> Nominibus, quos tanta duces academia novit.
> . . . .

---

1. Goujet, *Mémoire sur le Collège Royal.*
2. Le *Moreri Normand*, p. 120.

21.

Quid valeat **Fortinus** adest quem sacra recœpit
In medios Sorbona sinus, junxitque suorum
Provida doctorum numero....
. . . .

Comperit **Hallaeum** seu rhetora sive poetam.
Qualis et **Hannotius** cui, cum minor aula frequentes
Non capiat juvenum cœtus magis, ampla paratur,
Quemque magis gravibus melior fortuna reservat
Quilletum officiis [1]...

Quillet, cité dans ces vers, était aussi un poète distingué. Il nous décrit en ces termes le spectacle d'une promenade publique, avec son agitation mondaine et ses toilettes :

.. Sese innumeris volitantes axibus addunt
In spatia, et crebris remeant loca consita gyris
Intonsi juvenes pulchraque ætate puellæ.
Hic curru aurato rapidisque invectus ephebus
Gaudet equis flavo per eburnea colla capillo
Conspicuus, chlamydem clavis auroque micantem.
Ventilat et varias radianti vertice plumas,
Eximius rutilo quas pileus explicat orbe [2].

Notons encore qu'à la fin du xviie siècle, en 1687, les deux chanceliers de *Notre-Dame* et de *Sainte-Geneviève* se partagent les examens dans les collèges et alternent tous les deux ans. Le collège d'Harcourt est dévolu, à cette date au chancelier de *Notre-Dame*. Mais les candidats ne vont plus se présenter au chancelier ou au vice-chancelier pour la licence, c'est le chancelier ou son délégué qui vient examiner les candidats dans leurs collèges.

Les registres des comptes du collège mentionnent au temps de Me Jean Le François et de son successeur, des réparations considérables accomplies dans la maison, sous la direction de l'architecte ordinaire des bâtiments du roi **Germain Boffrand**[3]. Ils nous permettent, avec l'aide du dessin de 1707,

1. Bib. nat., *Myc.*, 902 et 977.
2. A. Vissac, *Poésie latine au siècle de Louis XIV*, p. 104.
3. Germain Boffrand était un élève du fameux sculpteur **Girardon**, l'auteur du mausolée de **Richelieu** à la Sorbonne. Puis il étudia l'architecture sous **Mansard** et restaura le palais du Luxembourg, tra-

reproduit plus haut, de nous faire une idée des constructions. Elles formaient un vaste parallélogramme, entouré de bâtiments à trois étages, surmontés de combles ou greniers. Sur la façade principale de la rue de la Harpe, une entrée monumentale, celle qui a été décrite par **Piganiol de la Force**, donnant accès à une grande cour au fond de laquelle se voyait la chapelle placée sous l'invocation de la sainte Vierge et de saint Louis. Au rez-de-chaussée étaient placées les classes de logique, de physique et autres, la cuisine, les réfectoires. Au premier étage, l'appartement du proviseur auquel on accédait par un grand escalier qui portait sur sa première marche les mots *Ad amplissimum rectorem*, parce que souvent les proviseurs d'Harcourt furent recteurs de l'Université ; chaque étage était desservi par des corridors sur lesquels s'ouvraient les chambres des boursiers. Chaque porte était marquée d'un numéro et à l'intérieur se trouvait une cheminée avec un modeste mobilier. Ces mêmes registres nous initient à la comptabilité fort bien tenue des procureurs. On y voit invariablement consignées en trois chapitres les dépenses ordinaires et extraordinaires, et les recettes des maisons de Paris et des domaines et fermes de province. Rien n'y est oublié, pas plus les épingles que le sel et le vinaigre. On peut comparer le prix des denrées de l'époque au chiffre d'aujourd'hui. Ainsi :

50 poulets et 50 pigeonneaux	39 livres
2 agneaux et 2 douzaines de pigeonneaux	14 livres
7 pains de sucre	36 livres [1]

On pourrait, avec ces comptes, faire une étude sur tous les ustensiles de ménage et la vie matérielle d'un collège au xviie siècle. C'est ainsi que pour la cuisine on mentionne des seaux, un tournebroche, une claie pour faire cuire des pommes, un baril d'huile, un garde-manger, des couteaux, de la vaisselle de terre qu'il faut remplacer souvent, des chan-

---

vailla à la décoration de l'hôtel de Soubise, le palais actuel des Archives, et construisit un grand nombre de châteaux et de monuments connus. (**Dezobry et Bachelet**, *Dictionnaire de Biographie, d'Histoire*, etc.)

1. Arch. nat. M. M. 452, 453.

deliers, des réchauds et poêlons, grands et petits, un paillasson. Cette cuisine était dallée; on parle du ciment et des réparations des paveurs. On puisait de l'eau à un puits voisin; il est souvent question de la corde à puits à renouveler. L'horloger venait aussi pour réparer le tournebroche dont on faisait, paraît-il, fréquent usage pour les rôtis, trois fois la semaine.

On cuisait le pain dans la maison, car, à l'article de la boulangerie, on parle de la mouture du blé porté au meunier, de la levure, des instruments nécessaires à la cuisson.

Pour la nourriture, il est question de corbeilles à pain, de fontaines à vin, de goupillon ou mesure de vin, de perçoir pour les tonneaux, de plats et d'assiettes achetés au potier d'étain.

Nous savons aussi quel vin on buvait au collège, de 1683 à 1686, c'était du vin de *Joigny*, de *Noiseau*, de *Bourgogne*. 12 muids de vin de Bourgogne coûtaient alors 774 livres et 21 livres de frais de transport. En 1684, il est payé 64 livres le muid et on achète 21 muids pour 525 livres.

Il y avait des médecins attachés à la maison, puisque **Padet** avait bâti une infirmerie. En 1684, on payait au médecin **Moreau** 36 livres, puis à un autre du nom de **Dimart** 100 livres, sans doute suivant l'importance des soins donnés. Il y est aussi question de médicaments.

Il y avait encore cheval et voiture au collège, car on paye une selle et des ciseaux pour le cheval.

Au chapitre des gages des serviteurs, nous relevons 50 livres par an au cuisinier, en 1683. Il lui faudra bien économiser pour imiter le cuisinier **Gervais** qui fonda une bourse, en 1679. On donne 34 livres à un valet de cuisine. Il y a 100 livres inscrites pour diverses rentes, pensions et gratifications au personnel de la maison.

Quant à la lingerie, on faisait la lessive tous les six mois. Il y a des notes de blanchissage de 55 livres pour un mois, puis de 1 826 livres pour trois ans. Il y est parlé dans les comptes de lingerie et de blanchissage, des draps, taies d'oreiller, nappes, serviettes, mouchoirs, bas, chaussons, petits collets, caleçons, poches aux caleçons, rubans, rabats, etc., employés alors dans l'habillement et dans le service de la maison.

Il y a enfin des frais de bibliothèque, de procès, de port de lettres, etc.[1].

Parmi les divertissements en usage dans les collèges de l'Université, depuis qu'ils donnaient chez eux l'enseignement classique, les représentations dramatiques jouaient un rôle important à certaines époques de l'année, en particulier au moment de la distribution des prix. Le collège d'HARCOURT ne manquait pas de procurer cet amusement à ses jeunes pensionnaires. J'ai pu retrouver quelques-unes de ces pièces, qui furent jouées sous le provisorat de M° **Le François**. En voici le résumé ; on en verra les programmes aux *documents annexes*[2].

Nous avons déjà mentionné une tragédie d'*Achille*, due à **Nicolas Filleul**, représentée, en 1563, au collège d'HARCOURT. Nous savons encore qu'en 1680 on y joua le *Polyeucte* de **Corneille**, après un ballet qui avait pour sujet : *Combat de l'amour divin et de l'amour profane*. Comme le remarque l'auteur auquel nous empruntons ce renseignement, il fallait une certaine imagination pour trouver là des motifs de danse[3]. Il est vrai que de nos jours on a réussi à transformer cette même pièce de *Polyeucte* en opéra.

C'est ensuite, en 1682, à l'occasion de la distribution des prix, la tragédie chrétienne de *Boëce martyr*, d'un auteur inconnu, en cinq actes suivis d'un ballet en quatre parties. Le sujet est emprunté à l'historien **Procope**, qui rapporte que Boëce, premier ministre de Théodoric, après avoir joui de la faveur du prince, fut disgracié et mis cruellement à mort, sur les insinuations perfides de ses ennemis qui avaient excité contre lui la jalousie et les basses passions du roi des Ostrogoths. L'action se passe à Pavie, dans le palais de Théodoric.

1. Arch. nat., M. M. 452.
2. **M. Pélicier**, contrôleur général de la Société des Auteurs dramatiques, et MM. les bibliothécaires de la ville de Paris m'en ont fait connaître plusieurs.
3. E. **Boysse**, *La Comédie au Collège*.

Parmi les acteurs, on trouve des noms historiques, tels que ceux de **Omer Talon**, un petit-fils du fameux jurisconsulte, **Joly de Fleury**, le magistrat qui succédera à **d'Aguesseau**, **Achille de Harlay**, dont l'aïeul est bien connu pour sa belle réponse au duc de **Guise**, après la *journée des Barricades* (1588), François de **Grandmont**, Jacques de **Viennois**, Bernard de **Mony**, Joseph de **Brézolles**, etc. Le *libretto* ne donne qu'une analyse sommaire de chaque acte, mais, en revanche, il expose longuement la marche du ballet composé par le sieur de **La Montagne** pour servir d'intermède à la pièce. Il s'agit de montrer la Vertu victorieuse de l'Envie. L'Envie paraît avec une suite composée de Soucis et de Chagrins représentés par des poètes et des plaideurs, de l'Ambition et de la Présomption empruntant la figure d'Espagnols (on sortait de la guerre de Hollande où l'Espagne n'avait pas eu le beau rôle), du Babil et de monstres conduits par un Lutin. Le Dépit apparaissait à son tour avec des joueurs malheureux, des courtisans disgraciés, la Rage et le Désespoir. Puis c'était Momus à la tête de censeurs et de critiques, des Troubles et des Agitations. Enfin l'Envie a recours au Dol et aux Artifices figurés par des Italiens, des arlequins et même des galériens. Dans un ballet général, l'Envie se fait suivre par des gens de tout âge et de toute condition, mais elle ne réussit qu'à orner le triomphe de la Vertu qui la met en fuite et s'attache ses partisans.

En 1684, le répertoire du collège d'Harcourt entre dans une voie plus moderne; on y rencontre une tragédie sur **Thomas Morus**, grand chancelier d'Angleterre et victime du despotisme d'**Henri VIII**. C'est tout ce que nous savons au sujet de cette représentation.

En 1685 et en 1688, on joue au collège, avec quelques variantes dans les personnages, et un texte peu différent, la tragédie bien classique de *Romulus ou la Mort d'Amulius* qu'il tue pour rendre à Numitor le trône d'Albe dont *Amulius* l'avait dépossédé. La scène est dans un bois voisin d'Albe. La pièce, toujours d'auteur inconnu et brièvement indiquée dans le programme, se compose de cinq actes suivis d'un ballet comme les précédents. Là encore on retrouve parmi les acteurs les noms d'**Omer Talon** et de **Joly de Fleury**, ainsi que ceux de **Forget**, parent sans doute de celui qui fut un des rédacteurs de l'*Édit de Nantes*, et le nom de **Charles Perrault**, l'auteur des *Contes de ma mère l'Oye*. Le ballet représente le triomphe de la Modération. L'Ambition et la Violence luttent contre le génie de la Modération et cherchent à le supplanter. Mais la Modération aidée de la Valeur, du Mérite et de la Victoire triomphe de tous les obstacles. Les ivrognes eux-mêmes viennent lui offrir leurs hommages qui naturellement sont repoussés. Il paraît que l'acteur **Omer Talon** était un danseur distingué, car le programme a bien soin de mettre en vedette ces mots : *Omer Talon dansera*. Ainsi le collège d'Harcourt n'avait rien à envier au collège de Clermont au point de vue du théâtre. Il donnait des représentations dramatiques et même des ballets malgré les défenses de l'Université qui excluait la danse. Mais il parait qu'on prétendait alors dans l'éducation *moraliser en dansant*[1].

En 1689, l'auteur que nous avons déjà cité nous apprend qu'on joua encore à Harcourt une *Marie Stuard* (sic). C'est aussi tout ce que nous en savons.

En 1697, autre pièce qui portait le titre tout à fait biblique de *Sédécias*. C'est une tragédie composée de trois actes avec chœurs à l'instar d'*Esther* et d'*Athalie*, que l'on venait de représenter à Saint-Cyr[2]. Il s'agit de la chute de Jérusalem, assiégée par les troupes de **Nabuchodonosor**, de la prise du roi des Juifs **Sédécias**, et du supplice de ce prince, auquel le vainqueur fait crever les yeux. Comme on le voit, le plan est des plus simples. L'unité d'action est aussi bien observée : elle se passe tout entière à Réblatha. On ne peut pas plus que pour les pièces précédentes, juger du développement qui a été donné à celle-ci, le *libretto* n'offrant qu'un court résumé

1. **Boysse**, *Revue contemporaine*, 1870, p. 43.
2. Rappelons que **Racine** fut élève d'Harcourt en 1658, et y fit sa rhétorique et sa philosophie.

— 329 —

de la pièce. Nous ignorons également le nom de l'auteur, le programme ne mentionne que celui du compositeur **de Bousset**[1], qui avait mis les chœurs en musique. Mais, en revanche, nous connaissons les acteurs. Observons à ce sujet qu'il n'y a plus ni rôle de femmes, ni danseurs, comme dans les représentations précédentes. Des décisions universitaires de 1695 les avaient formellement interdits. Les noms des jeunes artistes et leur nationalité nous montrent aussi, et c'est une remarque qui s'applique aux autres pièces, que parmi les pensionnaires l'élément normand ne dominait pas autant que parmi les boursiers[2]. L'un d'eux est chevalier de Malte, **Charles d'Étampes**.

Les chœurs, reproduits *in extenso*, débutent par un prologue à la louange de **Louis XIV**, dans lequel on célèbre le retour de la Paix ramenée par la Victoire :

> Fille du Ciel, aimable Paix,
> Venez et comblez nos souhaits :
> Louis par vous se dérobe à la gloire.
> Votre cours dans ces lieux doit durer à jamais,
> Si vous êtes conduite ici par la Victoire.

Pour comprendre cette allusion, nous rappellerons que cette année 1697 marquait la fin de la terrible guerre de la *Ligue d'Augsbourg*, qui a laissé dans l'histoire les odieux souvenirs de l'incendie du *Palatinat*. **Louis XIV**, enivré de sa puissance, n'écoutait plus que les conseils de ceux qui flattaient son ambition et son orgueil. Aussi **Fénelon** avait raison de lui dire dans sa lettre anonyme : « On ne vous a donné pour

---

1. Le compositeur de **Bousset**, dont le véritable nom est **Drouart**, né à Dijon, en 1662, mourut le 3 octobre 1723. Il avait fait ses études au collège des Jésuites de Dijon et avait eu pour maître de musique Jacques Farjonel, chanoine de la Sainte-Chapelle de cette ville. Bousset fut maître de musique au Louvre, et, en 1721, il avait le titre de compositeur de musique de l'Académie française, des belles-lettres et sciences. Il a laissé des œuvres musicales, dont plusieurs sont encore manuscrites. (Voir **Fétis**, *Biographie des Musiciens*.)
2. Voir aux *documents annexes* la reproduction des programmes de *Boéce*, *Romulus* et *Sédécias*.

science de gouverner que la défiance, la jalousie..... la hauteur et l'attention à votre seul intérêt..... De là la durée de la ligue formée contre vous..... Dieu tient son bras levé sur vous ; mais il est lent à vous frapper, parce qu'il a pitié d'un prince qui a été toute sa vie obsédé de flatteurs. » Nous rencontrons la même pensée exprimée dans les chœurs du *Sédécias* d'Harcourt :

> Le Ciel pour nous instruire
> Semble faire entendre sa voix :
> Malheureux tous les rois
> Qui se laissent séduire
> Aux discours imposteurs
> Des dangereux flatteurs !

> Un héros dans l'horreur d'un combat effroyable
> Où le plus fier courage à peine se fait jour
> Est plus en seureté qu'au milieu de sa cour
> Parmi tous les flatteurs dont la foule l'accable.
> Mais lorsqu'un Roi devient l'appui
> De la vertu, de la justice
> Et qu'il sçait du flatteur démêler l'artifice ;
> Le ciel prend soin d'écarter loin de lui,
> Le funeste malheur qui nous trouble aujourd'hui.

Ce qui nous semble autoriser ce rapprochement, c'est que nous retrouverons, en 1715, un langage analogue dans l'*Oraison funèbre de* Louis XIV prononcée à la Sorbonne par B. Grenan, professeur de rhétorique au collège d'Harcourt. Mais peut-être prêtons-nous à l'auteur de cette tragédie des intentions qu'il n'avait pas, comme on a attribué à l'auteur d'*Esther* des allusions à Louvois, à la *Révocation de l'Édit de Nantes* et *aux dragonnades*, qui n'étaient pas dans la pensée de Racine. En tout cas, d'après les passages que nous venons de citer, on peut voir que les chœurs de *Sédécias* sont loin de valoir ceux d'*Esther* et d'*Athalie*. Leur mérite, à nos yeux, est de nous rappeler un souvenir de l'ancien d'Harcourt, auquel nous pourrions ajouter, pour le rendre plus intéressant, sans nous écarter de la vérité, la supposition que la tragédie de *Sédécias* serait due à la plume de quelque jeune régent ou élève du collège comme cela se passait au collège de CLERMONT et ailleurs[1].

1. Cette tragédie de *Sédécias*, empruntée peut-être à la tragédie des *Juives* de **Garnier**, fut jouée la même année, sans les chœurs, au collège MAZARIN. (V. B. de la V. de Paris, 1169, in-4º.) On serait tenté de croire qu'elle en inspira d'autres : car on trouve également à la Bibliothèque de la *Société des Auteurs dramatiques* le manuscrit en 76 pages in-folio d'une pièce dont le titre seul a été imprimé pour servir de programme, et qui est ainsi conçu : SÉDÉCIAS, *tragédie qui sera représentée sur le théâtre du collège de la ville de Saint-Quentin, le mardi vingt-unième du mois d'août* 1731, *à trois heures après midi, pour la distribution des prix.* Elle est en vers avec chœurs, et elle avait pour auteur le professeur **Crommelin**.

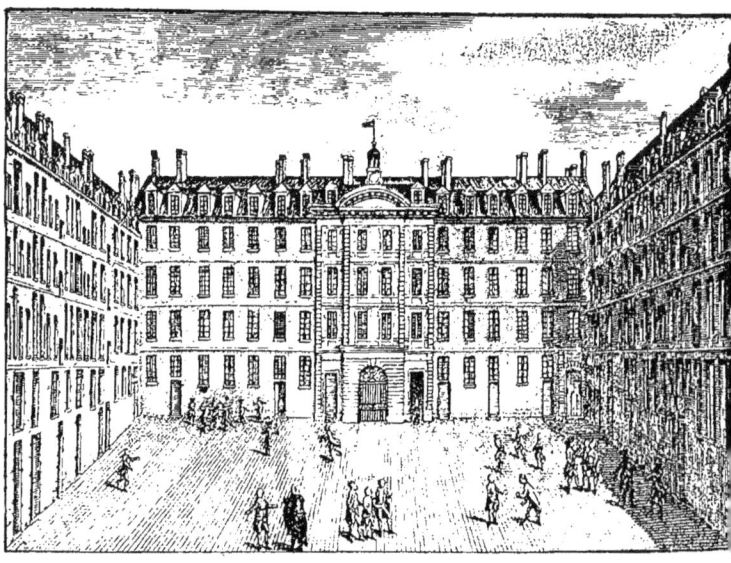

Le Collège d'Harcourt au XVIIIe siècle, d'après la gravure de Martinet.

CHAPITRE VI.

LE COLLÈGE D'HARCOURT AU XVIIIᵉ SIÈCLE.

(Cinquième siècle harcurien.)

Provisorat de Mᵉ de la Brière de Louvancy. — Réclamation des boursiers. — Revenus et dépenses de la communauté des pensionnaires. — Règlements nouveaux. — La Nation de Normandie expulsée du collège d'Harcourt. — Une distribution de prix.

Provisorat de Mᵉ Dagoumer. — Une querelle littéraire au sujet de l'oraison funèbre de Louis XIV. — Nouvelles visites illustres. — Un des héros de Lesage. — La tragédie d'*Absalon*. — L'enseignement *laïque*, *gratuit* et *obligatoire* au XVIIIᵉ siècle. — Règlement des pensionnaires du collège d'Harcourt. — Les exercices littéraires.

Provisorat de Gilles Asselin. — La tragédie de la *Mort de César*, offerte par Voltaire et jouée pour la première fois au collège d'Harcourt. — Les feux d'artifice dans les collèges de Paris. — L'établissement du Concours général : lauréats du collège. — Correspondance de G. Asselin. — Un comédien salé. — Situation matérielle du collège. — Une nuit tragique.

Le proviseur **Jean de la Brière de Louvancy** inaugura le xviiiᵉ siècle au collège d'Harcourt (1701-1712). Il est né à Vire et attribué au diocèse de Coutances; nous ne savons rien autre chose sur son origine [1]. Il avait été principal du collège sous son prédécesseur et s'était acquitté avec succès de cette fonction. Élu proviseur, comme nous le dirons plus loin, il entrait en charge au moment où le Jansénisme renouvelait ses résistances aux condamnations de l'Église sous la forme déguisée du *silence respectueux*. D'après une solution de *cas de conscience* ratifiée par un certain nombre de docteurs de la Faculté de Théologie, la secte enseignait qu'il suffisait, pour être en règle, de témoigner une soumission de silence et de respect aux décisions du Saint-Siège. Nous mentionnons ce fait parce

---

1. V. Morin-Lavallée, *Bibliog. Viroise*, p. 143.

que nous trouvons, parmi les partisans du *silence respectueux*, plusieurs harcuriens, entre autres **Ellies Dupin**, ce qui ne doit pas nous étonner, si nous nous rappelons l'amitié du proviseur **Fortin** pour **Pascal** et le passage de quelques disciples de Port-Royal au collège d'Harcourt. **Dupin**, issu d'une bonne famille de Normandie, en 1657, vint de bonne heure étudier à Harcourt sous la direction de Nicolas Lair, régent de troisième, qui fut Recteur de l'Université en 1668 et 1678. Reçu maître ès arts, en 1672, il entra dans l'état ecclésiastique et prit ses grades en Sorbonne. Dès lors il entreprit, à l'instar de **Marguerin de la Bigne**, de composer une *Bibliothèque universelle des auteurs ecclésiastiques contenant l'histoire de leur vie, le catalogue, la critique et la chronologie de leurs ouvrages.* Il commença, en 1686, la publication de cet immense travail, qui atteignit plus tard 58 volumes, et ouvrit à son auteur les portes du *Collège Royal*, en qualité de professeur de philosophie[1]. **Dupin** et les signataires de la déclaration du *silence respectueux* qui ne voulurent pas se rétracter furent exilés par ordre du roi. Il fut envoyé à Châtellerault et perdit sa chaire de philosophie. Nous savons comment les religieuses de Port-Royal-des-Champs, « pures comme des anges, mais orgueilleuses comme des démons », selon le mot bien connu, n'ayant pas voulu se soumettre à la bulle de **Clément XI**, furent dispersées et virent leur cloître détruit et les tombes qu'il renfermait profanées par les émissaires de **Louis XIV**[2].

A ce moment aussi les doctrines de **Descartes** étaient l'objet des mêmes défiances et des mêmes accusations qu'au siècle précédent de la part des défenseurs d'**Aristote**, qui se plaisaient à les confondre avec celles de **Jansénius**. Parmi les professeurs de philosophie qui enseignaient le cartésianisme dans l'Université, nous en trouvons un des plus remarquables au collège d'Harcourt, Guillaume **Dagoumer**.

---

1. V. Goujet, *Mémoire sur le Collège Royal.* — *Grand Dictionnaire* de Moreri. — Nicéron, Lebreton, Oursel, Morin-Lavallée, etc.
2. Ch. Jourdain, *Hist. de l'Univ.*, liv. II, ch. v.

Il fut poursuivi avec plus d'ardeur que les autres, parce qu'il venait de publier en trois volumes un cours de philosophie à l'usage des écoles, *Philosophia ad usum scholae accommodata*. Pour désarmer ses adversaires, il dut non seulement signer les formulaires d'orthodoxie exigés par le cardinal de **Noailles**, mais encore faire disparaître de son livre les erreurs qu'on lui reprochait[1].

C'est au milieu de ces luttes et des agitations qui en étaient inséparables parmi la jeunesse des écoles, que **Jean de la Brière** avait pris possession de sa provisorerie. Il allait en trouver bien d'autres au collège d'Harcourt, et il passera sa vie à se défendre contre les attaques des boursiers.

Malgré la prospérité dont jouissait alors le collège, ou peut-être à cause d'elle, les boursiers ne se montraient pas très raisonnables, et **Jean de la Brière** fut bientôt en butte à leurs réclamations. Ces réclamations deviendront même si vives et si persévérantes qu'elles prendront le caractère d'une véritable persécution. Pour expliquer et non excuser la conduite des adversaires que rencontra le nouveau proviseur dès le début de ses fonctions, il faut rappeler comment se fit sa nomination. C'est à ce fait, plutôt qu'à une certaine hauteur de manières dont il était coutumier, que l'on doit attribuer l'opposition qu'il rencontra à ses débuts. Le proviseur **Le François**, se sentant près de sa fin, redoutant le désordre qui pourrait s'ensuivre à sa mort, voulut, pour le bien de la maison, assurer sa succession à son principal, en qui il avait toute confiance, Me **de la Brière de Louvancy**. Il lui fit donner de son vivant le titre de proviseur et l'associa à son administration en qualité de coadjuteur. Cette nomination, qui n'était pas très régulière, fut ratifiée par un arrêt du Parlement en date du 6 mars 1701 et approuvée par le Recteur de l'Université. Quand le proviseur **Le François** mourut, **Jean de la Brière** s'installa à sa place. C'est alors que les boursiers réclamèrent au nom des statuts, qui prescrivaient que le proviseur serait nommé à la vacance de la charge par les douze boursiers théologiens. On

---

1. Ch. Jourdain, *ut supra*.

leur répliqua qu'ils n'étaient pas dans les conditions voulues, qu'il n'y avait pas le nombre d'électeurs exigé, et que les électeurs supplémentaires n'étaient pas même bacheliers en théologie, que, d'ailleurs, on redoutait des désordres à l'occasion de l'élection du successeur de **Le François**. Aussi, malgré les réclamations des grands boursiers, **Jean de la Brière** fut proclamé proviseur et maintenu dans sa charge [1].

Les boursiers ne se tinrent pas pour battus. Afin de se dédommager de cet échec, ils attaquèrent l'administration du proviseur qui leur était imposé. C'est ainsi qu'ils lui contestaient le droit d'avoir une clef de la bibliothèque et de nommer le bibliothécaire en dehors des boursiers, sous prétexte que l'on pourrait en enlever les livres sans qu'on sût à qui s'en prendre. N'ignorant pas non plus l'état avantageux des revenus de la maison, ils se plaignaient que les pensions qu'on leur servait étaient trop faibles, qu'ils ne pouvaient pas vivre avec si peu de chose, et qu'ils en étaient réduits à chercher leur nourriture au dehors, contrairement aux intentions des fondateurs. Ils suggéraient en même temps au proviseur un moyen bien simple d'augmenter leurs revenus : c'était que lui proviseur leur abandonnât les siens et « *se contentât de sa dignité.* » Nous comprenons que **de la Brière** ait fait la sourde oreille à cette proposition d'un ordre trop éthéré. Il aurait pu leur répondre, avec le *Chrysale* de **Molière** :

« Je vis de bonne soupe, et non de beau langage. »

Naturellement les boursiers rappelaient le bon temps d'autrefois, *laudatores temporis acti*, et ils terminaient leurs doléances en disant que, si le collège d'Harcourt ne produisait plus d'hommes remarquables, comme dans le passé, cela venait de ce que « les boursiers étaient réduits à la dernière misère. » Où passaient alors les revenus du collège, ces 18 600 livres dont les boursiers avaient établi le relevé [2]? Ils

---

1. V. *Factums* de la Bib. nat., nos 24 339, 24 340.
2. V. les revenus en 1691, aux *Documents annexes*.

insinuaient charitablement que le proviseur se faisait la part du lion, et ils cherchaient à le prouver.

C'est ce qui nous a valu un *factum* intéressant, dans lequel les boursiers nous font connaître l'état, un peu exagéré sans doute pour les besoins de leur cause, des revenus et profits de la communauté des pensionnaires d'Harcourt en 1703. Il y avait 150 pensionnaires, y compris les précepteurs et la domesticité. Chaque pensionnaire payait au proviseur 350 livres par an, ce qui faisait 52 500 livres que recevait Me de la Brière. Il dépensait 30 700 livres, par conséquent, il lui restait un profit net de 21 800 livres.

Voici le tableau des dépenses dressé en dix articles par les boursiers :

1° *Pain*, qui était cuit au collège, 1 400 livres par semaine de 15 à 18 deniers la livre, d'où 72 800 livres de pain, pour . . . . 5 460 livres.
2° *Vin*, 100 muids à 70 livres le muid, pour . . . 7 000 —
3° Viande de boucherie, y compris le suif, pour. 10 000 —
4° Volaille et pâtisserie, 2 fois la semaine, pour . 2 000 —
5° Poisson, beurre, légumes, huile, pour. . . . . 4 000 —
6° 80 voies de bois, pour . . . . 1 040 —
7° 6 minots de sel, pour . . . . 300 —
8° Desserts, pommes, fromages, etc., pour. . . . 500 —
9° Gages des domestiques et cuisiniers. . . . . . 300 —
10° Blanchissage de nappes et linge de cuisine. . 100 —

30 700 livres.

Recettes. . . . 52 500 livres.
Dépenses . . . 30 700 —

Bénéfice. . . . 21 800 livres.

Les boursiers avaient soin de remarquer encore qu'ils ne comptaient pas les profits que le proviseur devait tirer, soit du temps des vacances quand il ne restait plus que 40 ou 50 personnes au collège, soit des dimanches, fêtes et congés. Ils signalaient même que Me de la Brière ne dépensait que 150 livres pour les sous-principaux, et que les maîtres de

quartiers, les portiers et valets étaient payés par les pensionnaires en outre du prix de la pension.

Ils prétendaient que les 21 800 livres qui restaient au proviseur auraient dû faire retour au collège, surtout à la communauté des boursiers, dont ils exposaient, comme nous l'avons vu plus haut, la condition misérable. S'ils ne disaient pas avec le fabuliste : « Notre ennemi c'est notre maître, » ils agissaient en conséquence, car nous ne relevons pas moins de trente griefs accumulés dans les *factums* de 1703 à 1708 qu'ils publièrent contre le proviseur **La Brière**. Il en est de sérieux, il en est d'intéressés, il en est aussi de puérils. Parmi les premiers nous remarquerons la suppression de la salle des thèses réservée aux théologiens, et des chambres destinées à l'infirmerie, l'omission de certains comptes rendus de dépenses, de certaines assemblées de boursiers que prescrivaient formellement les statuts. Ils reprochaient encore au proviseur de n'avoir pas muré les portes secrètes de la maison ou de ne l'avoir fait que pour la forme en les remplaçant par des passe-partout à la porte d'entrée. Parmi les seconds, il faut ranger les réclamations en faveur de l'augmentation des bourses et du rétablissement des répétitions pour les humanités et la philosophie. Enfin signalons les mesquines plaintes sur le jardin du proviseur, sur la robe et le bonnet carré que, par bonne tenue, il imposait aux boursiers artiens et grammairiens, sur la suppression de la messe du samedi, sur de prétendues violences ou menaces dont certains boursiers théologiens avaient été l'objet pour entraver la liberté des élections, et enfin, le comble de tous les crimes, les deux billards que le proviseur avait installés dans la salle des thèses à l'usage des jeunes pensionnaires, et la taxe qu'il prélevait pour chaque partie[1]. Nous donnons ici, d'après des gravures de l'époque, le dessin de cette salle de billard et celui du costume des pensionnaires du collège d'Harcourt.

Quoique la plupart de ces récriminations soient fort injustes et assez ridicules, et peut-être même à cause de cela,

---

1. Bib. nat., *factums* 24345 et 24316.

elles nous renseignent sur l'esprit du collège à cette époque, en nous montrant la communauté des pensionnaires comme très nombreuse et très prospère. Le proviseur semble concentrer sur elle tout son zèle et tout son dévouement : c'est ce qui déplaisait aux boursiers théologiens et les animait contre lui. Ils sentaient leur importance diminuée et s'en vengeaient par leurs tracasseries.

Les *factums* nous parlent aussi des jeux usités alors. Ainsi nous apprenons, à propos de ces malencontreux billards, que l'on jouait encore à Harcourt au palet, à la paume, au petit sabot, aux barres, au ballon, et même, quelle tolérance! aux cartes, car les boursiers ne manquent pas de joindre ce grief à tous ceux que nous venons d'énumérer. A l'encontre de ces réclamations, nous pouvons dire que **La Brière** se préoccupait, comme ses prédécesseurs, d'améliorer la condition des boursiers et de sauvegarder leurs revenus par de sages économies. Il l'a prouvé par une fondation mentionnée à la date de 1701. En revanche, on aurait pu leur demander à ces pauvres boursiers pourquoi, se trouvant si malheureux à Harcourt, ils tenaient tant à y rester, au delà même du terme fixé par les statuts, alors que rien ne les y obligeait? Nous verrons, en effet, qu'il faudra les rappeler à l'ordre sur la durée des bourses. Il ne paraît pas, d'ailleurs, que **La Brière** se soit préoccupé outre mesure de ces accusations ; mais elles firent néanmoins impression sur les juges auxquels s'adressèrent les plaignants : car nous voyons, dans les nouveaux règlements imposés, en 1707, au collège d'Harcourt, que l'on y parle des *billards* placés dans la salle des boursiers, et qu'il est prescrit de les démonter pour les soutenances de thèses.

Déjà, en 1703, cette maison, lors de la visite générale des collèges ordonnée par **Louis XIV**, avait reçu un « règlement général pour la conduite, discipline et administration du collège d'Harcourt ». Ce document, que nous publions à nos *annexes*, est important, parce qu'il nous fait connaître le personnel et la situation du collège à cette époque. On y mentionne, outre le proviseur **de Louvancy**, le prieur **Adam**, le procureur **Esnault**, les boursiers **Du Bourg, des Authieux**.

Polynier, Villiers, Juetz et Testu. La visite complète de l'établissement est faite par le conseiller du Parlement Antoine Portail, le chancelier de Notre-Dame Edme Pirot et le Recteur de l'Université Edme Pourchot. Les archives sont examinées, les fondations contrôlées, les maîtres, les élèves sont entendus, les plaintes reçues, les salles, les classes, toutes les parties de la maison, visitées avec soin. C'est, en un mot, une véritable inspection générale. Il en résulte tout un ensemble de décisions qui régularisent la situation réciproque du proviseur et des boursiers. Le proviseur est confirmé dans son titre de *principal-né* de la maison, ayant droit de choisir un sous-principal qui ne dépendra que de lui, et de tenir seul la communauté des pensionnaires, sauf à payer à la communauté des boursiers deux mille livres pour le loyer des bâtiments. Il continuera à recevoir double bourse et à participer aux distributions des *obits* fondés dans la chapelle. Il devra assembler tous les lundis les boursiers, pour traiter des affaires de leur communauté, veiller sur les livres de la bibliothèque et nommer le bibliothécaire avec le prieur et le principal. Quant à la communauté des pensionnaires, le proviseur aura soin que la prière se fasse en commun matin et soir, qu'il y ait pour eux une messe avant ou après les classes, une grand'messe et des vêpres les jours de dimanches et de fêtes; il leur fera des instructions dans la chapelle, et s'assurera qu'ils savent leur catéchisme, surtout dans les basses classes. Il fera également des instructions aux domestiques du collège, aux jours et heures les plus commodes. Il choisira pour professeurs des hommes, non seulement capables, mais de bonnes mœurs; il visitera les classes et assemblera les maîtres une fois par mois, pour s'entendre avec eux sur les progrès des élèves. Enfin les clefs des portes du collège lui seront remises tous les soirs, et les portes secrètes, s'il y en a, seront murées avec soin.

Quant aux boursiers, ils restent en possession d'élire comme auparavant les proviseur, prieur et procureur de la maison; ils ne pourront posséder de bourse s'ils ont 150 livres de rente; ils ne devront pas les garder au delà des termes fixés, trois ans pour les artiens et cinq ans pour les théologiens ; la bourse artienne est de 36 livres 10 sols par an, et la bourse théologienne de 50 livres, sans compter divers legs faits en leur faveur. Le prieur et le procureur recevront en outre des émoluments particuliers pour leurs charges. Il y aura un chapelain choisi parmi les boursiers théologiens. Le principal des pensionnaires sera présent à l'entrée et à la sortie des classes, il empêchera que les écoliers ne s'échappent pendant les leçons. Il recevra cent livres par an pour sa charge, outre les avantages que lui fera le proviseur.

Comme nous le disions plus haut, sur les plaintes des boursiers, il y eut, en 1707, une autre visite faite au collège d'Harcourt par les sieurs **Pirot, Durieux, Pourchot** et l'illustre **Rollin**, pour rappeler au proviseur d'Harcourt les devoirs et les droits de sa charge. Il doit tenir une assemblée chaque mois, pour s'occuper de l'avancement des étudiants, donner l'instruction chrétienne aux pensionnaires et aux domestiques, visiter les classes, faire l'inventaire des biens de la maison, dresser le catalogue des livres de la bibliothèque et s'assurer de la clôture des portes *secrètes* du collège, selon l'arrêt de 1703. Le coffre-fort doit être placé chez lui, et avoir deux clefs, l'une à sa disposition et l'autre confiée au procureur du collège. Il en est de même pour les archives, qu'il devra tenir avec soin et en double. Il percevra le prix des pensions, choisira les prédicateurs, nommera les boursiers, les régents, et retirera les bourses aux étudiants qui ont dépassé le terme de leur jouissance. Enfin on y rappelle l'obligation imposée aux boursiers d'assister fidèlement à l'office divin et de se soumettre à la discipline du collège. Ces recommandations s'expliquaient, sans doute, par les troubles qui agitèrent le collège d'Harcourt de 1705 à 1710, ainsi que le mentionne le *Registre des Délibérations du bureau d'Harcourt*[1].

Peu de temps après, le proviseur **de la Brière** voulut sans doute affranchir le collège de toute dépendance à l'égard du curé de la paroisse Saint-Hilaire, sur laquelle il se trouvait,

---

1. Arch. nat., M. 133, M. M. 449, et Bib. nat., *factum* 13012.

ainsi que nous l'avons dit précédemment[1]. Il lui contesta le droit dont il jouissait d'officier dans la chapelle de la maison aux premières vêpres de la fête de saint Hilaire et de choisir le prédicateur qui devait en faire le panégyrique. Le curé de Saint-Hilaire, en 1674, avait déjà eu à soutenir ses droits de juridiction sur le collège d'Harcourt contre le curé de Saint-Côme, qui prétendait qu'il appartenait à sa paroisse, et celui-ci avait été, dit **Piganiol de la Force** « débouté de ses prétentions par arrêt du Parlement rendu le 2 septembre 1678, avec défense à lui et à tous autres de troubler le curé de Saint-Hilaire en la jouissance dudit collège d'Harcourt. » Aussi quand le proviseur **de la Brière** chercha, à son tour, à soustraire son collège à la dépendance de la paroisse de Saint-Hilaire, le curé de cette paroisse fit encore valoir ses droits devant le conseil du roi et il obtint, le 9 juin 1708, une sentence qui obligeait le collège d'Harcourt à respecter ses droits.

Il était dans la destinée de **Jean de la Brière** d'entrer en contestation avec tous ceux qui l'entouraient. Le voici maintenant aux prises avec la vénérable Nation de Normandie, qui, comme nous l'avons raconté, tenait ses assemblées au collège d'Harcourt. Cette fois les démêlés sont plus graves, sinon dans leurs causes, du moins dans leurs conséquences.

En 1705, il révoqua, tout d'un coup, le professeur de rhétorique **Josset** et disposa de la chaire en faveur de **B. Grenan**. Il trouvait que sa classe n'était pas assez nombreuse, que son enseignement laissait à désirer, et que ses élèves ne réussissaient pas. Ce procédé sommaire ne fut pas du goût de celui qui en était l'objet, et il s'en plaignit à la Nation de Normandie. Celle-ci se réunit, sous la présidence du procureur **Lavoisé**, examina l'affaire et jugea que le proviseur d'Harcourt avait agi d'une manière injuste et déloyale en dépossédant de sa chaire, sans motifs sérieux, sans jugement préalable, un professeur qui enseignait depuis neuf ans avec

---

[1] Chap. IV.

succès, et dont le mérite était reconnu. Quarante sept membres de la NATION DE NORMANDIE, sur cinquante et un, signèrent la réintégration de Josset. Signification de la décision fut faite à M° de la Brière par le censeur Auger et l'appariteur Cuirot. Le proviseur n'en tint aucun compte, accueillit en termes injurieux les envoyés de la Nation et raconta au dehors ce qui s'était passé à l'assemblée. Aussi fut-il cité devant le syndic de la faculté des arts, Pourchot, pour faire ses excuses à la Nation de ce qu'il avait mal reçu ses envoyés et divulgué ses secrets. En même temps le Recteur de l'Université, Viel, confirma la décision de la Nation et maintint Josset dans sa chaire de rhétorique. Ajoutons, au sujet du professeur Josset, la mention d'une tragédie intitulée *Saül ou l'Ombre de Samuel* qu'il composa, en 1712, pour le collège d'HARCOURT. Malheureusement nous n'avons pas trouvé le *libretto* de cette pièce qui nous eût d'autant plus intéressé que cette fois nous en connaissions l'auteur. Nous savons seulement par une lettre du compositeur Boussard, qu'il reçut au mois d'août 1712 la somme de 75 livres pour avoir fait la musique des chœurs de la tragédie de Josset[1].

L'affaire Josset fut bientôt suivie d'une lutte plus vive entre la NATION DE NORMANDIE et le proviseur d'HARCOURT. La Nation se plaignait de ce que M° de la Brière en prenait à son aise avec elle ; de ce qu'il ne célébrait pas lui-même les messes qu'elle avait établies dans la chapelle d'HARCOURT ; de ce qu'il chargeait, de son autorité privée, d'autres prêtres de les acquitter à sa place ; de ce qu'il n'observait pas les rubriques, ne savait pas bien chanter l'office et y apportait des négligences dont on murmurait ; enfin, grief non moins condamnable, de ce qu'il avait célébré avec une tonsure qui n'était pas fraîchement faite. M° de la Brière est cité à comparaître devant la Nation pour répondre de sa conduite. Il refuse. On biffe son nom sur les listes des membres de la NATION DE NORMANDIE. Il riposte en fermant sa porte au nez des envoyés de la Nation

---

1. Bib. de la Sorb. — *Acta et Decreta Nat. Norman.*, Reg. I, p. 150 ; et *factum* de la Bibl. nat., 17 427, in-f°.

chargés de l'admonester, et en défendant à la Nation de tenir désormais ses assemblées et de faire des offices au collège d'Harcourt.

Tantæne animis cœlestibus iræ!

En apprenant comment on avait reçu ses envoyés, la Nation exprime, par la plume du procureur **Lavoisé**, toute son indignation contre la conduite de cet enfant ingrat qui ose chasser sa mère de sa demeure, *ingrato filio matrem propriis expellere sedibus*, et elle fait le serment de combattre *pro aris et focis*. En 1701, quand elle avait approuvé l'élection de M° **de la Brière**, elle le traitait de *vigilantissimus gymnasiarcha;* en 1705, c'était un homme de rien et sans expérience, *vir novus, a paedagogia recens*. Aussi est-il décidé qu'on le poursuivra à outrance jusqu'à ce qu'il ait fait amende honorable devant la *vénérable Nation*. En attendant, il faut chercher un autre local pour les réunions. On s'adresse au collège de Justice, la maison qui est à côté d'Harcourt; mais la place n'est pas suffisante. On prend alors le parti de se rendre aux Mathurins, l'ancien lieu des assemblées de la Nation. Elle y est bien accueillie, la chapelle est assez grande pour y chanter la messe et délibérer. La querelle est portée au tribunal du prévôt de Paris, **Denys de Buillion**, qui, le 24 avril 1706, croit terminer le différend en décidant, d'une part, que la Nation de Normandie restera en possession de son droit de célébrer ses offices et de tenir ses réunions au collège d'Harcourt, mais qu'elle a eu tort de biffer sur ses listes le nom du proviseur; d'autre part, que le proviseur peut célébrer lui-même ou faire célébrer par d'autres les messes de la Nation. Cette sentence ne contente personne; les deux parties la repoussent et interjettent appel. La Nation ne veut pas que le proviseur charge un autre prêtre de dire ses messes, parce qu'il est, sous ce rapport, le mandataire de la Nation, qui lui en a fait une obligation personnelle, en le confirmant dans sa charge de proviseur. M° **de la Brière** repousse cette prétention et veut rester maître chez lui. La querelle continue ainsi jusqu'à la fin du provisorat **de la Brière**. En 1710, on propose une transaction, *causá pacis et concordiae :* le proviseur signera qu'il célébrera en personne les messes de la Nation. Il y consent, mais avec cette clause de réserve : *sauf les droits du collège et de mes successeurs*, et la Nation ne l'admet point. Le 6 août 1713, M⁹ de la Brière meurt subitement ; le combat cesse faute de combattant. Son successeur, **Dagoumer**, reconnaît les droits de la Nation de Normandie, et promet par écrit d'acquitter ses messes comme elle le désire[1]. Mais les boursiers ne désarment point, ils poursuivent encore la Brière après sa mort ; pendant plusieurs années ils réclament à son frère et son héritier des objets qui appartenaient au collège, le paiement des loyers et des réparations des bâtiments qu'il avait occupés, notamment du jardin établi à son usage, et enfin la restitution des 9 737 livres léguées par **P. Padet** au profit des proviseurs[2]. Le nouveau proviseur, qui était l'homme de la conciliation, réussit, non sans peine, à terminer cette affaire au gré des deux parties. Il agit aussi heureusement dans un conflit entre les anciens boursiers et le sieur **Henry** qui jouissait d'une bourse de la fondation **Rouxel**. Il prétendait avoir les mêmes droits d'assister aux assemblées et de participer aux distributions qu'avaient les boursiers théologiens de la fondation primitive. Ceux-ci ne l'admettaient pas et un procès était menaçant, quand G. **Dagoumer** tranche le différend en nommant **Henry** à une bourse des fondateurs de la maison[3].

Nous avons vainement cherché les noms des maîtres ou des élèves distingués du collège au temps de **Jean de la Brière**. A part ceux que nous avons cités plus haut, nous ne trouvons que celui d'un médecin-poète Jean-Baptiste **Dubois**, qui dut au lieu de sa naissance de pouvoir bénéficier de l'une des bourses fondées au collège d'Harcourt par **Jean Boucard**, évêque d'Avranches. Il était de Saint-Lo et il vint, en 1711, à Harcourt, pour compléter sa rhétorique. « On le fit composer

---

1. Bib. de la Sorb., *Registre des Conclusions de la Nat. de Normandie*, I, 175-229.
2. Arch. nat., *Registre des prieurs*, M. M. 450, p. 20 et suiv.
3. Arch. nat., M. M. 450, p. 17.

pour juger de sa force, raconte son biographe[1], et on crut le traiter avec indulgence en le déclarant bon pour la seconde. Loin de se sentir découragé d'une chute bien faite pour abattre un garçon de quinze ans, il redoubla d'émulation, et, grâce à un travail opiniâtre, qui ne se bornait point aux tâches imposées, il devint en peu de temps un concurrent redoutable pour les premiers de sa classe. Ses efforts furent si bien couronnés de succès qu'à la distribution des prix, il obtint les trois premiers de vers, de thème et de mémoire, et les deux seconds de version latine et de version grecque. Quand il se vit sur le théâtre avec ses cinq volumes sous le bras et ses cinq couronnes de laurier sur la tête, son transport de joie, surexcité par le son des tambours et des trompettes, par les acclamations redoublées d'une foule sympathique, lui tourna si bien la tête qu'il tomba pâmé sur la scène. Il perdit complètement connaissance et ne reprit ses sens que dans la chambre de son régent, où l'avait fait transporter un bon camarade, d'**Amilly de la Briffe**, qui devint par la suite président du Parlement de Bretagne. » Par ce document, nous voyons que les distributions de prix étaient en honneur à cette époque au collège d'Harcourt comme au xviie siècle. Notre lauréat ne fut pas aussi heureux en rhétorique. Comptant sur sa facilité en vers latins, le jeune **Dubois**, qui croyait remporter le premier prix, n'eut pas même un accessit dans cette faculté. Il en fut dédommagé par quatre autres prix. De **1713** à **1715**, il étudia la philosophie sous Me **Roussel**, dont il faisait trente ans plus tard le plus grand éloge. Il aimait à se rappeler que ce maître avait payé les frais de ses thèses, et il lui témoignait sa reconnaissance par ces vers :

> Je ne me fais point compliment
> D'avoir puisé dans ton école
> L'art méthodique, mais frivole,
> De bien tourner un argument.
> L'enthymème et le syllogisme
> Chez toi, tout comme ailleurs, n'étaient que jeux d'enfants.
> Mais, pour former nos premiers ans,

1. A. **Matinée**, *Un médecin-poète au* xviiie *siècle*.

Ta vertu me tint lieu d'un puissant catéchisme.
L'intégrité des mœurs, la générosité,
L'honneur préférable à la vie,
L'amour de la justice et de la vérité :
Voilà les éléments de ta philosophie.

J. B. Dubois se fit médecin, comme l'avait été son père, et fut attaché, en cette qualité, à la personne de la princesse de Conti. Il devint en même temps professeur à l'École de Médecine et au *Collège Royal*. Mais il restait, dans toutes ces situations, fidèle à la muse et ne cessait à tout propos de la mettre à contribution pour chanter les événements ou les personnages qui inspiraient sa verve gauloise. Il se signalait surtout dans les salons par son talent d'improvisation poétique, composant sur-le-champ des vers sur les rimes les plus incohérentes. Comme le remarque l'intéressant biographe que nous avons suivi, J. Dubois incarnait bien en sa personne l'esprit et la légèreté de son époque. La gravité du grand siècle allait, en effet, disparaître avec celui qu'on appelait le *Grand Roi*, pour faire place à l'enjouement et à la licence du xviiie siècle.

Ce fut **Guillaume Dagoumer** qui succéda à **Jean de la Brière** et administra après lui le collège d'Harcourt pendant dix-sept ans (1713-1730). La plupart des biographes le font naître en 1660, à Pont-Audemer (Eure)[1]. C'est un des universitaires les plus distingués des commencements du xviiie siècle. Nous avons vu qu'il était professeur de philosophie au collège d'Harcourt, et qu'il fut plus d'une fois inquiété à cause de ses opinions cartésiennes, ce qui ne l'empêcha pas de devenir Recteur de l'Université de 1711 à 1713 et de 1723 à 1725. C'était lui qui, en cette qualité, complimentait **Louis XIV** à Versailles, sur la *paix d'Utrecht*, en 1713, et qui empêchait l'Académie française de prendre le pas sur l'Université devant le roi. Après avoir harangué le monarque, celui-ci lui répondit

---

1. *Le Moreri Normand*. — **Servin**, *Hist. de la Ville de Rouen*. — **Lebreton**, *Biographie Normande*. — **Oursel**, *Bibliographie Normande*.

gracieusement : « Monsieur le Recteur, vous pouvez assurer
« l'Université de ma bienveillance, et que, dans les occasions
« qui se présenteront, je lui en donnerai des marques. Par
« rapport à vous, je voudrais avoir des expressions aussi
« faciles et aussi touchantes que vous en avez. Je m'en ser-
« virais pour témoigner mes sentiments envers mes sujets.
« Je vous suis obligé de l'avoir fait pour moi [1]. »

Dans cette circonstance, **Dagoumer** avait exprimé les sentiments qu'éprouvait la France entière en voyant la paix assurée au lendemain de la victoire de *Denain*, qui réparait le désastre de *Malplaquet*. Après les années d'angoisses que la nation venait de traverser, un soupir de soulagement s'exhale de toutes les poitrines et partout on célèbre la paix. Les collèges ne sont pas les derniers à s'associer à cette joie patriotique; celui d'Harcourt se fait l'interprète de la pensée commune dans une *Ode à la France*, du professeur de grammaire Pierre **Le Febvre**, composée à l'occasion de l'éloge de **Louis XIV** sur la conclusion de la paix qu'avait prononcé le proviseur **Dagoumer**, le 13 juin 1713. Nous n'avons pas retrouvé cet éloge du roi, mais nous avons encore l'ode de **Le Febvre**; en voici quelques passages intéressants. S'adressant à la France il lui dit qu'elle peut sécher ses larmes :

> Tandem oblita doloris,
> Optato fruere otio.

Puis il félicite la reine **Anne** d'Angleterre de se montrer fidèle à la paix conclue, et apostrophe vivement l'empereur d'Allemagne **Charles VI**, qui voulait troubler cette paix si précieuse.

> Sed quo, Carole, abis? quis furor impotens
> Te rursum in nova certamina concitat?
> Cur non fœdere eodem
> Germanos relevas tuos?

Un élève d'Harcourt, sans doute, ou un ami du poète,

---

1. Ch. Jourdain, *Hist. de l'Univ.*, t. II, p. 101.

Poubeau de Bellechaume, de Bourges, traduisit l'ode en vers français et rendit ainsi cette strophe :

> Quoi dans les plaines de l'Empire
> On arbore tes étendards,
> Charles, ton âme encore respire
> Les sanglantes fureurs de Mars?
> Retiens ton ardeur trop fatale;
> Après une paix générale
> J'entends soupirer les Germains.
> Armé de toute ta puissance
> Pourquoi viens-tu contre la France?
> Quels sont tes projets inhumains?

Mentionnons encore, en cette même année 1713, une visite d'un ancien élève d'Harcourt, **Achille du Harlay**. Ce petit-neveu du grand **Harlay**, qui jouait si bien la comédie en 1682, venait d'entrer au Parlement, suivant dignement la carrière de son illustre aïeul ; mais il n'oubliait pas la maison où il avait fait ses études, et on ne l'y oubliait pas non plus. Nous en avons la preuve dans l'ode du professeur d'humanités **Jessé le Duc**, qui le félicite de son entrée au Parlement en ces termes, inspirés d'Horace :

> Sic te diva potens legum, sic te ardua virtus
> Ad summos, Harlæe, apices attollere pergant.

Dagoumer était devenu tout à fait *persona grata* à la cour et dans l'Université. Aussi, quand le recteur **Godeau**, chargé de prononcer le panégyrique annuel de **Louis XIV**, d'après une fondation faite par les échevins de Paris, s'attira une disgrâce du roi, pour avoir fait l'éloge du cardinal **de Noailles**, favorable aux jansénistes, ce fut **Dagoumer** qui intervint pour décider la nomination du candidat de la cour, **Philippe Poirier**. Celui-ci ne jouit pas longtemps de la protection royale : à la mort de **Louis XIV**, comme ses fonctions expiraient, il ne fut pas prorogé, ainsi qu'on le faisait souvent à cette époque à l'égard des Recteurs dont l'administration avait été heureuse pour l'Université. Or, ce n'était pas le cas pour **Poirier**, auquel elle reprochait d'avoir mal soutenu ses droits. Elle n'était pas fâchée non plus de faire expier au candidat la pression que son royal patron avait exercée sur la corporation pour le faire nommer. C'est ce qui nous amène à parler de la querelle littéraire soulevée, à l'occasion de l'oraison funèbre de Louis XIV, entre les deux collèges rivaux d'Harcourt et de Clermont ou de Louis-le-Grand. Bénigne Grenan était devenu un des maîtres les plus distingués d'Harcourt, après avoir été un de ses meilleurs élèves. Rollin, qui s'y connaissait, avait cherché à l'attacher au collège de Beauvais, au temps où il le dirigeait; mais Grenan était resté fidèle à la maison qui l'avait élevé. Professeur de rhétorique éminent, il était renommé pour son talent en poésie latine, et il est encore célèbre, sous ce rapport, par son *Éloge du Vin de Bourgogne*, que les juges les plus compétents ont déclaré supérieur à *l'Éloge du Vin de Champagne*, qui eut cependant pour auteur le fameux Coffin[1]. En 1715, à la mort de Louis XIV, Grenan se signala par une œuvre plus sérieuse et plus importante, et qui eut un certain retentissement dans l'Université : je veux parler de son *Oraison funèbre* du monarque défunt.

On avait rendu hommage à la mémoire du grand roi dans toutes les chaires chrétiennes et dans toutes les sociétés savantes; les universités et les collèges voulurent la glorifier à leur tour. A Paris, le P. Porée, l'illustre professeur d'éloquence du collège de Clermont, avait été chargé par les Jésuites de cette mission, et il s'en acquitta avec son talent ordinaire, aux applaudissements de la haute et brillante société de seigneurs et grands dignitaires de la cour conviés

---

1. V. ces deux pièces de vers à nos *documents annexes*. On trouve aussi dans les *Selecta carmina* de 1727 une vingtaine d'autres pièces de vers latins de Grenan, en particulier une ode à Jacques III d'Angleterre, une lettre de la France à l'Espagne, des compliments au cardinal de Noailles, une traduction de l'Épître X de Boileau à ses vers, et un bel éloge du duc de Beauvilliers, qui fut, avec Fénelon, le précepteur des ducs de *Bourgogne*, d'*Anjou* (Philippe V) et de *Berri*. Nous en détachons seulement cette apostrophe délicate :

> Huic regum soboles, huic spes est credita regni,
> Ingens depositum, quo rex committere majus
> Nec potuit nec erit melius cui credere posset.

par les Pères à la cérémonie. Le discours fut prononcé en latin, mais publié ensuite en français, pour être goûté des profanes et du public féminin. Nous pouvons juger de l'emphase élogieuse de l'orateur par le plan de sa composition : « Louis a été grand dans la guerre, plus grand dans la paix, très grand dans la religion, *magnus in bello, major in pace, maximus in religione.* » Tout le développement de cette division n'est qu'un tissu d'antithèses, la figure favorite du **P. Porée**. Ainsi : « L'Espagne est une nation qui, contente d'un seul roi, ne peut se contenter de plusieurs royaumes; les Anglais sont belliqueux jusqu'à la témérité et heureux dans leur témérité, et, si nous ne les avions jamais vaincus, on les croirait invincibles; la Hollande est une république stérile en hommes, mais féconde en soldats, et elle n'est jamais plus sûre d'être secourue que quand elle manque de tout secours. » Puis ce sont les beaux-arts qui se plaignent de **Louis XIV**, parce que la peinture manque de couleurs pour représenter sa noblesse, la sculpture n'a pas de marbre assez beau pour exprimer sa majesté. Enfin l'orateur justifiait le superlatif de son troisième point en exaltant la révocation de l'*Édit de Nantes* et la répression violente du *Jansénisme*, « cette secte qui renie la religion calviniste, sa mère, quoique sa mère ne doive pas la renier ». Le tout se terminait par une brillante péroraison sur la mort du plus grand monarque de la chrétienté, que l'orateur avait présenté non seulement comme un héros, mais comme un saint et presque comme un dieu.

Les lauriers de Clermont empêchèrent-ils Harcourt de dormir? on ne sait; mais on annonça, quelques jours après l'oraison funèbre du **P. Porée**, que pareille solennité aurait lieu dans la *chapelle de la Sorbonne*, celle du collège d'Harcourt étant trop petite. **Bénigne Grenan** fut naturellement l'orateur désigné pour en rehausser l'éclat. Il parut au milieu d'une assistance toute différente de celle qui avait écouté le **P. Porée**, mais non moins remarquable. L'archevêque de Paris, d'illustres conseillers et procureurs du Parlement, le prévôt, les magistrats municipaux, les chefs des plus importantes corporations, et surtout le Recteur et les professeurs de l'Université. **Grenan** répondit à l'attente de son auditoire, et, dans un style simple, naturel, sans exagération et sans flatterie, il loua ce qui méritait d'être loué dans la vie de **Louis XIV** : ses exploits, ses conquêtes, ses encouragements donnés aux sciences, aux lettres et aux arts, son zèle pour la religion ; mais il se tut sur les rigueurs exercées contre les protestants et les Jansénistes. L'assistance approuva cette sage réserve et admira beaucoup le passage sur les dangers de l'autorité souveraine, où il semble que **Grenan** devance **Massillon**. Citons seulement cette belle peinture de la flatterie, qui confirmait, à vingt ans de distance, les observations de **Fénelon** et les allusions de la tragédie de *Sédécias* : « Que les rois sont à plaindre ! la flatterie les assiège continuellement ; sans cesse elle étudie les endroits faibles par où elle peut s'insinuer dans leur cœur ; elle épie les moments favorables ; elle glisse quelques mots à l'oreille ; mais elle est surtout attentive à opposer un voile aux rayons de la vérité, qui pourraient percer jusqu'au trône, et à les étouffer, s'il est possible..... Cet éclat qui éblouit les faibles yeux des mortels, cette haute élévation où les met le pouvoir absolu, cette foule de plaisirs qui les environnent, sont trop souvent les sources funestes de leur malheur..... Leur âme, tout entière attirée par des charmes si puissants, cède aveuglément au prestige, et l'effet est d'autant plus certain que personne n'ose rappeler le prince au devoir. » Ce langage, sévère mais respectueux, se ressentait un peu des mécomptes éprouvés par l'Université sous le règne de **Louis XIV**, qui fut loin de contribuer, comme ses prédécesseurs, à la prospérité de l'*École de Paris*.

Le succès de **Grenan** irrita le **P. Porée**, qui lui écrivit une lettre, où, sous le prétexte de venger la gloire de **Louis XIV**, outragée par le silence de son rival sur la question religieuse, il se livre, à son égard, aux insinuations les plus injustes et les plus perfides. **Grenan** n'hésita pas à relever le gant, et répliqua en montrant le vide et la fausseté de l'œuvre du **P. Porée** : « Est-ce donc, disait-il en terminant, caractériser

— 354 —

les Jésuites que de peindre le mensonge toujours prêt à jeter un voile sur la vérité pour empêcher ses rayons de parvenir jusqu'au trône? » Les partisans du **P. Porée** voulurent le défendre, et la querelle s'envenima au point de dégénérer en attaques violentes et grossières. Il y eut surtout un certain abbé **Lafargue**, qui, dans la chaleur de la lutte, oublia à ce point son histoire, s'il l'avait jamais sue, qu'il attribua à **Louis XIV** des expéditions que ce prince n'avait pas dirigées, inventa un **Édouard VIII** d'Angleterre, au lieu de **Henri VIII**, et persista dans ces affirmations, malgré les railleries qui accueillirent de pareilles bévues. Avec de tels défenseurs, la cause de son adversaire devenait ridicule, et **Grenan**, suffisamment vengé de ses attaques, arrêta le débat, riant sous cape, avec ses amis, du formidable coup d'encensoir envoyé par le **P. Porée** au nez du Régent : « Que n'a-t-on pas à espérer de ses lumières et de ses vertus? Il forme le roi par ses exemples. » Nous savons comment **Louis XV** a été formé à cette école[1].

En même temps que le collège d'Harcourt rendait ainsi hommage à la mémoire de **Louis XIV**, la Nation de Normandie faisait célébrer un service solennel pour le repos de son âme dans la chapelle de la maison. Voici la lettre d'invitation qu'elle adressait à ses membres par l'organe de son procureur : « *Veneranda Normannorum Natio Ludovico XIV, Regi maximo, parentabit humiliata in conspectu Domini, qui, arbiter hujus diei, sustulit a nobis desiderabile oculorum nostrorum. Vocat itaque suas ad preces et ad planctum eos qui sciunt plangere; adsint frequentes in insignibus quibus decet ornati, in sacello Harcuriano, die Veneris 4ª Octobris anno MDCCXV.* »

Houvilliard-Delaval, *procurator venerandae nationis.*

---

1. Bib. de la Sorb. Pièces diverses, U. 59-63. Arch. nat. M. M. 450. M. 133. S. 6439. *Voltaire et ses Maîtres*, par M. Pierron, l'auteur de la *Notice historique sur* d'Harcourt et Saint-Louis; *Une Querelle littéraire au XVIIIᵉ Siècle*, mémoire lu à l'Académie des Sciences, Inscriptions et Belles-Lettres de Toulouse, par M. Deschamps; l'*Histoire de l'Université*, de **Ch.** Jourdain.— H. Moulin, *Procès du vin de Bourgogne et du vin de Champagne.*

23.

Le Recteur de l'Université y assista en robe violette, à gauche de l'autel, et le procureur de la NATION DE NORMANDIE, en robe rouge, à droite. Le professeur **Guénon**, prodoyen de la Nation, chanta la messe au milieu d'une nombreuse assistance en robe universitaire. Il n'y avait pas de tentures noires dans la chapelle; au milieu se dressait un simple catafalque entouré de cierges. Chaque tribulaire reçut une rétribution de 10 sols, et, pour excuser, sans doute, cette modeste offrande, à l'occasion d'une cérémonie royale, le signataire du procès-verbal déclara que la Nation n'était pas assez riche pour donner davantage. Les obsèques du roi eurent lieu à SAINT-DENYS, où l'Université fut convoquée avec le cérémonial d'invitation que nous avons rapporté pour les funérailles du prince de Condé[1]. Le registre de la NATION DE NORMANDIE, qui nous en parle, mentionne qu'après le service à SAINT-DENYS, il y eut un dîner offert à l'Université dans l'abbaye. Le procureur **Delaval** nous en donne même le menu. Il se composa de neuf services, consistant en poulets, chapons, perdrix, oies, lièvres, pigeons, gâteaux, fruits, bonbons; rien ne fut épargné, sauf le vin, dit-il, qui n'apparut qu'au milieu du repas et en si faible quantité qu'on put à peine en boire trois ou quatre verres[2]. Les moines craignaient sans doute de voir se renouveler les conséquences des libations copieuses de l'ancien *Lendit*.

L'oraison funèbre de **Louis XIV** n'est pas le seul discours que nous ayons de **Bénigne Grenan**; on en pourrait citer plusieurs autres, prononcés à la rentrée des classes du collège, qui était alors très solennelle : *in solemni scholarum instauratione*. Ils sont en latin, suivant l'usage de l'époque, où l'on obligeait encore à parler aux élèves dans cette langue. Le premier de ces discours que nous présente le *Recueil*[3], qui les a conservés, est une exhortation à lire l'Écriture Sainte. Grenan rappelle que les grandes âmes du judaïsme et du christianisme ont

1. Chap. Ier, p. 17.
2. *Acta et decreta Nat. Norman.*, Reg. I, p. 271 *verso*, et 277.
3. Recueil de discours prononcés par plusieurs professeurs très célèbres de l'Université de Paris, 1728.

toujours puisé dans cette lecture des encouragements au devoir et à la vertu. « Mais aujourd'hui, observe-t-il, on néglige
« les leçons des Livres Saints, et aussi que voit-on? Une
« jeunesse molle, indolente, licencieuse, n'aimant que le
« plaisir. Les parents sont les premiers à les pousser dans
« cette voie, en se préoccupant bien plus des défauts corpo-
« rels de leurs enfants que de leurs défauts de caractère. On
« leur apprend à bien danser, à saluer avec grâce, à s'expri-
« mer d'une manière élégante, plutôt qu'à être honnêtes et
« vertueux. Ils savent tout cela et n'ont qu'une légère tein-
« ture de la religion. Le seul moyen de remédier à ces maux,
« conclut **Grenan**, c'est la lecture des Livres Saints. » Voilà
un langage qui conviendrait à bien des jeunes gens de nos
jours : *docentur illas artes, miseri, cum interim vix aliqua
religionis guttula eis aspergatur.*

Les autres discours abordent des sujets moins graves :
il s'agit de pédagogie et de littérature. C'est le rude labeur
de l'enseignement et ses avantages pour la société, la grandeur et l'excellence de la poésie, et enfin il signale, toujours en latin, l'altération de la langue française qui devient
en quelque sorte maniérée et relâchée comme les mœurs :
*quae mores nostros perdidit luxuria, eadem eloquentiam
perdidit.* Pour réagir contre ces funestes tendances, **Grenan** recommande aux jeunes gens de s'inspirer des beaux
modèles qu'offrent les écrivains de l'antiquité et surtout
ceux du xviie siècle : **Fléchier et Bossuet, Fénelon et
Bourdaloue**, et d'autres remarquables par l'éclat, la simplicité, la vigueur, et la correction de leur style. C'est
ainsi que l'éminent professeur d'Harcourt signalait à ses
jeunes auditeurs les premiers symptômes de décadence
morale et littéraire qu'il entrevoyait au commencement du
xviiie siècle.

B. Grenan fut écouté, car il contribua à former des
élèves qui plus tard ont été célèbres à divers titres. De ce
nombre fut le charmant conteur qui s'appelle l'abbé **Prévost d'Exiles**, l'auteur de *Manon Lescaut*, dont la vie fut
presque aussi aventureuse que celle de ses héros. C'est de

lui qu'on aurait pu dire, comme d'un autre personnage de l'époque :

> Il prit, quitta, reprit la cuirasse et la haire.

On croit que le médecin matérialiste **Lamettrie** compta aussi parmi les élèves de **Grenan**; mais on en est sûr pour le cardinal **Loménie de Brienne**, membre de l'Académie française, contrôleur général des finances sous **Louis XVI**, et qui convoqua les États Généraux de 1789. On sait que ses basses complaisances pour la Révolution ne la désarmèrent pas à son égard : après avoir renoncé à la pourpre cardinalice pour lui plaire, elle s'apprêtait à lui conférer une autre pourpre sur l'échafaud, quand il mourut subitement en 1794.

B. **Grenan** contribua à l'abandon du latin dans les récréations classiques. Ainsi, en 1713, il avoue qu'il ne se sent pas en état de composer une tragédie pour la distribution des prix, et il fait jouer tout simplement l'*Athalie* de Racine par ses élèves. Comme cette innovation n'était pas du goût de ses collègues, qui voulaient maintenir la tradition universitaire, **Grenan** essaye de se justifier dans un prologue en vers latins. On y voit disputer *Philorome*, l'ami du latin, partisan entêté de la routine, et *Eulale*, l'homme au beau langage, l'ami du français. Eulale attaque les représentations des tragédies latines, par cette raison sans réplique que les spectateurs, pendant les représentations, usent peu de leurs oreilles, mais en revanche abusent beaucoup de leur langue, parce que la plupart n'y comprennent rien ou ne s'y intéressent pas :

> Bene quidem : verum hoc est in hoc incommodi,
> Quod, qui nil capiunt, importunum, ut fit, genus,
> Odiosumque ; quia utuntur auribus parum,
> Utuntur lingua, imo, et abutuntur plurimum.

L'acteur s'essouffle, que fait-on dans l'assemblée? on y cause, on y rit, on y boit.

> Anhelat actor, plenis buccis intonat,
> Tumultuatur, sudore et totus fluit,

— 358 —

> Omnesque in formas Proteus it volubilis,
> Gemebundus, asper, contumax, hilaris, furens,
> Ut plausum exprimat, et evincat fastidium.
> Quid interim fit apud spectatorem rei?
> Garritur, ridetur, bibitur; denique aliud
> Quidvis agitur, quam id cujus ventum est gratia,
> Actori ut opera detur[1].

Il paraît, si nous en croyons la chronique un peu gauloise de l'époque, que M**e** **Dagoumer** ne se contentait pas d'admirer les vers latins de **Grenan** sur le vin de Bourgogne, mais qu'il savait aussi apprécier le crû lui-même. On dit, à ce sujet, qu'un soir en rentrant chez lui, après un bon dîner, il fut obligé de s'arrêter un instant auprès de la fontaine Saint-Séverin, qui portait alors ce distique de **Santeuil** :

> Dum scandunt juga montis anhelo pectore nymphæ,
> Hic una e sociis, vallis amore, sedet.

Dagoumer, croyant que l'eau qui ne cessait de couler de la fontaine était son fait, ne quittait plus la place, en sorte qu'un ami dut l'avertir de son erreur[2]. Le Sage, d'après un biographe de l'époque, aurait fait allusion à cette anecdote dans son *Gil Blas*, et sous le nom du gros licencié *Guyomar*, Recteur de l'Université, il aurait peint Guillaume **Dagoumer**. « C'est un génie supérieur, dit-il : il n'y a point de philosophe « qu'il ne terrasse dans la dispute ; il a un flux de bouche « sans pareil. C'est dommage qu'il aime un peu trop le vin « et les procès. Les honneurs, comme vous le voyez, ne « changent pas toujours les mœurs[3]. »

Mais c'est-là, sans doute, une calomnie inventée par les méchantes langues, jalouses du savoir et du crédit dont **G. Dagoumer** jouissait dans l'Université. La Nation de Normandie faisait le plus grand cas de ses lumières et de ses conseils : aussi, quand il se retira à Courbevoie, en 1730, elle

---

1. *Selecta Carmina*, t. I, p. 258. — A. Vissac, *De la Poésie latine au siècle de Louis XIV*.
2. *Dictionnaire de* **Ladvocat**.
3. Le Sage, *Gil Blas*. liv. IV, ch. vi ; édition **Châteauneuf**. — *Biographie générale*, t. XII.

décida, pour reconnaître ses services, que deux fois l'an on lui enverrait une députation pour le saluer au nom de la Nation. Le procureur **Foubert** loua aussi, dans un discours public, la sagesse, la science, la vertu, l'habileté de **Dagoumer** et s'éleva avec force contre les calomnies que l'envie avait imaginées contre lui. Au nombre de ces calomnies figurait probablement celles que **Le Sage** a mises en scène dans son livre[1].

Le proviseur **Dagoumer** était, en effet, grandement apprécié dans l'Université. En 1715, il est mis à la tête de la députation des quatre Nations de la Faculté des Arts et des vingt-quatre représentants des collèges de l'Université, qui vont complimenter le cardinal **de Noailles** sur la fermeté de sa conduite à l'égard du pouvoir, à l'occasion de la bulle *Unigenitus*. Voici les paroles que lui adresse le chef de la députation :

« Monseigneur, la Nation de Normandie, sensible autant qu'aucune autre à la paix de l'Église et au repos de Votre Éminence, vient applaudir aux heureux succès de votre fermeté. Membre d'un corps tout occupé à verser dans le cœur de la jeunesse l'amour de la vérité et le goût de la vertu, elle aurait cru démentir sa destination si elle n'était venue reconnaître publiquement en Votre Éminence le soutien de l'une et le protecteur de l'autre. C'est pour cela, Monseigneur, qu'elle m'a ordonné d'exposer à Votre Éminence ces sentiments de respect et de vénération que la violence avait réservés jusqu'à présent dans le cœur de ses suppôts, mais que le malheur des temps n'a jamais altérés. Vive Monseigneur pour l'Église et l'État ! Les besoins de l'un et de l'autre vous y convient ; puissent au moins des jours si précieux durer autant que l'ardeur de nos vœux et la ferveur de nos prières ! »

C'est ainsi qu'après la mort de **Louis XIV**, comme **Napoléon** le dira de lui-même, on faisait : *Ouf !* L'Université prenait sa revanche de la contrainte à laquelle l'avait obligée l'absolutisme du monarque. Le cardinal remercia la députation et la reconduisit jusqu'à la porte de ses appartements ; puis son premier aumônier l'accompagna jusqu'à l'escalier

---

1. *Acta et decreta Nat. Norman.*, t. I, p. 420-421.

en l'assurant de tout le plaisir que cette démarche causait à son Éminence[1].

En **1721**, **Dagoumer** est encore l'oracle de la Nation de Normandie, qui lui demande un rapport sur les changements que l'on voulait alors introduire dans les statuts de la Faculté des Arts. Il présenta, en effet, à la compagnie plusieurs mémoires, qui furent approuvés ; mais l'agitation que causaient alors les disputes religieuses soulevées par la bulle *Unigenitus* empêcha de leur donner suite. On voulait aussi obliger les principaux et les régents des collèges à exiger une plus grande assiduité de la part des étudiants en philosophie qui étaient externes. Il paraît que cette mesure était surtout dirigée contre certains jeunes clercs du séminaire de Saint-Sulpice, qui, pour obtenir les certificats nécessaires à l'obtention des grades, donnaient leurs noms dans les collèges de l'Université, mais se dispensaient d'en fréquenter les classes. Le rigide syndic **Pourchot**, en **1716**, avait dénoncé avec véhémence cet abus, qu'il regardait comme une fraude honteuse pour des aspirants au sacerdoce[2].

En **1723**, **Dagoumer** est de nouveau Recteur de l'Université, et, à ce titre, il est chargé de complimenter le jeune roi **Louis XV** à Versailles. Il s'en acquitte, au témoignage de **Dangeau**, avec le plus grand succès[3].

En **1725**, c'est aussi Dagoumer qui rédige et signe, au nom de l'Université, les actions de grâces rendues par la corporation à l'illustre Rollin, pour l'œuvre si remarquable de son *Traité des Études*.

Si nous revenons maintenant au collège d'Harcourt, nous y retrouvons plusieurs solennités intéressantes.

En **1716**, on y recevait un hôte illustre, un jeune prince du sang, Charles de **Bourbon-Condé**, comte de Charolais, protecteur de la maison[4]. Aussi les compliments ne font pas

---

1. *Acta et decreta Nat. Norman.* t. II, p. 273.
2. **Ch. Jourdain**, *Hist. de l'Univ.*, t. II, p. 141.
3. *Journal de Dangeau*, t. XIV, p. 424. Éd. **Feuillet de Conches**.
4. Ce comte de **Charolais**, né à Chantilly en 1700, était d'une nature si violente qu'on le redoutait à la cour à cause de ses empor-

défaut au noble visiteur. On ne lui en adresse pas moins de quatre : il est vrai qu'ils sont courts et qu'ils viennent des élèves les plus titrés. L'élève de troisième, Henri d'**Harcourt de Beuvron** de la famille des fondateurs du collège, le premier, lui dit :

> Harcuriana domus cum te præsente triumphat,
> Hæc te Patronum gestit habere suum.

Après lui, l'élève Charles-Michel de **Roncherolle de Pont-Saint-Pierre** prend la parole en ces termes :

> Hoc in monte docet pueros Academia, Princeps
> Borbonidum, et recti dulcia jussa sequi.

A son tour, Louis **de Beauveau** :

> Hactenus in gremio te lactavere Camœnæ;
> Gentis honos, nunc te Laurea certa manet.

Enfin, un quatrième élève, du nom de **Procope**[1], reprenant la même pensée, la traduit en français dans le quatrain suivant :

> Avec les Filles de Mémoire
> Venez passer vos tendres jours,
> Prince : bientôt Mars et la Gloire
> Seront vos plus tendres amours[2].

En 1716 aussi on jouait à la distribution des prix du collège une tragédie de *Joas*, qui, d'après l'auteur resté inconnu, n'est qu'une adaptation de l'*Athalie* de Racine, « pour se

tements et de ses cruautés. On raconte qu'à la suite d'une orgie scandaleuse il s'amusait à tirer sur des ouvriers qui travaillaient à un toit, et prenait plaisir à les voir tomber sous ses coups. Poursuivi pour un si horrible crime, comme il sollicitait sa grâce du roi, **Louis XV** la lui accorda en déclarant qu'il ne condamnerait pas celui qui le tuerait pour ses méfaits. (*Biographie universelle*.)

1. Ce **Procope** serait-il un descendant de celui qui ouvrit le café de ce nom, au XVIIe siècle, à Paris ?
2. Bib. Maz., 401 B.

conformer, dit-il, aux lois de l'Université, qui exclut de ses théâtres les personnages de femme. » Comme on avait critiqué son œuvre, il répondit que sans doute son censeur lui fait un crime « d'avoir choisi une *pièce sainte* remplie des vérités de l'Évangile, au lieu d'une misérable comédie où toutes les bienséances seraient négligées ». Il aime mieux, d'ailleurs, avoir fait usage d'une bonne pièce que d'en avoir composé une médiocre. Tel est l'objet du prologue en vers latins. Parmi les acteurs figure un **de la Martelière**, descendant du célèbre avocat **Pierre de la Martelière**, qui plaida contre les Jésuites en 1611, au nom de l'Université, pour leur interdire l'enseignement. On y trouve aussi le nom des deux **Portail de Vaudreuil**, qui sont les fils d'un conseiller du Parlement qui avait obtenu de l'Université l'exploitation des messageries entre le Roule et Saint-Ouen, moyennant 40 livres de redevances annuelles (1721). Citons encore le nom d'**Armand Douté**, qui pourrait bien être le fils du doyen de la faculté de médecine à cette époque.

En 1717, G. **Dagoumer** établissait au collège d'Harcourt la messe du *Saint-Esprit* pour la rentrée des classes, comme cela se pratique encore aujourd'hui dans l'Université. Le règlement du collège entre, à ce sujet, dans certains détails que l'on trouvera plus loin [1].

Cette même année 1717, le 25 février, la Nation de Normandie députait son procureur **Régnault** et quelques-uns de ses membres, pour complimenter le nouveau procureur général au Parlement, **Joly de Fleury**, qui venait de succéder à **d'Aguesseau**, appelé à la dignité de chancelier. **Joly de Fleury**, et c'est à ce titre que nous le mentionnons ici, avait été un des meilleurs élèves d'Harcourt, où il étudia pour entrer dans les ordres, et joua avec succès la comédie en 1682 et 1685. Il se destina ensuite à la magistrature, dans laquelle sa famille comptait d'illustres représentants [2]. **Régnault** lui

---

1. V. aux *Documents annexes* le texte de ce règlement, retrouvé aux Arch. nat. M. 134, M. M. 450.
2. A. Molinier, *Inventaire de la Collection Joly de Fleury*.

rappelle son passage au collège d'Harcourt, en lui adressant les félicitations de sa compagnie.

« Monseigneur, lui dit-il, la Nation de Normandie vient témoi-
« gner à Votre Grandeur la part qu'elle prend à la joie du pu-
« blic. Plusieurs de ceux qui la composent ont eu l'honneur de
« vous voir autrefois, dans l'*un de nos plus fameux collèges*,
« cultiver avec soin et avec un progrès surprenant les rares
« talents que vous avez reçus du Ciel, et que le prince qui nous
« gouverne vous engage à consacrer au bien de l'État. Ils ne
« doutèrent point dès lors de la puissante protection que trouve-
« raient en vous les personnes de leur profession, lorsque votre
« mérite vous aurait élevé aux premières places de la magistra-
« ture. C'est cette qualité de notre protecteur que nous venons
« particulièrement reconnaître et respecter en Votre Grandeur.
« Puisse le Seigneur multiplier des jours qui nous sont si pré-
« cieux et à tout le royaume ! Monseigneur, ce sont là nos vœux ! »

Le procureur général remercia **Régnault** et l'assura qu'il prouverait par ses actes qu'il aimait l'Université et surtout la Nation de Normandie. Il déclara qu'il voyait avec joie devant lui plusieurs professeurs célèbres, dont il avait suivi autrefois les leçons au collège d'Harcourt, et il adressa en particulier un mot aimable aux professeurs **des Authieux, Fortin de Quédeville** et **Le Mélorel**, qui faisaient partie de la députation[1].

En 1723, à la distribution des prix du 21 août, fut jouée la tragédie d'*Absalon*, avec intermèdes en musique. Cette pièce avait pour auteur **Duché**, de l'Académie des Inscriptions. Elle se compose de cinq actes, qui se passent sous la tente de David. Le vieux roi de Juda cherche vainement à ramener au devoir son fils rebelle et ne peut le dissuader de courir à sa perte. Presque tous les acteurs sont de Paris, et parmi leurs noms se distingue celui de François de **Pardailhan de Gondrin**, fils ou parent du fameux **Pardailhan de Gondrin**, duc d'Antin, qui était issu des **Montespan**. La même tragédie avait été jouée, en 1719, au collège de Mantes. L'intermède musical se compose de cinq strophes

---

1. *Acta et decreta Nat. Norman.*, t. I. p. 295 verso.

d'une poésie peu remarquable. On peut en juger par ce passage :

> Celui qui met en Dieu toute sa confiance
> Goûte une heureuse liberté,
> Ses désirs sont contents, son espoir est immense,
> Il ne voit point de borne à sa félicité.

Ailleurs on dirait une allusion aux événements de 1723, alors que le régent était mort, faisant place au duc de **Bourbon**, qui eut à lutter contre l'opinion et l'émeute à Paris :

> Grand Dieu fais avorter
> Les projets d'un lâche ministre,
> D'un roi selon ton cœur on attaque les jours,
> Combats contre tous ceux qui lui livrent la guerre,
> Fais entendre pour lui la voix de ton tonnerre,
> Hâte-toi, vole à son secours,
> De ses humbles soupirs exauce la prière,
> Dissipe devant lui ses sujets insolents,
> Et qu'ils soient comme la poussière
> Dont se joue à son gré le caprice des vents[1].

Outre les élèves dont les noms viennent d'être signalés à l'occasion des visites importantes ou des tragédies que nous avons rappelées, nous devons encore mentionner le nom de **Berrier**, qui faisait alors ses études au collège d'Harcourt. C'était un nom déjà connu dans la magistrature. Plus tard le jeune élève, devenu garde des sceaux, recevait le 2 décembre 1761, une députation de l'Université qui venait le complimenter de son élévation. Aux félicitations que lui adressait le Recteur **Fourneau**, il répondit qu'il n'oublierait jamais qu'il avait été élève de l'Université, et, dans la conversation qui s'engagea ensuite, **Robert de la Rue**, procureur de la Nation de Normandie, lui rappela qu'il l'avait connu pensionnaire au collège d'Harcourt sous le proviseur **G. Dagoumer**, alors que lui-même était procureur de la maison[2].

Les poètes se donnent toujours carrière au collège d'Har-

---

1. Bib. de la V. de Paris, 11969, in-4º.
2. *Act. Nat. Norman.*, Reg. II, p. 194 *verso*.

court. Le professeur de rhétorique Alexis **Vallée** célèbre, en 1726, comme on le fait dans toutes les autres maisons d'éducation, le mariage de **Louis XV** avec **Marie Leczinska** :

> Dicam, dulcis hymen, tuos honores,
> Dicam, dulcis hymen, tuos amores.

Un peu plus tard, en 1729, il chante la naissance du dauphin Louis, qui fut le père de **Louis XVI** :

> Tolle, Gallia, verticem superbum
> Tandem mille tibi petita votis
> Regum progenies adest....

Comme à un autre *Pollion*, le poète prédit au jeune prince des jours heureux et un règne pacifique pendant lequel les épées se changeront en socs de charrue :

> Per te certa quies, honos, salusque
> Stant perpetuo throno per ævum.
> Quin Europa potens, acerbiorum
> Bello proxima funerum feraci
> Mutabit gladios truces aratris.
> . . . .
> Ergo noster amor, decus salusque,
> Princeps, vive diu, tuisque longa
> Præstes gaudia civibus precamur.

Mais les vœux du poète ne furent pas exaucés : le dauphin mourut, en 1765, sans avoir régné[1].

Alexis **Vallée**, du diocèse de Rouen, né en 1655, avait d'abord étudié à Sainte-Barbe; puis il professa les humanités au collège Mazarin, d'où il fut appelé à la chaire de rhétorique du collège d'Harcourt par le proviseur **Dagoumer**. Il occupa cette place pendant trente-quatre ans avec un zèle infatigable. Son opposition à la bulle *Unigenitus* lui attira plusieurs disgrâces, même l'exil, qu'il supporta sans se plaindre. Il mourut à l'âge de 84 ans, en 1739[2].

1. Bib. de la V. de Paris, 11969.
2. *Dict. de Moreri.*

Mentionnons également les noms de deux professeurs d'humanités du collège d'Harcourt, Jean François **Viel** et Thomas **Viel**. Ce dernier fut greffier de l'Université au temps du syndic **Pourchot**. Nicolas Joseph **David**, de Bayeux, auteur d'une *Réfutation du système d'un philosophe Cartésien*, fut aussi un élève du collège d'Harcourt de 1715 à 1720. Il devint professeur au collège de Lisieux et mourut doyen de la Nation de Normandie, à l'âge de 83 ans [1].

Signalons encore, à l'honneur de Mᵉ **Dagoumer**, l'établissement, à Harcourt, de conférences d'hébreu pour les *étudiants en théologie*. Elles furent confiées au professeur **Fourmont**, ce qui était, pour l'époque, un acte aussi courageux qu'intelligent : car l'enseignement de l'hébreu n'était pas accueilli partout avec la même faveur. **Fourmont** avait été chassé du collège des Trente-Trois [2], parce qu'il cultivait la langue hébraïque et s'efforçait d'en inspirer le goût à ses compagnons [3].

Mais, si on combattait les Jésuites, on cherchait à leur emprunter leurs procédés d'enseignement. C'est ainsi qu'à cette époque on agita dans l'Université la question de l'instruction gratuite, qu'ils avaient établie chez eux, et qui donnait d'excellents résultats au collège des Quatre-Nations, où elle existait également. Ce fut l'objet des efforts du Recteur **Demontempuys** (1716), qui voulait aussi diminuer le nombre des anciens collèges établis dans le quartier latin et en ouvrir plusieurs sur la rive droite. Dans ce projet, le collège d'Harcourt était un de ceux que l'on devait conserver. Le Recteur comptait sur le produit des *messageries* pour payer les régents, afin de les affranchir de la dépendance des familles pour leurs honoraires. C'est ce qui fut établi en 1719 avec le concours du duc d'Orléans, et cette heureuse réforme causa une telle

---

1. *Le Moreri Normand.*
2. Le *collège* ou *séminaire* des Trente-Trois avait été fondé en 1633, par l'abbé **Bernard**, dit le *pauvre prêtre*, puis enrichi, en 1638, par **Anne d'Autriche**; il fut restauré par le Régent, duc d'Orléans. Il était situé rue Sainte-Geneviève, près de la place Maubert.
3. Ch. Jourdain, *Hist. de l'Univ.*, t. II, p. 142.

joie dans l'Université qu'elle accorda cinq jours de congé aux écoliers de tous les collèges et organisa une procession extraordinaire à l'église Saint-Roch. Une députation de ses membres alla remercier le Régent, et Rollin prononça aux Mathurins, devant la corporation, un de ses plus beaux discours. Dans les collèges les élèves célébraient l'instruction gratuite en vers latins et même en vers grecs. Comme le remarque l'historien de l'Université auquel nous empruntons ces détails, c'est un progrès que nous attendons encore dans l'enseignement secondaire[1]. Pendant qu'on était en si bon chemin, un certain nombre d'esprits distingués, tels que Rollin, Coffin et Dagoumer, voulaient qu'on modifiât les règlements formulés sous Henri IV. La Nation de Normandie y poussait également; mais il fallut compter avec la routine, qui empêcha ce projet d'aboutir. Il y eut cependant des améliorations utiles, telle que l'impression plus soignée et plus correcte des livres classiques.

Le nom du proviseur d'Harcourt apparaît dans toutes ces entreprises de réforme; mais il est surtout mêlé à l'opposition que soulèvent les Jésuites quand ils cherchent à s'introduire dans les Universités de province, telles que celles de Pau, de Dijon, de Caen et de Reims. C'est ainsi que nous voyons, en 1722, Dagoumer, alors Recteur, prendre énergiquement la défense de l'Université de Reims, attaquée par les Jésuites, et ne pas craindre de braver la colère du garde des sceaux d'Armenonville, qui les soutenait. Les Pères prétendaient que le collège qu'ils avaient dans cette ville avait été agrégé à l'Université, ce que contestait l'Université de Reims, en écartant de ses examens les candidats qui avaient étudié chez eux. L'affaire fut portée au conseil du roi, et l'Université de Reims appela à son aide celle de Paris. Dagoumer venait d'être nommé de nouveau Recteur; il n'hésita pas à écrire un mémoire foudroyant contre les Jésuites, où il développait, comme le dit le titre, *les vices de leur institut, leurs violements de toutes les conditions auxquelles ils ont été reçus et rappelés*

---

1. Ch. Jourdain, *Hist. de l'Univ.*, t. II, p. 174.

en France, l'étendue de leurs projets, les moyens qu'ils emploient pour les exécuter et les maux qui en résulteraient pour l'Église et l'État[1]. « On raconte, dit M. Douarche, que le garde des sceaux d'**Armenonville** fit mander **Dagoumer**, et qu'il l'apostropha en ces termes : « Vous êtes bien hardi de nous présenter un mémoire tel que le vôtre, et d'y diffamer comme vous faites une compagnie aussi respectable que celle des Pères Jésuites. En quelle conscience pouvez-vous les traduire sous des couleurs si odieuses ? » Ce langage hautain, loin de troubler le Recteur, ne fit qu'animer son courage ; et il répondit sur un ton assez élevé : « Vous êtes donc, Monseigneur, bien étonné de ce que j'ai dit des Pères Jésuites ? Il n'est pas encore temps de se récrier : ce n'est ici qu'un prélude. Vous verrez bien d'autres choses dans les mémoires qui suivront. Il faut vous apprendre à connaître ces Pères. » Devant la fermeté de cette résistance, les Jésuites furent obligés de renoncer à leurs prétentions. Le garde des sceaux leur avait conseillé de ne pas pousser à bout **Dagoumer**, et c'est en ne donnant pas suite à leur entreprise qu'ils obtinrent de lui le retrait de son mémoire[2].

Nous avons vu précédemment une tentative de *laïcisation* de l'enseignement dans l'Université ; nous venons d'assister à l'établissement de l'instruction *gratuite* ; il ne restait plus qu'à la rendre *obligatoire*. C'est ce qu'essaya de faire le ministère du duc **de Bourbon**, par la déclaration du 14 mai 1724, qui prescrivait que « les procureurs et sieurs de hautes
« justices se fassent remettre les noms des enfants qui n'iront
« pas aux écoles, pour faire ensuite les poursuites néces-
« saires contre les pères et mères, tuteurs ou curateurs ou
« autres qui sont chargés de leur éducation[3]. » Nos législateurs modernes n'ont donc rien trouvé de nouveau sous ce rapport. *Nil novi sub sole !*

1. *Requêtes au roi, Mémoires et Décrets des Universités de Paris et de Reims contre les Jésuites.*
2. **A. Douarche**, *L'Université de Paris et les Jésuites*, p. 307. — Même récit dans **Ch. Jourdain**, t. II, p. 186.
3. **Ch. Jourdain**, *Hist. de l'Univ.*, t. II, p. 188.

Le *Traité des Études* de **Rollin**, qui parut en 1725, signale dans l'enseignement de nouveaux progrès. Sans abandonner le latin ni le grec, la langue nationale prenait place dans les programmes classiques, l'exercice de la version l'emportait sur celui du thème, et l'histoire, négligée jusque-là, acquérait plus d'importance en ce qui concernait l'antiquité. On n'osait pas encore proposer l'histoire de France, faute de livres élémentaires sur ce sujet. La philosophie n'était plus exclusivement celle d'Aristote. **Rollin** n'hésitait pas à encourager l'étude de **Descartes**; il nous apprend qu'on lisait et expliquait ses *Méditations* dans les classes de philosophie. **Dagoumer** et les autres partisans du *Cartésianisme* étaient bien vengés des poursuites dont ils avaient été l'objet. Enfin, sous le rapport de la discipline, **Rollin** s'élevait, comme **Érasme**, contre l'abus des châtiments corporels, contre le fouet, que l'on prodiguait encore trop de son temps. Si nous avons signalé ces améliorations, c'est pour en rapporter en partie l'honneur aux esprits éclairés, tel que l'était le proviseur d'Harcourt, qui en avaient été les promoteurs.

Comme nous l'avons dit plus haut, **G. Dagoumer** se retira vers la fin de sa vie à Courbevoie. Il quitta son collège en 1730, pour aller dans cette localité se reposer de ses travaux. Il avait loué une petite maison aux Pénitents du tiers ordre de saint François, qui étaient établis à Courbevoie depuis 1658, et c'est là qu'il mourut, à l'âge de 85 ans, le 15 avril 1745, ainsi que nous le constatons par l'épitaphe de son tombeau placé dans la chapelle du couvent des religieux[1].

Hic jacet Guillelmus **Dagoumer**
Natione Normannus,
Professione et ingenio nobilis Philosophus,
Universitatis Parisiensis non semel
Rector et vindex acerrimus.
Collegii Harcuriani provisor beneficus.
Hoc in eremo optatam quietem invenit
Mortuus in Christo die xv Aprilis anno reparatæ salutis MDCCXLV
Ætatis LXXXV.

1. **Lebeuf**, *Hist. du Diocèse de Paris*, t. VII, p. 110. Ces détails m'ont été confirmés par M. l'abbé **Blauvac**, vicaire à Courbevoie.

La Nation de Normandie voulut honorer tout particulièrement sa mémoire en faisant les frais de ses obsèques[1].

Avant de quitter le provisorat de M⁰ **Dagoumer**, il convient de dire un mot du *Règlement* et des *Exercices littéraires* en usage au collège d'Harcourt, à cette époque.

Au xviii⁰ siècle on n'aurait pas pu parler de *surmenage* pour les jeunes pensionnaires d'Harcourt : on ne se levait plus à 4 h. du matin, comme le racontait le conseiller de **Mesmes** au xvi⁰ siècle; c'est à 6 h. qu'on se lève en semaine, et à 7 h. le dimanche. A 6 h 1/4 la prière en commun, puis l'étude jusqu'à 7 h. 3/4, suivie du déjeuner, *jentaculum*. Les élèves prenaient alors tout ce qu'il leur fallait pour aller en classe à 8 h. 1/4 jusqu'à 10 h. 1/2. Ils se rendaient à ce moment à la chapelle pour assister à la messe, puis se retiraient dans leurs salles pour étudier jusqu'à midi. C'était l'heure du dîner suivi de la récréation jusqu'à 1 h. 1/2. On rentrait en étude pour se préparer à la classe à 2 h. 1/4 jusqu'à 4 h. 1/2 en hiver et à 3 h. 1/4 jusqu'à 5 h. en été. Goûter ensuite, et nouvelle récréation d'une demi-heure, nouvelle étude jusqu'au souper à 8 h., suivi de la prière, et coucher à 9 h.

Le *mercredi*, congé à midi[2]. Le matin, après la messe, instruction religieuse, catéchisme de première communion auquel les enfants doivent apporter le *Nouveau Testament*, le *Catéchisme*, un *livre de prières* tel que le *Diurnal de Paris*.

Le *samedi*, après la messe : lecture des notes de la semaine, punitions et récompenses, suivant le mérite de chacun.

Le *dimanche* et les jours de fête : lever à 7 h.; à 7 h. 1/2 on descendait à la chapelle pour la messe avec prédication après l'Évangile; puis déjeuner, récréation; à 10 h. on se retire à la salle d'études pour travailler; à 11 h. 3/4 dîner,

1. *Acta et Decreta Nat. Norman.*, Reg. II, p. 47.
2. En 1724 le jour de congé de chaque semaine est fixé au mercredi d'une manière uniforme pour tous les collèges, et chaque jour il y a deux heures et demie de classe matin et soir.

24.

récréation; vêpres à 1 h. 1/2, après lesquelles on s'occupe comme on veut jusqu'à 4 h. 1/2, goûter, étude libre jusqu'au souper à 7 h. 1/4, récréation jusqu'à 8 h. 3/4 et coucher.

Il y avait trois messes le dimanche, à 6 h. pour les domestiques avec allocution du sous-principal; à 7 h. 1/2 pour les pensionnaires et les boursiers, messe que disait le chapelain de la maison; et à 10 h. 1/2 pour les infirmes ou convalescents; elle était dite par le principal[1].

La rentrée des classes avait lieu le premier mardi ou mercredi d'octobre, et débutait par la messe du *Saint-Esprit* très solennelle, à 8 h. 1/2. Le lendemain, classe jusqu'à 10 h. et le soir jusqu'à 5 h.

Le *vendredi* qui suivait la rentrée, sermon à la chapelle à 4 h. 1/2.

Le *samedi*, congé à 2 h. pour se préparer à la confession; vêpres à 6 h. 3/4 à la chapelle et le reste de la journée comme à l'ordinaire.

Puis venaient les fêtes : de *saint Luc*, avec messe solennelle pour la rentrée des boursiers théologiens et l'élection du prieur; de *saint Romain*, archevêque de Rouen, un des patrons de la NATION DE NORMANDIE. Les pensionnaires lui cédaient la chapelle pour y faire les offices, et c'était toujours un des membres de la *tribu* normande qui prononçait le panégyrique de son patron[2]; de *saint Nicolas*, patron des écoliers et les fêtes du *Lendit* à Saint-Denys[3].

---

1. Arch. nat. M. M., 450.
2. V. chap. Ier, p. 15.
3. Au XVIIIe siècle le *Lendit* est encore en honneur parmi les écoliers. Ils se cotisent pour louer des chevaux et des voitures, pour organiser des banquets sur le gazon. « On dévore et l'on court, on court et l'on dévore; voilà les fonctions de ce jour fortuné, » dit un auteur du temps. On raconte que Louis XVI, rencontrant des écoliers un jour de Lendit, se mit à jouer avec eux aux barres et qu'il les invita ensuite à goûter; mais ils refusèrent, leur goûter étant plus proche que celui du roi, et l'appétit l'emportant sur l'honneur de s'asseoir à sa table. (V. **Rathery**, *Journal de l'Inst. publiq.*, année 1857. p. 162.)

La veille de la *Toussaint*, à 2 h., les confessions et à 6 h. 1/4 les premières vêpres. Le jour de la fête lever à 6 h. pour les matines, puis la messe à 8 h. 1/2 ou 9 h. sans prédication ; les vêpres à 1 h. 1/2, celles des morts ensuite et office des défunts à 5 h. 1/2. Le lendemain à 8 h. récitation des sept psaumes de la pénitence, messe solennelle des morts.

Ce sont encore les fêtes de la *Conception* de la Sainte Vierge, de *Noël*, de la *Purification*, où chaque élève offre un cierge ; la fête de la *Saint-Charlemagne*, le 28 janvier, jour de congé ; les services solennels pour le fondateur du collège, Raoul d'Harcourt, le vendredi avant la Quinquagésime et le vendredi après l'Exaltation de la sainte Croix. Les congés des jours gras, les offices et prédications du carême, les fêtes de *Pâques*, de la *Pentecôte*, de l'*Ascension*, du *Corpus Christi* avec ses processions autour de la cour, de l'*Assomption*, où officiait la vénérable Nation de Normandie, ainsi qu'à la *Nativité* de la sainte Vierge.

Enfin les vacances qui commencent au 13 août en 1713, et même au 1er, s'il n'y a pas de tragédie à jouer pour la distribution des prix [1].

Le règlement qui vient d'être résumé nous a initié à la distribution de la journée des élèves d'Harcourt et aux exercices religieux qu'ils suivaient, parce qu'on comprenait alors que l'éducation n'est complète qu'à la condition d'associer la religion à l'étude. Notons, au sujet des élèves d'Harcourt, que l'on en distinguait, en 1714, plusieurs sortes : 1° les *pensionnaires, convictores*, auxquels s'adresse le règlement que nous venons de rappeler ; 2° les *sociétaires, socii* ; il y en avait de deux catégories, les *boursiers, bursales*, qui étaient défrayés de leur pension, et les *non boursiers, non bursales*,

---

[1] V., aux *Documents annexes*, la pièce authentique tirée des Arch. nat. M. 134. En 1725 il est décidé que les vacances commenceront le 1er août pour les physiciens, le 9 août pour les logiciens, le 13 août pour les rhétoriciens, et le 24 pour les autres classes.

qui payaient leur pension ; enfin 3° les *senieurs, seniores*, anciens boursiers ou élèves qui, sortis de la maison et possédant une situation éminente dans l'Église ou l'Université, faisaient partie du conseil du proviseur et en signaient les délibérations. A partir du proviseur **Padet**, on admit au rang de *senieurs* les professeurs de philosophie et d'humanités[1].

Des *exercices littéraires* ou disputes publiques sur des sujets profanes et même sacrés avaient lieu devant tout le collège à diverses époques de l'année scolaire et surtout à l'approche des vacances, pour la distribution des prix. Ce genre d'exercices était comme le résumé et le couronnement des travaux de l'année entière : il offrait comme un témoignage authentique de la sollicitude des maîtres, de l'application et des progrès des élèves. Aussi en préparait-on le succès avec un soin jaloux. Le sujet de la dispute ou thèse, avec le nom du répondant, était d'ordinaire affiché à la porte du collège quelques jours avant la solennité; chacun en pouvait prendre connaissance; les parents et les amis des jeunes lutteurs, intéressés en quelque sorte à leur triomphe, aiguillonnaient encore leur zèle; une telle publicité n'était pas un médiocre moyen d'émulation. C'était dans ces circonstances que l'on déployait, surtout pour les thèses de philosophie, un vrai luxe de décoration et d'invitations. La salle où devait avoir lieu la dispute était ornée de tentures, et des personnages de marque étaient conviés à y présider ou à y assister[2]. Les professeurs et les amis des combattants leur faisaient fête et composaient à leur adresse ces pièces de vers dont nous avons cité plus haut quelques passages.

Nous avons trouvé plusieurs recueils de programmes de ces disputes, conservés à la bibliothèque de la Sorbonne et à la bibliothèque Mazarine. Ils nous font connaître une partie de ceux qui ont été publiés, depuis l'année 1698 jusqu'à l'année 1744.

---

1. Arch nat., M. M. 450.
2. *Acta et Decreta. Nat. Norm.*, Regist. II, p. 350.

Ce sont des sujets empruntés le plus souvent aux auteurs classiques et formulés ainsi :

Cum Deo
Joannes Franciscus **Mignot**
Parisinus
in tertio ordine auditor;
Sextum Pub. Virgilii Maronis Æneidos librum publice interpretabitur et quæcumque ad fabulam, historiam, conditionem regionum, situmque pertinebunt cuilibet interroganti, quam uberrime poterit, exponet.
Disputationem aperiet Franciscus de **Harcourt**, Rothomagensis,
Die Jovis tertia Augusti, anno Domini MDCCII
a tertia ad vesperam,
In aula Harcuriana.

Ainsi, d'après la teneur du programme, le conférencier doit être prêt à répondre à toutes les questions qui lui seront faites par les assistants sur le sujet proposé. C'était une joute littéraire qui avait pour but de stimuler les élèves, de les habituer à la discussion, de les obliger à étudier à fond certains sujets, et de donner la mesure de leur savoir.

Parfois le programme est conçu en français, tel que celui-ci : « *Exercice sur le IV⁰ livre des Géorgiques.* — On exposera d'abord ce que c'est que les *Géorgiques* de **Virgile**; quel est le dessein de ce grand ouvrage. On s'attachera surtout au IV⁰ livre, comme étant le plus poli et le plus achevé de tous. On en fera une fidèle traduction; et à l'occasion des sacrifices et des augures, on en rapportera les principales cérémonies observées par les anciens. On répondra aussi à toutes les difficultés de grammaire, de géographie, de l'histoire et de la fable, le lundi 2 août 1706 depuis 3 h. après midi jusqu'à 6 h. du soir. »

Ordinairement, cet exercice est présidé par un professeur chargé de diriger la discussion. **Des Authieux** paraît souvent dans ces fonctions. Ces exercices portent généralement sur les œuvres d'**Horace** : *Odes, Satires, Épîtres*; de **Virgile** : *Bucoliques, Géorgiques, Énéide*; les *Commentaires* de **César**, l'*Andrienne* de **Térence**, les *Paradoxes*, discours et plaidoyers de **Cicéron**, qui étaient les auteurs communément expliqués en rhétorique, seconde et troisième. Les écrivains grecs figurent moins souvent que les latins sur ces programmes. On y trouve cependant les discours d'**Eschine** et de **Démosthène**, les tragédies de **Sophocle**, surtout celle d'*Œdipe*. On rencontre aussi quelques questions d'histoire de la religion, sur Jésus-Christ et sur les Évangiles. Quant aux noms des combattants il y en a plusieurs qui appartiennent à l'histoire [1].

1698 Jean DES AUTHIEUX disputera contre Olivier DE CUVILLE, de *Paris*.
1700 Léonce DE MATIGNON contre Michel BOUVARD DE FOURQUEUX.
1702 Nicolas LAGACE DU ROULE contre Charles PITEL.
1702 Jean-François MIGNOT, de *Paris*, contre François DE HARCOURT, de *Rouen*.
1704 Pierre CHAILLON, de *Paris*, contre Jean DE BROCK, *Anglais*.
1705 Jean DE COURCHAUD D'IGNY, de *Paris*, contre Henri Camille DE BERINGHEN, de *Paris*.
1705 Victor AMELOT DE GOURNAY contre LA HOUSSAYE.
1705 Christophe DE LA HAYE contre JAUNAY.
1706 Antoine JOLY contre Henri DU TOT DE VARNEVILLE.
1706 Charles DE LA VALETTE contre Jean-Baptiste SCOTT DE FUNECHON, de *Rouen*.
1707 Gabriel COLLEVILLE, de *Bayeux*, contre CHAILLON DE JOINVILLE, de *Paris*.
1707 NERET contre Antoine JOLY.
1708 Dominique LE BEL contre François DE CHAMARANDE.
1713 Jacques BASAN DE FLAMENVILLE contre Claude PRÉVOST DE SAINT-CYR, de *Blois*.
1713 François PORTE contre TANNEGUY LE PRÉVOST DE SAINT-JULIEN, de *Lisieux*.
1715 François DE CASTILLONY, de *Lyon*, contre Pierre DE LA FOLLETIÈRE, de *Paris*.
1715 Pierre LANGLET contre Honoré DE LA COMBE, de *Paris*.
1715 DES CASAUX DE LA FOLIETTE, de *Nantes*, contre Antoine DE CASTILLONY, de *Lyon*.
1718 Alexandre-Jacques BRICONNET, de *Paris*, contre Charles MAUSSION, de *Paris*.
1736 Louis-Jérôme DE SUFFREN DE SAINT-TROPEZ, d'*Arles*, contre Louis PLUMARD, du *Mans*.
1737 Jean-Baptiste-Marie DE LILY, de *Paris*, contre Pierre-Jean-Baptiste DUPRAT, de *Lorraine*.

1. Bib. Maz., 401 B. Bib. de la Sorb., U. 7.

1738 Noël-Hélène-François Danycan, de *Paris*, contre Pierre Le Massif, d'*Évreux*.
1740 Claude Le Nain, de *Paris*, contre Jean-Baptiste-Jérôme Bruni de la Tour-d'Aigues, de *Marseille*.
1742 Jean-Baptiste Mignot Desaulnais, de *Paris*, contre Jean-Baptiste de Bonneval, de *Poitiers*.
1743 Louis Le Peletier de Mortefontaine, de *Paris*, contre Jean-Baptiste-Nicolas Daine, de *Paris*.
1744 Henri-Louis-Julien Suaire, de *Paris*, contre Antoine-Pierre de la Mouche, de *Paris*.

Remarquons à propos de ces noms qu'ils n'appartiennent pas tous à la Normandie, parce qu'à cette époque le collège recrutait la plupart de ses élèves dans la bourgeoisie parisienne ou parmi la noblesse de robe, qui a été un élément dominant à Harcourt, tandis que la noblesse d'épée et de cour envoyait plutôt ses enfants au collège Louis-le-Grand. Nous trouvons cependant dans la liste que nous venons de donner un certain nombre de jeunes gens de l'aristocratie, tels que ceux qui s'appellent **d'Harcourt, de Matignon, de Chamarande**, et nous en avons rencontré d'autres parmi les noms que nous venons de mentionner. Notons enfin qu'en 1722, sous **Dagoumer**, les recettes du collège sont de 19 926 livres et les dépenses de 20 751 livres[1], c'est-à-dire qu'il y a un léger déficit.

Quand G. **Dagoumer** quitta le collège d'Harcourt, les boursiers élurent à sa place **Gilles Asselin**, qui va l'occuper près de trente ans (**1730-1762**). Il était né à Vire (Calvados) le 31 décembre 1682, et appartenait au diocèse de Bayeux. On l'envoya de bonne heure à Paris au collège d'Harcourt, où il fit ses études et se distingua par son goût pour la poésie. En 1701, n'étant encore qu'étudiant, à peine âgé de 19 ans, il remporta le prix de *la Ballade* au concours du *Palinod* de Caen. L'année suivante, il n'était pas moins heureux pour son sonnet sur le *Sacrifice d'Abraham*, qui fut plus tard (1711) couronné aux Jeux Floraux[2]. Ces premiers

---

1. **Arch. nat.**, H. 281.
2. **Morin-Lavallée**, *Essai de Bibliographie viroise*. — Oursel,

Portrait du Proviseur Asselin.

essais furent encouragés par **Thomas Corneille**, qui prit le jeune poète sous sa protection. En 1709 il était couronné par l'Académie française pour son *Ode sur Louis XIV*, et bientôt on ne compte plus les nombreuses productions de sa verve, toutes marquées par l'élévation et la moralité des sujets, tels que les odes sur *l'Existence de Dieu, la Foi, le Mépris de la Fortune, la Paix du Cœur, la Vérité*, etc., et le *Poème sur la Religion*. Tout en cultivant les muses, **G. Asselin** ne négligea pas ses études, car il devint docteur de Sorbonne. Il fut nommé principal et enfin proviseur du collège d'Harcourt, en 1730. Nous apprenons, par une de ses petites-nièces[1], qu'il fut aussi chargé de l'éducation des jeunes princes **de Laval**, élèves du collège d'Harcourt : il s'agit sans doute des **Laval-Montmorency**. Nous trouvons encore **G. Asselin**, de 1752 à 1754, en relation avec l'aumônier du roi **Stanislas de Pologne**, ainsi qu'en témoigne sa correspondance[2]. Si cette correspondance est bien de lui, car des critiques émettent quelques doutes à cet égard, elle jette un jour intéressant sur certains événements de l'époque, ainsi que nous le verrons bientôt.

Comme nous venons de le rappeler, le proviseur **Gilles Asselin** avait du goût et même du talent pour la poésie. C'est sans doute ce qui lui valut, en 1735, la lettre dans laquelle **Voltaire** lui offrait, pour les élèves du Collège d'Harcourt, une de ses premières tragédies, *la Mort de César*, encore inédite[3]. « En me parlant de tragédie, Monsieur, vous

Nouvelle Bio-bibliographie normande. — Lebreton, *Biographie normande*.

1. Mlle **Vivien**, de Vire, que nous remercions pour avoir bien voulu nous confier des papiers et un portrait de son grand-oncle, que nous reproduisons ici. A propos de ce portrait, nous prions le lecteur de le comparer avec les deux précédents de **P. Padet** et de **Halley** : il y verra les traits caractéristiques des trois époques auxquels ils appartiennent, xvie, xviie et xviiie siècle.
2. J. **Finot**, *Notice sur la Correspondance inédite de G. Asselin avec l'aumônier du roi Stanislas*.
3. Nous empruntons le récit de ce fait au livre de M. Pierron sur *Voltaire et ses Maîtres*.

« réveillez en moi une idée, que j'ai depuis longtemps, de
« vous présenter *la Mort de César*, pièce de ma façon, toute
« propre pour un Collège, où l'on n'admet point de femmes
« sur le théâtre. La pièce n'a que trois actes; mais c'est de
« tous mes ouvrages celui dont j'ai le plus soigné la versi-
« fication. Je m'y suis proposé pour modèle votre illustre
« compatriote; et j'ai fait ce que j'ai pu pour imiter de loin

> . . . . la main qui crayonna
> L'âme du grand Pompée et l'esprit de Cinna.

« Il est vrai que c'est un peu la grenouille qui s'enfle pour
« être aussi grosse que le bœuf; mais enfin je vous offre ce
« que j'ai. Il y a une dernière scène à refaire ; et, sans cela,
« il y a longtemps que je vous aurais fait la proposition. »

La Mort de César fut jouée, en effet, pour la première fois au Collège d'Harcourt; elle y réussit mieux qu'à la *Comédie Française*, où elle fut peu goûtée, lorsque **Voltaire** se décida, longtemps après, à l'y présenter. Ce qui put le consoler, c'est que sa pièce devint la tragédie à la mode dans les collèges et pensionnats de jeunes gens, même jusque dans les couvents de demoiselles. En 1747, on lui demanda d'y ajouter un prologue pour les pensionnaires d'un couvent de Beaune, et il s'y prêta volontiers : il n'y a pas de petit triomphe pour un poète !

C'est ainsi qu'on acceptait dans l'Université les œuvres des élèves des Jésuites, tandis qu'on en écartait toujours avec soin leurs maîtres. En 1733, l'Université renouvelait aux proviseurs et principaux des collèges de Paris la défense d'employer aucun Jésuite pour prêcher, enseigner, confesser, en un mot, pour parler ou paraître publiquement dans leurs maisons. On interdisait également aux professeurs des collèges de l'Université d'aller disputer, c'est-à-dire contribuer aux exercices littéraires dans les écoles des Jésuites [1].

A cette même époque, vers 1750, un autre élève des Jésuites venait terminer ses études au collège d'Harcourt,

---

1. Bib. Sorb., Arch., U., Reg. XLIII a, fol. 169-178. V. **Ch. Jourdain**, *Hist. de l'Univ.*, t. II, p. 211.

celui qui propagera les doctrines philosophiques de **Voltaire**, le fameux **Diderot**. Il faillit même, en arrivant au collège, en être chassé par le proviseur, parce qu'il s'était rendu coupable d'une trop grande complaisance envers un camarade, en lui faisant son devoir de vers latins. Cette complaisance était dans le caractère de **Diderot**; sorti du collège, il fera encore, comme on l'a dit, les livres de ses amis[1]. Sa plume féconde en fera même trop, et il est à jamais regrettable que le fils du coutelier de Langres ait abusé de son grand talent d'écrivain jusqu'à oublier les leçons chrétiennes de ses maîtres et à lancer contre l'Église et la société de son temps cette énorme machine de guerre qui a nom l'*Encyclopédie*.

Nous venons de voir que Mᵉ **Asselin** n'était pas ennemi des réjouissances scolaires. Il eut à combattre sous ce rapport, la rigidité de Mᵉ **Pourchot**, *procureur syndic de la Faculté des Arts*. **Pourchot** était octogénaire, et, comme il avait passé l'âge des amusements, il croyait sans doute bon de les interdire à la jeunesse. C'était un vieil usage à Harcourt, qui datait même des temps antérieurs à **Thomas Fortin**, de tirer des feux d'artifice à l'occasion de certaines fêtes de la maison. Les autres collèges en faisaient autant, et les Jésuites de Louis-le-Grand prodiguaient jusqu'à l'abus ces divertissements à leurs élèves. Pour atteindre ces derniers indirectement, le sévère **Pourchot**, après avoir pris avis de son conseil, interdit les feux d'artifice dans tous les collèges de Paris. On ne tint pas compte de la défense et on continua à faire parler la poudre à Harcourt. Le syndic se fâcha, et il fallut toute l'autorité dont jouissait Mᵉ **Asselin** dans l'Université pour conjurer ses anathèmes. Le proviseur donna des explications, qui furent reconnues suffisantes, et l'affaire en resta là[2].

Il fut moins heureux avec les boursiers, qui, malgré les 2352 livres qu'il payait au collège pour les maisons qu'il tenait en location particulière, lui disputaient la jouissance

---

1. Discours de M. **Lacour-Gayet**, professeur au lycée Saint-Louis, 1886.
2. **Ch. Jourdain**, *Hist. de l'Univ.*, t. II, p. 228.

des loyers de deux maisons que le collège possédait près de la Sorbonne. Le proviseur soutenait qu'elles faisaient partie du domaine *intérieur* du collège et qu'il avait le droit d'en disposer, tandis que les boursiers voulaient qu'elles fussent de *l'extérieur*, et qu'on les louât à des particuliers au profit du collège. L'affaire fut portée devant le Parlement et s'arrangea moyennant transaction des deux côtés [1].

Si, laissant de côté ces querelles, que nous retrouverons toujours trop tôt, nous considérons la situation de l'enseignement au collège d'Harcourt, nous voyons qu'il continuait à y prospérer. La philosophie et la rhétorique en formaient les principaux éléments. A en juger par les cahiers de logique du professeur **Le Monnier**, qualifié *celeberrimum philosophiae professorem in Harcurio*, membre de l'Académie des Sciences, qui portent la date du 5 février 1737, nous voyons que les efforts tentés par le proviseur **Dagoumer** pour rendre cet enseignement plus large et plus indépendant avaient porté leurs fruits. L'auteur ne donne plus à **Aristote** autant d'importance que ses prédécesseurs : ainsi, après avoir énuméré les divers systèmes de philosophie connus de son temps, ceux de saint **Thomas**, de **Duns Scot**, d'**Ockam**, de **Gassendi**, de **Descartes**, il conclut en disant que, tout en respectant ces philosophes, il ne se croit pas obligé d'en suivre aucun servilement, parce que la philosophie procède du raisonnement et non de l'autorité, de la science et non de la foi humaine, « *non auctoritate sed rationibus stabilienda, non est fides humana sed scientia* [2]. » Le **Monnier** compta parmi ses disciples Jean **Capperonnier** [3] qui du collège d'Harcourt

---

1. V. Arch. nat. M. 134. S. 6139.
2. P. 63 du manuscrit conservé à la bibliothèque de Mende, n° 25. M. Gasté, professeur à la faculté des lettres de Caen, m'apprend que le cours de philosophie de Le Monnier se trouve à la bibliothèque de Vire en 6 vol. in-4° manuscrits, avec des planches gravées pour une édition in-4°. L'ouvrage porte la date de 1733, il est relié avec soin et paraît être le manuscrit de l'auteur lui-même qui était né à Saint-Sever, près Vire (Calvados). (V. Morin-Lavallée, *Bibliog. viroise*, p. 79.)
3. Goujet, *Mém. sur le Collège Royal*.

passa sous la direction de son oncle **Claude Capperonnier**, professeur de littérature grecque au *Collège Royal*, lui succéda et devint enfin, comme lui, membre de l'Académie des Sciences (1744).

Les élèves de philosophie se fatiguaient d'écrire les cahiers des leçons du professeur, et nous les voyons, à cette époque, demander à en être exempts à cause de leur mauvaise santé et de leur faible poitrine. Sur le certificat du médecin, on les dispense ; mais ils sont tenus de présenter quand même une copie du cours, qu'ils faisaient transcrire par une plume complaisante ou vénale. Ainsi la lettre de la loi était sauvegardée[1].

Disons maintenant comment la rhétorique était cultivée à Harcourt à propos des concours généraux.

Ce fut, en effet, au temps de Me **Asselin**, que l'Université inaugura, en 1747, la *distribution des prix* du Concours général entre *les élèves des classes de rhétorique, seconde et troisième des grands collèges*. Ce que l'on sait peut-être moins, c'est que cette institution est due aux libéralités d'un chanoine de Notre-Dame-de-Paris, l'*abbé* **Le Gendre**, qui laissa une partie de sa fortune pour l'établir. Ce legs fait, en 1744, pour distribuer des prix de prose ou de poésie latine et française à des étudiants ès arts de l'Université, par suite de certaines difficultés, ne fut délivré et ne reçut son application qu'en 1747[2]. Le chanoine **Le Gendre** fut bientôt imité par d'autres fondateurs, désireux d'encourager les études dans l'Université. Ainsi Charles **Coffin**, ancien Recteur de l'Université et principal du collège de Dormans-Beauvais, Bernard **Collot**, chanoine de Paris et ancien professeur émérite de l'Université (1758), et J. B. **Coignard** (1762), instituèrent également des prix pour le concours général.

Nous avons retrouvé dans les papiers conservés au lycée Saint-Louis un extrait des procès-verbaux de la distribution des prix du concours général, depuis son institution en 1747 jusqu'à sa suppression en 1793. On n'y mentionne que les

---

1. *Act. Nat. Norman.*, Reg. II, p. 132 et 200.
2. *Act. et Decret. Nat. Norman.* Reg. II, p. 46 *verso*.

prix de rhétorique, et, dans leur répartition entre les onze collèges de Paris appelés à concourir, sur les 47 prix d'honneur qu'ils se partagent, on en compte 9 à l'avoir du collège d'Harcourt. Il vient lui-même au second rang avec le collège des Grassins, après le collège du Plessis-Sorbonne, qui en avait obtenu 12. Nous avons ajouté les autres classes avec l'aide de la liste complète et peut-être unique des prix du concours général que MM. les bibliothécaires de la Ville de Paris nous ont communiquée à l'*hôtel Carnavalet*[1].

Voici le procès-verbal de la première distribution des prix du concours général en 1747 :

Quod Religioni, rei litterariæ
Totique adeo Reipublicæ
Felix, faustum, fortunatumque sit;
Anno reparationis salutis humanæ millesimo septingentesimo
Quadragesimo septimo,
Ex quo regnare cœpit **Ludovicus XV**, trigesimo secundo,
Die vigesima tertia mensis Augusti,
Alma studiorum Parens, primogenita Regum filia,
Amplissimo viro D. D. **Joanne Cochet** Rectore,
In scholis Sorbonicis congregata,
Ad solennem Prœmiorum Litterariorum Distributionem,
Senatus consulto die 8 Martii 1746.
Apud se ex posthuma liberalitate viri clarissimi
D. Ludovici **Le Gendre**, Ecclesiæ Parisiensis, dum
Viveret, canonici et succentoris, Institutam.
Post habitam à V. Cl. Petro **Fromentin**, ex Rectore,
Orationem
Annuente et præsente supremo Senatu,
Athletas suos hoc ordine coronat et
Remuneratur.

Pour ne parler que du *prix d'honneur*, nous dirons que le premier qu'ait obtenu le collège d'Harcourt date de 1750 et fut remporté par l'élève **Louis Ame**, de Coutances. Le deuxième

---

1. V. aux *Documents annexes* cette pièce intéressante pour notre histoire.

de nos prix d'honneur appartient à l'élève **Seignelay-Colbert**, de Castlehill, originaire d'Écosse (1754) et deux années de suite, en 1756 et 1757, le lauréat de nos 3e et 4e prix d'honneur est le jeune François **de la Harpe**, dont le nom est resté célèbre dans l'histoire de la littérature. Le proviseur **Asselin** se trouvait bien récompensé de la bienveillance avec laquelle il l'avait recueilli à l'âge de neuf ans pour en faire un boursier d'Harcourt. En 1747, le lauréat de troisième au concours général pour le collège d'Harcourt est Hector de **Mac-Mahon**, Irlandais, un nom célèbre aujourd'hui.

A cette époque, en 1755, les humanités étaient enseignées à Harcourt par Michel **Asselin** de Vaulegeard, et, en 1758, **Gardin-Dumesnil** y professait la rhétorique ou l'éloquence, comme on le disait alors. Ce dernier, originaire de Saint-Cyr, près de Valognes, vint de bonne heure à Paris et se fit remarquer par une connaissance profonde des deux langues grecque et latine. En 1760, il prononçait le discours latin d'apparat au concours général. Après avoir enseigné à Harcourt, il devint proviseur du collège Louis-le-Grand, lors de la suppression des Jésuites, en 1765. Ses *Préceptes de Rhétorique* et ses *Synonymes latins*[1] sont restés classiques même après la Révolution. C'est à lui que revient le mérite d'avoir préparé les beaux succès qu'obtint le collège d'Harcourt au concours général pendant les années 1762 à 1766. Les quatre prix d'honneur de cette période furent remportés par ses élèves **Le Tellier, Dupuis, Agier de la Bretonnière** et **Truffer. Le Tellier** appartenait à la famille du chancelier, ministre de **Louis XIV. Dupuis** fut, à son tour, un professeur de rhétorique remarquable et enseigna au *Collège Royal*, qui est devenu le Collège de France. Plus tard il sacrifia aux idées révolutionnaires, fit partie des assemblées de la première République et laissa une mémoire entachée de voltairianisme à cause de son ouvrage peu orthodoxe connu sous le titre de *Origine de tous les Cultes*. **Agier de la Bretonnière** se destina à la magistrature et y occupa de hautes fonctions. Il

---

1. V. le Catalogue de la librairie **Delalain**.

mourut président de chambre, après avoir succédé à **Fouquier-Tinville** à la présidence du Tribunal révolutionnaire. Quant à **Truffer**, il devint professeur et prieur du collège d'Harcourt. Nous verrons même dans la suite qu'il joua un rôle assez frondeur à l'égard des derniers proviseurs du collège, lors de leurs luttes contre les boursiers.

Signalons encore deux élèves remarquables du temps du proviseur **Asselin** : Jean **Vauvilliers**, de Noyon, qui professa la rhétorique en 1746, au collège de Beauvais, et mourut en 1766 ; Bon-Joseph **Dacier**, originaire de Valognes, qui se distingua par ses travaux sur la littérature grecque, en particulier sur *Élien* et *Xénophon*. Il donna aussi une édition des *Chroniques* de **Froissart** et composa de nombreux éloges académiques pour les diverses sections de l'Institut dont il fit partie. Il avait refusé le portefeuille des finances, que lui offrait **Louis XVI**, mais il accepta plus tard le régime révolutionnaire, fut porté au tribunat et entra à l'Académie française lorsqu'elle fut reconstituée [1].

L'Université veillait toujours avec un soin jaloux sur ses collèges pour corriger les abus qui s'introduisaient dans l'enseignement. C'est ainsi qu'en 1737 la Faculté des Arts, à la requête du Recteur **Gibert**, interdit d'enseigner dans des chambres particulières, en dehors des salles affectées aux exercices publics. Elle enjoint également aux professeurs de donner leurs leçons régulièrement, sans se permettre des absences en dehors des congés établis par l'Université. Enfin on exige que les professeurs de philosophie continuent, suivant l'ancien usage, à dicter des cahiers à leurs élèves, au lieu de se borner à un enseignement purement oral [2].

Rappelons aussi, à l'époque de M⁰ **Gilles Asselin**, les troubles causés dans l'Université et ses collèges par le *Jansénisme*, par des discussions de préséance entre les Facultés et les Nations, et par des thèses peu orthodoxes.

---

1. V. Lebreton, *Biographie normande*. — Pierron, *Notice sur Harcourt*, et la *Biographie générale* de Didot.
2. Ch. Jourdain, *Hist de l'Univ.*, t. II, liv. III, ch. v.

En 1733, certaines doctrines matérialistes avaient été soutenues à la Faculté de Médecine et aussitôt désavouées devant le blâme de la corporation. Le scandale fut bien plus grand, en 1751, quand l'abbé **Martin de Prades** présenta en Sorbonne une thèse digne des Encyclopédistes avec lesquels il était lié. Nous trouvons dans la correspondance de **G. Asselin** avec l'aumônier du roi **Stanislas** de curieux détails sur ce sujet[1]. L'abbé **de Prades** avait mis *Jésus-Christ* au même rang que *Simon le Magicien* et *Apollonius de Tyane*, traitant sa divinité avec peu de respect, mais avec tant d'habileté, que les examinateurs de la thèse et les juges de la soutenance ne s'aperçurent pas de l'impiété et l'admirent à la licence. Cependant l'affaire s'ébruita, la Faculté examina de nouveau la thèse et en découvrit tout le venin. La thèse fut censurée, l'auteur exclu de la Faculté, et les juges coupables perdirent leur chaire de théologie. Le Parlement évoqua l'affaire, et **G. Asselin**, qui avait assisté et même argumenté à la soutenance, fut cité par le Procureur général. Il raconte qu'il fut interrogé sur deux questions, « sçavoir si **M. de Prades**, dans ses réponses à son argument, avait lâché quelque proposition qui tendait à établir le déisme et l'irréligion, et si dans les conversations ordinaires il eût jamais rien dit qui pût faire remarquer en lui un pareil système et de pareils sentiments ». Sa réponse à la première question nous donne une idée de ces soutenances interminables dans l'ancienne Sorbonne. « Je répondis, écrit-il, que
« la thèse de l'abbé **de Prades** ayant duré douze heures, ainsi
« que toutes nos thèses appelées *majeures*, mon rang pour
« argumenter était tombé dans un temps destiné à procurer
« quelque repos à celui qui soutient, c'est-à-dire depuis onze
« heures jusqu'à une heure, temps pendant lequel le candi-
« dat dîne et est dispensé de parler, et celui qui argumente
« contre lui dispute tout seul et fait en quelque sorte le pour

---

1. M. **Finot** croit que cet aumônier fut Jean-Baptiste **Miroudot du Bourg**, évêque de BABYLONE, un des premiers prélats constitutionnels. (*Notice sur la Correspondance inédite de G. Asselin.*)

« et le contre ; au moyen de quoi il ne m'avait pas été pos-
« sible, dans cette circonstance, de porter aucun jugement
« sur la façon de penser du sieur de Prades. » Sur l'autre
point G. Asselin ne charge pas davantage le candidat : il
déclare qu'il ne le connaissait pas et ne l'avait jamais vu. Il
ajoute, autre détail de mœurs de l'époque, qu'on alla jusqu'à
interroger le cafetier qui avait succédé au fameux Procope,
vis-à-vis la Comédie française, « pour dire si le sieur de
Prades, qui allait quelquefois chez lui converser avec des
gens de lettres, n'avait jamais tenu dans son café quelques
discours contre la religion. » Le cafetier répondit, en indus-
triel intelligent, « que pendant les conversations que les
beaux esprits tenaient dans sa boutique, il songeait à son
café et à ses bavaroises. »

La correspondance d'Asselin plut à la cour de Lunéville,
car on lui demanda des renseignements sur la querelle entre
le Parlement et l'archevêque de Paris, Christophe de Beaumont, au sujet des refus de sacrements à l'égard des appe-
lants de la bulle *Unigenitus*. Cette querelle était alors à sa
période aiguë, passionnant Paris et les provinces, et elle
devait aboutir aux remontrances du Parlement et à son exil
à Pontoise, en 1754. G. Asselin ne manque pas de mettre
son ami au courant des bruits, des *racontars* et des plaisanteries qui circulent autour de lui. Il y met cependant une
sorte de réserve, parce que, dit-il, on retient et décachète les
lettres, on arrête et met à la Bastille ceux qui colportent les
nouvelles qui déplaisent au gouvernement. Malgré cela, sa
plume ne se contient pas, et il raconte, à la date du 15 avril
1752, à propos des refus de sacrements par l'abbé Bouëttin,
curé de Saint-Étienne-du-Mont, qu'il vient de voir, par sa
fenêtre, passer les carrosses des magistrats qui vont au palais
pour présenter leurs remontrances au roi à ce sujet. « On est,
dit-il, impatient de voir la définition d'une affaire aussi intéressante par son objet, aussi importante par les suites qu'elle peut
avoir, et non moins délicate par la manière de la juger, que
les diverses raisons que les deux parties s'objectent. » Il
ajoute que « le schisme est à craindre assurément. » Il ex-

pose ensuite les excès des deux camps, soit du côté du clergé, soit du côté du Parlement; il approuve cependant la conduite de la cour, tout en regrettant qu'on donne tant d'importance au jansénisme, qui aurait été « enseveli et oublié tout à fait dans quarante ans d'ici sans ces malheureuses tracasseries. »
Mais ce qui ajoute de l'intérêt aux lettres de G. **Asselin**, ce sont les mots et les traits dont il les émaille, et qu'il a recueillis un peu partout, au Parlement, à la Sorbonne, chez le Nonce, auprès des secrétaires, des porteurs et crieurs d'arrêts. Citons-en quelques-uns d'après M. **Finot**, à qui nous empruntons ces détails. C'est l'*épigramme des quatre B*, dans laquelle l'archevêque de Paris **C. de Beaumont, Boyer, Blancmesnil** et **Bouëttin** sont rudement traités, puis l'envoi à l'archevêque d'une cassette renfermant douze pipes avec l'arrêt du Parlement appréhendant au corps le curé de Saint-Étienne-du-Mont. C'est encore l'histoire d'un précepteur du collège Louis-le-Grand qui perd la tête en apprenant l'exil des membres du Parlement, et qui se lève dans la nuit, prend un couteau de chasse et va éveiller ses élèves, s'imaginant qu'on voulait les arrêter avec lui ; il les fait mettre à genoux pour prier Dieu en faveur des exilés. Le 24 septembre, un évêque, dans son carrosse, et un charretier, avec sa voiture chargée, s'engagent sous un guichet du Louvre sans vouloir reculer de part et d'autre. La garde oblige le prélat à laisser le passage libre, et le voiturier s'écrie qu'il est plus puissant que tous les Parlements, qui ne pouvaient faire reculer les évêques. Terminons par le récit d'une anecdote amusante.

« On m'a conté, dit-il, ces jours derniers (26 janvier 1753),
« un trait assez plaisant arrivé depuis peu au Havre, lequel,
« paraît-il, a été su du roi, notre maître, et l'a fait beaucoup
« rire. Il y avait dans cette ville des comédiens. Arlequin,
« glorieux membre de la troupe, y est mort, et le curé
« du lieu a refusé de l'enterrer comme étant personne
« excommuniée, à moins que l'on n'obtînt pour cela des
« ordres exprès de M. le chancelier. Pendant qu'on était en
« chemin pour venir ici en solliciter, on fut obligé de saler
« notre pauvre Arlequin pour le garantir d'une corruption

« prochaine. On s'était servi de sel de contrebande : les
« commis du sel en eurent vent, vinrent visiter le défunt
« et dressèrent un procès-verbal de la prévarication. Cela
« fait aujourd'hui un procès pendant au présidial ou au
« bailliage du Havre contre les saleurs. Cet Arlequin avait
« du talent pour faire rire, puisqu'il fait encore rire après sa
« mort. »

Pour revenir au collège d'Harcourt, nous apprenons, dans les lettres de son proviseur, que les sciences commençaient à y être cultivées, comme un présage de sa destination future : ainsi on y enseignait la physique, et le professeur s'appelait **Lemontey**. G. Asselin lui-même s'intéressait au progrès des sciences et les encourageait dans son collège, car il y signalait les curieuses expériences sur l'électricité faites alors à Bellevue, devant le roi, par M. **Laur**.

On ne perdait pas non plus de vue, à Harcourt, les événements publics, et on les célébrait dans les compositions littéraires.

L'année 1749 marquait la fin de la *guerre de la Succession d'Autriche*. C'est ce qui explique sans doute l'*Hymne à la Paix* composé à Harcourt par le professeur de rhétorique **Vallée** :

> O pax adesto : adesto cœli filia,
> Laudumque munus accipe[1].

Les luttes pour l'acceptation de la bulle *Unigenitus* avaient aussi leur retentissement dans la maison. N'oublions pas que la Nation de Normandie y tenait ses assemblées. Le 11 mai 1739, elle était réunie à Harcourt pour adhérer à l'acte de **Clément XI** qui condamnait le jansénisme du P. Quesnel. Les tribulaires normands déclarèrent rejeter l'*appel* au futur concile formulé par les adversaires de la constitution pontificale et accepter pleinement cette constitution comme jugement dogmatique de l'Église universelle et loi du royaume :

1. Bibl. de la V. de Paris, S. 57. 1.

tanquam judicium ecclesiae universalis dogmaticum et regni legem [1].

On sait comment le jeune prince **Armand de Rohan**, abbé de Ventadour, bachelier en théologie, à peine âgé de vingt-deux ans, fut nommé, en 1739, Recteur de l'Université, contrairement aux statuts et aux traditions, et contribua à faire accepter par l'Université, moitié de gré, moitié de force, la constitution *Unigenitus*. A la suite d'une réunion de tous ses membres dans l'église de Saint-Sulpice, convoqués le 12 juin pour adhérer à la constitution, les récalcitrants furent privés de toute voix *active et passive* dans ses délibérations, exclus des assemblées, des Facultés et des Nations jusqu'à soumission complète et rétractation publique de leur opposition [2]. Nous avons tenu à signaler l'acte d'adhésion de la Nation de Normandie, parce qu'elle montre que l'on était alors à Harcourt plus éloigné du jansénisme qu'au temps du proviseur **Fortin**, l'ami de **Pascal**.

Mais si la cour se montrait si favorable à la constitution *Unigenitus*, parce qu'elle était conforme à ses intérêts, en revanche elle poursuivait impitoyablement toute tentative d'infraction aux articles de l'Assemblée du clergé de France de 1682 sur les libertés de l'Église gallicane. Nous en avons la preuve dans une délibération de la Nation de Normandie, réunie au collège d'Harcourt en 1752. On avait soutenu à Lyon, au couvent des Carmes, une thèse sur l'infaillibilité du pape et son pouvoir sur le temporel des rois. Aussitôt la thèse est déférée au Parlement comme attentatoire au pouvoir royal, et il est ordonné qu'elle soit lacérée et brûlée par le bourreau au pied du grand escalier, que tous les exemplaires soient supprimés et que les imprimeurs et libraires soient poursuivis. Les Carmes sont obligés de se soumettre à la sentence et déclarent qu'ils acceptent les quatre articles de la *Déclaration de* 1682, adoptent les principes des libertés de l'Église gallicane et sont prêts à les soutenir en bons Français

---

1. *Acta Nat. Norman.*, Reg. II, p. 182.
2. *Acta Nationis Norman.*, Reg. II, p. 4 et suiv. — **Jourdain**, *Hist. de l'Univ.*, t. II, liv. III, ch. IV.

et fidèles sujets du roi. La NATION DE NORMANDIE était tenue d'enregistrer la sentence du Parlement et d'y faire adhésion dans ses actes [1].

En 1754, la cour enjoignait à tous les établissements de l'Université de faire la déclaration exacte de leurs biens et revenus pour l'impôt du vingtième.

L'inspection des collèges avait lieu alors simultanément pour ce qui concernait l'administration matérielle de la maison par un délégué du Parlement, et pour ce qui regardait l'enseignement et la discipline par des représentants de l'Université. C'est ainsi qu'en 1734 le conseiller **Louis de Vienne** est envoyé par le Parlement au collège d'HARCOURT : il doit vérifier les comptes, s'assurer de l'observation des statuts, recevoir les plaintes et s'informer s'il y a des abus à corriger. Tel est l'objet de la lettre qui accréditait le conseiller **de Vienne** chargé de visiter la chapelle, les classes, les salles des exercices, la bibliothèque, etc., et d'entendre le proviseur, le principal, les officiers, les régents, les boursiers et autres *suppôts* de la maison [2].

En 1760, on tint à HARCOURT, selon l'usage, une assemblée générale de l'Université, dans laquelle le Recteur rappela les proviseurs et les principaux de collège à l'observation des règlements concernant surtout les chambres louées, dans certaines maisons d'enseignement, à des personnes étrangères, dont la conduite laissait à désirer. Il en signala les abus et les désordres, et termina sa mercuriale en déclarant que l'on retirerait à ces maisons leurs privilèges si elles n'y remédiaient promptement : « *Omni privilegio ac jure tam activo quam passivo in Academia privatum iri* [3] ».

Achevons de mentionner ce que nous savons du provisorat d'**Asselin**, en parlant de la situation matérielle du collège d'HARCOURT. Elle semblait très prospère, car en 1735 les comptes du procureur accusent 26 500 livres de recettes et

---

1. *Act. Nat. Norman.*, Reg. II, p. 105.
2. Bib. de la Sorb., Arch. de l'Univ., cart. 17.
3. Arch. nat. M. 134.

seulement 26 046 livres de dépenses. De même en 1747 les revenus sont de 27 078 livres, et les dépenses de 26 284 livres[1], et, en 1761, on rembourse 6 000 livres empruntées à la Nation de Normandie; mais, par suite de la construction de nouveaux bâtiments, de la réparation des anciens et de la mauvaise gestion de plusieurs procureurs, le collège se trouvait endetté de 53 662 livres. Aussi, devant les réclamations des créanciers, le proviseur demande au procureur général et obtient l'autorisation de diminuer la mense des boursiers et d'amortir la dette, en répartissant le payement sur une période de quinze ans, de 1750 à 1765. **Asselin** tira un autre avantage de la situation : il y gagna de faire appliquer l'arrêt de 1734 qui retirait aux boursiers l'élection du procureur et la confiait au proviseur, assisté du prieur, du bibliothécaire et du principal des boursiers [2].

Nous trouvons dans les papiers de **G. Asselin**, qui nous ont été confiés, parmi un certain nombre de comptes et de quittances, un long *mémoire* qui nous renseigne sur les dettes du collège. Il paraît que **G. Asselin** avait choisi pour coadjuteur chargé de tout ce qui concernait les pensions **Nicolas Louvel**, qui, en 1749, lui présenta des comptes tels qu'ils se soldaient par 40 550 livres de dettes. Pour éviter des poursuites à son coadjuteur, le proviseur endossa ces dettes, en signant de nouveaux billets aux fournisseurs, mais il reprit l'administration des pensions. **Louvel** garda son titre de coadjuteur avec droit au logement et à la nourriture dans la maison. Il avait accepté cet arrangement quand il s'avisa de réclamer des honoraires, bien plus une part aux bénéfices des pensions. **G. Asselin**, fatigué de ces exigences et aussi des difficultés que rencontrait son administration en de pareilles conditions, finit par renoncer à sa provisorerie en faveur de **Louvel** en 1762. C'est ce qui nous explique pourquoi il quitta le collège à cette époque, et se retira à Issy, près

---

1. Arch. nat. H. 2821.
2. Bib. nat., Collection **Joly de Fleury**, n° 1709, d'après l'inventaire de M. **Molinier**.

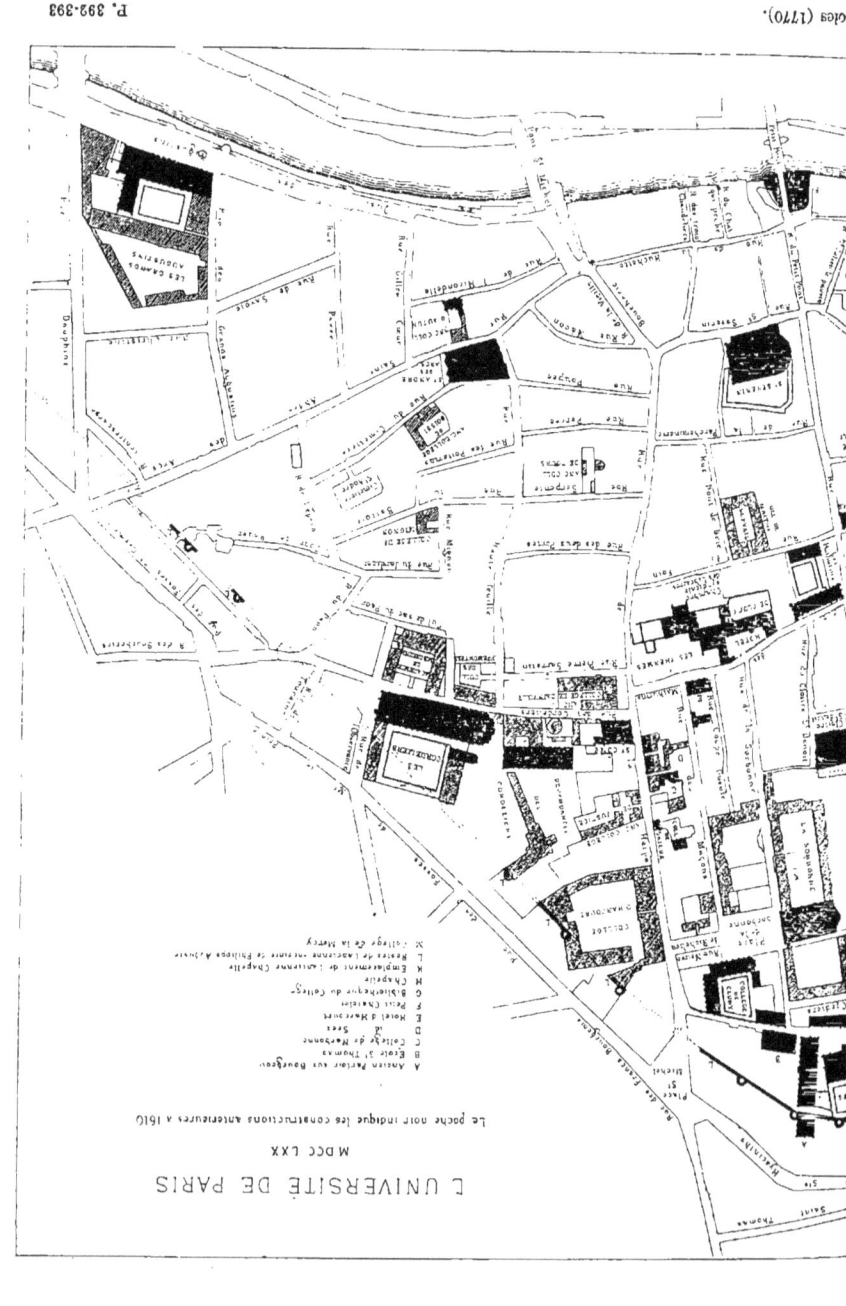

Plan du

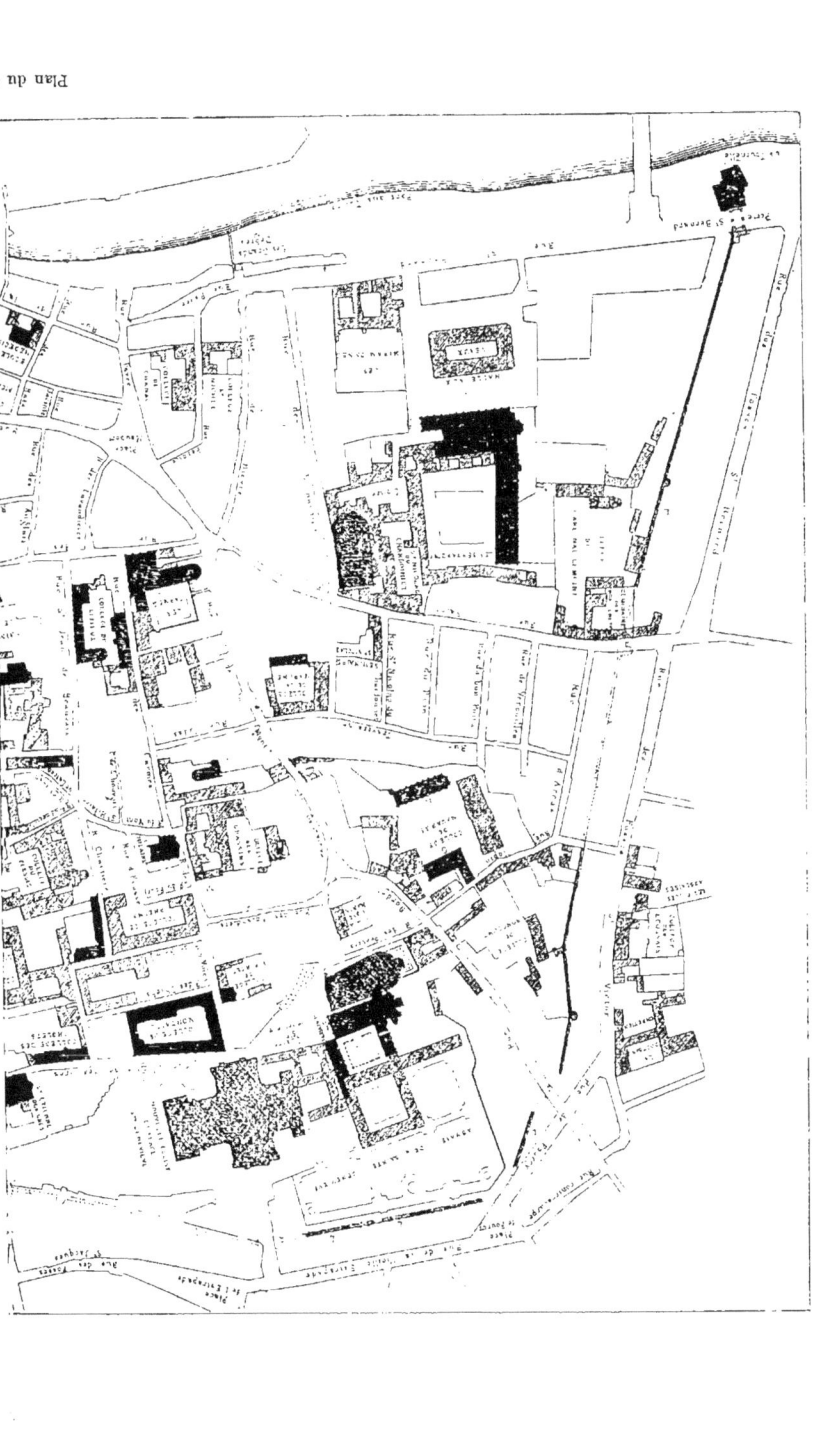

Paris, où il mourut en 1767, à l'âge de 85 ans. On lui faisait une rente viagère de 1 200 livres. Chose curieuse, il reçut fort tard la prêtrise. La correspondance dont nous avons parlé nous apprend qu'il ne fut ordonné prêtre qu'à 70 ans, en 1752, et il en parle d'une manière qui sent son xviiie siècle. « Je vous
« supplie, dit-il, de m'excuser si je ne vous écris point sa-
« medi prochain. Je suis présentement en retraite pour
« l'ordre de la prêtrise, que je compte recevoir ce jour-là.
« Cette cérémonie durera au plus cinq jours ; la vacance du
« Parlement, qui interrompt le cours des affaires présentes,
« m'a paru un temps favorable, et je l'ai saisi pour demander
« un ordre qui me manquait, et qui m'est particulièrement
« nécessaire pour la prise du bonnet. J'ai déjà eu l'honneur de
« vous marquer précédemment, et vous savez sans doute que
« cet acte est une pure cérémonie qui n'opère dans un licencié
« aucun changement que celui de 200 écus qu'on oblige par
« là de passer de sa poche dans les coffres de la Faculté. »

Dans les quittances que nous avons sous les yeux nous apprenons que le prix de la pension, au temps de **G. Asselin**, était de 1 500 livres pour les élèves riches, et on y cite un **de Châteaubrun** (1755) et un **de Fontpertuis** (1758), qui avaient avec eux leur gouverneur et leur domestique. De plus, ces pensionnaires meublaient leur chambre à leurs frais. Il y en avait cependant qui ne payaient pas régulièrement : ainsi l'élève **Clauset**, boursier d'Harcourt, devenu aumônier des pages du duc d'Orléans, devait encore, en 1744, des arrérages de sa pension, et il fallut l'assigner pour l'obliger à s'acquitter.

Il était aussi de règle à cette époque, de payer le quartier ou trimestre de la pension d'avance : en sorte qu'il était acquis au collège, lors même que l'élève quittait la maison avant l'échéance de ce trimestre. **Louis Chartier**, seigneur de Montléger, président-trésorier de France en la généralité de Tours, assigna le proviseur pour réclamer 84 livres sur la pension de son fils **de Coussay**, qui s'était sauvé du collège le 20 octobre 1752. **G. Asselin** allégua les usages et obtint gain de cause.

Citons encore, d'après ces comptes, les noms d'un certain nombre d'élèves d'Harcourt. Outre ceux du jeune de la Martinière, neveu de G. Asselin, et de Jean-Baptiste de Beauvais, qui devint un prédicateur célèbre du xviii° siècle et fut évêque de Senez, puis député aux États Généraux de 1789, nous pouvons relever les suivants :

Arod.	Letort.
Boucher.	Locart.
Boulanger.	Malartre.
Castera.	Marquet.
Cibens.	Mitantier.
Coligny.	Moreau.
Costefrede.	Neuville.
Croezer.	Poissonnier.
de Foissy.	Ponbrian.
Degand.	Pothouin.
de Genlis.	Puissard.
Degouy.	Raray.
de Rougé.	Rochechouart.
Dethermes.	Rochedragon.
Dortal.	Roussel.
de Sailly.	Saisseval.
Duchesne.	Sederon.
des Netumières.	Serres.
du Soulier.	Thetion.
Dyanville.	Thomas.
Gramont.	Tremeau.
Guenaud.	Trouvé.
La Jaille.	Trutat.
Lareyre.	Vaulegeard.
Latouche.	Villot [1].
Leroy.	

On trouvera d'autres noms parmi les lauréats du *Concours général*, de 1747 à 1762 [2].

Mais nous nous reprocherions de ne pas mentionner encore

---

1. Ajoutons à cette liste le jeune **Louis Pelet**, fils du vicomte de Narbonne, **Joseph Pelet**, qui mourut en 1747 au collège d'Harcourt et fut inhumé, ainsi que le rapporte **Lebeuf**, dans l'église Saint-Hilaire. Il n'avait que dix ans, et sur sa tombe on lisait : *Sancte puer, ora pro nobis, Amen.* (*Hist. du Diocèse de Paris*, éd. **Cocheris**, t. II, p. 14.)

2. V. aux *Documents annexes*.

un élève d'Harcourt, Antoine Marin **Lemierre**, qui remporta plusieurs prix de poésie à l'Académie française et y entra en 1781. Ses succès au collège lui valurent, en sortant, d'être attaché, comme secrétaire, à la personne du fermier général **Dupin**. Il l'accompagnait, en 1743, dans un voyage en Allemagne quand il lui arriva une aventure où il faillit mourir de peur. Il avait fallu s'arrêter en route dans un hôtel tellement rempli de monde, à cause d'une foire qui se tenait dans la localité, que le fermier général eut grand'peine à obtenir une chambre pour lui, et que son secrétaire dut se résigner à passer la nuit sur une chaise dans un coin de la cuisine. Minuit venait de sonner, il n'avait pas encore fermé l'œil, quand une servante s'approcha de lui et moyennant finances offrit de lui trouver un lit. **Lemierre** accepta et suivit la servante au fond du jardin jusqu'à un pavillon, dont elle lui ouvrit la porte. La chambre sentait bien un peu le moisi; mais, à la guerre comme à la guerre, notre poète avait sommeil, un lit se dressait devant lui, il s'en contenterait. La servante le quitte et ferme la porte à clef, avant qu'il ait eu le temps de s'y opposer. Mais il avait une manie, celle de refaire son lit avant de se coucher. En passant sa main sous les matelas, il rencontre dans la ruelle un objet froid et rigide, il prend le chandelier pour s'en rendre compte et recule épouvanté : c'était un cadavre. Le chandelier lui avait échappé des mains, il se trouva dans l'obscurité, et ce fut en vain qu'il secoua la porte, appela, cria : il ne put sortir; force lui fut d'attendre le jour dans cet horrible tête-à-tête, et quand, au matin, la servante vint lui ouvrir, elle se sauva effrayée en voyant le visage livide et convulsé du jeune homme. A ses cris, **Dupin** accourt, et le voit en proie au délire et à la fièvre. Il demande des explications; on lui apprend qu'un peintre était mort la veille à l'hôtel, et qu'on avait déposé son cadavre dans le pavillon du jardin, pour ne pas incommoder les voyageurs. **Lemierre** fut malade deux mois, et cette nuit tragique avait blanchi ses cheveux et flétri ses traits, au point que ses amis ne le reconnaissaient plus.

Enfin, ce qui prouve qu'il y avait toujours des représentations dramatiques à Harcourt, c'est la quittance d'une location de chaises, moyennant 42 livres, pour une tragédie jouée en ce collège, à l'occasion de la *Distribution des Prix*, le 19 août 1750.

Depuis longtemps nous n'avons pas rencontré de fondation au collège d'Harcourt. En voici une, que nous avons retrouvée, et que nous mentionnons ici.

Un ancien pensionnaire d'Harcourt, **Le Sauvage**, professeur de philosophie au collège de Montaigu, venait alors en aide à la maison qui l'avait élevé. Il lui léguait par son testament, en 1739, une maison située rue Saint-Étienne-des-Grès, louée 180 livres par an, et en outre 80 livres de rente sur les aides et gabelles qui lui appartenaient. Il faisait un legs plus important à la Nation de Normandie, dont il avait été doyen, et, chose plus curieuse, il fondait au collège d'Harcourt une messe haute avec officiant, qui devait être célébrée le 15 février, jour anniversaire de la naissance de **Louis XV**, et suivie d'un *Te Deum* d'action de grâces, « pour remercier le Ciel d'avoir fait à la France et à l'Europe un don si gracieux ! » Les officiants devaient être choisis par le proviseur parmi les grands et les petits boursiers, pour rappeler l'éducation que le testateur avait reçue au collège d'Harcourt. On y invitait le Recteur de l'Université et les proviseurs des Quatre Nations à y paraître en robe rouge et avec tous les dignitaires et suppôts de la faculté des arts. Tous ces assistants recevaient à l'issue de l'office une distribution proportionnée à leur rang. On n'oubliait personne, pas même le portier, qui sonnait la cloche à l'arrivée et au départ du Recteur, ni le porteur des coussins du Recteur[1]. On peut excuser cette adulation posthume du fondateur en se rappelant qu'à cette époque **Louis XV**, qui sera bientôt appelé le *Bien-Aimé* n'avait pas encore perdu l'affection de ses sujets.

1. *Acta Nat. Norm.*, Reg. II, p. 2 *verso*.

MANDATUM
RECTORIS.

Nos Petrus-Matthias CHARBONNET Rector universi Studii Parisiensis, omnibus Magistris ac Juvenibus Academicis Salutem.

Quia Festum Translationis *SANCTI NICOLA* incidit hoc anno in diem Dominicam, volumus illu in diem Lunæ 10 hujus mensis Maii transferri quâ die solidâ & integrâ Scholæ nostræ vacabunt ut juventus nostræ Academiæ honestæ hilarita pro more permittatur.

Datum in Ædibus nostris Mazarinæis, die Sabba primâ mensis Maii, anno Domini millesimo septin gentesimo octogesimo-quarto.

Ex Typographiâ Viduæ THIBOUST.

Mandement du Recteur pour la fête de Saint-Nicolas (1784).
(V. p. 423).

CHAPITRE VII.

LE COLLÈGE D'HARCOURT ET SES DERNIERS PROVISEURS AVANT LA RÉVOLUTION.

(Fin du cinquième siècle harcurien.)

Provisorat de M⁰ Louvel. — Le concours d'agrégation. — Projet de modification du Concours général. — L'achat d'un terrain pour le jour de promenade des élèves. — Nouvelles tracasseries des boursiers. — Un curé poète. — Talleyrand au collège d'Harcourt.
Provisorat de M⁰ Duval. — La situation matérielle du collège. — Un nouveau *Lutrin*. — Charité des élèves. — Un député du Tiers choisi au collège d'Harcourt. — Le serment civique.
Le proviseur Daireaux, et le collège d'Harcourt à la veille de la Révolution. — Le lauréat Burnouf. — La dernière distribution des prix. — Un mot sur la Bibliothèque du collège : ses origines, son catalogue et ses ressources.

G. **Asselin,** en se retirant, avait laissé sa place à son coadjuteur **Nicolas Louvel**, qui l'occupera dix-huit ans (1762-1780). Le nouveau proviseur était né à Granville (Manche) et appartenait au diocèse de Coutances. Il fit ses études au collège d'Harcourt et y prépara le doctorat en théologie, qu'il prit en Sorbonne presque en même temps que son prédécesseur, c'est-à-dire vers 1750. Il professa les humanités au collège des Grassins et, en 1763, il prononça le discours latin du concours général dans lequel il réfuta avec bonheur les paradoxes de **Hobbes** et de **Rousseau** contre la société et l'enseignement des sciences et des lettres. Aussi l'Université lui accorda-t-elle les honneurs de l'impression. L'année de son entrée en charge, 1762, fut particulièrement heureuse pour le collège d'Harcourt. A la distribution des prix du concours général, les élèves **Le Tellier, Dupuis et Binard** remportèrent les trois premiers prix de rhétorique. Sur 150 nominations, les Normands en eurent 34, remarquent les registres de la Nation de Normandie[1], et les élèves d'Har-

---
1. *Acta et Decret. Nat. Norman.*, Reg. II, p. 205.

court 42, d'après la liste officielle déposée à la Bibliothèque de la Ville de Paris (*Musée Carnavalet*). Citons parmi ces nombreux lauréats, outre les trois que nous venons de mentionner, **Franquière du Châtelet, de Montezan, de la Bretonnière, de Boufflers, de la Martinière, de Villeneuve, de Boisgibaud**, qui sont plusieurs fois nommés.

Cette même année 1762 était marquée par un événement considérable pour l'Université, puisqu'il réalisait ses vœux les plus ardents sur l'interdiction de l'enseignement aux Jésuites, nous voulons dire la suppression de leur compagnie. La Nation de Normandie accueillit avec une grande joie, comme la plupart des membres du corps universitaire, cette suppression, qui mettait fin à une lutte séculaire entre les deux sociétés rivales.

On accusait à tort ou à raison les Jésuites de vouloir faire la loi à l'Université et d'être ses ennemis irréconciliables, *qui semper Academiae Parisiensis hostes infensissimi se exhibuerant*, disait le Recteur **Fourneau**. Les registres de la Nation de Normandie sont remplis de longs *factums* relatant les griefs reprochés à ceux que l'on n'appelait plus que les *soi-disant Jésuites*, et les condamnations dont ils étaient l'objet de la part du Parlement. On y raconte aussi, en termes triomphants, l'installation du nouveau proviseur de Louis-le-Grand, Mᵉ **Leseigneur**, principal du collège de La Marche. C'est une véritable prise de possession du territoire ennemi après la conquête. Le 4 octobre 1762, tous les dignitaires de l'Université, toutes les Facultés, les proviseurs des collèges, en grand costume, Recteur en tête, sont reçus à la porte de l'ancienne maison des Pères, par un piquet de soldats présentant les armes et tambour battant. Le cérémonial de l'installation des proviseurs au collège d'Harcourt, que nous avons rapporté, est observé de point en point[1]. On chante ensuite le *Te Deum* et une messe solennelle du Saint-Esprit. Il paraît même qu'à ces mots de l'office : *Exsurgat Dominus et dissipentur inimici ejus*, l'assemblée tressaillit en

---

1. V. p. 250.

y voyant une allusion aux Jésuites expulsés. Après la cérémonie, un professeur d'éloquence du collège de Lisieux, M° **Herivaux**, harangua le nouveau proviseur; puis on échangea de part et d'autre les compliments d'usage et on s'en alla gaiement déjeuner à l'abbaye de Sainte-Geneviève[1].

Il ne faut pas croire cependant que tous les membres de l'Université aient approuvé les mesures injustes qui frappèrent alors les Jésuites. Un licencié en théologie, de la Nation de Normandie, **Nicolas Thouroude**, protesta hautement contre les imputations fausses et calomnieuses dont on les accablait dans les mémoires lus au sein de la nation. On les traitait de corrupteurs de la jeunesse, perturbateurs du repos public, ennemis de l'État et du roi, et on les accusait de tous les crimes : simonie, parjure, régicide, etc. Le censeur fit remarquer cette protestation aux autres membres, qui y virent une injure pour leur compagnie et sommèrent **Thouroude** de se rétracter et de faire des excuses, sous peine d'exclusion de la Nation. Celui-ci s'y refusa et fut exécuté. Mais, sollicité et circonvenu, il finit par céder et faire les excuses exigées, après quoi il fut réintégré au rang des tribulaires normands[2].

Toutefois, lorsque le Parlement, d'accord avec le roi, voulut profiter de la suppression des Jésuites pour introduire certaines réformes dans l'enseignement et supprimer 27 collèges qui végétaient faute de bâtiments convenables et de ressources suffisantes, la Nation de Normandie résista.

Le proviseur **Louvel** se fit l'ardent promoteur de ses réclamations contre ce que l'on appelait l'*empiètement du pouvoir civil* sur les privilèges de l'Université, parce que ces suppressions avaient été décidées et opérées sans la consulter officiellement. Les choses s'arrangèrent par un échange entre le principal du collège de Lisieux et celui du collège de Beauvais. Ce dernier accepta d'être incorporé à la place du

---

1. *Acta Nat. Norman.*, Reg. II, p. 205, 207, et Ch. **Jourdain**, *Hist. de l'Univ.*, t. II, p. 312.
2. *Acta Norman. nat.*, Reg. II, p. 198.

précédent au collège de Louis-le-Grand, où devait se faire la concentration des bourses des collèges supprimés, et où l'on voulait établir le chef-lieu de l'Université de Paris.

D'autres sujets plus dignes de ses délibérations furent traités alors par la Nation de Normandie. Il s'agissait du maintien de la discipline parmi la population des élèves de l'Université qui habitaient en dehors de ses collèges. Ces externes se signalaient par leur turbulence, et, à l'instar des étudiants d'autrefois, se rendaient insupportables par leurs querelles, leurs batteries, et leurs outrages envers les gens paisibles du quartier des écoles. Ils portaient des armes et en menaçaient les passants. Il n'en fallut pas davantage pour déterminer la remise en vigueur des règlements de 1742 et 1744, qui défendaient aux écoliers le tapage sur la voie publique, le port et l'usage des armes, sous peine d'exclusion de tout collège, et prescrivaient aux précepteurs ou autres personnes qui avaient autorité sur eux de les accompagner et de les surveiller. Ces règlements devaient être affichés à la porte de chaque collège, lus publiquement en classe au commencement de l'année scolaire et distribués aux instituteurs et aux maîtres pour en maintenir l'observation. L'Université ajoutait à ces prescriptions la défense d'admettre aux grades universitaires les soi-disant Jésuites[1]. Nous donnons ci-contre le dessin d'un groupe d'élèves en costume du temps, chapeau tricorne, habit, veste et culottes courtes[2].

On commençait aussi à examiner à cette époque de nouveaux plans d'étude, l'affiliation des collèges de province à l'Université et la décentralisation de l'enseignement classique, en proposant d'établir sur la rive droite de la Seine d'autres maisons d'éducation, pour les rapprocher des familles de ces quartiers et diminuer la population des écoles trop agglomérée sur la montagne Sainte-Geneviève. Le proviseur **Louvel** fut chargé par la Nation de Normandie d'étudier

---

1. *Acta Nat. Norman.*, Reg. II, p. 200 *verso* 201.
2. Nous devons ce dessin à la plume de M. **V. Chesneau**, qui l'a relevé sur un document de l'époque pour notre ouvrage.

ces questions et d'en faire l'objet de plusieurs rapports. C'est ce qu'il fit aux applaudissements de toute la compagnie; mais ce n'est qu'après la grande Révolution que de nouveaux collèges seront ouverts sur la rive droite de la Seine, dans les quartiers de la Chaussée-d'Antin et de la Bastille.

Un groupe d'écoliers au XVIIIe siècle.

L'empiètement du pouvoir civil souleva une plus forte opposition à Harcourt, quand le Parlement décréta l'établissement du *concours d'agrégation* pour les chaires des professeurs dans l'Université, par lettres patentes du 3 mai 1766. Chose étonnante! Cette institution qui était appelée à rendre tant de services à l'enseignement et à lui assurer tant de maîtres distingués, fut combattue, à l'origine, par les grands collèges, qui devaient plus tard en bénéficier.

Le proviseur **Louvel** se fit le porte-parole de la résistance, au nom de ces collèges[1], dans plusieurs mémoires, que nous avons encore, et qui provoquèrent de longues controverses[2]. Nous retrouvons sous la plume des adversaires du concours les mêmes raisons à l'aide desquelles on a essayé, en tout temps, de jeter le discrédit sur ces épreuves. Ainsi nous lisons cette observation : « Il peut arriver que les sujets du concours soient communiqués directement ou indirectement ; cela peut même arriver sans mauvaise volonté et avec toute la droiture possible : il y a peu d'années où l'on n'ait pas été obligé de recommencer quelques-unes des compositions pour les prix de l'Université, parce que les écoliers déclaraient avoir eu ces devoirs dans leurs collèges. Les concourants pour l'agrégation, plus âgés, seront-ils aussi sincères ? » Outre cette insinuation malveillante, on alléguait contre l'agrégation que « l'enseignement aura plus à y perdre qu'à y gagner, que beaucoup de bons sujets ne voudront pas compromettre leur réputation en s'y présentant, que ce concours ne servira qu'aux sujets médiocres, et que, d'ailleurs, s'il peut prouver le savoir ou l'esprit des candidats, il ne prouvera rien en faveur de leurs aptitudes morales, à savoir la religion, la piété, les mœurs, le caractère, le talent d'enseigner, qui constituent le bon professeur ». On citait des faits. Ainsi le sieur **Bontemps** avait été nommé au concours, quoiqu'on eût perdu la copie de sa composition, le sieur **Ferté** et d'autres également reçus agrégés, étaient connus pour leur irréligion et leur impiété. On se plaignait encore de l'invasion du *laïcisme* dans l'Université, qui allait en résulter, les *ecclésiastiques* ne pouvant se préparer aux épreuves du concours aussi facilement que les *laïques*, et on faisait un tableau effrayant de l'anarchie qui régnera dans les collèges, du trouble, de la division qu'introduira l'agrégation par les droits et l'indépen-

---

1. D'Harcourt, Cardinal-le-Moine, de Navarre, Montaigu, du Plessis, de Lisieux, La Marche, des Grassins, Mazarin et Louis-le-Grand. V. Bib. de la Sorb. *Act. Nat. Norman.* Reg. II, p. 261 et suiv. — Arch. nat. *Mémoire de Louvel.*
2. Bib. Sorb., U. 10, et Ch. Jourdain, *Hist. de l'Univ.*, liv. IV, ch. 11.

dance que s'attribueront les *agrégés* à l'égard de l'administration obligée de les accueillir. Ces sinistres prévisions ne se sont pas réalisées, et le pouvoir royal maintint avec raison une institution qui fait encore aujourd'hui la force de l'enseignement universitaire en France.

Le mémoire de Me **Louvel** fut supprimé par arrêt du Conseil d'État, et la NATION DE NORMANDIE, après avoir vainement protesté, demandé à être entendue, déclaré que le concours était opposé à la constitution de l'Université, que, d'ailleurs, ses membres étant dispersés à l'époque des vacances, il n'y avait pas le *quantum* suffisant pour délibérer régulièrement, fut obligée de se soumettre aux lettres patentes du 12 août 1766, qui imposaient le concours d'agrégation à la Faculté des Arts. Ses résistances lui attirèrent même les sévérités du Parlement et le blâme du roi. Voici ce qui était réglé à l'égard de ce concours. Il y aura, dit le décret, 60 agrégés répartis en trois classes : philosophie, belles-lettres et grammaire. Les juges du concours seront choisis parmi les professeurs émérites, les principaux de collège et les professeurs en exercice. Le tribunal de l'Université sera présidé par le Recteur. Les candidats sont les maîtres ès arts âgés de 22 ans ; aucun régulier n'y est admis. C'est en avril et en octobre qu'auront lieu les épreuves annoncées par une affiche et précédées de la messe du Saint-Esprit. Les juges prêteront au préalable serment devant le Recteur de ne recevoir que des candidats capables. L'examen aura lieu en robe. Les épreuves comprendront une composition écrite, une thèse orale et une leçon publique. La composition sera recueillie et enfermée sous scellés jusqu'à la correction. Les professeurs en exercice avant 1765 seront exemptés du concours. D'autres articles règlent les droits et privilèges des agrégés[1].

Toutefois, la NATION DE NORMANDIE, qui voyait ses privilèges atteints par l'agrégation, ne s'était soumise qu'à contre-cœur, et nous apprenons par divers *factums*, et surtout par le

---

1. *Acta Nat. Norman.*, Reg. II, 282, et **Ch. Jourdain**, *Hist. de l'Univ.*, liv. IV, ch. II.

Registre de ses délibérations[1], qu'en 1776, l'opposition se manifesta de nouveau à Harcourt, au sujet de la *chaire de troisième,* devenue vacante en ce collège par la mort du titulaire. **Louvel,** qui était encore proviseur, ne trouvait parmi les cinq agrégés qui se présentaient aucun candidat appartenant à la Nation de Normandie, à laquelle cette place était réservée d'après les statuts. Il adressa au Roi deux mémoires, pour obtenir qu'il lui fût permis de choisir parmi les candidats non agrégés. Afin de sauvegarder les droits de la Nation de Normandie et de se soustraire à la loi du concours, il mit encore en avant les raisons de conduite, de caractère, de science pédagogique et autres, alléguées dix ans auparavant. Mais **Louvel** ne fut pas plus heureux qu'à cette époque, et, dans la réponse que nous avons, il était invité officiellement par le Recteur **Duval** à se soumettre aux règlements de l'agrégation. Le débat se prolongea cependant jusqu'en 1778 et ne fut terminé que par un nouvel arrêt du Parlement, qui ordonnait la stricte exécution des lettres patentes de 1766. Le plus curieux, c'est que ce sera précisément au Recteur **Duval,** qui devait succéder à Mᵉ **Louvel** au collège d'Harcourt, qu'incombera l'obligation de poursuivre dans cette maison l'application du décret.

En 1767, vingt ans seulement après l'établissement de la distribution des prix du concours général, on proposait de modifier cette institution et même de l'abolir. Un projet de règlement en dix articles fut soumis aux délibérations de la Nation de Normandie. En voici les principales dispositions.

Les examinateurs ou juges du concours seront nommés au mois de mars et prêteront serment d'agir avec la plus grande loyauté. Les professeurs des candidats devront conserver la liste des places de compositions de l'année, pour les présenter si on la leur demande. On n'admettra pas au concours d'élève ayant dépassé 12 ans pour la 6ᵉ, 13 ans pour la 5ᵉ, 14 ans pour la 4ᵉ, 16 ans pour la 3ᵉ, 17 ans pour la seconde et

---

1. *Acta Nat. Norman.* Reg. II, p. 261 et suiv. 329 et suiv.

19 ans pour la rhétorique[1]. Les candidats devront assister à la messe avant d'entrer au concours, sous peine d'exclusion. Exclusion aussi pour ceux qui arriveraient en retard, une fois le concours commencé. La moindre fraude sera dénoncée au Recteur, qui jettera la composition du délinquant au rebut. Les professeurs remettront à chaque élève un bulletin signé attestant le nom du collège dont il fait partie et son numéro d'ordre sur la liste du concours. On ne prononcera plus le nom du collège avec celui du lauréat à la distribution des prix. On n'admettra à cette distribution que les élèves qui doivent y être nommés. C'est à trois heures et demie qu'elle commencera. Les lauréats entreront à la Sorbonne par la porte de la place. Les proviseurs et principaux des collèges seront chargés de veiller au bon ordre en envoyant chez leurs parents ou en promenade les élèves qui ne seront pas admis dans la salle des prix, pour éviter qu'ils ne fassent du bruit au dehors. Il paraît, en effet, qu'il y avait souvent du tapage aux prix du concours : des collèges étaient sifflés et conspués par leurs rivaux moins heureux.

Le rapporteur de ce règlement fait observer qu'avant de l'adopter, il serait bon d'examiner si l'on doit maintenir le concours général, après en avoir pesé les avantages et les inconvénients. On reconnaît que cette institution a eu pour objet d'exciter l'émulation entre les écoliers et les professeurs des divers collèges qui sont admis à concourir. Les chefs de ces maisons n'ont pas seulement choisi d'excellents maîtres ; ils ont voulu aussi avoir de brillants élèves, et, au besoin, ils n'ont pas hésité à offrir l'instruction gratuite aux jeunes gens qui montraient des dispositions pour les lettres. Nous apprenons à ce sujet qu'on se disputait entre proviseurs et principaux les bons élèves, et que les collèges plus riches ne se faisaient pas scrupule de les enlever aux autres maisons, privant les maîtres qui les avaient formés du fruit de leurs générosités et de leurs peines. Mais, d'autre part, on constate

---

1. C'est, en effet, à partir de 1757 que les classes de 4e, de 5e et de 6e, sont admises au concours, qui ne dépassait pas la 3e auparavant.

l'abandon ou le petit nombre des exercices publics dans les classes. Il s'agit des thèses de philosophie et des disputes littéraires dont nous avons signalé le sujet et l'apparat à la fin de l'année scolaire.

Le rapporteur ne croit pas que l'on doive attribuer cet abandon au concours général, puisque le même fait se produit en philosophie, pour laquelle il n'y a pas de concours. Il croit que cela tient au luxe, aux dépenses excessives qui accompagnent ces exercices, devenus une vraie fête publique par les tentures de la salle, les programmes, les invitations de présidents et de personnes de marque dont on la rehaussait. Les parents des élèves préfèrent y renoncer plutôt que d'entrer dans tous ces frais. Nul doute, d'ailleurs, que les candidats au concours ne soient capables de soutenir ces discussions littéraires comme autrefois.

Le rapporteur examine une autre objection, qui prétend que l'institution du concours général a amené les professeurs à ne s'occuper que des élèves forts qui pourront leur faire honneur. C'est un reproche que l'on a fait souvent à l'Université, mais auquel il répond en retraçant le tableau toujours vrai de la triste direction que les parents donnent à leurs enfants. Les classes sont composées souvent de 60 élèves, dont un tiers à peine est en état de suivre les leçons du professeur. Les autres en sont incapables, parce que beaucoup de parents regardent le collège comme un moyen commode de se débarrasser du souci de l'éducation de leurs enfants. Il y en a qui appliquent à l'étude des lettres des enfants qui n'ont aucune aptitude pour cet enseignement; mais il faut qu'on puisse dire qu'ils ont été au collège. Il en est aussi qui veulent que leurs fils puissent à 16 ans commencer leur droit ou entrer au service militaire, et il suffit pour eux qu'ils aient fréquenté le collège : cela s'appelle avoir fait ses études, parce qu'on a passé par les diverses classes d'une maison d'éducation.

Le rapporteur conclut en disant que le *Concours général*, utile à l'origine et même nécessaire, devient nuisible aujourd'hui, parce qu'il prépare la décadence des études dans l'Université. Il n'y a plus que les boursiers qui travaillent parce qu'ils y sont forcés. On les fait redoubler, tripler leurs classes, pour les rendre plus forts. Mais, comme ils sont presque tous réunis au collège Louis-le-Grand, où il y en a quinze fois plus que dans les autres collèges[1], c'est là aussi qu'on remporte le plus grand nombre de prix. Le public, qui ne juge que par le succès, entendant toujours proclamer son nom, croit qu'il n'y a que là que se trouvent de bons maîtres, et où l'on puisse faire de sérieuses études. Il en résulte qu'on s'y porte davantage et qu'on délaisse les autres maisons. Par conséquent, comme il n'y a pas égalité dans les ressources entre les collèges, il n'y a plus d'émulation possible. Il importe cependant qu'il y ait plusieurs collèges réputés pour leurs bonnes études : car, s'il n'y en avait plus qu'un seul de cette sorte, on ne ferait plus rien ailleurs, et ce serait le retour à l'ignorance et à la barbarie, comme on le disait, en 1643, quand on défendait les petits collèges contre l'accaparement des Jésuites.

Comment éviter ces inconvénients? faut-il supprimer le *concours général?* Ce serait trop radical ; mais le rapporteur croit que le nouveau règlement, en proposant de taire le nom du collège, ne remédiera pas à ces inconvénients. Il croit aussi que les autres articles sur l'âge, sur le serment exigé des examinateurs, sur les invitations réservées aux seuls lauréats, ne sont pas admissibles. En conséquence, il propose de fixer le nombre des candidats pour chaque collège d'une manière égale, ce qui équilibrerait les chances et engagerait les bons élèves à se répartir dans les divers collèges, n'étant pas sûrs d'être envoyés au concours s'ils appartiennent tous à la même maison. Les classes deviendront ainsi plus fortes par l'émulation que les bons sujets, dispersés un peu partout, y entretiendront[2]. Nous ne savons pas quelle suite fut donnée à cette tentative de réforme du concours, ou plutôt nous voyons que rien ne fut changé à l'ordre de choses établi. Louis-le-Grand n'obtint pas, d'ailleurs, autant de succès que

---

1. Ce collège comptait alors 500 pensionnaires et autant d'externes.
2. *Act. Nat. Norman.*, Reg. II, p. 350 et suiv.

le craignaient les autres collèges. La liste des prix d'honneur du concours général montre bien qu'il n'y eut pas alors un très grand nombre de nominations dans ce collège, quoiqu'il fût le plus peuplé de tous. Cette discussion a du moins l'avantage de nous avoir révélé certains aspects de l'histoire de l'éducation dans la seconde moitié du xviiie siècle.

Une autre question qui occupa davantage la Nation de Normandie en 1767, et qui intéressait tous les collèges de l'Université, fut le projet de créer un lieu de promenade exclusivement à l'usage des écoliers. Comme ce projet a été repris de nos jours pour combattre le *surmenage intellectuel*, il peut être curieux de connaître les raisons qui furent invoquées au xviiie siècle. La proposition émanait du gouvernement et avait pour point de départ certains désordres causés par les écoliers dans les promenades publiques où on les conduisait depuis l'aliénation du Pré-aux-Clercs. L'Université était consultée sur le moyen d'empêcher ces désordres en choisissant, hors Paris, un emplacement qui serait réservé aux élèves des collèges, et où ils pourraient, à leur aise, se livrer aux jeux de balle, de barres, de ballon, de battoir, de paume et autres réclamés par leur âge. Le mémoire, envoyé à l'Université par le contrôleur général des finances, **de Laverdy**, invoquait en faveur du projet les dangers que couraient les écoliers dans les promenades publiques : « pour leurs *mœurs*, à cause des mauvaises rencontres qu'ils pouvaient y faire dans une foule à travers laquelle il est difficile de les surveiller; pour leur *santé*, à cause de la poussière, et des petits marchands qui leur vendent des sucreries et excitent leur gourmandise en leur faisant crédit; pour leur *vie*, parce que, dans leurs jeux, ils rencontrent des voitures et des chevaux, qui peuvent causer des accidents. De là les querelles qui naissent entre eux et les passants, comme il est arrivé le 30 avril dernier aux *Champs-Élysées*. » Pour toutes ces raisons, on proposait l'acquisition d'un vaste terrain d'environ 150 arpents qui serait enclos de murs, et où chaque collège aurait pour jouer un emplacement particulier autour d'un grand carré commun à tous pour les exercices qui demandent plus d'espace. Trois endroits étaient propices à cet établissement : à *Montparnasse*, entre le boulevard d'Orléans et la rue de Vaugirard ; au *faubourg Saint-Marceau*, près des Gobelins, et derrière *la Salpétrière*. Le quartier des Gobelins semblait préférable, à cause du meilleur air, de la tranquillité, et du bon marché des terrains. On comptait sur la Ville de Paris pour coopérer à l'achat et à l'appropriation de cet établissement, « puisqu'elle n'a rien fait jusqu'ici pour les collèges, qui attirent un grand nombre d'étrangers dans la capitale. » Elle pourrait y consacrer une partie du produit de la loterie et des nouveaux droits. Une somme de 98 000 livres suffirait pour couvrir les dépenses les plus essentielles. Plus tard on compléterait l'aménagement. Quand ce projet fut proposé à la Nation de Normandie, il y rencontra une vive opposition. Il faisait renaître, à ses yeux, les inconvénients de l'ancien Pré-aux-Clercs, que l'Université avait dû aliéner à cause des désordres qui s'y commettaient. Plutôt que d'agglomérer en un même endroit toute la population des collèges, il valait encore mieux que chacun d'eux fût conduit en promenade dans un endroit différent. Comment pourrait-on contenir toute cette jeunesse qui se rencontrerait sur la même route, empêcher les querelles entre les divers collèges et les pensions ? Et une fois arrivé, comment surveiller tout ce monde sur un si vaste terrain ? Les maîtres ne pourraient assumer une si grande responsabilité. Si on nomme un gouverneur pour administrer ce lieu de promenade, son autorité sera en conflit avec celle des chefs de chaque maison. N'est-il pas à craindre aussi que le collège le plus nombreux ne fasse la loi aux autres et ne les évince pour se faire du lieu de promenade une maison de campagne particulière. D'ailleurs, les dépenses dépasseront de beaucoup les prévisions : il faudra plus d'un million, ce qui ouvrira la voie à de nouveaux impôts sur les revenus de l'Université, contrairement aux arrêts du Parlement de 1754. Pour toutes ces raisons et bien d'autres, la Nation de Normandie repoussait le projet, et, afin de gagner du temps, elle en renvoyait, suivant son habitude en pareil cas, la discussion après les vacances, lorsqu'elle serait en nombre pour délibérer. Elle défendait à tous ses suppôts de s'occuper de ce projet en dehors de ses assemblées, parce que d'après le mot d'Égasse du Boulay, elle agit, non comme une monarchie, mais comme une véritable démocratie qui obéit à ses lois, *ut in democratia consulit, tractat, refert, et exequitur statuta*. Le procureur **Barbé**, qui rapporte ces décisions, fut chargé d'en informer le Recteur **Maltor**, qui les reçut fort mal et traita le procureur de *vir pessimae mentis*. Le ministre de Saint-Florentin porta l'affaire au roi, qui, pour couper court à de nouvelles discussions, interdit toute délibération sur le projet de promenade. Voici la lettre du ministre au procureur **Barbé** :

« Sa Majesté a désapprouvé le ton et l'aigreur qui règnent dans
« la réponse et la délibération de la Nation. Sa Majesté m'ordonne
« de vous écrire que, si l'on continue ainsi dans l'Université de
« s'attaquer et de se provoquer d'une manière indécente, Sa
« Majesté suspendra toute délibération quelconque des Nations
« jusqu'à ce que l'esprit de paix et de modération soit rétabli
« parmi ceux qui devraient en donner l'exemple à leurs disciples. »

Le Parlement demanda au procureur de la Nation de Normandie communication de ses délibérations. Celui-ci refusa de le faire avant d'avoir l'avis de la Nation. Sur ces entrefaites, arriva l'ordre royal de ne plus s'occuper de cette affaire, et la Nation en profita pour répondre que, ne voulant pas enfreindre cet ordre, elle s'abstiendrait de toute communication à la cour du Parlement. Le projet de promenade en resta là, et on n'en entendit plus parler[1]. Il en fut de même du projet de transférer sur la rive droite le collège de Lisieux, dans les bâtiments de l'ancienne maison professe des Jésuites, rue Saint-Antoine. Il ne manquait pas de bonnes raisons pour le faire : les familles de ce quartier réclamaient depuis longtemps un collège qui fût plus à la portée de leurs enfants. Mais la Nation de Normandie s'y opposa en vertu du *pomœrium Universitatis*, c'est-à-dire afin de respecter l'enceinte

---

1. *Acta Nat. Norman.*, Reg. II, p. 401 et suiv.

de l'Université, telle que Philippe-Auguste et Henri IV l'avaient établie. La Nation de Normandie n'était pas amie du progrès. Ce n'est qu'après la Révolution qu'on ouvrira le collège Charlemagne à l'endroit projeté en 1767[1].

Ces succès d'obstruction encourageaient-ils la Nation de Normandie à se montrer hautaine et exigeante? On le croirait, à voir avec quelle ardeur elle poursuit auprès du Recteur la réparation de l'injure qu'elle avait reçue en la personne de son procureur. Le Recteur **Maltor** n'ayant pas voulu lui faire des excuses surtout après avoir reçu du roi une approbation de sa conduite dans l'affaire de la promenade, la Nation se plaignit au Parlement et refusa de sanctionner les actes du Recteur, quand il sortit de charge. Son successeur, **Hamelin**, parvint à apaiser l'irascible Nation. C'est sur ce dernier incident que se clôt le recueil de ses délibérations en 1769[2].

Sans sortir du collège d'Harcourt, où nous venons d'assister aux délibérations de la Nation de Normandie, nous rappellerons que le discours de la rentrée des classes, en 1773, sous le proviseur **Louvel**, fut prononcé, le 11 octobre, par François **Mauduit**, professeur d'humanités. L'orateur traita la question de savoir s'il fallait enseigner au peuple les arts libéraux : « *Utrum expediat plebeiorum liberos artium doctrinarumque liberalium fieri participes?* » Il y répondit négativement : « *Ostendamque id non litterarum dignitati minus quam reipublicae utilitati adversari.* » Ainsi **Mauduit** n'était pas partisan d'un trop grand développement d'enseignement pour le peuple. Il partageait, sous ce rapport, l'opinion de son temps, sans aller cependant aussi loin que **Voltaire**, qui écrivait à **Damilaville**, en 1766 : « *Il me paraît essentiel qu'il y ait des gueux ignorants.* » **Mauduit** veut, en effet, pour le peuple une certaine instruction, conforme à sa nature et à ses besoins[3].

La fin du provisorat de M⁰ **Louvel** se ressentit des tra-

1. *Act. Nat. Norman.*, Reg., II, p. 367 et suiv.
2. *Act. Nat. Norman.*, Reg. II, p. 428-438.
3. Bibl. de la Ville de Paris, S. 57, 1.

casseries qu'il eut à souffrir de la part des boursiers[1]. Il est raconté, dans un document de ce temps, que sa mort, qui eut lieu en 1780, fut avancée par les chagrins qu'elles lui causèrent[2]. Nous pouvons en juger d'après les attaques dirigées contre sa mémoire par **Jean Truffer**, prieur des boursiers du collège et professeur de seconde[3]. Il accusait le défunt d'avoir agi d'une manière despotique, sans respect des règlements, parce qu'il nommait ou faisait nommer qui il voulait aux charges de *prieur*, de *principal* et de *bibliothécaire*, mais surtout parce qu'il n'avait pas supprimé un certain nombre de bourses afin d'augmenter les revenus des *grands boursiers*. Mais **Jean Truffer** trouva à qui parler dans la personne du frère du proviseur défunt, **Louvel de Valroger**, conseiller du Roi et auditeur en la Chambre des Comptes. Celui-ci le traita comme il le méritait, en lui reprochant son ingratitude envers un proviseur qui l'avait comblé de bienfaits, et son esprit d'intrigue et de cabale qui avait abrégé les jours de celui à qui il devait tout. **Truffer** chercha à se justifier par un *Mémoire*, que nous avons encore, en déclarant qu'il n'avait agi que dans l'intérêt supérieur de la communauté des boursiers; mais il ne réussit pas à se disculper[4]. Il devait encore montrer son mauvais esprit sous le successeur de **Louvel**.

Parmi les professeurs remarquables du collège d'Harcourt à cette époque, nous pouvons citer **Gilles Basset des Rosiers**, qui y enseigna la philosophie vers 1750, et devint Recteur de l'Université en 1779. C'était un homme aimable, instruit, en relation avec les écrivains les plus renommés,

---

1. Il ne négligeait cependant rien pour assurer au collège tout le bien-être matériel nécessaire. Ainsi en 1777, il obtient de la Ville une plus abondante concession d'eau, 9 lignes au lieu de 4. Cette eau venait des sources de Rungis et se déversait à la *fontaine Saint-Michel*, construite dans une ancienne tour des remparts de **Philippe le Bel**, là où s'ouvre aujourd'hui la *rue de Médicis*. (V. *Topographie du vieux Paris*, plan Turgot et nos plans du quartier et du collège.)
2. Bib. de la Sorb., U. 10.
3. **Truffer** avait remporté le 8ᵉ *prix d'honneur* du collège d'Harcourt au *Concours général* de 1766.
4. Bib. Sorb., *factums* U. 10.

LE COLLEGE D'HARCOURT et LE COUVENT DES
EN 1778
d'après
M.C. DUPRÉZ architecte
Inspecteur des travaux de la ville de Paris

LEGENDE

COLLEGE D'HARCOURT

ABLL'MNOPQRSTUVXA . Périmètre du Collège d'Harcourt jusqu'en 1790
BCKL   Maison Leprêtre   } Annexés au Lycée (Décret de 1813)
DYKJIHGE . Collège de Justice }
JedCbaeIJ . Partie du Couvent des Cordeliers affectée au Lycée par le Décret de 1813, mais revendiquée par la Fac
CDTZ . EGHF. Maisons annexées au Collège en 1819
am'. Limite du Collège du côté des Cordeliers déterminée par la Loi de 1832, mettant fin au litige avec la
M'm'JL Terrain se trouvant annexé au Collège en dehors du périmètre de 1814
Klmo Portion retranchée du Collège en 1836
Pqrs   d° annexée en 1836
aa'bhg[T']
tuVXA   } Portions annexées au Lycée en 1860-61
Tllu6 Portion retranchée en 1860-61
AA'FT Portion retranchée pour l'alignem' du Boul' S'Michel

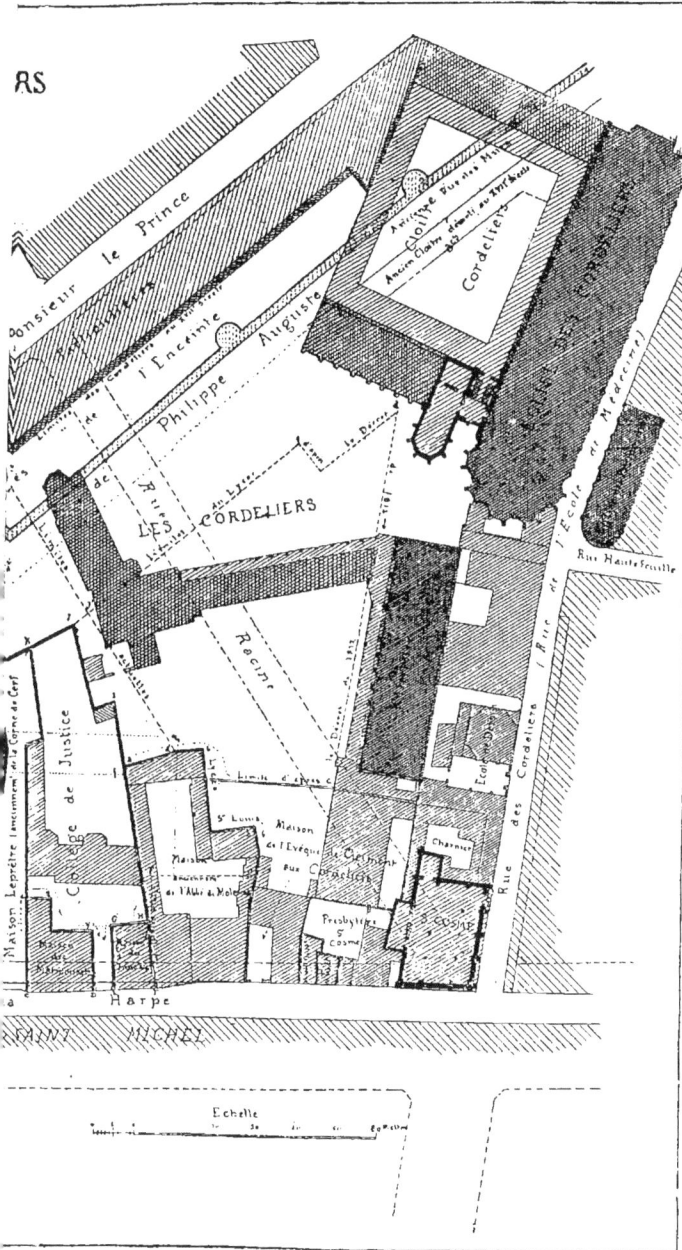

aimant la plaisanterie, nous le verrons tout à l'heure, mais qui ne négligeait pas non plus ses intérêts. Avant de professer à Harcourt, où il demeurait, il y fit, comme précepteur, en 1735, l'éducation du jeune Pillat de la Coupe, fils d'un conseiller au conseil supérieur du Cap Français. Ce jeune homme, encore mineur, fut émancipé, et le frère de l'abbé Basset, sieur de la Parenterie, se chargea d'administrer les biens dont il avait hérité de sa mère à Saint-Domingue. Plus tard il voulut témoigner sa reconnaissance envers son précepteur, en lui constituant une rente viagère de 2000 livres. Mais, par suite de la guerre avec les Anglais, les propriétés de Saint-Domingue subirent des pertes considérables, et comme de la Parenterie mourut sur ces entrefaites, le jeune Pillat se trouva à peu près ruiné de ce côté. Mécontent, il rendit l'abbé Basset responsable de ce désastre, le diffama, lui intenta plusieurs procès, où figura l'avocat de la Martinière, neveu du proviseur Asselin, et finalement voulut lui retirer la pension viagère qu'il lui faisait. G. Basset ne se laissa pas déconcerter : il plaida et réclama les arrérages de cette pension, qui ne lui était pas payée depuis plus de quinze ans. Il obtint gain de cause et fut délivré de cette méchante affaire[1].

Nous avons dit qu'il avait le caractère gai : il le montra bien, en s'amusant aux dépens de la vanité de l'abbé Petit, curé de Montchauvet (Calvados). Cet ecclésiastique se croyait un digne émule de son compatriote P. Corneille, et dépérissait d'ennui de ne pouvoir produire son talent poétique sur un théâtre digne de lui. Il se souvint alors qu'il avait connu au séminaire l'abbé Basset, professeur de philosophie au collège d'Harcourt, et un beau matin il débarqua à Paris, pour solliciter son appui auprès des écrivains de marque avec lesquels il se trouvait en relations. Grimm raconte, dans ses lettres, comment G. Basset le présenta à Diderot, qui se promenait au Luxembourg. Aussitôt le curé de Montchauvet de se lamenter de sa situation : « Je suis bien malheureux,

1. Bib. de la Sorb., *factums* U. 10.

s'écria-t-il, d'être curé de Montchauvet, du plus triste lieu du monde, où mes talents sont enfouis, et où il n'y a que moi d'homme d'esprit…. Enfin j'en arrive, et je suis charmé d'avoir fait connaissance avec un homme de votre réputation, pour vous demander votre avis sur un madrigal d'environ sept cents vers, que j'ai fait…. » En disant cela, il tira de sa poche un grand cahier de papier. **Diderot** effrayé de cette lecture, l'esquiva en lui disant : « Monsieur le curé, je vous trouve bien blâmable d'employer votre loisir à de pareils sujets; quand on a un génie aussi sûr que le vôtre, on doit faire des tragédies, et non pas s'amuser à des madrigaux. Permettez-moi donc de vous dire que je n'écouterai pas un seul vers de votre façon avant que vous nous ayez apporté une tragédie. » **Diderot** croyait avoir évité le fâcheux, lorsque, quinze jours après, l'abbé **Petit** lui apporta une tragédie intitulée *David et Bethsabée*. Pour mieux s'en amuser, il l'invita à venir en donner lecture le dimanche suivant chez le baron **d'Holbach**, où se trouvaient réunis, avec **Diderot** et le maître de la maison, **Rousseau, d'Alembert, Duclos, Marmontel, La Condamine, Grimm** et autres encyclopédistes. Encouragé par son ami **Basset**, le curé-poète se garda bien de manquer au rendez-vous. Il exposa d'abord sa théorie sur l'art dramatique : « Rien de plus simple, disait-il; prenez le sujet de *Balthazar*, par exemple. Vous savez que, pendant le souper de ce roi impie, on vit une main écrire sur les murs les mots *Manè, Thécel, Pharès*. Il s'agit donc de savoir si le roi soupera ou non, car s'il ne soupe pas, la main n'écrira pas. Or, je n'ai qu'à inventer deux acteurs. Le premier veut que le roi soupe, le second ne le veut pas, et cela alternativement. Si moi, poète tragique, je veux que le roi soupe, celui-ci parlera le premier. Ainsi, 1er acte : *Le roi soupera;* 2e acte : *Il ne soupera pas;* 3e acte : *Il soupera;* 4e acte : *Il ne soupera pas;* 5e acte : *Il soupera.* Ce sera le contraire si je veux que le roi soupe. Un murmure approbateur accueillit ce début, et on demanda la lecture de la tragédie qu'il avait apportée. L'abbé **Petit** s'empressa de déférer aux vœux de la société et lut la pièce la plus bizarre, la plus incohérente qu'on pût imaginer. Quoiqu'il eût le nez très long, remarque **Grimm**, il ne s'aperçut pas que les éloges qu'on lui prodiguait étaient autant de moqueries. Seul, **Rousseau** osa dire la vérité au poète; mais celui-ci, que les autres auditeurs comparaient au grand **Corneille**, ne supporta pas les critiques du citoyen de Genève et n'y vit qu'un accès de jalousie. Il avait remarqué cependant que plusieurs avaient ri de certains passages; mais il attribua cette attitude à un défaut d'intelligence de l'art dramatique. C'est ce qu'il écrivait quelques jours après dans une lettre à l'abbé **Basset**, où il lui dit que, malgré tout, il ne se rebutera pas, et il annonçait qu'il avait fait imprimer sa pièce « en beau papier et en caractères bien nets », et qu'il en préparait une autre, précisément sur *Balthazar*, afin de donner un frère à sa *Bethsabée*. **Fréron** en a fait la critique dans son *Année littéraire*; elle ne valait pas mieux que la précédente : c'était l'application de sa théorie sur le souper. Mais le curé de Montchauvet dut se consoler d'avoir été incompris, en recevant l'épître de M. **de Margency**, qui commençait ainsi :

> Corneille du Chauvet, rimeur alexandrin,
> Crois-moi, laisse-les dire et va toujours ton train[1].

G. Basset était naturellement du côté des rieurs : car il communiqua à **Grimm** et à **Fréron** les lettres épiques du curé-poète et en fit sans doute avec eux de bonnes gorges chaudes.

Parmi les pensionnaires du collège d'Harcourt au temps du proviseur **Louvel**, nous pouvons citer les noms devenus célèbres à divers titres de **Talleyrand**, **Choiseul-Gouffier** et **Hérault de Séchelles**.

Talleyrand a raconté, dans les *Mémoires*, dont on vient de commencer la publication, comment il vint au collège d'Har-

---

1. Cette anecdote est empruntée à la *Correspondance* de **Grimm**, t. I, p. 278, 280 et 352, et à l'*Année littéraire* de **Fréron**, 1754, t. IV, p. 307; et 1758, t. VIII, p. 348. M. **Gasté**, professeur à la faculté des lettres de Caen, qui nous l'a indiquée, en a tiré un charmant récit, publié dans la *Nouvelle Revue* du 1er novembre 1882.

court à l'âge de huit ans, en 1762. Nous y trouvons plusieurs détails sur la vie des jeunes pensionnaires, qui méritent d'être rapportés. On y voit aussi se dessiner le caractère prétentieux de l'auteur.

« Un vieux valet de chambre de mes parents m'attendait, disait-il, rue d'Enfer, au bureau des coches. Il me conduisit directement au collège d'Harcourt. A midi j'y étais à table, au réfectoire, à côté d'un aimable enfant de mon âge, qui a partagé, et qui partage encore tous les soucis, tous les plaisirs, tous les projets qui ont agité mon âme dans le courant de ma vie. C'était M. de Choiseul, connu depuis son mariage sous le nom de Choiseul-Gouffier. J'avais été frappé de ma subite entrée au collège sans préalablement avoir été conduit chez mon père et ma mère. J'avais huit ans, et l'œil paternel ne s'était pas encore arrêté sur moi. On me dit, et je crus que c'était quelque circonstance impérieuse qui avait causé cet arrangement précipité ; je suivis ma route. On me mena dans l'appartement d'un de mes cousins (M. de la Suze), et je fus confié au précepteur qui depuis plusieurs années était chargé de son éducation. Si j'ai fait quelques progrès, on ne peut les attribuer ni à l'exemple de mon cousin, ni aux talents de mon précepteur. « Une fois par semaine, l'abbé Hardi me conduisait chez mes parents, où je dînais. En sortant de table, nous retournions au collège, après avoir entendu régulièrement les mêmes mots : *Soyez sage, mon fils, et contentez M. l'abbé.* Je travaillais passablement bien ; mes camarades m'aimaient, et je m'accoutumais assez gaiement à ma situation. Ce genre de vie durait depuis trois ans, quand j'eus la petite vérole ; cette maladie contagieuse obligeait les enfants à quitter le collège. Mon précepteur avertit ma famille, qui m'envoya une chaise à porteurs pour me transporter rue Saint-Jacques chez madame Larond, garde-malade employée par M. Lehoc, médecin du collège. A cette époque, on enfermait encore sous de doubles rideaux les personnes attaquées de la petite vérole ; on calfeutrait les fenêtres, on faisait grand feu, et l'on excitait la fièvre par des potions très actives. Malgré ce régime incendiaire, qui a tué beaucoup de monde, je guéris et ne fus pas même marqué. J'avais douze ans. .... L'abbé **Hardi**, après avoir fait l'éducation de M. **de la Suze**, c'est-à-dire après avoir été son précepteur jusqu'à l'âge de seize ans, se retira. J'eus pendant quelques mois un gouverneur nommé M. **Hullot**; il devint fou. On me mit alors entre les mains de M. **Langlois**, qui est resté avec moi jusqu'au moment où je sortis du collège, et qui depuis a élevé mes frères. C'était un fort galant homme, qui ne savait très bien que l'histoire de France.

« J'aurais pu avoir quelques succès dans mes études : les dispositions que j'avais me portent à le croire, et je vois qu'il est resté à peu près la même opinion à la plupart des personnes qui ont été élevées avec moi. Le peu d'encouragement que je reçus par la crainte que l'on avait de donner trop d'éclat à ma jeunesse, me fit passer d'une manière assez terne les premières années de ma vie[1]. »

C'est ainsi qu'il nous explique, dans sa vanité, pourquoi nous ne trouvons pas son nom parmi les lauréats du collège.

Quant à son camarade **Choiseul-Gouffier**, ses biographes nous disent que « son rang et sa fortune, au lieu d'être pour lui des moyens de dissipation, favorisèrent ses goûts pour l'étude, en sorte qu'il acquit au collège d'Harcourt une instruction solide. Les souvenirs de l'ancienne Grèce le préoccupaient, et dès l'âge le plus tendre il conçut le projet de visiter ce sol classique de la gloire[2]. » Il avait, d'ailleurs, été préparé à l'accomplissement de ce projet par les leçons de l'abbé **Barthélemy**, l'auteur bien connu du *Voyage du jeune Anacharsis*. Il fut lui-même ce jeune Anacharsis par ses études archéologiques sur la Grèce, qu'il publia en 1782. L'Académie des Sciences et l'Académie française lui ouvrirent leurs portes. En 1782, il remplaçait **d'Alembert** dans cette dernière compagnie. Nommé ambassadeur à Constantinople, il rendit de grands services à la cause des Hellènes et à la Russie. La Révolution le tint éloigné de la France, où il rentra, en 1802, pour reprendre sa place à l'Académie et conti-

---

1. *Mémoires du Prince de Talleyrand*, publiés par le duc de Broglie, t. 1er. — Paris, Calmann-Lévy, éditeur.
2. V. *Biographie générale* de **Didot**.

nuer ses travaux sur l'antiquité grecque jusqu'à sa mort, en 1817. A Constantinople, **Choiseul-Gouffier** rencontra un savant helléniste, ancien Harcurien, d'**Ansse de Villoison**, avec lequel il fit des recherches philologiques (1785), qui ne furent pas toujours couronnées de succès. On raconte au sujet de ce dernier qu'ayant échoué dans une île de la Grèce, il fut invité à un repas de noce, où on servit un cochon de lait. **Villoison**, emporté par son appétit et absorbé par le feu de la conversation, au lieu de faire circuler le plat, le garda devant lui et mangea l'animal tout entier. Sans sortir de sa distraction, il tendait encore son assiette pour recevoir une nouvelle part, lorsque l'ébahissement des convives lui révéla qu'il venait à lui seul de consommer le morceau de résistance du dîner, destiné à toute la société [1].

Signalons un troisième élève d'Harcourt qui acquit un autre genre de célébrité, **Hérault de Séchelles**. Il y faisait ses études en 1770 : car nous trouvons son nom parmi les lauréats de la classe de troisième. Il obtient, à cette date, un accessit de version latine, puis, en 1771, un second prix de version latine en rhétorique. On sait qu'il était avocat général au Parlement de Paris quand éclata la Révolution. Il en embrassa les doctrines avec enthousiasme et devint président de la Convention, fut un ardent jacobin et dicta au Comité de Salut public les plus tyranniques mesures. Il se vantait d'avoir semé des guillotines dans ses missions, et qu'elles avaient produit bon effet. Il éprouva cet effet, à son tour, quand il fut englobé dans l'exécution des *Dantonistes* [2]. Nous verrons plus loin que les idées révolutionnaires firent encore d'autres conquêtes à Harcourt parmi les professeurs et les élèves.

A ces élèves ajoutons deux noms connus dans les fastes de l'imprimerie et de la librairie, ceux d'**Antoine Estienne** et de son condisciple **Firmin Didot**, qui étaient au collège d'Harcourt de 1776 à 1785.

Antoine Estienne était né à Milhau le 25 juin 1762. Il se

---

1. V. *Biographie générale* de **Didot**.
2. V. **Dezobry**, *Dict. général d'Hist. et de Géographie*.

rattachait par sa famille aux fameux typographes de ce nom. Après de bonnes études au collège, il apprit le droit, puis il entra dans l'armée, en 1790, sur la proposition de **La Fayette**, devint colonel, et, en 1804, fut nommé par le ministre **Portalis** directeur de la librairie. En 1819, il soumit à l'examen du chancelier **Dambray** un projet de code sur la librairie et l'imprimerie, projet dont il était l'auteur.

Firmin Didot, son camarade à Harcourt, fut le père du célèbre **Ambroise Firmin Didot**, qui s'est fait dans la typographie un nom recommandable par ses belles éditions françaises, grecques et latines et ses travaux philologiques.

Nicolas Louvel eut pour successeur au collège d'Harcourt **Pierre Duval** (1780-1791). Les biographes le font naître en 1730, dans la Seine-Inférieure, les uns à Bréauté, les autres à la Mailleraye, près de Caudebec. En tout cas, il est du diocèse de Rouen, comme le mentionnent les listes officielles des proviseurs d'Harcourt[1]. C'est aussi dans ce collège qu'il fit ses études et avec un tel succès qu'à vingt-deux ans il y obtint une chaire de philosophie. Il entra ensuite dans les ordres et fut nommé bibliothécaire du collège Louis-le-Grand, quand on y établit la bibliothèque de l'Université. Nous le voyons ensuite élevé deux fois à la dignité de Recteur, en 1776 et en 1780. Nous savons par l'histoire, que sous le provisorat de **Pierre Duval**, il y eut dans l'Université de longues contestations, au sujet de quoi? Toujours les droits et les privilèges! **Duval**, avant d'être élu proviseur d'Harcourt, était *bibliothécaire de l'Université* ; il avait quitté cette charge, qui passa au *sous-bibliothécaire* **Meltor**, et il s'agissait de remplacer ce dernier. Or, le nouveau Recteur, **Binet**, revendiquait le droit de nommer à ce poste, et les procureurs des Nations de France et de Normandie le lui disputaient. La querelle dura deux ans et ne prit fin que sous le successeur de **Binet**, qui fut ce même **Duval**, proviseur d'Harcourt, lequel avait

---

1. Le *Moreri normand*. — Lebreton, *Biographie normande.* — Oursel, *Nouvelle Bio-bibliog. normande*. — **Quérard**, *La France littéraire*.

déjà exercé avec succès les fonctions rectorales en 1776. Cette affaire faillit même tourner mal pour la Nation de Normandie. Sa conduite au sujet de l'agrégation avait déjà fort indisposé le roi contre elle; les obstacles qu'elle opposait à la nomination du sous-bibliothécaire de l'Université firent éclater son mécontentement. Elle reçut une lettre de cachet qui lui enjoignait de cesser toute obstruction, et ordre fut donné au ministre **Saint-Florentin** de biffer sur les registres de la Nation les avis contraires. Il était aussi prescrit à la Nation de tenir ses assemblées au collège Louis-le-Grand, *in aula academica*, comme les autres Nations, parce qu'on avait remarqué qu'elle continuait à se réunir à Harcourt. La Nation normande tenait à ses traditions; elle ne se rendit pas tout de suite à ces injonctions. Tout en faisant parvenir au roi l'expression de sa fidélité et de son amour pour sa personne, elle continua son opposition, réclamant la liberté de s'assembler où elle voudrait, comme elle l'avait eue jusqu'en 1763, et faisant valoir, en faveur d'Harcourt, les services religieux qui l'y appelaient et l'impossibilité pour un certain nombre de ses membres d'assister à la réunion de la Nation avant leur classe, s'ils étaient obligés de se rendre à Louis-le Grand [1]. Mais elle dut céder à la volonté du roi.

L'abbé **Duval**, dit un biographe [2], remplissait ses fonctions de Recteur avec une sollicitude toute paternelle, mais aussi avec une indépendance de caractère qui ne souffrait pas que l'on portât atteinte à aucune des prérogatives que lui donnait son titre de chef du corps enseignant. On raconte, à ce sujet, qu'un jour de Chandeleur, où il venait d'officier à la chapelle de Versailles, il voulut, selon l'usage, suivi des quatre Facultés traditionnelles, présenter ses hommages au roi et à la reine. Comme l'huissier de service n'ouvrait qu'un seul battant de la porte du salon de réception pour introduire le Recteur et sa suite, **Duval**, faisant allusion au titre de *Fille aînée du roi* attribué de tout temps à l'Université, dit assez

---

1. *Acta. Nat. Norman.*, Reg. II, p. 300-320.
2. **Lebreton**, *Biog. normande*.

haut : « Faites savoir à Sa Majesté que sa fille est grosse. »
— « C'est juste, répondit **Louis XVI**, qui avait entendu ; qu'on ouvre les deux battants, elle passera plus facilement. » Cette spirituelle façon de se présenter surprit agréablement **Marie-Antoinette**, qui, au lieu d'un pédant gourmé qu'elle croyait voir en la personne du Recteur **Duval**, se trouva en face d'un homme aimable, qui complimenta le roi avec grâce et conquit tous les suffrages par ses bonnes manières.

En 1784, dans un rapport manuscrit qu'il a laissé, Me **Duval** nous fait connaître la situation matérielle du collège d'Harcourt, sous son administration. « La nourriture, dit-il, est plus saine et plus abondante ; les bourses sont augmentées ; une rétribution est accordée pour la fidèle assistance aux offices. Depuis 1780, le collège fournit aux boursiers le pain, le bois, la chandelle et le service des domestiques. Le traitement des fonctionnaires est augmenté. La santé des enfants est mieux préservée, les dortoirs et salles d'étude plus aérés ; les maîtres sont plus nombreux, le travail plus facile et les succès plus sûrs. » Il compte 52 bourses, 40 anciennes et 12 nouvelles, qui sont toutes occupées. Les *théologiens* reçoivent 289 livres ; ils en paient 208 pour leur nourriture ; il leur reste 80 livres pour le bois et la chandelle. Les *Artiens* touchent 208 livres 14 s. Les revenus du collège à cette époque étaient de 42 088 livres provenant de ses fondations et de ses propriétés à Paris ou aux environs et en Normandie. On trouvera aux *Documents annexes* le relevé fait, en 1793, du personnel et des ressources du collège[1]. Il comptait aussi à cette époque 500 élèves. La pension était, pour les non boursiers, de 550 livres, mais ce chiffre était souvent doublé. Les professeurs recevaient de 2 000 à 2 400 livres ; et leur pension de retraite pouvait s'élever à 1 700 livres.

Nous avons retrouvé pour l'année 1784 le *mandatum* ou avis du Recteur **Charbonnet** adressé aux écoliers pour le transfert au lundi de la fête de saint Nicolas, qui tombait un

1. Arch. nat. S. 6443.

dimanche, et nous en avons donné la reproduction en tête de ce chapitre.

Cette même année, les exercices du concours général furent troublés par de graves désordres. Les élèves de rhétorique, mécontents du sujet de composition, qui était l'éloge de **Rollin,** refusèrent de composer, brisèrent les bancs, et firent un tel vacarme qu'il fallut lever la séance[1]. Un souffle de révolte passait à ce moment sur les écoles de l'Université. Le collège d'Harcourt allait s'en ressentir.

Malgré ses efforts pour améliorer la condition des boursiers, **Duval** éprouva leurs rigueurs. Il devint l'objet d'une lutte héroï-comique digne d'inspirer le chantre du *Lutrin*, qui fut, comme nous l'avons rappelé, quelque temps élève dans la maison, avant d'aller finir ses études, au collège de Dormans-Beauvais.

Il y avait alors parmi les grands boursiers un certain **Le Vasseur,** qui se plaignait de tout, de la nourriture, des nouvelles bourses établies par le proviseur, de l'assistance aux offices, qu'il traitait d'esclavage, etc. Un caractère si mal fait devait se signaler par quelque bizarrerie. Le proviseur avait choisi à la chapelle une autre stalle que celle qui lui appartenait ordinairement, et en avait prévenu les boursiers, afin qu'elle lui fût réservée. Il s'y était mis un dimanche, et, comme le lendemain il y avait un service *d'obit* à la chapelle[2], il s'y rendait de nouveau, lorsqu'il trouva la place occupée par **Le Vasseur.** Le proviseur le prie de choisir une autre stalle. **Le Vasseur** y consent; mais, à la réunion suivante, il devance le proviseur et prend encore sa stalle. Quand celui-ci arrive, **Le Vasseur** refuse de la lui céder. « Votre place, la voilà, lui dit-il, en lui montrant celle que le proviseur occu-

---

1. Ch. Jourdain, *Hist. de l'Univ.*, t. II, p. 442.
2. Voir aux *Documents annexes* le tableau des *obits* de l'ancien d'Harcourt, qui est conservé aux Arch. nat. M. 134. Il y avait huit ou neuf messes chaque semaine pour les fondateurs et bienfaiteurs. La comtesse d'Harcourt a rétabli, en 1866, deux messes pour sa famille; pourquoi l'*Association des Anciens Élèves* ne fonderait-elle pas un service annuel pour ses membres décédés, comme on l'a fait récemment à l'École normale?

pait autrefois; vous voulez me mortifier, je ne le permettrai pas. » — « Serait-il possible, Monsieur? » reprend le proviseur, « je vous affirme que je n'ai jamais eu cette pensée. De grâce ne faites point de scandale ! » — « Non, Monsieur, je ne vous céderai pas, » répliqua **Le Vasseur**.

Le proviseur attend un instant, pensant qu'avec un peu de réflexion **Le Vasseur** se montrera plus raisonnable. Un des voisins de celui-ci le comprit, et, afin de l'y engager, lui offrit sa place, pour lui permettre de rendre au proviseur la stalle qu'il préférait. Mais **Le Vasseur** s'entêtant déclara qu'il savait bien ce qu'il faisait et ne bougea pas. « *J'y suis, j'y reste!* ». — Le proviseur dut aller chercher son ancienne place en passant devant les boursiers, à la grande joie de **Le Vasseur**, qui se permit de sourire de sa déconvenue.

Le proviseur commence l'office et entonne un verset; il en était à la moitié, lorsqu'il prend fantaisie à **Le Vasseur** de chanter avec lui et de couvrir sa voix. Le proviseur se retourne et le prie de le laisser chanter seul. **Le Vasseur** chante encore plus fort, oblige le proviseur à se taire et achève la strophe à perte d'haleine. Le proviseur se contint, tâchant par son attitude d'atténuer la mauvaise impression d'une pareille conduite. Après la messe, il fit au boursier si inconvenant les représentations les plus amicales; mais **Le Vasseur** les reçut si mal que Me **Duval** lui déclara qu'il serait déchu de tous ses droits de boursier jusqu'à ce qu'il eût réparé le scandale qu'il venait de donner à ses confrères. Il ne voulut pas cependant faire enregistrer son ordonnance avant huit jours, espérant que le coupable ne tarderait pas à manifester son repentir. On ne pouvait pousser plus loin la modération. **Le Vasseur**, loin d'en être touché, persista dans son obstination et se remit dans la même stalle :

Le chantre aux yeux du chœur étale son audace.

Le proviseur engagea les amis du boursier à lui ouvrir les yeux sur les conséquences de sa faute, s'il ne revenait pas à de meilleurs sentiments. Ceux-ci ne purent rien gagner. Enfin, après avoir attendu plus de trois semaines, fort de l'assentiment du prieur et des boursiers théologiens qui blâmaient **Le Vasseur**, le proviseur ordonna d'enregistrer sa déchéance. Il avait trop attendu ; sa patience avait paru de la faiblesse et réveillé l'esprit d'opposition des boursiers.

> La discorde, à l'aspect d'un calme qui l'offense,
> Fait siffler ses serpents, s'excite à la vengeance.

Voici que le prieur **Truffer** prend le parti de **Le Vasseur**, et se révolte avec lui contre son chef, comme il l'avait déjà fait sous le précédent. Il trouve la déchéance du boursier illégale, entachée de despotisme, et le pousse à intenter un procès au proviseur, devant la Cour et devant l'Université :

> Pour augmenter l'effroi, la discorde infernale,
> Monte dans le Palais, entre dans la Grand'Salle.

Le proviseur **Duval** fut obligé d'écrire un mémoire justificatif de sa conduite, où il déclarait, en terminant, qu'il maintiendrait la déchéance du boursier tant qu'il ne reconnaîtrait pas sa faute.

Nous ne savons pas comment se termina cette affaire. Il est à croire cependant que le boursier se soumit et que, comme dans le Lutrin :

> . . . . par un art tout-puissant,
> On rendit tout à coup le chantre obéissant.

Mais il ne faut pas trop s'étonner de ces luttes contre l'autorité : car nous sommes en 1789, à la veille de la grande Révolution, qui en fera litière.

Si on avait quelquefois mauvaise tête, en revanche on avait bon cœur au collège d'Harcourt, surtout parmi les pensionnaires. On en trouve plusieurs témoignages anecdotiques dans une sorte de *Morale en action* proposée alors comme modèle aux jeunes gens sous le titre de *Étrennes des Écoliers*[1]. On y racontait que « le 29 octobre 1782, les pen-

---

[1]. Je remercie M. **Faucou** de m'avoir fait connaître ces anecdotes. Je serai également reconnaissant à tous les anciens élèves de Saint-

« sionnaires du collège d'Harcourt firent célébrer une messe
« solennelle, suivie d'un *Te Deum*, à l'occasion de la nais-
« sance de Mgr le Dauphin. Ils ont ensuite délivré six pri-
« sonniers enfermés pour *dettes de mois de nourrice*, au
« Fort-l'Évêque. Parmi ces prisonniers se trouvait une
« femme qui n'était dans cette prison que de la veille, mais
« bien intéressante pour le motif qui l'y détenait. Cette femme,
« étant venue voir son mari, le trouva souffrant et malade;
« aussitôt elle s'offrit à demeurer à sa place, et força son mari
« de retourner chez lui, pour y trouver un repos qu'il ne pou-
« vait avoir en prison. Le Ciel a promptement récompensé
« cet acte de tendresse conjugale et de générosité peu com-
« mune. »

Il paraît qu'on était alors impitoyable pour les débiteurs de ce genre, et qu'au contraire ils intéressaient tout particulièrement les jeunes élèves d'Harcourt : car les *Étrennes des Écoliers* rapportent encore, en 1790, un trait tout à leur honneur. « MM. les pensionnaires du collège d'Harcourt ont
« cru ne pouvoir mieux célébrer cette année la fête de M. le
« Proviseur de ce collège qu'en manifestant leur *sensibilité*
« pour l'humanité souffrante. Ils ont employé en œuvres de
« charité une somme d'environ 900 livres, qu'ils avaient re-
« cueillie parmi eux à cet effet. Il a été remis de leur part,
« le 3 juillet, 350 livres à M. **de Boissy**, pour opérer la
« liberté de sept prisonniers, *débiteurs de mois de nourrice*,
« qui ont reçu en outre chacun un secours en argent; le sur-
« plus a été destiné à une distribution de pain, pendant les
« mois de juillet et d'août, à cent pauvres ménages de la
« paroisse Saint-Hilaire, qui est celle du collège d'Har-
« court. »

La plus curieuse anecdote de ce recueil est celle qu'on lit dans le volume de 1787. Elle est tout à la fois un exemple de générosité et de modestie, qui montre bien l'injustice du mot sanglant que **La Fontaine** appliquait à l'écolier de 1670 :

Louis de me signaler des documents et des faits soit sur le collège d'Harcourt, soit sur le lycée Saint-Louis.

Cet âge est sans pitié! Tout au contraire, celui de 1790 débordait de *sensibilité* suivant le ton de l'époque.

« Un écolier âgé de 17 ans, étudiant en rhétorique au col-
« lège d'Harcourt, rencontra un jour, dans une de ses prome-
« nades, un homme couvert des haillons de la misère. L'in-
« digence et les malheurs avaient altéré, dans cet infortuné,
« les traits d'un ancien domestique qui l'avait autrefois servi
« chez ses parents. Il le reconnut avec peine, s'en approcha
« avec la pitié la plus vive et le plus puissant intérêt. Après
« l'avoir interrogé sur les causes de son infortune, à laquelle
« il remarqua que les vices ni la paresse n'avaient aucune
« part, il lui assigne un rendez-vous secret pour le matin, au
« collège d'Harcourt. Il lui donne pour premier secours tout
« l'argent qu'il possédait alors, et la portion de pain destinée
« à son déjeuner, avec ordre de revenir l'après-dîner à son
« goûter. Il le charge de se loger dans une maison honnête
« et de lui faire connaître l'hôtesse chez laquelle il avait choisi
« son gîte. Il s'excuse sur la modicité des secours qu'il lui
« procure alors et l'exhorte à espérer, du temps et de sa bonne
« conduite, des jours plus calmes et plus heureux. L'hôtesse
« choisie et présentée au jeune homme a reçu pendant huit
« mois le prix de ses loyers; elle a éclairé les démarches de
« l'indigent et a rendu témoignage de sa conduite. L'infor-
« tuné a vécu pendant ce long espace de temps de la portion
« de pain destinée au déjeuner et au goûter de ce généreux
« écolier; mais, comme elle n'aurait pas suffi, il y a ajouté,
« chaque semaine, la modique somme d'argent que ses
« parents, en récompense de son travail, lui abandonnaient
« pour les plaisirs et les besoins de son âge. Cependant il
« retranchait méthodiquement quelque chose pour mettre en
« masse afin d'habiller cet honnête malheureux. Quand il a
« été assez riche, il a employé l'industrie d'un tiers pour
« acheter à la friperie un habit qui mit son protégé en état de
« se présenter sans humiliation, pour solliciter quelque em-
« ploi. Cependant l'impatient jeune homme s'agitait et s'intri-
« guait pour lui trouver une place où il pût, en travaillant,
« se procurer une vie plus douce et plus aisée. Enfin il eut le

« bonheur de prévenir le vœu de cet indigent, qui, pour der-
« nière ressource, voulait s'engager. Il l'a fait entrer comme
« domestique dans une maison où sa mère avait quelques
« liaisons. Cette mère, dînant un jour chez son amie, a
« reconnu ce laquais autrefois à ses gages. La curiosité l'a
« portée à lui demander l'histoire de sa vie depuis qu'il avait
« quitté son service : elle finissait par le récit détaillé de la
« généreuse *sensibilité* de son fils. Jusque-là un profond
« secret avait été gardé de la part du bienfaiteur, qui avait
« même trompé sur cet article la vigilance de son précep-
« teur. »

Voilà comment la jeunesse se montrait bonne et charitable dans notre vieille maison d'Harcourt. Les élèves du lycée Saint-Louis continuent ces traditions, en versant chaque année d'abondantes aumônes pour les pauvres entre les mains de leur excellent proviseur.

Ces traits devaient consoler Me **Duval** des ennuis que lui causaient les boursiers, devenus plus exigeants que jamais. Mais d'autres sujets de préoccupation allaient l'inquiéter.

C'était d'abord la convocation des États Généraux de 1789. L'Université ayant fait valoir ses droits à y être représentée, on procéda aux élections pour les trois ordres, et ce fut le fameux **Guéroult**, professeur de rhétorique d'Harcourt, que les Facultés et les Collèges envoyèrent aux États, comme député du Tiers.

Il n'est peut-être pas sans intérêt de rappeler ici les vœux émis par les *cahiers* de 1789 au sujet des collèges de l'Université. Ils portent d'abord sur leur nombre, que l'on trouve insuffisant, quoiqu'il fût, dit M. **Silvy**, d'au moins 900 en France[1], et ce vœu est consigné dans plus de soixante cahiers; puis sur la gratuité absolue de l'enseignement secondaire, qui est moins demandée cependant que la réforme précédente ; sur les programmes, où l'on veut faire une part plus large aux sciences exactes, physique, histoire naturelle, chi-

---

1. **H. Silvy**, ancien conseiller d'État, *Les Collèges en France avant la Révolution*.

mie ; aux langues vivantes ; à l'histoire et à la géographie ; sur le choix des maîtres, la capacité et la moralité qu'on doit en exiger, les traitements convenables, les récompenses honorifiques, la retraite assurée quand l'âge ou la fatigue les forceront à quitter l'enseignement ; sur l'émulation enfin à exciter parmi les élèves par la solennité des distributions de prix[1].

Après les élections aux États Généraux, le proviseur d'Harcourt, en qualité de procureur, dut convoquer la Nation de Normandie pour la contribution du quart du revenu demandée par **Necker** et approuvée par la Constituante. M⁰ **Duval** s'acquitta de cette obligation et fit voter 1 200 livres de contribution par son collège. Il est aussi le 5 février 1790 à la tête des professeurs et des élèves de la maison, quand les écoles vont prêter le serment civique sur les autels de la Patrie dressés dans le district de **Saint-Étienne du Mont**. Mais si Harcourt, comme les autres collèges, prenait part à l'entraînement général, les études n'en souffraient pas trop, car il a toujours de brillants élèves, et, en **1791**, il compte encore dix-sept nominations en rhétorique, et quatorze dans les autres classes, au *Concours général*[2]. Signalons seulement les noms de **Le Tellier**, **Delisle**, d'**Estrouvelles**, de **Grandmaison**, et celui de **Burnouf**, quatre fois nommé en seconde, présage de plus éclatants succès.

En 1791, nous trouvons aussi une autre forme de procès-verbal de la distribution des prix du Concours général. Il est rédigé en français et dans les termes suivants :

Dieu, la Nature, la Loi, le Roi,

L'an 1791, le 13ᵉ jour du mois de juillet, en présence des députés de l'Assemblée nationale, du Directoire du département et du corps municipal,

René **Binet**, ancien Recteur et professeur de rhétorique au collège du Plessis, faisant les fonctions de Recteur ;

---

1. E. Allain, *La Question d'Enseignement en* 1789. — A. Sicard, *Les Études classiques avant la Révolution.*
2. V. *Notice* de M. Pierron, sur le collège d'Harcourt. — Palmarès aux *Documents annexes*.

L'Université de Paris, assemblée dans la salle des écoles extérieures de Sorbonne, pour la distribution solennelle des prix fondés dans son sein,

Provenant : 1° d'un legs de Louis **Le Gendre**, chanoine et sous-chantre de l'Église de Paris, appliqué à cette destination, du consentement des héritiers, par arrêt du 8 mars 1746 ;

2° D'une donation de Charles **Coffin**, ancien Recteur de l'Université, et principal du collège de Dormans-Beauvais ;

3° D'un legs de Bernard **Collot**, chanoine honoraire de l'Église de Paris et ancien professeur-émérite de l'Université, cette dernière fondation pareillement confirmée par arrêt du 29 mai 1758,

Après avoir entendu la harangue prononcée par Joseph-François-Marie **de la Place**, professeur d'humanités au collège Louis-le-Grand.

Proclame, dans l'ordre suivant, les athlètes qui ont mérité des couronnes ou qui en ont approché[1].

A côté des lauréats dont nous avons rappelé les noms, il convient d'inscrire ceux des poètes dramatiques et comiques **Choudard-Desforges, Duval** et **Picard**, du maréchal **Macdonald**, duc de Tarente, du prince **Eugène de Beauharnais**, de l'historien **Anquetil**, du philologue **Boissonnade de Fontarabie**, de l'humaniste **Auvray**.

On connaît l'importante notice que M. Egger, qui fut lui-même un élève et un lauréat du lycée Saint-Louis, a consacrée à **François Boissonnade de Fontarabie**, issu d'une noble famille de Gascogne, en 1774. Boissonnade, qui devint un helléniste et un philologue si remarquable, avait étudié à Harcourt et remporté au Concours général un accessit de version latine en troisième (1788), et un accessit de grec en rhétorique (1790).

Jean-Antoine Auvray fut un lauréat de rhétorique, en 1793, où il obtint trois nominations. Après la Révolution, il devint proviseur du lycée Henri IV et inspecteur de l'Académie de Paris.

---

1. La proclamation du Concours général de 1792 ne diffère de la précédente que par la suppression de toute mention royale. Elle commence ainsi : l'an 1792, le troisième jour du mois d'août, l'an IV de la Liberté, et le reste comme ci-dessus. (V. *Palmarès* conservés à la Bib. de l'Hôt. de V. **Musée Carnavalet**.)

Ces jeunes gens avaient été formés par des maîtres du premier mérite, comme **Claude Guéroult** et **François Daireaux**. **Claude Guéroult** enseignait la rhétorique à Harcourt, pendant que son frère Antoine, élevé aussi dans cette maison, la professait à Louis-le-Grand, quand éclata la Révolution. Ils en embrassèrent avec ardeur les principes et furent désignés au nombre des premiers élèves qui firent partie de l'École normale supérieure à l'époque de sa création (1794). **La Harpe** leur adressa publiquement cet éloge dans son *Cours de Littérature* : « Deux maîtres de l'Université de Paris ont prouvé leur modestie en venant siéger parmi vous à titre d'élèves, après avoir prouvé leur talent pour écrire et pour enseigner. » Après la Révolution, **Claude Guéroult** devint proviseur du lycée Charlemagne, directeur de l'École normale et conseiller de l'Université. L'illustre **Cuvier**, en prenant place au conseil près de lui, disait à ses collègues : « Je suis fier de m'asseoir à côté d'un tel homme[1]. »

François Daireaux, qui professa les humanités à la même époque, sera, comme nous allons le voir, le dernier proviseur d'Harcourt.

L'abbé **Duval**, après avoir occupé une seconde fois le rectorat, refusa d'être prorogé de nouveau dans cette dignité, pour se consacrer tout entier à son collège. M. **Pierron**, dans sa *Notice* sur Harcourt, en 1853, disait avoir connu des vieillards qui parlaient encore à cette époque de **Duval** avec attendrissement. « Personne, selon eux, ne réalisa jamais plus complètement que lui le majestueux idéal d'un proviseur, la sévérité du maître tempérée par la bonté du père. Personne, disaient-ils, ne fut jamais plus digne de revêtir la simarre violette et tous ces insignes rectoraux, objets alors de tant de convoitises. Il rassemblait des matériaux pour écrire la vie des Pères de l'Église, lorsque la Révolution vint interrompre le cours de ses travaux. Il avait compris la grande rénovation politique et sociale de 1789; mais les excès qui en furent la

---

1. Lebreton, *Biographie normande.*

suite l'affectèrent profondément[1]. « Cet homme, dit M. Pierron, qui avait si bien mérité et d'Harcourt, et de l'Université, et de la France même, vit périr tout ce qu'il aimait : la religion, la royauté, l'Université, Harcourt! Proscrit, persécuté, errant pour n'avoir voulu renier ni ses affections ni sa foi, il eut du moins la douceur de rendre ce qui lui restait de vie ailleurs que sur la place de la Révolution, et d'arrêter ses yeux mourants sur des visages amis et sur ce charmant pays de Caux où il était né. » Ce fut à Guerbaville-la-Mailleraye, chez un de ses frères, qu'il mourut le 20 mai 1797. Il a laissé plusieurs ouvrages philosophiques, où il combat les sophismes de **Montesquieu**, de **Rousseau** et de **Buffon** : *Essais sur différents sujets de Philosophie*, 1767 ; *Réflexions sur le Livre intitulé Système de la Nature*, 1770 ; *La Nouvelle philosophie à vau-l'eau*, etc. Le proviseur **Duval** prit sa retraite en 1791, et resta au collège avec le titre d'*émérite*[2]. Il laissait la charge à celui qui avait été son coadjuteur depuis 1790, Me **Daireaux**, ancien élève de la maison, quatre fois lauréat pour le prix Coignard, *au Concours général*[3]. Voici l'acte de baptême du proviseur **Daireaux**, que nous a envoyé un membre de sa famille[4], et qui nous renseigne complètement sur sa naissance et son origine.

« Lundi 12 mai 1760 a été par nous, prêtre habitué dudit Saint-Nicolas de Coutances, baptisé un fils né de ce jour du légitime mariage de Charles **Daireaux**, dit **Deslandes**, bourgeois de Coutances, et de Julienne **Hamel**, son épouse. Ledit enfant, né en bourgeoisie, a été nommé Charles-François par Me Charles-François **Leloup**, marchand filandier du village dudit Saint-

---

1. Lebreton, *Biog. norm*.
2. V. chap. 1er, p. 38.
3. Ce prix **Coignard** était le prix d'éloquence latine, fondé en 1762, par **J. B. Coignard**, imprimeur du roi, en faveur des maîtres ès arts de l'Université, à laquelle il désirait ainsi témoigner sa reconnaissance. Il voulait seulement que ni le syndic, ni les imprimeurs de l'Université ne fussent invités à la distribution de ses prix, ce qui ne put être accepté. (V. *Conclusions de la Nation de Normandie*, t. II, p. 205.)
4. M. **Daireaux**, professeur au lycée et archiviste de Coutances.

Nicolas, assisté pour marraine de Anne **Quesnel**, son épouse, lesquels ont avec nous signé cedit jour et an.

    Ch. LELOUP,   JOURDAN.
    Anne QUESNEL.

Ce fut le proviseur **Daireaux** qui dirigea le collège jusqu'en 1793, et qui eut la douleur d'assister à l'agonie du vieux d'HARCOURT, condamné à disparaître, comme tant d'autres institutions bienfaisantes emportées en même temps par la tourmente révolutionnaire. Il y avait toutefois encore à cette époque de nombreux habitants dans le collège, si nous en jugeons d'après l'état dressé, sans doute pour le Directoire du département, par Me **Daireaux**[1]. Ainsi on y comptait soixante-six personnes appartenant à l'administration, au professorat, au personnel des boursiers ou au service de la maison. Il y avait seulement, sur les cinquante-deux bourses, douze titulaires absents et six places vacantes. Les revenus étaient de 39774 livres 10 sous. Comme on le voit, la situation était à peu près la même qu'au temps du proviseur **Fortin**. Dans ce compte ne figure pas l'évaluation des pensionnaires, qui ne relevaient que du proviseur, sauf à en faire bénéficier la maison. Nous savons cependant qu'ils étaient nombreux.

En 1792, le troisième jour du mois d'août, l'an IV de la Liberté, comme on disait alors, les prix du *Concours général* furent encore distribués à la Sorbonne sous la présidence du maire de PARIS, **Petion**, assisté des députés de l'Assemblée nationale, du Directoire du département, du corps municipal et de l'ancien Recteur **Binet**. HARCOURT eut vingt et une nominations et applaudit l'élève **Burnouf**, qui fut son neuvième prix d'honneur. On raconte qu'à l'appel de ce nom, on vit s'avancer un tout jeune adolescent, de très petite taille, un de ces enfants aux yeux vifs, au teint coloré, à la physionomie éveillée et intelligente, comme la Normandie en four-

---

1. Ces renseignements et les suivants sont empruntés à quelques papiers du collège d'HARCOURT conservés au lycée SAINT-LOUIS, que son excellent proviseur, M. Joubin, nous a fait connaître. V. aux *Documents annexes*.

28.

— 435 —

nissait de tout temps à Harcourt[1]. C'était le futur réformateur des études grecques, qui, après avoir vécu péniblement pendant la période révolutionnaire, commis au district de Dieppe, deviendra membre de l'Institut, professeur au Collège de France, inspecteur général de l'Université. Ses succès au Concours général n'étaient pas nouveaux : déjà, en 1791, en seconde il avait obtenu quatre nominations. En 1792, le triomphe fut complet, car il remporta, outre le prix d'honneur de discours latin, le second prix de discours français. Mais il fit des jaloux, et voici ce que nous apprenons d'un témoin oculaire, son camarade **Poiret**. Ce récit nous fait connaître l'esprit des collèges à cette époque[2].

« En 1792, les élèves de quelques collèges de Paris, notamment ceux des collèges Louis-le-Grand et de Mazarin, entraînés par plusieurs de leurs camarades et séduits par les principes révolutionnaires, s'occupaient plus de questions politiques et sociales que de leurs études.

« Admirateurs crédules des fougueux démocrates, ces imprudents jeunes gens ne voulaient reconnaître d'autres guides que ceux qui les avaient entraînés dans une voie si fatale ; ils mettaient en action les idées de leurs chefs. Ennemis de toute contrainte, ils ne reconnaissaient plus la nécessité de l'ordre et de la discipline, ni surtout celle du travail ; ils voulaient, disaient-ils, jouir d'une pleine et entière liberté : aussi prenaient-ils des congés quand bon leur semblait, et, désirant faire partager à tous leurs condisciples les bienfaits de cette prétendue liberté, ils se rendaient souvent, sous la conduite de leurs chefs, dans les collèges dont les élèves, restés attachés à l'ancien ordre de choses, ne pouvaient se décider à partager leurs opinions ; ils ouvraient les portes des classes, forçaient les élèves d'en sortir et de prendre malgré eux des congés extraordinaires. Ces actes d'insubordination se sont plusieurs fois renouvelés.

« Avec de semblables dispositions, quels succès pouvaient-ils espérer à la fin de l'année scolaire ? Ne devaient-ils pas voir avec

1. Notice de M. **Pierron**, et *Choix de Lettres d'E. Burnouf*, p. 356.
2. Nous le devons à la bienveillante communication de M. **Léopold Delisle**, qui nous a aussi indiqué plusieurs documents intéressants, que nous avons utilisés au cours de ce travail. Nous le remercions ici tout particulièrement, et avec lui madame **Delisle**, petite-fille de **Burnouf**, d'avoir bien voulu nous envoyer ces *Souvenirs de Jeunesse* de son illustre grand-père, que nous insérons en respectant scrupuleusement le langage du témoin.

indifférence, ou plutôt avec répugnance, arriver la cérémonie annuelle de la distribution des Prix du Grand Concours ? Leur conduite antécédente pouvait-elle leur donner le moindre espoir d'avoir quelque part à cette distribution ?

« Aussi, quand arriva ce jour (3 août 1792) si impatiemment attendu par ceux qui espéraient être récompensés de leur persévérance dans le travail, on vit ces prétendus amis de la liberté, ou plutôt ces amis de la paresse, se présenter à l'entrée de la salle de la Sorbonne, où devait se faire la Distribution des Prix. A peine introduits dans cette salle, ils firent entendre des cris injurieux et menaçants contre les élèves des autres collèges qui s'étaient refusés à suivre la ligne de conduite qu'ils avaient voulu leur tracer ; mais ces cris ne suffisaient pas encore pour faire connaître leurs intentions hostiles ; il fallait une démonstration positive, elle eut lieu.

« Quelques-uns, munis d'un long bâton, au bout duquel ils avaient placé une éponge trempée dans l'encre, s'introduisirent dans la galerie qui entourait cette salle et promenèrent cette éponge sur les inscriptions indiquant le nom de chaque collège. Les collèges d'Harcourt et de Navarre eurent les premiers cet honneur.

« Cet acte, qui n'était autre que le prélude d'actions plus blâmables encore, fut accueilli, d'un côté, par de grands éclats de rire, et d'un autre, par des cris d'indignation. On remarquait à la tête de ceux qui s'en étaient rendus coupables leur chef ordinaire, un jeune homme qui, depuis, crut sans doute pouvoir faire oublier cette faute de sa jeunesse en prenant parti pour le gouvernement de la Restauration avec la même ardeur qu'il avait mise à soutenir ses idées révolutionnaires. C'était **Martainville**, qui fut rédacteur du *Drapeau Blanc*, journal fondé par lui et bien connu par ses opinions antirévolutionnaires : *Quantum mutatus ab illo !*

« Il était depuis peu élève boursier du collège de Louis-le-Grand ; il avait sans doute oublié ses anciens condisciples du collège d'Harcourt, avec qui il avait fait ses premières études, et auxquels il avait fait alors une heureuse et honorable concurrence.

« Les mêmes cris qui, au moment de l'ouverture de la salle, avaient été poussés par une partie des élèves, se renouvelèrent du même côté lors de l'entrée des officiers de l'Université et des membres de la Municipalité, ayant à leur tête le maire **Pétion**, qui jouissait d'une grande popularité.

« **Pétion**, surpris, comme tous ceux qui l'accompagnaient, d'un bruit aussi inaccoutumé dans une pareille circonstance, s'élança sur la chaise qui lui avait été préparée et réclama, par ses gestes, un silence qu'il eut bien de la peine à obtenir. Il parvint enfin à adresser à tous les élèves indistinctement une allocution, dans laquelle il les engagea à la modération et au calme ; ce fut inutilement : ceux sous l'influence desquels se trouvaient les élèves perturbateurs avaient un trop grand intérêt à ne pas laisser prévaloir les sages conseils du maire : leur amour-propre en eût trop souffert.

« Enfin, après les discours d'usage, arriva le moment de proclamer les noms des lauréats. Le premier nom fut celui de **Jean-Louis Burnouf**, qui fut accueilli par les vifs applaudissements d'une grande partie des assistants ; mais aussitôt ce nom prononcé, et au moment où l'officier de l'Université chargé de la proclamation se disposait à nommer le collège dont **Burnouf** était élève, sa voix fut couverte par les cris de ceux qui avaient décidé que le nom du collège d'Harcourt ne serait pas prononcé. Toutes les instances, soit des membres de l'Université, soit de ceux de la Municipalité, pour ramener le silence furent inutiles ; à chaque nouvelle nomination, toujours les mêmes cris. Bien rarement on entendit proclamer quelques noms des élèves de l'opposition.

« La cérémonie terminée, les élèves du collège d'Harcourt, qui avaient particulièrement à redouter de la part de leurs adversaires quelques actes de violence, dont ils avaient d'ailleurs été menacés hautement, à cause du prix d'honneur que venait de remporter leur camarade et ami, s'empressèrent de l'entourer, et, à la sortie de la salle, ils se pressèrent à ses côtés ; ils l'aidèrent à porter le glorieux fardeau dont il aurait eu peine à se charger seul, et l'accompagnèrent jusqu'au collège, dédaignant de répondre aux grossières injures que leur adressaient ceux qui n'avaient réussi qu'à demi dans leur projet de désordre.

« Entrés dans la cour du collège, ils conduisirent leur ami chez le proviseur ; celui-ci lui adressa sur ses succès, qui, disait-il, faisaient autant d'honneur au collège qu'à lui-même, des félicitations, qu'il reçut avec cette modestie dont il ne s'est jamais départi, et dont il a donné des preuves continuelles dans tout le cours de sa vie si laborieuse et toute dévouée à l'instruction de la jeunesse : vertu malheureusement trop rare, qui lui a mérité l'estime de tous ceux avec qui il a eu des rapports, et l'amitié durable de ceux qui ont eu le bonheur de vivre dans son intimité[1]. »

Nous venons de voir dans quelles dispositions se trouvaient un grand nombre d'écoliers, à l'époque révolutionnaire. Ils en partageaient les idées avec l'entraînement de leur âge, et, pour mieux obéir au mouvement, ils demandaient à l'assemblée des représentants de la commune de Paris que l'ouver-

[1]. Souvenirs d'un témoin oculaire, qui n'a mis aucune exagération dans ce récit, et qui pourrait, à cet égard, en appeler à ceux de ses camarades du collège qui furent témoins des incidents ci-dessus rapportés. — **N.-C. Poiret.**

ture des vacances fût fixée au 14 juillet, afin, disaient-ils, que, « dans ce jour à jamais mémorable, il leur fût donné de se voir réunis à leurs parents et de leur exprimer les sentiments qui animaient toute la capitale. » La commune de Paris ne pouvait qu'approuver « le noble enthousiasme qui enflammait ces jeunes cœurs », comme l'écrivait le président de la municipalité, **Brière de Surgy**, au Recteur de l'Université, afin d'appuyer la pétition des écoliers. Le Recteur dut s'incliner, et les vacances furent avancées au 12 juillet. On travaillait alors aux préparatifs de la troisième fête de la *Fédération*. Les écoliers voulurent y prendre part, et ils s'en allèrent manier la pioche et la pelle au Champ-de-Mars. « Je ne puis offrir que ma sueur à la patrie, disait l'un d'eux, mais je la répands de bien bon cœur? » Un certain nombre de ces jeunes terrassiers patriotes vint même faire tapage à la porte du collège de Navarre, parce que les élèves de cette maison n'avaient pas paru dans leurs rangs. Il fallut pour ceux-ci parlementer et se justifier devant le district d'un tel manque de civisme[1].

En même temps aussi, car les dates se confondent dans cette période si pleine de faits, des réformes scolaires étaient proposées de toutes parts, dans les Facultés, les Nations et les collèges; c'était partout une fièvre d'innovation et de changement qui s'emparait des maîtres aussi bien que des élèves. Les vieux usages, les vieilles cérémonies étaient abandonnés. L'ancien élève du collège d'Harcourt, **Talleyrand** (septembre 1891), membre de la Constituante, présentait un projet de réorganisation de l'instruction publique tendant à sa sécularisation complète au profit de l'État. Il établissait trois sortes d'écoles, les écoles primaires, les écoles de districts et les écoles spéciales. Paris ne devait plus avoir que six collèges de district. **Condorcet**, qui vint ensuite (avril 1892), renchérit sur le projet de son collègue, en proposant cinq degrés d'instruction ; puis **Michel Lepelletier** préparait son plan d'*éducation nationale* de tous les

---

1. **Ch. Jourdain**, *Hist. de l'Univ.*, t. II, p. 465.

enfants de la patrie de cinq à douze ans, sur le modèle de Sparte[1]. Maximilien **Robespierre** devait le reprendre et le présenter à la Convention Nationale en juillet 1793, alors que celle-ci venait de proclamer la liberté absolue de l'enseignement, moyennant certaines déclarations de la part de ceux qui veulent s'en occuper sous les noms d'*instituteurs* et *institutrices*. Tous ces projets sonnaient le glas des vieilles institutions universitaires. Déjà les chaires de Sorbonne et de Navarre avaient été supprimées, les biens formant les dotations des collèges et autres établissements d'instruction publique mis en vente, et les noms même de plusieurs d'entre eux changés. Sous l'influence de ces événements, bien que la population des collèges tendît à s'affaiblir, les études sont encore suivies à Harcourt, comme en témoignent les treize copies d'un thème latin sur l'*Amitié*, d'après **Cicéron**, qui portent la date du jeudi 16 mai 1793[2]. Voici les noms des élèves auteurs de ces copies : **Baillet, Chemin, Commandeur, Deville, Guinaud, Joirin, Maurel, Massieu, Lalande, Meslin, Lasnon, Pochereux, Pressat.** Ces élèves appartenaient à la classe de quatrième, et l'un d'eux, **Lalande**, figure parmi les lauréats de cette classe au *Concours général* de 1793.

Cette année-là, nous voyons que la distribution des prix du *Concours*, sans doute pour rompre avec la tradition monarchique, n'a plus lieu à la Sorbonne. Voici le libellé du procès-verbal.

« L'an 1793, IIe de la République Française, une et indivisible, le 4e jour d'août, 5 heures du soir, les administrateurs du département de Paris se sont réunis au lieu dit les Jacobins, rue Saint-Honoré, dans la salle des Amis de la Liberté et de l'Égalité, pour la distribution des prix de l'Université, en exécution des décrets de la Convention Nationale des 29 juin, 3 et 19 juillet précédents.

Une députation de la Convention Nationale est venue accroître l'émulation des élèves, en assistant à cette auguste cérémonie.

Le Tribunal de Cassation, le Tribunal criminel et extraordinaire, tous les corps administratifs et judiciaires du département, l'as-

---

1. V. **Gréard**, vice-recteur de l'académie de Paris, *Législation de l'Instruction primaire en France*, 2e édition, t. Ier.
2. *De Amicitia*, n° XVIII. « Ita fit verum illud quod initio dixi, amicitiam nisi inter bonos, esse non posse. » Ed. Le Clerc, t. 28.

semblée électorale et des commissaires des sections de Paris, se sont aussi rendus aux invitations qui leur avaient été faites par le procureur général syndic au nom du Directoire.

Tous les officiers de l'Université, principaux et professeurs des collèges, s'y sont également rendus avec les écoliers.

Enfin toutes les tribunes de la salle se sont trouvées remplies de citoyens et citoyennes, dont l'affluence ajoutait encore à l'éclat de cette fête intéressante.

Le citoyen **Dufourny**, président du département, a ouvert la séance en prononçant le discours[1].

L'orateur débuta par ces mots de la Marseillaise :

« .... Enfants de la Patrie,
« Le jour de gloire est arrivé,

« au bruit des acclamations des citoyens et par la main des
« représentants de la Nation, vos talents vont être couron-
« nés.... Que vos âmes, enfants de l'égalité, ne s'effrayent
« pas de ce que vos fronts seront un moment ceints de
« couronnes : car ces couronnes ne sont point celles de l'or-
« gueil, ni celles de la tyrannie; ce sont les couronnes de
« l'émulation, des talents qui ont fondé, illustré et défendu
« les Républiques.... Enfants de la Patrie, dit-il en terminant,
« vous êtes les derniers des jeunes Français qui auront eu
« le malheur de ne développer leurs talents qu'au milieu des
« préjugés.... Réunis dans peu, par vos parents, à la mère
« commune, vous recevrez cette éducation politique qui seule
« peut rétablir l'unité, l'égalité et le bonheur. Qui d'entre
« vous, purs comme la nature, a jamais distingué dans son
« camarade le fils du *sans-culotte*; et s'il l'a distingué, n'est-ce
« pas, enfants généreux, pour l'en aimer davantage ? »

Le procès-verbal officiel que nous citons a soin d'observer que les acclamations des jeunes élèves et des assistants ont fréquemment interrompu ce discours. Après cette véhémente allocution, **Crouzet**, principal du collège du Panthéon, c'était le nouveau nom de l'ancien collège de Montaigu, lut un poème sur la Liberté. Il fut aussi très applaudi. La Convention or-

---

1. *Palmarès* de la Bib. de la Ville.

donna qu'il fût imprimé, ce qui ne l'empêcha pas, par décret du 15 septembre 1793, de supprimer tous les collèges.

A cette dernière distribution de prix le collège d'Harcourt avait encore obtenu 36 nominations, dont le second prix d'honneur à l'élève **Louis Grandmaison**, de Paris[1]. Malgré les gloires de son passé et les services qu'elle avait rendus au pays, la vieille maison d'Harcourt fut fermée ; on allait transformer les bâtiments en prison. M⁰ **Daireaux** devint, après la Révolution, proviseur du lycée Charlemagne. Il y succéda, en 1811, aux proviseurs **Guéroult** et **Crouzet**, dont nous venons de rencontrer les noms, le premier au collège d'Harcourt, et le second au *Concours général* de 1793[2].

Mais pourquoi parler d'agonie et de mort au sujet de notre ancien collège ? Il vit toujours dans le lycée Saint-Louis, qui a continué son œuvre, en lui succédant, comme il nous reste à le rappeler dans un dernier chapitre.

Terminons celui-ci en donnant quelques détails sur la *Bibliothèque* du collège d'Harcourt.

Sa formation commença avec la création même du collège. Les fondateurs ne se contentèrent pas d'offrir aux boursiers qu'ils y admettaient, le vivre et le couvert, ils y ajoutèrent des instruments de travail, je veux dire des livres. Il était d'autant plus important d'y pourvoir, qu'au xiv⁰ siècle on ne se servait encore que de manuscrits qui étaient en petit nombre et assez coûteux, surtout pour des étudiants pauvres. Nous avons la preuve que **Robert d'Harcourt** dut constituer un premier fonds de bibliothèque dans les statuts de 1311, où il formule certaines prescriptions à l'égard des livres de la maison.

Ainsi on y lit :

Art. LI. « *Chaque boursier s'obligera par serment à prendre soin des livres de la maison comme des siens propres, et à ne les prêter à personne hors de la maison.* »

Art. LXXXII. « *Il sera fait un inventaire de tous les livres, meubles et ustensiles quelconques communs aux théologiens et*

1. V. aux *Documents annexes* les noms des lauréats.
2. V. de **Ménorval**, *Hist. du Lycée Charlemagne*.

aux artistes, et, tous les ans, dans la première semaine de carême, on représentera lesdits objets devant le Proviseur, le Prieur, le Procureur, les théologiens de la maison, et on les comparera à l'inventaire qui en aura été fait. S'il manque quelque chose on en fera une recherche exacte, et si l'on fait quelque nouvelle acquisition elle sera fidèlement portée sur l'inventaire [1]. »

Au sujet de ces acquisitions nouvelles, voici ce qui est dit :

Art. LXII. « *Tout artiste qui aura entendu parler d'un livre devra se renseigner pour l'indiquer au Principal de la maison.* »

Ces textes ne permettent pas de douter qu'il n'y ait eu dès l'origine du collège, des livres appartenant à la maison et mis à la disposition des boursiers. C'est ce qui résulte encore des manuscrits mentionnés par le catalogue que nous décrirons tout à l'heure.

Cette bibliothèque, comme le remarque M. **A. Franklin**[2], s'enrichit assez vite par de nombreuses donations. La plus ancienne que nous connaissions provient, dit-il, d'un chantre (chanoine) de l'église de BAYEUX, nommé **Jean Lefèvre**. On lit, en effet, à la fin d'un manuscrit in-folio (xv° siècle) des *Sermons* de saint **Bernard**, la note suivante : *Hoc volumen beati Bernardi legavit librarie collegii Harcurie, bone memorie defunctus magister Johannes Fabri, Baiocensis succentor. Anima ipsius requiescat in pacem* (sic), *amen*[3].

M. **Franklin** ajoute que c'est le seul souvenir qu'il ait pu recueillir des libéralités qui durent être faites à cette bibliothèque du xiv° au xvii° siècle. Nous avons trouvé cependant au catalogue quatre autres mentions de manuscrits qui ont été

---

1. Voir le texte latin aux *Documents annexes*.
2. **A. Franklin**, *Les anciennes bibliothèques de Paris*, t. I, p. 368.
3. Arch. nat. M. M. 453. — Bibliothèque Mazarine, *Manuscrits*, T. 308 et *Manuscrits de la Bib. Maz.* par M. **Molinier**, t. I, p. 354. Ce **Jean Lefèvre** devait être le frère ou le parent d'un autre harcurien, **Nicolas Lefèvre**, mentionné dans le Cartulaire de l'Université de Paris sous cette désignation : Nicolaus Fabri, diaconus Bajocensis, magister in artibus et in medicina, regens Parisius ac scolaris in theologia de collegio theologorum de Haricuria, Paris. (Denifle et Chatelain, *Chart. Univ. Paris.*, t. II, p. 161, not. 22. *Rotulus de beneficiis*, an. 1349.)

— 443 —

donnés au xv⁰ et au xvi⁰ siècle. **Robert Cybole**, qui fut proviseur d'Harcourt de 1455 à 1458, légua à la bibliothèque un manuscrit latin de la *Morale* d'**Aristote**; **Pierre Richard**, chanoine de Troyes, lui donna deux manuscrits *De Rebus philosophicis*, et **Thomas Troucel**, chanoine de Paris, une homélie sur la *passion* de Jourdain de Quedlimbourg[1]. Mais ces donations sont peu nombreuses. C'est à partir du xvii⁰ siècle qu'elles deviennent importantes, grâce à la munificence des proviseurs du collège.

C'est ainsi que **G. Turgot**, comme nous l'avons vu[2], donna ses livres au collège par son testament de 1621. Son successeur, **P. Padet**, agit de la même manière. C'est lui qui fut le véritable organisateur de la bibliothèque d'Harcourt. En 1645 et 1646, il l'augmenta considérablement comme le mentionne le catalogue[3]. Par son testament du 15 juin 1657, il laissa au collège une somme considérable, plus de 65 000 livres, et il y ajouta « tous les livres, tablettes et ustanciles servans aus-
« dits livres, pour estre mis et conservez en la biblioteque ».
Il établit une charge de bibliothécaire et ordonna qu'un traitement de soixante livres serait alloué à ce bibliothécaire. Il devait être choisi parmi les boursiers et nommé par le proviseur pour trois ans seulement[4]. Cette charge de bibliothécaire acquit dans la suite une telle importance, en raison sans doute de celle de la bibliothèque elle-même, que les boursiers disputèrent plusieurs fois aux proviseurs le droit qu'il avait d'y nommer sans les consulter.

Le proviseur **Th. Fortin** continua, sous ce rapport, les générosités de ses prédécesseurs. Nous trouvons, en effet, dans un *règlement général* approuvé par le Parlement, en 1703, cette mention significative :

« Testament dudit **Fortin** du 6 octobre 1679, par lequel il
« donne et lègue aux petits boursiers dudit collège la somme de
« cent livres par chacun an, à prendre sur celle de trois cents

1. Bib. Maz. ms. 253 (213). V. **A. Molinier**, t. 1, p. 91.
2. Chap. V.
3. Arch. nat. M. M. 453.
4. Bib. Mazarine, *Manuscrits*, T. 308, cité par **A. Franklin**.

Bibliotheca Carcuriana, In ordinem ac usum jamdudum iterum atque iterum intermissum ac tandem anno Millesimo Sexcentesimo Nonagesimo Sexto redintegratum disposita, Servatis proportione magnitudinis, Tituli Convenientia, Materiei Similis proximitate ac varietatis distinctione Singulorum librorum, quos praecise Numerus cuilibet affixus indicat.

Fac-simile du titre du Catalogue de 1696.

« livres à luy dûe par l'Hostel-Dieu de Paris, pour estre lesdites
« cent livres de rente employées selon la prudence desdits provi-
« seur et principal, à leur acheter des livres, plumes, papier,
« écritoires; à condition de dire par lesdits boursiers par chacun
« jour, tous ensemble à la sortie de leur repas un *De Profundis*
« pour le repos de l'âme dudit **Fortin**[1]. »

D'autres libéralités furent faites à la bibliothèque par les boursiers et régents **Pienud, Coulard, des Auberis, Richard,** dont les noms reviennent souvent dans le catalogue qui fut dressé en 1696. **Coulard** donna jusqu'à cinquante volumes in-folio.

Ce catalogue se trouve aux Archives nationales[2]. C'est un volume in-folio de 277 pages, manuscrit sur papier, qui a pour titre :

Bibliotheca Harcuriana, in ordinem ac usum jamdudum iterum atque iterum intermissum, et tandem anno millesimo sexcentesimo nonagesimo sexto redintegratum, disposita, servatis proportione magnitudinis, situ convenienti, materiei similis proximitate et varietatis distinctione singulorum librorum, quos praecise numerus cuilibet affixus indicat.

Au-dessous de ce titre nous lisons : *Parafé* ne varietur *au désir de notre procès-verbal du 2 mars 1729, signé* Luquard, et au-dessous la signature de *de Vienne,* qui est celle du conseiller chargé de la visite du collège, en 1734[3].

Ainsi le catalogue est clos au XVIIIe siècle. Il contient 2565[4] volumes classés alphabétiquement par noms d'auteur, sous les sept espèces de matières suivantes : *Theologi, philosophi, humaniores litterae, historici, juriconsulti, medici, miscellanea.*

1° Parmi les *théologiens* sont rangés les Livres saints, leurs

1. *Arrest de la Cour de Parlement du 27 juin 1703,* p. 8. Bib. de la Sorbonne, Archiv. de l'Univ.
2. Arch. nat., M. M. 453.
3. V. plus haut, p. 391.
4. M. **A. Franklin** mentionne environ 5 000 volumes. Voir *Les anciennes bibliothèques de Paris,* t. I, p. 368. M. **Labiche** dit 3 150, dans sa *Notice sur les dépôts littéraires,* p. 33. Nous n'avons pu retrouver ces chiffres dans le catalogue conservé aux Archives.

commentaires, les Pères de l'Église, les collections des conciles, la liturgie, la prédication, en un mot tout ce qui a rapport aux questions religieuses. Cette partie, la plus considérable du catalogue, ne renferme pas moins de 741 volumes. Nous en citerons les manuscrits et les imprimés les plus curieux par leur ancienneté ou leur origine.

Voici d'abord la liste des manuscrits de la théologie :

Antiquissimum manuscriptum de rebus theologicis in charta pergamena contentum, principio et fine carens, unum volumen, in-f°, n° 688.

Antiquissimum hujus bibliothecæ manuscriptum in charta pergamena de rebus theologicis putatum, unum volumen, in-f°, n° 692.

Antiquissimum manuscriptum in charta pergamena de rebus theologicis, unum vol. in-f°, n° 1401.

Antiphonale antiquissimum in charta pergamena manuscriptum, 1 vol. in-f°, n° 1884.

Antiquissimum in charta pergamena manuscriptum de rebus theologicis, 1 vol. in-f°, n° 1885.

Antiquissimum manuscriptum de indictione ecclesiastica in charta pergamena descriptum, unum vetus volumen, in-4°, n° 1868.

Biblia antiquissima antiquissimarum in charta pergamena manuscripta, 1 vol. in-f°, n° 133.

Biblia antiquissima (ut putatur) in charta pergamena optime descripta, 1 vol. in-f°, n° 690.

Biblia sacra antiquissima et in charta pergamena manuscripta, 1 vol. in-8°, n° 1887.

De rebus theologicis 1 vol. principio et fine carens in charta pergamena conscriptum et antiquum, n° 416 ; al. ind. n° 975.

De rebus theologicis, aliud volumen principio carens, putatur continere libros Magistri Sententiarum, est in charta pergamena conscriptum et antiquissimum, n° 417.

In primam questionem divi **Thomæ** commentarius manuscriptus, 1 vol. in-f°, n° 314.

In primam questionem divi **Thomæ** commentarius in papyro manuscriptus, n° 319.

Missale antiquissimum in charta pergamena manuscriptum, 1 vol. in-f°, n° 134.

Missale ad usum parisiensem antiquissimum in charta pergamena manuscriptum, 1 vol. in-f°, n° 973.

Missale antiphonale antiquissimum in charta pergamena manuscriptum, 1 vol. in-f°, n° 1402.

Psalmorum **Davidis** commentarius et enarratio, volumen antiquissimum in charta pergamena conscriptum, n° 418.

Psalmorum **Davidis** commentarius copiosissimus in charta pergamena optime descriptus et antiquissimus, 1 vol. in-f°, n° 689.

Passio Domini secundum sanctum Johannem evangelistam quam compilavit frater **Jordanus** de Quedlimburg, lector Magdeburgensis, ord. frat. Heremit. S. Aug., liber antiquissimus in charta pergamena manuscriptus, 1 vol. in-f°, n° 972 [1].

Postilla magistri **Nicolai de Lira** in quatuor evangelistas, antiquum in charta pergamena manuscriptum, in-f°, n° 1397.

Sermonum et aliarum rerum S. Bernardi theologicarum et moralium liber multo antiquissimus et in charta pergamena manuscriptus, olim huic bibliothecæ legatus a bonæ memoriæ magistro **Joanne Fabri**, succentore Bajocensi, 1 vol. in-f°, n° 132. — B. Maz., 746 (308).

Vitæ Christi tertia pars evangelio tradita, vol. antiquissimum in charta pergamena conscriptum, in-f°, olim huic bibliothecae datum a M° **Guillelmo Aubery**, doctore et theologo, quondam hujusce collegii bursario et Baiocensi canonico, n° 420.

Vetus manuscriptum in charta papyracea quod est commentarius in secundum librum Sententiarum, 1 vol. in-4°, n° 1880.

Vetus manuscriptum sive commentarius in librum Aristotelis de animalibus in charta pergamena, 1 vol. in-f°, n° 1881.

Vetus in charta papyracea manuscriptum de rebus theologicis quod est tractatus de sacramentis, 1 vol. in-4°, n° 1882.

Vetus manuscriptum de rebus theologicis in charta pergamena, 1 vol. in-4°, n° 1883.

Ainsi 27 manuscrits pour la théologie. Nous relevons également à son compte cinq ouvrages de **S. Bonaventure**, mentionnés chacun sous la rubrique de *liber antiquissimus*, sans indiquer si ce sont des manuscrits ou des imprimés, puis une douzaine d'incunables ou imprimés très anciens, et quelques ouvrages sortis des presses de **Robert Estienne**.

Alexandri de Ales ordinis Fratrum Minorum quæstiones speculativæ theologicæ pars secunda, anno 1481, Parisiis, unum volumen in-f°, n° 6.

Alexandri de Ales ordinis Fratrum Minorum tertia pars operæ de quæstionibus theologicis speculativis, Nurembergæ, 1482, unum volumen in-f°, n° 19.

Bible traduite en français, ancienne, 1 vol. in-f°, n° 1222.

Bouclier des réguliers ou la défense de la liberté octroyée par

---

1. V. Bib. Maz. ms. 253, anc. 213. A la fin de ce manuscrit on lit : « Iste liber est de libraria collegii Harcurie, quem legavit eidem collegio vir bone memorie magister **Thomas Troucel**, doctor in theologia et penitentiarius et canonicus Parisiensis, cujus anima requiescat in pace. » (A. Molinier, *Catalog.*, t. I, p. 91.)

le Saint-Siège aux chrétiens de se confesser aux réguliers approuvés, ancien livre, 1 petit vol. in-8°, n° 1540.

Constitutiones Clementis papæ quinti una cum apparatu Domini **Joannis Andreæ**, 1 vol. in-f°, antiquissimus liber, n° 298.

De immunitate authorum cyriacorum a censura tractatus, libellus vetustior, 1 vol. in-8°, n° 1550.

Ex responsione synodali data Basiliæ oratoribus Eugenii papæ quarti, 1432, et in eam commentarius, COLONIÆ, 1613, 1 vol. in-12, n° 2046.

Méditations sur les sept psaumes de la pénitence et autres œuvres de piété, par le sieur **du Vayer**, livre ancien, 1 vol. in-12, n° 1643.

Quæstiones **Roberti Holkot** super quatuor libros Sententiarum, LUGDUNI, 1496, unum vetus volumen in-f°, n° 561.

Sancti **Thomæ** commentarius in Evangelia, 1 vol. in-f°, 1482, n° 2255.

Vita sanctorum Patrum; liber antiquissimus, 1 vol. in-f°, n° 332.

Biblia cum brevibus annotationibus, PARISIIS, ex officina **Roberti Stephani**, 1532, 1 vol. in-f°, n° 2. — Altera n° 4.

Biblia cum brevibus annotationibus, PARISIIS, ex officina **Roberti Stephani**, 1540, in vol. in f°, n° 3.

Harmoniæ evangelicæ libri quatuor, authore **Andrea Osiandro**, LUTETIÆ, ex officina **Roberti Stephani**, 1545, 1 vol. in-16, n° 1604.

Novum Jesu Christi Testamentum, græce et latine, cum Bezæ annotationibus, ex officina **Henrici Stephani**, 1665, 1 vol. in-f°, n° 882.

Pour donner une idée plus complète du fonds de la théologie, ajoutons que le catalogue mentionne une foule d'ouvrages dont voici les principaux titres ou auteurs :

Bibles hébraïques, grecques, latines, et la *grande polyglotte* publiée à PARIS, en 1645, en 10 volumes in-folio. Elle avait été donnée par l'Université au proviseur **Padet** qui la légua au collège.

Les *Commentaires sur la Bible* de Lenfant, de *Cornelius à Lapide*, de Théophylacte, de Denys le Chartreux.

La grande collection des conciles, en 38 volumes in-folio, publiée à Paris, en 1644, et donnée par l'Université au proviseur **Padet**, qui la légua au collège.

La *Bibliothèque des Pères*, publiée à Paris, en 1644, 15 vol. in-folio. Les œuvres des Pères, tels que S. Ambroise, S. Augustin, S. Bernard, S. Jean Chrysostôme, S. Cyrille de Jérusalem, S. Denys l'Aréopagite, S. Jean Damascène, S. Grégoire de Nazianze, S. Grégoire de Nysse, S. Isidore d'Espagne, S. Jérôme, Minutius Félix, Origène, Tertullien, etc. ;

Les traités des théologiens anciens : S. Bonaventure, Duns Scot, Fulbert de Chartres, Gerson, Nicolas de Lyre, Ockam, Rupert, S. Thomas, etc. ; et pour les modernes : Arnauld, Bellarmin, Blondel, Canisius, Duval, Grotius, Richer, Tamburini, etc.

N'oublions pas de noter les écrits de quelques prédicateurs et mystiques : Lingendes, S. François de Sales et Camus.

Citons enfin les ouvrages des hérésiarques Luther, Calvin, Jansénius, et les réfutations dont ils ont été l'objet de la part des Universités et des théologiens de leur époque, mentionnés au catalogue parmi les recueils de censures et de controverses.

D'après ce résumé, on peut voir que la bibliothèque harcurienne ne contenait guère, en fait de théologie, d'ouvrages bien récents. Elle n'est pas riche en prédicateurs et en livres de piété. Les grands orateurs du xviie siècle n'y figurent pas. Nous espérions les trouver à la littérature, mais nous verrons que, là aussi, il faudra renoncer à les rencontrer.

2° Si nous passons maintenant à la *philosophie*, nous trouvons également un certain nombre de manuscrits :

Aristotelis physica antiqua manuscripta, authore anonymo, 1 vol. in-4°, n° 126 ; — altera, n° 129.
Aristotelis logica antiqua manuscripta, authore anonymo, 1 vol. in-4°, n° 128.
Aristotelis philosophia moralis antiquior in charta pergamena manuscripta olim legata huic bibliothecæ a bonæ memoriæ magistro **Roberto Cybole**, hujus venerabilis collegii provisore, insignis ecclesiæ B. Mariæ Parisiensis cancellario, 1 vol. in-f°, n° 135[1].

---

1. C'est sans doute le même manuscrit que celui qui est attribué au collège de NAVARRE dans le *Catalogue de la Bibliothèque Mazarine* dressé par M. Molinier, sous le n° 3483, anc. 1229. Robert Cybole n'a cependant jamais été à NAVARRE. Voir notre chap. III, p. 123 et suiv.

Alberti Magni fratris Prædicat. ord. liber de natura locorum ex longitudine et latitudine cum **Guillelmi de sancto Hilario** cosmographia, et cosmographia **Claudii Ptolomæi**, 1 vol. in-f°, in charta pergamena antiquissime manuscriptum, n° 977 [1].

Antiquum in charta papyracea manuscriptum de rebus physicis præsertim ethicis putatum, 1 vol. in-f°, n° 978.

Aristotelis animalium historia in antiquissimo manuscripto in charta pergamena descripta, 1 vol. in-f°, n° 1400.

Antiquissimum manuscriptum de rebus philosophicis putatum olim huic bibliothecæ datum a **Petro Richardo** canonico Trecenci et hujusce collegii bursario, 1 vol. in-f°, n° 1398.

Antiquissimum in charta papyracea manuscriptum de rebus philosophicis putatum ex dono colendissimi magistri nostri **Petri Richardi**, bursarii collegii Harcuriani et canonici Trecencis, 1 vol. in-f°, n° 1399.

Euclydis elementa geometrica cum commentario Campini, antiquissime in charta pergamena manuscriptum, cum figuris eximiis, 1 vol. in-f°, n° 976 [2].

Logica et moralis antiquæ manuscriptæ, authore anonymo, 1 vol. in-f°, n° 107.

Physica vetus manuscripta, 1 vol. in-f°, authore anonymo, n° 106.

Physica antiqua manuscripta, authore anonymo, 1 vol. in-f°, n° 108.

Physica manuscripta, authore anonymo, 2 vol. in-f°, quorum primum notatur, n° 124.

Philosophiæ compendium manuscriptum, authore anonymo, 1 vol. vetus, in-4°, n° 127.

Philosophies manuscrites anciennes contenues en 5 vol. in-f°, marquées par les n°s 514-518.

Philosophiæ antiquæ et manuscriptæ, partes duæ 1646, 2 vol. in-4°, quorum primum notatur, n° 785.

A ces vingt-deux manuscrits de philosophie, nous pouvons ajouter la mention des suivants, relevés sur le catalogue de la bibliothèque Mazarine : 3574 (481) **Vincent de Beauvais**, *Speculum naturale*, à la fin duquel on lit : *Liber iste spectat venerabili collegio Haricurie*, xiv° siècle.

Les manuscrits 3554, 3555, 3556, 3557 et 3594 sont des

---

1. Ce manuscrit du xv° siècle est probablement celui de la Bib. Mazarine, n° 1528, ancien 516. Les deux premiers traités sont de la main de **Henri Houyer**, *Henricus Hoerius*.
2. Ce manuscrit est probablement celui de la Bib. Mazarine, n° 3936, ancien 1253.

29.

cours de philosophie en latin, du xviii° siècle, reliés aux armes du duc d'Harcourt. Le 3594 est le cours du professeur **Lemelorel**, qui est ainsi daté à la fin : « *In moralem commentarii, excepti in collegio Harcuriano, apud Guillelmum Lemelorel, a Ludovico Abrahamo de Harcourt, Rothomagensi, die 23ª julii anno Domini* 1711. Il n'est pas fait mention de ces manuscrits sur le catalogue du collège d'Harcourt.

Citons encore quelques ouvrages rares ou sortis des presses de **Henry Estienne**.

Lipsii operum rariorum tomi et volumina quatuor, quorum primum notatur, n° 507.

Moralia **Hieronymi ab Hangosto**, liber antiquus, in-4°, n° 1977.

Platonis opera quæ extant omnia Servano interprete græce et latine 1578, ex officina **Henrici Stephani**, 3 vol. in-f°, quorum primum notatur, n° 605.

Parodiæ morales **Stephani** in poetarum veterum sententias celebriores, ex officina ejusdem **Henrici Stephani**, 1575, 1 vol. in-12, n° 1506.

Virtutum encomia sive gnomæ de virtutibus ex poetis et philosophis utriusque linguæ, ex officina **Henrici Stephani**, 1573, 1 vol. in-12, n° 2189.

A la philosophie se trouvent mêlées les sciences, et le catalogue signale un grand nombre d'ouvrages d'arithmétique, de géométrie, de trigonométrie, de physique, mécanique, astronomie, et même de géographie[1]. On se l'explique parce qu'autrefois l'enseignement des sciences faisait partie de l'étude de la philosophie, d'après le programme des Arts libéraux. Mais ce qui étonne, c'est de ne retrouver à la suite des ouvrages d'Aristote, de Platon, d'Albert le Grand, de saint Thomas, de Raymond Lulle, de Bacon, qu'un exemplaire incomplet des œuvres de **Descartes (1678)**, et aucun des ouvrages philosophiques de **Bossuet, Fénelon, Leibnitz,**

---

1. Cæcilius Frey e Foro Tiberii, physicus Harcurianorum, qui fut professeur de philosophie au collège d'Harcourt, en 1610, a composé à cette date une *géographie* dont le manuscrit est à la bibliothèque de l'Arsenal, n° 1146. Il y a aussi au Catalogue d'Harcourt : *Opuscula philosophico-medica et curiosa* **Cæcilii Frey** *medici*, Parisiis, 1646, 1 vol. in-12, n° 1659.

Malebranche, qui étaient publiés à l'époque du catalogue. On n'y compte d'ailleurs que 460 volumes pour la philosophie.

3° Le catalogue de la *littérature* ou *humaniores litterae*, est plus considérable ; il porte 639 volumes.

On n'y trouve guère que deux manuscrits :

Valerii Maximi opera in charta pergamena antiquissime manuscripta, 1 vol. in-f°, n° 691 [1].
Vetustissimorum autorum georgica, bucolica, et gnomica poemata quæ supersunt græce et latine, 1 vol. valde antiquum, in-12, n° 2126. Nous n'oserions affirmer que ce soit un manuscrit [2].

Aucun incunable n'est mentionné dans cette partie de la bibliothèque. Un certain nombre d'*Estienne* et un *Elzévir*.

Alphabeticum græcum ex officina **Roberti Stephani**, 1554, 1 vol. in-12, 2 exempl. quorum 1 notatur n° 1927.
Budaei commentarii linguæ græcæ, Parisiis, ex officina **Roberti Stephani**, 1548, 1 vol. in-f°, n° 89.
Corderii de corrupti sermonis emendatione et latine loquendi ratione, liber unus ex officina **Roberti Stephani**, Parisiis, 1536, 1 vol. in-8°, n° 494.
Ciceronis rhetoricorum ad Herennium, lib. 4, ex officina **Roberti Stephani**, Parisiis, 1544, 1 vol. in-8°, n° 1350.
Copiæ verborum **D. Erasmi**, commentarii duo, Lutetiæ, ex officina **Roberti Stephani**, 1546, 1 vol. in-12, n° 1352.
Dictionarium seu latinæ linguæ thesaurus cum gallica interpretatione, ex officina **Roberti Stephani**, Parisiis, 1531, 1 vol. in-f°, n° 790.
Dictionnaire français-latin, à Paris, de l'imprimerie de **Robert Estienne**, 1549, 1 vol. in-f°, n° 90.
Dictionarium latino gallicum, Lutetiæ, apud **Carolum Stephanum**, 1651, 1 vol. in-f°, n° 86.
Despauterii commentarii grammatici, Parisiis, ex officina **Roberti Stephani**, 1537, 1 vol. in-f°, n° 91.
Dictionariolum (sic) puerorum, Parisiis, ex officina **Roberti Stephani**, 1514, 1 vol. in-4°, n° 469.
De latinitate falso suspecta expostulatio **Henrici Stephani**, ejusdem de **Plauti** latinitate dissertatio, ex officina **Henrici Stephani**, 1576, 1 vol. 12. n° 751.

1. C'est peut-être le manuscrit de la Bib. Mazarine, n° 1592.
2. M. **Chatelain**, maître de conférences à la Sorbonne, qui a bien voulu revoir et compléter ces notes, m'assure que cet ouvrage serait l'édition *Crispini* de 1569. V. catalogue **Brunet**, t. VI, p. 1164.

Desiderii Erasmi Rotherodami dialogus de recta latini græcique sermonis pronunciatione. LUTETIÆ, ex officina **Roberti Stephani**, 1547, 1 vol. in-12, n° 1787.

Æsopi vita et fabulæ plures cum emendatiore græco conscriptæ, LUTETIÆ, ex officina **Roberti Stephani**, 1546, 1 vol. in-4°, n° 963.
Grammaire française, à PARIS, par **Robert Estienne**, 1569, 1 vol. in-8°, n° 760.
Horatii Flacci poemata omnia, PARISIIS, ex officina **Roberti Stephani**, 1544, 1 vol. in-12, n° 1870.
Pindari carmina, ex officina **Henrici Stephani**, 1566, 1 vol. in-16, n° 2084.
Thesaurus græcæ linguæ ab **Henrico Stephano** constructus, ex ipsius officina, 4 vol. in-f°, quorum prim. notatur, n° 379; alter ejusdem, 1572, n° 380.
Glossarium græco-barbarum **Joannis Meurci**, editio 2ª, LUGDUNI BATAVORUM, apud **Elzevirium**, 1 vol. in-4°, n° 114.

Notons aussi un dictionnaire français-almand-latin (*sic*), GENÈVE, 1637, 1 vol. in-8°, n° 2195.

Nous ferons encore, au sujet de la littérature, la même remarque qu'au sujet de la philosophie ; aucun de nos grands écrivains français ne figurait sur les rayons, ou du moins, n'est cité dans le catalogue de la bibliothèque d'HARCOURT, non seulement les grands poètes **Corneille, Racine, Boileau, La Fontaine,** mais pas un ouvrage des prosateurs tels que **Bossuet, Fénelon, La Bruyère,** pour ne citer que les plus célèbres et les plus classiques.

4° L'*histoire* est représentée dans le catalogue d'HARCOURT par 294 volumes. On n'y trouve aucun manuscrit, aucun ouvrage important à signaler au point de vue typographique. Les historiens de l'antiquité y occupent la première et la plus large place : Appien, Élien, Denys d'Halicarnasse, Diodore de Sicile, Dion Cassius, Hérodote, Plutarque, Thucydide, Xénophon se rencontrent avec Tite-Live, Tacite, Pline, Paterculus, Suétone et les autres bien connus.

Les historiens ecclésiastiques et les modernes : Eusèbe, Sulpice Sévère, **Scaliger,** Baronius, **Guichardin,** les *Mémoires* d'État de **Villeroy,** l'*Histoire de France* de **Serre,** de **Monstrelet,** et celles d'Espagne, d'Italie, de Belgique (cette dernière édition elzévirienne de 1654), constituent avec un certain nombre de biographies ou de vies particulières, le principal fond de cette section du catalogue.

5° Le droit, ou *jurisconsulti*, compte encore 150 volumes. Là, non plus, ni manuscrits, ni éditions recherchées. Le droit canonique, ses sources dans les décrétales des papes, ses commentaires, ainsi que le droit civil, depuis les codes de Justinien, les Pandectes et le Digeste, jusqu'au *Corpus juris civilis* édité par **Vitray** en 1627, les œuvres de **Cujas**, un certain nombre de recueils d'ordonnances royales, d'arrêts du Parlement, de ses remontrances au roi, tels sont les plus importants ouvrages de droit portés sur le catalogue.

Citons encore le *Pouillé général des bénéfices* de l'archevêché de Rouen et des diocèses d'Avranches, Évreux, Coutances, Bayeux, Lisieux et Séez; Paris, 1 vol. in-4°, 1648; et la *Défense des droits de l'Université*, par **Padet**, 1647.

6° La *médecine*, ou *medici*, n'occupait qu'une petite place dans la bibliothèque harcurienne : elle ne se compose que de 45 volumes, dont un seul manuscrit désigné trop vaguement pour qu'on puisse le rechercher :

Antiquum manuscriptum in charta pergamena de rebus medicis, 1 vol. in-f°, n° 131.

On y trouve les œuvres de Celse, de Galien, d'Hippocrate et de ses commentateurs, de Malpighi, des traités sur la saignée, la fièvre, la peste, des éléments de botanique, de chimie, et aussi des livres traitant de pharmacie, d'alchimie et d'art cabalistique, ces derniers de 1506 et de 1517.

Enfin 7° des *mélanges*, *miscellanea*, au nombre de 227 volumes.

On y trouve :

L'*Anticoton*, où il est prouvé que les jésuites sont coupables du meurtre d'**Henri IV**; 1610, 1 vol. in-12, n° 275;

L'*Astrée*, de messire **Honoré Durfé**; Paris, 1633;

Aurea Pythagorum carmina (Les vers dorés de Pythagore), Lutetiæ, 1575;

Des apologies pour l'Université contre les jésuites, 1643;

La *Satire Ménippée*, édition de 1624, des réfutations du

jansénisme, et une foule de recueils de poésies, de harangues et d'histoire.

Signalons encore deux manuscrits portant les n°s 686 et 687, sous le titre vague de : *Antiquum manuscriptum in charta papyracea de rebus philosophicis putatum*, 1 vol. in-folio.

D'après les observations que nous avons pu faire sur le catalogue, nous croyons, avec M. **Franklin**, que la bibliothèque n'a pas été surveillée avec beaucoup de soin. On trouve, en effet, en marge du catalogue d'un nombre assez considérable d'inscriptions, le mot *deest* qui indique que l'ouvrage ne se trouve plus dans la bibliothèque et il ne paraît pas qu'on se soit préoccupé de combler ces lacunes. La fonction de bibliothécaire a d'ailleurs été plus d'une fois l'objet de certaines attaques dirigées par les boursiers contre le proviseur. Sous le provisorat de **La Brière**, ils voulaient en avoir la nomination. Aussi, lors de la visite du conseiller au Parlement **Portail** et du chancelier de Notre-Dame **Edme Pirot**, en 1705, un paragraphe spécial de la réforme des anciens statuts est consacré à la bibliothèque. En voici le texte :

L'élection du bibliothéquaire se fera en la manière portée par le testament du sieur Padet.

Il aura une chambre auprès de la bibliothèque si faire se peut.

Il tiendra ladite bibliothèque ouverte pour les régens et boursiers théologiens du collège, aux jours et aux heures qui seront réglées par le proviseur, et mesme à d'autres jours et heures, en cas de besoins particuliers, et si ledit proviseur le juge ainsi à propos.

Il se chargera des livres dont il sera fait deux catalogues, l'un desquels sera mis dans les archives, et l'autre dans la bibliothèque.

Le proviseur et le prieur visiteront de temps en temps ladite bibliothèque pour voir si les livres ne se dissipent point, et s'ils sont en bon état, et ils s'en feront rendre un compte exact par le bibliothéquaire, en présence de toute la communauté au moins une fois chaque année, suivant l'article LXXXII des statuts du collège, et ledit bibliothéquaire recevra pour son honoraire par chacun an la somme de soixante livres léguée par ledit **Padet** [1].

1. V. cette pièce aux *Documents annexes*.

Le catalogue qui est conservé aux Archives nationales fut paraphé *ne varietur*, le 2 mars 1727, par **Luquard**, le bibliothécaire de cette époque. Nous connaissons encore le nom du sieur **Colas** qui occupa cette charge en 1780.

Le 26 nivôse an IV (1795), quand le citoyen **Aligre**, *commissaire du bureau du domaine national du département de la Seine*, se présenta pour prendre livraison des livres de la bibliothèque du collège d'Harcourt alors fermé et les faire transporter au dépôt littéraire auquel elle était destinée, on n'y trouva, dit M. **Franklin**, que 2800 volumes. Ce chiffre ne nous étonne pas, il se rapproche bien des 2565 volumes dont 49 manuscrits que nous avons relevés sur le catalogue des Archives. M. Labiche dit au contraire qu'il y avait 3150 volumes et qu'ils furent transportés au dépôt des Cordeliers, tandis que M. **Franklin** affirme qu'ils furent envoyés au dépôt de la rue de la Santé qui n'est pas mentionné parmi les huit grands dépôts littéraires établis à cette époque[1]. Il a voulu dire *rue de l'École de santé*, nom donné lors de la Révolution à l'ancienne *rue des Cordeliers*, aujourd'hui *rue de l'École de Médecine*, où se trouvait le dépôt mentionné par M. Labiche. Nous trouvons, en effet, aux Archives plusieurs documents qui nous prouvent que c'est bien au dépôt des Cordeliers que furent transportés les livres de la bibliothèque du collège d'Harcourt[2].

Ainsi dans un procès-verbal du dépôt des Cordeliers on lit : Livres choisis par le Ministre des Finances parmi ceux du collège d'Harcourt, 11 ventôse, an V :

Le secret des finances de France, 2, in-12, demi-rel.

Consultation sur les domaines autrefois aliénés en Normandie, in-8°, Rouen, 1784.

Plus loin on parle de « livres des collèges Louis-le-Grand et du Plessis déposés dans le collège d'Harcourt, à nous remis par le citoyen **Cailleau**, commissaire national du

---

1. Arch. nat., F. 17, 1194. — **A. Franklin**, *les anciennes bibliothèques de Paris*, t. I, p. 369. — **J. B. Labiche**, *Notice sur les dépôts littéraires*, p. 33.
2. Arch. nat., carton F. 17, 1194.

département de la Seine, en présence des citoyens **Beurnere** et **Laire**, commissaires *ad hoc* du comité civil de la section du Théâtre Français, formant, tant en in-4°, in-8° et in-12, 950 volumes ».

Enfin il est question du transport des livres du collège d'Harcourt au dépôt de la *rue de l'École de santé*, « à nous remis par le citoyen **Alligre**, en présence des commissaires cy-dessus, formant tant en in-f°, in-4° et in-12, 2 800 volumes. »

Grand fer des reliures de la Bibliothèque, p. 458.

Si nous observons que dans le catalogue du collège on mentionne un grand nombre de recueils composés de divers opuscules, on est bien près d'être d'accord avec ce dernier chiffre, mais on ne peut aller jusqu'à 5 000.

Quant à l'estampille des livres du collège d'Harcourt on n'en connait pas de particulière. Les inscriptions même sont rares sur les ouvrages qui proviennent de la bibliothèque de cette maison et M. Franklin n'en cite qu'une seule qu'il a vue en tête d'un ancien manuscrit : Pro venerabili collegio Harcurii. Elle semble plutôt mentionner un don qu'un titre de propriété.

En revanche, il ajoute que le collège possédait deux fers, reproduisant tous deux les armes des fondateurs du collège

Petit fer des reliures.

d'Harcourt : *de gueules à deux fasces d'or* et qu'un grand nombre de volumes portent sur les plats. Nous avons retrouvé la plus grande de ces marques de forme ovale (v. page 457) sur le *Registre des Prieurs* du collège conservé aux Archives nationales, et il paraît qu'elle figurait aussi sur tous les ouvrages donnés en prix aux élèves, accompagnée parfois des lettres H. C. entrelacées et frappées sur le dos du volume entre chaque nerf.

La plus petite et la moins fréquente que nous ne connaissions pas, porte les mêmes armes en forme ovale aussi, entourées de l'inscription :

Collegium Harcurianum, 1280

et cantonnées de chaque côté d'une palme[1]. Nous la reproduisons avec l'autorisation de M. Franklin.

Que devinrent les livres du collège d'Harcourt? c'est ce que nous n'avons pu savoir d'une manière bien exacte. Il est certain cependant qu'ils furent dispersés dans les bibliothèques publiques de Paris organisées après la Révolution. On en trouve quelques-uns à la Nationale, à la Mazarine, à Sainte-Geneviève, aux Archives, et aussi à l'Arsenal, ainsi que nous avons pu le constater au cours de ce résumé.

Reste à mentionner la situation matérielle de notre collège au moment de la Révolution. On trouvera aux *documents annexes* le relevé de l'état du personnel et des revenus dressé en 1793, sur l'ordre de la municipalité de Paris.

Ces pièces sont importantes parce qu'elles nous donnent la situation exacte des fonctionnaires et des ressources de la maison à cette époque. On y voit que l'ancien proviseur **Duval** recevait une pension de retraite, et on y mentionne, outre le proviseur **Nicolas Daireaux**, les sous-principaux **Charles Daireaux** et **Jacques Lécrivain**, les professeurs **Coutures**, **Guéroult**, **Truffer**, **Leseigneur** qui est aussi procureur, **Vasse**, **Gardin** et **Lhermitte**. **Louis Cosme** est prieur, **Lefébure**, bibliothécaire, et il y a deux maîtres de quartier ou surveillants, **Garnier** et **Mangin**, enfin deux chapelains et un sacristain. Des cinquante-deux bourses, six sont vacantes et douze boursiers sont absents. Cette pièce est signée du proviseur **Daireaux**.

Une autre pièce datée de 1794 contient l'évaluation des revenus du collège, faite sur les immeubles du département de la Seine seulement. Ils atteignaient 39 774 livres 10 sous. Cette pièce est signée du procureur **Leseigneur**[2].

1. V. A. Franklin, *Les Anciennes Bibliothèques de Paris*, t. I, p. 370.
2. Documents conservés au lycée Saint-Louis.

Saint Louis sous le chêne de Vincennes.
(Statue de M. Guillaume, au Palais-de-Justice.)

CHAPITRE VIII.

LE COLLÈGE D'HARCOURT ET SA RENAISSANCE SOUS LE NOM DE LYCÉE SAINT-LOUIS [1].

Affectations diverses des bâtiments du collège d'Harcourt pendant la période révolutionnaire. — Morcellement, mise en vente des locaux et du terrain. — Projets de Napoléon Ier. — Ordonnances de Louis XVIII. — Ouverture du lycée Saint-Louis. — Origine de ce nom donné à l'ancien collège. — Réclamations de la comtesse E. d'Harcourt. — Nom des fondateurs ajouté à celui du lycée actuel. — Nouvelles constructions. — Plans divers. — Chapelle du lycée et ses peintures. — Inauguration du monument commémoratif de la guerre de 1870-1871. — Courte biographie des proviseurs, notes sur les censeurs et les aumôniers et particularités sur certains professeurs. — Hommages rendus par leurs collègues aux professeurs honoraires. — Mention des lauréats du Concours général et des élèves célèbres. — Statistique des nominations au Concours général et des admissions aux Écoles du gouvernement. — Le lycée pendant le Siège et la Commune. — Transformation scientifique du lycée. — Tableau de l'administration du lycée. — État actuel de l'établissement; budget, dépenses, nourriture. — Classes : distribution du travail et emploi du temps. — La Saint-Charlemagne au lycée Saint-Louis. — Fondation de l'Association amicale des anciens Élèves du lycée Saint-Louis. — Son but, ses réunions, ses présidents, ses banquets, ses fondations, sa médaille.

Les notes qui précèdent, en retraçant l'histoire du vieux collège d'HARCOURT, peuvent être considérées comme un hommage rendu à la mémoire de ses illustres fondateurs. Ne suffit-il pas, pour les louer dignement, d'avoir constaté que leur œuvre, l'établissement de l'un des plus anciens collèges de l'Université (1280), a traversé cinq siècles et résisté aux terribles épreuves des *guerres de Cent ans* et *de Religion*, des

---

1. Nous empruntons les détails qui suivent à divers documents, papiers, registres, palmarès, conservés au lycée SAINT-LOUIS et à ceux que M. **Duprez**, architecte, Inspecteur des travaux de la ville, a bien voulu nous communiquer. Souvent aussi nous nous sommes reportés aux documents de l'*Annuaire de l'Association des anciens Élèves*, déjà publiés par M. **E. Pélicier**, l'ouvrier fidèle de la première et de la dernière heure.

Fragment du Plan actuel du quartier des Écoles.
(*Paris à travers les Ages*, Maison Didot.)

troubles de la *Ligue* et de la *Fronde* qui bouleversèrent si souvent Paris et ruinèrent tant d'autres maisons d'enseignement? Mais cet hommage, pour être complet, ne doit pas s'adresser seulement aux morts : les vivants y ont également droit, je veux dire les représentants actuels de la famille d'**Harcourt**, qui ne se sont jamais désintéressés de la fondation de leurs ancêtres.

Nous en trouvons un témoignage dans le soin qu'ils ont pris de relever le nom des fondateurs du collège d'Harcourt sur les murs du lycée Saint-Louis. Il y aura peut-être quelqu'intérêt pour l'Association des anciens élèves à rappeler les infatigables démarches que la comtesse Eugène d'**Harcourt** a poursuivies, pendant plus de six ans (1824-1831), pour obtenir cet heureux résultat.

Le collège d'Harcourt supprimé, comme nous l'avons dit, en 1793, servit d'abord de prison aux victimes du tribunal révolutionnaire, puis de caserne, en 1796. Peu après il devint le lieu de réunion de l'*Académie de législation* ouverte par **Lanjuinais**, avant le rétablissement de la Faculté de Droit, en 1804. En 1798, les bâtiments et les terrains furent mis en vente par lots, ainsi qu'on peut le constater d'après un plan conservé à la bibliothèque de la Ville de Paris[1], dont nous donnons ci-contre une reproduction avec la légende qui l'accompagnait.

1. C'est le seul plan que nous ayons trouvé de l'ancien collège d'Harcourt. Nous en devons la communication à l'obligeance des conservateurs de la Bibliothèque et des collections historiques du musée Carnavalet, MM. **Cousin** et **Faucou**. M. **Duprez** s'en est inspiré pour dresser, avec d'autres documents anciens, le plan complet des modifications apportées au lycée Saint-Louis à diverses époques, que nous avons reproduit au chapitre précédent. Il indique avec exactitude les reculs de la façade et l'agrandissement des terrains et des bâtiments qui ont eu lieu depuis la restauration du collège en 1820 usqu'à nos jours. V. ce plan au chapitre précédent.

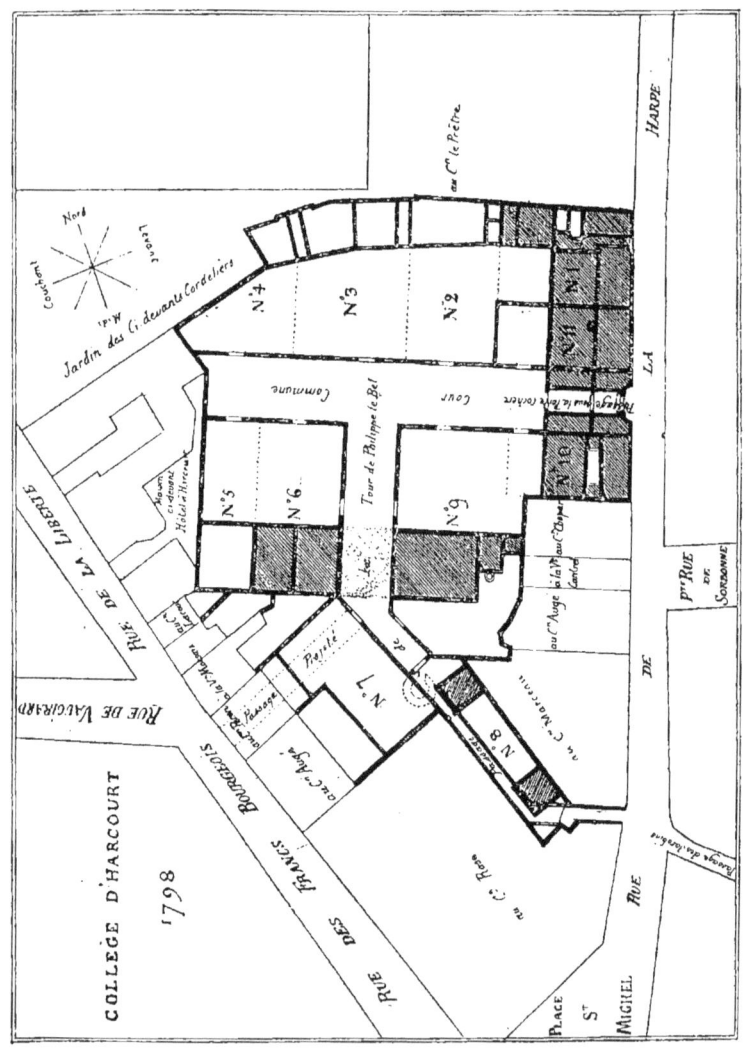

Plan du ci-devant Collège d'Harcourt, dressé en 1798.

PLAN DE L'EMPLACEMENT
DES BATIMENTS, COUR, JARDIN ET DÉPENDANCES
DU CI-DEVANT
COLLÈGE D'HARCOURT

Rue de la Harpe, à Paris

susceptible d'être divisé en 11 portions
pour être vendues ou louées, ensemble ou séparément,
au moyen d'un nouveau passage
et d'une cour commune qui vient d'y être pratiquée,
le tout tel qu'il est figuré sur ce plan,
fait et levé par le C^n M. B. A. HOUARD, artiste,
et présenté par le susdit aux propriétaires des dits lieux,
à Paris, le 30 prairial, an 6° de la République.

RÉCAPITULATION
DE L'ESTIMATION DES BATIMENTS ET TERRAINS
DU CI-DEVANT
COLLÈGE D'HARCOURT

divisé en 11 portions suivant les numéros marqués sur ce plan.

Numéros du plan	Nature des portions	Superficie des portions	Prix de la toise en 1790	Prix de la toise en 1798
		t. p.	l.	l.
1	Bâtiments............	96 0	800 00	300 00
	Terrain nud............	25 0	200 00	50 00
2	Terrain nud et cave......	125 0	250 00	100 00
3	Terrain nud et cave......	166 0	250 00	100 00
4	Terrain nud et cave......	130 0	200 00	90 00
5	Terrain nud............	70 0	150 00	70 00
6	Bâtiments.............	48 0	600 00	250 00
	Terrain nud............	72 0	200 00	90 00
7	Terrain nud............	98 0	150 00	70 00
8	Bâtiments.............	21 0	400 00	150 00
	Terrain nud............	46 0	150 00	50 00
9	Bâtiments.............	67 0	700 00	250 00
	Terrain nud............	152 0	200 00	80 00
10	Bâtiments.............	51 0	800 00	350 00
	Terrain nud............	27 0	200 00	50 00
11	Bâtiments.............	97 0	700 00	250 00
	Terrain nud............	25 0	300 00	100 00
	TOTAL............	1316 0		

Le collège, occupé alors par divers particuliers, devait, au temps du premier Empire, être affecté à un des lycées de la rive gauche, sous son ancien nom d'**HARCOURT**. C'est du moins ce que nous pouvons conclure de deux décrets en date du 21 mars 1812 et du 14 mai 1813, dans lesquels des mesures étaient prises pour rétablir l'ancien collège d'Harcourt et l'agrandir même avec les maisons voisines, de manière à contenir quatre cents élèves internes. Voici ces décrets :

DÉCRET qui ordonne la formation de *quatre nouveaux Lycées, à Paris*, en date du 21 mars 1812[1];

Napoléon, Empereur des Français, roi d'Italie, etc. ;

Sur le rapport de notre ministre de l'Intérieur,

Notre Conseil d'État entendu,

Nous avons décrété et décrétons ce qui suit ;

1° Les quatre nouveaux Lycées qui doivent être établis à Paris, conformément à notre décret du 15 novembre 1811[2], seront placés dans le Collège d'Harcourt, dans l'ancien prieuré de Saint-Martin, occupé actuellement par le Conservatoire des Arts et Métiers, dans la maison Sainte-Croix, rue de Charonne, et dans le Pensionnat Parmentier, rue des Postes.

2° Les Lycées Charlemagne, Impérial et Napoléon seront agrandis.

---

1. *Recueil des Lois et Règlements concernant l'Instruction publique*, t. IV, p. 337.
2. Décret Impérial concernant le *Régime de l'Université* (15 novembre 1811, Napoléon, etc. Chap. 1er. — Tit. 1er Des Lycées. 9° Il sera établi à Paris quatre nouveaux Lycées, et les deux Lycées qui n'ont point de pensionnaires seront mis en état d'en recevoir dans le cours de 1812 (*Recueil des Lois et Règlements concernant l'Instruction publique*, t. IV, p. 298).
30.

§ Ier. Lycée dans le Collège d'Harcourt.

3° Il sera fait aux bâtiments actuels les additions et dispositions pour contenir 400 élèves.

4° La maison du sieur **Le Prêtre** et l'ancien Collège de Justice seront réunis aux bâtiments du Collège d'Harcourt, et acquis pour cause d'utilité publique[1].

5° La portion de jardin des ci-devant Cordeliers, désignée sur le plan annexé au présent décret par les lettres A B C D E F G H sera réunie au Lycée.

. . . .

18° Notre ministre de l'Intérieur est chargé de l'exécution du présent décret, qui sera inséré au *Bulletin des Lois*.

Signé : NAPOLÉON.

Par l'Empereur,

Le ministre secrétaire d'État
Signé : Le COMTE DARU.

DÉCRET DU 14 MAI 1813[2].

Au quartier général impérial de Dresde.

Napoléon, Empereur des Français, roi d'Italie, etc.;

Sur le rapport de notre ministre de l'Intérieur, nous avons décrété et décrétons ce qui suit :

1° Le Collège d'Harcourt sera disposé, dans le courant de cette année, de manière à recevoir un *Lycée* de quatre cents élèves.

2° L'ancien Collège des Cholets est cédé à notre bonne ville de Paris pour être affecté à l'agran-

---

1. Voir sur nos plans l'emplacement de la maison **Le Prêtre** et de l'ancien collège de Justice.
2. *Recueil des Lois et Règlements concernant l'Instruction publique*, pages 341 et suiv., t. III, Bib. nat., F.

dissement du Lycée Impérial et immédiatement réuni audit Lycée.

3° Il sera sursis à la translation au Sénat de la bibliothèque du Panthéon. L'accroissement à donner au Lycée Napoléon aura lieu au moyen de nouvelles constructions dont notre ministre de l'Intérieur fera rédiger les plans.

4° Le Conservatoire des Arts et Métiers restera provisoirement dans le local où il est actuellement établi.

5° Il est mis à la disposition de notre ministre de l'Intérieur une somme de 600 000 fr., à prendre sur la réserve de 751 545 fr., faite dans le budget de 1813, de notre bonne ville de Paris, par notre décret du 11 avril; cette somme sera employée pour les lycées de notre bonne ville de Paris.

6° Nos ministres de l'Intérieur et des Finances sont chargés, chacun en ce qui le concerne, de l'exécution du présent décret.

NAPOLÉON.

Mais à cause des préoccupations politiques, des guerres continuelles dans lesquelles la France se trouvait engagée, le gouvernement impérial ne donna pas suite à ce projet et le collège d'HARCOURT devint, en 1814, une maison de correction pour les jeunes détenus. Sous la Restauration, les détenus firent place aux élèves de l'*École normale* avant son transfert à l'ancien collège du PLESSIS. En 1820, on revint au projet de Napoléon 1er, et une ordonnance royale attribua l'ancien collège d'HARCOURT à l'enseignement secondaire. Voici la minute de cette pièce curieuse qui mérite de figurer parmi les documents de notre histoire.

Paris, le 10 août 1820.

ORDONNANCE DU ROI.

LOUIS, etc.,

A tous ceux qui ces présentes verront, salut.

Considérant que le nombre des collèges royaux de Paris n'est point en proportion avec celui des élèves externes qui en fréquentent journellement les classes ;

Que le local du collège d'Harcourt rendu à son ancienne destination, offre un moyen facile et commode de pourvoir, sous ce rapport, au besoin de l'instruction ;

Vu notre ordonnance du 12 mars 1817 ;

Sur le rapport de notre ministre secrétaire d'État de l'Intérieur, Nous avons ordonné et ordonnons ce qui suit :

Art. 1er. — Il sera établi, dans le local de l'ancien collège d'Harcourt, un *collège royal* qui ne recevra provisoirement que des externes.

Art. 2. — Ce collège sera en activité au 1er octobre prochain.

Art. 3. — Il sera pourvu aux dépenses fixes de cet établissement sur les fonds alloués au budget du ministère de l'Intérieur pour l'instruction publique.

Art. 4. — Notre ministre secrétaire d'État de l'Intérieur est chargé de l'exécution de la présente ordonnance.

Donné en notre château des Thuileries (sic), le 10 août 1820, et de notre règne le vingt-sixième (sic).

Signé : LOUIS.

Par le roi, Le ministre d'État au département
de l'Intérieur,
Signé : Siméon.

Pour ampliation, Le conseiller d'État
secrétaire général du ministère de l'Intérieur,
Signé : Baron Capelle.

Ce fut sous la dénomination de *Collège royal de* **SAINT-LOUIS** que s'accomplit la réorganisation de l'ancienne maison des d'Harcourt. Les travaux d'appropriation confiés à l'architecte **Guiguet** étaient achevés le 19 octobre 1820, comme le mentionne une note du *Moniteur universel*, sous la rubrique *Paris*, 18 octobre :

« M. Guiguet, architecte, nous écrit *que* les travaux du Collège royal de Saint-Louis, exécutés sous sa direction, sont terminés, et *que* c'est par erreur *que* l'on a annoncé *que* c'était en raison de ce *que* les travaux n'étaient pas finis *que* ce Collège n'ouvrira *que* le 23. »

Il ne restait plus qu'à ouvrir la maison, nommer et installer son personnel. C'est ce que mentionne le *Moniteur universel* dans ses numéros du jeudi 19 et du mardi 24 octobre 1820, dont nous reproduisons les termes.

COMMISSION DE L'INSTRUCTION PUBLIQUE.

« Comme nous l'avons annoncé dans notre feuille du 15, l'ouverture du Collège royal de Saint-Louis est irrévocablement fixée au lundi 23 de ce mois. Ce même jour, à 10 heures, à l'issue de la messe du Saint-Esprit, qui sera célébrée dans ce Collège, il sera chanté un *Te Deum* en actions de grâces de l'heureuse naissance de S. A. R. Mgr le duc de Bordeaux. Plusieurs de MM. les membres de la Commission de l'Instruction publique, de MM. les inspecteurs généraux des études et de l'Académie de Paris, assisteront à cette solennité.

« Nous donnons ici l'organisation du Collège royal de Saint-Louis qui vient d'être arrêtée par la Commission de l'Instruction publique :

Proviseur : M. l'abbé Thibault, Proviseur du Collège royal de Nancy.

Censeur des Études : M. Clerc, censeur des études au Collège royal de Lyon.

Aumônier : M... [1].

Économe : M. de Reusse, économe du Collège royal de Nancy.

Philosophie : M. Vallette, agrégé de philosophie au Collège royal de Bourbon.

---

1. En 1822, date à laquelle, après une interruption de huit années, recommence la publication de l'*Almanach de l'Université royale de France*, qui a précédé l'*Annuaire de l'Instruction publique*, l'aumônier est M. l'abbé **Sibour**.

Rhétorique : { M. Alexandre, agrégé de rhétorique au Collège royal de Louis-le-Grand.
M. Perreau, agrégé de rhétorique au Collège royal de Lyon.

Seconde : M. Gobert, agrégé au Collège royal de Henri IV.
Troisième : M. Anceau, agrégé au Collège royal de Bourbon.
Quatrième : M. Vandel-Heyl, censeur au Collège royal d'Orléans.
Cinquième : M. Langlois, agrégé au Collège royal de Louis-le-Grand.
Sixième : M. Vernadé, agrégé au Collège royal de Bourbon.
Histoire : M. Jarry de Mancy, agrégé au Collège royal de Douai.
Agrégé d'histoire : M. Gail fils, professeur à l'École royale militaire de Saint-Cyr.
Mathématiques spéciales : M. Lefébure de Fourcy, agrégé de mathématiques au Collège royal de Louis-le-Grand.
Mathématiques élémentaires : M. Richard, professeur de mathématiques spéciales et de physique au Collège royal de Pontivy.
Physique : M. Babinet, professeur de physique au Collège royal de Poitiers.
Agrégé de mathématiques : M. Dubois, agrégé de mathématiques au Collège royal de Charlemagne.

Agrégés pour les classes d'humanité et de grammaire. { M. Ansart, professeur de seconde au Collège royal de Moulins.
M. Guérin }
M. Jumeau } bacheliers ès lettres.

COMMISSION DE L'INSTRUCTION PUBLIQUE

Collège royal de Saint-Louis.

Aujourd'hui à dix heures M. l'abbé Nicolle[1], aumônier du Roi, membre de la Commission de l'Instruction publique, chargé des fonctions rectorales de l'Académie de Paris ; M. Guéneau de Mussy et M. l'abbé Éliçagaray, membres de la Commission ; MM. Budan et Mazure, inspecteurs généraux des études ; Taillefer et Létendart, inspecteurs de l'Académie de Paris, sont partis du chef-lieu de l'Université pour se rendre au Collège royal de Saint-Louis. Cette députation, introduite par MM. les Proviseur et professeurs de l'établissement, a occupé les places qui lui étaient réservées. Après la lecture des arrêtés de la Commission qui nomment aux différentes chaires, M. l'abbé Nicolle, président de la députation, s'est exprimé à peu près en ces termes :

« Il manquait à Paris une grande école qui portât le nom du protecteur de la France. Grâce au souverain, ami des lettres, dont il est l'ornement et la gloire ; grâce à la sollicitude du magistrat éclairé auquel il a confié le soin de sa capitale, ce vide, Messieurs, vient d'être rempli, et le Collège royal de Saint-Louis, s'élevant à côté de ceux de Henri IV et de Louis-le-Grand, va offrir à la jeunesse, presque dans le même lieu, les trois noms qu'elle doit le plus vénérer, chérir et admirer.

« Cette maison ne pouvait pas s'ouvrir sous des auspices plus heureux : elle naît en même temps que l'enfant auguste destiné à perpétuer la postérité de saint Louis ; et peut-être

---

1. L'abbé **Nicolle**, originaire de Rouen (1758), précepteur des enfants du comte de **Choiseul-Gouffier**, ambassadeur à Constantinople, alla l'y rejoindre à la Révolution, passa avec lui en Russie, y fonda plusieurs collèges, en particulier celui d'Odessa où il devint l'ami du gouverneur, le duc de **Richelieu**. De retour en France, en 1821, il fut Recteur de l'Académie de Paris, rétablit la Sorbonne, devint précepteur du duc **de Bordeaux**, refusa l'épiscopat et mourut en 1835.

est-il permis de croire que les bénédictions qui descendent du ciel sur le royal berceau, s'étendront aussi à une école consacrée au père des Bourbons.

« Quelle prospérité, d'ailleurs, ne pouvons-nous pas espérer pour une maison dirigée par un chef qui a déjà donné de si grandes preuves d'habileté, qui a laissé des regrets si vifs, si profonds à ses premiers élèves, et qui sera secondé si puissamment par des maîtres dont le zèle égale le talent. Sous un tel chef, avec de tels coopérateurs, nous verrons croître une nombreuse jeunesse, élevée dans la crainte de Dieu, dans l'amour des enfants de saint Louis et dans le respect pour les institutions qu'ils ont données à la France. C'est ainsi que ce Collège remplira bientôt les destinées brillantes auxquelles il est appelé et ajoutera un nouveau lustre à l'Académie de Paris, dont sans doute il ne sera pas le moindre ornement. »

Ce discours a fait une vive impression sur les assistants.

M. Thibault, Proviseur, a répondu :

« Appelé par la Commission de l'Instruction publique à l'honneur inattendu de fonder un grand établissement, qui semble, dès son origine, fixer les regards et les espérances de la religion, de l'État et des familles, nous acceptons toutes les charges, toutes les obligations, toute la responsabilité que nous impose une mission aussi glorieuse. Eh ! comment hésiterions-nous, quand déjà nous savons avec quelle facilité il nous sera permis, chaque jour, de recourir à l'expérience, d'invoquer les lumières et l'autorité de la Commission de l'Instruction publique, et particulièrement de celui de ses membres que les Collèges royaux de Paris se félicitent d'y voir exercer les fonctions rectorales? Comment hésiterions-nous, en considérant cette élite de professeurs si distingués, et, quoique jeunes encore, déjà si connus par leur zèle, par leurs talents et par leur sagesse, et une maturité qui ne se rencontre ordinairement que dans un âge plus avancé. Ces professeurs, dont le choix a été pour la Commission royale de l'Instruction publique un objet d'attention et de complaisance particulières, n'offrent-ils pas, en effet, une garantie certaine des plus grands succès en tous genres?

« Inconnu à la plupart d'entre eux, placé à leur tête sans avoir d'autre titre à leur estime que la confiance dont je suis honoré, je m'associerai à leurs travaux, et peut-être à leur gloire, en établissant avec eux, dans ce Collège, une discipline tout à la fois ferme sans rigueur et paternelle sans faiblesse. Toute mon ambition, Messieurs, et vous en serez bientôt convaincus, est d'être, au milieu de vous, un père de famille, heureux des témoignages d'affection qu'il s'efforcera d'obtenir, et dont l'autorité ne se rendra jamais plus respectable qu'en faisant respecter la vôtre.

« Vous avez compris comme moi, Messieurs, tout ce que la religion, tout ce que l'auguste dynastie qui nous gouverne, ont droit d'attendre d'un établissement qui porte le nom sacré, qui est placé sous la protection immédiate du père des Bourbons. Le Collège Saint-Louis doit être, et il sera, nous le promettons à l'honorable députation de l'autorité qui nous donne aujourd'hui le pouvoir d'enseigner ; nous le promettons aux dignes magistrats qui représentent ici le gouvernement, qui nous protège, et la ville de Paris, qui a relevé avec tant de magnificence les murs de cette maison ; oui, ce Collège, tout en entretenant le feu sacré des lettres et des sciences, sera la terre classique des doctrines religieuses et morales, apanage antique de la fille aînée de nos rois, que l'Université de France regarde comme la plus belle portion de son noble héritage ; doctrines salutaires, qui seules peuvent assurer le bonheur et la tranquillité des peuples, parce qu'elles sont le seul fondement inébranlable de l'autel et du trône.

« Animés de cet esprit, pénétrés de ces sentiments, nous verrons les bénédictions d'en haut descendre sur nous et fertiliser nos travaux. C'est pour obtenir ce premier bienfait du Ciel que nous allons invoquer les lumières du Saint-Esprit ; nous conformant ensuite aux dispositions exprimées dans la circulaire de la Commission, du 6 de ce mois, nous remercions Dieu d'avoir exaucé les vœux de la France en lui accordant ce royal enfant dont le berceau est pour la patrie un trésor si précieux ; trésor d'amour et d'espérance, confié à la fidélité des Français, et surtout de ceux qui sont chargés de développer dans l'âme des jeunes gens le germe de tous les sentiments honnêtes, de ces sentiments conservateurs de l'ordre social, et du bonheur des générations présentes et futures. »

L'installation des fonctionnaires étant terminée, la députation de l'Université, le Proviseur, les professeurs et toutes les personnes invitées à la cérémonie se sont rendus à la chapelle du Collège pour y assister à la messe du Saint-Esprit. M. l'abbé Burnier de Fontanelle, doyen de la Faculté de théologie, délégué par S. Ém. Mgr le cardinal archevêque de Paris pour la bénédiction de cette chapelle, a officié. La messe a été précédée du *Veni Creator*, et suivie de l'*Exaudiat*. Un *Te Deum* a été ensuite chanté en actions de grâces de l'heureuse naissance de S. A. R. Mgr le duc de Bordeaux.

Le même journal nous apprend que l'on n'était pas fixé à l'origine sur le nom historique qui serait donné au collège rétabli par ordonnance royale. Sur ce sujet il contient, à la date du 29 août 1820, une lettre originale de M. Amar, conservateur de la bibliothèque Mazarine et professeur émérite de l'Université. Après avoir rappelé que les noms de Charlemagne, Henri IV, Louis-le-Grand, Bourbon ont été donnés aux autres collèges, il ajoute : « Un seul nom manquait encore à ces grands noms, celui du monarque qui mérita d'associer sa renommée littéraire à celle de **Léon X**, et qui par la splendeur et l'utilité de ses monuments a préparé les deux plus beaux règnes de la monarchie, ceux de Henri IV et de Louis XIV, le nom enfin du monarque *restaurateur des lettres*, François Ier. C'est celui que j'ai l'honneur de proposer pour l'ancien collège d'HARCOURT. »

En 1821, le **duc d'Angoulême** accorda au *Collège royal* de SAINT-LOUIS cinq prix spéciaux pour les meilleurs vers célébrant la naissance du duc **de Bordeaux**[1].

En 1823, on y admit des *internes* qu'il n'était pas possible de recevoir auparavant, et, en 1824, nous trouvons une

---

1. V. Chauvin, *Hist. des Lycées et Collèges de Paris*.

Ordonnance royale qui crée au collège SAINT-LOUIS une dotation de bourses pour ces *internes*.

ORDONNANCE du Roi qui autorise la translation dans le Collège Royal de SAINT-LOUIS d'une partie des fondations faites par la ville de Paris dans les Collèges Royaux de REIMS, AMIENS, ORLÉANS et ROUEN, et qui règle l'emploi de la somme affectée par cette ville au paiement des bourses qu'elle entretient dans divers Collèges Royaux[1].

Du 24 mars 1824.

LOUIS, par la grâce de Dieu, Roi de France et de Navarre, à tous ceux qui ces présentes verront, salut.

Vu la proposition faite par le Conseil général du département de la Seine, dans la séance du 17 novembre 1823.

Vu l'avis du Conseil Royal de l'Instruction publique en date du 17 février 1824.

Sur le rapport de notre ministre secrétaire d'État au département de l'Intérieur,

Nous avons ordonné et ordonnons ce qui suit :

1° La ville de Paris est autorisée à fonder dans le Collège Royal de SAINT-LOUIS dix bourses entières, vingt trois-quarts de bourses, et vingt demi-bourses.

2° Cette fondation sera effectuée au moyen de la suppression d'une portion des bourses entretenues par la ville dans les Collèges Royaux de REIMS, d'AMIENS, d'ORLÉANS et de ROUEN.

3° En conséquence, l'emploi des 149,962 fr. 50 qui, aux termes de notre Ordonnance du 25 décembre 1819, sont affectés par la ville de Paris au paiement de bourses dans les Collèges Royaux, est fixée comme il suit :

---

1. *Recueil des Lois et Règlements concernant l'Instruction publique*, t. VII, p. 311 et suiv.

Collège Royal de Henri IV.

10 bourses entières	9 000 »	
20 bourses 3/4	13 500 »	31 500 »
20 1/2 bourses	9 000 »	

Collège Royal de Louis-le-Grand.

10 bourses entières	9 000 »	
20 bourses 3/4	13 500 »	31 500 »
20 1/2 bourses	9 000 »	

Collège Royal de Saint-Louis.

10 bourses entières	9 000 »	
20 bourses 3/4	13 500 »	31 500 »
20 1/2 bourses	9 000 »	

Collège Royal de Versailles.

10 bourses entières	7 500 »	
20 bourses 3/4	11 250 »	26 250 »
20 1/2 bourses	7 500 »	

Collège Royal de Reims.

4 bourses entières	2 600 »	
7 bourses 3/4	3 412 50	8 612 50
8 1/2 bourses	2 600 »	

Collège Royal d'Amiens.

4 bourses entières	2 600 »	
7 bourses 3/4	3 412 50	8 612 50
8 1/2 bourses	2 600 »	

Collège Royal d'Orléans.

4 bourses entières	2 600 »	
7 bourses 3/4	3 412 50	8 612 50
8 1/2 bourses	2 600 »	

Collège Royal de Rouen.

2 bourses entières	1 500 »	
2 bourses 3/4	1 125 »	3 375 »
2 1/2 bourses	750 »	

Total	149 962 50

4° Le placement des nouveaux boursiers dans le Collège Royal de Saint-Louis aura lieu, soit par suite de l'extinction des bourses supprimées, soit par translation dans ce Collège, conformément au travail qui sera fait à ce sujet par notre Grand-Maître de l'Université.

5° La translation n'aura lieu qu'en faveur des enfants âgés de moins de douze ans, dont les parents solliciteraient cette mesure.

Les autres élèves continueront à jouir de leurs bourses jusqu'à l'âge prescrit, époque à laquelle elles seront éteintes pour les Collèges Royaux d'Amiens, Orléans, Reims et Rouen, où elles ont été supprimées.

6° Notre ministre secrétaire d'État au département de l'Intérieur est chargé de l'exécution de la présente Ordonnance.

Donné en notre château des Tuileries, le 24 mars de l'an de grâce 1824, et de notre règne le XXIXe.

Signé : LOUIS.

Par le Roi,
Le ministre secrétaire d'État au département de l'Intérieur,
Signé : CORBIÈRE.

Nous nous demandons maintenant comment il arriva que le nom d'Harcourt prononcé, à deux reprises, dans l'ordonnance royale du 10 août 1820, qui n'en emploie pas d'autre pour qualifier le nouveau collège, fit place au nom de Saint-Louis ? D'où vint l'initiative de cette substitution qui dépouillait une famille d'un titre glorieux dont elle était en possession depuis plus de cinq cents ans ?

Était-ce pour être agréable à **Louis XVIII**, comme autrefois les Jésuites avaient voulu plaire à **Louis XIV**, en donnant à leur collège de Clermont le nom de **LOUIS-LE-GRAND** ; comme un collège libre de la Restauration prit le nom de Stanislas que portait aussi le roi ?

Voulut-on, par une sorte de trilogie, glorifier parmi les collèges rétablis sur la montagne Sainte-Geneviève, les trois plus grands noms de la monarchie française, en ajoutant celui de Saint-Louis à ceux de Henri IV et de Louis-le-Grand ? Ou bien le vocable de la chapelle de l'ancien d'Harcourt, l'un des premiers sanctuaires dédiés à **saint Louis**, suggéra-t-il la pensée de cette dénomination nouvelle? Nous n'avons pas trouvé d'explication sur ce point. Une note, sans signature, adressée à la famille d'**Harcourt** et conservée dans les papiers de notre lycée, dit seulement ceci : « On n'a trouvé, relativement à la dénomination nouvelle du collège, que la délibération suivante, prise par MM. les membres du Conseil royal d'instruction publique, séance du 12 septembre 1820 : *la commission décida que le nouveau collège qui sera rétabli dans le local de l'ancien collège d'*Harcourt *portera le nom de collège royal de* **SAINT-LOUIS**. »

D'autre part, dans le discours d'installation du personnel de Saint-Louis prononcé par l'abbé **Nicolle**, membre de la Commission de l'instruction publique, faisant fonction de *Recteur de l'Académie de Paris*, nous lisons ces mots : « Il « manquait à Paris une grande école qui portât le nom du « protecteur de la France..... Ce vide, Messieurs, vient d'être « rempli, et le collège royal de Saint-Louis, s'élevant à côté « de ceux de Henri IV et de Louis-le-Grand, va offrir à la « jeunesse, presque dans le même lieu, les trois noms qu'elle « doit le plus vénérer, chérir et admirer. »

Mais ce que nous savons bien, par deux *mémoires* conservés à Saint-Louis, c'est que la comtesse d'**Harcourt**, au nom de sa famille, réclama énergiquement contre un changement qui lui enlevait un de ses plus beaux titres de gloire.

Comment se fit-il, cependant, que cette réclamation, de sa part, ne se produisit qu'au bout de quatre ans, en 1824 ? Prévoyant cette objection, elle y a répondu ainsi : « Diverses circonstances ne nous ont pas permis de réclamer plus tôt, puis l'ordonnance royale n'a paru, ni au *Moniteur*, ni au *Bulletin des Lois*, et la famille d'**Harcourt** en a totalement ignoré le contenu jusqu'au moment où elle s'est occupée des recherches nécessaires, tant sur ce qui s'était passé en dernier lieu, que sur la fondation originaire du collège. » Et d'ailleurs, ajoute-t-on, « le collège d'Harcourt comptant encore bien plus de siècles que le collège Saint-Louis ne compte d'années, la prescription est toute en sa faveur ».

Nous ne remarquerons pas qu'à défaut de l'ordonnance royale, le *Moniteur* avait consacré, en 1820, deux articles, 19 et 24 octobre, à la nouvelle organisation de l'ancien collège d'Harcourt sous le nom de collège Saint-Louis. Mais, si, pour des motifs que nous ne connaissons pas, la famille d'**Harcourt** ne s'émut point de suite de ce déni de justice envers les siens, elle mit une grande ardeur à en poursuivre la réparation. Nous pouvons en juger par les nombreuses réponses que la comtesse d'**Harcourt** reçut aux mémoires, lettres et démarches de toute sorte auxquels elle recourut pour faire restituer officiellement son nom à la maison que ses ancêtres avaient fondée.

Dans ses *Mémoires* elle rappelait leur désintéressement, les services qu'ils avaient rendus à l'État, leurs établissements[1] pour « l'éducation publique en un temps où elle était encore si négligée, » et comment il appartenait à la famille d'**Harcourt** de revendiquer « le droit de voir le premier collège de l'Université porter un nom qui rappelle de si honorables souvenirs ». On faisait valoir fort adroitement qu'on pouvait conserver au collège le nom de Saint-Louis en y ajoutant celui d'Harcourt. « Cette alliance concilierait les anciens et les nouveaux souvenirs, et sans doute le saint roi lui-même, sous son chêne de Vincennes, l'eût ordonné ainsi, s'il eût permis toutefois que son nom fut substitué à celui de ses sujets. » Enfin le plaidoyer, *pro domo sua*, se terminait en invoquant un dernier motif, celui des messes établies dans la chapelle du collège, par **Robert d'Harcourt** pour son frère **Raoul** premier fondateur de la maison : « N'est-ce pas encore, disait-on, une dette de l'État et de la famille[2] ? »

Toutefois, avant de produire sa réclamation, la comtesse d'**Harcourt** écrivit au proviseur du collège Saint-Louis,

---

1. Outre le collège d'Harcourt, celui de Lisieux fut aussi fondé par un d'**Harcourt**, Guy, évêque de Lisieux, en 1336.
2. Le principal *Mémoire* est aux *Documents annexes*.

— 481 —

l'abbé **Thibaut**, pour lui demander si rien ne s'y opposait de son côté. Elle en reçut le 18 février 1824, une lettre où il lui disait qu'il verrait « avec plaisir le nom d'Harcourt, non pas substitué, mais ajouté au nom de Saint-Louis, afin de rappeler de glorieux souvenirs, d'encourager d'autres fondateurs à imiter les exemples des d'Harcourt, et enfin, (détail piquant), pour éviter les méprises dans l'envoi des lettres et paquets, à cause du nom de *Saint-Louis* que porte l'église du collège Bourbon (*Saint-Louis d'Antin*). » Voici d'ailleurs cette lettre :

Madame la Comtesse,

J'ai reçu la lettre que vous m'avez fait l'honneur de m'écrire le 15 de ce mois, et par laquelle, en me faisant connaître vos intentions et celle de l'illustre famille de Harcourt, concernant l'ancien nom du *Collège royal* de Saint-Louis dont je suis chef, vous voulez bien me demander si je ne vois pas d'obstacle à la démarche que vous projetez à ce sujet. Votre demande me paraît très motivée. Je verrai avec beaucoup de plaisir le nom de Harcourt non pas substitué, mais ajouté ainsi que vous le proposez à l'auguste nom de Saint-Louis. Je vois dans cette heureuse alliance un moyen : 1° de rattacher au collège Saint-Louis les souvenirs glorieux de l'antique collège de Harcourt dont nous somme fiers de recueillir l'héritage universitaire ;
2° D'encourager les fondateurs à imiter l'exemple de **Raoul** et de **Robert de Harcourt**, exemple qui serait si salutaire, si utile à l'instruction et à l'éducation publique, après toutes les subversions dont nous avons été témoins ;
3° Enfin, d'éviter les méprises fréquentes qui ont lieu, et qui se renouvellent encore souvent dans l'envoi des lettres et paquets à cause du nom de *Saint-Louis* que porte l'église du collège Bourbon.
Je désire donc sincèrement que vous obteniez de la bonté du Roi que ce beau collège porte le nom du collège de SAINT-LOUIS D'HARCOURT, et je partagerai avec vous la satisfaction qu'en éprouvera une famille dont je serais bien flatté d'y voir ses enfants.
Je suis avec respect, etc.

Signé : Thibault.

Certaine de ne pas rencontrer d'opposition auprès du proviseur de Saint-Louis, Madame **d'Harcourt** envoie son *mémoire* et s'adresse au ministre de l'intérieur. Sa lettre est transmise au grand maître de l'Université, M. **de Frayssinous**, et M. **Guéneau de Mussy**, membre du Conseil de l'Instruction publique, lui répond, à la date du 1ᵉʳ mai 1824, que la décision sur le changement de dénomination du collège d'Harcourt *a été prise très légèrement*, mais que l'on ne croit pas pouvoir l'annuler à cause du nom qui a été choisi. Il propose d'ajouter le nom *d'ancien collège* d'Harcourt au-dessous de l'inscription de l'entrée et d'ériger un marbre dans la cour sur lequel on inscrirait la date de la fondation et le nom du fondateur.

M. **Dambray**, chancelier de France, allié à la famille d'Harcourt avait reçu aussi un exemplaire du *mémoire* et il reconnait dans une lettre du 17 mai que l'on a commis une « criante injustice. » Il propose, à son tour, que l'on rédige ainsi l'inscription : Collège d'Harcourt, *sous l'invocation de Saint-Louis.*

Les mois se passent et Madame d'Harcourt est toujours en instance. Une nouvelle lettre de M. G. de **Mussy**, du 1ᵉʳ décembre, dit que l'on n'a encore rien décidé, mais que le grand maître de l'Université approuve le projet d'une inscription commémorative des fondateurs placée près de la porte de la chapelle du collège.

Nous avons retrouvé le projet de cette inscription qui porte, au-dessous des armes de la famille d'Harcourt le texte suivant, ainsi libellé :

COLLEGIUM HARCURIANUM

Anno MCCLXXX, regnante Philippo III, a Radulpho de Harcuria
Institutum et dotatum,
Et a Roberto de Harcuria, Constantiensi episcopo,
anno MCCCXI regnante Philippo IV cum sacello sub
Invocatione Beatissimæ Virginis Mariæ
ac beati Ludovici regis dedicato absolutum et perfectum,
Anno lugendæ memoriæ MDCCXCIII non intactum,
MDCCCXX regnante Ludovico XVIII
restitutum est[1].

1. Bib. de la Sorb., Arch., carton 17.

Toutefois le projet proposé par M. de Mussy n'aboutit pas, car le 16 février 1825, M. de Vaublanc, ancien ministre, écrit à la comtesse d'Harcourt que sa réclamation est juste, « mais que le gouvernement seul peut restituer son vrai nom au collège d'Harcourt et qu'il l'accordera à la famille si elle persiste dans sa demande. »

Nous voici au 27 mai et on renvoie la demanderesse à une nouvelle juridiction. C'est le chef du cabinet du ministre de l'Instruction publique, M. de Luynes qui lui écrit que « son Excellence approuve l'idée de consacrer par une inscription la fondation de l'ancien collège d'Harcourt, mais qu'elle n'a pas cru pouvoir prendre une décision sur cet objet et que le projet d'inscription proposée vient d'être renvoyé à M. le conseiller d'État, préfet de la Seine. » Pourquoi ce renvoi au préfet? parce que les terrains et les bâtiments du collège sont la propriété *de la ville de Paris*. Il dit en terminant qu'il ne doute pas que le comte de Chabrol ne s'empresse de faire valoir ses réclamations dans le Conseil général.

Toutes ces fins de non recevoir polies, mais pénibles, ne découragent pas Madame d'Harcourt, elle réclame toujours, et, le 6 avril 1826, le directeur des Travaux publics, M. Héricart de Thury lui écrit, ainsi qu'à sa tante la marquise de Grosbois, qu'il a demandé un rapport sur la question et que dès qu'il l'aura, il pressera l'exécution d'un projet auquel ces dames portent un si légitime intérêt. L'*eau bénite de cour* ne manquait pas, mais en réalité, l'affaire ne marchait pas non plus.

Six ans se sont écoulés, la Restauration a disparu sans avoir rendu justice aux fondateurs du collège d'Harcourt. Ce n'est qu'en 1831, sous le gouvernement de Juillet, que la comtesse d'Harcourt obtint enfin gain de cause, comme le constatent une nouvelle lettre de M. Héricart de Thury et le certificat de la décision du préfet de la Seine qu'il lui envoie, à la date du 10 avril. Voici ces pièces importantes :

DIRECTION
DES TRAVAUX DE PARIS.

ANCIEN
COLLÈGE D'HARCOURT
AUJOURD'HUI
COLLÈGE ROYAL
DE SAINT-LOUIS.

Paris, le 10 avril 1831.

A Madame la Comtesse d'Harcourt.

Madame la Comtesse,

J'ai l'honneur de vous transmettre le certificat que vous m'avez demandé relativement à la décision qui avait été prise pour le rétablissement de l'ancienne inscription de *Collège de Harcourt* sur la nouvelle façade de ce collège, aujourd'hui nommé *Collège royal de Saint-Louis.*

D'après quelques recherches que j'ai faites, j'ai dû porter la fondation en l'an 1280, et non en 1307, conséquemment 27 ans avant la date indiquée dans les papiers que vous m'avez communiqués, et que je joins à la présente.

Veuillez agréer, je vous prie, l'hommage des sentiments respectueux avec lesquels, j'ai l'honneur d'être,
    Madame la Comtesse,
votre très humble et très obéissant serviteur.

Le Directeur des Travaux de Paris,
ancien Conseiller d'État,

Vte Héricart de Thury.

CERTIFICAT

Je soussigné, ancien conseiller d'État, directeur des travaux publics de la Ville de Paris,
Certifie ce qui suit :
1° Que le 26 avril 1828 je fus consulté par M. le comte de Chabrol de Volvic, conseiller d'État, préfet du département de la Seine, sur une réclamation à lui présentée par madame la comtesse A. E. de Harcourt, relativement au rétablissement sur la nouvelle façade du Collège royal de Saint-Louis, de l'ancienne inscription de *Collège de Harcourt;* à l'effet de rappeler que ce Collège fut fondé en 1280 sous Philippe le Bel par Raoul de Harcourt, et définitivement constitué en 1311 par Robert de Harcourt, évêque de Coutances.

2° Qu'après avoir cherché à concilier le rétablissement de cette ancienne inscription avec celle de *Collège royal de Saint-Louis*, adoptée par le Conseil général de l'Instruction publique, sur la proposition du Conseil municipal de la Ville de Paris,

Il fut convenu et arrêté entre nous que, pour satisfaire aux justes réclamations de madame la comtesse E. de Harcourt en même temps que pour transmettre à la connaissance des habitants de la Ville de Paris ce souvenir de la généreuse fondation de ce Collège par Raoul de Harcourt en 1280 et Robert, son frère, en 1311 ;

1° Lors de la reconstruction de la façade de ce Collège sur la rue de la Harpe, au-dessous de l'inscription de *Collège royal de Saint-Louis*, nous ferions graver celle-ci : *ancien Collège de Harcourt, fondé par Raoul et Robert de Harcourt en 1280 et 1311* ;

2° Que lors de la démolition de la vieille façade, l'ancienne porte d'entrée du Collège serait démontée avec le plus grand soin, qu'elle serait réparée et replacée de la manière la plus convenable à l'une des nouvelles entrées du Collège, cette porte tant et si bien connue dans Paris par son ancienneté, ses sculptures et les bas-reliefs de Fortin étant véritablement devenue un monument qu'il importe de conserver pour l'histoire de cet antique et illustre Collège.

Paris, le 10 avril 1831.

Le Directeur des Travaux publics de la Ville de Paris, ancien Conseiller d'État,

Vicomte Héricart de Thury.

Depuis cette époque, sur la façade du lycée Saint-Louis a toujours figuré la mémorable mention d'**ANCIEN COLLÈGE D'HARCOURT**, *gloria filiorum patres eorum*[1]! Tant de persévérance avait obtenu sa récompense. Elle méritait bien que nous lui consacrions un souvenir reconnaissant dans cette histoire.

Ajoutons que Madame la duchesse d'**Harcourt**[2] ne s'est pas contentée de faire réintégrer le nom des d'**Harcourt** à sa place, mais qu'elle a voulu continuer les traditions bienfaisantes de sa famille envers notre maison. C'est ainsi que dans son testament, à la date du 17 juin 1866, elle lègue au lycée Saint-Louis des corps de bibliothèques, des livres, quelques papiers[3], et un bureau encore aujourd'hui à l'usage du pro-

---

1. Ainsi, à cinq siècles de distance, les noms de *Saint-Louis* et d'*Harcourt* se trouvaient de nouveau associés par les liens de la plus étroite union. Le père des fondateurs du collège, Jean d'**Harcourt**, avait été en effet l'ami dévoué et le fidèle compagnon d'armes de **Saint-Louis** dans ses croisades, comme nous l'avons rappelé dans notre chapitre II.

2. La comtesse E. d'**Harcourt**, née **Terray**, devint la duchesse d'**Harcourt**, en 1841, à la mort de son beau-père.

3. Ces livres et ces papiers ont été très utiles à l'auteur de ce travail. Disons au sujet des livres légués par la comtesse d'**Harcourt** que le catalogue qui en a été dressé compte 910 volumes classés par ordre alphabétique d'auteurs. Ces livres sont conservés au lycée Saint-Louis dans plusieurs bibliothèques placées dans l'antichambre du cabinet de M. le Proviseur. On y trouve plusieurs ouvrages importants, tels que :

L'*Histoire généalogique et chronologique des Maisons de France*, en 9 vol. in-f°;

L'*Histoire de l'Université*, par **du Boulay**, en 6 vol. in-f°; celle de **Crévier**, en 7 vol. in-12;

Le *Glossaire*, de **Ducange**, en 12 vol. in-f°;

Les *Histoires ou Descriptions de la Ville de Paris*, de **Jaillot**, **Sauval**, **Brice**, **Piganiol**;

L'*Histoire de la maison d'Harcourt*, par **de la Roque**, en 4 vol. in-f°.

Le *Thesaurus linguæ latinæ* de **Robert Estienne**, en 4 vol. in-f°.

L'*Histoire ecclésiastique* de **Fleury**, en 36 vol. in-12.

L'*Histoire de France* de **Mézeray**, en 3 vol. in-4°.

Le *Dictionnaire* de **Moreri**, en 10 vol. in-f°.

Les *Œuvres* de **Rollin**, en 28 vol. in-12.

Les *Actes des Martyrs* de **Ruinart**, en 3 vol. in-18, quelques ou-

viseur. Elle fonde aussi de nouvelles messes qui doivent être célébrées dans la chapelle par l'aumônier aux intentions des fondateurs et des membres défunts de la famille d'Harcourt, notamment de son jeune fils **Marie Robert**, officier de marine, ancien élève du collège, décédé en 1840, à Sainte-Hélène, à l'âge de vingt ans[1]. Cette fondation n'a cessé d'être fidèlement acquittée par les aumôniers de Saint-Louis. On n'oublie pas au lycée le grand nom des d'Harcourt, comme les d'Harcourt n'oublient pas non plus leur ancienne maison. Ce nom n'a cessé d'être inscrit, souvent parmi les lauréats, sur la liste des élèves du lycée Saint-Louis, et il figure toujours avec honneur dans les banquets de l'Association.

M. le duc d'Harcourt vient de renouveler généreusement des traditions chères à sa famille en faisant les frais d'une médaille insigne qui sera distribuée aux lauréats de l'*Association amicale des anciens élèves* du lycée Saint-Louis. Cette médaille, qui n'était hier qu'un projet, est devenue une réalité grâce à la libéralité de M. le duc d'Harcourt et au dévouement de M. **Pélicier**, qui ne se lasse pas de contribuer par tous les moyens possibles à l'honneur et à la prospérité de l'*Association amicale des anciens élèves du lycée Saint-Louis* dont nous parlerons plus loin.

Disons maintenant un mot des différentes transformations et de l'état actuel des bâtiments de l'ancien collège d'Harcourt devenu le lycée Saint-Louis[2].

Comme nous l'avons vu, le décret du 21 mars 1812 avait affecté au lycée : 1° l'emplacement de l'ancien collège d'Harcourt ; 2° celui de l'ancien collège de Justice et de la maison contiguë dite le Prêtre ; 3° une portion de l'ancien jardin des *Cordeliers*.

vrages de philosophie, et toute une collection de classiques grecs, latins et français, ainsi qu'un certain nombre de livres de piété et de religion.

1. Blessé par accident à Madagascar, le jeune officier de marine vint mourir à Sainte-Hélène et son corps fut ramené par le même convoi qui rapportait les cendres de Napoléon.

2. Nous devons à M. **Duprez**, inspecteur des travaux de la Ville, la communication gracieuse des renseignements que nous insérons ici.

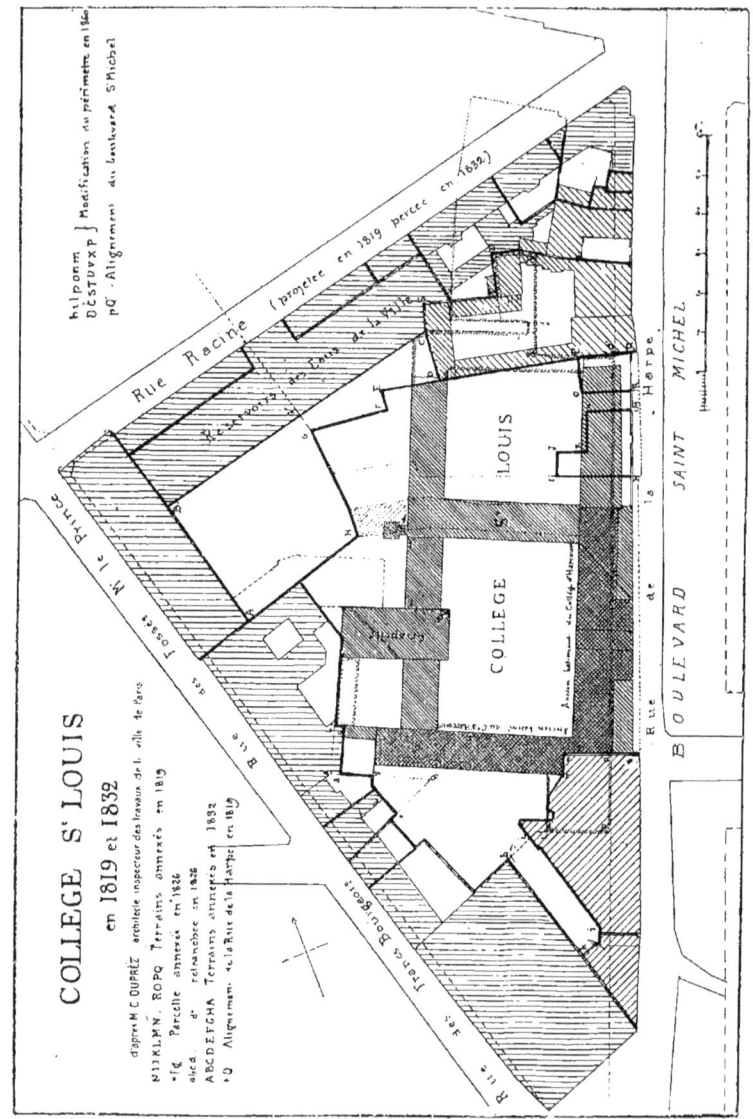

En ce qui concerne cette dernière partie, le décret ne fut pas exécuté : la totalité des dépendances des anciens Cordeliers ayant été affectée à la Faculté de médecine (École de santé) par l'article 2 de la loi du 14 frimaire an III. La Faculté de médecine resta en possession de cette partie du terrain sur laquelle s'élevaient les pavillons de dissection qui confinaient aux bâtiments du lycée.

Le proviseur de Saint-Louis, M. Liez, écrivit en 1831 au préfet de la Seine pour l'inviter, dans l'intérêt de la santé des élèves, à faire exécuter le prolongement de la rue Racine, afin d'isoler autant que possible les bâtiments du collège des pavillons de dissection. Rien ne fut changé cependant jusqu'en 1832. A cette époque, une loi du 26 avril autorisa la ville de Paris à disposer d'une partie des terrains concédés à la Faculté de médecine par la loi du 14 frimaire. La Ville était également autorisée à aliéner à son profit l'espace demeuré libre entre le prolongement de la rue Racine et le lycée Saint-Louis, qui ne dépassait pas alors de ce côté les limites de l'ancien collège de Justice. Une partie de cet espace fut en effet vendue et on y établit des réservoirs d'eau qui existent encore aujourd'hui. Ce qui restait de l'ancien couvent des Cordeliers de ce côté, fut annexé au lycée et forme la plus grande partie de la troisième cour de cet établissement.

En 1860-1861, la Ville réunit encore au lycée une partie de l'emplacement d'une ancienne propriété, dite *hôtel des abbés de Molesmes*[1], rue de la Harpe, 92, où on installa les cuisines et la portion du bâtiment située sur la deuxième cour. Le reste du terrain fut aliéné pour y construire les maisons portant actuellement les n⁰ˢ 36 et 38 du boulevard Saint-Michel.

Sur ce boulevard, qui était encore l'étroite rue de la Harpe, en 1819 et 1820, les bâtiments du collège furent en partie agrandis, reconstitués ou modifiés par l'alignement de la rue de la Harpe. On recula la façade à cette époque et on réunit au lycée l'emplacement des anciennes maisons, portant les

---

1. V. le plan **Berty**, p. 66. et les plans de M. **Duprez**, chap. VII et plus bas.

Vestibule du lycée Saint-Louis.

nos 88 et 84, situées à droite et à gauche de l'entrée du collège de Justice.

Toutefois, jusqu'en 1860, la façade située rue de la Harpe n'avait pas subi de transformation importante et elle était même en assez mauvais état, puisque les anciens élèves qui datent de ce temps-là se rappellent qu'elle était étayée sur plusieurs points, parce qu'on avait des doutes sur la solidité des murailles. Mais en 1860-1861, lors du percement du boulevard Saint-Michel et de la reconstruction entière de la façade sur le nouvel alignement, on ajouta au lycée ce qui restait des propriétés 96 et 98 de la rue de la Harpe et une partie de la propriété du n° 100. C'est ce qui forme aujourd'hui le logement du concierge, le vestibule du lycée et le grand escalier du proviseur. On en a seulement distrait la partie de l'ancienne *Ruelle des murs* du vieux Paris qui appartenait autrefois au collège d'Harcourt[1].

Enfin, du côté des immeubles de la rue Monsieur-le-Prince, une petite portion de terrain avait été, en 1826, échangée avec le propriétaire du n° 53 (ancien *hôtel d'Harcourt*[2]), contre une autre portion formant hache dans le jardin « dit de l'infirmerie » du lycée. Nous espérons que le lycée aura un jour un dégagement complet de ce côté qui le reliera directement à la rue de Vaugirard et assainira ses cours et ses bâtiments, pourvu qu'on supprime aussi les réservoirs de la rue Racine.

La façade du lycée Saint-Louis, dont nous reproduisons la tranche la plus importante, d'après la *Revue d'Architecture* de M. César Daly, est l'œuvre de M. Bailly, doyen de la Section d'architecture à l'Académie des Beaux-Arts, connu par de remarquables restaurations de monuments anciens et la construction du Tribunal de Commerce. Certains critiques, tout en reconnaissant le *classicisme* de la façade de Saint-Louis, y trouvent une solennelle froideur, bonne pour le temps où il était de mode de terrifier l'enfance par le pédan-

---

1. V. le plan de 1778, dressé par M. **Duprez**, chap. VI, VII et le plan de 1798, plus haut.
2. V. plan de 1798, plus haut, p. 464.

Partie centrale de la façade du lycée Saint-Louis.

Vue à vol d'oise

Saint-Louis.

tisme lugubre des bâtiments. Cette appréciation nous semble bien injuste et nous préférons dire, avec M. Daly, que « M. Bailly a été heureusement inspiré au lycée Saint-Louis. « On y sent, ajoute-t-il, comme cela devait être, à la fois, le « monument public et l'habitation, la demeure d'une nom- « breuse population et la présence des représentants de l'en- « seignement officiel. La composition s'ordonne bien : un « soubassement sans rudesse, porte un ordre qui embrasse « deux étages, surmontés d'un petit ordre d'attique. Le style « en est ferme et cependant l'aspect de l'édifice n'a rien « d'austère. Le caractère du bâtiment rappelle bien celui de « l'enseignement qui convient aux adolescents à l'époque où « nous sommes, et qui doit être marqué au coin de la science « et de la discipline tempérées par la douceur. » Disons aussi que M. Bailly n'eut pas le champ libre dans sa construction, il devait seulement appliquer une nouvelle façade à ce qui restait des anciens bâtiments du collège d'Harcourt, après le recul nécessité par le percement du boulevard Saint-Michel. La dépense totale des travaux, qui comprenaient deux grands corps de bâtiment, non compris la valeur de quatre immeubles expropriés pour les nouvelles constructions, a été supportée tout entière par la Ville de Paris. Elle représente un chiffre de 1 100 000 francs. C'est en vertu des autorisations préfectorales du 11 avril 1861, du 25 avril 1862 et du 11 février 1863, que cette importante entreprise a été commencée et achevée [1].

En se reportant aux plans que M. Duprez nous a communiqués et que nous insérons ici, on pourra se rendre compte de la distribution du lycée. Une porte, située un peu plus bas que l'entrée du vestibule, correspond à l'ancienne porte du collège d'Harcourt sur la rue de la Harpe. En pénétrant par cette ouverture, destinée spécialement aux externes, on arrive dans la cour centrale ou d'honneur et on a en face la chapelle dont nous donnerons tout à l'heure la description.

1. C. Daly, *Revue générale de l'Architecture*, vol. XXI, 1864, p. 5.

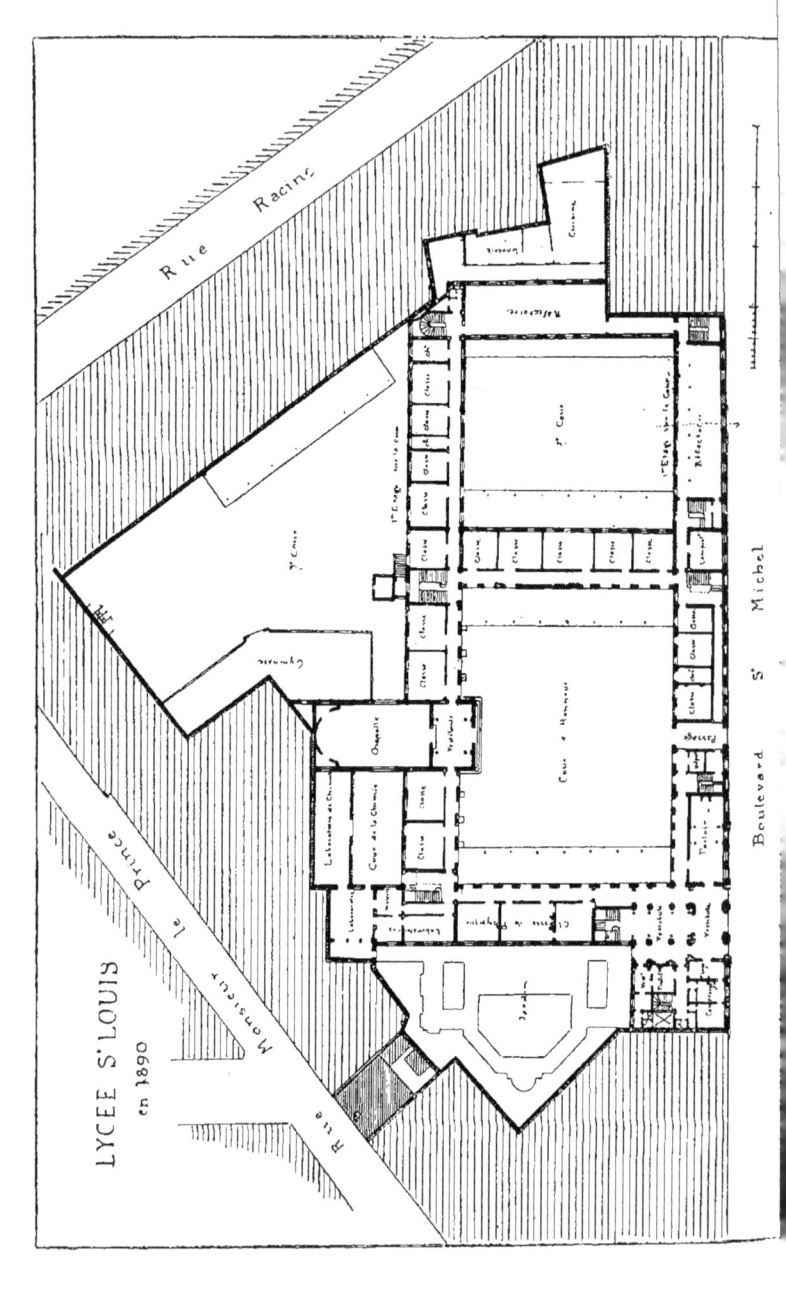

Si l'on se retourne vers la façade intérieure, on est frappé d'y rencontrer encore des restes de l'ancienne construction du xviiie siècle, telle que nous en pouvons juger d'après les gravures du temps, dont nous avons donné la reproduction au chapitre précédent. M. **Duprez** croit aussi que l'on a conservé en 1820 et respecté depuis quelques parties de l'ancien d'Harcourt. Le cintre de la porte qui donne sur cette cour ressemble, en effet, à s'y méprendre, à celui qui avait été fait pour recevoir la porte de Fortin conservée sous le vestibule. Nous reproduisons plus loin un dessin à vol d'oiseau de tout le lycée.

Une des parties intéressantes du lycée, à cause des peintures qu'elle renferme, est sa chapelle. Nous profiterons de l'inventaire officiel qui vient d'en être dressé pour en donner une description complète en regard de la reproduction des tableaux dont il parle [1].

Extérieur. — En avant de l'édifice, s'élève un porche établi dans l'axe de la cour principale et desservant les galeries qui pourtournent ladite cour. Ce porche est rectangulaire et surmonté d'un plafond plat. Aux quatre angles se dressent quatre colonnes doriques supportant une espèce de tribune pleine. La baie donnant accès dans le monument est encadrée d'un chambranle mouluré et précédée de trois marches. La porte est en chêne, à deux vantaux, et chaque vantail comporte quatre panneaux carrés. Les trois panneaux supérieurs sont ajourés et clos par un grillage.

Intérieur. — La chapelle est établie sur plan rectangulaire et terminée par une partie en hémicycle contenant l'autel. Elle est éclairée par deux grandes baies pratiquées dans l'axe des murs latéraux, et recouverte d'une voûte en berceau qui vient s'appuyer sur une corniche à denticules faisant une assez forte saillie.

Intérieurement, la porte d'entrée est pourvue d'une corniche. Au-dessus est encastré un médaillon représentant :

Saint Louis. — Médaillon ovale : H. 0^m,86; L. 0^m,79.

Le roi est représenté de profil, la tête tournée à droite et ceinte d'une couronne. Sa tunique est ornée d'une croix, et ses épaules sont recouvertes d'un manteau agrafé sur la poitrine.

1. L. **Michaux**, *Hist. et Description des Chapelles*, Lycée Saint-Louis, **Plon**, 1891.

Intérieur de la Chapelle du lycée Saint-Louis.

Dans un petit cartouche, réservé au bas du médaillon, est gravée l'inscription suivante :

Sancti Ludovici Regis hanc effigiem sculpsit et dono dedit collegio ejusdem nominis Paulus Josephus Amedeus Guilelmus Peyre de la Grave, baro et comes de Peyre Tréville Chateauneuf Astorg et Moret quod eleemosynarii, provisor, censor et professores filii sui ingenium dotibus animi et scientiae exornaverunt. Die xviii aprilis, anno MDCXXXIII (sic)[1].

A gauche de la porte :

Éducation de Saint Louis. — Toile : H. 3 mètres; L. 2ᵐ,50, par M. **Paul Nanteuil**.

La reine Blanche est assise à gauche de la composition, la main droite appuyée sur le bras de son siège, la main gauche sur son cœur, le regard attaché sur son fils qui est assis près d'elle. La reine a une robe blanche, un manteau violet pâle doublé de fourrure et enrichi d'une bordure d'or. Ses cheveux sont tressés et retombent à droite et à gauche sur sa poitrine. Sa tête est recouverte d'un voile blanc retenu par une couronne. A son cou est passée une chaîne d'or à laquelle est suspendue une croix du même métal. Son fauteuil est élevé de trois marches et placé sous un baldaquin. Le coussin est vert foncé et posé sur une draperie jaune ornée d'effilés et de dessins rouges et bleus. Le dossier est terminé en plein cintre, tendu d'étoffe bleue brochée d'or et flanqué de deux colonnettes carrées avec cannelures, bagues et amortissements en forme de cercles. Le baldaquin est d'étoffe rouge et surmonté d'un dais d'étoffe bleue ; il porte les deux écussons accolés de France et de Castille. L'enfant royal est assis de profil sur un escabeau de bois de forme ogivale, un livre ouvert sur les genoux, les pieds sur un tabouret recouvert d'un coussin vert pâle, et les yeux fixés sur un moine, également assis devant lui, à droite de la composition, un manuscrit dans une main, l'index de l'autre main levé en l'air. Saint Louis porte une robe blanche et un manteau bleu fleurdelisé ; ses cheveux retombent en boucles sur son cou, et sa tête est ceinte d'un ruban enrichi de pierres précieuses enchâssées dans de petites rosaces. Son manteau est muni d'un capuchon et doublé de fourrure. Le moine est vêtu d'une robe blanche et d'un manteau noir à capuchon. A ses pieds sont déposés plusieurs manuscrits. Derrière lui se trouve un évêque, à la longue barbe blanche, debout, sa crosse dans la main gauche. Il a une robe violette et une chape rouge à

[1]. C'est sans doute par erreur, pour MDCCCXLIII. Nous trouvons le nom de **Peyre de la Grave** dans une pièce de vers appartenant à un recueil de poésies contemporaines dont la date n'est pas mentionnée.

Éducation de saint Louis.

dessins d'or ; ses mains sont gantées de violet ; sa tête est coiffée d'une mitre, et autour de son cou est passé le pallium. A sa droite sont deux moines. L'un d'eux porte un livre ; l'autre a son capuchon relevé sur sa tête. Le prélat et les deux moines ont le regard tourné vers le jeune prince. Un peu en arrière, et au centre de la composition, est assis Louis VIII, le corps penché en avant, les yeux fixés sur le moine qui enseigne, le coude droit appuyé sur un genou et la main gauche posée à plat sur l'autre genou. Il a une tunique verte et un manteau marron clair ; la tête est coiffée d'une calotte marron foncé. A son cou pend une médaille fixée à un collier d'or. Le dossier de son siège est très élevé et terminé par des fleurons ; il est tendu d'étoffe rouge et couronné d'un dais d'étoffe bleue. A gauche de la reine, au premier plan, est placée une petite table sur laquelle est déposée une châsse d'or. Le mur du fond est dissimulé en partie sous une tenture vert foncé parsemée de couronnes et de fleurs de lis. A gauche se trouve une tapisserie à personnages ; à droite s'ouvre une fenêtre close par un vitrail de couleur. Au plafond est accroché un lustre de cuivre à deux branches. Le sol est dallé de marbres de formes diverses et de couleurs différentes.

Signé à gauche : **Paul Nanteuil.** — 1880.

Cette toile a figuré au salon de 1880 (n° 7276).

A droite de la porte :

Saint Louis approuvant les Plans de l'Hospice des Quinze-Vingts. — Toile : H. 3 mètres ; L. 2^m,50, par M. Victor-**François-Éloi Biennoury.**

Saint Louis, en tunique bleue, manteau bleu fleurdelisé et doublé d'hermine et tête nue, est debout au milieu de la composition, le bras droit pendant, la main gauche tendue vers un groupe d'aveugles, le regard sur l'architecte Eudes de Montreuil. La main droite est gantée et tient l'autre gant de la main gauche, en indiquant le plan que lui présente l'architecte sur un escabeau. Eudes de Montreuil se tient debout, de profil, la tête baissée et coiffée d'un bonnet blanc, une toise dans la main droite, le pied gauche sur la marche du trône. Il a une tunique vert foncé, un manteau gris, serré à la taille par une ceinture de cuir, et un capuchon violet. A sa ceinture est passé un compas. Derrière le monarque et à sa gauche se trouve un personnage en robe rouge foncé et capuchon noir relevé sur la tête ; c'est Raoul Grosparmi, archidiacre de Nicosie, garde du scel royal ; il a une plume dans la main droite, un parchemin dans la main gauche et se dispose à écrire. A droite de la composition sont groupés des aveugles dont deux sont à genoux et les autres debout. Le pre-

— 500 —

Saint Louis approuvant les plans de l'hospice des Quinze-Vingts

mier est presque de dos; sa main gauche est appuyée sur un bâton et sa main droite tient une corde à laquelle est attaché un chien caniche portant une sébile dans la gueule. Cet aveugle a la barbe et les cheveux grisonnants; il est couvert d'une tunique grise et d'un manteau marron, fendu sur les côtés et serré à la taille par une ceinture ferrée comme celle des soldats[1]. Le bas de ses jambes est nu et ses souliers sont troués. Son chapeau est à terre. Le deuxième aveugle est représenté de profil, en tunique violet foncé et manteau lilas, la tête protégée par un bonnet qu'il est en train d'ôter pour saluer le roi; sa main gauche est posée sur l'épaule du précédent. Les autres se pressent debout; l'un d'eux, vieillard à barbe blanche, étend les mains en avant et semble implorer la protection du roi; il a une pèlerine violette et un capuchon de même couleur qui est relevé sur la tête. Un moine bénédictin guide ses pas. On remarque en arrière-plan et de chaque côté du trône la couronne royale et le sceptre, puis deux massiers ou sergents d'armes vêtus comme le roi, suivant l'usage du temps. Le trône est recouvert d'étoffe bleue parsemée de fleurs de lis. Au fond se développent des arcades de style ogival en partie dissimulées sous des draperies bleues avec bandes portant les armes de France et de Castille. A droite d'Eudes de Montreuil, un de ses élèves qui tient un rouleau de dessins et une équerre. Devant lui une table sur laquelle est une aumônière, au pied des vases à boire, une grande bouteille et des pains empilés sur une serviette dans une corbeille.

Signé sur la marche du trône : **V. Biennoury**, — l'an mil huit cent septante neuf.

Salon de 1880 (n° 7 239).

Mur de droite :

Saint Louis rendant la justice sous le chêne de Vincennes.
— Toile : H. 3 mètres; L. 4^m,50, par **Gustave-Adolphe Chassevent-Bacques.**

Le monarque est assis sous un chêne, sur un fauteuil placé sur un petit tertre de terre, la main droite sur le bras de son siège, la main gauche posée sur un livre placé sur ses genoux, le regard fixé sur un jeune seigneur debout, la tête baissée, le bras droit pendant, le bras gauche replié sur sa poitrine, les poings fermés, dans l'attitude de la soumission et de la colère. Louis IX est vêtu d'une tunique rouge pâle, presque entièrement recouverte par un

---

1. On sait que les QUINZE-VINGTS ont été fondés pour des chevaliers français auxquels les Sarrazins avaient crevé les yeux en Palestine.

vêtement de dessus bleu, et d'un manteau de même couleur agrafé sur l'épaule droite. Sa tête est couronnée et ses pieds sont chaussés de souliers d'étoffe grenat brochée d'or. Son manteau est fleurdelisé et doublé d'hermine. Sur le tertre est jeté un tapis bleu, rehaussé de deux larges bordures de couleurs différentes. Le jeune seigneur a la tête nue; il porte une tunique jaune, un vêtement de dessus sans manches, à capuchon, d'étoffe gris pâle, ornée d'une bordure de rinceaux jaunes, des haut-de-chausses grenat et des chausses grises. Son capuchon est doublé de grenat. Autour de ses reins est attachée une ceinture à laquelle est suspendue une aumônière. Près de lui est couché un chien. Aux pieds du roi est agenouillée une femme en robe vert feuille morte, manteau brun et voile noir, qui lui désigne le coupable d'une main et de l'autre lui montre sa fille, qui se jette en pleurant dans les bras de son père. La jeune fille cache sa tête contre la poitrine de ce dernier. Elle a une robe lilas clair et une ceinture rouge nouée sur le côté gauche. Ses cheveux sont blonds et nattés. Une des nattes est rejetée dans son dos. Le père, dont la barbe et les cheveux sont grisonnants, enlace la taille de sa fille du bras gauche en la soutenant de la main droite. De profil et les yeux tournés vers le roi, il a une espèce de sayon vert, une pèlerine à capuchon noir doublé de rouge pâle, une ceinture brune, un pantalon gris foncé et des bottes. Son front est ceint d'un bandeau. A la droite du roi est assis un conseiller, qui regarde le coupable en appuyant les mains sur une tablette sur laquelle est étendu un parchemin et à laquelle est fixé un encrier. Il a une tunique vert pâle, un manteau à capuchon noir doublé de violet et des chaussures grises. Sa tête est coiffée d'une toque de pourpre. Ses cheveux sont grisonnants et retombent en boucles de chaque côté de sa figure. Contre le chêne, derrière lui, se trouvent un moine et un personnage de la suite du roi. Le premier joint les mains en signe de douleur et de commisération. Il a une robe de couleur foncée à capuchon rabattu et doublé de blanc. Le second, qui est adossé à l'arbre, relève les pans de son manteau d'une main et appuie son menton sur l'autre. Il a une tunique grise, un manteau rouge doublé de vert et un capuchon à longue pointe relevé sur la tête. Les manches de son manteau sont fendues. Tous deux se tournent vers le jeune seigneur. De l'autre côté de l'arbre se tient la reine, accompagnée de son fils et d'une dame de sa suite. La reine est de face; elle porte un livre et relève les plis de son manteau en regardant le jeune prince. Sa robe est rose pâle, son manteau gris, bordé d'or et doublé de bleu clair. Sa tête est couverte d'un voile retenu par une couronne d'or. L'enfant royal a les yeux attachés sur le coupable, le bras droit replié sur la poitrine et le bras gauche pendant. Il est vêtu d'une tunique lilas clair et d'un manteau rouge. Son front est ceint d'un petit bandeau enrichi de pierres précieuses. La suivante est presque de face et un peu en arrière de la souveraine, en robe

Saint-Louis rend

(Tableau par M Chassevent.)

blanche et manteau bleu doublé de violet pâle. Elle est coiffée d'une toque blanche à côtes. On aperçoit à gauche de la toile, en arrière-plan, deux serviteurs, dont l'un est assis, tandis que l'autre maintient un cheval qui se cabre. A droite, au premier plan, se trouve un vieillard aux cheveux et à la barbe en désordre, qui s'appuie sur un bâton. Dans son dos pend une besace. A ses pieds est déposé un petit fagot de bois mort. En arrière-plan, et du même côté, surviennent un homme et une femme. Celle-ci est voilée, et celui-là a la tête recouverte d'un capuchon. Derrière eux, dans le lointain, se dresse le donjon de Vincennes.

Signé à gauche : 1881. **A. Chassevent-Bacques**.

Salon de 1881 (n° 442).

Mur de gauche ;

Mort de saint Louis. — Toile : H. 3 mètres; L. 4^m,50, par **Charles Porion**.

Saint Louis est étendu sur un lit, de profil, les mains jointes, un bandeau enrichi de pierres précieuses autour du front. Sa tête est nimbée. Il est vêtu d'une tunique grise ornée d'une croix rouge placée à la hauteur de la poitrine. L'oreiller sur lequel il repose est bleu, avec fleurs de lis d'or, et la draperie qui protège ses genoux est de même étoffe. Au-dessus du lit planent deux anges portant une couronne d'immortelles. Au chevet du lit se tiennent Philippe le Hardi et deux seigneurs de la cour. Le jeune prince a le poing gauche appuyé à la hanche et les yeux fixés sur les deux anges. Il porte un casque surmonté d'une couronne d'or, une cuirasse, une écharpe rouge pâle et un manteau d'hermine. Les deux personnages qui l'accompagnent sont à sa droite. Tous deux ont la tête baissée et les mains jointes. En avant sont agenouillés quatre autres personnages en prières. Le premier a une tunique rouge et un manteau violet foncé ; le second, un manteau blanc ; le troisième un manteau rouge ; et le dernier, une tunique violet pâle. Un prélat, à barbe blanche, debout au pied du lit, montre le ciel en attachant sur le saint roi un regard où se peignent à la fois la douleur et l'espérance. Il a une robe blanche et un manteau gris. A ses côtés sont trois moines agenouillés et priant. Derrière lui est un enfant de chœur, vêtu de blanc, debout, la tête baissée et les mains jointes. Près de cet enfant se tient un indigène, en tunique gris violacé, dont la tête est couverte d'un fez. L'un des anges qui planent au-dessus du lit royal porte une écharpe grenat, et l'autre une écharpe verte. Ils sont escortés de deux groupes de petits anges portés sur des nuages. Le sol est dallé de marbre. Le mur du fond est revêtu, dans sa partie inférieure, d'un haut soubassement en pierre rehaussée d'orne-

ments verts et bleus et orné d'un large bandeau chargé d'arabesques.
Non signé.

Ce tableau, commandé le 10 octobre 1877, a été livré le 9 juillet 1880.

Notons ici que les quatre tableaux de la vie de *saint Louis* sont dus à l'heureuse entremise d'un ancien élève, M. de **Chennevières**, directeur des Beaux-Arts, qui en obtint la commande du ministre, à la suite de l'inauguration du monument commémoratif de la chapelle.

A gauche de l'hémicycle :

Saint Jean. — Toile : H. 2ᵐ,65 ; L. 1ᵐ,60. — *École française* (XVIIᵉ siècle).

Le saint est assis sur un aigle aux ailes éployées et s'apprête à écrire, une plume dans une main et une tablette dans l'autre. Ses yeux sont levés vers le ciel. Ses cheveux sont blonds et bouclés. Il est vêtu d'une tunique bleu pâle, nouée sur l'épaule gauche, et d'un manteau rouge pâle ramené sur ses genoux et flottant. A ses pieds un cours d'eau.

A droite de l'hémicycle :

Saint Michel terrassant le dragon. — Toile : H. 2ᵐ,68 ; L. 1ᵐ,60, d'après **Raphaël**.

Copie, dans les proportions de l'original du tableau conservé au Musée du Louvre ; nº 370 du catalogue. Both de Tauzia, édit. de 1877.

Dans le chœur :

L'autel est en pierre peinte en imitation de marbre gris. Au-dessus se dressent deux colonnes doriques auxquelles correspondent deux pilastres du même ordre, soutenant un entablement et un fronton triangulaire. Au sommet du fronton sont placées deux consoles renversées formant piédouche et portant une boule crucifère.

Entre les colonnes de l'autel :

Triomphe de saint Louis. — Toile : H. 2 mètres ; L. 1ᵐ,66, par **André-Joseph Bodem**.

Le saint roi s'élève dans les airs, les bras écartés, les mains ouvertes et les yeux levés vers le ciel, dans une attitude extatique. Il a une tunique rouge, une ceinture bleue et un manteau bleu fleurdelisé, doublé d'hermine et orné d'effilés d'or. Le monarque est accompagné de trois anges. L'un, en tunique verte et écharpe jaune ocre, présente une branche de lis; les deux autres portent un casque.

Salon de 1827 (n° 100).

Contre le mur de droite, à gauche de la fenêtre, est fixée une plaque de marbre noir, de forme rectangulaire, portant sur deux colonnes, gravés en lettres d'or, les noms des anciens élèves du lycée Saint-Louis, morts pendant la campagne de 1870. En tête des deux colonnes une palme en or. L'inscription est ainsi conçue[1] :

AUX CAMARADES
MORTS POUR LA PATRIE
1870-1871

ARMELIN (Jean-Baptiste), lieutenant au 43ᵉ de ligne (Saint-Privat).
ALVAREZ (Emile), sous-lieutenant de chasseurs à cheval (Montretout).
AMBROISE, capitaine au 1ᵉʳ bataillon de chasseurs à pied (Frœschwiller).
ANTOINE, sous-lieutenant sorti de Saint-Cyr en juillet 1870, (Sedan).
ARMAND, capitaine au 13ᵉ bataillon de chasseurs à pied (Frœschwiller).
AUDIER, capitaine en 1ᵉʳ au 3ᵉ régiment du génie (Saint-Privat).
AYNÈS, lieutenant-colonel au 91ᵉ de ligne (Saint-Quentin).
BARBAYRAC DE SAINT-MAURICE, capitaine au 12ᵉ bataillon de chasseurs à pied (Gravelotte).

---

1. Ce monument, élevé par les soins de l'*Association des Anciens Élèves du Lycée Saint-Louis*, a été exécuté sur les dessins de M. de Royou (Adolphe), architecte, membre de l'Association, et inauguré le 6 juin 1874, comme nous le rapportons plus loin.

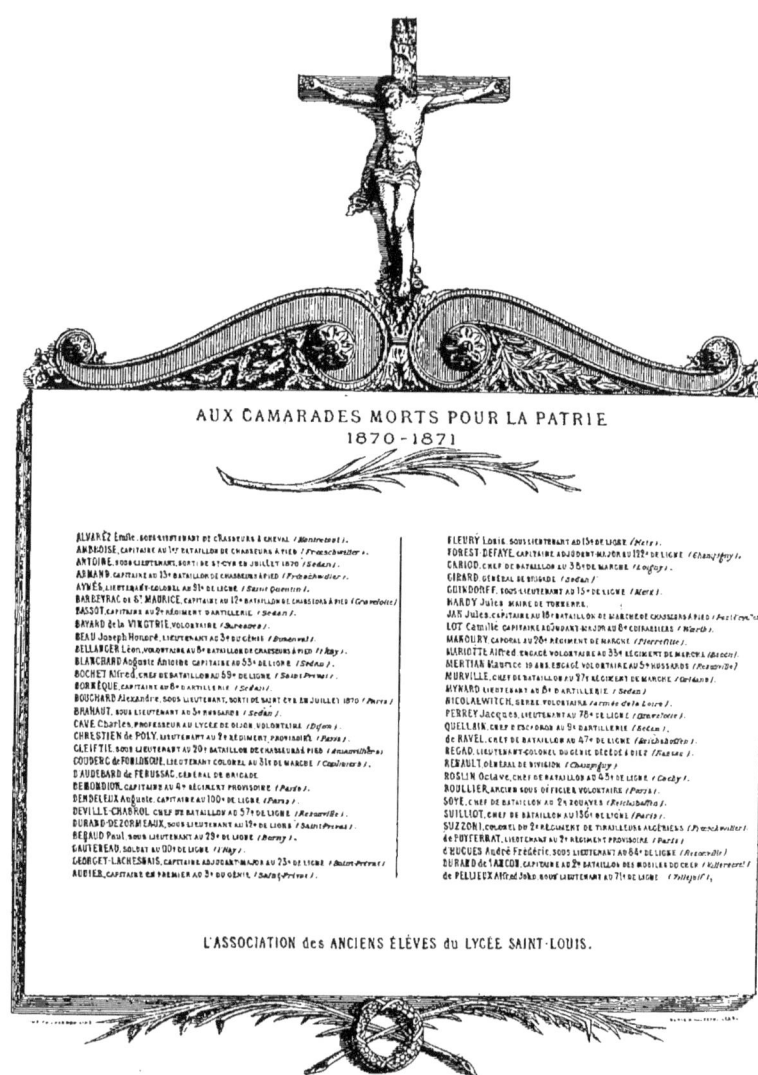

MONUMENT COMMÉMORATIF ÉLEVÉ DANS LA CHAPELLE DU LYCÉE ST-LOUIS

Bassot, capitaine au 2ᵉ d'artillerie (Sedan).
Bayard de la Vingtrie, volontaire (Suresnes).
Beau (Joseph-Honoré), lieutenant au 3ᵉ régiment du génie (Buzenval).
Bellanger (Léon), volontaire au 8ᵉ bataillon de chasseurs à pied (L'Hay).
Béraud (Paul), sous-lieutenant au 27ᵉ de ligne (Borny).
Blanchard (Auguste-Antoine), capitaine au 53ᵉ de ligne (Sedan).
Bochet (Alfred), chef de bataillon au 59ᵉ de ligne (Saint-Privat).
Bornèque, capitaine au 8ᵉ d'artillerie (Sedan).
Bouchard (Alexandre), sous-lieutenant, sorti de Saint-Cyr en juillet 1870 (Paris).
Brahaut, sous-lieutenant au 3ᵉ hussards (Sedan).
Cave (Charles), professeur au lycée de Dijon, volontaire (Dijon).
Chrestien de Poly, lieutenant au 2ᵉ régiment provisoire (Paris).
Cleiftie, sous-lieutenant au 20ᵉ bataillon de chasseurs à pied (Armanvillers).
Cothenet (Émile), lieutenant au 18ᵉ d'artillerie (Gravelotte).
Couderc de Fonlongue, lieutenant-colonel au 31ᵉ de marche (Coulmiers).
D'Audebard de Férussac, général de brigade.
Demandion, capitaine au 4ᵉ régiment provisoire (Paris).
Dendeleux (Auguste), capitaine au 100ᵉ de ligne (Paris).
Deville-Chabrol, chef de bataillon au 57ᵉ de ligne (Rezonville).
Durand de Lançon (Alphonse), capitaine au 2ᵉ bataillon des mobiles du Cher (Villersexel).
Durand-Dezormeaux, sous-lieutenant au 12ᵉ de ligne (Saint-Privat).
Fleury (Louis), sous-lieutenant au 15ᵉ de ligne (Metz).
Forest-Defaye, capitaine adjudant-major au 122ᵉ de ligne (Champigny).
Gariod, chef de bataillon au 38ᵉ de marche (Loigny).
Girard, général de brigade (Sedan).
Gautereau, soldat au 100ᵉ de ligne (L'Hay).

— 508 —

Georget-Lachesnais, capitaine adjudant-major au 84ᵉ de ligne (Saint-Privat).

Guindorff, sous-lieutenant au 15ᵉ de ligne (Metz).

Hardy (Jules), maire de Tonnerre.

Heurtevent-Dremer (Joseph-Octave), chef d'escadron d'artillerie (Saint-Privat).

Hugues (André-Frédéric d'), sous-lieutenant au 84ᵉ de ligne (Rezonville).

Jan (Jules), capitaine au 18ᵉ bataillon de marche de chasseurs à pied (Pont-Noyelles).

Jolly des Hayes (Léon), volontaire (Buzenval).

Lot (Camille), capitaine adjudant-major au 8ᵉ cuirassiers (Wœrth).

Magouet de la Magouérie (Alfred), lieutenant de vaisseau (armée de la Loire).

Manoury, caporal au 28ᵉ régiment de marche (Pierrefitte).

Mariotte (Alfred), engagé volontaire au 33ᵉ régiment de marche (Bacon).

Mertian (Maurice), engagé volontaire au 5ᵉ hussards, 19 ans, (Rezonville).

Mieulle (de) Léon, lieutenant (armée de la Loire).

Morel (François-Paul-Ernest), lieutenant d'artillerie (Gravelotte).

Murville, chef de bataillon au 28ᵉ régiment de marche (Orléans).

Mynard, lieutenant au 8ᵉ d'artillerie (Sedan).

Nicolaewitch (Serbe), volontaire (armée de la Loire).

Pellieux (Alfred-John de), sous-lieutenant au 71ᵉ de ligne (Villejuif).

Perrey (Jacques), lieutenant au 78ᵉ de ligne (Gravelotte).

Puyferrat (de), lieutenant au 2ᵉ régiment provisoire (Paris).

Quellain, chef d'escadron au 9ᵉ d'artillerie (Sedan).

Ravel (de), chef de bataillon au 47ᵉ de ligne (Reichshoffen).

Regad, lieutenant-colonel du génie, décédé à Diez (Nassau).

Renault, général de division (Champigny).

Roslin (Octave), chef de bataillon au 43ᵉ de ligne (Cachy).

Roullier, ancien sous-officier, volontaire (Paris).

Soye, chef de bataillon au 2ᵉ zouaves (Reichshoffen).
Specht (Léon), capitaine au 65ᵉ de ligne (Bourg).
Suilliot, chef de bataillon au 156ᵉ de ligne (Paris).
Suzzoni, colonel du 2ᵉ régiment de tirailleurs algériens (Frœschwiller).

Au bas de cette plaque commémorative on lit :

L'ASSOCIATION DES ANCIENS ÉLÈVES
DU LYCÉE SAINT-LOUIS

Nous empruntons à l'*Annuaire de l'Association amicale des anciens élèves* le compte rendu de l'inauguration de ce monument commémoratif [1].

« Une pieuse et touchante cérémonie avait lieu le samedi 6 juin 1874 dans la chapelle du lycée. Depuis longtemps déjà le lycée Saint-Louis s'est acquis dans l'étude des sciences une légitime renommée, et chaque année un nombre considérable de ses élèves est admis à l'École polytechnique et à Saint-Cyr ; aussi lors de la guerre 1870-1871 le lycée Saint-Louis a-t-il, plus largement que tout autre, payé sa dette à la patrie, et dans cette lutte de dévouement les volontaires ont-ils rivalisé de courage et de zèle avec ceux qui faisaient déjà partie de l'armée. L'Association des anciens élèves avait pensé qu'il était juste de perpétuer ainsi la mémoire de ceux qui étaient glorieusement tombés, qu'il y avait là un héritage d'honneur que la grande famille du lycée devait pieusement recueillir, et elle avait décidé qu'une table de marbre placée dans la chapelle, contiendrait les noms de ces nobles victimes, réunissant ainsi dans le même souvenir, comme elle les réunit dans le même regret, et le vieux général et le jeune volontaire engagé de la veille.

« C'était à l'inauguration de cette plaque commémorative qu'il était procédé avec solennité. La chapelle, agrandie par des gradins disposés dans le péristyle, était tout entière tendue de noir avec des écussons portant les dates 1870-1871 ; le catafalque surmonté de drapeaux tricolores et couvert de couronnes d'immortelles était entouré par un détachement d'élèves en armes ; derrière le catafalque des sièges avaient été disposés pour les parents qui assistaient en grand nombre, puis venaient les professeurs et tous les élèves du lycée. Dans la tribune en partie occupée par la maîtrise du lycée, se tenaient les religieuses auxquelles est confié le soin de l'infirmerie et les employés du lycée.

1. Annuaire de 1874.

« A dix heures précises, le cortège faisait son entrée dans la chapelle. A droite du catafalque prenaient place dans le banc occupé d'ordinaire par M. le proviseur, au-dessous de la plaque commémorative, M. **Daguin**, président de l'association, le Recteur M. **Mourier**, le proviseur M. **Joguet**; à gauche se plaçaient M. E. **Chaudé**, vice-président, et le censeur M. **Lenglier**; puis venaient M. **Legrand**, proviseur du lycée Condorcet, ancien proviseur de Saint-Louis, les anciens présidents de l'association, MM. **Leviez, Havet, Doucet, Denormandie, Daffry de la Monnoye**; le comité d'administration presque tout entier, M. de **Royou** qui avait donné le modèle de la plaque commémorative, et en avait surveillé l'exécution, M. E. **Sabourin** qui avait apporté tous ses soins à la cérémonie. Le nombre des assistants eût été bien plus grand encore si l'exiguité du local n'avait empêché de convier tous les membres de l'Association. Le service religieux a été célébré avec pompe par M. **Legrand**, curé de Saint-Germain-l'Auxerrois, vicaire général du diocèse, qui avait bien voulu à la prière de l'aumônier du lycée, M. **Daumas**, venir par sa présence relever l'éclat de la cérémonie.

« Le R. P. **Olivier**, de l'ordre des Frères-Prêcheurs, a, dans une admirable improvisation, ému tout son auditoire; s'inspirant des sentiments que faisait naître une telle solennité, et s'adressant surtout aux élèves du lycée, il a parlé successivement « de l'amour de Dieu, de l'amour de la famille et de l'amour de la patrie, » et fait battre tous les cœurs par l'énergie de sa parole et l'élévation de ses idées.

« Pendant toute la durée de l'office, l'excellente musique de la garde républicaine se tenait dans la cour, à l'entrée de la chapelle, et a exécuté différents morceaux avec son habileté ordinaire.

« A onze heures et demie le service religieux était terminé et chacun se retirait vivement impressionné et en remerciant le Proviseur et l'aumônier de s'être associés avec autant de zèle à la pensée de l'Association des anciens élèves. »

Après avoir présenté aux lecteurs la maison, nous voudrions bien leur parler de ses habitants, de ceux qui depuis 1820 ont passé à Saint-Louis, aux divers titres de proviseurs, de professeurs, d'élèves, mais c'est une tâche que nous réservons pour l'avenir. Nous avons essayé de retracer l'histoire du vieux collège d'Harcourt jusqu'à et y compris sa renaissance sous le nom de Saint-Louis, nous ne voulons pas faire attendre plus longtemps le résultat de cette tentative. Il en est d'ailleurs beaucoup encore, parmi les membres de l'*Association des anciens élèves* qui connaissent cette renais-

sance mieux que nous ne saurions la présenter, parce qu'ils peuvent dire
> Quorum pars magna fui.

C'est à eux, à ces anciens, à ces contemporains qu'il appartient de nous renseigner sur ce qu'ils ont vu, ce qu'ils ont entendu, ce qu'ils ont fait dans le lycée Saint-Louis de leur jeunesse et de leur temps. Nous ne pouvons que poser les jalons de ce complément en rappelant les noms des hommes remarquables qui ont perpétué les glorieuses traditions des ancêtres harcuriens.

Mais, à tout seigneur, tout honneur, laissons passer d'abord devant nous les proviseurs du lycée Saint-Louis depuis que l'ancien collège d'Harcourt a reçu ce nom en 1820.

C'est ici qu'il faudrait donner la biographie de ces hommes de talent et de dévouement qui ont repris l'œuvre de leurs devanciers et perpétué la renommée de l'ancien collège d'Harcourt devenu le lycée Saint-Louis. Mais, outre que les documents nous font défaut, nous risquerions de dépasser les bornes de ce modeste travail. Contentons-nous seulement d'en esquisser quelques traits avec l'aide des états de service et des appréciations que nous avons recueillies dans l'*Annuaire de l'Association des anciens élèves du lycée Saint-Louis*. On dit que la vérité sort de la bouche des enfants, nous le constaterons une fois de plus en entendant les disciples faire l'éloge de leurs maîtres.

Le premier proviseur du collège, lorsqu'on le rouvrit en 1820, comme nous l'avons rapporté, fut l'abbé **Nicolas Thibault**, dont nous avons vu plus haut la lettre à la comtesse d'**Harcourt**. Il était né vers 1769, et appartenait au diocèse de Nancy. Proviseur du collège de cette ville où il avait « donné de grandes preuves d'habileté, » il ne le quitta pas, pour venir à Saint-Louis, sans emporter les plus vifs et les plus profonds regrets de ses élèves, ainsi que le disait le Recteur **Nicolle** en l'installant dans son nouveau poste. Sa bonne administration devait assurer l'avenir de Saint-Louis. Il y réalisa, en effet, le programme qu'il s'était tracé en prenant possession de sa charge, quand il déclarait qu'il établirait au collège Saint-Louis « une discipline tout à la fois ferme sans rigueur et paternelle sans faiblesse[1]. » C'est ainsi qu'à l'exemple de ses glorieux prédécesseurs du collège d'Harcourt il savait mettre en pratique le sage précepte du commandement qui prescrit un mélange de douceur et de force, *suaviter et fortiter*, comme nous le lisons sur l'écusson placé au bas du portrait du proviseur **Padet**[2]. Un des successeurs de l'abbé **Thibault**, dans un appel aux souvenirs de ses anciens élèves, caractérisait la physionomie de ce chef vénéré en le qualifiant de « *respectable abbé Thibault*[3] ». C'était, en effet, un homme de belle taille, d'allure militaire, et qui avait, dit-on, assisté à la prise de la Bastille. Après avoir administré pendant cinq ans le collège Saint-Louis, il le quitta pour devenir inspecteur général de l'Université, en 1825, et mourut à Paris le 28 mars 1830. M. l'abbé **Thibault** était chanoine honoraire de Toulouse et de Saint-Dié, et chevalier de la légion d'honneur.

Son successeur, en 1825, fut l'abbé Valentin Ernest **Ganser**, né vers 1775, et Alsacien d'origine. C'était un saint homme, que tout le monde estimait à cause de sa fidélité au devoir et de son administration aussi sage que bienveillante. Le même auteur que nous venons de citer, l'a appelé « *l'austère mais paternel abbé Ganser*[4] ». C'est à peu près le seul détail que nous ayons pu retrouver à son endroit, mais il est tout en sa faveur, car il prouve qu'il possédait les qualités des bons éducateurs qui voient dans leurs fonctions moins une magistrature qu'une paternité. Cette impression nous est confirmée par une lettre que M. Camille **Doucet**, secrétaire perpétuel de l'Académie française, a bien voulu nous communiquer. Élève de Saint-Louis au temps du proviseur **Ganser**, il écrivait à son père, en 1829 : « Je descends à l'instant de chez

1. V. plus haut, *Moniteur universel* du 24 octobre 1820.
2. V. chap. V, p. 275.
3. Discours de M. **Legrand**, au premier banquet de l'*Association des anciens élèves*, 1860.
4. Discours de M. **Legrand**.

« M. le Proviseur, avec qui j'ai passé toute ma récréation. Il
« m'a reçu, contre mon attente, de la manière la plus ami-
« cale... Après m'avoir écouté favorablement, il m'a donné
« beaucoup de conseils, a beaucoup relevé les bonnes qua-
« lités que je puis avoir, et m'a dit que j'avais tout ce qui
« était nécessaire pour faire un élève désirable dans tous les
« collèges. » Comme son prédécesseur, M. Ganser quitta
Saint-Louis après cinq ans d'administration. Les événements
de 1830 n'y furent peut-être pas étrangers : il fallait des
hommes nouveaux à l'ordre de choses nouveau créé par le
gouvernement de Juillet. Le proviseur de Saint-Louis le comprit et se retira. Il mourut à Paris, en 1842.

En 1830, un proviseur laïque, « *le docte et sévère M. Liez* »,
succédait à l'abbé Ganser, et un vétéran de Saint-Louis, M. Bochet, confirmait récemment cette appréciation de sa personne
en disant : « à mon entrée au collège royal de Saint-Louis, car
on l'appelait ainsi, en 1831, le proviseur était M. Liez, que
je crois voir encore, et qui me paraissait bien majestueux[1] ».
Arsène-Ambroise-Joseph **Liez** était né à Paris, en 1790, et
après avoir passé par l'École normale, il avait été professeur
aux collèges de Reims, d'Orléans, de Charlemagne, de Bourbon, et de Louis-le-Grand. En 1830, placé encore jeune à la
tête d'un collège aussi important que Saint-Louis, il cherchait
par la gravité de son maintien à imposer à une jeunesse d'autant plus difficile à contenir que la révolution de 1830 l'avait
assez vivement impressionnée. On trouve, en effet, plusieurs
élèves des collèges de Paris parmi les victimes de Juillet. Le
proviseur **Liez** quitta le collège de Saint-Louis en 1834 pour
diriger, en la même qualité, le collège Henri IV, et mourut à
Paris le 10 mai 1858. Il était chevalier de la Légion d'honneur.

Il fut remplacé par M. Auguste **Poirson** (1834-1837) que
ses élèves appelaient « *le doux et bon M. Poirson ;* — l'érudit
historien qui a laissé parmi nous des *souvenirs de bonté et
de dévouement*[2] ». M. **Poirson** était né à Paris, en 1795. Il

---

1. Discours de M. Bochet, au banquet de 1889.
2. Discours de M. Bochet et de M. Brame, 1888.

— 514 —

entra de bonne heure à l'École normale, devint professeur de rhétorique à Henri IV, puis professeur d'histoire quand **Royer Collard** créa des chaires spéciales pour cet enseignement. Appelé au collège Saint-Louis comme proviseur, en 1834, il contribua à y relever les études. De là il passa, à ce même titre, au collège Charlemagne. Il prit sa retraite, en 1853, par suite de dissentiments avec l'administration universitaire à l'occasion de la bifurcation des études, et se voua exclusivement à des travaux historiques en collaboration avec M. **Cayx**, qui fut vice-recteur de l'Académie de Paris. Parmi les ouvrages qui lui sont personnels on cite en particulier son *Histoire de Henri IV* (1857), qui lui valut le *grand prix Gobert*, et qui est encore appréciée aujourd'hui. Il était chevalier de la Légion d'honneur.

Son successeur à Saint-Louis fut M. **Pollux**, dit **Paul Lorain** (1837-1844). Né à Paris, en 1789, il fit ses études au lycée Charlemagne et entra à l'École normale en 1817. On l'envoya professer la rhétorique à Chinon, puis à Cluny et à Falaise. En 1823, il fut suspendu de ses fonctions par Mgr **de Frayssinous** pour des motifs d'un ordre politique et religieux. Réintégré en 1828, par M. de Vatimesnil, il fut nommé maître de conférences à l'École normale, puis professeur de rhétorique à Louis-le-Grand (1830). Il suppléa deux ans M. J. V. Le Clerc dans sa chaire d'éloquence latine à la Sorbonne, et enfin devint proviseur du collège Saint-Louis en 1837. Nous relevons ce mot de l'un de ses anciens élèves du lycée Saint-Louis, M. **Bochet**, qui disait : « Je me rappelle aussi parfaitement le *spirituel M. Lorain*. » Il s'occupa beaucoup d'enseignement primaire, fut chef de bureau de cet enseignement sous le ministère de M. **Guizot**, puis nommé recteur de l'Académie de Lyon. En 1850, il prit sa retraite et se consacra à des travaux littéraires qui l'occupèrent jusqu'à sa mort arrivée à Paris, en 1861. Il était chevalier de la Légion d'honneur.

Après lui nous trouvons M. **Poulain de Bossay**, né à Preuilly (Indre-et-Loire), en 1798. Il enseigna l'histoire au collège Henri IV de 1836 à 1839, devint recteur de l'Académie d'Orléans en 1840, membre du conseil de l'Instruction publi-

que, et proviseur de Saint-Louis, en 1844. M. le sénateur **Maze**, *un ancien Saint-Louis*, a dit à son sujet : « Je revois la figure
« de M. **Poulain de Bossay** déjà très fatigué quand il m'ac-
« cueillit tout enfant dans ce logis qui longeait alors la petite
« et sombre rue de la Harpe; il avait le mérite de ne pas trop
« nous effrayer, même quand il grondait : c'était un homme
« distingué; il avait été un des meilleurs professeurs d'his-
« toire de Paris et il a laissé le souvenir d'un bon adminis-
« trateur très préoccupé de maintenir les fortes traditions
« classiques, par sa jeunesse, par son activité, par son tem-
« pérament tout entier[1]. » M. **Poulain** quitta Saint-Louis,
en 1852, et se retira à la campagne où il se livra à des travaux de géographie et d'histoire pour l'enseignement secondaire. Il mourut à Paris, le 21 novembre 1876. M. **Poulain**
était officier de la Légion d'honneur.

Son successeur, Jean-Baptiste **Legrand** était né à Toul
(Meurthe) en 1809. Il professa les mathématiques à Rennes et
à Nantes; fut censeur du collège de la Rochelle, principal du
collège de Lorient, proviseur des lycées de Saint-Omer, d'Orléans et de Saint-Louis. Il administra ce dernier établissement
pendant treize ans (1852-1865) et tous les anciens élèves qui
l'ont connu se sont plu à rendre hommage à son mérite. Aussi
quand il quitta Saint-Louis, en 1865, pour passer au lycée
Bonaparte, l'un d'eux disait : « Nous avons tous pu apprécier
« les qualités de M. **Legrand**, l'aménité de ses relations, sa
« clarté à exposer les choses dont il avait à traiter. Une mul-
« titude de personnes ont été dans le même cas, et M. **Le-**
« **grand** laisse à Saint-Louis le souvenir d'une administra-
« tion des plus heureuses. Parmi les faits qui le signalent il
« faut remarquer l'internat triplé, de grandes améliorations
« matérielles, et cependant le lycée restant assez riche pour
« avoir pu prêter 80 000 francs à celui de Vanves, puis la for-
« mation d'une école préparatoire aux écoles spéciales du
« gouvernement[2]. » Au moment de son départ, les élèves lui

---

1. Discours de M. **Maze**, au banquet de la *Saint-Charlemagne*, 1885.
2. Discours de M. le comte **d'Harcourt**, au banquet de 1866.

présentèrent une adresse exprimant à son égard la plus vive reconnaissance et lui offrirent une médaille commémorative de son provisorat. Le Shah de Perse lui envoya aussi son ordre du Lion et du Soleil pour le récompenser d'avoir dirigé et fait recevoir à l'École polytechnique deux jeunes Persans de Téhéran.

M. Maze a dit aussi de lui : « M. Legrand fut l'homme « qui convenait ici pour l'organisation de l'école prépara-« toire, il avait de l'autorité, l'attitude et le geste du com-« mandement ; il traversa heureusement dans le lycée des « jours difficiles ; il a été très attaqué : je n'ai connu, comme « beaucoup de mes contemporains, que sa bienveillance et « nous n'oublierons pas que l'*Association des anciens élèves* « lui doit sa fondation[1]. » C'est, en effet, M. Legrand qui l'établit au lycée en 1860, comme nous le rappelons à la fin de ce chapitre.

Un ancien professeur de SAINT-LOUIS, M. Levasseur, aujourd'hui professeur au COLLÈGE DE FRANCE et membre de l'Institut, a raconté au sujet de M. Legrand une anecdote que nous pouvons rapporter ici :

« J'étais, dit-il, professeur de rhétorique à Besançon. Pendant les vacances, un camarade et intime ami m'avertit qu'une classe de seconde devait être créée au lycée SAINT-LOUIS, et me pressa d'aller faire la demande de ce poste. J'étais fort timide quand il s'agissait de me présenter en solliciteur ; et je ne me décidai à faire la démarche que l'avant-veille de mon départ pour Besançon, lorsque déjà la rentrée du lycée SAINT-LOUIS avait eu lieu. Le proviseur était alors M. Legrand. Je le vois encore, répondant à la question que je lui avais adressée dès l'abord, assis dans son fauteuil, au coin de la cheminée, me regardant presque sans se déranger. « Il est vrai, Monsieur, qu'il est question de créer une « classe de seconde, mais le choix du professeur est arrêté. » — Je saluai en gagnant à reculons la porte, et, afin de ne pas faire trop mauvaise figure dans ma retraite silencieuse, je me hasardai à dire : « Et ce n'est sans doute pas le professeur de rhétorique « de Besançon que vous avez choisi ? » — Le proviseur retourna brusquement la tête. « Le professeur de rhétorique de Besançon ! « C'est précisément lui qu'on cherche. Le connaissez-vous ? » —

---

1. Discours de M. Maze, 1888.

« C'est moi. » — Le proviseur devint aussitôt fort aimable; il me fit asseoir, et m'expliqua qu'il avait d'abord demandé un professeur de rhétorique d'un grand lycée du Midi, que le ministère, pour certains motifs de discipline, n'avait pas cru devoir le lui accorder, que, n'ayant pas d'autre candidat auquel il portât un intérêt personnel, il avait examiné avec le chef de division (l'enseignement secondaire n'était pas alors une direction), les dossiers et que leur choix s'était fixé sur le professeur de rhétorique de Besançon parce qu'il était premier agrégé, docteur, jeune, bien noté. Il ajouta qu'on avait cherché partout mon adresse pour m'écrire, qu'on n'avait rien fait ne sachant pas si j'accepterais le poste, que maintenant, d'ailleurs, la question était plus difficile à résoudre parce qu'un autre lycée demandait aussi un dédoublement de classe. Il est vrai que je n'avais jamais songé à donner mon adresse au ministère. Cependant j'avais écrit quelques mois auparavant, mais il paraît que ma lettre s'était égarée dans les bureaux. Ce qui est certain, c'est que je dus retourner à Besançon et que je ne reçus ma nomination qu'à la fin de décembre, à une époque où j'avais déjà renoncé à l'espérance. »

M. **Legrand** se retira plus tard à Brest, où il mourut en 1882. Il était officier de la Légion d'honneur.

Il fut remplacé à Saint-Louis par M. Augustin **Boutan** (1865-1868). Né en 1820, à Lectoure (Gers), il entra à l'École normale en 1840, puis professa la physique aux lycées d'Avignon, de Grenoble, de Rouen, de Versailles, enfin à Saint-Louis. Il fut nommé proviseur de ce lycée en 1865 et occupa cette charge jusqu'en 1868. Il devint alors inspecteur d'Académie, puis inspecteur général de l'Université. Ce sont encore les fonctions qu'il exerce aujourd'hui avec la plus grande distinction. Ses anciens élèves ont gardé un bon souvenir de son administration, et l'un d'eux disait qu'il « avait été choisi pour donner au lycée Saint-Louis un caractère plus scientifique qu'auparavant ». C'est, en effet, ce que nous apprenons d'une autre source : « Placé sous la direction de
« M. Boutan, dit un historien de l'Université, le lycée Saint-
« Louis, sans laisser le programme des études ordinaires, a
« été affecté plus spécialement à un enseignement scienti-
« fique conçu dans le but de préparer aux Écoles du Gouver-
« nement. Il a des divisions distinctes pour la préparation
« aux Écoles polytechnique, normale, centrale, forestière,

« Saint-Cyr et navale. Établie à la rentrée d'octobre 1865,
« la nouvelle organisation a déjà fait ses preuves. Grâce au
« nouveau mode introduit pour la distribution et la durée
« des classes, les cours ont pu être achevés plus rapidement,
« et par conséquent revus d'une manière plus complète[1]. »
Ils ont fait aussi grand éloge de sa belle conduite dans cette
maison, lors de l'épidémie cholérique de 1865-1866[2]. M. **Boutan** est officier de la Légion d'honneur.

La charge de proviseur échut ensuite à M. Vincent **Joguet**
(1868-1874). Né à Lyon en 1815, il avait fait ses études au
collège de cette ville, avant d'entrer à l'École normale en 1833.
Il montrait alors beaucoup de goût pour la poésie, et il chanta
la Liberté, la Grèce, la Pologne et aussi la République avec
l'enthousiasme que l'on avait pour ces grandes causes à cette
époque. Il écrivit même dans *le Globe* et fut un des collaborateurs des utopistes Pierre **Leroux** et Jean **Reynaud**. Il devint ensuite professeur de troisième au lycée de Dijon, puis
d'histoire à celui de Nancy, où il se trouvait, quand on le
nomma proviseur de ce lycée. Nous le voyons ensuite successivement proviseur aux lycées de Nancy, de Reims, d'Orléans,
de Marseille, de Versailles et enfin à Saint-Louis (1868). Il
occupait ce poste durant les mauvais jours de l'année terrible,
et, comme nous le racontons plus loin, il sut faire face aux
difficultés et aux périls qu'il y rencontra. Voici ce que disait
de lui un *ancien Saint-Louis* : « M. le proviseur **Joguet**, pen-
« dant les sept années de son administration a eu à traverser
« des époques douloureuses et pénibles, mais les difficultés
« s'aplanissaient devant lui. Désireux de ne jamais laisser
« s'affaiblir le principe d'autorité dont il était le représen-
« tant, il faisait respecter la règle, en même temps que par
« sa bienveillance il en atténuait les rigueurs ; il a su con-
« server et même augmenter encore l'antique prospérité du
« lycée. C'est que dans toutes les occasions M. le proviseur
« **Joguet** donnait l'exemple ; il était, lui aussi, un homme de

---

1. V. **Chauvin**, *Hist. des lycées et collèges de Paris*, 1866.
2. Discours de M. le comte **d'Harcourt**, 1866.

« devoir et de dévouement. Sa mémoire sera toujours pour
« nous chère et respectée¹. » M. Joguet mourut au lycée
Saint-Louis le 2 décembre 1874, et, comme on l'écrivait
alors : « Cet homme bon et modeste qui avait su aux jours
« de la Commune élever son devoir jusqu'au sacrifice, méri-
« tait de donner aux jeunes gens une dernière leçon, celle
« d'une mort résignée et chrétienne. Il l'a fait, et lui-même,
« sentant les progrès du mal, ne voulut accepter aucune des
« illusions dont ses amis cherchaient à l'entourer. Il reçut
« les derniers sacrements, et après avoir de la manière la
« plus touchante recommandé à sa fille d'élever surtout chré-
« tiennement ses enfants, il s'éteignit avec calme, dans la foi
« et l'espérance chrétienne². ». M. Joguet était officier de
la Légion d'honneur.

En 1874, M. Alexandre **Gautier** arrivait comme proviseur au lycée Saint-Louis. Il est né à Boursay (Loir-et-Cher), en 1822, et voici en quels termes le président de l'*Association des anciens élèves* accueillit son provisorat en 1875 : « Nous connaissons, dit M. **Chaudé**, vos longs services universitaires ; nous savons que dans tous les postes où vous avez été appelé, à Pau, à Rodez, à Tournon, à Strasbourg, hélas ! à Saint-Étienne, à Clermont, à Nice comme à Rouen, partout enfin, vous avez laissé des traces durables de votre passage, et déployé toutes les qualités de l'administrateur le plus dévoué ; nous savons aussi que vous avez emporté tous les regrets. » M. **Maze** lui disait également que « son provisorat avait donné dix années de prospérité au lycée Saint-Louis. ³ » M. **Gautier** quitta cette maison pour aller diriger le lycée de Vanves, d'où il fut appelé à l'inspection générale des économats des lycées et collèges de l'Université, fonctions qu'il exerce encore aujourd'hui. Ajoutons que M. **Gautier** fut fait officier de la Légion d'honneur au lycée Saint-Louis.

Il eut pour successeur en cette maison M. Louis **Joubin**

---

1. Discours de M. **Chaudé**, 1875.
2. *Souvenirs sur M. Joguet.*
3. Discours de M. **Chaudé**, 1875. Discours de M. **Maze**, 1885.

(1883). Né en 1831, à Saint-Brieuc (Côtes-du-Nord), le nouveau proviseur est entré de bonne heure dans l'administration universitaire. Après avoir professé au collège d'Épinal et aux lycées de Rodez et d'Angers, il fut principal du collège d'Épinal (1859), puis successivement censeur des lycées d'Angers et de Bordeaux, proviseur du lycée de Laval, inspecteur de l'Académie de Poitiers, qu'il dirigea pendant la guerre de 1870, proviseur des lycées d'Angers, de Nîmes et de Lille, censeur du lycée Louis-le-Grand, et enfin proviseur du lycée Saint-Louis (1883). En 1885, M. **Maze** saluait en ces termes, sa présence au banquet de l'*Association des anciens élèves de Saint-Louis :* « Je suis heureux d'avoir à vous souhaiter la
« bienvenue et de retrouver dans le chef de notre lycée un
« ancien ami ; oui, messieurs, il y a vingt ans et plus, deux
« hommes, bien jeunes alors, se rencontraient et sympathi-
« saient à première vue dans un des grands établissements
« universitaires, au lycée d'Angers; l'un était chargé du cen-
« sorat, l'autre du cours d'histoire ; après tant d'années, ils
« se retrouvent ici, le premier comme proviseur du lycée
« Saint-Louis, le second comme président de l'Association.
« Je vous ai suivi partout dans votre carrière, cher provi-
« seur, et partout je vous ai vu gardien fidèle des meilleures
« traditions de l'Université en même temps qu'homme du
« monde et administrateur distingué, sachant faire à la fois
« respecter et aimer votre autorité ; à Louis-le-Grand où
« vous avez porté, comme censeur des études, un écrasant
« fardeau, vous avez laissé des souvenirs inoubliables ; votre
« départ a été un deuil pour le corps enseignant, pour les
« familles, pour les élèves ; on ne vous a presque pas par-
« donné de devenir proviseur à Saint-Louis. Vous nous avez
« apporté vos brillantes et solides qualités ; vous avez large-
« ment réussi dans ce nouveau poste comme partout ; recevez
« nos remerciements et nos vœux [1]. » En 1890, c'était aussi à M. **Joubin** que l'on adressait au banquet des anciens élèves l'éloge qui avait été fait d'un ancien proviseur d'Harcourt,

---

1. Discours de M. Maze, 1885.

Me **Duval,** au xviiie siècle : « Personne ne réalisa jamais plus complètement que lui l'idéal d'un proviseur, la sévérité du maître tempérée par la bonté du père. »

Après avoir parlé des proviseurs nous devons un souvenir et un éloge aux censeurs qui ont coopéré avec eux à la prospérité de Saint-Louis. Nous ne connaissons que les noms des trois premiers : MM. **Clerc** (1820), **Émery** (1824) et **Roger** (1832). Voici ce que nous avons appris des suivants.

M. **Didier,** né à Paris, en 1810, fit ses études au lycée Louis-le-Grand, devint professeur, passa ensuite censeur à Saint-Louis (1845), après M. Roger, puis revint censeur à Louis-le-Grand (1849). Il en sortit pour aller comme proviseur à Orléans, à Strasbourg, à Nantes, à Rouen, à Versailles, et enfin à Louis-le-Grand (1864), où il mourut en 1868. Il était officier de la Légion d'honneur.

M. Eug. **Genouille,** né à Paris, en 1811, fit ses études au collège Saint-Louis, professa au collège Louis-le-Grand, puis à Orléans, revint à Louis-le-Grand, entra dans l'administration comme censeur du collège de Rouen (1845). De là il passa au même titre à Saint-Louis, en 1850, et enfin fut envoyé proviseur au collège de Sens où il est mort.

M. Louis-Auguste **Materne,** né à Lyon en 1812, fut élève de l'École normale en 1832, puis professa la rhétorique au collège de Châlons-sur-Marne (1835), la troisième aux collèges de Saint-Étienne, de Douai, de Rouen, de Caen ; la seconde au collège de Dijon, la rhétorique aux collèges de Besançon, de Dijon et de Strasbourg. Il devint inspecteur de l'Académie de Seine-et-Oise, en 1852, et enfin censeur de Saint-Louis de 1853 à 1865. Il le quitta pour passer en la même qualité au lycée du Prince impérial. Il était chevalier de la Légion d'honneur. M. Materne est l'auteur de nombreuses traductions de classiques grecs et latins.

M. Jean-Auguste **Ohmer,** né à Épinal (Vosges), en 1822, fut d'abord maître d'études au collège de Nancy, en 1843, puis élève de l'École normale en 1845. Il professa ensuite aux lycées de Strasbourg, de Bourges, de Besançon, et à Charlemagne. Il entra alors dans l'administration comme censeur des lycées d'Angoulême et de Lyon, devint proviseur du lycée de Bar-le-Duc, et enfin censeur de Saint-Louis, en 1865, d'où il passa à Charlemagne en la même qualité, en 1872. Il a été depuis proviseur des lycées de Versailles et Charlemagne. En 1880, il prit sa retraite et retourna vivre dans sa ville natale, à Épinal, où il a rempli pendant plusieurs années les fonctions de maire. M. Ohmer est chevalier de la Légion d'honneur depuis 1867.

M. Charles **Lenglier** lui succéda à Saint-Louis en 1872. Il est né à Saint-Quentin, en 1817. Élève de l'École polytechnique, en 1835, il en sortit pour professer les mathématiques à Pontivy, à Brest, à Nantes, à Versailles, devint censeur du lycée Corneille (1871), et du lycée Saint-Louis (1872). Il y fut décoré de la Légion d'honneur en 1880, et passa alors comme proviseur au lycée Charlemagne. Il a laissé à Saint-Louis le souvenir d'un censeur ferme et bienveillant. Esprit distingué et fort lettré, il était très apprécié de ses collègues. Officier de la Légion d'honneur en 1887, il a pris sa retraite, en 1889, à Rennes.

M. Étienne **Deprez**, né à Provenchères (Haute-Saône), en 1841, fut instituteur à Menoux (Haute-Saône), puis maître répétiteur aux lycées de Vesoul, de Besançon, de Saint-Louis, chargé du cours de physique au lycée de Bourg, professeur de physique au lycée de Grenoble, censeur au lycée de Caen, proviseur du lycée de Bourg, censeur à Saint-Louis (1881), d'où il passa en la même qualité à Henri IV (1883).

Il eut pour successeur à Saint-Louis, M. **Chappuis**. Né à Luxeuil (Haute-Saône), en 1837, il entra de bonne heure dans l'administration et fut attaché au collège de Vitry (1854), puis au lycée de Besançon. Il professa aux lycées de Vesoul et de Bar-le-Duc (1861-1868), devint censeur des lycées de Tournon et d'Orléans, proviseur du lycée de Toulon (1880), et enfin censeur du lycée Saint-Louis, où il remplit ces fonctions depuis 1882, avec autant de dévouement que de succès.

Le lycée Saint-Louis compte jusqu'ici vingt aumôniers, dont plusieurs peuvent être signalés comme remarquables. On trouvera leurs noms au tableau général de l'administration.

Mentionnons seulement ceux de l'abbé **Sibour** (1822), frère de l'archevêque de Paris, qui fut lui-même évêque *in partibus* de Tripoli; de l'abbé **Dumarsais** (1825), qui devint ensuite curé de Saint-François-Xavier et chanoine de Paris; de l'abbé **Dassance** (1838), prédicateur de mérite; du savant abbé **Clerc** (1852); de l'abbé **Perreyve** (1861), qui fut un des professeurs les plus appréciés de la Sorbonne; de l'abbé **Soulié** (1867), aujourd'hui chanoine titulaire de Montauban; des abbés **Ferret** et **Vissac**, tous deux érudits et lettrés, qui occupent encore d'honorables fonctions dans le clergé de Paris.

Le corps professoral du lycée Saint-Louis a été représenté, depuis 1820, par un grand nombre d'hommes distingués dans les sciences et dans les lettres. Nous donnons à la fin de cette histoire les noms de tous les professeurs indistinctement, parce qu'ils méritent tous d'y prendre place. C'est à ces maîtres remarquables que le lycée doit cette réputation de bonnes études scientifiques qui lui a valu tant de succès dans les Écoles du Gouvernement, et l'un des premiers rangs parmi les établissements universitaires de Paris.

Mais nous ne pouvons nous dispenser de mentionner au moins les noms de ceux qui sont parvenus à une plus grande notoriété par leurs travaux et leur situation, soit à l'Institut, soit dans l'Université. Le lycée Saint-Louis compte, en effet:

1° Parmi les membres de l'Institut: **Alexandre, Babinet, Bertrand, Briot, Darboux, Debray, Duruy, Egger, Fustel de Coulanges, Gréard, Hébert, Lecoq de Bois-Baudran, Lefébure de Fourcy, Levasseur, Régnier, Rousset, Sédillot, Waddington**;

2° Parmi les inspecteurs généraux de l'Université: **Anquez, Boutan, Caboche, Deltour, Fernet, Faurie, Gautier, Manuel, Quet, Vacquant, Vieille**;

3° Parmi les recteurs: outre M. **Gréard**, vice-recteur de l'Académie de Paris, déjà mentionné, **Carême** (Besançon), **Étienne** (Besançon), **Guiraudet** (Toulouse), **Lissajous** (Besançon);

4° Parmi les inspecteurs d'Académie: **Aubert, Beaujan,**

Bos, Charpentier, Combette, Cougny, Courgeon, Evellin, Prieur, Roger ;

5° Parmi les professeurs et agrégés de facultés et les maîtres de conférences : outre M. **Darboux**, doyen de la Faculté des Sciences, déjà mentionné, **Bouty, Dufet, Demogeot, Gazier**;

6° Parmi les examinateurs des Écoles Polytechnique et de Saint-Cyr : **Broutta, Brissaud, Carvalho, Fabre, Tissot, Rebière, Vintéjoux** ;

7° Parmi les orateurs du *Concours général*, les professeurs de Saint-Louis : **Perreau (1822), Bellaguet (1831), Loudières (1838), Demogeot (1844), Étienne (1862), Jacob (1878)**.

Mentionnons encore un lauréat de l'Institut : M. **Chuquet** (*grand prix Gobert*), qui professa au Collège de France, et les professeurs de dessin dont les œuvres remarquées à nos Expositions ornent la chapelle du lycée : MM. **Biennoury, Chassevent** et **Nanteuil**.

Citons enfin deux brillants organistes, les compositeurs **Monpou (1829)** et **Salomé (1870)**.

Rappelons également les professeurs dont les anciens élèves ont invoqué le souvenir dans les banquets de l'*Association* :

« Je crois voir encore mon premier maître de classe, M. **Lestrade**[1] disait en 1889, M. **Bochet**, inspecteur général des Mines et aussi notre maître d'écriture M. **Lauverens** qui, lorsque nous avions mal écrit, et que, pour nous excuser, nous prétendions, naturellement avoir une mauvaise plume, nous disait : *ce n'est pas la bonté de la plume qui fait les formes*.

Je me rappelle aussi mon professeur de septième de l'année suivante, M. **Vernadé**, qui fournit sa carrière au collège de 1820 à 1840 et vient de mourir, comblé de jours, en 1888..... Nous avons eu aussi un remarquable professeur de seconde, M. **Régnier**, excellent maître, enseignant très bien ; et, en même temps, tenant parfaitement sa classe ; il fut plus tard choisi pour être le précepteur du **comte de Paris**.

« En rhétorique, pour le latin et le grec, le bon M. **Charpentier**, inspecteur d'Académie, que nous appelions le *Père Carpolain*, et pour le français, le spirituel et humoristique M. **Loudières**. Enfin pour l'histoire de France, M. **Dumont**, dont le cours était très

---

1. M. **Lestrade** professait au lycée en 1828.

intéressant, mais qui excusait la Saint-Barthélemy, ce qui nous paraissait excessif.

« Notre professeur de philosophie était M. Ad. **Garnier** qui faisait aimer cette science par le charme de son enseignement distingué. »

Quant aux professeurs de mathématiques, outre M. **Babinet**, qui devint si célèbre dans les sciences, M. **Brame**, inspecteur général des ponts et chaussées, mentionne les suivants :

« Nos professeurs, dit-il, avaient non seulement la science, mais encore l'art de la rendre intéressante. Mes contemporains ne doivent pas avoir oublié quelques-uns d'entre eux, M. **Binet de Sainte-Preuve**, par exemple, professeur de mathématiques élémentaires (1832). Il avait un grand prestige parmi nous. Grand, bien fait, d'une physionomie charmante, il était en même temps qu'excellent professeur, très connu pour ses succès mondains. Il montait à cheval comme **Pellier**, et faisait des armes comme **Saint-Georges**. Il avait, je m'en souviens, une excellente méthode, qui nous faisait trouver le travail facile. Avant d'enseigner une partie nouvelle du programme, il appelait un de nos camarades au tableau et l'interrogeait. Notre condisciple déclarait qu'il ne pouvait répondre, pour le motif très légitime qu'il n'avait pas appris, M. **de Sainte-Preuve** souriait de son spirituel sourire ; il affirmait que l'élève interrogé était plus savant qu'il ne le supposait. Il lui posait quelques questions bien simples et s'appuyant sur les réponses, il établissait qu'elles contenaient la véritable solution ou démonstration du problème ou du théorème. Cette sorte de jeu nous intéressait fort, et il en résultait que la leçon ne sortait pas de notre mémoire : aussi le nombre d'élèves qui quittaient sa classe pour entrer dans les Écoles du Gouvernement était-il très grand.

« Nous nous rappelons tous notre célèbre professeur, M. **Delille** : Il fallait intriguer pour être admis dans sa classe de mathématiques spéciales qui fournissait à l'École polytechnique un si grand nombre d'élèves ; nous finissions par y être presque tous admis ; ce n'était qu'une question de temps..... car il n'était pas possible qu'un disciple de M. **Delille**, du père *Pencu*, comme nous l'appelions, — parce qu'au lieu de dire *perpendiculaire*, il disait, pour abréger, *perpenculaire*, — sortît *fruit* sec de la classe[1]. »

C'est encore l'éloge des professeurs **Levasseur**, **Demogeot** et **Pierron** par le sénateur **Maze** :

« Cher monsieur **Levasseur**, je n'ai pas eu la bonne fortune d'être votre élève, mais je savais par les camarades des divisions

---

1. Discours de M. **Brame**, au Banquet de 1888.

— 526 —

voisines avec quelle impatience on attendait le jour de votre cours ; j'entendais les commentaires sans fin que provoquaient les intéressantes leçons auxquelles votre talent donnait un grand charme, encore relevé par votre extrême jeunesse ; vous faisiez profiter vos élèves des premières recherches qui devaient aboutir à vos beaux travaux économiques et géographiques ; depuis les portes de l'Institut et du Collège de France se sont ouvertes pour vous ».

« Cher monsieur **Demogeot**, comment dire tout ce que vous doivent les générations dont vous avez été le maître aussi respecté qu'aimé ! Vous avez si bien fixé mes yeux et mon âme d'enfant que rien de ce qui vous touche n'est sorti de ma mémoire, après plus d'un quart de siècle. Je vous vois entrant avec dignité dans la rhétorique de ce temps-là, dirigeant d'une main ferme ces grandes classes de 80 ou 100 élèves, parfois dangereuses au point de vue disciplinaire, mais toujours bonnes par l'ensemble, par l'ardeur, par l'élan, quand elles sont sous la main d'un homme de talent et de cœur comme vous. Je vous entends détaillant avec un art consommé, *les deux pigeons* de **La Fontaine**, vraie gâterie pour des rhétoriciens, une brillante page de **Saint-Evremond**, l'un de nos grands anciens dans Harcourt ; je me sens encore suspendu à vos lèvres lorsqu'après nous avoir longtemps fait admirer le xvie et le xviie siècle, vous nous initiiez aux chefs-d'œuvre du xviiie, lorsque vous nous ouvriez des horizons nouveaux en nous faisant connaître **Voltaire**, **Rousseau**, **Diderot** (encore un de nos anciens), nous apprenant avec votre large méthode, à admirer toutes les gloires, toutes les splendeurs intellectuelles de la France et de l'esprit humain.

« Cher maître, vous et vos collègues, vous avez éveillé, ou tout au moins fortifié en nous, quelques-uns des sentiments qui nous aident à traverser noblement la vie, à en braver les orages ; par votre exemple et par vos leçons vous nous avez donné l'amour du travail qui implique l'amour du devoir ; vous nous avez montré que dans la société française, telle que les siècles l'ont faite, la première condition de la dignité pour un homme c'est d'avoir une valeur personnelle, c'est d'être quelque chose par lui-même ; vous nous avez initié au culte sacré des choses de l'esprit, vous avez fait de nous des amis fervents et fidèles des lettres, de la science ; vous nous avez si fortement inculqué l'amour du bien, du vrai, du juste, de l'idéal que toute notre vie s'en est ressentie et nous vous devons encore de plaindre ceux qui, sous prétexte de progrès, rêvent une terre sans fleurs et un ciel sans étoiles.

« Enfin, parlant dans vos chaires de l'Université au nom de la France, vous avez sans cesse développé, excité en nous le patriotisme. Oh ! comme vos allusions étaient transparentes, comme elles pénétraient nos âmes quand vous nous parliez des grandes luttes d'Athènes et de Rome !

« Qui parmi nos contemporains ne se rappelle le savant et

excellent **Pierron**[1], avec sa mine austère, dans la solennité de sa robe universitaire qui lui seyait à merveille, nous lisant et commentant d'une voix grave les beaux vers d'**Eschyle**? Comme nos cœurs battaient, quand nous entendions le récit des victoires remportées par la discipline sur le nombre, par la civilisation sur la barbarie! Comme il retentissait en nous ce chant sublime que dût connaître **Rouget de l'Isle** : « Allez, ô fils de la Grèce, délivrer la patrie, délivrer vos enfants, vos femmes et les temples des dieux de vos pères et les tombeaux de vos aïeux. » Ah! ils travaillaient vraiment pour la France ceux qui nous faisaient aimer et admirer ainsi les héros de Salamine.[2] »

Nous avons cru devoir citer tout ce morceau qui honore autant son auteur que ceux qui l'ont inspiré.

Ce n'est pas seulement en prose éloquente que les anciens élèves de Saint-Louis se sont plu à glorifier leurs maîtres, la poésie a été aussi de la partie, et nous pouvons rappeler ici le charmant sonnet que l'élève François **Coppée**, aujourd'hui de l'Académie française, adressait naguère à son ancien professeur, M. **Évelart** :

> Lorsque collégien rempli d'instincts pervers,
> J'ânonnais ma leçon ou faisais mal mon thème,
> Fronçant vos gros sourcils, mais souriant quand même,
> Vous m'avez quelquefois infligé cinq cents vers.
>
> Académicien cousu de lauriers verts,
> Aujourd'hui je me venge et vous lis un poème ;
> Et vous, sous qui j'ai fait jadis ma quatrième,
> Vous devez le subir, c'est le monde à l'envers.
>
> Le « *pensum* » sera court, rassurez-vous, cher maître ;
> Car il me suffira d'un sonnet pour y mettre
> Le tribut d'amitié de tous vos vieux enfants,
>
> Qui, pris par l'action ou séduits par les rêves,
> Tous obscurs ou fameux, tous lettrés ou savants,
> Pour la chaleur du cœur sont restés vos élèves[3].

Le même poète a retracé dans un discours plein d'esprit la physionomie du quartier et de ses anciens maîtres du

---

1. Nous devons à M. **Pierron**, professeur de troisième à Saint-Louis une excellente notice sur cette maison et celle d'Harcourt qui l'a précédée (1853).
2. Discours de M. **Maze**, au Banquet de 1885.
3. Banquet offert à M. Évelart, par ses anciens élèves du lycée Saint-Louis, 1885.

lycée Saint-Louis, en 1850. Nous ne résistons pas au plaisir de citer ce passage qui est de l'histoire pour cette maison.

Notre vieux Collège d'Harcourt n'avait pas de façade monumentale ; son mur et sa porte d'entrée, tristes comme une prison, se trouvaient dans la rue de la Harpe, une voie étroite, escarpée comme un chemin de montagne, et dont le silence n'était guère troublé qu'aux heures de l'arrivée et de la sortie des externes. A quelques pas de là, sur une petite place qui n'existe plus, s'élevait l'ancienne fontaine Saint-Michel, dans le goût du xviie siècle, sculptée et vermiculée comme une écorce de melon, où je vois encore, sur une plaque de marbre, ce distique de Santeuil, composé à la gloire de la savante montagne Sainte-Geneviève :

Hoc sub monte suos reserat sapientia fontes ;
Ne tamen hanc puri respue fontis aquam.

C'était là du vieux, du très vieux Paris, et tout le quartier, où restaient beaucoup de maisons à toit pointu et à tourelle d'angle, sentait le moyen âge. Faut-il le dire ? On retrouvait un peu cette impression d'archaïsme dans l'intérieur du Collège, et même jusque dans les études. Nos professeurs, parmi lesquels on comptait beaucoup de vieilles gens, étaient tous très respectueux des traditions, grands observateurs des formes ; ils faisaient leurs cours, la toque sur la tête et drapés dans la robe noire. On cultivait avec amour le vers latin ; le *Jardin des racines grecques* fleurissait encore.

Je n'évoque point ces choses disparues pour les railler, croyez-le bien. Elles avaient beaucoup de bon. Ces vieux maîtres, aux manières surannées, étaient pleins de bonté paternelle. Si j'ai encore quelques bribes de grec dans un coin de la mémoire, c'est que j'ai su par cœur mes décades ; et c'est peut-être pour avoir inutilement « pioché » mon *Gradus* et fait de détestables vers latins, que j'ai fini par me décider, comme dit Pancrace, dans le *Mariage forcé*, pour la langue vulgaire et maternelle, et que j'ai écrit en vers français.

Dans ce milieu patriarcal, mon enfance s'est écoulée. Externe paresseux, mais un peu excusable d'être paresseux, parce que j'étais un enfant débile et maladif, je venais, deux fois par jour, au lycée, ayant à peu près fini mes devoirs ; mais, toujours en retard, je ne savais pas mes leçons et je promettais à mes parents de les apprendre en traversant le Luxembourg. L'intention était bonne, mais le jardin était délicieux et invitait à la flânerie. Il y avait là, au printemps, de si beaux feux d'artifice de fleurs, et, à l'automne. de si merveilleux couchers du soleil derrière les arbres dépouillés ! Ah ! le Luxembourg a bien nui à mes études ! Les étalages des bouquinistes leur ont aussi fait beaucoup de tort. On en trouvait partout, des casiers bondés de livres, dans ces antiques ruelles du Pays Latin; et c'est là que j'ai feuilleté, que j'ai lu les poètes, tous les poètes; car alors je n'avais que les joies de l'enthousiasme, et pas encore les tristesses du goût. Bref, j'arrivais au lycée avec l'éblouissement de vingt vers de Victor Hugo ou d'Alfred de Musset, admirés à la hâte dans un volume entrebâillé, ou avec une branche de lilas « chipée » à la Pépinière et écrasée entre les pages de ma grammaire de Burnouf. Mais, lorsque j'étais en classe et qu'on me priait de décliner mon verbe grec ou de passer au tableau, plus personne ! je gardais le silence d'un *cancre!* Et M. Pierron, le bon traducteur des tragiques grecs, qui m'estimait quand même, à cause d'une ode d'Horace, *O fons Bandusiæ, splendidior vitro*, traduite un jour par moi en vers passables, levait les bras au ciel en disant : « Ah! si vous vouliez! » et notre savant professeur de mathématiques s'écriait, avec une conviction profonde et un fort accent du Midi : « Mon *povre* M. Coppée, il « vaudrait mieux pour vous n'avoir pas fait votre première com« munion que de ne pas savoir la géométrie! »

Vous le voyez, mes jeunes amis, je n'ai pas de bien brillants souvenirs de collège à vous raconter; et cependant j'aime mon vieux lycée, je garde un sentiment attendri pour mes professeurs. Pourquoi? C'est qu'il m'a fallu, par la suite, regagner le temps perdu, reprendre en sous-œuvre l'édifice peu solide de mon instruction, veiller près de la lampe devant les livres jadis dédaignés, et conquérir avec sujétion, par une studieuse jeunesse, ce que mon enfance, moins négligente, eût pu s'assimiler facilement et comme par jeu. Depuis lors seulement, j'ai compris que, dans toute intelligence, même dans celle d'un artiste, le travail doit être le frère du rêve, et j'ai béni mes anciens maîtres; alors je leur ai su gré des pensums qu'ils m'avaient infligés; alors je leur ai été reconnaissant de leurs remontrances, faites d'une voix que leur indulgence naturelle avait peine à rendre sévère; alors surtout j'ai senti germer et fleurir dans mon esprit les semences qu'ils y avaient jetées. Et aujourd'hui dans mes heures les plus rudes de travail littéraire, quand je me sens succomber dans ma lutte avec la pensée et avec le style, bien souvent une noble et belle page, jadis éloquemment commentée devant moi, mais, hélas! écoutée d'une oreille distraite, surgit dans ma mémoire. Le fragment classique, — pure et ferme prose ou vers harmonieux, — est pour moi un précepte et un modèle à la fois; tout en me décourageant par sa beauté, il m'exalte, me remplit d'ardeur, et ranime l'inspiration défaillante. Je songe alors que ce sont mes vieux maîtres qui ont semé en moi ces admirables fleurs de la pensée humaine et je sens mon cœur déborder pour eux d'une gratitude infinie.

Ces témoignages de reconnaissance des anciens élèves envers leurs maîtres ne sont pas les seuls hommages qui soient rendus, au lycée Saint-Louis, à ces hommes laborieux et dévoués. Lorsque l'un d'eux, après avoir fourni une longue carrière, se détermine à prendre une retraite bien légitimement acquise, ses collègues tiennent à célébrer dans un banquet fraternel les services de leur ancien [1]. Rien de plus cordial et de plus touchant que ces adieux universitaires ! Chacun s'empresse de prêter son concours à cette fête de famille et, au rendez-vous fixé, on est nombreux autour de celui qui en est le héros. Serait-il le plus humble des professeurs, il occupe la place d'honneur à la table où le proviseur et tous les invités viennent s'asseoir. Bientôt l'heure des toasts est arrivée. Le chef de la maison est le premier à célébrer le dévouement du vieux professeur qui a consacré trente ans et souvent plus de sa vie aux rudes labeurs de l'enseignement. Le plus ancien de ses collègues prend la parole à son tour et fait l'éloge du vétéran, qui va goûter dans la retraite un repos bien mérité par ses travaux et forme des vœux, au nom des convives, pour qu'il jouisse longtemps de ces années de paix et de loisir qui sont réservées à sa verte vieillesse. Celui-ci répond à ces hommages fraternels, en évoquant dans une prose pleine de l'éloquence du cœur, et parfois aussi dans la langue des dieux, les souvenirs d'un passé qui ne fut pas pour lui sans charmes, et d'un enseignement auquel il ne renonce qu'à regret, tant est grande chez ces vieux maîtres l'habitude de se dévouer au service de la jeunesse. Alors le champagne pétille dans les verres, et chacun élève sa coupe en l'honneur du collègue qui descend noblement de sa chaire, comme le vieil athlète de Virgile déposait le ceste du combat :

. . . . hic victor cestus artemque repono.

C'est ainsi que dans ces dernières années les professeurs du lycée Saint-Louis ont célébré la retraite ou le départ du

---

[1]. Autrefois, dans l'ancienne Université de Paris, les professeurs avaient droit à l'*éméritat*, c'est-à-dire à une pension de retraite au bout de vingt ans d'exercice. Aujourd'hui il faut avoir professé trente ans ou atteint sa soixantième année, à moins d'infirmités ou de raisons exceptionnelles. (Lois et arrêtés de 1853.) V. notre chap. I, p. 36.

lycée pour de plus hautes fonctions, de leurs anciens collègues, MM. **Combette, Evelart, Maurat, Vintéjoux, Labbé, Reynolds** et **Rives**. Ce dernier a voulu même répondre en vers aux compliments qui lui étaient adressés et rappeler en ces termes la fraternité qui règne parmi le personnel du lycée :

> Dans la noble maison que vous rendez prospère,
>   Un long séjour me fut permis :
> Je n'y reçus jamais l'affront d'une âme altière; —
>   Je n'ai trouvé que des amis.
>
> Si pour certaine gloire une haine implacable
>   Partout doit poursuivre nos pas,
> Qu'on cherche ailleurs ! — ici tout le monde est aimable;
>   — Cette gloire je ne l'ai pas !

Quelquefois aussi la mort enlève ces vieux serviteurs avant qu'ils aient pu atteindre cette retraite ou en jouir. Leurs collègues leur font alors cortège jusqu'à leur dernière demeure, et le chef de la maison, interprétant les sympathies de tous, salue les défunts d'un cordial souvenir et d'un suprême adieu. C'est à l'occasion de ces deuils pénibles que nous avons entendu M. **Joubin** rendre hommage, en 1885, « à l'ardeur, au travail et au dévouement sans bornes » de M. **Périgot**, professeur d'histoire ; en 1886 « à la science et à l'infatigable assiduité » de M. **Harant**, professeur de troisième ; en 1890, à la générosité de M. G. **Feugère**, professeur de rhétorique, « ce cœur d'or qui donnait sans compter, à ses élèves, les trésors de son esprit ; aux autres, autour de lui, le fruit de son travail. » Les plus humbles collaborateurs ne sont pas moins honorés. Ainsi, en 1886 et 1890, il payait un juste tribut de regrets à deux maîtres répétiteurs, MM. **Gallois** et **Gosse**. Le premier comptait quarante ans de services au lycée, dont vingt-sept comme surveillant général. Notre proviseur rappelait avec raison « son dévouement, sa discrétion, son égalité d'humeur, son affabilité », et signalait tout le bien qu'il avait fait aux élèves par ses encouragements et ses conseils. Le second, « laborieux, honnête et bon, » mourait après dix ans d'efforts pour conquérir le grade de licencié ès sciences physiques, afin de se consacrer avec plus de fruit à l'enseignement. Nous qui avons pu apprécier les mérites de ces deux hommes, nous sommes heureux que l'occasion se présente de joindre nos hommages à ceux de notre chef et de glorifier en eux les services importants bien que moins connus des surveillants généraux et des maîtres répétiteurs du lycée SAINT-LOUIS. Aussi tenons-nous à inscrire ici les noms de MM. **Leca, Courcot** et **Ortolo**, qui s'acquittent aujourd'hui si dignement de leurs fonctions dans cet établissement.

Quant aux élèves, longue serait la liste qu'il faudrait dresser si nous voulions seulement énumérer ceux qui sont sortis du lycée SAINT-LOUIS pour occuper les situations les plus honorables et souvent les plus hautes dans le pays et à l'étranger. Nous ne pouvons que rappeler quelques-uns des plus marquants.

Voici d'abord la liste des prix d'honneur remportés au Concours général par le lycée SAINT-LOUIS depuis son établissement sous le titre de collège royal de SAINT-LOUIS (1820) jusqu'à ce jour (1890).

1823. CARETTE (Antoine-Auguste), né à Paris. Dissertation latine.
1824. DUCHESNE (Joseph-Esprit), né à Nancy. Dissertation latine.
1831. GROSLAMBERT (Henri), né à Baume-les-Dames. Discours latin.
1834. JACQUINET (Paul-Marie-Augustin-Gabriel), né à Paris. Discours latin.
1836. DESPOIS (Eugène-André), né à Paris. Discours latin.
1839. JAVARY (Louis-Auguste), né à Paris. Dissertation française.
1841. BURNOUF (Louis-Émile), né à Valognes. Dissertation française et Dissertation latine.
1843. ROGER (Louis-Émile), né à Nimes. Mathématiques spéciales.
1847. CARON (Jules), né à Gien. Mathématiques spéciales.
1848. SERRET (Paul-Joseph), né à Aubenas. Mathématiques spéciales.

1853. Peyrot (Alfred), né à Limoges. Mathématiques spéciales.
1855. Soyer (Charles-Victor-Jean-Baptiste), né à Orléans. Mathématiques spéciales.
1860. Fabre (Joseph-Alexandre-Léon), né à Limoges. Mathématiques spéciales.
1862. Renack (Auguste-Paul), né à Paris. Dissertation française.
1863. De Pistoye (Louis-Charles-Hyacinthe), né à Paris. Mathématiques spéciales.
1870. Harel-Delanoë, né à Saint-Brieuc. Mathématiques spéciales.
1886. Olieu (Adrien), né à Anduze (Gard). Mathématiques spéciales.

Pour compléter cette liste ajoutons-y la statistique des succès obtenus chaque année par les élèves du lycée Saint-Louis au Concours général depuis l'année 1823 jusqu'à l'année 1890.

	Prix.	Accessits.	Nominations.		Prix.	Accessits.	Nominations.
1823	5	23	28	1845	4	26	30
1824	11	29	40	1846	4	32	36
1825	4	25	29	1847	5	25	30
1826	4	12	16	1848	7	20	29
1827	7	30	37	1849	4	15	19
1828	4	33	37	1850	4	21	25
1829	5	33	38	1851	4	26	30
1830	8	38	46	1852	3	30	33
1831	8	36	44	1853	6	15	22
1832	18	39	57	1854	3	18	21
1833	7	27	34	1855	7	29	36
1834	5	38	43	1856	5	25	30
1835	15	40	55	1857	4	36	40
1836	16	36	52	1858	6	36	42
1837	11	45	56	1859	5	25	30
1838	13	7	20	1860	7	29	36
1839	7	36	43	1861	6	30	36
1840	7	43	50	1862	3	27	30
1841	9	31	40	1863	5	28	33
1842	4	31	35	1864	7	23	30
1843	2	34	36	1865	2	27	29
1844	3	29	32	1866	6	31	37

	Prix.	Accessits.	Nominations.		Prix.	Accessits.	Nominations.
1867	5	37	42	1879	10	25	35
1868	11	27	38	1880	8	17	25
1869	6	33	39	1881	2	20	22
1870	12	23	35	1882	7	18	25
1871	»	»	»	1883	6	19	25
1872	5	38	33	1884	4	21	25
1873	12	35	47	1885	6	20	26
1874	6	21	27	1886	5	13	18
1875	5	35	40	1887	2	11	13
1876	7	26	43	1888	3	7	10
1877	4	29	33	1889	6	10	16
1878	5	35	40	1890	2	9	11

Ce qui donne pour une période de 70 ans :

418 prix,
1 783 accessits,
2 201 nominations.

L'Administration du lycée Saint-Louis nous a communiqué la statistique des élèves admis pendant les dix-neuf dernières années, de 1872 à 1890, aux Écoles spéciales : Normale, Polytechnique, Saint-Cyr, Centrale, Ponts et Chaussées, Mines, Forestière, Navale, Cluny, Saint-Cloud, Alfort. Leur nombre s'élève au chiffre de 2 591, dont 952 de 1885 à 1891.

En voici la répartition par année et par école :

1872	—	160 élèves.	1882	—	163 élèves.
1873	—	152 —	1883	—	147 —
1874	—	155 —	1884	—	124 —
1875	—	100 —	1885	—	165 —
1876	—	92 —	1886	—	157 —
1877	—	103 —	1887	—	167 —
1878	—	105 —	1888	—	159 —
1879	—	94 —	1889	—	155 —
1880	—	98 —	1890	—	160 —
1881	—	135 —			

École Normale supérieure.	106
École Polytechnique.	795
École Saint-Cyr.	722
École Centrale.	784
Ponts et Chaussées, Mines, Forestière, etc.	141
École Navale	43
	2591

Parmi ceux qui sont le plus en vue dans le passé et encore dans le présent, après les noms des d'HARCOURT qui, suivant la tradition de leur famille, tiennent à honneur de s'instruire dans la maison fondée par leurs ancêtres, et d'y figurer souvent parmi les lauréats, enregistrons les suivants qui apparaissent au premier rang dans les palmarès du lycée SAINT-LOUIS ou se sont fait un nom recommandable :

De Broglie, Busson-Billault, Bourbaki, Brame, Bochet, du Boisgobey, Baudelaire, Bravais, Briot, La Bédoyère, Burnouf, Beudant, Brouardel, de Brézé, Bouillet, Carrel, Corvisard, de Champagny, Croiset, Cauchy, de Chabrol, Challemel-Lacour, de Chennevières, Maxime Du Camp, Coppée, Damiron, Despois, Desjardins, Doucet, de Normandie, les Delalain[1], Demidoff, Egger, Faye, Feugère, Floquet, Gauthier-Villars, Gounod, Père Gratry, Gaillardin, Gueneau de Mussy, Mgr Gay, de Gallifet, abbé Gayrard, Gontaut-Biron, Gerusez, Hamelin, Haton de la Goupillière, Havet, Hachette, de Hubner, Janet, Jaurès, Keller, Leviez, Leplay, Laboulaye, de Ladoucette, Labiche, de Lagrenée, de Luynes, Leverrier, Lahure, de la Moricière, Meissonnier, Massenet, Maze, de Montesquiou, Nettement, de Noailles, Nourrit, Pasteur, Mgr Perraud, abbé Perreyve, de Pongerville, Pron, Rendu, Regnault, de la Rochefoucauld, de Talleyrand, Thurot, Sappey, Toppfer, Waddington, Verconsin, Vulpian, Zola, etc.

Plusieurs de ces élèves, ont été l'objet des éloges de leurs camarades ou de leurs maîtres. Ainsi M. Bochet rappelle le

---

1. M. **Jules Delalain** et son frère **Léon Delalain**, portaient les numéros 1 et 2 sur le *Registre d'Inscription* des élèves, à l'ouverture du collège SAINT-LOUIS, en octobre 1820.

précoce talent musical de l'élève **Gounod** (1829-1835), qui remplaçait parfois l'organiste de la chapelle. Nous apprenons à ce sujet qu'à cette époque le chant de la chapelle était très soigné, comme en fait foi un livre de musique spécialement à l'usage des élèves du lycée Saint-Louis. Ces élèves amateurs, non contents d'exécuter le dimanche au lycée de brillantes messes, allaient quelquefois les chanter dans les grandes églises de Paris aux jours de sortie.

M. **Bochet** célèbre encore les prix d'honneur qu'il entendit proclamer : en 1834 et 1836, **Jacquinet** et **Despois**, en rhétorique ; en 1839 et 1841, **Javary** et **Burnouf**, en philosophie[1]. Mais sa modestie l'a empêché de parler de ses propres succès au lycée où son nom figure plus d'une fois parmi les lauréats de ce même temps.

En 1886, M. **Lacour-Gayet**, professeur d'histoire au lycée Saint-Louis, énumérant les élèves illustres qui *peuplent* l'Institut, disait : « Comptez à l'Académie des sciences les **Faye** et les **Pasteur** ; à l'Académie des inscriptions, les **Desjardins** et les **Waddington** ; à l'Académie des sciences morales, les **Havet** et les **Janet** ; à l'Académie des beaux-arts, les **Gounod** ; à l'Académie française, les de **Broglie**, les **Doucet**, les **Du Camp**, les **Perraud**, les **Coppée**, et une fois encore les **Pasteur**[2]. »

En 1887, M. **Dufet**, professeur de physique, maître de conférences à l'École normale, rappelait, à l'honneur du lycée Saint-Louis, les explorations de **Bravais** au Spitzberg, ses expériences au Faulhorn et ses études sur la cristallographie. Il redisait également les magnifiques découvertes de M. **Pasteur**[3].

Les collèges de l'Université n'étant plus mêlés comme autrefois à la vie nationale et politique du pays, nous n'avons que peu de chose à rappeler, sous ce rapport, en ce qui concerne le lycée Saint-Louis. Nous savons seulement, comme l'a mentionné dans son discours M. **Pierron**, que la « Révo-

---

1. Discours de M. **Bochet** au banquet de 1889.
2. Discours de M. **Lacour-Gayet** à la distribution des prix de 1886.
3. Discours de M. **Dufet** à la distribution des prix de 1887.

lution de 1830 avait ébranlé Saint-Louis et que la Révolution de 1848 faillit le détruire [1]. » Nous voyons cependant par les palmarès de la maison que ces années-là elle fut bien représentée au Concours général, car, en 1830, on compte à son avoir huit prix et trente-huit accessits, et, en 1848, sept prix et vingt accessits. Au sujet de cette dernière année, nous trouvons au lycée Saint-Louis une victime de l'insurrection. « Après les sanglantes journées de 1848, où la lutte avait été très vive sur la rive gauche, dit le docteur Corlieu, l'hôpital des cliniques reçut quelques morts et soixante dix-huit blessés. Parmi les morts se trouvait **Barbier**, maître d'études au lycée Saint-Louis, tué roide d'une balle qui le frappa à la porte même du lycée [2]. »

Le Ministre de l'Instruction publique change aussi à cette époque le nom du collège et lui impose celui de lycée Monge [3]. L'année suivante il reprenait son ancien nom de Saint-Louis-d'Harcourt.

La guerre de 1870 et l'insurrection de la Commune, qui la suivit de près, éprouvèrent également notre lycée comme les autres maisons d'éducation. Pendant ces tristes jours, le proviseur **Joguet**, qui administrait alors la maison, puisa dans son énergie la force de soutenir le moral des élèves et du personnel de la maison exposés au péril de la lutte. Au moment du bombardement du quartier des Écoles par l'armée prussienne, qui ne respectait pas plus la Sorbonne qu'elle n'avait respecté la cathédrale et la bibliothèque de Strasbourg, M. Joguet dut installer les élèves dans les caves pour les mettre à l'abri des projectiles de l'ennemi, qui criblèrent l'infirmerie et le parloir. Une des fenêtres de cette pièce en porte encore les traces. Le petit nombre d'élèves qui étaient restés permit, pendant le Siège, de disposer du lycée pour y établir une grande ambulance, où le Dr **Bonfils**, interne de la maison, aidé par les religieuses de l'infirmerie, se signala par un dé-

1. **A. Pierron**, *Discours* de 1853.
2. *France médicale*, n°s 53 et suiv.
3. *Discours* de M. Vincent, professeur de mathématiques, à la *Distribution des Prix* du 11 août 1848.

vouement exceptionnel. Quant aux professeurs, ils ne restèrent pas inactifs, ils s'enrôlèrent dans les bataillons de marche de la garde nationale et formèrent le vaillant 21e, dont l'histoire écrite par l'un d'eux, M. **Asselin**, mériterait d'être publiée.

Quand la Commune fit ses perquisitions d'armes, le lycée Saint-Louis reçut la visite de ses délégués comme les autres établissements. Le vestibule fut ensuite occupé militairement par un détachement du 151e bataillon de fédérés qui y campa paisiblement jusqu'à la fin de l'insurrection, grâce au tact d'un intelligent concierge, **F. Barnouin**, digne de figurer à côté de **J. le Fauconnier**, de l'ancien collège d'Harcourt. A l'entrée des troupes de Versailles, un certain **de Katow**, de nationalité russe, élève renvoyé l'année précédente, qui s'était enrôlé dans la Commune, vint sommer le proviseur de mettre à sa disposition tous les élèves, environ une centaine, qui étaient restés au lycée, afin de les employer aux barricades. M. **Joguet** reçut ce polisson comme il le méritait et lui enjoignit de déguerpir au plus vite. **De Katow** partit furieux, en proférant des menaces et en cassant les vitres avec l'escouade qu'il commandait. Il envoya un délégué du Comité central pour réquisitionner les élèves. Le proviseur raisonna cet homme et lui fit comprendre qu'il ne pouvait permettre qu'on disposât de ces jeunes gens, parce qu'il en était responsable devant les familles qui les lui avaient confiés. Il termina l'entretien en déclarant qu'il se laisserait plutôt tuer que de céder. Le délégué de la Commune se rendit à ces justes représentations et on n'inquiéta plus le lycée, qui fut d'ailleurs bientôt délivré des fédérés qui l'occupaient, par l'arrivée des soldats de l'ordre. Quelques instants après, un autre ancien élève de Saint-Louis, qui avait préludé au rôle de procureur de la Commune, en organisant, en 1865, une révolte au lycée, pour laquelle il avait été aussi renvoyé, **Raoul Rigault** fut arrêté et fusillé à quelques pas, rue Gay-Lussac, au moment où il revenait de donner des ordres aux fédérés du Panthéon. Quant à **de Katow**, muni d'un passeport bien en règle, il s'était éclipsé au moment du danger, et on n'entendit plus parler de lui.

— 539 —

Au dehors du lycée, les anciens élèves avaient fait bravement leur devoir pendant la guerre, ainsi que l'atteste la plaque commémorative de la chapelle dont nous avons parlé plus haut.

Nous laisserons ici parler M. P. Denormandie[1] :

« La supériorité de notre lycée pour les études mathématiques, ses derniers succès, et le grand nombre de ses admissions aux Écoles Polytechnique et Saint-Cyr, notamment dans les trois dernières années, étaient un gage assuré de la part que les anciens élèves de Saint-Louis prendraient aux événements de la guerre. Citons d'abord les entreprises extraordinaires de notre camarade **Deschamps**. « C'était pendant le siège. La terre et l'eau nous étaient interdites! Il nous fallait franchir les airs. Par ses soins un premier ballon quitta Paris le 18 novembre 1870. Le 24 novembre, il en frétait un autre dont les deux aéronautes devaient arriver un mois après à Bordeaux, après avoir pris terre à cent lieues au nord de Christiania, sous le 63ᵉ degré de latitude nord. Enfin **Deschamps** lui-même sortit de la ville assiégée avec un troisième aérostat. Poussé par les courants aériens il traversa l'atmosphère au-dessus et pendant l'action de la bataille de *Nuits*, à quatre lieues de Beaune. Des uhlans le suivirent ; mais il put atterrir hors de leurs atteintes. Nullement guéri de son audace, il alla prendre part à un combat près de Laval : on le crut tué ; et les journaux de Bordeaux, ayant donné la nouvelle de sa mort, il choisit ce moment favorable entre tous pour essayer de rentrer dans Paris. On atteignait janvier ; il parvint jusqu'à Épinay, près de Saint-Denis, et ne put, hélas ! franchir les lignes prussiennes ! » Mais avant de s'éloigner tout à fait il s'arrêta à Franconville, et voulant du moins narguer l'ennemi dont il n'avait pu tromper la vigilance, il se fit donner l'hospitalité par un major prussien sous la tente duquel il passa plusieurs jours, absolument inconnu, et qu'il put mystifier à son aise en faisant sa partie tous les soirs. Et c'est à cinquante ans passés que M. Deschamps, bibliographe et écrivain distingué, risquait ainsi sa vie pour encourager les uns par les autres les assiégés et les exilés.

Et que d'autres, mes chers camarades, qui méritent nos sérieux hommages :

« **Pron**, préfet de Strasbourg, qui depuis le 10 août jusqu'au jour où il fut renversé par le mouvement populaire, avait organisé la défense à outrance avec la plus grande énergie et qui la soutint personnellement jusqu'à la témérité !

« **De Langsdorff**, cité à l'ordre du jour de l'armée, après la charge des cuirassiers de Reichshoffen ; **De Broglie**, si grièvement

1. Discours de M. **Denormandie** au banquet de 1872.

blessé ; **Boquet** fait prisonnier ; de **Trentinian** qui abandonna ses études pour voler au combat. Et la liste funèbre que vous connaissez !

Le même patriotique sujet inspirait ensuite à M. **Daffry de la Monnoye**, les vers où nous lisons :

> Salut à vous, absents ! Heureux ceux-là peut-être
> Qui dans les premiers jours, sont tombés en soldats,
> Avant d'avoir plié sous la verge d'un maître,
> Vu des flammes sans nom et d'infâmes combats.

Depuis cette époque, le lycée Saint-Louis a subi des transformations qui tendent de plus en plus à en faire exclusivement une grande maison de préparation aux Écoles spéciales du Gouvernement. Cette tendance scientifique remonte à 1843, ainsi que le racontait M. **Bochet** : « C'est alors, dit-il, que
« Saint-Louis a commencé à prendre décidément le premier
« rang parmi les établissements d'enseignement secondaire
« scientifique et à remporter souvent le *prix d'honneur* de
« mathématiques, qu'il a eu neuf fois depuis ; la première
« fois en 1843, par **Roger**, qui eut, en même temps, au Concours général, le 1er accessit de physique, et qui est maintenant mon collègue au Conseil général des Mines[1]. » Nous voyons ensuite que sous la direction de M. **Boutan**, en 1866, comme nous l'avons rappelé, sans abandonner le programme des études ordinaires, le lycée était entré dans cette voie par l'établissement de divisions distinctes pour la préparation aux Écoles Polytechnique, Normale, Centrale, Forestière et Saint-Cyr. Cette organisation nouvelle ne tarda pas à faire ses preuves[2]. Les succès remportés chaque année par les élèves de Saint-Louis ont montré qu'elle était heureuse et désormais, c'est du côté des sciences qu'ont été orientées spécialement les études du lycée. En 1885, quand on ouvrit le lycée Lakanal à Bourg-la-Reine, le lycée Saint-Louis subit, à la rentrée des classes, une transformation profonde, et voici en quels termes

---

1. Discours de M. Bochet au banquet de 1889.
2. **Chauvin**, *Hist. des lycées et collèges de Paris.*

un ancien élève, M. **Maze**, présidant alors la distribution des prix, l'annonçait aux élèves :

« Le lycée, disait-il, gardera son externat tout entier pour les études littéraires, mais désormais l'internat ne subsistera que pour les études scientifiques proprement dites. Cet internat déjà réduit sera encore exactement limité comme nombre. Le lycée offrira par conséquent aux familles des conditions matérielles et morales que sa population sans cesse croissante et l'espace restreint dont il dispose ne lui auraient pas permis d'assurer..... Ce lycée va donc devenir par excellence la pépinière des grandes Écoles de l'État..... A côté des divisions spéciales pour Saint-Cyr, pour les Écoles Normale, Polytechnique et Centrale, une autre sera organisée pour notre chère et grande École Navale ; de cette façon sera comblée une lacune regrettable qui, bien des fois, avait été signalée à l'attention du Gouvernement. L'armée, la marine, les services scientifiques de l'État, le professorat des sciences, l'industrie, telles sont les carrières auxquelles le lycée SAINT-LOUIS préparera plus spécialement la jeunesse... Mais que d'efforts à faire pour maintenir dans cette maison le goût des lettres, de cette culture dont l'abandon serait un coup mortel porté au génie même et à la grandeur de notre pays ! Cet abandon, je ne le redoute pas pour une maison qui a donné à la France **Saint-Evremond**, **Racine**, **Diderot**, et qui est représentée en ce moment même par cinq ou six de ses élèves à l'Académie française. »

Le projet que M. **Maze** avait annoncé, M. **Brissaud**, un autre *Saint-Louis*, président de la commission d'examen pour l'École de Saint-Cyr, le déclarait réalisé en 1885 :

« Cette année, disait-il, SAINT-LOUIS entre dans une nouvelle phase, une phase de rajeunissement. La distinction de *l'internat* pour les sciences et de *l'externat* pour les lettres est une cause certaine de prospérité. Le bon ordre, la discipline, les fortes études ne peuvent qu'y gagner, et déjà les résultats ratifient cette assurance ; ils prouvent qu'il était meilleur que le personnel des sciences et celui des lettres fussent voisins, mais non confondus. L'utilité de cette séparation était reconnue depuis longtemps, et je vous fournirai sur la véritable origine du nouveau système un document que certainement quelques-uns ignorent, c'est que cette idée remonte à 1844, que le plan en avait été dressé en commun par le proviseur **Poulain de Bossay** et par notre cher collègue M. **Fabre**, dont nous regrettons bien vivement l'absence en ce moment ; que si le plan n'a reçu son exécution qu'en 1886, il y a quarante-deux ans qu'on aspirait à mettre en œuvre cette organisation qui ne présente aucun des inconvénients de l'ancienne et renferme de précieux éléments de succès. Ce n'est pas la première fois d'ailleurs que notre vieux collège s'est transformé, et ses métamorphoses ont toujours été triomphantes. Il semble, en effet, que l'âme des **Raoul** et des **Robert d'Harcourt** circule toujours dans son existence pour la raviver et lui donner un nouvel éclat[1]. »

Malheureusement les vœux formés par MM. **Maze** et **Brissaud** pour le maintien de la section des lettres à côté de la section des sciences au lycée Saint-Louis, tendent, depuis deux ans, à devenir purement platoniques. Après la suppression des classes de huitième, septième et sixième, nous allons assister à celle des classes de cinquième, quatrième et troisième. C'est *le coup mortel* dont parlait M. **Maze**, donné aux études classiques dans cette maison. Espérons qu'on en rappellera un jour et que les études littéraires brilleront de nouveau à Saint-Louis, comme au temps du collège d'Harcourt.

Toutefois ce caractère scientifique donne au lycée une physionomie particulière, parce que sa population se compose de jeunes gens d'autant plus appliqués au travail qu'ils en sentent mieux le prix, à la veille d'affronter les épreuves exigées pour les grandes écoles auxquelles ils se destinent.

Nous plaçons ci-contre un tableau d'ensemble de l'administration du collège et du lycée Saint-Louis depuis 1820. Il présente une élite de fonctionnaires, qui, par ses qualités diverses et son dévouement, a assuré le développement et la prospérité de notre grande maison.

A ce tableau qui a déjà paru dans l'*Annuaire de l'Association des anciens élèves*, nous ajoutons la liste des médecins qui, à divers titres, ont apporté aux élèves de la maison le concours de leur science et de leur dévouement :

Drs Moulin,	1824	Drs Houel,	1865
Alibert,	1831	Bonfils,	1868
Le Goff,	1860	Marc-Sée,	1880
Combeau,	1861	Troisier,	1882
Hillairet,	1865	Ollivier.	1882

Trois religieuses de Belley viennent en aide aux médecins pour les bons soins à donner aux malades.

---

1. Discours de M. Brissaud au banquet de 1887.

ANNÉES.	PROVISEURS.	CENSEURS.	1er AUMONIER.	2e AUMONIER.	ÉCONOMES.
1820	l'abbé Thibault.	M. Clerc.	»	»	»
1821	»	»	»	»	M. de Reusse.
1822	»	»	l'abbé Sibour.	»	»
1823	»	»	l'abbé Dumarsais.	»	»
1824	»	M. Emery.	»	»	»
1825	l'abbé Ganser.	»	»	»	»
1826	»	»	»	l'abbé Salacroux.	»
1827	»	»	»	»	M. Letermelier.
1828	»	»	»	»	»
1829	»	»	»	»	»
1830	»	»	»	»	»
1831	M. Liez.	»	l'abbé Sanguinède	l'abbé Sabatier.	»
1832	»	»	»	»	»
1833	»	»	l'abbé Chaillot.	»	»
1834	M. Poirson.	»	l'abbé Molroguier.	»	»
1835	»	»	»	»	»
1836	»	»	»	»	»
1837	M. Lorain.	»	»	»	»
1838	»	»	l'abbé Dassance.	»	»
1839	»	M. Roger.	»	»	»
1840	»	»	»	»	M. Fröly.
1841	»	»	l'abbé Flandrin.	»	»
1842	»	»	»	»	»
1843	»	»	»	»	»
1844	»	»	»	»	»
1845	M. Poulain, dit de Bossay.	»	»	»	»
1846	»	M. Didier.	»	»	»
1847	»	»	»	»	»
1848	»	»	»	»	»
1849	»	»	»	»	M. Alem.
1850	»	M. Genouille.	»	»	M. Bois.
1851	»	»	»	»	M. Descudet.
1852	M. Legrand.	»	l'abbé Clerc.	»	»
1853	»	»	»	»	»
1854	»	M. Materne.	»	»	»
1855	»	»	»	»	»
1856	»	»	»	»	»
1857	»	»	»	»	»
1858	»	»	»	»	»
1859	»	»	»	»	»
1860	»	»	»	»	M. Deboudachier.
1861	»	»	l'abbé Perreyve.	l'abbé Daumas.	»
1862	»	»	l'abbé Bernard.	»	»
1863	»	»	»	»	»
1864	»	»	»	»	»
1865	»	»	»	»	»
1866	M. Boutan.	M. Ohmer.	»	»	»
1867	»	»	l'abbé Soulié.	»	»
1868	»	»	»	»	»
1869	M. Joguet.	»	»	»	»
1870	»	»	»	»	»
1871	»	»	»	»	»
1872	»	»	»	»	»
1873	»	M. Lenglier.	l'abbé Daumas.	l'abbé Feret.	»
1874	»	»	»	»	»
1875	M. Gautier.	»	»	»	»
1876	»	»	»	l'abbé Vissac.	»
1877	»	»	»	l'abbé Bouquet.	»
1878	»	»	»	»	»
1879	»	»	»	»	»
1880	»	»	»	l'abbé Trochon.	»
1881	»	M. Deprez.	»	»	M. Zévort.
1882	»	»	»	»	»
1883	M. Joubin.	M. Chappuis.	»	»	M. Saché.
1884	»	»	»	»	»
1885	»	»	»	»	»
1886	»	»	»	»	»
1887	»	»	l'abbé Bouquet.		M. Bayle.
1888	»	»	»		»
1889	»	»	»		»
1890	»	»	»		M. Villemot.

— 544 —

Nous ne serions pas complets si nous ne disions un mot de l'état actuel du lycée, au double point de vue matériel et intellectuel.

Nous avons en divers endroits, et particulièrement au chapitre VI, mentionné les recettes et les dépenses du collège d'Harcourt, ainsi que l'objet de ces dépenses[1]. Il nous a paru intéressant, pour ceux de nos lecteurs qui voudront faire la comparaison de résumer ici le budget du lycée Saint-Louis pour l'exercice 1891, tel que M. **Villemot**, notre vigilant économe, a bien voulu me le communiquer[2].

Les recettes présumées vont à 949 789 fr. 50
Les dépenses autorisées à 933 187 fr. 20

Ces chiffres laissent, comme on le voit, fort en arrière les recettes de 92 000 livres et les dépenses de 87 440 livres auxquelles nous avons pu évaluer approximativement le budget du collège d'Harcourt à la fin du xviiie siècle.

Il est vrai que cette maison comptait seulement, en 1793, 52 boursiers, 150 pensionnaires et 300 externes, tandis que le lycée Saint-Louis possède actuellement :

328 pensionnaires,
106 demi-pensionnaires,
393 externes,

ce qui fait 827 élèves, et sur ce nombre il n'y a que 55 boursiers.

1. Chap. VI, p. 337, et *Documents annexes*.
2. A ce sujet nous croyons devoir signaler une autre comparaison non moins intéressante, celle des comptes du lycée depuis 1820.
En 1821, il n'est encore qu'un externat et on a :

Recettes ordinaires effectuées............ 76 421 fr. 75
Dépenses............................... 96 960 fr. 51

En 1826, à l'externat s'est ajouté, depuis 1823, un internat et on a :

Recettes ordinaires effectuées............ 324 182 fr. 09
Dépenses............................... 327 564 fr. 33

Les comptes de 1830 n'en diffèrent pas sensiblement, mais en 1843, on a : Recettes, 424 696 fr. 41. — Dépenses, 407 357 fr. 53. — En 1854 : Recettes, 517 914 fr. 96. — Dépenses, 525 651 fr. 36. — En 1872 : Recettes, 674 843 fr. 24. — Dépenses, 696 522 fr. 52.

Enfin en 1886, au lendemain de la transformation scientifique du lycée :

Recettes............................... 988 764 fr. 54
Dépenses............................... 970 052 fr. 17

Si maintenant nous voulions dresser le tableau détaillé des diverses sortes de dépenses, comme nous l'avons fait au chapitre VI, nous aurions plus de dix articles à aligner et des chiffres bien supérieurs à produire.

Pain	73 928 k.	pour	24 765 fr. 87
Viande de boucherie	33 341 k.	—	52 345 fr. 52
Vin	37 750 lit.	—	20 160 fr. 01
Beurre et graisse	3 429 k.	—	5 486 fr. 18
Œufs	48 555 œufs	—	4 054 fr. 44
Charcuterie	3 786 k.	—	6 436 fr. 02
Volaille et gibier	3 545 k.	—	8 376 fr. 36
Poisson frais et de conserve	4 149 k.	—	3 781 fr. 40
Légumes, lait, pâtes, huile, sucre, fromage, etc.	,		39 281 fr. 97
Ustensiles et vaisselle			1 987 fr. 97
Charbon de terre pour la cuisine	91 000 k.	pour	3 568 fr. 78
Total de la dépense de nourriture effectuée en 1890			170 244 fr. 49

Pour 1891, la dépense de nourriture est évaluée à	182 670 fr. 20

Les autres dépenses de 1891 sont résumées ainsi :

Traitements du personnel	563 770 fr. »
Gages des domestiques et employés	25 542 fr. »
Chauffage et éclairage	17 200 fr. »
Blanchissage et racommodage	15 950 fr. »
Habillement et linge	21 700 fr. »
Livres et papeterie	24 550 fr. »
Infirmerie, frais divers, entretien et réparation du mobilier, etc.	44 330 fr. »
Bourses	37 475 fr. »
TOTAL	933 187 fr. 20

Nous n'avons pu retrouver qu'un menu du collège d'HARCOURT, nous sommes plus heureux pour ceux du lycée SAINT-LOUIS, et nous en énumérerons quelques-uns pris au hasard des diverses saisons de l'année. Ils répondront d'une manière victorieuse aux calomnies dont l'ordinaire des collèges est parfois l'objet.

Disons que ces menus sont dressés avec soin et ne peuvent être exécutés qu'après avoir été auparavant approuvés par le proviseur, un des médecins de la maison et l'économe. Il y a donc là des garanties d'hygiène tout à fait rassurantes.

Du 6 au 12 octobre 1890.

Déjeuners : Café au lait, croquettes de chocolat, chocolat au lait.

Dîners : Potage crécy, potage gras, potage au vermicelle, julienne ; gigots rôtis sauce chevreuil, bœuf, jambon, aloyau rôti aux champignons, escalopes de veau aux croûtons, poissons frais, poulets rôtis, côtelettes de porc sauce tomates ; haricots blancs frais au beurre, riz au jus, artichauts à l'huile, salades, fruits, confitures.

Soupers : Aloyau rôti, veau rôti, gigots rôtis, omelettes aux fines herbes ; pommes de terre sautées, petis pois au beurre, choux-fleurs au gratin, épinards au jus, salade, fromage de Brie.

Du 5 au 11 janvier 1891.

Déjeuners : Café au lait, chocolat au lait.

Dîners : Soupe au chou, soupe grasse, soupe paysanne, vermicelle, julienne ; aloyau rôti, bœuf sauce piquante, porc frais rôti sauce tomates, poisson frais, galantine de volailles, veau marengo ; pommes de terre frites, saucisses sur choucroute, haricots blancs au jus, couronnes de brioche, madeleines, confitures, meringues.

Soupers : gigots rôtis sauce provençale, petits pois au beurre, veau rôti, œufs à la tripe, nouilles au jus, purée de pomme de terre, salade, purée de lentilles, macaroni au gratin, purée de pois, fromages demi sel, camembert, fromages suisses, langues de chat.

Au mois d'avril 1891, nous voyons se reproduire des menus, non moins substantiels et appétissants, avec addition de légumes frais, épinards, salsifis, haricots verts, salades de saison, fruits nouveaux.

35.

Enfin au mois de juin, même année, les menus du 22 au 28 juin, portent, outre les viandes rôties précédemment énumérées, des petits pois nouveaux et des asperges, comme légumes; des cerises et fraises comme dessert.

Ainsi qu'on en peut juger par cet aperçu, on est loin au lycée Saint-Louis du régime de harengs saurs et d'œufs gâtés du collège de Montaigu, dont nous avons parlé[1], et vraiment on ne pourrait dire aujourd'hui, comme le rappelait avec esprit un ancien *Saint-Louis* de 1830, que « le réfectoire octroyait, de son temps, trop de déceptions[2]. »

Ce que je voudrais exposer encore c'est la journée d'un élève au lycée Saint-Louis en 1891, ou plutôt l'emploi de son temps, car la multiplicité des divisions et des cours ne permet pas d'assigner à nos jeunes gens simultanément les mêmes occupations. Essayons toutefois de le faire d'après les renseignements qu'a bien voulu me transmettre M. le censeur **Chappuis**, le sage et fidèle gardien de la discipline du lycée.

A six heures en hiver, à cinq heures et demie en été, un roulement de tambour annonce le lever des pensionnaires. Jusqu'en 1848, c'était la cloche qui donnait ce signal; à cette époque, on reprit le tambour inauguré par le régime militaire appliqué aux collèges sous le premier Empire.

Après de rapides ablutions, surtout en hiver, les élèves quittent les dortoirs et descendent dans leurs études respectives, situées au premier et au second étage de la maison. Ils sont répartis en 15 salles d'environ 30 élèves chacune, comprenant les divers cours de mathématiques spéciales, de centrale, de Saint-Cyr, de navale, de mathématiques élémentaires et de mathématiques préparatoires. Quoique placés sous la surveillance d'un maître, une certaine latitude leur est laissée pour se donner entre eux des explications ou aller au tableau s'exercer sur les questions ou les problèmes de leurs cours.

A sept heures et demie a lieu le déjeuner, suivi de la récréation, et à huit heures tous les élèves entrent en classe.

1. Chap. IV, p. 195.
2. Discours de M. **Denormandie**, au banquet de 1872.

Costumes d'élèves d'après les décisions ministérielles de 1832, 1848, 1890.

Alors s'ouvrent aux demi-pensionnaires et aux externes les portes du lycée et de tous les côtés chacun, livres et cahiers en mains, se dirige vers la classe qui lui est assignée. La plupart des leçons se font au rez-de-chaussée, dans les locaux qui ont accès sur la première cour, là où l'on enseignait déjà au temps de l'ancien collège. Cette classe du matin dure deux heures : elle est consacrée généralement aux mathématiques pour les élèves qui s'appliquent aux sciences. Les *externes* qui étudient les *lettres* que l'on enseigne encore au lycée, de la cinquième à la philosophie (1891), suivent des cours conformes aux programmes de ces classes.

A dix heures, une courte récréation sert d'intermède avant de rentrer en classe jusqu'à onze heures ou midi pour les scientifiques. Des conférences de mathématiques, des cours de langues vivantes, de lettres, d'histoire, de dessin, de religion, et même de gymnastique remplissent cet espace de temps, suivant ce qui est marqué pour chaque division.

A midi a lieu le dîner pour tous les élèves internes ou demi-pensionnaires. Il est suivi d'une récréation d'une heure, pendant laquelle nos futurs officiers se livrent à l'escrime et les autres à des jeux ou à des promenades autour de la cour.

A une heure et demie, les élèves vont en étude, ceux du moins qui n'ont pas alors des cours ou des conférences de physique, de lettres, d'histoire, de religion ou de dessin.

A deux heures et demie, nouvelle classe de deux heures pour tous les élèves de la maison, consacrée, suivant l'école à laquelle ils se préparent, aux mathématiques, à la physique, à l'épure, au dessin, à l'histoire, aux langues vivantes.

Même durée de la classe du soir pour les *externes* ou élèves de *lettres*.

A quatre heures et demie, une récréation d'une demi-heure et le goûter suivis de l'étude du soir, pendant laquelle ont lieu les interrogations faites par des professeurs étrangers à la maison.

A huit heures, le souper, puis le coucher, pour les élèves qui ne vont pas à la veillée facultative, de huit heures et demie à neuf heures et demie.

On a pu voir, d'après ce résumé, que des conférences religieuses sont faites régulièrement chaque semaine, par l'aumônier du lycée, aux nombreux élèves pour lesquels les familles ont demandé, au commencement de l'année, cet enseignement.

Le dimanche matin, il y a également à la chapelle, pour les élèves inscrits à cette intention par leurs parents, un office religieux accompagné de quelques paroles d'édification prononcées par l'aumônier. Il est heureux, à cette occasion, de pouvoir déclarer que la plupart des élèves, pour ne pas dire tous, se font un devoir d'assister à cette messe du dimanche, que leur tenue à la chapelle est excellente et que ce jeune et intelligent auditoire écoute toujours avec recueillement les instructions qui lui sont adressées.

A la suite de cet exercice religieux a lieu la sortie *réglementaire* de huit heures du matin à dix heures du soir, les premier et troisième dimanches du mois, et la sortie de *faveur* les deuxième et quatrième dimanches. Disons au sujet de cette sortie que les élèves qui ont atteint l'âge de 17 ans, peuvent sortir et rentrer seuls, sans être accompagnés, mais avec l'autorisation expresse de leurs parents et sur demande, adressée avant chaque dimanche, au proviseur du lycée par les parents ou les correspondants.

Enfin, le jeudi, les classes cessent l'après-midi et les élèves peuvent aller en promenade ou à l'équitation et même rester à travailler en étude au lycée.

Pourquoi ne dirions-nous pas ici un mot de la grande fête universitaire, du banquet de la *Saint Charlemagne?*

On sait que, le samedi le plus voisin du 28 janvier est jour de congé dans tous les collèges de l'Université, en l'honneur de celui qu'elle a longtemps regardé comme son fondateur, mais qui mérite bien d'ailleurs d'être honoré par la jeunesse des écoles à cause des encouragements qu'il sut donner à la culture des sciences et des lettres. Nous avons vu comment, dans l'ancien collège d'Harcourt, on célébrait cette fête, en 1674[1]. Il ne nous paraît pas inutile de rappeler de quelle ma-

---

1. Chap. V, p. 310.

nière elle est solennisée encore aujourd'hui au lycée Saint-Louis. Les premiers de chaque classe, depuis le commencement de l'année scolaire, sont appelés ce jour-là à participer à des agapes fraternelles, dont le poulet rôti, le nougat et le champagne forment le fond du menu traditionnel. Lorsque la liqueur vermeille est versée dans les verres, lorsqu'un premier toast a été échangé entre les joyeux convives du festin, le silence se fait pour entendre l'éloge du monarque. C'est en vers que les bardes chantaient autrefois les exploits des héros, c'est en vers aussi que l'on célèbre encore aujourd'hui dans l'Université le triomphateur des Saxons. Nous avons sous les yeux un certain nombre de ces pièces de poésie et ce qui nous frappe c'est leur originalité, c'est leur fraîcheur, leur entrain, leur jeunesse en un mot. Le même thème en forme le fond et cependant chacune le présente d'une manière neuve, et trouve le moyen d'avoir du trait, d'échapper à la banalité. Les jeunes poètes savent rajeunir leur sujet en empruntant aux événements contemporains, aux faits du jour, ce que l'on appelle le *clou*, qui ajoutera l'intérêt de l'actualité à l'harmonie des vers.

On en jugera par quelques citations. Ainsi, en 1884, nous n'avons que l'embarras du choix, les classes de lettres étant abondamment pourvues : la création du lycée Lakanal n'avait pas encore appauvri Saint-Louis. Nous sommes en présence de trois pièces de vers.

Ce sont d'abord des tercets, dans lesquels l'élève de philosophie, Gaston **Laurent**, porte la santé à la muse du banquet :

> O muse, fantasque compagne,
> Toi qui n'as pas peur du champagne
> Et qui fréquentes Charlemagne,
>
> Je te donne ce vin royal,
> Plus parfumé que le santal,
> Dans cette coupe de cristal.

Un autre élève de philosophie, **Ausseur**, s'inspirant de la récente ordonnance du préfet **Poubelle** sur les *boîtes à ordures*, se fait l'écho des plaintes des *chevaliers du crochet*. L'un d'eux vient demander justice à **Charlemagne** devant la statue de **Rochet**, qui se dresse sur le parvis de Notre-Dame :

> Charlemagne ô grand empereur,
> Si j'ai quitté mon domicile
> Et parcouru toute la ville
> Pour implorer ton bras vengeur,
> C'est qu'humblement j'espère en toi,
> Excellent prince et vaillant roi.
> . . . .
> Entends ma supplique anonyme,
> Conjure le fatal destin
> Qui vient ravir à ma famille
> Les tas publics, son gagne-pain.
> Crois-en ma voix qui s'égosille.
> . . . .
> Mais ne perds pas une minute,
> Car le Préfet qui persécute
> L'humble chevalier du chiffon,
> L'appelle déjà vagabond :
> Sinistre injure qui m'afflige
> Et m'enlève tout mon prestige.
> . . . .
> Arrêtant mon vers qui sanglote
> Je mets mon crochet et ma hotte
> Sur les marches du piédestal
> Que Viollet-le-Duc dessina.
> A toi, tes preux et ton cheval,
> Je donne ma cause, prends-la.
> Adieu ! Puisse ta vengeance
> Mériter ma reconnaissance.

Une troisième pièce de vers plus sérieuse fait la critique du temps présent, avec une note un peu pessimiste :

> Oui l'état du pays n'est naturel ni sain ;
> Il a plus d'une plaie épuisante en son sein.
> C'est vrai, l'amour du gain effronté se déchaîne ;
> Il trône sans vergogne et triomphe et nous mène.
> . . . .
> On s'écrase à la Bourse, où vainqueurs et vaincus
> Mènent gaillardement la ronde des écus. . .
> . . . .
> Le naturalisme est à la mode. . . . .
> Il dispense de soins, de talent et d'étude,
> On en prend aisément les trucs et l'habitude.
> Aussi l'art agonise et les lettres se meurent
> Et les vertus s'en vont et les vices demeurent.

Mais si le tableau est si noir, c'est pour invoquer l'assistance de **Charlemagne** :

> Dans notre antique race infuse un sang nouveau,
> Rends-nous l'amour du bien et le culte du beau,

et s'adressant à ses camarades il les convie à la régénération de la patrie :

> Dieu merci ! la jeunesse a gardé sa fraîcheur !
> Conservons-la toujours, dans toute l'existence :
> Gardons de nos vingt ans la pleine confiance,
> Emportons le progrès et l'avenir d'assaut :
> Prenons pour nous le mot fameux : *Toujours plus haut !* »

En 1886, l'élève de rhétorique, Maurice **Roger**, rappelle la suppression de l'internat littéraire par suite de la création du lycée Lakanal, à *Bourg-la-Reine* :

> Glorieux internat que célèbre ma lyre
> Qu'êtes vous devenu ? nul ne le saurait dire ;
> Comme le vent dans l'air dissipe la fumée,
> Ainsi, de toutes parts, cette vaillante armée
> S'est enfuie, emportant bien des lauriers en fleurs
> A Lakanal, peut-être. . . hélas ! peut-être ailleurs ?
> Il nous reste la gloire. O vous **Bourlet**, **Caboche**
> **Convers**, **Gaspard-Michel**, vous me feriez reproche,
> Si je ne saluais, en ce banquet joyeux,
> Grands lauréats d'hier, vos noms victorieux.
> Honneur à vous, honneur aux anciens du lycée,
> A **Pasteur**, à **Gounod**, à toi François **Coppée** !
> Ces trois noms réunis peuvent montrer à tous
> Que la science et l'art marchent de pair chez nous.

Il se demande ensuite comment réconcilier ces frères ennemis ?

> Saint-Louis et Lakanal, violente antithèse !
> Le second dépouillant le premier, quelle thèse !

Et c'est **Charlemagne** qui lui vient en aide, en lui proposant l'accord sur le terrain de la revanche nationale :

> Vienne enfin la revanche. . . Oh ! quand cela sera,
> Coiffe de Dieu ! mon cœur de joie exultera

> C'est moi qui vous crierai, marchant à votre tête :
> Çà debout, mes enfants, debout, c'est jour de fête.
> Oui, vous y serez tous, LAKANAL, SAINT-LOUIS,
> Toute la légion de mes généreux fils,
> Vous viendrez me tirer des mains de l'Allemagne.
> S'ils ont à LAKANAL une *Saint-Charlemagne*,
> Ils sont aussi les miens, et je vais de ce pas,
> Dire au bon **Saint-Louis** qu'il ne se fâche pas.

En 1879 et en 1889 le sujet qui inspirait les chantres de la *Saint-Charlemagne* était le même, l'Exposition universelle. Nous allons voir comment ils l'ont traité.

L'élève **Debras**, en 1879, imagine une visite de **Charlemagne** à son École palatine et le fait complimenter les Gaulois qui s'y trouvaient. Puis il suppose que le grand empereur s'adressant aux jeunes Français d'aujourd'hui les invite à conserver

> La foi dans l'avenir et le droit au succès.

Et il jette cette belle apostrophe à la Patrie :

> Quand le cœur est si plein de sève et de jeunesse,
> Patrie, on ne peut point vendre son droit d'aînesse.
> Hier, ceux de là bas osaient se dire entre eux
> Que le souffle expirait dans ton sein généreux,
> Et que ta dignité, ta gloire, ton génie,
> Dans Paris bombardé râlaient leur agonie ;
> Et, joyeux, on trinquait au vieux Rhin allemand.
> Tu leur as répondu majestueusement,
> Mère ! comme il sied que la France réponde,
> Et l'Exposition illuminait le monde !. . . .
> . . . .
> C'est bien ! Le Progrès marche et la Liberté monte !
> Mais encor, dans la paix, faut-il songer parfois
> A l'âpre invasion des Germains, nous Gaulois !
> Oh ! regardons souvent, à l'horizon, la plaine,
> Où l'on entend pleurer l'Alsace et la Lorraine !
> Si la guerre jamais chante dans les clairons,
> C'est nous, les lycéens, c'est nous qui la ferons !

Le morceau se termine par cette noble exhortation :

> Courage donc, amis ! jeunes gens que nous sommes,
> Sachons apprendre ici comme on devient des hommes !

Proviseur, Professeurs sont là qui nous mettront
La dignité dans l'âme et la pensée au front.
Faisons pieusement ce long apprentissage
De l'honneur qui rend pur, du devoir qui rend sage !

Dix ans après deux élèves de rhétorique **Bœswilwald** et **Coupan** chantaient l'Exposition de 1889 et y introduisaient **Charlemagne** cherchant son neveu **Roland**, ne pouvant croire encore que ce vaillant héros

> Voyant rompre le cours de ses hardis travaux,
> Ait pu trouver la mort au col de Roncevaux.

Quand le vieil empereur aperçoit la *tour Eiffel !*

> N'est-ce pas de **Roland**, dit-il, la forte lance ?
> Je vois son étendard qui dans l'air se balance.
> Le seul bras de **Roland** eut assez de vigueur
> Pour brandir une épée d'une telle longueur,
> Lui, qui de Durandal, dans plus d'une bataille,
> Frappait si rudement et d'estoc et la taille !

Le poète promène l'illustre visiteur à travers les merveilles de l'Exposition qui provoquent son étonnement, lorsque

> **Edison** leur présente, au bout d'un câble vert,
> Un appareil par lui récemment découvert.
> L'empereur, étonné, le porte à son oreille,
> Et, dans le phonographe, il entend, ô merveille !
> Nettement raconter par le stylet tremblant,
> En vers harmonieux *la chanson de Roland.*
> . . . .

Le lendemain, le poète conduit l'empereur au boulevard Saint-Michel, pour visiter les écoles :

> Suivons, dit l'empereur, ce jeune homme qui court,
> Et que je vois entrer au collège d'Harcourt.

Mais le portier les arrête et leur dit :

> . . . . Vieillard, quelle imprudence !
> Presque tous nos enfants sont atteints d'*influence.*

— 556 —

On se rappelle, en effet, que l'épidémie d'*influenza* qui sévit à cette époque sur Paris, élut domicile dans nos lycées et obligea le ministre à prolonger les congés du premier de l'an.

Le proviseur de Saint-Louis, M. Joubin, avec beaucoup d'à propos releva cet incident dans la réplique que le chef de la maison fait ordinairement à l'orateur du banquet :

« J'éprouve, disait-il, un vif regret qu'une consigne trop sévère ou trop prudente ait arrêté au seuil de notre hospitalière maison le meilleur des Français et le plus renommé des Universitaires. Aussi je veux pour réparer cette erreur, ouvrir notre beau lycée à **Charlemagne**.....

« Entrez, Sire, l'*influence* qui a sévi sur nous n'est pas faite pour effrayer le vainqueur des Saxons.... Vous aimez à voir et à juger par vous-même l'œuvre des maîtres préposés par vous à l'éducation de la jeunesse ; voyez et jugez : tous ceux que je vous présente, et bien d'autres encore, sont dignes de passer à votre droite.

« L'empereur sourit et apercevant tant de premiers. Il s'écrie : « Mais c'est une assemblée de rois! » Je le vis cependant froncer le sourcil en voyant la somptuosité de votre table. Je le rassurai en lui disant que ce n'était pas votre ordinaire, que nous célébrions sa fête ; il sourit encore et dit : « La sobriété fait les bons soldats ! »

« Il poursuivit sa visite et trouva vos dortoirs trop luxueux et vos lits trop moelleux : « mes soldats, dit-il d'une voix forte, ne savaient pas ce que c'était qu'un lit, ils dormaient sur la terre nue, ils s'habituaient à ne pas changer de couche pour dormir leur sommeil éternel! Il faut traiter rudement le corps pour tremper solidement l'âme. » — « Sire, lui dis-je, le soin que nous prenons du corps n'énerve pas la vaillance ; ce que vos soldats ont fait, les nôtres le feraient sans faiblesse et sans peur. — Voyez et jugez. »

« Une grande porte s'ouvrit et l'empereur s'avança en inclinant sa haute stature ; il reconnut l'image du martyr de Tunis et en apercevant dans la chapelle un marbre couvert d'inscriptions, ses yeux, étonnés interrogèrent... « Sire, cette table est le livre d'honneur de Saint-Louis ! — Le marbre est noir, c'est le symbole de la France en deuil qui ne veut pas être consolée ; mais les noms qui sont inscrits sont gravés en lettres d'or, c'est l'image des étoiles ! Nobles et vilains, riches et pauvres, connus et obscurs, tous enfants de cette maison ont vaillamment donné leur vie pour la France. Ils ont tous conquis la récompense des braves, la palme immortelle qui brille dans les cieux ! —

« L'empereur leva la main et dit : Enfants de Saint-Louis soyez bénis! Heureux ceux qui dorment à l'ombre du drapeau de la France! — Et une larme tomba sur sa barbe fleurie; non pas une de ces larmes découragées qu'il versait en songeant à la ruine prochaine de son Empire, mais une de ces larmes fécondes qui disent : Espérance ! »

C'est ainsi qu'au lycée SAINT-LOUIS s'entretient la flamme du patriotisme et le banquet de la *Saint-Charlemagne* n'aurait-il pas d'autre résultat que celui-là suffirait pour en maintenir la tradition.

Après le banquet des élèves a lieu celui des maîtres groupés autour du chef de la maison et du président de l'association des anciens élèves auxquels se joignent souvent d'anciens professeurs ou fonctionnaires du lycée appelés à participer à cette fête de famille. C'est ainsi que l'on rattache le présent au passé pour les confondre dans un même sentiment de cordialité. Le banquet se termine comme celui des élèves par des toasts dans lesquels le président de l'Association, au nom des anciens élèves, et, après lui, le censeur du lycée, au nom des professeurs, se plaisent à signaler le dévouement du proviseur pour la prospérité de la maison. Celui-ci, à son tour, proclame bien haut tout ce qu'elle doit à l'intelligence et au zèle de ses collaborateurs. Cet échange d'éloges et d'encouragements réciproques que le personnel du lycée a si rarement l'occasion de s'adresser laisse toujours une heureuse impression dans les cœurs et vraiment nous dirions en empruntant un mot fameux :

« Si la *Saint-Charlemagne* n'existait pas, il faudrait l'inventer. »

Nous avons commencé ce travail par un aperçu historique sur la NATION DE NORMANDIE, nous le terminerons en disant quelques mots de l'*Association amicale des anciens élèves du lycée Saint-Louis*. Il y a, en effet, quelque rapport entre ces deux corporations. Comme la NATION DE NORMANDIE exerçait une sorte de patronage et de protection à l'égard du collège d'HARCOURT, l'*Association des anciens élèves de Saint-Louis* n'a rien de plus à cœur que d'entourer d'honneur le lycée et de venir en aide à ses anciens élèves.

Elle est due à l'initiative d'un proviseur, M. **Legrand**, qui réalisa, comme le disait plus tard M. **Denormandie**, cette belle pensée de **Térence** : *Unam facere nos hanc familiam; colere, adjuvare, adjungere*[1].

Plusieurs collèges de Paris avaient déjà établi des associations de ce genre et les anciens élèves de Saint-Louis s'étaient vainement efforcés, à plusieurs reprises, de suivre cet exemple, lorsque la parole de M. **Legrand** réussit à grouper un grand nombre d'adhérents qui organisèrent un premier banquet le 11 janvier 1860, dans lequel, après avoir rappelé à ses auditeurs les gloires du vieil Harcourt et du jeune Saint-Louis, il les invitait à former une famille « pour l'agrément et l'utilité de ses membres, pour être la providence bienfaisante de ceux d'entre eux qui, sans cesser d'être honorables, souffrent des rigueurs de la fortune ». L'association était fondée avec son double but : « établir un centre commun de relations amicales et porter secours aux anciens élèves qui seraient dans le besoin ». Elle reçut bientôt ses statuts qui plaçaient à sa tête un comité de 24 membres élus et renouvelés par tiers tous les ans. Le proviseur du lycée en est le secrétaire perpétuel. Le comité choisit un président et un vice-président pour l'année, qui en dirigent les délibérations et convoquent les membres de l'Association aux réunions et au banquet.

Une souscription de 10 francs par an constitue le fond de secours destiné à établir des bourses ou portions de bourses provisoires pour les élèves nécessiteux qui entrent à Saint-Louis et à soulager les misères intéressantes des anciens élèves qui en sont sortis. Un comité de patronage a même été spécialement institué à l'intention de ces derniers, en 1885, sous la présidence de M. **Maze**.

Dès 1861, son fondateur et son premier président, M. **Legrand**, en remettant ses pouvoirs pouvait dire : « Messieurs, « votre Association est organisée : vous avez maintenant un « bureau, un comité et une caisse de secours. Le bureau

---

1. *Les Adelphes*, act. V, sc. vi. Discours de M. **Denormandie** au banquet de 1872.

« dirige les délibérations du comité, le comité gère les intérêts
« de l'Association, la caisse de secours est déjà riche de vos
« libéralités. » Non contente de venir en aide aux anciens
élèves dans le besoin, l'Association fondait alors un *prix
d'honneur* qui devait être décerné à l'élève sortant du lycée qui
aura paru « le plus méritant, sous le rapport de la conduite,
de l'application et des succès depuis plusieurs années ».

Nous donnons ici, d'après l'*Annuaire*, la liste de ces *prix
d'honneur* :

1861 Eugène DOUET.
1862 Jules ROYER.
1863 Anatole CHAUFTON.
1864 François BRAIVE.
1865 Jean PINTARD.
1866 Jean ANQUETIL.
1867 Amédée DE BELLEGARDE.
1868 Charles REISET.
1869 Marcel GUAY.
1870 François RABANIS.
1872 Paul RENARD.
1873 Maurice FOUCHÉ.
1874 Emile LACOUR.
1875 Pierre PUISEUX.
1876 Jean-Marie OLIVE.
1877 Gustave LYON.
1878 Armand JANET.
1879 Victor SPIERS.
1880 Paul VIGNAL.
1881 Marie ANDOYER.
1882 Louis BLANLEUIL.
1883 Emile BRAND.
1884 Alexandre CABOCHE.
1885 Henri GODRON.
1886 Paul CHAIR.
1887 Maurice-Antonin ROGER.
1888 René VINTÉJOUX.
1889 Henri DOUXAMI.
1890 Emile GREFFE.

Douze ans après sa fondation, l'Association avait fait ses
preuves, elle comptait plus de huit cents adhérents, elle pouvait solliciter une approbation du Gouvernement. C'est ce
qu'elle obtint par décret du président de la République,
M. Thiers, contre-signé du ministre de l'Instruction publique,
M. Jules Simon. Le 8 mars 1872 elle était reconnue d'*utilité
publique*, et depuis cette époque elle n'a cessé de prospérer
sous la sage direction de ses honorables présidents, et grâce
aux fondations dont elle a été l'objet depuis son origine. Citons
en particulier le legs de M. Sappey (1869), qui fut avocat
général à la cour d'appel de Paris. Rappelons aussi pour
mémoire les noms de ses 29 présidents :

| MM. EGGER | 1861 | MM. SAPPEY | 1863 |
| DUFOUR | 1862 | BUSSON-BILLAULT | 1864 |

MM. Leviez	1865	MM. Try	1878
d'Harcourt	1866	de Ronseray	1879
Havet	1867	Maunoury	1880
Doucet	1868	Cosnard	1881
Denormandie (E.)	1869	Pelicier	1882
Delalain	1870-71	Salançon	1883
Denormandie (P.)	1872	Pron	1884
Daffry de la Monnoye	1873	Maze	1885
Daguin	1874	Coppée	1886
Chaudé	1875	Brissaud	1887
Bonnel de Lonchamps	1876	Brame	1888
		Bochet (H.)	1889
		Haag	1890
Cottin	1877	Vosseur	1891

Le président de chaque année occupe la place d'honneur au banquet qui réunit les anciens élèves à une table fraternelle vers la fin du mois de janvier. C'est dans ces agapes que l'on peut juger des sentiments élevés et généreux qui animent tous les anciens *Saint-Louis*. On y voit confondus dans une même pensée de cordialité les représentants de toutes les générations qui se sont succédé au lycée depuis son établissement. Les écoliers de 1820 se rencontrent avec ceux de 1830, ceux de 1848 avec ceux de 1870 et ces derniers avec les élèves encore sur les bancs, car on invite au banquet les lauréats de l'année qui viennent d'entrer les premiers aux écoles de l'État et ceux qui se préparent à les suivre dans le même rang. Ainsi les vieux et les jeunes, les arrivés et les débutants, les hommes marquants et les moins connus, se serrent la main, sympathisent franchement dans cette soirée où règne la plus vraie et la plus chaude camaraderie.

La *camaraderie* dans le sens le plus noble de ce mot, voilà en effet une des notes dominantes de ces réunions, celle qui apparaît sur les visages, dans les regards et sur les lèvres de tous, spécialement de ceux qui sont appelés à parler au banquet de l'Association. Aussi quand on ouvre ses *Annuaires*, on l'y rencontre à chaque page, en prose, en vers et même en musique, car elle a ses orateurs, ses poètes et ses chantres. Que ne pouvons-nous citer ici tous les passages qu en sont empreints? Rappelons-en seulement quelques-uns. Ainsi, en 1875, M. Cosnard la chante en ces termes :

> C'est elle qui depuis quinze ans
> Consacre ce jour mémorable
> Où tous, conscrits et vétérans,
> Nous nous réunissons à table :
> De tous côtés nous accourons
> A l'appel d'une voix amie.
> Ensemble nous fraternisons
> Et le verre en main, nous fêtons
> La bonne camaraderie : (bis)
>
> C'est elle qui, dans le malheur,
> Fait de nous tous autant de frères,
> Qui va consoler la douleur,
> Qui va soulager les misères ;
> Trouvons-nous dans notre chemin
> Un ami dans la pénurie,
> Pour lui tu sais ouvrir soudain
> Et notre bourse et notre main.
> O sainte camaraderie : (bis).

Aussi ne nous étonnons pas d'entendre les plus anciens proclamer dans ces circonstances que ces réunions sont pour eux un vrai *rajeunissement*. Écoutons M. **Brissaud** le déclarer en 1887, avec un enthousiasme tout juvénile :

« Comme ils viendraient en foule s'asseoir à côté de nous, les anciens, s'ils savaient à quelle source de jouvence nous venons ici nous abreuver ! Ce sont les plus vieux qui savourent le plus délicieusement l'ivresse du rêve auquel nous nous abandonnons en ce moment. Oui, les plus vieux, parce que les vieilles générations s'éclaircissent, et que les survivants sont heureux de se serrer de temps en temps les coudes. Songez donc, nos chers camarades, se retrouver comme par magie, en 1887, collégiens de 1831 à 1840 ! Se figurer qu'on vient d'arpenter la rue Saint-Jacques depuis l'impasse des Feuillantines jusqu'à la rue Saint-Hyacinthe, qu'on vient de saluer la fontaine de Santeuil et le restaurant Flicoteau, en un mot, sur l'horloge de l'existence reporter l'aiguille en arrière de 50 ans, se revoir avec vous à l'heure sereine de la quinzième année, cette heure bénie où les mécomptes n'ont pas eu le temps de tromper les espérances, ni les déceptions celui de trahir les efforts, franchir un demi-siècle de passé par le fait seul que nous sommes à cette table et du ciel froid et sombre de la soixantaine être reporté en un instant au plein soleil de la première jeunesse; être enveloppé de sa lumière et de sa joie, sentir les vieilles amitiés vous réchauffer le cœur, eh! mes chers camarades, il y a bien là de quoi faire accourir à nous des milliers de *Saint-Louis*. Disons-leur cette illusion, racontons-leur cette merveille, et, bien sûr, l'Association se renforcera. »

C'est ce qu'exprimait encore M. **Haag**, en 1889, quand il disait, en s'adressant aux jeunes élèves de Saint-Louis présents au banquet :

« Jeune homme, mon frère, nous tes anciens, nous dont la génération a assisté pour ses débuts aux tragiques aventures de la Guerre, nous avons conservé notre foi dans l'avenir, notre foi dans l'idéal.

« Nous ne sommes plus des naïfs, nous avons fait, hélas! bien des expériences, de tristes expériences, et pourtant quand je compare les hommes que nous sommes aujourd'hui aux jeunes gens que nous étions, il y a vingt-cinq ans, au sortir du collège, je retrouve encore nos meilleures croyances d'alors vivantes et vivaces dans nos cœurs.

« Oh! je le sais, nous avons tous la fanfaronnade du scepticisme, et il faut quelque courage pour affirmer aujourd'hui que l'on croit à quelque chose. Mais ce courage, cette crânerie qui n'est, en somme, qu'une sincérité, je veux l'avoir avec toi, jeune homme.

« Je ne te dirai pas : garde tes illusions ; mais je dirai : quand tu sentiras battre ton cœur au souffle de quelque généreuse pensée, si quelqu'un te parle d'illusions à perdre, il te trompe : car ces illusions-là, c'est la vérité même, vérité supérieure à l'expérience comme certains axiomes de mathématiques que le document expérimental ne saurait infirmer. Croyances supérieures à l'expérience, car les défaites, si cruelles qu'elles soient, ne doivent pas nous faire douter du patriotisme, pas plus que la défection d'un ami ne doit pas nous faire douter de l'amitié.

« Ces croyances, nobles et élevées, qu'elles s'appellent *foi religieuse, patriotisme, amour de la famille, amour de l'art, amour de la science*, ces choses hautes pour lesquelles on donne son sang et sa vie, nous en avons gardé le respect et le culte. Des illusions cela, allons donc ; ce sont les vrais flambeaux de l'existence, et ceux qui prétendent qu'ils s'éteignent, je les plains, car ils ne s'aperçoivent pas que c'est leur vue qui baisse.

« Garde-les ces croyances, la seule bonne chose dans ce monde : tout le reste ment, les sensations s'émoussent, les jouissances matérielles s'usent vite et ne laissent après elle que satiété et dégoût.

36.

« Garde-les ces croyances et lutte vaillamment pour elles, car, ainsi que l'a dit notre grand poète :

> Ceux qui vivent ce sont ceux qui luttent, ce sont
> Ceux dont un dessein ferme emplit l'âme et le front !

« Garde ces croyances, comme nous les avons gardées, et je bois avec confiance à ton avenir, à ton bonheur, je bois à la France de demain que tu représentes ! »

Et si l'on veut savoir ce qui conserve parmi ces hommes déjà avancés en âge cette chaleur de cœur, nous en trouvons l'explication dans deux sentiments qu'expriment presque tous les discours de ces banquets : la reconnaissance envers les anciens maîtres et un ardent amour de la patrie. Ils m'en voudront peut-être de trahir ainsi leurs secrets, mais la génération qui grandit m'en saura gré, parce qu'elle y puisera des encouragements à profiter des leçons de ceux qui les instruisent et à préparer vaillamment la revanche de l'avenir.

Qu'ils écoutent donc les jeunes d'aujourd'hui ceux qui l'ont été autrefois, que dis-je, qui le sont encore quand ils disent, en 1868, comme M. **Camille Doucet**, *secrétaire perpétuel de l'Académie française* :

> Quand nous nous retrouvons dans ce beau réfectoire
> De nos bons mauvais jours, nous en faisons l'histoire.
> De ce brave collège au dessert nous causons,
> Nous en disons du bien, plus que nous n'en pensons.
> Ses grands murs ne sont plus une prison maudite ;
> C'est le berceau ! le nid que notre enfance habite !
> Nous nous attendrissons en nommant, en vantant
> Nos dignes professeurs... qui nous punissaient tant !
> Je ne sais quel prestige embellit de ses charmes
> Jusqu'au ressentiment de nos premières larmes ;
> Tout de notre âge d'or aujourd'hui nous parla ;
> Nous n'avons que vingt ans !... restons comme cela ;
> Nos esprits sont plus gais, nos fronts sont moins sévères,
> Nous réchauffons nos cœurs au contact de nos verres,
> Et puis pendant trois cent soixante-quatre jours,
> Nous ne nous voyons plus... nous nous aimons toujours.

C'est M. **Coppée**, encore un *Saint-Louis*, membre de

l'Académie française, qui adresse ces charmantes paroles aux convives du banquet de 1886 :

« Il faut que je remercie les anciens professeurs du lycée qui nous font aujourd'hui l'honneur d'assister à ce banquet. Il doit y avoir, j'imagine, un peu de mélancolie chez ces maîtres d'autrefois, quand ils reconnaissent, sous la barbe déjà grisonnante de l'inconnu qui leur tend la main, les traits de l'adolescent dont ils corrigeaient jadis les copies; mais ils doivent éprouver aussi un bien doux attendrissement en sentant dans les cœurs de leurs vieux écoliers, une profonde, une inaltérable reconnaissance. Dans cette pépinière d'esprits qui s'appelle le *Lycée*, nos professeurs nous ont cultivés, comme de jeunes arbustes, en disant avec le vieillard de La Fontaine :

> Mes arrière-neveux me devront cet ombrage;

ou plutôt en murmurant ce vers de la neuvième Bucolique, car dans une réunion d'anciens collégiens une citation latine est de rigueur :

> Insere, Daphni, piros : carpent tua poma nepotes.

Maintenant ils revoient couverts de fruits les arbres qu'ils ont plantés, et ils ont le droit d'être fiers de leur noble tâche dans la vie, tâche qu'ils ont accomplie avec tant de talent, de courage et de désintéressement. »

Mais c'est surtout le *patriotisme* qui éclate dans les réunions des anciens de Saint-Louis.

En prose on y célèbre les héros de la guerre de 1870 ; nous avons cité plus haut les paroles de M. **Denormandie** en 1872.

En vers on chante les malheurs de l'*année terrible*. Ainsi M. **Daffry de la Monnoye**, en 1871, après avoir salué les victimes de la guerre, comme nous l'avons rappelé plus haut, ajoute :

> Mais espérons toujours, contre toute espérance :
> Nos stupides Titans resteront écrasés,
> Et ne laisseront plus d'autres traces en France
> Que d'amers souvenirs et des noms méprisés.
>
> S'ils renversaient un jour nos frêles existences,
> Nous nous endormirons calmes et triomphants,

Laissant à leurs projets de jeunes résistances
Et la victoire prête aux mains de nos enfants.

Mais ils n'ont pas encore brisé tout sur la terre ;
En un même faisceau sachons nous réunir
Marchons en méprisant le bruit de leur tonnerre,
Marchons ; et, malgré tout, croyons à l'avenir.

C'est encore M. **Coppée** qui récite les strophes suivantes *Aux amputés de la guerre*, en 1874 ; nous en détachons quelques-unes :

La nuit, quand le vent désolé
Pousse au loin sa plainte éternelle
Sur le rempart démantelé,
A quoi penses-tu, sentinelle ?

Et sur vos gradins réguliers
Vous chère et prochaine espérance,
A quoi pensez-vous, écoliers
Devant cette carte de France ?

Car hélas ! je sens que l'oubli
A suivi la paix revenue,
Que notre rancune a faibli,
Que la colère diminue.

. . . .
Mais vous êtes là, vous, du moins,
Pour nous rafraîchir la mémoire
O blessés, glorieux témoins
De leur effroyable victoire.

. . . .
Amputés, ô tronçons humains,
Racontez-nous votre martyre,
Et de vos pauvres bras sans mains
Apprenez-nous à mieux maudire !

C'est le sentiment que le colonel **Dulac**, dont M. E. **Pelicier** venait de rappeler la belle conduite à Phalsbourg, où il avait assuré la retraite du 84ᵉ de ligne, a traduit en ces termes énergiques et vraiment militaires :

« Après les paroles sympathiques de mon vieux camarade et ami **Pélicier**, je ne puis rester insensible aux souvenirs de collège et de campagne. Je ne ferai pas de discours, je ne porterai pas de toast ; je n'exprimerai qu'un vœu qui, j'en ai la conviction, sera partagé par tous : que les générations qui nous succèdent soient toujours animées de l'esprit de discipline et du sentiment du devoir ; qu'elles soient élevées pour connaître et pour garder l'amour de Dieu, de la famille, de la patrie !.... et la *haine de l'ennemi*[1] ! »

Le nom de M. E. **Pélicier** que nous venons de prononcer en terminant cette histoire, qu'il avait appelée de tous ses vœux, ne pouvait se trouver avec plus d'à-propos sous notre plume pour signaler la réalisation d'un autre projet, en vue d'augmenter encore le prestige de l'*Association des anciens élèves du lycée* Saint-Louis. Pour en perpétuer le souvenir d'une manière plus durable, voici ce qu'il proposait au dernier banquet de l'Association, 28 janvier 1891 :

« Mes chers camarades, j'ai à vous entretenir d'un projet qui était certainement dans votre pensée depuis longtemps. Toutefois je n'osais vous en proposer la réalisation qu'après avoir assuré la publication de l'histoire d'Harcourt que prépare en ce moment notre aumônier.

« J'ai confié ce projet à plusieurs d'entre vous, j'en ai saisi le Comité lors de notre réunion de décembre dernier et, fort de son approbation, j'ai poursuivi et atteint mon but.... Il s'agit d'une *médaille* que nous donnerons chaque année au lauréat de notre Association. (*Bravos.*) Mais une médaille, direz-vous peut-être, a toujours un revers et ce revers serait pour nous une charge qui grèverait lourdement notre budget ! — Rassurez-vous, j'ai hâte de vous dire que ce matin même j'ai soumis mon projet à M. le duc **d'Harcourt**, notre *président d'honneur*, qui en gentilhomme et sans se faire prier, m'a dit qu'il se chargeait des frais de cette médaille. (*Bravos prolongés.*)

« Je ne puis encore que vous la décrire, mais auparavant je vous dirai que l'exécution en sera confiée à un ancien prix de Rome, médailliste de grand talent, M. **Alphée Dubois**. Elle sera en argent, d'un module et d'un poids supérieurs à ceux de l'ancien écu de six livres. Sur la façon on lira : *Harcourt 1280 — Saint-Louis 1820*. Au centre et côte à côte, figureront les armes d'Harcourt et le contre-sceau de Saint-Louis sur un fond de lauriers. Au revers seront gravés à l'entour les mots : *Association amicale des anciens élèves du lycée Saint-Louis*, 1860 (date de notre fondation) ; au milieu, le nom du lauréat auquel elle sera destinée et au-dessous le millésime de l'année. (*Bravos.*) Notez que cette généreuse fondation de M. le duc **d'Harcourt** est une vraie libéralité,

---

1. Banquet de 1873.

car elle aura un effet rétroactif, c'est-à-dire que tous nos lauréats de 1860 à 1890, recevront chacun leur médaille. (*Bravos répétés.*)

Cette médaille est exécutée aujourd'hui et nous en reproduisons ici le dessin exact.

Nous ne pouvions mieux couronner ce travail entrepris, sous les auspices et avec l'encouragement de l'*Association des anciens élèves*, à la gloire des deux établissements. A ce propos, empruntons encore un souvenir aux banquets de l'Association et disons avec M. le sénateur **Denormandie** :

« Mes Chers Camarades, si le destin voulait que quelques-uns
« d'entre vous prissent place dans cette vie militante de la poli-
« tique, soyons certains qu'ils acclameront toujours et avant
« tout une dynastie dont la branche aînée s'appelle : d'Harcourt
« et dont la branche cadette s'appelle Saint-Louis. »

DOCUMENTS ANNEXES

Dans cette dernière partie nous publions les textes les plus importants des documents, pour la plupart inédits, que nous avons analysés ou mentionnés, et diverses pièces rares ou curieuses qui n'ont pu trouver leur place dans le corps de l'ouvrage.

DOCUMENTS ANNEXES

1.

Notice d'un cartulaire du collège de Harcourt, à Paris, conservé à la bibliothèque de Chartres [1].

(Voir chapitre I, p. 7 et suiv.)

Pages 1-12. Calendrier. Notes relatives aux élections du procureur. (XVIe-XVIIIe siècles.)
Page 14 v°. « Juramenta que faciunt procuratores in institucione sua. » (XVIe siècle.)
Page 15. « Juramenta que receptores sua in electione nacioni sunt prestituri. » (XVIe siècle.)
Page 16. Mention d'un arrêt du Parlement de Paris, du 30 juin 1628, concernant l'archevêque de Rouen et son vicaire de Pontoise.
Fol. 2-57. Privilèges pontificaux. (1266-1366.)
Fol. 63-80. Privilèges royaux. (1200-1383.)
Fol. 81-110. Ordonnances de l'Université. (1242-1385.)
Fol. 113-128. Ordonnances de la Faculté. (1244-1340.)
Fol. 128-136. Juramenta diversorun membrorum Facultatis.
Fol. 137-150. Statuta nationis Normannorum. (1289-1467.) — « Juramenta illorum qui veniunt ad procuratorem quando volunt incipere. — Juramenta que tenentur prestare determinantes nationis procuratori antequam eos expediat ut possint suas determinationes in kadragesima incipere. — Juramenta temptatorum pro baccalariatu. — Bulle comme les biens demourez du decez de ung nommé Mᵉ Didier Villain furent renduz à ses exécuteurs par le privilège. » Sentence du prévôt de Paris.
Fol. 153-157 v°. « Tabula privilegiorum papalium. — Tabula privilegiorum regalium. — Tabula statutorum Universitatis. — Tabula statutorum nationis Normanorum. »
Fol. 157 v°. Vidimus (octobre 1411) d'une bulle d'Urbain VI,

---

[1]. La bibliothèque de Chartres possède un précieux exemplaire du *Cartulaire du collège de Harcourt*, à Paris, rédigé au XIVe siècle, et qui contient différentes additions jusqu'au XVIIIe siècle. On nous permettra de reproduire la notice détaillée consacrée à ce volume dans le catalogue des manuscrits de Chartres, qui forme le tome XI de la nouvelle collection in-8° du *Catalogue général des manuscrits des Départements*, publiée par les soins du Ministère de l'instruction publique.

datée de Marseille, 7 des ides de mai, cinquième année du pontificat (1367), et relative aux Grandes Compagnies.

Fol. 161. Exemption de subside sur les vins pour l'Université de Paris. (27 octobre 1418.)

Fol. 162 v°. « Ordo quem tenet Universitas in delatione corporum regum Francie. »

Fol. 163. « Statutum preclare Artium facultatis de pedagogis. » (1486.)

Fol. 164. « Nova reformatio facta per cardinalem d'Estouteville, anno Domini M° CCCC° LII°. »

Fol. 181. « Statutum facultatis Artium contra Martinetos. » (1463.)

Fol. 182. « Edictum regium (1473) quo interdicitur lectio seu interpretatio nominativa. » (Copie du XVIe siècle.)

Fol. 187. « Que determinaturi habent jurare procuratori. » (XVIIe siècle.)

Miniatures aux fol. 1, 63, 81, 113, 137 et 182.

On lit, sur le premier feuillet préliminaire : « Statuta Academiae Parisiensis, simul et gentis Normanicae in eadem Academia. » — Et au verso : « Dominicus Franciscus Caletensis. »

On lit, sur le second feuillet préliminaire : « Commentarius seu regestum continens statuta, decreta et ordinationes generales almae Universitatis Parisiensis necnon privata statuta, venerandae nationis Normanicae in dicta Universitate, in gratiam eorum qui docuerunt per septem annos. Excerptum fuit hoc caput LIV ex reformatione Universitatis Parisiensis, ut plures invitentur ad docendum magistri Artium qui, per septennium continuum sine intermissione et citra fraudem, in celebri collegio publice docuerunt, praeferantur omnibus graduatis in jure nominationis, exceptis magistris in theologia; anno 1601, habita fuit ista reformatio. »

On lit, sur le septième feuillet préliminaire : « Liber iste venerandus statutorum veterum nationis Normannorum sic in integrum restitutus est cura magistri Joannis ab Altatibus, qui dictus fuit artista et alumnus Harcurianus, 25 septembris 1698. » Suivent les dates de réception de Jean des Authieux aux divers grades et fonctions universitaires.

Fol. 57-62. Notes relatives aux procureurs du collège, date de leur institution, de leur mort. — Arrêt du Parlement de Paris, du 16 décembre 1617, relatif au collège. — « Praetoris seu propraetoris Parisiensis, de loco ubi venerandae nostrae nationis Normanicae rationes reddendae sint quaestori, edictum sive judicium. » Sentence du Prévôt de Paris, du 15 mai 1618. — Acte royal, daté de Paris, 18 mars 1367, relatif aux privilèges du collège.

Fol. 80. « Privilège de franchises pour toutes provisions. » Acte royal, daté de Vincennes, 26 septembre 1369. — Notes relatives aux procureurs.

Fol. 110. Notes relatives aux procureurs et à la réintégration

de l'Université en la possession du petit Pré-aux-Clercs (1622). — « Cathalogi nuntiorum. »
Fol. 128, 150, 180, 188-191. Notes sur les procureurs.
Fol. 152. Arrêt du Parlement de Paris, du 7 septembre 1618.
Fol. 192-200. Copie des tables des fol. 153-157 v°.

(*Bulletin de l'Histoire de Paris*, juillet-août 1889.)

2.

1309-1421. VIDIMUS du roi Henri V d'Angleterre relatant les lettres patentes accordées par Philippe le Bel, en 1309 et 1312, à Robert d'Harcourt au sujet de la fondation du collège d'Harcourt.

(*Document inédit*. Voir chapitre II, p. 63, et chapitre III, p. 121.)

Henricus Dei Rex gratia Angliæ hæres, et Regens regni Franciæ, et Dominus Hiberniæ, omnibus ad quos præsentes litteræ pervenerint, salutem : inspeximus quasdam litteras patentes Philippi quondam Francorum Regis progenitoris nostri in hæc verba :

1309. — « Philippus Dei gratia Francorum rex, notum facimus universis tam præsentibus quam futuris quod cum dilectus et fidelis noster Dominus Guillelmus Histelle, miles, ex dono sibi facto a nobis haberet et perciperet in thesauro nostro Parisiensi, percipere et habere deberet perpetuo certis terminis ducentas libras Parisienses annui et perpetui redditus, et eidem militi postmodum concesserimus de gratia speciali quod ipse dictas ducentas libras annui redditus personis ecclesiasticis, aut religiosis, aut aliis personis, locis posset vendere, dare, concedere, aut alio quovis justo titulo transferre perpetuo quodcumque personæ Ecclesiasticæ, aut alia pia loca hujusmodi quibus idem Dominus dictas ducentas libras annui redditus venderet, daret, concederet, aut transferret ipsas ducentas libras annui redditus, haberent, possiderent, tenerent, et perciperent perpetuo, pacifice, et quiete absque coactione vendendi, vel extra manum suam ponendi, et absque præstatione financiæ cujuscumque, prout in duobus paribus litterarum inde confectarum sigillo nostro in cera viridi sigillatarum quas penes nos cancellatas fecimus retineri hæc plenius continentur, et idem Dominus Guillelmus Histelle dictas ducentas libras annui redditus vendiderit, concesserit, et quittaverit perpetuo pro certo pretio sibi soluto, dilecto et fideli nostro Roberto Episcopo Constantiensi executori Testamenti seu ultimæ voluntatis defuncti Magistri Radulphi de Haricuria quondam fratris sui Canonici Parisiensis nomine executorio *pro scholaribus fundandis et statuendis Parisiis perpetuo*, aut pro ipso redditu in alios pios usus, et opera charitatis committendo, prout idem Episcopus voluit, prout in litteris supra venditione hujusmodi confectis sigillo præpositur æ Parisiensis una cum sigillo dicti militis sigillatis, hæc plenius inter alias exprimuntur. Nos venditionem, concessionem, et quittationem hujusmodi ratas habentes, et gratas laudantes, approbantes, et tenore præsentium confirmantes, volumus et concedimus et ut noster Thesaurus Parisiensis exoneretur quod idem Episcopus nomine executorio prædicto *dicti Scholares postquam fundati et statuti fuerunt*, aut alii in quos præpositus Episcopus dictas ducentas libras annui et perpetui redditus pro propriis usibus et operibus charitatis transtulerit, dictum annuum redditum annis singulis duobus terminis quibus consuetum est teneri scacaria Rothomagensis, medietatem dicti redditus quolibet termino, primo termino tempore quo post Pascha consuetum est teneri scacaria inchoante, et secundo termino tempore quo post festum beati Michaelis Archangeli teneri Rothomagense scacarium consuetum super juribus, redditibus, exitibus, proventibus, emolumentis, et obventionibus universis præpositurae nostræ Cadomensis per manum præpositi Cadomensis seu receptoris nostri ejusdem præpositurae, habeant, percipiant, possideant, et teneant pacifice et quiete sine coactione vendendi, vel extra manum suam ponendi, et absque præstatione financiæ cujuscumque præposito Cadomensi et receptori prædicto qui sunt, et erunt pro tempore dantes præsentibus immandantes, ut dictas ducentas libras annui redditus super juribus, emolumentis, redditibus, proventibus, exitibus, et obventionibus universis prædictis terminis supradictis eidem Episcopo *dictis scholaribus postquam fundati, aut statuti fuerint*, aut alios quibus idem Episcopus nomine executorio prædicto ordinaverit, aut suo certo mandato sub paena quinque solidorum Turonensium nomine interesse sumptuum et expensarum pro qualibet die qua cessaverunt requisiti in solutione dicti redditus post quindecim dies lapsis dictis terminis absque difficultate qualibet, et alterius expectatione mandati persolvant, mandantes nihilominus per præsentes Ballivo Cadomensi moderno, et qui erit pro tempore ut dictos præpositum, et receptorem ad dictum redditum annis singulis terminis prædictis solvendum, et ad dictos quinque solidorum Turonensium nomine paenæ sumptuum jurium omnium, et expensarum pro qualibet die qua cessaverunt requisiti in solutione dicti annui redditus post quindecim dies lapsis dictis terminis, ut superius est expressum solvendos compellat absque difficultate quacumque et alterius expectatione mandati, ad quam paenam si forsan committatur solvendum præpositum Cadomensem qui dictam præposituram tenebit ad firmam dumtaxat. Non illum tamen qui dictam præposituram in custodia tenet, a nobis tenere volumus, et compelli, quod ut ratum, et stabile perseveret præsentibus litteris nostrum fecimus apponi sigillum, salvo in aliis jure nostro, et in omnibus alieno. Actum apud SANCTUM AUDOENIUM prope sanctum Dionysium, anno Domini millesimo trecentesimo nono, mense Aprili[1]. »

1. 22 avril 1309.

Inspeximus quasdam alias litteras patentes ejusdem **Philippi** quondam Francorum Regis progenitoris nostri in haec verba :

1312. — Philippus Dei gratia Rex Francorum, notum facimus universis tam præsentibus quam futuris : quia cum dilectus et fidelis noster **Robertus de Haricuria**, Episcopus Constantiensis trecentas quinquaginta libras Turonenses annui, et perpetui redditus quas **Maria Comitissa Juliacensis**, ex successione dilecti et fidelis nostri quondam **Godefredi de Brabantia** militis olim patris sui, in nostro Parisiensi thesauro percipiebat, certis ad hoc statutis terminis annuatim ab ipsa **Maria** seu ejus Procuratore super hoc speciale mandatum habente pro ipsa, et ratum habente legitimae emptionis titulo acquisierit, prout in litteris super venditione, et ratihabitione hujusmodi sub sigillis præpositurae nostræ Parisiensis, et dictæ Comitissæ confectis plenius vidimus contineri, nos venditionem ipsam satisfacto nobis ad plenum per ipsum Episcopum de quinto denario qui nobis ratione Racheti emptionis prædicti redditus debebatur, ratam et gratam habentes. Eamdem quantum ad nos pertinet, volumus, laudamus, approbamus et tenore præsentium nostra authoritate regia confirmamus. Et quia prout exposuit nobis Episcopus memoratus, ipse dictum redditum annuum ad opus *quorundam Scholarium quos Parisius instituit* seu institui ordinavit, vel ad aliud pium opus proponit disponente domino salubriter deputare, volumus et eidem Episcopo de gratia concedimus speciali, ut ipse ac personæ aliæ quæcumque sint in quas et ad opus quarum prædictum redditum in toto, vel in parte seu in simul, vel per partes transferre voluerit, eundem redditum quem ex nunc ipsi Episcopo ad instantem supplicationem ejusdem in exonerationem prædicti thesauri nostri, in et super redditibus, emolumentis, et expletis quibuslibet præpositurae nostræ Cadomensis perpetuo et hereditarie percipiendum et habendum ab eodem Episcopo seu ab illis in quos ipsum redditum transtulerit ac causam ab eis habituris per manum præpositi qui præposituram ipsam pro tempore tenebit ad firmam seu in custodia, aut alias, duobus terminis videlicet medietatem in quindena Festi Sancti Michaelis et aliam medietatem in quindena Paschæ annis singulis ex uberiori, et ampliori gratia assidemus, teneant, percipiant, et habeant de cetero pacifice, et quiete absque coactione vendendi, vel extra manum suam ponendi seu præstandi nobis aut nostris successoribus pro ipso reditu redibentiam aut aliam financiam qualemcumque, dantes Ballivo nostro Cadomensi moderno, et qui pro tempore fuerit his præsentibus in mandatis, ut prædicto Episcopo seu illis, in quos dictum redditum transtulerit ac causam ab eis in posterum habituris per dictas trecentas quinquaginta libras Turonenses annui et perpetui redditus in et super redditibus, emolumentis, et expletis præposituræ prædictæ per manum præpositi qui eandem ut præmittitur pro tempore tenebit, deinceps sine difficultate, et absque expectatione mandati alterius, persolvi faciat integre annis singulis terminis

— 576 —

supra scriptis, salvo in aliis jure nostro, et in omnibus quolibet alieno. Actum Parisius anno Domini millesimo trecentesimo duodecimo, mense martii.

Inspeximus insuper quendam articulum contentum in principio quarundam ordinationum et statutorum editorum per præfatum Episcopum *pro fundatione magistrorum, et scolarium in artibus, et in Theologia studentium* in quibusdam domibus Parisius in vico *Sancti Cosmæ* versus portam quæ porta *Inferni* nuncupatur, de quingentis libratis ad Turonem annui reditus super præpositura prædicta, juxta tenorem litterarum prædictarum capiendis, et eisdem magistris et scholaribus per prædictum Episcopum nomine executorio prædicto datis, deputatis, assignatis, et ordinatis, in hæc verba.

1311. — « Universis præsentes litteras inspecturis **Robertus** permissione divina Constantiensis Ecclesiæ minister humilis ac executor Testamenti seu ultimæ voluntatis bone memoriæ Domini **Radulphi de Haricuria**, quondam Archidiaconi de Constantino in Ecclesia Constantiensi salutem in Domino. Cum nos quasdam domos situatas Parisiis in vico *Sancti Cosmae* versus portam quæ porta *Inferni* nuncupatur, ac quingentas libratas ad Turonem annui reditus amortisatas et capiendas supra præposituram Cadomensem ad usum et sustentationem *pauperum magistrorum et scholarium in artibus et in Theologia studentium* in dictis domibus institutorum ac instituendorum dederimus, deputavimus, assignavimus, ac ordinavimus tam nomine nostro quam executionis prædictæ [1]. »

Nos autem dona et concessiones prædicta, ac omnia alia, et singula, in litteris et articulo prædictis contenta et specificata rata habentes et grata, ea pro nobis et hæredibus nostris quantum in nobis est acceptamus, approbamus, et dilectis nostris nunc magistris et scholaribus loci prædicti et successoribus suis tenore præsentium concedimus et confirmamus, prout litteræ et articulus prædicta juxta contenta et specificata in eisdem rationabiliter testantur, et prout idem Magistri et scolares et prædecessores sui donis et concessionibus illis prætextu et virtute litterarum et articulorum prædictorum hactenus rationabiliter usi sunt et gavisi. In cujus rei testimonium has litteras nostras fieri fecimus patentes, teste meipso apud Parisios vicessimo die Decembris anno regni nostri octavo [2].

Ita signata per ipsum Regem
Sturgeum, extractum per **Richardum Sturgeum** et **Johannem Stopindum**, clericos.

1. On verra que ce texte diffère un peu de l'acte de fondation de **Robert d'Harcourt** que nous donnons plus loin. On y mentionne 500 livres tournois tandis que l'acte de fondation n'en compte que 250.
2. 21 décembre 1421. — **De la Roque**, *Hist. généalogiq. d'Har-*

3.

1310. Acquisition des trois maisons dites d'Avranches, par Robert d'Harcourt, pour y établir le collège fondé par son frère.

(*Document inédit.* Voir chapitre II, p. 64.)

Universis presentes litteras inspecturis, **Nicolaus**, permissione divina, Abrincensis ecclesie minister humilis, eternam in Domino salutem. Noverit Universitas vestra quod **Philippus de Aleinvillari**, capelle sanctorum Eligii et Egidii in nostro manerio Abrincensi et **Thomas de Houlebet**, capelle sanctorum Juliani et Nicolai in nostra Abrincensi ecclesia capellani, ac **Thomas de Columbeis**, cantor Abrincensis, procurator **Johannis de Lachon**, capellani, capelle sanctorum Theobaldi et Patricii in Abrincensi ecclesia fundatarum, habens inter cetera potestatem tradendi seu alienationem perpetuo vel ad tempus faciendi super tribus domibus contiguis Parisius contiguatis in *vico Sancti Cosme* juxta manerium *episcopi Altisiodorensis*, versus portam que dicitur porta *Inferni*, amortizatis et oneratis in septem libris cum decem solidis Turonensium capitulo Sancti Marcelli Parisius debitis annuatim ad dictos capellanos nomine capellarum suarum predictarum, spectantibus ex una parte, et magister **Petrus Flouri**, presbyter procurator reverendi in Christo patris ac D. D. R. Dei gracia Constanciensis episcopi, executoris testamenti bone memorie magistri Radulphi de Haricuria quondam archidiaconi de Constantino in ecclesia Constanciensi, fratris sui, nomine executorio, ex altera, in nostra presentia personaliter constituti permutaverunt seu permutacionem fecerunt de tribus dictis domibus admortizatis et oneratis ut promissum est pro constituendis eisdem scolaribus nomine executionis predicte cum quadraginta quinque libris Turonensium annuis, in pecunia, de ducentis quinquaginta libris Turonensium quas habuit dictus pater nomine quo supra, ad pios usus deputandas admortizatas, prout in litteris regiis super hoc confectis plenius continetur, situatis seu assignatis super prepositura regia Cadomensi et recipiendis ab eisdem capellanis et eorum successoribus per manum prepositi prepositure predicte seu receptoris nomine regio obventionum ejusdem ad duos terminos annuatim, videlicet, medietatem ad quindenam scacarii sancti Michaelis, et aliam medietatem ad quindenam scacarii Pasche, quousque idem pater alibi, dictas quadraginta quinque libras annui redditus assignaverit, quod facere tenebitur idem pater

court, t. IV, p. 1225. Extrait des registres de la Chambre des comptes communiqué par M. **de Herouval-Vion**, conseiller du roi et auditeur en ladite chambre.

quam citius commode poterit et meliori et tutiori modo quo dictus pater, eosdem redditus poterit assignare. Nobis, ad hujusmodi permutacionem auctoritatem et assensum prebentibus, etiam ad hec nostri capituli Abrincensis interveniente consensu, considerata et pensata utilitate capellaniarum predictarum evidenti, ac inquisitione super hoc prehabita diligenti, per quam nobis constitit evidenter et constat de utilitate capellaniarum predictarum et ea diligenter inspecta, primitus decrevimus permutationem hujusmodi fore utiliter faciendam. Acto tamen expresse in ipso contractu ac eciam concordato nobis et capitulo nostre Abrincensis ecclesie predictis, ad hoc, auctoritatem et assensum prebentibus quod quam primum, dictus Pater nomine quo supra aut alius, de mandato ejusdem aut causam habens ab ipso dictis capellanis et successoribus eorumdem, totidem libras annui redditus similiter amortizatas in pecunia seu in equivalenti supradicto modo assignaverit, dicti capellani aut successores eorum tenebuntur dictam assignacionem acceptare et quitare assignationem prius factam in prepositura predicta et promiserunt ex tunc, nichil ulterius petere in eadem, sed ad dictum patrem vel causam habiturum ab ipso, nomine quo supra, libere revertentur. Promiseruntque dicti capellani et procuratores capellani predicti, quod litteras admortizacionis domuum predictarum, dicto patri, aut ejus mandato reddent, assignabunt vel facient assignari, negocio permutacionis hujusmodi quod omnia que adimplenda remanent, integre et finaliter, consummato et interim copiam litterarum admortizationis dictarum domuum tradent sub sigillo autentico dicto patri, nomine quo supra dimiserunt possessionem earum vacuam et dimittunt et promiserunt dicte partes ad invicem se garantizare et defendere alteram alteri omnia et singula supradicta, obligantes ad hoc specialiter videlicet procurator dicti patris, eumdem patrem bona sua hereditaria, bona eciam executionis predicte et precipue dictas domos; dicti vero capellani ac procuratores predicti, **Johannis de Lachon**, se successores suos, omnia bona sua et bona ad dictas capellanias suas spectancia quovismodo. Et nos, permutacionem, conventiones, traditionem et dimissionem predictas, utilitate capellaniarum predictarum ut prefertur inspecta, nostri capituli predicti interveniente consensu, laudamus, approbamus ac eciam auctoritate ordinarii confirmamus. In cujus rei testimonium sigillum nostrum una cum sigillis dictorum capituli, **Philippi de Aleinvillari** et officialis nostri Abrincensis ad petitionem **Thome de Houlebet** pro eo quod non habebat sigillum ac procuratoris capellani predicti, presentibus litteris est appensum. Datum die Dominica, post festum sanctorum Gervasii et Prothasii, Anno Domini M. CCC. decimo[1].

1. Arch. nat. S. 6439. n° 4.

4.

Acte d'achèvement en 1311, par Robert d'Harcourt, évêque de Coutances, de la fondation du collège d'Harcourt commencée en 1280 par son frère Raoul d'Harcourt, archidiacre de Coutances.

(Voir chapitre II, p. 68.)

Universis hæc visuris Robertus permissione divina Constantiensis Ecclesiæ minister humilis, et executor testamenti seu ultime voluntatis bone memorie Domini Radulphi de Haricuria quondam Archidiaconi de Constantino in Ecclesia Constantiensi, salutem in Domino. Cum nos de bonis executionis predicte ac nomine executorio tres domos cum earum pertinentiis situatas Parisius in vico *Sancti Cosme* versus portam, quæ dicitur porta *Inferni*, que quidem domus *domus Abrincenses* communiter nuncupantur, imperpetuum acquisierimus, ac insuper ducentas quinquaginta libras Turonenses amortizatas annui redditus capiendas supra Prepositturam Cadomensem emerimus nomine quo supra : prout in literis super premissis confectis plenius continetur : Notum facimus quod nos predictas domos, ducentasque et quinquaginta libras Turonenses annui redditus damus quantum possumus, deputamus, assignamus ac ordinamus nomine quo supra, *ad usum victum et sustentationem pauperum scolarium in artibus et in Theologia studentium ibidem institutorum ac instituendorum*, secundum formam et ordinationem, quæ in statutis a nobis super hoc editis plenius continentur. In cujus rei testimonium sigillum nostrum literis presentibus duximus apponendum. Datum in crastino Nativitatis Beate Marie Virginis, anno Domini millesimo trecentesimo undecimo[1].

5.

STATUTA COLLEGII HARCURIANI

(Voir chapitre II, p. 69 et suiv.)

Universis præsentes litteras inspecturis **Radulphus**, permissione divina Constantiensis Ecclesiæ minister humilis, etc. (ut supra), salutem in Domino.

Cum nos quasdam domos situatas Parisius in vico *Sancti Cosmæ* versus portam quæ porta *Inferni* nuncupatur, ac quingentas libra-

1. Arch. Nat. S. 6439, n° 8.

tas Turonenses annui reditus amortizatas et capiendas suprà præposituram Cadomensem ad usum et sustentationem pauperum magistrorum et scholarium in artibus et in theologia studentium in dictis domibus institutorum et instituendorum dederimus, deputaverimus, assignaverimus ac ordinaverimus, tam nomine nostro quàm executionis prædictæ.

Nos ad regimen, utilitatem et tranquillitatem dictorum studentium ordinavimus omnia quæ sequuntur.

I. Imprimis statuimus quod ibi ponantur 28 scholares pauperes studentes in artibus et in philosophiâ, quorum quatuor de diœcesi Constantiensi, et quatuor de diœcesi Baiocensi, et quatuor de diœcesi Ebroicensi, et quatuor de diœcesi Rothomagensi in Normaniâ duntaxat oriundi. In quibus diœcesibus, idem D. Radulphus pro majori parte bona ecclesiastica quæ percepit tempore quo vivebat, perpetuo assignantur, residuum de iisdem diœcesibus vel aliis et indifferenter de omni natione undecumque docibiles et idonei poterunt inveniri. Et ordinamus quod quilibet eorumdem scholarium habeat tres solidos Parisienses qualibet septimanâ, scilicet a festo sancti Michaelis usque ad octavas apostolorum Petri et Pauli et ultrà, si ad hoc sufficiant facultates.

II. Item, statuimus quod ibi ponantur ad minus duodecim pauperes seu magistri studentes seu instruendi in theologicâ facultate, quorum erunt perpetuo duo de diœcesi Constantiensi, duo de diœcesi Baiocensi, duo de diœcesi Ebroicensi, et duo de diœcesi Rothomagensi in Normaniâ oriundi, alii indifferenter ut prius de omni natione et ordinamus quod quilibet ipsorum scholarium prædictorum habeat quinque solidos Parisienses pro qualibet septimana.

III. Item, statuimus quod si aliquis dictorum studentium de præfatis diœcesibus decedat, vel recedat, vel amotus sit ex causâ aut ultrà tres menses sine cansâ legitimâ se à dicta domo absentaverit, tempore vacationum minimè computato, alius idoneus de diœcesi ut suprà de qua erat decedens, recedens vel amotus loco illius per magistrum dictæ domus subrogetur, ità quod numerus prædictus scholarium juxta ordinationem priùs factam perpetuo conservetur.

IV. Item statuimus, quod theologi separatim vivant et cohabitent ab artistis; videlicet in majori domo quæ est propinquior ecclesiæ Sancti Cosmæ; et artistæ in minori domo quæ est versus portam Inferni, nec habeant aliquid commune in cohabitatione exceptâ capellâ, in quâ convenient ad servitium juxtà ordinationem à priore inferius annotato faciendam.

V. Item statuimus quod prædictis studentibus tàm in theologiâ quàm in artibus seu philosophiâ naturali, cameræ assignentur per magistrum prout melius viderit expedire.

VI. Item statuimus, quod tàm theologi quàm artistæ simul comedant in prandio et in cœna, quilibet in aula sibi deputatâ, secundùm quod in aliis scholaribus Parisiensibus ejusdem conditionis extitit consuetum.

VII. Item statuimus, quod nullus studentium habeat proprium garcionem qui in domo jaceat vel manducet, sed theologi communes habeant et artistæ similiter, prout necessarium vel expediens videbitur eis et magistro dictæ domus.

VIII. Item statuimus, quod quæcumque persona ecclesiastica vel secularis dederit et assignaverit dictæ domui decem libras Turonenses annui redditus amortizatas pro victu unius artistæ per totum annum aut duodecim libras Parisienses pro victu unius theologi, jus habeat perpetuo et retineat sibi et ejus successoribus præsentandi magistro dictæ domus scholarem seu scholares undecumque fuerint oriundi juxta numerum victus seu victuum acquisitorum et assignatorum. Et si præsentatus idoneus vitâ et moribus et habilis ad proficiendum per eumdem magistrum inveniatur, tempore recipiatur, si vero secus fuerit, adhuc eadem persona alium repræsentet et admittatur seu repellatur eo modo quo dictum est; si vero secundâ vice repellatur præsentatus, jus præsentandi amittat et tunc magister dictæ domus de personâ idonea provideat jure illius qui constituit victum, jure præsentantis in aliis præsentationibus semper salvo. Ne tamen magister dictæ domus ingerat difficultates ut provisio ad manum ipsius perveniat, statuimus, quod idem magister habeat eligere de civitate vel diœcesi de quâ est, rationem originis vel domicilii ille qui constituit victum, si est ibi idoneus, alioquin de civitate et diœcesi contiguis.

IX. Item statuimus, ut nullus artista admittatur in dictâ domo qui habeat duodecim libras Parisienses vel ultrà in patrimonio seu beneficio ecclesiastico annuatim existendo in scholis, nec *aliquis theologus qui habeat triginta libras Parisienses vel ultra annui reditus ut supra*, nisi legerit sententias, et tunc non admittatur si sexaginta libras Parisienses, vel ultrà habeat annui reditus ut supra. Sed infra prædictas summas redituum poterit *dictus magister secundùm suam conscientiam dispensare pro personis duntaxat ad proficiendum bene aptis.*

X. Item statuimus, quod si aliquis scolaris idoneus undecunque fuerit oriundus, desiderat cum dictis scholaribus habitare, recipiatur à nobis, vel à deputato à nobis quamdiù vixerimus. Et post decessum nostrum, à magistro dictæ domus secundum quod loca domus ad hoc se potuerint extendere, ponendo bursam suam, ac conducendo cameram suam, ac emendo tantum de munitionibus, quantum reperiatur tempore receptionis suæ proportione cujuslibet scholaris juxta æstimationem magistri et sociorum.

XI. Item statuimus, quod si contingat reditus dictæ domus per nos vel alium augmentari ultrà victum quadraginta scholaribus assignatum, dictus magister scholares idoneos tàm in artibus quàm in theologiâ juxta vires facultatum recipere valeat cujuscumque fuerint nationis bursas eisdem assignando, prout est pro aliis superiùs ordinatum. Volumus tamen quod si unus theologus de novo instituatur, numerus artistarum duobus scholaribus augeatur.

XII. Item statuimus, *quod si aliquis artistarum legerit, in ar-*

tibus per triennium existens in domo, ultra ibi non remaneat sed alius loco ejus subrogetur in eadem.

XIII. Item, quod prefati scholares utriusque domus bis in anno scilicet prima septimana novembris et consimili septimana aprilis ex tunc proximo futuri, per Magistrum et Priorem visitentur et si aliquis ipsorum inhabilis ad proficiendum fuerit propter mores suos, seu laudabiliter non profecerit, exindè abjiciatur omnino.

XIV. Ordinamus insuper circà prædictorum communitatem specialius et conjunctim; *primò* circa divinum officium celebrandum, quod in solemnitatibus fiat in capella dictarum domorum solemne scilicet servitium videlicet vesperarum, matutinarum et missarum.

XV. Item, quod in omni vigilia Apostolorum, solemnium Martyrum et Confessorum et diebus sabbati, adventus Domini, fiat collatio in capellà post vesperas celebratas.

XVI. Item presbyter hebdomadarius unam missam cito post pulsum Sancti Jacobi celebrabit cum nota die festo, et in sabbato de Beata Virgine, vel alia die, si dies sabbati fuerit occupata; cæteris autem diebus scilicet scholasticis sine nota, exceptis duntaxat diebus quibus determinabitur nimis manè. Tunc enim non tenebitur donec post determinationem, celebrare, si tunc fieri possit competenter.

XVII. Item quod bis in anno obitus fratris nostri **Radulphi de Harcuria** celebretur ibidem die veneris ante cineres, et habebunt pro *pitantia* triginta solidos. Et die veneris post exaltationem Sanctæ Crucis et habebunt pro *pitantia* viginti solidos Parisienses. Et percipiet unus theologus contra duos artistas in ista pitantia portionem.

XVIII. Et ad omnia prædicta tenebuntur omnes tam theologi quàm artistæ personaliter interesse, sub poena unius denarii, hoc excepto, *quod artistas diebus legibilibus ad missam nolumus obligari*.

XIX. *Secundo*, circa mensam et convivium predictorum statuimus, quod in egressu mensæ in utrâque domo fiat benedictio, videlicet per Presbyterum hebdomadarium apud theologos et per principalem in societate artistarum et in fine mensæ per eumdem hebdomadarium et per subpropositum artistarum fiat redditio gratiarum secundum formam jam incœptam.

XX. Item quod in majori comestione theologorum lector leget de Biblia in principio convivii et in fine. Et in die festo reportabit de sermone, alias de collatione providebit. Et in fine mensæ resumpto themate dicet *Tu autem domine*, etc. Aliis vero diebus in parva comestione loco orationis dicet idem lector et principalis artistarum in omni prandio domus suæ: *Omnis spiritus laudet Dominum; Tu autem*, etc. Et tunc omnes theologi surgent reddentes gratias antè imaginem Virginis Mariæ et artistæ locis suis.

XXI. *Tertio* circà victum communitatis theologorum statuimus quatuor officiales hebdomadarios puta Presbyterum, clericum de capella, lectorem, et præpositum seu dispensatorem.

XXII. Et erit officium Presbyteri dicere vesperas, matutinas, missas cum benedictione mensæ et redditione gratiarum. Et ad istud officium tenebuntur omnes sacerdotes bursales et non bursales per ordinem vicibus alternatis.

XXIII. Officium clerici de capella erit post pulsum prædictum, campanam pro missa pulsare, vinum, aquam et ignem quærere et afferre, et altare prout decet ornare cum auxilio clerici de domo. In ingressu missæ, progressu et egressu Presbytero in superlicio ministrare, et dispensatorem cum opus fuerit in convivio adjurare, et tenebuntur ad istud officium omnes theologi præterquam sacerdotes.

XXIV. Ad officium lectoris quod est superius positum scilicet in mensa legere, sermonem referre, omnes, sociis magistris in theologià, si qui fierint et priore exceptis, tenebuntur, et de isto officio transibunt immediate ad officium dispensandi.

XXV. Officium præpositi seu dispensatoris erit, pro pane, carnibus et piscibus emendis cum clerico domus ire, vel unum de sociis domus pro se mittere, qualibet die de misiis et receptis cum eodem clerico computare, scribere et summare et in die veneris cum clerico societati de omnibus reddere rationem. Et tenebitur fideliter et æqualiter omnibus sociis distribuere prout melius poterit in cameris et in mensa. Istum vero jurabunt clericus de capella, famuli de domo et unus vel duo socii quos vocabit si viderit expedire, Inhibemusque aliis ne aliquis sibi vel alii in mensa ministrare præsumat sub pœnâ sex denariorum à transgressoribus persolvendà, et ista quatuor hebdomatica officia à priore per ordinem assignentur. Volumus etiam quod in executione omnium præmissorum competens silentium idem prior faciat observari.

XXVI. Quarto circà universalem statum utriusque domus statuimus, quod quilibet sociorum amicabiliter et pacificè convivat, ità quod unus non dementiatur alterum injuriosè sub pœnâ sex denariorum, nec opprobriosè sibi dicat opprobria sub pœna duodecim denariorum, nec percutiat aliquem servientium sub pœnâ unius bursæ, nec aliquem sociorum sub pœnâ privationis à domo.

XXVII. Item quod nullus verba inhonesta in mensâ nec in capellâ proferat, sub pœnâ sex denariorum.

XXVIII. Item quod nullus de domo bibat, in tabernâ tabernariè sub pœnâ sex denariorum, nec assuescat sub pœnâ unius bursæ, et si assuefactus fuerit et post monitionem prioris vel magistri non dimittat, expellatur omnino.

XXIX. Item quod omnes à lupanaribus caveant sub pœnâ privationis.

XXX. Item nullus mulieres, cujuscumque conditionis existant, ad domum de nocte adducere præsumat, nec de die, nisi fuerint tales et in tali societate, quod constet priori domus et sociis indè nullam malam suspicionem orituram, sub pœnâ privationis.

XXXI. Item omnes in magna comestione comedant in aulà et

theologi similiter in parva, casu necessitatis tantummodo præcluso. Et hanc necessitatem declaramus in tribus casibus videlicet.

1° In infirmitatis articulo, infirmis enim nullam legem ponimus. Sed volumus eos piè et misericorditer pertractari, ità quod possint in camerâ comedere, socios et alios ad se vocare qui eis faciant solatium et juvamen.

XXXII. 2° Item in minutione in qua minutus cum uno vel duobus sociis in camerâ poterit comedere per tres dies.

3° Item in hospitibus si sint tales quod pro ipsis aula debeat prætermitti ; de quibus sic duximus ordinandum, videlicet quod nullus propter famulum aut personam uno socio communi domus minorem, dimittat aulam, nec propter æquales nisi sint tot quot ipsis non possit societas tunc recipere competenter, si autem aliqua vel aliquæ venerabiles personæ supervenerint, de quibus domus vel persona adducens possint honorem vel commodum reportare, duci poterunt ad cameram comesturi. Et poterit socius adducens eos, convocare aliquem vel aliquos sociorum ad deferendum eisdem, et habebunt socii de domo in omnibus casibus prædictis secundum taxationem dispensatoris et coadjutorum suorum potus et cibi debitas portiones et residuum quod ultrà habebit, persolvat.

XXXIII. Item quicumque adducere proposuerit plures hospites ad prandium vel ad cœnam, hoc dispensatori vel clerico domus significet antequam cibaria præparentur. Alias nihil habebit pro hospitibus, nisi abundanter cibus remaneat post completum servitium sociorum ac famulorum,

XXXIV. Item recipientes hospites in cameris tempestivè sibi de omnibus provideant, ne per ipsos in officio famulorum communitatis servitium perturbetur.

XXXV. Item pro hospitibus omnia solvant ità quod communitas non lædatur.

XXXVI. Item eorum fragmenta pro beneficiariis clerico domus reddantur.

XXXVII. Item nullus hospes ultrà septem dies maneat in domo absque licentia provisoris.

XXXVIII. Item nullus adducat sæpè socios ad potandum super communitatem sociorum, et si hoc fecerit secundum arbitrium dispensatoris persolvat.

XXXIX. Item nullus adducat extraneos ad speciales congregationes sociorum pro suis necessitatibus ordinandis.

XL. Item nullus deponat immunditiam infrà domorum continentiam, nisi in locis ad talia deputatis.

XLI. Item nullus comedat in villâ, nisi cum personis et in locis honestis.

XLII. Item soli jacentes in villâ et præcipuè illi qui jacebunt in domo solvant bursam cum excessibus, non obstante, quod sæpius, vel per totam hebdomadam comederint extrà domum, ut a frequentia talium comestionum arceantur, sed si quis in parte septimanæ extra villam fuerit, solvet pro rata pro qua fuit in villa velut hospes.

XLIII. Item pro omni horâ prandii, vel cœnæ clericus domus pulsabit ad campanam parato cibo, et tunc dispensator debet venire ad dispensandum et iste cujus interest ad mensam benedicendam sub pœnâ trium denariorum; et tunc statim facta benedictione ad mensam procedant, nec ille cujus interest legere vel *Tu autem* dicere propter supervenientes tardius dicere. *Tu autem* dimittat, ne unius, vel plurium expectatio fiat pluribus onerosa.

XLIV. Item qui pulsata campana in domo fuerit et ad mensam non venerit, nihil habeat nisi panem, exceptis tribus casibus ante dictis; si autem extrà fuerit et venerit cito post introitum ad mensam comedat cum aliis. Vel non habeat nisi panem, si vero post medium comestionis venerit, sufficientem portionem sibi tribuat dispensator; si vero post inceptionem gratiarum, nihil habebit nisi panem hora parvi prandii et die jejunabili. Sed in die non jejunabili pro magno prandio panem habeat atque vinum. Sin cito venerit et non comederit, volumus nihilominus quod rationabilis circà hoc excusatio admittatur, quæ in sequentibus casibus explicatur, puta si veniat de lectionibus vel disputationibus suæ facultatis, sermonibus vel ordinibus celebratis, vel de extrà villam causa necessitatis non ludi, vel de societatis negotiis pertractandis.

XLV. Item quod à festo Omnium Sanctorum die jejunabili usque ad quadragesimam non comedatur in aulâ, donec omnes lectiones et collatio, si fuerit, terminentur.

XLVI. Item quod à Paschate usque ad Pentecosten pro diebus scholasticis ordo convivii parvi de mane ad vesperam non mutetur.

XLVII. Item nullus in villâ jaceat extrà domum sub pœnâ medietatis bursæ nisi de licentiâ prioris, vel post factum, coram ipso sufficienter se excuset; præcipuè nullus ad hoc assuescat sub pœnâ privationis, cæterùm si post inhibitionem id commiserit, idem expellatur. Item statuimus de tardè venientibus vel nimis manè à domo recedentibus modo indebito et suspecto.

XLVIII. Item exhortandi sunt socii per præsidentes prædictos, ut vadant bini et bini per villam; ne de eis mala suspicio oriatur.

XLIX. Item quod non portent vestes notabiles, vel sotulares decisos vel laqueatos, sed honestum habeant habitum et decentem.

L. Item quod semel ad minus in hebdomada in utraque domo disputetur de quæstione ad domum et socios pertinente.

LI. Item quilibet jurabit libros domûs sicut suos fideliter custodire, nec extrà domum alicui commodare.

LII. Item quod nullus mittat extrà domum vasa societatis sine licentiâ conservantis.

LIII. Item in deliberationibus societatis nullus dicat aliquid nisi à præsidente in congregatione primitùs requisitus. Et tunc dicat pacificè, et tunc nullus verbum suum interrumpat.

LIV. Item nullus socius de novo ad domum veniens introïtum faciat nec in camerâ, nec in aulâ, nec vinum det ultrà unam chopinam pro quolibet socio de pretio mediocri. Si quis tamen vellet liberaliter infrà viginti solidos dare pro scyphis argenteis ad usum societatis domui acquirendis, hoc cum patientiâ toleramus.

LV. Item accedentes ac recedentes ad domum et à domo vinum minimè propinabunt.

LVI. Item taxam prædictam emendarum pro artistis, intelligimus, volumus super theologos duplicari cum majoris discretionis esse debeant, eorum culpa secundum hoc est ampliùs punienda.

LVII. Item in omnibus pœnis prædictis ad pœnam privationis comminatis provisor et prior poterunt privationem exsequi, vel secundum eorum prudentiam commutare, ac etiam mitigare, sed pro uno mitigatio locum non habeat, nisi semel; et omnia prædicta pro utrâque domo intelligimus observanda.

LVIII. Verum pro theologia sic duximus observandum, quod quilibet *Bibliam* cum *Sententiis* habeat si poterit bono modo.

LIX. Item quod sic à principio proficere studeat quod infrà septimum annum inclusivè habilem se reddat ad prædicandum per villam et legendum minores cursus suos et *Sententias* anno decimo consequenter, aliàs expellatur, nisi causa legitima excusetur quæ sufficiat provisori et priori domus.

LX. Item districtiùs inhibemus, ne propter hoc aliquis incautè se ingerat ad legendum, nec unquàm aliquis de domo legat aut prædicet, *donec per eosdem provisorem et priorem cum consilio duorum vel trium seniorum de domo ad hoc habilis judicetur.*

LXI. Item statuimus, quod alii socii de domo, lectoribus de eâdem domo deferant diligenter propter collegii honestatem, et in eorum defectibus quos perceperint ipsos amicabiliter advertere faciant et procurent, idem quæ circà Predicatorem per Priorem volumus observari; permittimus autem quod hujusmodi lectores in principio et fine lecturæ suæ, si velint, dent societati potum amicabilem; ità tamen quod ultrà chopinam vini pro quolibet socio non ascendat.

LXII. Cæterum pro artistis statuimus, quod quilibet librum de quo audierit, sibi a principio ordinarii procuret et illum principali domus ostendat.

LXIII. Item quod quilibet sic studeat, quod intrà quinquennium à Priore theologorum et principali artistarum dignus licentia judicetur.

LXIV. Item quod pro *determinationibus* eorum, licentiis vel principiis non adducant ad domum turbam, nec faciant potationes, vel convivia, nisi modica si voluerint, et secreta cum licentiâ Provisoris.

LXV. Item nec aliqui de domo vadant de nocte ad choream vel processionem nationis.

LXVI. Item volumus, quod nullus eorumdem inferius vel superius intret examen sine licentiâ Provisoris, ne per ejus repulsam alii scandalum patiantur.

LXVII. Idem volumus in theologis in eorum presentationibus observari.

LXVIII. Insuper in domo erunt officiales alii a prædictis, scilicet Provisor, prior, procuratores et principalis.

LXIX. Eligetur vero provisor inposterum per hunc modum. Theologi octo prædicti de quatuor prædictis diœcesibus bursas de bonis dictæ domus recipientes, infrà quindecim dies, excepto vacationum tempore, a tempore notitiæ mortis nostræ seu a tempore mortis vel amotionis magistri dictæ domus virum, idoneum, discretum et venerabilem, duntaxat de Normaniâ oriundum eligant in magistrum et ipsum præsentent approbandum cancellario Parisiensi qui pro tempore fuerit et antiquiori magistro sæculari in theologiâ regenti de natione Normanorum, si quis sit, alioquin alii antiquiori magistro sæculari in theologiâ regenti cujuscumque nationis fuerit, ac rectori universitatis, qui pro tempore erit, qui si in approbatione præsentati discordes fuerint, stetur majori parti eorumdem. Si vero in eligendo magistrum vota sua in duos vel plures diviserint, ille præficiatur in magistrum quem major pars omnium dictorum duxerit eligendum, dum tamen idoneus reperiatur ab iis vel à majori parte eorum quibus fuerit præsentatus ; si vero plures sint electi habentes æqualem numerum eligentium, aut nullus reperiatur qui habeat majorem partem omnium theologorum, tunc ille accipiatur in magistrum de Normaniâ, quem dicti approbatores aut major pars eorum magis idoneum reputabunt. Si vero prædicti tres approbatores simul interesse in præmissis non possint vel non velint, duo ipsorum si concordes fuerint, alioquin ille cum quo episcopus Pariensis, ad quem recurrendum erit, aut pro quolibet absente, vel se absentante, qui pro tempore erit, per se vel per alium concordabit præmissa exequatur. De tempore vero vacationum, si tunc electionem evenire contingeret, usque ad festum beati Dionysii eligere differant, et tunc infrà octo dies eligant prout superius est expressum.

LXX. Item ordinamus, quod prædicti tres approbatores dictum magistrum valeant amovere, quoties provisioni dictæ domus prædictus videbitur aut remissus aut inutilis.

LXXI. Item statuimus, quod si dicti studentes in theologiâ infrà tempus eis taxatum magistrum non eligerint, potestas eligendi illâ vice ad approbatores devolvatur, qui de Normaniâ duntaxat eligant, ut superius est expressum.

LXXII. Item volumus quod nullus prædictorum theologorum in prædicta electione expectetur, sed pro quolibet absente unus alius theologus, si in domo de diœcesi absentis inventus fuerit, vel alius senior artistarum die eadem diœcesi assumatur, et erit ejusdem officium provisoris scholares prædictos recipere, corrigere, et quando apparebit rationabile, in subsidium pauperum aliquid de bursis convertere ditiorum. Causas dictorum scholarium et negotiorum utriusque domus coram quibuscumque judicibus per se vel per deputatos ab ipso fideliter gerere et in cæteris necessitatibus eorumdem sollicitè vigilare. Et tenebit idem provisor electus, vel approbatus officium donec cesserit, vel decesserit, vel rationabiliter deponatur, vel alibi quàm Parisius causa moræ contrahende duxerit se transferre. Undè circà hæc statuimus, quod quâcumque ex causâ extrà Parisius ultrà dimidium annum continuè fuerit, officium ejus vacet, et ad electionem alterius Provisoris secundùm formam jàm expressam procedatur.

LXXIII. De prioris vero electione sic statuimus, ut unus de dictis theologis ejusdem domûs, vel de commorantibus cum iisdem per dictum magistrum et theologos ipsius domus, aut majorem partem ipsorum in ejusdem domûs Priorem in festo Sancti Lucæ annis singulis assumatur et magistro præsentetur; et si contingeret eum cedere infrà annum, vel decedere, alius loco ipsius pro residuo temporis infrà quinque dies eligatur, qui de missis, prædicationibus, jejuniis, disputationibus, lectionibus, et collationibus inter ipsos theologos et artistas faciendis, festis Sanctorum, servitiis mortuorum et consimilibus ordinet et disponat. Ad ipsum quoque spectabit socios in mensâ de honestâ vitâ exhortari, necessaria sociorum in mensâ, vel alias cum viderit opportunum, proponere : hoc proviso quod congregationes non faciat post vinum, deliberationes sociorum exequi per se, vel per illos quorum intererit; socios delinquentes cum provisore corrigere, pœnas commissas à theologis exigere et levare et in diebus solemnibus in emendationem victus convertere sociorum.

LXXIV. Item qnâlibet die veneris summam bursarum bursalium sociorum et qualibet die dominicâ procuratorum misias et receptos in papyro scribere, et in fine anni suum scriptum contrà scriptum procuratorum ad computum domus afferre.

LXXV. Item qualibet hebdomada domum artistarum visitare et in unâ disputatione ipsorum præsentialiter interesse. Et in manu istorum duorum provisoris et prioris promittet quilibet de utràque domo obedientiam in licitis et honestis à suo receptionis principio exhibere, et habebit dictus Prior in qualibet hebdomada ultrà alios viginti denarios pro reverentiâ statûs sui.

LXXVI. Procuratores etiam majores eligentur infrà quatuor dies postquàm novus Prior erit creatus, et duo magni Procuratores unus de theologis et alter de artistis per magistrum et communitatem theologorum assumantur, qui assumpti jurabunt coràm magistro et priore ac theologis dictæ domus, quod fructus, reditus, obventiones et omnia alia quæ ad eorum spectant officium, custodient diligenter et fideliter dispensabunt et prætermittent inutilia, et utilia pro viribus procurabunt ac fideliter bis in anno videlicet in mense aprilis et octobris immediatè sequenti, scilicet Procurator theologorum in magistri et Prioris ac theologorum dictæ domûs præsentiâ, et procurator artistarum in magistri prioris et sex antiquiorum artistarum præsentiâ computabunt. Et quod computa sic factâ domus una cum statu dictæ domus dictus magister prædictis approbatoribus summariè seu in grosso tenebitur reportare, et poterunt isti si benè se habuerint, continuari in fine anni sui et cum prædictis ad eos spectabit quod capellæ vestimenta et alia bona servabunt, et eidem capellæ de cera et oleo et utrique domui de necessariis providebunt, et recipient omnia domus debita et legata, et habebunt isti super grossum domus quilibet tertiam partem bursæ de domo suâ pro ipsorum pœnâ et labore in quàlibet hebdomada capiendam.

LXXVII. Erunt præter hos duo alii Procuratores in qualibet dictarum domorum, qui eligentur in festo beati Joannis Baptistæ, et tenebuntur domos de vinis circà vindemias, et de lignis circà augustum providere, ità tamen quod prior prædictus aliquos socios deputabit cum illis ad emenda prædicta et erunt in solidum pericula vinorum emptorum et lucrum si quod fuerit in illis super societatem similiter et lignorum.

LXXVIII. Item statuimus, quod annuatim circà Purificationem fiat collecta super socios pro solvendis in aulà consumptis, et deperditione vinorum, si qua fuerit et renovatione mapparum et talium, sicut est in Sorbonà fieri consuetum et etiam pro locagio famulorum et illam colliget Prior ab utràque domo et illam tradet Procuratoribus antedictis.

LXXIX. Item quilibet tenebitur eam solvere infrà octo dies postquam inter socios fuerit ordinatum sub pœnâ substractionis bursarum.

Item volumus, quod vina tradantur ad bursam in aulà et ad rotulum in camerà pro pretio taxationis sociorum.

Item volumus quod rotulus uniuscujusque dolii immediatè, cum exhaustum fuerit per clericum domus tradatur in unà domo Priori et in aliâ principali qui ipsum colligent Procuratoribus refundendum, lucro tamen si quod fuerit penes eorum quemlibet reservato, et tenebitur quilibet solvere infrà octo dies sicut dictum est de collecta, et habebunt isti duo procuratores pro labore suo quilibet sextam partem bursæ domûs suæ qualibet hebdomada capiendam.

LXXX. Cum prædictis præcipimus quod principalis domus artistarum à Provisore et Priore prædictis sibi detur annuatim aut à Provisore communicato tamen ipsius Prioris consilio in hâc parte. Officium autem ipsius erit in collegio artistarum præsidere pro suo tempore, in disputationibus, et in mensà disputationes assignare et tenere, silentium competens custodire, Provisori et Priori suprà dictis statum societatis et sociorum referre et bursas in die veneris scribere, similiter misias et receptas procuratorum in die Dominicà cum Priori et afferre ad computum scriptum suum, et habebit qualibet hebdomada sicut procurator domus suæ, et jurabunt isti omnes officiales quod officia sua fideliter exercebunt.

LXXXI. Item statuimus ut præfati theologi et artistæ arcam unam communem habeant, quâ litteræ acta et munimenta quælibet ad domos spectantia, ac pecunia pro emendis reditibus seu libris ordinata et alia grandia fideliter reponantur, et eadem arca tres claves habeat, quarum unam magister domus, et Prior aliam, et major Procurator artistarum tertiam custodiant et conservent. Verum collecta pecunia de reditibus et obventionibus quibuscumque dictæ domus in aliâ arcâ habente tres claves per magistrum et per dictos procuratores conservetur sollicitè et sicut præmittitur dispensetur.

LXXXII. Item statuimus, quod de omnibus libris, utensilibus aliis quibuscumque communibus tàm theologis quàm artistis fiat inventorium, quod et singulis annis prima septimana quadragesimæ fiat ostentio præmissorum præsentibus, magistro, Priori, Procuratoribus, et theologis dictæ domus, et fiat comparatio ad inventorium de dictis rebus factum, et si contingat aliquid deficere diligenter requiratur, et si quid de novo fuerit acquisitum, in inventorio fideliter reponatur.

LXXXIII. Item statuimus quod omnia nostra statuta bis in anno scilicet in festo Omnium Sanctorum et in cathedra S. Petri coram omnibus sociis utriusque domûs et Priore legantur.

LXXXIV. Item Prior et principalis de famulis utriusque domûs providebunt et habebunt salarium suum quilibet in officio secundum taxationem legitimam eorumdem, et ter in anno in festo Omnium Sanctorum, Natali, et Paschale fiat per provisorem inquesta super eos qui de eorum sufficientià vel insufficientià inquiret per socios et eos retineri faciat, vel expelli secundum quod invenerit eos dignos.

LXXXV. Inhibemus autem cuicumque futuro Provisori, vel magistro, ne nostras ordinationes prædictas, vel aliquam earum revocet, vel immutet, nisi forté imminente utilitate totius societatis prædictæ ad requestam omnium sociorum; et hoc fiat duntaxat in medio anni mense januario, vel decembri.

LXXXVI. Volumus insuper tàm propter periculum amissionis præsentis instrumenti, quam propter observationem prædictorum, quod quilibet officialium superius nominatorum præsentium habeat copiam litterarum. In quorum omnium et singulorum testimonium sigillum nostrum præsentibus duximus apponendum.

Actum in Crastino Nativitatis beatæ Mariæ Virginis, anno Domini 1311.

6.

Approbation de l'évêque de Paris donnée en 1312 à la fondation du collège d'Harcourt.

(Voir chapitre II, p. 84.)

Universis presentes litteras inspecturis, **Guillelmus** permissione divina Parisiensis Episcopus salutem. Devotionem laudabilem sanctumque propositum Reverendi in Christo Patris Domini **Roberti** Dei Gratia Constanciensis Episcopi instituentis de novo et instituere affectantis in brevi *viginti quatuor*, videlicet *sexdecim* *in artibus* et *octo in Theologica facultate scolares* in domibus que communiter *Domus Abrincenses* vocantur in vico *Sancti Cosme* Parisius prope portam, que porta *Inferni* vulgariter nuncupatur situatis : quas nomine executorio testamenti bone memorie **Radulphi de Haricuria** fratris sui, quondam de Constantino in Ecclesia Constantiensi Archidiaconi acquisivit : ut inibi dicti scolares juxta ordinationes ejusdem Episcopi super hoc editas et factas, cohabitantes convivant. Ad quorum quidem scolarium convictum ibidem idem Episcopus ducentas libratas Parisienses annui redditus amortizatas deputavit, assignavit, ac etiam ordinavit, sub certis ordinationibus et statutis super hoc editis ab eodem, quantum in nobis est et possumus confovere volentes ; attendentes insuper per premissa cultum divinum et inde potissime fructus Ecclesie pullulare, quod totis visceribus preoptamus, *cohabitationem et convictum dictorum scolarium tam electorum quam eligendorum nec non et aliorum, si quos ultra dictum numerum ulterius eligi contingeret in dictis domibus*, acquisitionem dictarum domorum et reddituum, ac deputationem et assignationem eorumdem ad usum predictum, juxta ordinationes ab ipso Episcopo jam factas et in futurum rationabiliter faciendas quantum in nobis est et possumus auctoritate ordinaria laudamus, ratificamus, approbamus, ac etiam tenore presentium confirmamus jure nostro et Ecclesie nostre Parisiensis in posterum semper salvo. In cujus rei testimonium sigillum nostrum presentibus litteris duximus apponendum. Datum anno Domini millesimo trecentesimo duodecimo, die Jovis ante festum nativitatis Joannis Baptista[1].

7.

Bref du pape Clément V en faveur du collège d'Harcourt en l'an 1313.

(Voir chapitre II, p. 86.)

Diploma Pontificium pro sacello venerabilis Collegij de Haricuria.

Clemens Episcopus servus servorum Dei dilectis filiis Magistro et Collegio scolarium domus de **Haricuria** Parisiensis salutem et apostolicam benedictionem. Meruit vestræ devotionis affectus, quem ad nos et Romanam geritis ecclesiam, ut petitionibus vestris, quantum cum Deo possumus, favorabiliter annuamus. Vestris itaque in hac parte supplicationibus inclinati, ut vos *in Capella seu Oratorio* domus de **Haricuria** Parisiensi divinum officium, diurnum

1. Arch. Nat. S. 6439, n° 6.

pariter et nocturnum, cum nota et sine nota singulis diebus celebrare et facere celebrari, etiam absque licentia Episcopi Parisiensis, qui est et erit pro tempore petita vel obtenta (Episcopalis et parrochialis Ecclesiæ ac cujuslibet alterius jure alias in omnibus semper salvo) vobis auctoritate apostolica de speciali gratia indulgemus. Nulli ergo omnino hominum liceat hanc paginam nostre concessionis infringere, vel ei ausu temerario contraire. Si quis autem hec attentare presumpserit, indignationem Omnipotentis Dei, et beatorum Petri et Pauli apostolorum ejus se noverit incursurum. Datum Avinioni Kalen. Junij, Pontificatus Nostri anno nono[1].

8.

LISTE CHRONOLOGIQUE[2]

DES PROVISEURS DU COLLÈGE D'HARCOURT

1280-1793.

1280-1307 Raoul d'Harcourt, de *Coutances*.
1307-1318 Robert d'Harcourt, de *Coutances*.
1318-1369 Martin de Marigny, de *Bayeux*.
1369-1380 Richard Barbe.
1380-1383 Jean Boutin, de *Coutances*.
1383-1420 Thomas de Saint-Pierre, de *Coutances*.

1. Arch. Nat. M. 133 liasse I. La bulle porte encore le sceau de plomb à l'image des Apôtres, suspendu à une double queue de soie. Sous le repli du parchemin on lit à gauche la signature *G. Carbonelli* et à droite *E. Guidot*, et sur le repli ces mots : *Pro P. de fas. G. Carbonelli.*

2. Cette liste est tirée des Archives nationales, des *factums* ou *mémoires* provenant de la bibliothèque de l'abbé Bossuet et de la Bibliothèque nationale, de la liste des Obits, de plusieurs actes notariés, et des almanachs et annuaires du clergé français. Par inadvertance de copiste le nom de *Jean Boutin* figurait deux fois sur une liste des archives reproduite par M. Jourdain, et celui de *Jean Boyvin* n'y était pas : ce dernier a été rétabli à sa date. Notons aussi que les noms des villes mentionnés à la suite de chaque proviseur indiquent, non le lieu, mais le diocèse d'origine, selon l'usage ecclésiastique.

1420-1430 Roger de Gaillon, de *Coutances.*
1430-1455 Denys du Quesnay.
1455-1458 Robert Cybole, d'*Évreux.*
1458-1484 Étienne Gervais, de *Coutances.*
1484-1509 Pierre-Le-Secourable, de *Rouen.*
1509-1517 Jean Boyvin, de *Rouen.*
1517-1522 Jean Morin, de *Lisieux.*
1522-1527 Guillaume Duchesne, de *Coutances.*
1527-1530 Benoist de Lanoue, d'*Évreux.*
1530-1557 Étienne Le Roux, de *Coutances.*
1557-1564 Nicolas Maillard, de *Coutances.*
1564-1568 Jean Alain, de *Rouen.*
1568-1581 Olivier de Quittebeuf, d'*Évreux.*
1581-1584 Thomas Lamy.
1584-1585 Jean Dupont, d'*Avranches.*
1585-1597 Marguerin de la Bigne, de *Bayeux.*
1597-1598 Raoul Nepveu, de *Rouen.*
1598-1621 Georges Turgot de Demonville, de *Séez.*
1621-1665 Pierre Padet, de *Coutances.*
1665-1680 Thomas Fortin, de *Coutances.*
1680-1701 Jean Le François, de *Coutances.*
1701-1715 Jean de la Brière de Louvancy, de *Coutances.*
1713-1730 Guillaume Dagoumer, d'*Évreux.*
1730-1762 Gilles Asselin, de *Bayeux.*
1762-1780 Nicolas Louvel, de *Coutances.*
1780-1791 Pierre Duval, de *Rouen.*
1791-1793 Charles Daireaux, de *Coutances.*

FONDATEURS ET BIENFAITEURS
DU COLLÈGE D'HARCOURT
1280-1701.

(*Document inédit*).

1280 Raoul d'Harcourt, archidiacre de Coutances.
1311 Robert d'Harcourt, évêque de Coutances.
1316 Guy d'Harcourt, évêque de Lisieux.

1317 *Les boursiers* d'Harcourt.
1383 Jean Boutin, *proviseur*, premier médecin de Charles VI.
1414 Ursin de Talvende, député de la nation de Normandie au concile de Constance.
1416 Thomas de Saint-Pierre, *proviseur*, chanoine de Paris.
1420 Isabelle, reine de France (*Isabeau de Bavière*).
1434 Denys du Quesnay, *proviseur*.
1440 Nicolas Confrans, grand pénitencier de l'église de Paris.
1455 Robert Cybole, *proviseur*, ambassadeur du roi en Flandre et en Angleterre, chancelier de l'Église et Recteur de l'Université de Paris.
1461 Catherine d'Alençon, duchesse de Bavière.
1470 Étienne Gervais, *proviseur*, confesseur de la duchesse d'Alençon.
1478 Chrestien Folliot, *principal*.
1484 Jean Boucard, évêque d'Avranches, grand aumônier de Louis XI et abbé du Bec.
1505 Pierre-Le-Secourable, *proviseur*, grand archidiacre de Rouen.
1509 Godefroy Herbert, évêque de Coutances.
1515 Jean Boyvin, *proviseur*, curé de Saint-Gervais, à Paris.
1517 Robert Goulet, doyen de la faculté de théologie.
1522 Jean Morin, *proviseur*.
1523 *Les boursiers* d'Harcourt.
1524 Pierre Richard, *ancien boursier*.
1530 Benoist de Lanoue, *proviseur*.
1535 Jean de la Fosse, *boursier*.
1555 Geofroy de Hébert, seigneur de Bréau et d'Imberville.
1546 Jean Petit, *ancien boursier*, évêque du Cap-Vert.
1550 Jean Michel, chancelier de Coutances.
1553 Jean Hervieux, ancien boursier, curé de Bassoches.
1556 Jacques Féré, *boursier*, procureur du collège.
1556 Étienne Le Roux, *proviseur*.
1558 Enguerrand Sanguin, doyen d'Avranches.
1568 Jean Alain, *proviseur*.
1580 Jacques et Guillaume Rondin, *boursiers*.

38.

1591 Nicolas Christianon, curé de Saint-Innocent.
1601 Charles le Prévost, seigneur de Nainville.
1611 François Coulard, *boursier*, bachelier en théologie.
1621 Georges Turgot de Demonville, *proviseur*.
1630 Jean Roussel de Mathonville, *boursier*.
1638 *Les boursiers* d'Harcourt.
1643 Julien Le Fauconnier, *portier* du Collège.
1644 Robert et Nicolas Pèlerin, *boursiers*.
1644 Pierre Richer, docteur en médecine.
1648 Jacques du Chevreul, professeur de philosophie.
1649-1657-1665 Pierre Padet, *proviseur*, Recteur de l'Université de Paris.
1650 Nicolas Quintaine, greffier de l'Université de Paris.
1652 Jacques Proust, prêtre.
1659 *Les boursiers* d'Harcourt.
1668 Guillaume des Auberis, professeur de philosophie.
1670 *Les boursiers* d'Harcourt.
1670 Don du Roi Louis XIV.
1677-1679-1683 Thomas Fortin, *proviseur*.
1679 Guion Gervais, *cuisinier* du Collège.
1681 Jean Denys, *boursier*.
1682 *Les boursiers* d'Harcourt.
1691 Louis Noël, professeur de philosophie.
1697 *Les boursiers* d'Harcourt.
1701 Jean de la Brière de Louvancy, *proviseur*.
 (1) Raoul Boissel, *boursier*.
    Raoul Bouvier, *boursier*, docteur en théologie.
    Henry de la Cuisse, *boursier*.
    Bertrand et Thomas David, *boursiers*.
    Richard Haudefunay, *boursier*.
    Pierre Legrand, *boursier*.
    Martin Messin, *boursier*.
    Jean Thomas, *boursier*.

1. Les noms qui suivent sont mentionnés sans date parmi les listes de fondations qui s'arrêtent au XVIIIe siècle. Selon toute apparence ils pourraient être placés de 1558 à 1640.

9.
RECTEURS DE L'UNIVERSITÉ DE PARIS
QUI ONT APPARTENU AU COLLÈGE D'HARCOURT
(Document inédit).

1437 Robert CYBOLE.
1440 Guillaume AUBRY.
1447 Jean BOUCART.
1470 Chrestien FOLLIOT.
1486 Jean MILES.
1525 Jean GIBOUYN.
1556 Olivier de QUITTEBEUF.
1561 Jean D'ALENÇON.
1563 Antoine MULDRAC.
1574 et 1580 Jean DENISET.
1575 Jean DE ROUEN.
1576 MARIE D'AMBOISE.
1586 Philippe CORNEILLE.
1586 Jean AVRIL.
1590 Thomas LAMY.
1597 Raoul NEPVEU.
1601 Romain DU FEU.
1611 Claude BAZOT.
1611 Jean GRANGIER.
1617 Jean DOSSIER.
1622 Pierre PADET.
1624 Jean AUBERT.
1626 Jean TARIN.
1634 Jacques DU CHEVREUL.
1639 René de ROBEVILLE.
1640 et 1642 Pierre LEBOURG.
1652 et 1653 Claude DE LA PLACE.
1668 et 1678 Nicolas LAIR.
1680 Jean LE FRANÇOIS.
1711, 1712 et 1723 Guillaume DAGOUMER.
1776 et 1780 Pierre DUVAL.
1779 Gilles BASSET.

10.

Fondation de deux messes par semaine et d'un obit par an, par Me Jean Boutin, ancien proviseur du collège à la date du 8 janvier 1384.

(*Document inédit.* Voir chapitre III, p. 99 et 103.)

In nomine Domini, amen. Universis, presens instrumentum publicum inspecturis, pateat evidenter et sit manifestum quod anno ejusdem millesimo trecentesimo octogesimo quarto, indictione octava, mensis januarii die octava, pontificatus sanctissimi in Christo patris ac domini nostri, domini **Clementis** divina Providencia Pape septimi, anno septimo; in mei notarii publici subscripti, atque testium infra nominatorum, ad hec vocatorum specialiter et rogatorum presencia; propter hoc personaliter constituti venerabiles et discreti viri, magister Thomas de **Sancto Petro**, in medicina, Nicolaus de **Mesereyo**, magister in artibus et bacallarius in theologia ac Symon **Guesdon**, et burgenses Cadomenses, executores una cum venerabili et discreto viro magistro Guillermo de **Laudis** in eisdem artibus et medicina magistro domini nostri regis et domini Ludovici de **Vallesyo**, phisico tunc absente testamenti seu ultime voluntatis venerande, circonspectionis et sciencie, viri defuncti magistri JOHANNIS BOUTINI, Constanciensis diocesis, in artibus et medicina magistri, archidiaconique Abrincensis et domini nostri regis prothofisici dum vivebat, et provisoris collegii theologorum et artistarum de **Haricuria** Parisius fundati. Considerantes, quod oraciones et precipue missarum solempnia sunt remedium precipuum salutis defunctorum animarum, et quod dictus defunctus, tempore quo vivebat et decessit, erga collegium de HARICURIA supradictum, magnum gerebat et habebat affectum, redditus ipsius et proventus de bonis sibi a summo Largitore collatis, augmentare cupiens juxta posse de bonis execucionis ipsius defuncti dederunt et tradiderunt realiter et cum effectu, venerabilibus et circonspectis viris, provisori, priori, procuratoribus et scolaribus domus collegiate, seu collegii memorati, infranominatis, pro infrascriptis peragendis in capella domus theologorum predictorum insimul congregatis, summam sexcentum florenorum auri ad francum, boni ac veri et legitimi ponderis, de cuno dicti domini nostri Francorum regis in florenis auri sibi numeratis et computatis per eosdem, de quibus, seu de qua summa, predicti provisor, prior, procuratores et scolares infranominati se tenuerunt, reputaverunt et habuerunt plenarie pro contentis et totaliter satisfactis, et executores ac execucionem ipsius defuncti, de summa predicta penitus quittaverunt et quittant per presentis instrumenti publici seriem et tenorem pro redditibus emendis et admortizandis pro domo et collegio supradictis ordinandis et distribuendis in modum infrascriptum, videlicet, *quod qualibet septimana perpetuo celebrabuntur due misse pro ipsius defuncti parentumque et benefactorum suorum quorumcunque animarum remedio et salute*, in capella domus seu collegii supradicti. Quas celebrabunt et dicent alternatim presbyteri theologorum ejusdem collegii, postquam immediate fuerint ebdomarii vel alii presbyteri, si in dicto collegio non essent presbyteri, et si essent et nollent, aut forent impediti celebrare. Et qualibet septimana, dabuntur et tradentur quatuor solidi Parisiensium celebrantibus et dicentibus ipsas duas missas in capella supradicta. Preterea, *dicti defuncti fiet obitus in capella ipsius domus in crastino diei sacrorum cinerum annuatim*, nisi festum superveniens hoc fieri impediat, quo casu, fiet dictus obitus die proxima subsequenti per theologos et artistas collegii supradicti, et habebunt quadraginta solidos Parisiensium distribuendos inter eos in communi, prout est in talibus fieri consuetum. Et residuum dictorum reddituum quod supererit et remanebit ultra misias pro missis et obitu predictis, erit pro dicto collegio, et capiet procurator theologorum predictorum qualibet septimana, dictos quatuor solidos, tradendos et solvendos dicentibus et celebrantibus dictas missas de pecunia dicte domus sicut capit bursas theologorum dicti collegii. Et insuper, prenominati provisor, magistri et scolares collegii antedicti, de summa predicta sexcentum francorum auri redditus, querere ac diligenter et fideliter emere, ac ipsorum admortizacionem procurare tenebuntur ad expensas collegii supradicti. Procurabunt insuper procuratores dicti collegii redditus ipsos de dicta summa emptos et admortizatos, sicut procurant alios redditus dicti collegii; et reponetur pecunia dictorum reddituum cum alia pecunia aliorum reddituum collegii supradicti, nec de ipsa summa sexcentum francorum auri, dicti provisor, magistri et scolares, pro quacunque causa, vel necessitate ipsius collegii aut aliaquavis, aliquid accipient, aut diminuent, vel exponent, nisi pro dictis redditibus acquirendis, emendis et eciam admortizandis, ut prefertur. Et reponetur dicta pecunia in scrinio arche dicti collegii, in qua pecunia reddituum ipsius pro bursis solvendis reponitur. Cujus scrini provisor ipsius collegii habebit unam clavem, sicut alii officiarii habent alias tres claves dicte arche, nec de pecunia ipsa, pro missis vel obitu predictis faciendis, aliquid distribuetur donec redditus de dicta pecunia, seu summa florenorum predictorum empti fuerint et admortizati. Tamen, si predicti redditus essent empti et bono modo admortizati non possent, tunc dicte due misse celebrabuntur et fiet dictus obitus et pro ipsis de dicta pecunia distribuetur, et residuum ipsius erit sicut superius est expressum, et eciam tenebuntur dictorum reddituum admortizacionem procurare, sicut superius est expressum. Quam quidem summam sexcentum francorum auri predictorum, racione et ex causis premissis sic traditam et numeratam in florenis, francis auri ut prefertur, supranominatus magister Thomas **de Sancto Petro** provisor, ac venerabiles et discreti viri, magistri Egidius **Abbatis**, sacre theologie professor, prior Robertus **Cardonis** theologorum, Johannes **Trop** hardi, artistarum procuratores, Guillemus de **Gardino** in dicta theologia bacallarius Gaufridus **Bigoti**, Nicolaus **Pitemen**, Johannes **Milonis**, Johannes **Tovigis**, Rollandus **Ramier**, Ursinus de **Talvende**, Johannes **Regis**, Petrus de **Ulmo**, Johannes **Fessardi**, magistri in artibus, Ricardus **Desquesnes**, Guillelmus **Beaufilz**, Robertus **Le Viel**, Johannes **Aillot**, Radulphus **Mauhaut**, Laurencius **Tireavant**, Johannes **Béraut**, Guillermus **Barbe**, Rulandus **Silvestris**, Thomas **Ducis**, Johannes de **Beauvaiz**, Johannes **La Chièvre**, Johannes **Siral**, Petrus de **Castanea**, Johannes **Feron**, Petrus **Suhel**, Johannes **Potage**, Johannes **Malpoyvre**, Gaufridus **Hay**, Radulphus **Charon**, Matheus **Goubert**, Petrus **Caronis**, Rogerus **Danielis**, et Jacobus **Danielis**, scolares domus seu collegii predictorum, pro premissis et infrascriptis peragendis, propter hoc insimul congregati die et loco supradesignatis, confessi fuerunt et recognoverunt in veritate habuisse et recepisse ab executoribus antedictis, ut prefertur. Quas missas et obitum celebrare, ac alia omnia et singula facere, bona fide promiserunt pro ipsius defuncti predecessorumque parentum et benefactorum suorum quoruncunque animarum remedio et salute, ut superius est expressum. Et pro missis et obitu predictis perpetuo celebrandis et dicendis, ac aliis premissis omnibus et singulis adimplendis et perficiendis, ut prefertur, ipsi domini et magistri, provisor, prior, procuratores et scolares supranominati dicti collegii, obligaverunt et ypothecaverunt se ipsos, successoresque suos et dicti collegii bona mobilia et immobilia, presencia et futura, ubicumque existencia et poterunt inveniri, per presentis instrumenti publici seriem et tenorem. Et ad futuram rei memoriam premissorum, presens instrumentum, seu contenta in eodem in fine statutorum suorum et collegii supradicti, addi et scribi et anno quolibet legi voluerunt et promiserunt, sicut alia statuta dicte domus; presensque instrumentum seu instrumenta, unum vel plura, et quotquot de et super ac pro premissis fieri voluerunt ad majoram (*sic*) cautelam et certitudinem pleniorem premissorum, sigillo communi collegii antedicti sigillari, presentibus ad hec discretis viris domino Radulpho **Danot** presbytero, Symone **Picardi** et Johanne **Tanquardi**, clericis Baiocensis et Rothomagensis diocesum testibus advocatis specialiter et rogatis. Item, anno, indiccione et pontificatu predictis, mensis vero februarii die sexta, supranominatus magister Guillermus de **Laudis**, premissa omnia et singula laudavit, approbavit et ratificavit, rataque et grata habuit et habet, sibique placent, ac prout melius potest et debet suum in hoc consensum prebuit pariter et assensum. De et super quibus premissis omnibus et singulis, prenominatus magister Nicolaus de **Mesereyo** per me notarium publicum infrascriptum, fieri atque tradi voluit et petiit publicum instrumentum seu publica instrumenta, unum vel plura si sit opus ejusdem tamen substancie et tenoris; astantes invocando in testimonium premissorum. Acta fuerunt hec ultima in domo habitacionis mei infrascripti publici notarii, sita in vico novo Beate Marie Parisius, anno, indiccione, mensibus, diebus, pontificatu et locis supradictis, presentibus venerabili ac discretis viris magistro Gaufrido de **Montedeserto** prefati domini nostri regis clerico notario, domino Johanne de **Lacrollière**, presbyteris in Senonensi et Rothomagensi provinciis, succollectore apostolico et Johanne de **Losyer** clerico Sagiensis diocesis, testibus ad hec vocatis specialiter et rogatis.

Et ego, Guillermus Siquardi, clericus Sagiensis diocesis publicus, apostolica et imperiali auctoritate notarius, dacioni, tradicioni florenorum predictorum, ceterisque premissis omnibus et singulis dum sicut suprascribuntur, fierent, una cum supranominatis testibus presens fui eaque sic fieri vidi et audivi; ideo presens instrumentum, alia manu scriptum, me aliis occupato signo meo solito signavi hic, propria manu, me subscribens requisitus in testimonium premissorum [1].

11.

Confirmation, par le roi **Henri VI** d'Angleterre, de tous les droits, rentes et possessions du collège d'Harcourt, en Normandie et autres lieux.

(*Document inédit*. Voir chapitre III, p. 121.)

1424. Henry, par la grâce de Dieu roy de France et d'Angleterre, à tous ceux qui ces présentes lettres verront, salut.

Savoir faisons que pour consideracion de ce que nos bien amez les maistres et escoliers du collège d'HARCOURT fondé à Paris se

1. *Archives de l'Université*, à la Sorbonne. Carton 17.

— 601 —

sont toujours tenuz et demourez soubz et en l'obéissance de feu nostre très chier seigneur et ayeul le roy de France cui Dieu pardoingt, et encores demeurent en la nostre, à yceulx par l'advis de nostre conseil avons donné et octroyé, rendu et restitué, donnons, octroyons, rendons et restituons de grâce especial par ces présentes toutes les terres, héritaiges, possessions, rentes, revenues non nobles que les diz supplians à cause de leur dit collège tenoient et possédoient en nostre duchié de NORMANDIE et autres lieux conquestés par feu nostre très chier Seigneur et père cui aussi Dieu pardoingt au devant de la descente par lui faite en nostre dit duchié l'an mil quatre cent dix-sept, assis ès bailliages de CAUX, ROUEN et CAEN et ès vicontez d'iceux bailliages pour en joïr par les diz supplians par la forme et maniere que eulx et leurs prédécesseurs en joïssaient par avant la dite descente en faisant et payans les droiz, charges et devoirs pour ce duz et acoustumez réservé à nous la haulte et souveraine justice et tout autre droit qui nous y pourroit ou devroit autrement appartenir, pourveu toutes voyes que les droits, terres, héritaiges, ou possessions, rentes et revenus ou parties d'icelles ne soient du propre domaine de nostre dit duchié de NORMANDIE ne des terres, masures, places ou édifices situez soubz nostre chastel de FALOISE, ne des perrières, carrières, maisons ou autres choses ordonnez ou réservées à CAEN ou pour les édifices de nostre palais de ROUEN. Et que par avant le jour duy date de ces présentes, ilz n'ayent testé, donnez à autres par nostre dit feu seigneur et père ou nostre tres chier et tres amé oncle régent de nostre dit royaume de France, duc de Bedford.

Si donnons en mandement par ces mêmes présentes à nos amez et féaux gens de nos comptes trésoriers et généraulx gouverneurs de toutes nos finances de FRANCE et NORMANDIE, aux bailliz de CAUX, ROUEN et CAEN, aux vicontes des diz bailliages et à touz nos autres justiciers et officiers ou à leurs lieux tenans présens et avenir et à chacun d'eulx si comme à lui appartiendra que de nostre présente grâce, octroy et restitution fassent, seuffrent et laissent les diz supplians joïr et user plainement et paisiblement sans les travaillier, molester ou empeschier, faire ne souffrir estre travailliez, molestez ou empeschiez ores ne pour le temps avenir aucunement, au contraire, nonobstant que les diz supplians ne soient venuz dedans temps deu, dont nous les avons relevez et relevons de nostre dite grâce.

En tesmoing de ce nous avons fait mettre nostre scel à ces présentes lettres.

Donné à Paris le sixième jour d'octobre l'an de grâce MIL CCCC VINT-QUATRE et de notre règne le second [1].

Sur le repli on lit : PAR LE ROY *à la relation du Conseil*,

Signé : ADAM.

1. Arch. nat., S. 6443, 19e liasse, n° 18. Le sceau est suspendu à une queue de parchemin.

12.

PLAIDOYER DE ROBERT CYBOLE
EN FAVEUR DE JEANNE D'ARC.
CONSIDERATIO ROBERTI CIBOLE (1452).

(Voir chapitre III, p. 129 et suiv.)

SEQUITUR CONSIDERATIO SEU OPINIO VENERABILIS VIRI MAGISTRI ROBERTI CIBOLE, SACRÆ THEOLOGIÆ PROFESSORIS ET CANCELLARII PARISIENSIS, QUI, TAM ANTE HUNC INCHOATUM PROCESSUM, QUAM ETIAM POST EJUS INCHOATIONEM, REQUIRENTIBUS EJUS CONSILIUM DOMINIS DELEGATIS, SCRIPSIT SUPER FACTO PRÆDICTI PROCESSUS CONTRA DICTAM JOHANNAM, ROTHOMAGI AGITATI; PROSEQUENS QUATUORDECIM QUALITATES SEU QUALIFICATIONES CONTRA DICTAM JOHANNAM IN DICTO PROCESSU ET SENTENTIIS IN EO CONTENTIS, ATTRIBUTAS, NON POTUISSE EIDEM JOHANNÆ ATTRIBUI VEL COLLIGI EX GESTIS DICTÆ JOHANNÆ, DICTIS VEL CONFESSIONE PROSEQUENDO PARTICULARITER ET SIGNANDO UNAMQUAMQUE PRÆDICTARUM QUATUORDECIM QUALIFICATIONUM, SICUT IMMEDIATE IN EADEM OPINIONE EST DESCRIPTUM.

De Puella quadam Johanna nuncupata, quæ temporibus nostris, præter solitum fœminis et puellis usum, multa dixisse et miranda fecisse perhibetur, non est meum quidquam nisi cum formidine et utcumque opinando, scribere aut dicere. Ideo nihil in hac re intendo seu propono scribere vel asserere, nisi sub protestatione insequendi judicium et determinationem majorum, præsertim illorum qui jure tam divino quam humano peritiores habentur, et qui ex ipsius Johannæ dictis pariter et factis plenius fuerunt informati. Sed quum irrefragabilis auctoritas, cujus jussa mihi capessere fas est et nefas eidem non obedire, jubeat me aliquid dicere super quodam processu facto dudum Rothomagi contra dictam Johannam de anno Domini MCCCCXXXI, per dominum Petrum Cauchon, tunc Belvacensem episcopum, assertum judicem in materia fidei; ex quo processu secuta sit sententia condemnationis dictæ Johannæ tanquam schismaticæ, infidelis et hæreticæ : quædam dicta in proposito non asseram nisi quæ asserenda sunt et sub protestationibus prædictis et aliis quæ in similibus fieri debent.

Pro materia igitur dicendorum, quæritur si processus contra eam habitus et factus in materia fidei et sententia contra eam lata per dictum dominum episcopum, sint juridici, aut nullitati subjiciantur tam processus quam ipsa sententia, ea parte maxime qua illa condemnata exstitit tanquam infidelis, schismatica et hæretica. Pro cujus quæstionis deductione, primo ponenda est dicta sententia in propriis terminis ; deinde collatio facienda an videlicet dicta sententia conformis sit confessioni et convictioni dictæ Johannæ in omnibus suis articulis et punctis ; tertio an ex dictis aut factis ipsius Johannæ, illa possit aut debeat de infidelitate et hæresi condemnari ; quarto an processus alias fuerit juridicus, ita quod non fuerit error aut defectus in judicio neque ex parte judicum neque ex modo judicandi.

Est itaque forma sententiæ ista :

« In nomine Domini, amen. Universos Ecclesiæ pastores et cætera
« usque ibi nos Christum et honorem fidei orthodoxæ præ oculis
« habentes, ut de vultu Domini judicium prodeat, dicimus et decerni-
« mus te apparitionum et revelationum divinarum mendosam con-
« fictricem, perniciosam seductricem, præsumptuosam, leviter cre-
« dentem temerariam, præsumptuosam divinatricem, blasphemam
« in Deum, sanctos et sanctas et ipsius Dei in suis sacramentis con-
« temptricem, legis divinæ, sacræ doctrinæ ac sanctionum ecclesias-
« ticarum prævaricatricem, seditiosam, crudelem, apostatricem,
« schismaticam, in fide nostra multipliciter errantem, et per præ-
« missa te in Deum et sanctam Ecclesiam modis prædictis temere
« deliquisse ac insuper quia debitæ, licet et sufficienter tam per
« nos quam parte nostra per scientificos viros nonnullos et expertos
« doctores ac magistros animæ tuæ salutem zelantes sæpe et sæpius
« admonita fueris ut de prædictis te emendare et corrigere necnon
« dispositioni, determinationi et emendationi sanctæ matris Ecclesiæ
« submittere velles, quod tamen noluisti nec curasti, quin imo ex-
« presse, indurato animo, obstinate atque pertinaciter denegasti, ac
« etiam expresse et vicibus iteratis domino nostro Papæ, sacro ge-
« nerali Concilio submittere recusasti. Hinc est quod te tanquam
« pertinacem et obstinatam in prædictis delictis, excessibus et erro-
« ribus ipso jure excommunicatam et hæreticam declaramus. »

Circa quam quidem sententiam notandum primo quod per hanc sententiam prædicta Johanna multorum et diversorum criminum rea adjudicata est et qualificata ; quorum quidem criminum major pars plus contra bonos mores quam directe contra fidem esse videtur. Nam peccata, quæ sunt contra bonos mores directe, sunt illa quæ procedunt elicitive et immediate ab appetitu seu voluntate ; peccatum vero infidelitatis est dicere oppositum fidei catholicæ et est subjective in intellectu sicut fides.

Notandum præterea quod ex peccatis contra bonos mores non arguitur aliquis esse infidelis, nisi sit error in intellectu circa ea quæ sunt fidei, sicut quantumcumque sit aliquis fornicator aut superbus, præsumptuosus aut fictus non potest ex his et similibus peccatis convinci esse infidelis, nisi male senciat de his quæ sunt fidei, ut puta si quis fornicator volens favere suo vitio sentiret aut crederet vel diceret quod fornicatio non est peccatum mortale vel quod non est prohibita. Hoc enim esset sentire contra sacram doctrinam vel scripturam quam fides prædicat esse veram. Talis esset notandus de errore in fide non quia fornicator, sed quia veritatis fidei et scripturæ sacræ detractor et corruptor, et ita dicendum de aliis.

Notandum præterea quod peccatum infidelitatis nunquam constat in aliqua persona in qua est fides. Fides autem non tollitur neque recedit ab anima propter quodcumque peccatum non sibi oppositum, sed solummodo propter peccatum sibi oppositum, quod est infidelitas, sicut patet quod ex vi nominis negat fidem. Ex quo notum est quod ille vel illa qui semel in baptismo fidei habitum suscepit, nunquam perdit illum nisi per introductionem habitus contrarii, scilicet infidelitatis, sicut enim dicit Aristoteles in prædicamentis : « Contraria mutuo se expellunt. » Talis tamen fides quæ stat cum aliis peccatis mortalibus informis est, nec est efficax ad merendum vitam æternam, quia sine caritate est sine qua non est meritum vitæ perpetuæ.

Jam ergo videndum est de qualificatione criminum quibus per dictam sententiam tamquam rea condemnatur. Judicatur et qualificatur primo fore et esse divinarum revelationum mendosa confictrix. Hoc siquidem directe ad genus mendacii, hypocrisis vel simulationis pertinet ; quæ vitia opponuntur veritati quæ est virtus moralis, ut Philosophus dicit in quarto *Ethicorum*. « Si quis enim dicat per simulationem aut fictionem aliquod donum seu gratiam habere aut habuisse a Deo non propter hoc errat in fide, sed in moribus. »

Ex quo sequi videtur quod si etiam ita fuisset quod dicta Puella mendose aut ficticie dixisset habuisse apparitiones aut revelationes a Deo aut sanctis, non debuisset propter hoc argui tamquam errans in fide sed potius in eo casu debuisset doceri et corrigi de simulatione et mendacio. Verum est tamen quod tales fictiones et mendacia graviora sunt peccata circa divina quam circa aliam materiam, non tamen exeunt genus moris in quantum hujusmodi.

Secunda qualitas criminum est quo decernunt eam « perniciosam seductricem ». Clarum est quod seductio de ratione nominis importat malum contra caritatem proximi. Si tamen seductio esset per falsam doctrinam quæ esset corruptiva veritatis, fidei seductio ista saperet hæresim. Hæreticus enim est qui falsas vel novas opiniones vel gignit in alios aut sequitur, sicut Christo Judei imponebant dicentes quod « malus est et seducit turbas » (Johannis, VII). De tali etiam seductione loquens, Christus dicebat : « Videte ne quis vos seducat, » (Mathei XXIIII). Nec esset ista seductio tantum peccatum in moribus, sed etiam in fide, quia ex intentione procederet ad corruptionem fidei in aliis. Si itaque dicta Puella quoad primum modum seductionis, scilicet quoad mores fuerit sic qualificata, nihil quoad hoc de infidelitate sibi debet imputari. Si vero fuerit perniciosa seductrix secundo modo, videlicet in his quæ sunt fidei, cum aliis articulis tangentibus fidem ex suis responsis in processu.

Tertia qualificatio « præsumptuosam ». Circa istam qualitatem erat forsan major apparentia eam sic judicandi, eo quod prædicta Johanna quosdam actus exercere videbatur ultra mensuram propriam et supra vires femineas. In omni enim re naturali hæc invenitur quod quælibet actio commensuratur virtuti naturali agentis. Et ideo vitiosum est et peccatum quasi contra naturalem ordinem existens

— 605 —

quod aliquis ex se assumat ad agendum ea quæ præferuntur suæ virtuti, quod pertinet ad rationem præsumptionis. Et ideo præsumptio est peccatum, sed non contra fidem sed contra magnanimitatem, ut expresse determinat Philosophus in secundo et quarto Ethicorum, ubi dicit quod magna, imo per excessum opponitur cappuus, id est furiosus, quem nos dicimus præsumptuosum.

Ex quo sequi videtur quod esto quod ipsa Johanna fuisset soli naturali virtuti suæ innixa aut etiam supra communem inclinationem naturæ muliebris in exercendo bellica opera supra vires fœmineas, adhuc propter hoc non fuisset de infidelitate notanda, sed de præsumptione.

Quarta qualificatio « leviter credentem ». Circa hæc allegari posset illud Ecclesiastici XIX « qui cito credit levis est corde ». Sed hoc a doctoribus exponitur quod qui cito credit mala de proximo levis est corde, id est instabilis in bono et labilis ad malum. Nam de quolibet tenendum est quod sit bonus nisi appareat contrarium, et juxta istum intellectum leviter credens non est peccatum in fide. Cito autem credere ea quæ sunt fidei non est levis animi, sed obedientis, ut patet de Magdalena quæ, secundum beatum Gregorium, cito credidit et de apostolis qui ad unam domini jussionem secuti sunt eum. Secus autem esset de cito credendo contraria fidei : quod non videtur apparere ex processu dictam Johannam fecisse, ut patebit, quia si de levitate credendi notanda fuerit hæc, maxime fuit respectu revelationum et vocum quas habuisse et audivisse confitetur, de quibus erit in sequentibus latius dicendum.

Quinta qualificatio « temeraria ». Ex isto non potuit dicta Johanna de infidelitate notari quia temeritas est vitium prudentiæ oppositum, ut dicit beatus Augustinus contra Julianum, libro quarto, et sic non contra fidem.

Sexta qualificatio « præsumptuosam divinatricem ». Gravis equidem objectio cavetur in decretis, XXVI, q. LI. Quod qui divinatores expetunt et morem gentilium subsecuntur sub regula quinquennii subjaceant, secundum gradus pœnitentiæ diffinitos. Lex etiam divina dicit *Deuteronomii*, XVIII « non sit qui phitones consulat neque divinos ». Divinus vel divinator seu divinatrix dicitur qui prænuntiat futura, secundum indebitum modum. Notanter dico secundum indebitum modum quia divinatio non dicitur si quis prænuntiet aliqua quæ ex necessitate eveniunt, sicut astrologi prænuntiant eclipses futuras vel venturas, aut etiam si quis prænuntiet aliqua quæ ex suis causis ut in pluribus eveniunt et raro deficiunt, sicut etiam astrologi de pluviis et siccitatibus et medio, de sanitate vel de morbo aut morte prænuntiare possunt, quia omnia ista humana ratione possunt præcognosci. Si quis etiam aliqua futura contingentia Deo revelante cognoscat, talis non divinat, id est quod divinum est non facit sed suscipit. Et ergo aliquis vel aliqua tunc solum dicitur divinare quando sibi indebito modo usurpat prænunciationem futurorum eventuum. Et iste indebitus est multiplex, secundum quod Isidorus, libro VIII *Ethimologiarum*, enumerat diversas divinationis species, videlicet cum quis invocat auxilium dæmonum ad futura manifestanda. Omnis enim præsumptuosa divinatio vertitur ad præcognitionem futuri eventus aliquo dæmonum consilio vel auxilio, quod quidem aliquando fit vel per expressam invocationem vel interdum dæmon se occulte præsentat ad prænuntiandum quædam futura quæ hominibus sunt ignota. Solent autem dæmones expresse invocati futura prænuntiare multis modis decipiendo homines : quandoque prestigiosis quibusdam apparitionibus se aspectui hominum et auditui ingerentes ad prænuntiandum futura, et hic modus vocatur prestigium eo quod oculi hominum prestigiantur opinando eas certas formas vel figuras operatione dæmonum confictas et formatas. Et de hoc modo divinationis potuit haberi suspicio in apparitionibus et revelationibus factis dictæ Puellæ dum confitebatur beatum Michaelem et sanctas Katherinam et Margaretam sibi apparuisse, vocem seu voces audivisse sibi quædam futura prænuntiantes. In hujusmodi namque apparitionibus extat periculum eo quod, ut habetur secunda ad Corinthios, xi, « Ipse Sathanas transfigurat se in angelum lucis ». Johannes autem in prima canonica capitulo iv dicit : « Probate spiritus si ex Deo sunt. » Ideo poterat hujusmodi suspicio prestigialis divinationis ex probatione istorum spirituum per considerationem potissime finis ad quem tendebant prædictæ apparitiones et voces : et de hoc dicetur. De aliis autem modis et speciebus divinationum, utpote per somnia, per nigromanciam, giromanciam, chiromanciam et artes magicas prohibitas non videtur ex inspectione processus fuisse suspecta dicta Johanna, nec interrogata. Ideo cum ad dictas apparitiones venerimus ratione quarum judicata est divinatrix, de ista sola specie divinationis dicemus, ostendentes opinando in his apparitionibus tale genus divinationis non intervenisse.

Septima qualificatio est : « blasphemam in Deum, sanctos et sanctas ». Blasphemia opponitur confessioni fidei : unde quicumque negat de Deo quod ei convenit vel asserit de eo quod ei non convenit derogat divine bonitati et blasphemat ; hoc autem est aliquando secundum solam opinionem intellectus, aliquando etiam est cum quadam affectus convicta detestatione. Et si sit tantum in corde, est cordis blasphemia de qua solus Deus judicat nec de ista est ad propositum. Si vero exterius prodeat per oris locutionem, est oris blasphemia quæ subest hominum judicio. Videndum ergo erit si prædicta Johanna per decursum processus convicta fuerit aliquid enuntiasse aut asseruisse contra Dei bonitatem et honorem. Credo enim quod in toto processu ex confessatis nihil inveniatur dixisse quod deroget bonitati Dei, sed sæpius interrogata respondit sub hac forma : « Omnia opera mea et facta mea sunt in manu Dei et de his me refero ad ipsum. Et certifico vos quod ego non vellem aliquid dicere vel facere contra fidem christianam. » Non puto quod hoc sit blasphemare in Deum et in sanctos, sed potius dare gloriam Deo et sanctis ejus.

Ex quo sequi videtur quod non est correspondentia istius qualificationis ad suam confessionem : et sic vitium apparet quo ad istum articulum quia sententia non est conformis suis dictis.

Octava qualificatio « ipsius Dei in suis sacramentis contemptricem ». Quoad istam qualificationem in quantum hujusmodi non potest notari de infidelitate ut videtur, quia omne peccatum mortale habet concomitantiam contemptus Dei in suis sacramentis. Constat enim quod omnis peccans mortaliter contempnit gratiam baptismi. Quod etiam qui indigne suscipit aliquod sacramentum argui potest de contemptu sacramenti, et tamen non de infidelitate. Ex quo sequitur quod, etsi convicta foret de tali contemptu, non propter hoc convicta fuisset de infidelitate. Et nihilominus ex inspectione processus perspicue videtur quod reverentiam magnam et devotam gerebat ad Ecclesiæ sacramenta, præcipue ad sacramentum altaris cum ipsa communicaret omni anno juxta Ecclesiæ statutum, libenter ac frequenter audiret missam quam sæpius in carcere ut audiret humiliter requisivit, quamvis tamen impingi sibi videatur quod respuerit suscipere sacramentum, ad quod in sequentibus respondetur.

Nona qualificatio « legis divinæ, sacræ doctrinæ et sanctionum ecclesiasticarum prævaricatricem ». Ista qualificatio communis est omni peccato mortali. Constat enim quod omne peccatum mortale est contra legem divinam, quia contra præcepta Decalogi. Est etiam contra sacram doctrinam quæ docet ipsam legem divinam. Contra etiam sanctiones ecclesiasticas quæ a Patribus, dirigente spiritu sancto, editæ et traditæ sunt ad expulsionem vitiorum et ad introductionem et incrementa virtutum.

Ex quo sequitur quod, etsi dicta Johanna fuerit prævaricatrix legis divinæ facto aut verbo absque dogmate contrario legi Dei et fidei, quod non propter hæc debuit de infidelitate aut hæresi condemnari.

Decima qualificatio « seditiosam ». De hac qualificatione similiter et dicendum quod seditio de genere non est peccatum infidelitatis, sed contra bonos mores, quia contra unitatem et communicationem civilem, ut habet Philosophus *Politicarum* III. Non autem reperitur in processu quod turbaverit pacem concivium aut commilitonum suorum aut hominum suæ policiæ aut regni nisi forsan seditiosa dicatur quia ad expulsionem hostium laboravit ; quod esset contra rationem seditionis, ut patet per Philosophum.

Undecima qualificatio « crudelem ». Crudelitas nihil aliud est quam punitionis excessus nulla pietate vel temperantia moderatus. Et ut me de isto expediam, nihil ad causam fidei de ista qualificatione. Quippe non dici poterat crudelis ex eo quod arma tulisset aut indumenta virilia. Nam a principio excusavit se quod erat simplex et paupercula puella et quod equitare nesciret nec ducere guerram, et ita se non ingessit ut arma deferret. Præterea sæpe atque sæpius ipsa confessa est quod de mandato Dei admonente sancto Michaele venerat ad succursum regis Franciæ pro bono patriæ, regis et bonarum gentium. Modo notum est et habet Augustinus tertio libro *De Civitate*, cap. x per totum et libro IV, cap. xv, per totum, quod bellum justum est quod pro defensione patriæ non pro cupiditate dominandi geritur. Ubi autem est justitia in bello, ibi non est crudelitas quamvis non sine sanguinis humani fiat effusione. Et quamvis fuisset sibi licitum in bello justo sanguinem fundere hostium pro defensione patriæ, tamen ad evitandam omnem crudelitatis notam, ipsa, ut in processu confessa est, portabat vexillum pro evitando ne ipsamet interficeret adversarios quibus etiam ante omnia pacem offerebat, requirens ut recederent ab obsidione civitatis Aurelianensis et nunquam hominem interfecit. Quod si fecisset, præsupposito motivo sui adventus, adhuc nulla potuisset crudelitatis culpa notari quia, ut habet Augustinus libro primo *De civitate Dei*, cap. XXII, « bella gerentes Deo auctore non rei homicidiorum sunt, » sicut patet in decursu Sacræ Scripturæ, maxime in libris *Josue*, *Judicum* et *Regum*, ubi multi laudantur etiam sexus muliebris eo quod, auctore Deo, arma et gladios ad expugnationem hostium assumpserunt.

Duodecima qualificatio « apostatricem ». Apostasia tripliciter potest in Scripturis accipi, secundum quod apostasia importat recessum a Deo, quod fit tribus modis. Conjungitur enim homo Deo tribus modis et sic etiam tribus modis receditur ab eo. Primo namque conjungitur homo Deo per fidem, secundo per debitam et subjectam voluntatem ad obediendum præceptis ejus, tertio per aliqua specialia ad supererogationem pertinentia, sicut per religionem et clericatum vel sacrum ordinem. Contingit ergo aliquem apostatare a Deo retrocedendo a religione quam professus est vel ab ordine quem suscepit, et de hoc modo apostasiæ non potuit notari dicta Johanna, cum ipsa non fuerit religione alligata. Contingit etiam aliquem apostatare a Deo per mentem repugnantem divinis mandatis, et hoc modo apostasiæ largo modo sumptæ omnis peccator per peccatum mortale apostata dicitur, de qua apostasia non intelligitur in sententia, ut notum est. Sed si quis a fide discedat, tunc omnino recedit a Deo et est proprie talis dicendus apostata quia apostasia simpliciter et absolute est perquam aliquis discedit a fide. Si autem præfata Johanna discesserit a fide catholica, videndum erit ex responsis et confessionibus suis et in quo vel quibus articulis fidei erravit, quia hoc est principale quod querimus. Nam prius opportuit eam errare et apostatare quam hæreticam formatam esse vel adjudicari.

Decima tertia qualificatio « schismaticam ». Schisma est grave peccatum et est quasi dispositio ad hæresim aut non sine hæresi. Hæresis tamen addit ad schisma perversum dogma. Dicit namque Ieronimus, super epistolam ad Galathas : « Inter schisma et hæresim hoc interesse arbitror quod hæresim perversum dogma habet, schisma ab Ecclesia separat. » Opponitur enim unitati Ecclesiæ : unde schismatici dicuntur illi qui propria sponte et intentione se ab unitate Ecclesiæ separant. Quæ quidem unitas consistit in unione membrorum inter se et in ordine ad unum caput, secundum illud ad Colossenses, II «inflatus sensus carnis suæ et non tenens caput, ex quo totum corpus per nexus et connexiones subministratum et constructum crescit in augmentum Dei ». Hoc autem caput est Christus, cujus vicem gerit in Ecclesia summus pontifex. Et ideo schismatici dicuntur qui subesse renuunt summo pontifici et qui membris Ecclesiæ ei subjectis communicare recusant. Item ergo videndum erit si præfata Johanna renuerit subesse summo pontifici. Patet evidenter quod non per processum in quo pluries et expresse se summisit sententiæ summi pontificis, postulans instanter ut duceretur ad eum. Quod etiam renuerit communicare cæteris fidelibus in sacramentis Ecclesiæ non habetur ex processu quando potius oppositum ex multis suis revelationibus clarius apparet. Et hæc manifestius apparebunt cum agetur de materia submissionis suæ.

Decima quarta qualificatio « in fide nostra multipliciter errantem, et per præmissa te in Deum et Sanctam Ecclesiam modis prædictis temerario deliquisse ». Ista ultima clausula clare sequitur ex præmissis si vera sunt et specialiter ex ista ultima qualificatione qua dicitur in fide nostra multipliciter errantem quæ quidem qualificatio generalis est nec specialiter tangit quo aut quibus modis illa in fide erraverit aut in quo aut contra quæ vel quos articulos, nec declarat ista qualificatio multiplicitatem suorum errorum. Sed dicetur quod ista qualificatio relativa est ad prædicta crimina et qualificationes supradictas; et ita videtur esse de intentione judicantium ut patet per sequentem clausulam qua dicitur : et per præmissa te in Deum, etc.

Ideo recapitulanda sunt præmissa crimina et qualificationes eorum ut videatur si in omnibus aut aliquibus eorum ipsa Johanna in fide nostra multipliciter erraverit. Est autem advertendum quod dicta Johanna non poterat judicari errasse in fide nostra nisi ex dictis aut factis suis quæ sunt signa eorum quæ latent in corde. Dicta enim et facta protestationes quædam sunt fidei. Ideo si quis vel dicat ore contraria fidei aut exerceat actus contra pietatem Dei, ut puta neget sacram Scripturam, adoret ydola, spernat et conculcet sacramenta vel hujusmodi, talis judicari aut saltem notari potest de infidelitate vel de hæresi, si sit firma adhæsio contra ea quæ sunt fidei christianæ, maxime circa ea quæ quisque quantumcunque simplex scire tenetur. Si quis autem erret aut habeat falsam opinionem in his quæ non sunt fidei et quæ scire non tenetur, puta in geometralibus vel aliis hujusmodi quæ omnino ad fidem pertinere non possunt, non propter hæc talis debet dici errans in fide aut corruptor fidei, sed solum quando aliquis habet falsam opinionem circa ea quæ ad fidem pertinent. Ad quamquidem fidem pertinet aliquid dupliciter; uno modo directe et principaliter sicut articuli fidei, alio modo indirecte et secundario sicut ea ex quibus sequitur corruptio alicujus articuli. Si ergo clare inspiciantur imposita dictæ Johannæ crimina, prout in prædicta sententia qualificata habentur, non videtur posse notari multipliciter errasse in fide nostra nisi aut ex confictione mendosa revelationum et apparitionum divinarum, aut ex præsumptuosa divinatione, aut forsan ex blasphemia in Deum et sanctos et sanctas aut Dei in sacramentis ex infidelitate procedente, quia solus talis contemptus est ad propositum eo quod, ut dictum est, in omni peccato mortali est contemptus Dei, aut etiam ex apostasia et schismate. De aliis autem impositis sibi criminibus quæ sunt peccata morum et quæ ad fidem non pertinent directe et principaliter, neque ex eis sequitur corruptio alicujus articuli fidei, non potest, ut videtur, tamquam infidelis vel hæretica condemnari, etiam si in illis monita sæpius et relapsa fuerit; et hoc satis apparet ex notabilibus prædictis. Veniam ergo ad revelationes et apparitiones sibi factas quia vel sunt veræ aut fictæ et mendosæ. Si fictæ et mendosæ, rea est mendacii et simulationis, ut dictum est, eo quidem gravius quo Deum et sanctos falso sibi testimonium dedisse. Quod ad illud posset dici de falsis prophetis quæ multa ex spiritu suo dicentes mentiebantur nec, ut sic est, in fide errare, nisi ea quæ dicerentur essent erronea. Sed quis ei dicere potuisset: « Tu illas apparitiones non habuisti, aut tu voces non audivisti? In talibus enim negativa probari non potest quia res facti est occulta et soli dicenti cognita. Dico ergo: primo, salvo meliori judicio, quod si quis dicat mendose habuisse de aliquo futuro revelationem a Deo vel a sanctis, non est errare in fide neque in his quæ sunt fidei, quamvis talis peccet mortaliter. Probatur quia sicut patet ex dictis, contingit errare in fide dupliciter aut ex hoc quod quis habet falsam opinionem, vel extimationem de his quæ sunt principalia in fide sicut articuli fidei aut circa ea quæ secuntur ad illos ex quibus, si circa illos erretur sequetur corruptio articulorum; ut puta, si quis falsam opinionem haberet de resurrectione mortuorum, directe erraret in articulo fidei, aut si quis diceret animam humanam non esse immortalem, quia talis opinio esset corruptiva prædicti articuli. Sed ille qui dicit mentiendo et false habuisse revelationes vel apparitiones, nihil asserit contra articulos fidei neque contra aliquid unde corrumpi possit fides, ergo non errat in fide. Ex quo sequitur quod dicta Johanna etiam si false et mentiendo dixisset habuisse revelationes prædictas, non propter hoc erat adjudicanda errans in fide. — Dico secundo : Si quis dicat vere et absque mandato habuisse de futuris a Deo revelationes et apparitiones sanctorum vel sanctarum aut voces aliquas audivisse, propter hoc non offendit in fide, quin potius militat pro fide. Primum probatur quia, ut Philosophus [dicit], verum omni vero consonat et veritas fidei nulli repugnat veritati, sed per hypothesim quæ dicit revelationes Dei et apparitiones sanctorum habuisse et voces audivisse dicit verum : ergo non offendit in fide. Secunda pars probatur videlicet quod talis potius militat pro fide. Quia ex fide tenemus quod Deus sua providentia et gubernatione dirigit homines in vitam æternam quam ex naturalibus adipisci non valemus neque ex sensu proprio aut notitia acquisita sufficimus ad illam cognoscendam vel promerendam, ergo fidei est credere quod Deus revelet hominibus viam per quam et media per quæ possit haberi ; sed ad hoc sunt omnes revelationes divinæ, ergo qui vere asserit illas habere vel habuisse militat pro fide. Et si objiciatur quod revelationes aut apparitiones factæ dictæ

39.

Johannæ non erant de vita æterna neque de supernaturalibus aut spiritualibus, sed de bellis, de terrenis et futuris contingentibus, ergo ratio proposita nihil facit ad propositum. Respondeo quod ratio seu probatio quæstionis prædictæ est ad hæc quod hujusmodi veræ revelationes militant pro fide, et sicut Deus revelat hominibus ea quæ per se et directe faciunt ad vitam æternam sicut sacram Scripturam et misteria fidei, ita etiam multa revelat de temporalibus et futuris contingentibus ad promotionem hominum in suum finem quæ est vita æterna, cujusmodi sunt bellum justum, pax, peregrinationes et exhortationes, monitiones, pacta inter homines et hujusmodi ex quibus futura secuntur quæ Deus præcognoscit salutaria hominibus. Quod enim plerumque ista et hujusmodi Deus revelaverit ex Scriptura sacra et fide indubia tenemus. Nihil ergo obviat si dictæ Johannæ temporalia Deus revelaverit aut si de bellis aut eventu bellorum ex revelationibus et apparitionibus aut vocibus prædictis aliquid ipsa cognoverit cum Deus ipse talia ordinet et disponat fieri ad correctionem et salutem hominum. Scriptura sacra plena est hujusmodi revelationibus divinis, quibus Deus ipse quid agendum vel non agendum per angelos et alios sanctos revelat; et quia hoc notissimum puto apud eos qui sacram Scripturam inspiciunt, ideo ad majorem probationem amplius non esset opus insistere. Nemo enim sapiens negat Deum revelasse per angelos et animas sanctas populo Judeorum, antequam etiam animæ forent glorificatæ, multa de futuris et etiam bellorum eventibus. Dedit enim multis præter spem hominum audaciam et fortitudinem tam viris quam mulieribus ad expugnandas gentes inimicas et maxime quando populus ille erat in necessitate constitutus: legantur libri *Moysis, Josue, Judicum, Regum, Paralipomenum, Esdre, Necmie, Judith* et *Machabeorum*. Exemplis ad propositum nostrum plena sunt omnia, et ut de deinsissima (*sic*) silva proferamus aliquid, rememorandum censui *Machabeorum* II, 15. et ultimum capitulum, quo de apparitionibus hujusmodi duplex recitatur exemplum. Erat Judas Machabeus contra Nicanorum superbum in necessitate cum suo populo constitutus, confidens semper cum omni spe auxilium sibi a Domino affuturum et hortabatur suos ne formidarent adventum nationum, sed sperarent ab omnipotente sibi affuturam victoriam, et exposuit eis dignum fide somnium per quod universos lætificat. Erat autem hujusmodi visio : viderat namque Oniam qui fuerat summus sacerdos, virum bonum et benignum, verecundum visu, modestum moribus et eloquio decorum, et qui a puero in virtutibus exercitatus sit, manus protendere et orare pro omni populo Judeorum. Post hoc et apparuisse alium virum et gloria mirabilem et magni decoris habitudine circa illum respondentem Oniam dixisse : « Hic est fratrum amator et populi Israel, hic est qui multum orat pro populo et universa sancta civitate Jeremias propheta Dei. » Et nota quod sequitur : extendisse autem Jeremiam dextram et dedisse Jude gladium aureum dicentem : « Accipe sanctum gladium munus a Deo in quo deicies adversarios populi mei Israel. » Hic habemus duorum sanctorum virorum apparitionem notissimam ad defensionem populi Dei. Quid, rogo, mirum si angeli sancti, si beatæ animæ et jam cum Deo glorificate nutu divino ad defensionem et protectionem populi regni christianissimi Francorum apparuisse dicantur. Ex quo perspicuum est quod si dicta Johanna dixerit aut affirmaverit sanctum Michaelem archangelum et sanctas virgines Katherinam et Margaretam sibi apparuisse et voces audivisse, nihil per hoc contra sacram Scripturam aut contra fidem asserit, nec per hoc erat de errore infidelitatis aut superstitionis notanda. Alioquin ea facilitate calumniarentur quamplurimo apparitiones angelorum et sanctarum animarum et revelationes factæ Patribus veteris ac novi Testamenti.. Nam præter illas quæ habentur in canone, leguntur multæ apparitiones factæ et bonis et malis hominibus ad correctionem malorum et instructionem bonorum. Legantur libri *Dyalogorum* beatissimi Gregorii : talibus exemplis apparitionum, visionum et revelationum pleni sunt, et ut de tam multis paucissima referamus, Redemptus Ferentino civitatis erat episcopus cui beatus martir Victicus astitit dicens : « Redempte, vigilas ? » Cui respondit : « Vigillo. » Qui ait ; Finis venit universæ carni, finis venit universæ carni, finis venit universæ carni. » Post quamquidem trinam vocem visio martiris qui ejus mentis oculis apparebat evanuit. Tunc vir Dei surrexit seque in orationis lamentum dedit. Hæc Gregorius in fine tertii *Dyalogorum*. Aliud quidem inter multa exemplum idem Gregorius recitat in quarto libro *Dyalogorum* : In monasterio, inquit, meo quidam frater ante decennium Gerontius dicebatur qui, cum gravi molestia corporis fuisset depressus, in visione nocturna albatos viros et clari omnimodi habitus in hoc ipsum monasterium descendere de superioribus aspexit, qui dum coram lecto jacentis assisterent, unus eorum dixit : « Ad hoc venimus ut de monasterio Gregorii quosdam fratres in militiam mittamus. » Quod plura et memorabilia evenire nullus negabit catholicus. Sed forsan dicet mihi aliquis quod prædicta exempla et prædictæ visiones seu apparitiones veræ quidem erant et a sanctis spiritibus, ille vero quæ Johannæ sæpe dictæ factæ sunt non fuerunt veræ, sed fantasticæ et a malignis spiritibus confictæ. Respondeo quod facile dictu est et maxime apud illos quibus non placet prædictarum apparitionum seu revelationum effectus. Ne tamen subterfugere videamur ampliorem dictarum apparitionum discussionem, inquirendum erit nobis si prædictæ apparitiones factæ ipsi Johannæ subsistant in veritate et quid esset dicendum, omnibus consideratis secluso omni favore et omni affectione deposita. Nullum enim dubium est quin ab illusore spiritu falsitatis aliquæ visiones vel apparitiones fiant et non est facile discernere spiritus maxime illis qui non habent exercitatos sensus in Scripturis sanctis, nec debet absque magno examine præcedenti et circumspectione circumstanciarum de talibus dubiis leviter homo judicare : unde tales apparitiones quæ dubiæ sunt in origine probari et examinari habent a fine. Nam exitus multociens manifestat quod origo ipsa occultabat. In discretione spirituum etiam multa sunt consideranda et diligenter attendenda, sicut sunt conditiones personarum quibus vel ad quas fiunt hujusmodi apparitiones; consideranda etiam est qualitas negotiorum et operum quæ mandatur fieri, modus apparendi, tempus et locus, et finis intentus, similiter conditiones rerum, quibus comparantur spiritus mali et spiritus boni, verbi gratia dyabolus propter similitudinem effectuum comparatur serpenti, scorpioni, porco, corvo et cæteris : ideo illi in quibus abundant effectus talium animalium non aguntur a spiritu sancto, sed illi in quibus abundant conditiones et effectus colombæ, agni, ovis et similium qualitatum bonarum quibus comparatur spiritus sanctus ducuntur a spiritu bono. Et maxime hoc attendendum est in discretione et discussione spirituum respectu interiorum motionum et revelationum secretarum, et internarum. Et ideo si fiat examen super hujusmodi secretis motionibus aut revelationibus, recurrendum est ad attributa spiritus sancti quæ sunt bonitas, suavitas, dulcedo, mansuetudo, concordia, modestia. caritas, pax, benignitas et hujusmodi. Sunt enim duodecim spiritus fructus quos enumerat Apostolus ad Galatas quinto. Et ad ista debet comparari vita, conversatio et etiam operatio illius personæ ad quam fiunt hujusmodi apparitiones, quia si hujusmodi apparitiones conveniant et in modo et in fine et in conditionibus personæ cum prædictis qualitatibus quæ non sunt nisi a spiritu bono, signum est quod revelationes hujusmodi sunt a bono spiritu, sive sint revelationes per internam inspirationem sive per exteriorem, sensibilem aut imaginariam apparitionem : unde beatus Bernardus de discretione spirituum loquens sic ait : « Quotiens super castigando corpore, humiliando corde, servanda unitate et caritate fratribus exhibenda seu cæteris virtutibus acquirendis, conservandis, amplificandis cogitatio salubris in mente versatur, divinus sine dubio spiritus est qui loquitur. » Hujusmodi autem locutio divini ac boni spiritus sicut est per internam motionem in devotis hominibus est per secretam inspirationem qua ipse spiritus sanctus et per semetipsum qui sanctis animabus illabitur, movet, et interdum per ministerium bonorum angelorum suadentium et moventium ad prædicta et similia pia opera. Ita plerumque, prout placet divinæ pietati, tales revelationes fiunt per motionem exteriorem et per apparitiones rerum corporalium, sicut angeli leguntur apparuisse in corporibus assumptis aut per ipsas animas defunctorum qui miro modo in Scripturis tamen probato ex Dei ordinatione se vivis hominibus manifestant aut in visione nocturna somniorum aut etiam vigilando per visionem corporum. De quibus omnibus modis apparitionum seu revelationum exempla multa in Scriptura sacra habentur, id collationibus et vitis Patrum et aliis libris sanctorum. Unde præter illa signa quæ dicta sunt, solent sancti doctores ad discretionem spirituum in talibus visionibus, quædam alia signa distinguere satis tamen conformia ad prædicta.

Primum signum est quando persona cui fiunt hujusmodi apparitiones est humilis et simplex, vivens sub obedientia parentum aut spiritualium aut etiam carnalium : unde patet ex Scripturis et exemplis sanctorum quod revelatio secretorum divinæ voluntatis magis consuevit fieri simplicibus quam sapientibus, magis humilibus quam sublimibus, magis pauperibus quam divitibus, sicut ad litteram videmus de prophetis et apostolis qui fuerunt de valde modico statu et de humili plebe. Amos enim fuit pastor armentorum et pecorum. Petrus piscator, sic alii de humili plebe apostoli assumpti, dicit enim salvator (Mathei, xi). « Confiteor tibi, pater, Deus cœli et terræ, quia abscondisti hæc a sapientibus et prudentibus et revelasti ea parvulis. » Et apostolus ad Corinthios, primo : « Non multi potentes, non multi sapientes, sed infirma mundi elegit Deus ut fortia quæque confundat. »

Secundum signum apparitionis bonæ seu divinæ revelationis est cum exterius angelus vel anima se manifestans vel aliquid annuncians ita se habet ad personam cui fit apparitio quod in principio persona terretur et in fine consolatur. Et hoc signum sic elicitur ex sacra Scriptura in multis passibus et ex multis sanctorum patrum experientiis. Quod Scripturis quidem ut ex multis pauca dicam scribitur Josue, cap. v : quod cum esset Josue in agro urbis Jericho, levavit oculos et vidit virum stantem contra se et evaginatum tenentem gladium perrexitque ad eum et ait : « Noster es an adversariorum ? » Ecce quod primo apparuit cum terrore. Qui respondit : « Nequaquam, sed sum princeps exercitus Domini. » Et cecidit Josue pronus in terram et adorans ait : « Quid Dominus meus loquitur ad servum suum. » Et ex verbis angeli multum lætificatus et multum consolatus est, ut patet ibidem. Ezechiel quoque postquam habuit mirificam illam rotarum et animalium visionem, cecidit in faciem suam præ timore et audivit vocem loquentis secum ad consolationem et dicentis : « Fili hominis, sta super pedes tuos et loquar tecum. » (Ezechielis, ii). Daniel vero cum et Gabrielis et Michaelis archangelorum apparitiones habuisset, evanuit nec habuit quidquam virium, et cum in terram consternatus jaceret : « Ecce manus, inquit, tetigit me et erexit me super genua mea » etc., ut habetur Danielis, capitulo x. Sed et virgo Maria mater Domini ad salutationem Gabrielis archangeli turbata est et cogitabat qualis esset ista salutatio. Cui dicit Angelus : « Ne timeas, Maria », etc. (Lucæ) primo : Signum igitur in bonum est cum ad apparitiones tales persona in principio et ad primum adventum rei apparentis turbatur et terretur et postmodum consolatur. Unde per hoc, secundum doctores, discernitur visio divina ab illusione dyabolica quando persona existens in visione sive corporali sive imaginaria et spirituali sentit influxum supernaturalis luminis et in affectu sentit aliquid dulcedinis et suavitatis aut consolationis sive exterioris sive interioris.

Tertium signum apparitionis bonorum spirituum est quod bonus spiritus sive angelicus sive humanus semper movet hominem ad ea quæ sunt bona et utilia in se ipsis, licet hominibus prima facie non appareant semper : propter quod quicumque vult inquirere an instinctus interior aut etiam apparitio exterior sit a bono spiritu, debet illud, ad quod instigatur, revolvere ac metiri ad regulam honestatis quæ sunt mandata Dei, ut puta si id ad quod inducitur persona per hujusmodi instinctus vel revelationes sit ad honorem Dei et utile atque consolatorium proximo. Exempla patent in scripturis. Quotquot enim apparitiones factæ sunt patribus novi aut veteris Testamenti constat fuisse ad honorem Dei et salutem populi fidelis. Resolvuntur ergo ad ista tria signa omnia alia quæ a doctoribus solent assignari : primum est ex parte personæ cui fit revelatio; secundum ex parte personæ apparentis; tertium ex parte finis. E contrario ad prædicta sumenda sunt signa apparitionis vel instinctus malignorum spirituum. Respondendum ergo est ad objectionem qua dicebatur quod apparitiones prædictæ Johannæ erant vel fuerant ab angelo refuga et maligno spiritu.

Dico itaque sub protestationibus præmissis quod de veritate hujusmodi apparitionum solus Deus et angeli ejus ac sancti habent certitudinem. Nobis autem datum est judicare a signo vel signis faciendo examen juxta et secundum ea quæ supra diximus, recolligendo dicta et facta ejus et confessata per ipsam Johannam in serie processus in quo multum diligenter et acute fuit interrogata super hujusmodi apparitionibus et revelationibus quia dicebat sanctum Michaelem et sanctas Katherinam et Margaretam sibi apparuisse et voces primo in horto patris sui audivisse quæ vocabant eam Johannam filiam Dei. Et dixit ei sanctus Michael inter cætera quod esset bona filia et quod veniret ad auxilium regis Francæ et quod levaret obsidionem Anglicorum quam tenebant ante urbem Aurelianensem, etc. Videamus ergo et examinemus primo harum apparitionum initium ex interrogationibus et responsionibus quæ sunt in processu. Videamus etiam quoad primum signum habitudinem et statum personæ ipsius Johannæ : erat enim filia quidem XIII aut XIV annorum in domo parentum suorum pauperum paupercula ipsa, simplex virgo et devota in fide simpliciter instructa, nullius infamiæ aut malæ suspicionis in suo vicinio notata, non de se præsumens, sed se pauperem filiam fore confitens, excusans se ab operibus arduis ad quæ invitabatur, sentiens de se humiliter, ut patet in processu. Ex quo argui potest a primo signo quod a parte personæ cui factæ sunt hujusmodi apparitiones, conditiones primi signi erant in ea, et quod ex illo signo magis præsumendum est et interpretandum in bonum quam in malum, quodque hujusmodi revelationibus et apparitionibus sanctorum nisi repugnabant imo conformes erant conditiones et status dictæ Johannæ.

Deinde dico juxta secundum signum quo dicitur esse signum in bono quando persona apparens, sive sit angelus, sive anima humana, timorem incutit a principio, sed tandem instruit et docet et consolatur personam cui apparet. Quod etiam hoc signum fuit in apparitionibus prædictis. Primo namque a parte personarum apparentium bona conditio præsumi debet quia sub certis sanctorum nominibus apparuerunt, videlicet sub nomine sancti archangeli Michaelis et sanctarum Katherinæ et Margaretæ quas dicta Johanna dicit et confitetur non esse alias quam quæ sunt in Cœlo, in habitudine etiam et forma non horribili aut detestabili sed magis simplici quemadmodum ad unam interrogationem ipsa respondet quod sanctus Michael apparuit sibi in forma unius verissimi probi hominis. Facit etiam ad boni præsumptionem quod personæ apparentes congruunt et convenientiam habent cum persona cui fit apparitio, quia angelus et virgines apparent virgini. Nec mirum de angelo quia, ut dicit beatus Jerominus ad Eustochium « Angelis fuit semper cognata virginitas ». Et etiam non est mirandum si virgines jam gloriose virginem simplicem et pauperem ex Dei ordinatione secretissima in hac peregrinatione alloquantur et visitent, nec id esse novum credendum est. Nonne beata virgo cum aliis virginibus apparuisse legitur multis utriusque sexus hominibus, sicut patet ex quarto *Dialogorum* Gregorii de quædam parva puella nomine Musa cui apparuit beatissima Dei genitrix quæ coævas in albis vestibus puellas ostendit. Multa similia leguntur in legendis sanctorum, sicut legitur quod beatissimo Martino apparuerunt Petrus et Paulus cum beata virgine Tecla, et sic de multis aliis. A signo igitur prædicto argumentum sumere possumus quod a bonis spiritibus erant apparitiones prædictæ : primo quia dicta Johanna confitetur quod habuit prima vice voces et apparitiones prædictas in meridie in horto patris sui et habuit magnum timorem dum venit sanctus Michael et quod ipsa non credit leviter nec prima vice, sed postmodum ipsam docuit in tantum quod ipsum cognovit. Interrogata per quod cognovit respondit quia dabat ei bonas ammonitiones, videlicet quod ipsa esset bona juvenis et Deus adjuvaret eam. Et ideo dicit Johanna quod credit firmiter fuisse bonas voces, et movebatur ad credendum quod essent boni propter bonum consilium, bonam confortationem et bonam doctrinam quam fecerunt et dederunt sibi. Dicit etiam quod vox illa custodivit eam et docuit se bene regere et frequentare ecclesiam. Interrogata vero si fecerit aliquod sortilegium aut si credat in fatis, dicit quod non, dicit etiam sæpe quod sanctus Michael dabat ei doctrinam quod esset bona et quod Deus adjuvaret eam, quod sanctæ Katherina et Margareta libenter faciunt eam confiteri, item quod credit quod sit sanctus Michael propter bonam doctrinam quam sibi dabat. Quæ namque melior aut salubrior potest dari doctrina quod se bene regat et frequentet ecclesiam et sæpe confiteatur. Notum enim est quod ad ista non suadet nec inducit malignus spiritus sed bonus, prout patet ex dictis beati Bernardi superius allegatis. Ad signum etiam boni spiritus facere videtur quod angelus recedens dimittebat eam ex suo recessu anxiam et quod post recessum ipsius vocis plorabat et bene voluisset quod eam deportaret. Item et quod voces illæ loquebantur clare et quod ipsa clare intelligebat. Dicit etiam ad unam interrogationem quod vox erat pulchra, dulcis et humilis. Multum etiam arguit cum aliis circumstanciis quod apparebant ei cum luce. Dicit iterum quod frequenter, dum veniebant ad eam sanctæ Katherina et Margareta, signabat se signo sanctæ crucis. Sed magnum esse mihi videtur quod prima vice qua audivit vocem juravit et vovit servare virginitatem corporis et animæ, cum esset adhuc annorum tridecim. Hoc namque videtur fuisse argumentum magnum quod non solum exterius movebatur per apparitiones, sed etiam a spirituali instinctu sancti Spiritus mota et inspirata emisit votum virginitatis prædictum quo nihil est Deo acceptabilius secundum illud *Ecclesiastici*, cap. xxvi : « Gratia super gratiam mulier sancta et pudorata ; » et sequitur « Omnis enim ponderatio non digna est continentis animæ ». Dico ergo quod per ista et alia quæ respondet in processu argumentum debet sumi a signo ex parte personarum apparentium quod a Deo et sanctis erant prædictæ voces vel apparitiones et non a maligno spiritu propter ea quæ dicta sunt.

Videndum denique quale argumentum fieri potest a parte tertii signi, videlicet a parte finis et ex ratione intentionis illarum apparitionum, secundum quod colligi possunt ex verbis aut ex vocibus quas audivit, ac etiam, quantum judicari potest, qua intentione et ad quem finem tendebat dicta Johanna. Hoc namque signum quod sumitur a fine seu ab intentione est potissimum ad audiendum de bonitate actuum mortalium sive bonorum sive malorum. Inter omnes enim circumstantias potior est circumstantia finis et a fine sumitur bonitas vel malitia humanorum actuum quia, sicut dicit Philosophus in secundo *Ethicorum* : « Qualis unusquisque est, talis finis videtur ei ; » et Boetius in *Topicis* : « Cujus finis bonus est, ipsum quoque bonum est. » Unde finis est causa causarum et se habet in agilibus sicut principium in speculabilibus, ut habet Philosophus secundo *Phisicorum*. Conjectare ergo debemus istarum revelationum et apparitionum finem dupliciter. Aut est ex parte illarum vocum seu illorum sanctorum qui apparuerunt, aut ex parte ipsius Johannæ. Certum est autem, si constaret quod essent a sanctis prædictis factæ vere illæ apparitiones, nulli esset dubium quin finis esset bonus, quia sancti non intendunt nec intendere possunt nisi bonum, sed quod fuerint sancti vel sanctæ non possumus habere certitudinem nisi a signo, ut dictum est. Ideo comperto quod dictæ apparitiones non tenderent nisi ad bonum aut quod dictæ voces non mandarent, suaderent aut præciperent nisi bonum, argumentum erit quod a bonis erant spiritibus, quia sicut finis intentus a bonis spiritibus non est nisi bonum et salus hominum, ita finis intentus a malignis spiritibus non est nisi malum et perditio hominum sub quocumque colore aut palliatione boni loquantur vel appareant. Tamdem tamen percipiuntur tales esse quia Deus non permittit aliquem tentari ultra id quod potest, sed dat cum tentatione proventum, ut dicit Apostolus. Quantum autem colligi potest ex processu vox illa vel sanctus Michael quem dicit apparuisse hortabatur dictam Johannam ad bonam vitam, ad hæc quod se bene regeret et quod Deus adjuvaret eam, quod frequentaret ecclesiam. Ad idem sanctæ Katherina et Margareta sæpe eam hortabantur ad confitendum. Notum est quod ex istis non potest elici nisi bonus finis nec ista intendi possunt a maligno spiritu eo quod sunt salubria et salutaria et faciencia per se et directe ad hominum salutem cujus oppositum intendit spiritus erroris et tenebrarum. Cæterum prædicti sancti seu voces intendebant eam inducere ad succursum regis Franciæ et proponebant ipsi Johannæ calamitates quæ erant in regno Franciæ, sicut patet ex processu, specialiter miseriam et afflictionem bonarum gentium de Aurelianis pro quarum succursu et levatione obsidionis quam tenebant Anglici oportebat eam ire ad regem, et quod placebat Deo id fieri per unam simplicem puellam pro repellendo adversario regis. Ecce finem ad quam inducere nitebantur dictam Johannam : videlicet succursus regni Franciæ, relevatio calamitatum regis et regni et omnium patriæ et bonarum gentium. Postposito omni favore inordinato, si istæ causæ, si finis iste sit salutaris, sit optabilis, sit amplectandus, judicet non indigena aut Gallicus, sed quicumque utens ratione barbarus. Sed dicetur mihi : Quomodo tu dicis ista, cum ipsa quereret perdere aut debellare Anglicos et sanguinem christianorum fundere contra caritatem et dilectionem proximi et per consequens contra mandatum Dei? Respondeo quod in bello justo finis intentus est pax civium sive communitatis aut regni, dicente beato Augustino ad Bonifacium « Bellum geritur ut pax acquiratur. Noli existimare, inquit, neminem posse placere Deo qui in armis bellicis militat, » etc. et in libro *De civitate Dei* : « Belligeramus ut pacem habeamus. » Et si non fiat absque effusione sanguinis adversariorum non propter hoc intenditur eorum perditio, sed per accidens est. Unde bene notanda sunt verba quæ recitat ipsa audivisse a vocibus. Non enim dixerunt ei quod interficeret aut occideret Anglicos regis Franciæ adversarios, sed quod repelleret eos, quod expellerentur a regno, quod levaretur obsidio quæ erat ante Aurelianensem ; et si advertatur ad verba ista, nihil sonant crudele, nihil impium imperant. Ex quo mihi videtur quod prædictæ voces ad duos fines inducebant dictam Johannam, ad unum in se et quoad se, ut scilicet bene regeret et quod esset bona, secundum extra se, videlicet ad opera prædicta quæ quantum essent salutaria non solum populo Franciæ sed etiam toti christianitati et divino cultui accommoda satis notum est, cum per turbationem regni Franciæ Deus ipse et tota christianitas non mediocriter offenderentur, et cum hodie regnum Franciæ sit pars christianitatis tanta tantique nominis ut christianissimum regnum dicatur propter fidei doctrinam et divinum cultum qui illic gratia Dei viget, propter defensionem etiam Sanctæ Sedis apostolicæ ad cujus defensionem et protectionem reges inclitissimi Francorum fuerunt semper accincti. Dici non potest quod expellere turbatores tantæ communitatis et relevare tantum regnum a suis calamitatibus et miseriis, succurrere civitati obsessæ et bonis gentibus ejusdem sint mali fines aut malus finis, imo bonus et salutaris ac desirabilis. Et sic a tertio signo argumentum concludere videtur quod dictæ apparitiones et voces fuerunt a bonis spiritibus, Deo disponente, et hoc a parte dictarum vocum seu personarum apparentium. Sed a parte ipsius Johannæ inspiciendum est si quid impium intenderet et quo fine exequebatur mandata seu monita prædictarum vocum seu personarum sibi apparentium. Ex tenore siquidem processus apparet quod se coram judicibus protestata est et confessa non velle deficere in fide nostra et credit firmiter quod non defecit in fide. Interrogata etiam si quid requisivisset aut postulasset a prædictis vocibus, respondit quod ipsa numquam requisivit aliud quam premium finale, quam salutem animæ suæ : in signum hujus quando veniebant ad eam, signabat se signo sanctæ crucis ut esset munita contra adversantes suæ saluti. Dicit rursum quod totum quod fecit non est sortilegium neque aliqua mala res, et quod nihil fecit de consilio malignorum spirituum. Interrogata etiam quadam vice an ex meritis suis has habuerit revelationes, respondit quod habuit eas pro magna re, videlicet pro rege et succursu bonarum gentium de Aurelianis; nec sibi attribuebat ista sed Deo actori cui : « Placuit, inquit, sic facere per unam simplicem puellam pro repellendo, ait, adversarios regis. » Ex quibus liquide apparet quod ipsa non intendebat quidquam sinistrum aut iniquum, sed pacem, quietem atque tranquillitatem regis et regni Franciæ per expulsionem Anglicorum, qui dictam pacem tunc exturbabant et civitatem Aurelianensem obsidentes ac totam patriam devastabant. Ecce ad quem finem dicta Puella tendebat in exequendo sibi commissa per dictas personas ei apparentes. Sed dicetur mihi quod prædicta Johanna venerabatur hujusmodi spiritus, osculando terram per quam dicebat eos transitum fuisse, eosdem spiritus genibus flexis amplexando et osculando et alias reverentias eis faciendo quæ non debent nisi Deo fieri, et sic notari potuit sicut et notata fuit in processu de idolatria et per consequens de infidelitate. Respondet quod quia credit illos spiritus beatos fuisse, ideo faciebat eis illa in reverentiam quæ debetur sanctis, quodque venerabatur ipsas sanctas Katherinam et Margaretam credens esse illas quæ sunt in paradiso, et quod hæc faciebat in honorem Dei, beatæ Mariæ et sanctarum prædictarem quæ sunt in Cœlo. Non autem videtur mihi ex sua responsione aut ex his factis quod fecerit aut dederit eis honorem vel cultum latriæ quæ debetur Deo soli, sed exhibuit eis honorem duliæ vel hyperduliæ qui honor debetur sanctis : etiam adhuc hic viventibus personis exhibetur honor duliæ, nec est idolatrare si quis osculetur terram per quam aliquis justus vel sanctus aut etiam quis in dignitate constitutus transit sicut papa vel episcopus quorum et pedes et manus osculamur : unde formaliter circa quadragesimum nonum articulum ita respondet quod nescit eis facere ita magnam reverentiam sicut illas decet quia credit firmiter quod sunt sanctæ Katherina et Margareta, et similiter dicit de sancto Michaele. Non facit etiam, ut ait, eis venientibus aliquas oblationes sed in missa in manu sacerdotis ad honorem Dei et sanctarum prædictarum. Per hoc et alia quæ circa hanc materiam imponebantur eidem non videtur mihi aliquid sentire infidelitatis aut idolatriæ præsuppositis his quæ dicta sunt. Sed mihi videtur quod modus requirendi auxilium ab illis sanctis in necessitate sua dat quasi certitudinem de fine intento per eam et exsuflat omnem arguciem quæ posset sibi fieri de idolatria vel infidelitate. Interrogata namque circa quinquagesimum articulum, per quem modum ipsa requirebat, respondit : « Ego reclamo et postea mihi mittunt. » Interrogata per quæ verba ipsa requirat, respondit verbis gallicis in forma : « Tres doulz Dieu en l'onneur de vostre saincte passion je vous requier, si vous me aymez, que vous me revelez comme je doy respondre à ces gens d'eglise. Je sçay bien quant à l'abit le commandement comme je l'ay pris, mais je ne sçay point par quelle manière je le doy laisser : pour ce plaise vous à moi le enseigner. » Quis, quæso, dicat hanc orationem non esse piam, devotam atque fidelem et ab omni suspicione invocationis dæmonorum prorsus alienam? Ac etiam bene notari debent illa tria quæ a sanctis requirebat imo a Deo per sanctos, videlicet suam expeditionem quod Deus adjuvaret Gallicos et bene custodiat villas obedientiæ et tertium erat salus animæ suæ. Oratio quippe ista et postulationes istæ fideles ac devotæ et per consequens argumentum fuisse videtur bonum a tertio signo prædicto scilicet a fine intento. Objiciet autem in promptu aliquis contra prædicta ex evidenti, ut videtur, signo in contrarium prædictorum, ex hoc videlicet quod dicta Johanna virilibus utebatur indumentis, arma invasiva et militaria portabat, conversabatur cum viris armatis, homicidis, latronibus et sacrilegis quæ sunt mala maxime fœminis seu mulieribus interdicta jure divino pariter et humano. De indumentis namque virilibus scribitur *Deuteronomii* XXII. « Non induetur mulier veste virili, nec vir utetur veste fœminea : abhominabilis enim qui facit hæc apud Deum, » et habetur in decretis « Si qua mulier. » Rabanus vero ait : « Contra naturam est virum muliebria facere, crines crispare, capillos torquere et similia. » Igitur contra naturam est e contra mulierem virilia agere, igitur videtur quod prædicta Johanna contra naturam fœminæ ageret maxime deferendo arma et vestes viriles, et sic non poterant bene ista fieri neque bono fine; tenet sequela ex dicto Apostoli dicentis quod non sunt facienda mala ut eveniant bona. Ad hoc, salvo semper meliori judicio, respondeo quod mulierem indui veste virili aut econtra, similiter mulierem portare arma et invasiva et defensiva ista non sunt dicenda esse per se mala, sed sunt mala aut quia prohibita aut ab eventu qui ex consuetudine et corruptela utendi potest accidere; ratio est quia si essent per se mala, numquam esset aut fuisset licitum uti eis, et tamen certum est quod multæ leguntur mulieres in sacra Scriptura et aliis historiis tulisse arma et bella duxisse, sicut legitur *Judicum*, IV, de Debora quæ expugnavit Sisaram hostem populi Dei. Scribitur enim ibidem quod surrexit Debora et perrexit cum Barach in cedes contra Sisaram et quod in manu mulieris tradetur Sisara, et sequitur quod Sisara fugiens e bello interfectus est a Jahel uxore Aber, sicque victoria facta est per istas duas mulieres Deboram et Jahel. Et præsumitur, ut expresse dicit magister Alexander de Hales, in secundo libro, quod Debora utebatur veste virili et armis militaribus ad expugnandos inimicos populi Israel. Unde utraque mulier laudatur in Scriptura : dicitur enim in cantico Deboræ in quinto capitulo *Judicum* : « Cessaverunt fortes in Israël et quieverunt donec surgeret

Debora, surgeret mater in Israel. Nova bella elegit Dominus et portas hostium ipse subvertit. » Videamus in proposito nostro et revocemus ad memoriam statum regni et miliciam quæ tunc erat cum surrexit dicta Johanna ; si dicere poteramus, cessaverunt fortes in Gallia et quieverunt donec surgeret Puella. Nonne etiam sancta illa mulier Judith de morte laudatur Holofernis? Itaque omnes istæ mulieres laudantur et pro certo laudabiles erant ex bono affectu quem habebant ad liberationem populi afflicti, et erat eis licitum arma sumere ad deffensionem seu liberationem communitatis cujus erant membra, Scribitur etiam secundo libro *Regum*, xx, quod mulier quædam sapiens liberavit Abelam civitatem obsessam. Quæ dicit ad Joab qui obsidebat eam « Ecce caput ejus quem quæris mittetur ad te per murum, » quod et factum est, ut habetur ibidem. Ad id vero quod in lege xxii *Deuteronomii* scribitur : « Non induetur mulier veste virili etc., » dico quod tunc ex certa causa erat in lege prohibitum et mortale peccatum nisi ex dispensatione Dei sicut in Debora factum est; modo vero non habetur tale præceptum ad præsens quia in casu licite fieri potest, sicut si mulier existat in periculo suæ castitatis et evadere possit sub veste et habitu virili, aut si vir sit in periculo personæ possit evadere sub veste fœminea. Potest etiam vir uti veste fœminea et e contra ad significandum vel operandum laudabilem actum utrinque. Hoc enim Ecclesia permittit sicut in recitatione vitæ alicujus sancti vel sanctæ aut etiam ad jocum quamvis cum omni moderatione sit hoc faciendum. Dicit enim beatus Thomas de Aquino ii, 2, quæst. cxlix, quod hoc potest quandoque fieri sine peccato propter aliquam necessitatem vel causa occultandi ab hostibus, vel propter defectum alterius vestimenti, vel propter aliud hujusmodi. Verum est enim quod non pertinet ad honestatem viri communiter et assidue aut frequenter veste muliebri indui nec econtra ; utrique enim sexui diversa congruunt vestimenta : unde si homo uteretur ex consuetudine veste muliebri vel e contra, nisi in casu necessitatis aut de mandato Dei aut pro defensione necessaria patriæ et hujusmodi, peccaret non tamen in quantum sic contra fidem sed contra bonos mores. Quod autem prohibebatur in veteri Testamento hoc erat quia gentiles solebant in quibusdam solemnitatibus idolorum, viri quidem uti vestibus fœminarum et fœminæ veste virili sicut faciebant sacerdotes Vestæ et Cybellæ, quæ mater Deorum dicebatur. In quantum autem ad idolatriam ordinabantur prohibebatur Judeis qui erant proni ad idolatriam sicut etiam hac de causa multa alia erant in lege prohibita quæ non erant de se mala. Unde in libro de fide et legibus Guillelmus Parisiensis ponit multas causas prohibitionis ne viri uterentur veste fœminea vel e converso : prima fuit congruentia ipsius naturæ, videlicet ut quos natura sexus decreverat discerneret et vestitus; secunda fuit ad evitandum flagitia quæ opportune possent committi. Posset enim vir intrare ad mulierem sub habitu muliebri et e converso. Et hæc duæ causæ non tantum cerimoniales sed etiam mortales sunt et adhuc subsunt causæ istæ ne consuetudinaliter et usualiter viri utantur muliebribus indumentis nec e converso. Et propter has causas habetur prohibitio in decretis et videtur decretum loqui specialiter de religiosa fœmina : dicit enim : « Si qua mulier suo proposito utile judicans ut virili veste utatur et propter hoc sumat habitum virilem, anathema sit. »

Tertia causa est quæ tacta est exterminatio idolatriæ sacrorum Martis et Veneris. In sacris enim Martis non solum virili veste utebantur mulieres, sed etiam armabantur. Eodem modo in sacris Veneris viri effeminabantur, videlicet in vestibus muliebribus sacra Veneris exercentes. Itaque concedendum est quod de usu communi et consuetudine non est licitum mulieri uti veste virili, sed bene in casu necessitatis pro succursu populi et salute, et præcipue de mandato Dei, sicut dicta Johanna dicebat se fecisse, cum se facere non ex luxu diceret sed ut esset habilior ad fines suos prædictos parata, ut dicebat, quando placeret Deo, deponere.

Ad id vero quod dicit Rabanus quod contra naturam est virum muliebria facere et e contra, dico quod magis est contra naturam quod vir muliebria faciat quam e contra. Nam de muliere forte dicitur *Proverbiorum*, ultimo capitulo, quod manum suam misit ad fortia. Est tamen advertendum quod contra naturam esse dicitur multipliciter : aut enim dicitur contra naturam quod est contra veritatem naturæ sicut peccatum ignominiosum dicitur esse contra naturam *Ad Romanos* primo ; aut dicitur contra decentiam naturæ, et sic accipitur dictum Rabani. Ideo dicitur in prima *Ad Corinthios* XI : « Vir si comam nutriat, ignominia est illi. » Sed quod dicit quod ipsa Johanna conversabatur cum homicidis, latronibus et sacrilegis, non arguit in materia subjecta ad malum signum quia, sicut dicit beatus Augustinus : « Quamdiu hic vivimus, sumus permixti boni cum malis veluti granum in area paleis permixtum est. » Est etiam licitum uti interdum malis hominibus in bello ad defensionem rei publicæ dummodo communicent in fide et sacramentis. Sic ergo judicio meo prædicta Johanna non potest notari ex malo fine in exercendo et ferendo arma et hac ratione utendo vestimentis virilibus ad hoc magis aptis quia ex processu non habetur quod intenderet alium finem vel alios fines a prædictis.

Ex quibus omnibus mihi videtur quo ad hoc quod argumenta quæ facta sunt prius a tribus signis militant ad probandum quod prædictæ apparitiones et revelationes sibi factæ potius fuerunt a bonis spiritibus quam a malis.

Postea videndum est si potuit notari dicta Puella de errore in fide ex qualificatione qua in sententia contra eam lata nominatur præsumptuosa, divinatrix, propter hoc quod quædam futura dignoscitur prædixisse. Circa hoc aliqua diximus superius de multis speciebus divinationum de quibus omnibus non arguitur, sed propter hoc solum, ut videtur ex processu, quia dicebatur confictrix mendosa revelationum divinarum et audivisse voces quæ sibi dixisse quædam futura fatebatur, ideo ipsa adjudicata est præsumptuosa divinatrix. Dico ergo quod si fuit error in prima qualificatione qua dicta est revelationum et apparitionum divinarum mendosa confictrix, subsecuturum est ut etiam error sit in hac parte sententiæ qua dicitur præsumptuosa divinatrix : ex uno namque arguitur reliquum evidenter, sed quia probatum est quantum probari potest, ut videtur a signo, ipsam Johannam veras et non fictas revelationes et apparitiones habuisse a bonis spiritibus, ideo dico probabiliter et opinative quod in illis apparitionibus et revelationibus absque periculo fidei potuit de aliquibus futuris edoceri, sicut ipsa dicit quod voces sibi dixerant quod rex suus restitueretur in regnum suum, quod coronaretur velint nolint adversarii sui. et quod ipsa levaret obsidionem Aurelianensem, et quod ipsa bene scit quod rex lucrabitur regnum ; quæ omnia vidimus et videmus evenisse. Sed impingitur ei quod dixit quod ipsa ita bene scit sicut ipsa sciebat quod interrogantes eam erant coram ea. Hoc quippe mihi non videtur extraneum præsuppositis præmissis quia quæ per revelationem sciuntur certitudinaliter noscuntur, sicut prophetæ certitudinaliter cognoscunt futura contingentia in virtute luminis revelantis. Nec tamen propter hæc necessarium est dicere quod dicta Johanna habuerit spiritum propheticum aut quod fuit propheta quia potuit esse quod dicta et facta et voces illæ et apparitiones sibi factæ non pertinebant ad revelationem prophetiæ, sed ad denuntiationem tantumque, ut dicit Doctor sanctus, secunda secundæ, fit secundum dispositionem eorum quibus denuntiatur. Si ergo ipsa Johanna aliqua futura dixerit, ipsa se habere potuit per modum denuntiantis ea quæ sancti prædicti revelaverunt, quamvis etiam non sit absonum a fide aut moribus quod habuerit spiritum prophetiæ et lumen supernaturale ad cognoscendum et intelligendum veritatem eorum quæ sibi revelabantur a sanctis prædictis. Quantum enim ad directionem humanorum actuum non defuit nec deerit prophetia in singulis temporibus usque ad diem judicii in Ecclesia Dei. Quæ quidem prophetia diversificata est secundum conditionem negotiorum, quia, ut dicitur diem judicii in Ecclesia Dei. Quæ quidem prophetia diversificata est secundum conditionem negotiorum, quia, ut dicitur *Proverbiorum*. xxx : « Cum defecerit prophetia, dissipabitur populus », et ideo quolibet tempore instructi sunt homines utriusque sexus divinitus de agendis secundum quod erat expediens ad salutem electorum. Legimus enim Apostolorum [actuum xi] et Agabum prophetasse et quatuor virgines filias Philippi non ad novam fidei doctrinam tradendam sed ad humanorum actuum directionem, sicut et beatus Augustinus quinto *De Civitate Dei* refert, quo Theodosius Augustus misit ad quemdam Johannem in heremo Egypti constitutum quem prophetandi spiritu prædictum fama crebrescente didiscerat et ab eo nuntium victoriæ certissimum accepit. Cur tam varie ergo impugnabatur prædicta virgo Johanna si de victoria regis Francorum ex qua multa bona pendebant in populo Dei spiritu prophetico aliqua prædixerit, cum scribatur primæ *Ad Thessalonicenses* ultimo capitulo : « Spiritum nolite extinguere, prophetias nolite spernere. » Concludendum igitur mihi videtur quod ex processus serie non potuit neque debuit judicari divinatrix præsumptuosa, quin potius denuntiatrix futurorum ex revelatione divina et sancti Michaelis ac sanctarum Katherinæ aut Margaretæ virginum, et sic in hac re nihil erroris in fide conspicio, sed multa consona Scripturæ et dictis sanctorum.

Deinde judicata est blasphema in Deum et sanctos ac sanctas. Ex tenore processus non video illam de hoc posse notari nisi quatenus ascribebat sanctis Michaeli et Katherinæ ac Margaretæ prædictas apparitiones vel revelationes aut denuntiationes futurorum, et quia per prædicta in hoc nihil ascribit sanctis prædictis sed nec ipsi Deo quod detrahat bonitati et honori Dei et sanctarum, ideo quod de blasphemia notari non debuit, in Deum, sanctos vel sanctas.

Postremo de contemptu Dei in sacramentis arguitur et per hoc notari videtur de aliqua infidelitate. Ante dictum est quod si contemptus esset ex infidelitate, merito notanda esset in causa fidei. Si tamen aliquis alius fuerit in ea contemptus Dei in sacramentis qui omnibus peccatoribus inest, non propter hæc esset notanda de infidelitate. Sed mihi videtur quod ex suis responsionibus neque de isto contemptu neque de illo judicari aut condemnari potest, quin imo ex processu oppositum inspicitur. Primo ipsa frequentabat ecclesiam, libenter audiebat missam, communicabat juxta mandatum Ecclesiæ, imo non solum in Pascha ; detenta in carceribus petebat instanter audire missam et ex prima sessione quando cepit interrogari, et sæpe ac instantissime petebat in honorem Dei et beatæ Mariæ quod permitterent eam audire missam et quod darent ei vestem muliebrem sine cauda et assumeret.

Sed statim objicietur mihi quia, cum requireretur de mutando habitum et ipsa viaticum reciperet, dixit quod non perciperet viaticum mutando habitum neque poterat habitum mutare pro audiendo missam et sic videtur sibimet contradicere prædicta, et sic etiam videtur quod ipsa spreverit et contempserit sanctum sacramentum præeligendo tenere virilem habitum quam suscipere Eucharistiam, etc., ut aiunt, tempore quo tenebatur. Respondeo quod circa hoc fortiter fuit impugnata et mihi videtur non esse mirum si inter tot interrogatoria et perplexas quæstiones aliquando sic aliquando vero aliter responderit, et potuit esse quod vel ex displicentia pœnarum tam ex compedibus ferreis quam ex duro carcere, quam ex tam crebra repetitione causarum quæstionum fuit turbata vel forsan impatiens, nec volo eam excusare ab omni delicto. Et esto quod in hac responsione minus bene elegerit, quia certum est quod suscipere Eucharistiam est optabilius quam tenere habitum virilem aut portare, incomparabilia enim sunt ista, sed hoc non obstante et posito quod etiam tunc peccaverit et quod possit argui ex aliquo contemptu sacramenti, non tamen mihi videtur iste contemptus nasci ex infidelitate neque argui potest ex hoc quod ipsa non habuerit fidem in Deo et sacramentis aut quod sit propterea judicanda infidelis. Et tamen circa istud punctum videntur judices in processu satis insistere. Ipsa autem non respuit simpliciter sacramentum recipere ut videtur, sed respondit quod non sine præcepto Dei habitum virilem accepit et quod pro obediendo Deo fecit. Itaque ex verbis suis non videtur posse notari de perfidia aut infidelitate ad sacramentum, et sic idem quod prius.

Ex quibus omnibus utrumque declaratum est quod per qualificationes prædictas in sententia contentas non potuit notari de errore infidelitatis, quicquid sit de errore pravæ electionis circa mores et sic nec de apostasia proprie dicta quæ dicit recessum a fide debuit condemnari.

Sed mihi rursum dicetur quod ipsa potuit adjudicari schismatica et pertinax et per consequens de hæresi, quia, teste Ieronimo, nullum schisma est nisi sibi aliquam hæresim confingat ut recte ab ecclesia recessisse videatur. Quod autem ipsa notanda sit de schismate patet quia recusavit se submittere judicio Ecclesiæ de suis dictis et factis, cui quidem judicio omnes subjiciuntur catholici. Dixit enim quod de suis dictis et factis non se submitteret nisi solum Deo et Ecclesiæ cœlesti, videlicet Deo et sanctis paradisi, ita quod ex multis responsionibus suis subterfugerit et recusaverit judicium Ecclesiæ militantis, concilii generalis et papæ, et per consequens male sentiens de articulo fidei quo dicitur « Credo unam sanctam Ecclesiam catholicam. » Ista videtur esse una de potioribus rationibus contra eam adductis, ut patet intuenti processum ad longum.

Respondeo quod circa istam materiam de submittendo dicta et facta sua Ecclesiæ multum fuit agitata et sæpissime interrogata ac multiformiter examinata, et esset longum munus sigillatim omnia repetere, maxime quia, ut mihi videtur, et salva semper reverentia omnium interrogationes sibi factæ erant multum captiose et proposita sunt ei multa nomina equivoca et sententiæ ac orationes multiplices ad quas forsan vir doctus et litteratus in promptu vix satisfacere potuisset. Quis enim dubitat quin hoc nomen *ecclesia* sit nomen multiplex et equivocum seu alias analogum? Quis dicet quod submittere dicta vel facta mea vel tua ecclesiæ non possit esse multipliciter aut quantum ad ea quæ sunt facti aut quantum ad ea quæ sunt juris? Nec est mihi adhuc certum si quisque teneatur omnia dicta et facta sua quantumcumque secreta sint submittere judicio exteriori hominum quale est judicium Ecclesiæ etiam in concilio generali aut etiam romani pontificis. Sed videtur quod simplex persona, ætatis de qua erat dicta Johanna et sexus non teneatur scire quid sit aut quot modis accipiatur Ecclesia, quid sit generale consilium aut quam potestatem habeat Ecclesia aut generale concilium in judicando de factis aut dictis hominum. Nam de hujusmodi potestate et de definitione Ecclesiæ aut concilii generalis diversi etiam doctissimi viri diversa senserunt. Nemo etiam diceret quin concilium generale, imo ipsa Ecclesia et papa, possunt circumveniri et falli in his quæ sunt facti. Quid mirum ergo si dicta Johanna, simplex filia quæ tunc asseritur fuisse ætatis xix annorum, litteris non imbuta, sed de post fetantes, ut ita dicam, accepta de summissione, ista tam multipliciter interrogata aliquando sic et aliquando sic respondeat, et tamen si videantur et pro affectu inspiciantur responsiones suæ, forsan in admirationem erunt etiam viris litteratis, et erit potius argumentum ad confirmandum quam ad infirmandum ea quæ prædiximus, quia, ut mihi videtur, facile percipi poterit ex responsionibus suis quod dicta sua procedebant ex altiori spiritu quam ex naturali intelligentia, attenta simplicitate sexu et ætate suis. Habetur siquidem in processu quod quadam die jovis, quæ erat xv Martii, ipsa Johanna fuit caritative monita et requisita quod, si contigisset ipsam aliquid egisse contra fidem, vellet se referre determinationi sanctæ matris Ecclesiæ ad quam se referre debet. Ad quæ ipsa respondit quod ejus responsiones videantur et examinentur per clericos et postea sibi dicatur an ibi sit aliquid quod sit contra fidem christianam, ipsa bene sciet dicere quid unde erit et postea dicet illud quod de hoc invenerit per suum consilium; tamen si sit aliquid malum contra fidem christianam quam Deus præcepit, ipsa non vellet sustinere et esset bene irata venire in contrarium. Dico quod ista responsio est catholica, circumspecta et amplectanda. Interrogata iterum super eadem summissione respondit : « Omnia dicta et facta mea sunt in manu Dei et de his expecto me ad ipsum, et certifico vobis quod nihil vellem facere aut dicere contra fidem christianam, et si ego aliquid dixissem aut fecissem aut quod esset supra corpus meum aut quod clerici scirent dicere esse contra fidem christianam quam Dominus stabilivit, ego non vellem sustinere sed illud expellerem. » Hæc illa. Quid, quæso, hac responsione fidelius? Nil quippe impium, nil dolosum, sed totum quod in hac responsione loquitur dico esse fidele et catholicum. Iterum interrogata super eadem submissione respondit : « Non respondebo vobis aliud, sed mittatis mihi clericum die sabbati si non vultis venire, et de hoc ego respondebo sibi cum auxilio Dei et ponetur in scriptis. » Hæc illa. Per hæc apparet judicio meo quod non respuebat sed petebat edoceri et quod responsiones suas non sibi aut suo capiti ascribebat, sed Deo cum dicit : « Ego sibi respondebo cum auxilio Dei. » Notandum est etiam in processu quod sæpe dicit : « Ego me refero ad Deum, » et cum sibi diceretur quod hæc responsio erat magni ponderis, dicit : « Ego habeo eam pro magno thesauro. »

Sabbati vero decima octava Martii, interrogata iterum de submissione ad Ecclesiam de suis factis et dictis sive sint bonum sive malum, respondit quod quantum ad Ecclesiam ipsa diligit eam et vellet eam sustinere, et toto posse suo laborare pro fide nostra christiana, et ipsa non est quæ debeat impediri de eundo ad Ecclesiam. Nota quod hic capit Ecclesiam pro materiali dicitque quod non deberet impediri de audiendo missam. Profecto hæc responsio est catholica, pia, et devota. Item de eadem interrogata respondit : « Ego refero me ad Deum qui me misit, ad beatam Mariam et omnes sanctos et sanctas paradisi, » et subjungit illa : « Videtur mihi quod unum et idem est de Deo et Ecclesia et de hoc non debet fieri difficultas. »

Nota modum loquendi. Non dicit quod sit unum Deus et Ecclesia, sed « mihi videtur ». Inquit quod est unum et idem de Deo et Ecclesia ita quod submittendo se Deo et sanctis suis satis se credit submittere Ecclesiæ, et per hæc ipsa videtur innuere quod Ecclesia habet conforme judicium ad Deum et sanctos. Et hoc nihil continet dissonum fidei, sed videtur mihi esse catholicum, et notetur quomodo intelligit Ecclesiam. Tunc sibi fuit facta distinctio de Ecclesia triumphante, quæ est in Cœlis, et de militante, quæ est in terris, in qua est papa vicarius Dei, cardinales et prælati, clerus et omnes boni christiani. Quæ quidem Ecclesia non potest errare et quod de hac sibi facta fuerat interrogatio. Dico quod ista declaratio tam summaria non sufficiebat ad instruendam tam simplicem puellam de re ardua et difficili et quam scire non tenebatur, ut dictum est, maxime si esset necessaria suæ saluti ista submissio. Imo mihi videtur quod circa hoc non est magna evidentia si unusquisque ita generaliter teneatur submittere dicta et facta sua omnia papæ aut generali concilio, cum multa sint occulta et quæ soli Deo sunt referenda, ut sunt internæ motiones et secreta cordium quæ soli Deo noscenda relinquuntur. Unde dicit Apostolus primæ *Ad Corinthios*, 11: « Nemo novit quæ sunt hominis, nisi spiritus hominis qui est in illo. » Et « Deus est qui scrutatur corda et renes » dicit Jeremias propheta, cap. XVII. Ex quo probabiliter et salvo semper meliori judicio, dico quod non tenebatur referre judicio papæ et cardinalium aut etiam concilii generalis si dictæ apparitiones fuerant sibi factæ an non quia facti erat, et in his quæ sunt facti alieni tam papa quam cæteri de Ecclesia et ipsum generale concilium in Spiritu sancto congregatum falli possunt, ut dictum est. Secus autem esset de examine aut probatione dictarum apparitionum, quod quidem examen seu probationem dicta Johanna non recusabat fieri per papam : requisivit enim expresse ut duceretur ad papam. « Ducatis, inquit, me ad ipsum, et ego respondebo ei. » Et iterum ipsa dixit, ut patet in processu : « Quantum est de submissione Ecclesiæ, ego respondi eis de isto puncto, de omnibus operibus quæ ego feci et dixi ipsa transmittantur ad Romam penes dominum nostrum summum pontificem ad quem et ad Deum primo ego me refero. » Interrogata rursum an velit revocare omnia dicta et facta sua dixit : « Ego me refero Deo et domino nostro papæ. » Ex quibus responsionibus suis apparet quod non potest dici pertinax atque schismatica neque hæretica, quoniam referebat et submittebat se papæ et requirebat judicium et examen ejus ad quem præcipue spectat judicare de causa fidei prout habetur in decretis, C. « Quotiens fidei ratio ventilatur » etc.

Sabbati ultima Martii, interrogata an vellet submittere se et se referre ad judicium Ecclesiæ quæ est in terris de omni illo quod tangit processum suum, respondit quod de illo quod petitur ei ipsa se refert Ecclesiæ militanti, proviso quod eadem Ecclesia non præcipiat sibi aliquod impossibile fieri. Hoc autem reputat impossibile revocare illas prædictas revelationes seu apparitiones quæ erant ex parte Dei et non revocabit eas pro quacumque re. Et de hoc quod

Dominus noster fecit, sibi facere præcepit et præcipiet, ipsa non dimittet hoc facere pro homine vivente, et in casu quo ipsa Ecclesia vellet ipsam facere aliquid contra præceptum sibi factum a Deo, non faceret pro quacumque re nec pro homine mundi; faceret contrarium nisi referret ad hominem mundi nisi ad solum Deum quin semper faceret suum bonum præceptum. Ista responsio, ut videtur ex processu, recepta est quod ipsa recusaret judicium Ecclesiæ militantis, sed mihi videtur quod hæc responsio sana est et catholica et conformis dicto beati Petri et apostolorum dicentium Actuum, cap. v : « Obedire oportet Deo magis quam hominibus. » Et si dicatur : male sentire videtur de Ecclesia cum dicit in casu quo Ecclesia non præcipiat sibi aliquod impossibile, dico quod attenta simplicitate personæ quæ, ut dictum est, non tenebatur scire an judicium Ecclesiæ militantis, cum sit judicium hominum, sit inobliquabile, dicta propositio non debuit recipi in malum sensum, nec tamen puto si aliquis sive doctus sive indoctus diceret hanc propositionem conditionalem : « Si concilium generale præciperet mihi aliquid contra mandatum Dei non facerem », quod propter hoc talis esset notandus aut judicandus male sentire in fide de Ecclesia vel concilio generali. Stat enim secundum logicos conditionalem esse veram cujus antecedens est impossibile. Nonne Paulus similem dicit propositionem *Ad Galatas* primo : « Si quis vobis evangelizaverit præter id quod accepistis, etiam si angelus Dei anathema sit. » Notum est quod impossibile erat angelum de Cœlo evangelizare aliquid contrarium veritati evangelii quod ipse Paulus prædicabat, et tamen de possibilitate vel impossibilitate antecedentis illius propositionis dictæ per Puellam, videlicet si Ecclesia militans vellet aut præciperet me facere aliquid contra præceptum Dei posset esse quo non modica inter viros doctissimos. Ego vero circa hoc opinor quod, quamvis omnes teneantur explicite credere illum articulum, « Sanctam Ecclesiam catholicam, » quod non est aliud, ut mihi videtur quam credere esse unam congregationem universalem fidelium in Christo renatam et adunatam, non tamen omnes tenentur scire qualitates aut prærogativas aut proprietates ipsius Ecclesiæ, et per consequens non tenentur omnes scire auctoritatem aut potestatem Ecclesiæ judiciariam explicite ita ut non possint ignorantiam aut dubitationem habere si Ecclesia habeat de isto vel de illo judicare aut si quilibet christianus debeat referre sic generaliter omnia dicta et facta congregationi fidelium an concilio generali; nam inter doctissimos de hujusmodi potestate variæ sunt opiniones. Et posito quod non essent diversæ opiniones, tamen dico probabiliter quod non omnes tenentur scire quod Christus dederit talem vel talem potestatem de judicando in Ecclesia vel concilio generali de omnibus factis aut dictis hominum de quo etiam, ut dictum est, potest esse dubium maxime quantum ad ea quæ facta sunt. Sed in proposito audiamus quid illa de hac re sentiret. Interrogata namque utrum, si sacrum generale concilium et dominus noster papa, cardinales et cæteri de Ecclesia essent, hic ipsa velletne referre et submittere se eidem sacro concilio et utrumne credit quod ipsa sit subjecta Ecclesiæ quæ est in terris, scilicet domino nostro papæ, cardinalibus, archiepiscopis, episcopis et aliis prælatis Ecclesiæ. Nota quod interrogantes exponunt hic quid per Ecclesiam intelligunt, illa respondit quod « Sic Domino Nostro prius servito » ; gallice : « Nostre Seigneur premierement servi. » Dicit etiam quod hoc non accipiebat in capite suo, sed illud quod respondit est de præcepto illarum vocum et non præcipiunt quin obediat Ecclesiæ, Deo primitus servito.

Profecto sancta et salubris est ista responsio, et ideo mea opinione concludo circa hoc quod, cum istis responsionibus stat illibata fides, de illo articulo « Sanctam Ecclesiam catholicam », In dicta Johanna nec per istas aut alias responsiones suas quæ veraciter habentur in processu potest notari de infidelitate, schismate aut hæresi. Dico ulterius quod, quantum ex processu et responsionibus suis mihi videtur, quod elici non potest quod expresse aut animo indurato vel obstinato ipsa denegaverit submittere sic dispositioni, determinationi et emendationi sanctæ matris Ecclesiæ, domino nostro papæ aut sacro generali concilio. Imo potius oppositum apparet ex ultima et immediate præmissa responsione sua. Hoc enim quod adjecit « Deo primitus servito » non distrahit neque derogat suæ submissioni, ut satis notum est, quamvis in articulis confectis super confessatis suis et transmissis ad multa loca dicatur quod ipsa recusavit sæpius id facere, quamvis etiam sententia contra eam lata portet. Ideo meo judicio dicta sententia in hoc non potest esse vera neque juridica.

Jam venio ad unum argumentum quod fieri potest contra prædicta. Et dicatur mihi : « Temere agis quia alma Parisiensis universitas, specialiter facultates theologiæ et decretorum dederunt qualificationes prædictas in sententia contentas, juxta quosdam articulos eis de Rothomago transmissos a judicibus in causa ista. » Respondeo quod magnum utique et multum ponderandum est in materia fidei prædictarum duarum venerabilium facultatum judicium, et nihilominus bene notanda sunt ipsa et totius hujus negotii circumstantiæ sunt diligenter attendendæ. Dico rursum quod non constat per processum quod talis processus aut quod seriatim omnes interrogationes aut omnes responsiones dictæ Johannæ fuerint transmissæ ad prædictam universitatem, sed tantum quidam articuli in quibus cum reverentia omni notoria erat discrepantia ad suas confessiones seu responsiones, prout liquido patere potest per inspectionem articulorum et totius processus. Et ut de aliis causa brevitatis supersedeam, de articulo submissionis suæ clarum est quod dicit recusasse submittere se Ecclesiæ cujus oppositum est verum ex responsione sua sæpius iterata, sicut patet ex nuper dictis et recitatis ex vero processus tenore.

Sed iterum dicetur mihi quod prædicta Johanna fecit abjurationem omnium prædictorum XXIV maii in cimiterio Sancti Audoeni Rothomagensis, secundum formam unius scedulæ in gallico confectæ. Dico quod si processus notetur, assistentibus multis prælatis et sedentibus pro tribunali judicibus, coram omni populo prædicavit venerabilis doctor magister Guillelmus Erardi, et finita prædicatione, ad propositum criminum impositorum dictæ Johannæ ipsamque ibidem præsentem allocutus est, dicens quod domini judices summaverant eam et requisierant pluries quod vellet submittere omnia dicta et facta sua sanctæ matri Ecclesiæ et remonstraverant ei quod in dictis et factis suis erant multa quæ videbantur clericis esse male dicta et erronea. Pro Deo videamus quid ipsa respondit ei in publico : « Ego, inquit, respondebo vobis. Quantum est de submissione Ecclesiæ ego eis respondi de isto puncto. De omnibus operibus quæ ego dixi et feci, ipsa transmittantur ad Romam penes dominum nostrum summum pontificem, ad quem et ad Deum primo ego me refero, et quantum ad dicta et facta quæ ego feci, ego illa feci ex parte Dei. »

Interrogata ibidem coram omni populo utrum ipsa revocare vellet omnia dicta et facta sua quæ sunt reprobata per clericos, respondit : « Ego me refero Deo et domino nostro papæ. » Hic mihi videtur quod in hæc verba reclamat et æquivalenter appellat ad papam ve- ad sanctam Sedem apostolicam. Et tunc sibi fuit dictum quod hoc non sufficiebat et quod non poterat fieri quod iretur quæsitum dominum nostrum papam ita remote. Ista sunt verba formalia processus, etiam quod ordinarii erant judices in sua diocesi, et ideo erat necesse quod ipsa se referret sanctæ matri Ecclesiæ. Jam igitur quæso ab istis quid ipsi intelligunt hic per *sanctam matrem Ecclesiam*. Et prima facie videretur quod intelligant judices et clericos assistentes, quia non est dubium quod si generale concilium aut universalem Ecclesiam, ita longe erat a dicta Johanna sancta mater Ecclesia aut generale concilium sicut papa. Cui igitur ita faciliter non acceptant ipsi submissionem dictæ Puellæ qua se submittit papæ sicut volunt quod se submittat sanctæ matri Ecclesiæ expresse : puto enim quod ita brevem justitiam habuissent a papa sicut a sancta matre Ecclesia quam tam sæpe nominant.

Videatur etiam separare judicium papæ a judicio sanctæ matris Ecclesiæ, cujus papa est primus et principalis ierarchia, quasi aliud esset judicium sanctæ matris Ecclesiæ et aliud judicium papæ, quod non videtur esse bene sanum, nam Ecclesia est una, secundum illud *Canticorum*, cap. vi, «Una est columba mea, perfecta mea, et per consequens habet unum judicium secundum ordinem institutum a Christo. » In hoc autem, ut mihi videtur, satis extraneæ locuntur interrogantes eam in hoc passu et forsan reprehensibilius quam ipsa responderet, nam responsiones suæ magis congruunt unitati Ecclesiæ cum ipsa recognosceret unum sanctæ matri Ecclesiæ judicium quam interrogationes sibi factæ, quæ quasi duo tribunalia ponebant in Ecclesia, unum in papa aliud in sancta matre Ecclesia absque majori declaratione. Quod si appellant in hac interrogatione suam sanctam matrem Ecclesiam ipsos judices cum clero præsenti. Prout satis ostendunt cum dicunt ei quod ordinarii sunt judices, ideo erat necesse quod se referret sanctæ matri Ecclesiæ, pro certo multum equivoce locuntur et interrogant hic et alibi in processu et conantur paralogizare istam filiam simplicem per fallaciam equivocationis, et quod hoc sit verum statim absque mora post istam submissionem qua expresse submittebat se Deo et domino nostro papæ, quia formaliter se non submittebat Ecclesiæ sanctæ ad judicium eorum prædictum, ceperunt ferre et pronuntiare sententiam diffinitivam qua cum pro magna parte legissent, verisimiliter ducta, ut satis apparet, timore penæ dicta Johanna incepit loqui et dixit quod volebat tenere totum illud quod Ecclesia ordinaret et quod ipsi judices vellent dicere et sententiare in quo videtur venire ad eorum intellectum sic quod pro eodem haberet Ecclesiam et ipsos judices. Et tamen, omnibus consideratis, habebat ipsos suspectos de inimicitia, ideo non tenebatur se submittere ipsis et maxime quia superius tribunal papæ reclamaverat cui se clare et expresse submiserat dicta et facta sua, scilicet domino nostro papæ, cardinalibus, archiepiscopis, episcopis et aliis prælatis, « Domino nostro prius servito ». Sic ergo ex quo petebat remitti ad judicium papæ debuit, secundum jura illico sibi transmitti, ut habetur C. « Quicumque litem ». Et bene videatur in ista abjuratione, ponuntur multa de quibus per processum non videtur mihi fuisse convicta. Ideo mihi videtur quoad hoc quod hujusmodi abjuratio præmature fuit ab ea extorta tum ratione scedulæ confectæ, quam non præviderat, tum ratione modi agendi quia statim dum sententia pronontiaretur, tum etiam ratione metus, ut dictum est. Et tamen hujusmodi abjurationes debent præcogitari et mature ac animo deliberato et corde contrito fieri, quæ non sunt in abjuratione prædicta quam, ut postea dixit, non intellexit in omnibus suis punctis, quia postmodum dicit nunquam jurasse de habitu viri non resumendo.

Modo vero ad relapsum ejus prætensum veniamus. Ipsa judicatur relapsa tam ex resumptione habitus virilis quam ex hoc quod dicit voces suas eam increpasse de abjuratione prædicta. Dico igitur, secundum meam hanc opinionem, quod ubi non prius fuerat lapsa in infidelitatis peccatum aut hæresim, ipsa non potest dici relapsa tamquam hæretica. Per prædicta vero et quantum mihi videtur, ipsa non incurrit infidelitatis peccatum, ut patet ex deductione qualicumque præcedentium rationum. Igitur non debuit tamquam in hæresim relapsa judicari quoniam relapsus præsupponit lapsum. Sed advertamus ad id quod illa respondet. Interrogata quare habitum viri resumpsit, primo negat quod juraverit de non recipiendo habitum viri et quod numquam intellexit jurasse de illo; secundo dicit habitum resumpsisse quia hoc erat sibi magis licitum aut magis conveniens habere habitum virilem, dum erat inter viros, quia viri conversabantur et custodiebant eam in carcere, et fuisset majus periculum si inter eos existens fuisset induta veste muliebri. Ex qua responsione colligi potest quod amore castitatis id fecerit et ad evadendum periculum in quo casu potest esse licitum mulieri veste virili uti et e contra, sicut ante factum est. Excusat etiam se quia non sibi fuerat observatum promissum, videlicet quod iret ad missam, reciperet corpus Christi et quod poneretur extra compedes ferreos in quibus erat. Interrogata illo die, videlicet XXVIII Maii mensis, utrum fecerat prius dictam abjurationem et specialiter de non recipiendo habitum virilem, non respondet ad formam, sed dicit quod prædiligit mori quam esse in compedibus ferreis, sed si permittatur quod vadat ad missam et ponatur extra compedes ferreos deturque sibi carcer gratiosus, ipsa erit bona et faciet illud quod Ecclesia voluerit. Ex quo manifeste videtur quod per *ecclesiam* hic intelligebat illos viros ecclesiasticos qui eam interrogabant et qui eam judicabant. Et ergo si pluries recusaverit se submittere isti Ecclesiæ, id est illis judicibus quos recusasse videtur pluries in processu reclamans majorum et specialiter summi pontificis judicium, debet ipsa propter hoc censeri erronea vel hæretica mihi videtur utique quod non. Quod si arguatur contra hoc quod illi non intelligebant, cum peterent eam de submissione, nisi de Ecclesia universali sive de concilio aut romana de Ecclesia, jam responsum est prius quod ipsa semper se voluit submittere romanæ Ecclesiæ, scilicet domino nostro papæ et dominis cardinalibus.

Ex quibus omnibus pro mea opinione, salva semper meliori, concludo quod non mihi videtur dicta Johanna fuisse infidelis, non schismatica, non hæretica, tum quia ipsa bene sentiebat, quantum potest ex processu videri, de Ecclesia, de auctoritate romani pontificis cujus judicium pluries interpellabat, tum quia bene et reverenter sentiebat et loquebatur de sacramentis Ecclesiæ, de premio vitæ æternæ, de spe salutis animæ suæ quam devote requirebat a Deo et sanctis, tum quia nihil expresse videtur dixisse aut dogmatizasse in contrarium articulorum fidei aut sacræ Scripturæ quam expresse confessa est fuisse a Deo revelatam, super hoc quamvis satis impertinenter, ut videtur, interrogata. Et ut clarissime videatur quod non debuit tamquam hæretica judicari, sic ostendo quia in hæresi duo sunt : unum est error in intellectu, secundum est pertinacia seu defensio erroris in affectu. Ex his autem quæ dicta sunt apparet quod dicta Johanna non sentiebat de Deo et sacramentis impie sed fideliter et catholice. De summissione vero ad Ecclesiam, de qua videtur specialiter argui, responsum est quod non denegavit, quicquid dicatur in articulis Universitati Parisiensi transmissis, et tamen multum equivoce de Ecclesia fuit interrogata modo pro concilio, modo pro papa et cardinalibus et cæteris prælatis, modo pro ipsis judicibus et clericis qui erant Rothomagi, et nihilominus, cum esset simplex nec teneretur de necessitate salutis, ut dictum est, scire acceptiones multiplices hujusmodi [verbi] *ecclesia*, nec etiam teneretur scire si ipsa aut aliquis catholicus deberet submittere omnia facta et dicta Ecclesiæ in genere exteriori judicio hominum, tamen mihi videtur quod inter tot et tantos scopulos absque offensione fidei navigavit spem salutis quasi anchoras tenens fidem servavit. Nec per verba sua, ut mihi videtur, in aliqua dispositione a fide capi potuit. De pertinacia vero, in affectu, ut mihi videtur, non potuit judicari, quia quantumcumque mansionem in suis dictis aut factis haberet, ipsa sæpius obtulit corrigi tam per papam quam per clericos aut etiam per Ecclesiam cui se submisit : « Deo, inquit, prius servito. » Errans enim aliquis, quantumcumque erret etiam contra fidem, non est censendus pertinax neque hæreticus si paratus sit corrigi per eum vel eos ad quos spectat. Illa autem sola est legitima correctio et sufficiens qua aperte et manifeste ostenditur erranti quod assertio sua catholicæ obviat veritati, ita quod si sit de manifestis in fide ad quæ omnes quantumcumque simplices tenentur, talis sic correctus post correctionem et instructionem sufficientem esset inexcusabilis, sed si esset de aliquibus subtilibus non omnium sed virorum solum doctorum judicio et extimatione eruditorum in lege et scripturis contradiceret alicui veritati catholicæ. Dummodo simplex persona sicut ista Puella se referret judicio sanctæ Romanæ Ecclesiæ et diceret in generale nihil asserere velle contra fidem christianam quemadmodum dicebat dicta Johanna, talis non deberet dici pertinax et per consequens nec hæreticus : hoc habetur expresse C. « Qui sententiam suam quamvis falsam atque perversam nulli pertinaci animositate defendunt nequaquam sunt inter hæreticos deputandi. » Et sunt verba beati Augustini qui declarat ibidem quod hæreticus est qui alicujus temporalis commodi et maxime vanæ gloriæ principatusque sui gratia falsas ac novas opiniones vel gignit vel sequitur. Patet autem per processum et satis, ut videtur, ostensum est cum diceremus supra de fine et intentione ejus quod non commodum temporale neque vanam gloriam, sed bonum regis et regni Franciæ. Quocirca meo judicio et secundum meam opinionem non debuit hæretica judicari et per consequens de relapsu aut tamquam in hæresim relapsa minime condemnari.

Quamvis autem a crimine infidelitatis aut hæresis, quantum videre possum ex dictis et responsis suis, merito sit excusanda, imo non culpanda, non tamen propter hoc volo eam ab omni alio peccato vel delicto quasi sancta fuerit aut innocens excusare, quin ipsa in tam arduis negotiis implicata potuerit offendere aut peccare, sive omittendo sive committendo sive verbo sive opere sive etiam cogitatione de qua solus Deus judex est. Nam et sanctæ quidem et mulieres in Scriptura laudantur pro bono affectu quem habebant ad liberandum populum Dei, sicut Debora, Jahel, Judith, non tamen excusantur quin aliqua vituperabilia et mala perpetraverint : unde *Judicum*, cap. IV, de Jahel quæ interfecit Sisaram quædam habentur laudabilia et quædam vituperabilia, super quo dicit magister Nicolaus de Lira quod mulier Jahel in hoc fecit rem licitam et meritoriam quod interfecit Sisaram qui opprimebat populum, licet illa immiscuerit aliqua illicita, scilicet quasdam falsitates in signis et in verbis quibus ostendebat se velle protegere Sisaram cum tamen intenderet eum occidere : unde sicut membrum illius populi et communitatis habuit titulum justum interficiendi eum. Similiter Judith commendatur de magno affectu quem habuit ad liberationem populi Israel de manu Holofernis, non autem de mandatiis quæ dicit in conspectu ejus, ut habetur in libro Judith. Sic forsan dicere possum de ista

Johanna Puella quæ pars erat membrum regni Franciæ, quod justum titulum ipsa habuit et omnes utriusque sexus regnicolæ defendere regnum et depellere hostes opprimentes regni communitatem et laudanda ut fortis mulier quæ misit manum suam ad fortia specialiter et maxime ubi nullum finem habuisse videtur quam succurrere regi et bonis gentibus oppressis. Nullum enim bellum potest dici justius cum ad hunc finem auctoritate publicæ potestatis exercetur. Quid ergo si de præscripto Dei mandato et per multas et frequentes ammonitiones et non se ingerendo fecerit. De hoc quidem laudanda videtur quamvis in modis agendi aut aliis suis dictis vel factis aut signis potuerit forsan deficere, nec ob hoc ad fidei judicium trahi debuit, et per consequens neque tamquam hæretica condemnari.

Finaliter autem si in modo judicandi vel procedendi contra dictam Johannam error aut defectus aliquis intervenerit, remitto ad dominos juristas : hoc tamen circa hoc dixerim quod suspecti et inimici judices esse non debeant, et ipsa ratio dictat et plurimis probatur exemplis. Ipsa autem Johanna per seriem processus recusavit præfatum dominum episcopum Belvacensem ut incompetentem et suspectum. Et quia etiam ipsa detinebatur in castro Rothomagensi, carcere privato, manibus laicorum et capitalium hostium suorum qui eam in compedibus ferreis et dure illam tractasse videntur per processum, custodientes eam et vinculis eam alligantes quasi captam et prisonnariam in bello. Et sic mihi videtur ex circumstantiis tactis in processu quod ipsa tractabatur quasi hostiliter, minus vero caritative et judicialiter. Unde dicit Calixtus papa et habetur 5 quæst. 5. [*Decr. Grat.*] accusatores suspecti vel testes non recipiantur in judicio, scilicet nec familiares nec de domo adversarii prodeuntes. Quanto minus accusata persona debet tradi custodiæ aut carceribus suorum adversariorum mancipari maxime laicorum in causa fidei quæ est gravissima et maxime spiritualis et ecclesiastica.

Quod circa mihi videtur ex inspectione processus et sententiæ, consideratis omnibus, et, quantum parvitas intelligentiæ meæ potuit circa prædicta et eorum circumstantias attendere, quod, propter allegatas rationes, peccat dictus processus tam in materia quam in forma. Præsertim opinio mea est quod non debuit tanquam infidelis, schismatica aut hæretica condemnari. Hæc autem omnia quæ superius probabiliter et pro mea opinione, instantissime requisitus, dixi aut scripsi, ego Robertus Cybole, humilis sacræ theologiæ professor, cancellarius et canonicus Parisiensis ac Ebroicensis, submitto correctioni et emendationi ac determinationi sacrosanctæ Sedis apostolicæ, adhærendo protestationi per me factæ a principio hujus tractatus seu schædulæ, manu propria scriptæ, et signo meo signatæ in testimonium qualiscumque opinionis meæ.

Actum Parisiis, in claustro beatæ Mariæ et in domo habitationis meæ, anno Domini MCCCCLII (1452) die secunda mensis Januarii :

Sic signatum : Robertus CYBOLE.

13.

JUGEMENT DE JEAN BOUCARD
SUR JEANNE D'ARC.

OPINIO JOHANNIS BOCHARDI
ABRINCENSIS EPISCOPI.

(Voir chapitre III, p. 139.)

Quum citra paucos dies, propter nonnulla meæ Abrincensis ecclesiæ agenda, ad hanc Parisiensem civitatem venissem; ex parte reverendissimi et reverendi in Christo patrum et dominorum Remensis archiepiscopi et Parisiensis episcopi, simul et honorabilis et religiosi viri magistri Brehal, ordinis Fratrum predicatorum, sacræ theologiæ professoris hæreticæque pravitatis per regnum Franciæ inquisitoris, sanctæ Sedis apostolicæ commissariorum et, quoad ea de quibus hic habendus est sermo, specialiter deputatorum; fuit mihi injunctum ut, super quodam processu alias, sunt fere XXV anni, Rothomagi, per reverendum in Christo patrem et dominum tunc Belvacensem episcopum, in materia cujusdam singularis atque admirandæ fœminæ, quæ Johanna Puella communi nuncupatione vocabatur, facto et concluso; quantum ad ejusdem processus confirmationem seu infirmationem, pariter et de in eodem contentis eidem Puellæ objectis, ego vellem, per modum opinionis, quid in ea re sentirem scribere. In qua certe materia, quæ, grandis admodum difficilis et valde ardua mihi prima facie visa est, nullatenus præsumerem, maxime in tam brevi decursu, utcumque opinari, nisi præfatorum dominorum commissariorum mihi pro singulari præcepto interveniret auctoritas. Certa itaque protestatione præmissa de nihil asserendo quod sanæ doctrinæ videatur aut esse possit contrarium, videtur mihi totum hujusce rei pondus in duo principaliter versari. Quorum primum quod tanquam materiale est, concernit ea quæ præfatæ Puellæ per suos adversarios et judices fuerunt objecta; secundum vero formam sive ordinem processus usque in sententiam diffinitivam et ejusdem Puellæ condemnationem considerat. Et circa hæc duo, non per modum codicilli, sicuti audivi nonnullos solemnes prælatos et doctores solemniter et ardue atque ad rem multum pertinenter scripsisse; verum quæ breviori decursu summarie solum et levi quadam opinione, quantum ex summario quodam extracto descripto super hac materia, domini Pauli Pontani, in curia Romana advocati consistorialis solemnissimi, valui materiam hanc simul et processum considerare, mea talis qualis, sub protestatione præmissa simul et cujuslibet securius sapientis correctione, versabitur opinio.

Circa primum igitur quam plurima præfatæ Puellæ videntur imposita, inter quæ videntur esse majora quod dicebat multas et frequentes spirituum, videlicet beati Michaelis et beatarum Katherinæ et Margaretæ visiones et revelationes et consolationes habuisse, quibus sæpe reverentiam exhibuit.

Quod aliqua futura contingentia se scire certitudinaliter prædixit. Quod a parentibus absque licentia recessit. Quod bellis habitum virilem et arma gerens etiam tonsa crines se immiscuit. Quod militantis Ecclesiæ judicio super his quæ sibi imponebantur se ipsam submittere noluit. Et quod postquam solemni abjuratione hujusmodi spirituum apparitiones et revelationes simul et virilem habitum dimiserat atque eisdem publice renunciaverat, iterum resumpsit et eisdem adhesit.

Unde quod hujusmodi visiones seu apparitiones habuerit quamvis hominibus occultum sit, cum hæc sint secreta Dei misteria, non tamen est impossibile neque a fide catholica alienum. Apparet enim Dominus iis qui fidem habent. *Sapientiæ* I et Joannis IX de diligenti Deum scribitur : « Ad eum veniemus et mansionem apud eum faciemus, » Unde et apparitiones et spiritus prophetiæ tam in Vetere et Novo Testamento et viris et mulieribus nedum bonis, sed etiam malis quam pluries contigisse manifeste declarat totius sacræ Scripturæ decursus.

Supposito ergo quod ipsi Puellæ hujusmodi apparitiones et revelationes fuerunt factæ, sicut satis verisimile est, attentis dictis et factis per eam, an a bonis vel malis spiritibus provenerint sequitur conject[ur]andum.

Quod equidem ex duobus maxime videtur perquirendum videlicet ex fine propter quem et ex vita et moribus et obitu ipsius Puellæ.

Actiones enim humanæ potissimum bonitatem vel malitiam habent ex fine a quo dependent, ita ut secundum maximam thopicam cujus finis bonus est, ipsum quoque bonum est : sic et de malo.

Boni etiam spiritus ad bonam vitam honestosque mores inducunt, atque ad finem usque catholicum perducunt.

Præfata autem Puella, ut nedum ex ejus dictis et assertionibus verum longe certius ex ipsius factis et operibus claruit et manifeste cunctis apparuit ad hunc finem specialiter et intentionem destinata est; et venit ut ab hoc Francorum christianissimo regno in extrema fere calamitate per Anglicos ipsum injustissime tunc usurpantes constituto ipsos Anglicos juste et rationabiliter expelleret, simul et christianissimum dominum nostrum regem Ka[rolum] modernum, quasi tunc a suo regno dejectum et propulsum, et restitueret, et ad sacram unctionem pariter et regiæ coronæ susceptionem perduceret, quod siquidem qualiter perfecerit rei probavit eventus.

Hæc omnia bona et honesta sunt nedum ex genere, verum etiam ex circumstantiis actuum et operationum ipsius Puellæ, quæ ipsos Anglicos gratis ante cujuscumque insultus seu belli aggressum, misericorditer procedens, dulciter monuit et summavit ut in nomine Domini cum bona pace recederent et quod injuste occupabant et usurpabant juste relinquerent; nomen et auxilium Dei indefesse, pie et devote implorans, sacramenta confessionis et sacrosanctæ Eucharistiæ frequenter suscipiens, integritatem pure virginitatis inter tot et talis conditionis viros sola simplex et juvenis Puella illibate custodiens, quoscumque corruptos mores, excessus seu perversos illicitosque actus in aliis ut blasphemias, juramenta, violentias, homicidia, furta et cætera hujusmodi, quantum plus poterat cohibens, in nomine Domini semper refrenabat.

Ex quibus et finis ad quem specialiter venit bonitas et suorum vitæ et morum clara honestas possunt apprehendi.

De ejus autem obitu, nil aliud nisi Deo revelante potest certitudinaliter cognosci, nisi quod in ejus extremis semper de bene in melius continuans Jhesum, beatam Mariam, sanctos et sanctas assidue, multis hominum millibus clare audientibus, acclamans, sancte et catholice visa est inter flammas pressuras spiritum Domino reddidisse.

Ex his videtur sequi et mea opinione posse concludi ipsam Puellam ad jam prætactos fines fuisse a misericorde et justo Deo missam.

Quod etiam ex ejus rei circa quam conditione satis considerari potest. Ipsi enim Anglici in illis diebus temeraria præsumptuositate intolerabilique superbia sublevati non satis pensantes quoniam neque in fortitudine sua roborabitur vir : « In eo, aiebat regius Propheta, sperabo et gladius meus non salvabit me, » quoniam ut in Machabeorum tertio capitulo scribitur : « Non in multitudine exercitus victoria belli, sed de Cœlo fortitudo est, » juste meruerunt ut de eorum summa atque fastigiosa superbia Deus ipse qui infirma mundi eligens ut fortia quæque confundat, quantum superbis resistit, humilibus dat gratiam et qui ipsi rerum naturæ eas leges instituit ut contraria contrariis curentur, eos per victricem humilitatem potentissime deiiceret.

Quæ autem major potuit contra tantam superbiam reperiri humilitas, quam in simplicissima tredecim circiter annorum virgine Puella, in campum absque multa hominum frequentia, inter oves et pecora multa, atque de post fetantes a Deo vocata : certe nulla sicut neque contra summam Luciferi superbiam quam in sacratissima virgine Maria major valuit humilitas inveniri.

Sequitur ex dictis, ut videtur, clare posse concludi hujusmodi spiritus eidem Puellæ apparentes bonos fuisse et a Deo, qui ad opera pietatis et misericordiæ, sicut est populi et patriæ a malis liberatio, non utitur malis angelis, sed bonorum ministerio fuisse specialiter missos.

Sed quod hujusmodi spiritus fuerint beatus Michael et beatæ Katherina et Margareta satis imo multum verisimiliter apparet. De Michaele quidem archangelo : ipse enim est qui populo Israelito olim ducatum præbebat divinas revelationes simul et directiones exercendo, ut expresse habetur in glossa *Judicum* VI et *Danielis* X. Modo autem dispersione in illo populo facta et Christi Ecclesia fundata et fide revelata, non dubium quin idem beatissimus archangelus Ecclesiæ Christi et ita toti christianitati præsideat, et maxime inter cæteras christianitatis partes huic Franciæ regno, quod propter singularem divini cultus excellentiam et præclarum fidei lumen in eo, absque macula semper præfulgens christianissimum etiam ab aliis regnis est speciali quadam atque peculiari honoris excellentia appellatum. Quod etiam ex quodam bene singulari satis verisimiliter potest conjecturari. Nam eumdem archangelum quandam rupem in medio mari in mea Abrincensi diocesi in qua coleretur sibi quondam elegisse veteres nostræ tradunt historiæ, ubi a beatissimo Auberto, Abrincensi tunc episcopo, ex speciali revelatione per eumdem archangelum sibi facta in honore ejusdem archangeli percelebris fundata est ecclesia, quæ hactenus dicta est ecclesia beati Michaelis in Tumba. Hic locus, quamvis ex integro totus Normanniæ ducatus, præter ipsum fuerit violenti Anglorum potestati subjugatus et omnes circumvicinæ regiones sibi guerrarum durante sævitia contrarie, grandes, durissimæque obsidiones, machinæ, mirabiles insidiæ et proditiones tentatæ, machinatæ et applicatæ, nunquam tamen potuit sævo dictorum Anglorum dominio subjugari, ipso beatissimo Archangelo locum suum peculiari quadam protectione defendente. Potest itaque rex christianissimus conformiter sicut et de angelo Danielis dicere : « Ecce Michael unus de principibus primis venit in adjutorium meum. »

De beatis autem Katherina et Margareta satis verisimile videtur ex eo quod semper a sua juventute et quamprimeva cognitione ipsa Puella ad eas singularem habuerat devotionem. Unde et pro sua consolatione, quia etiam mulieres mulieri quam viri sunt familiariores per easdem beatas virgines sua secreta misteria voluit Deus ipsi Puellæ ad fines, pro quibus eam miserat, pie et misericorditer revelare.

Quod autem habitum virilem et arma gerens, crines etiam tonsa, bellis se immiscuerit, non videtur esse unde juste valeat reprehendi quoniam ex quo a Deo missa fuit, ut ex antedictis nunc præsupponitur, c[ommu]ne videtur ut divina ordinatione habitus, mores et conditiones fini suæ legationis competentes ipsa tenuerit, et maxime cum nil ibidem videatur quod sit malum ex suo genere et quod non possit absque peccato pro alicujus rei exigentia bene fieri. Gerere enim arma et maxime defensiva sibi ad finem pro quo missa erat competebat et ita et come tonsuram et habitum virilem longe magis quam mulie[b]rem. Quod etiam pro sua virginitate et casta integritate servanda maxime competebat ne nota inter viros juvenis puella, quæ jam ad pubertatem devenerat, ipsos ad libidinem quos magis toto posse inducebat ad virtutem, concitaret. Unde et *Deuteronomii* II, 22, prohibeatur in lege ne mulier habitum viri, seu vir habitum mulieris, sibi assumeret propterea ne ad actus venereos simul et ad idolatriam facilius prolaberentur. Si ergo castius mulier sub viri habitu quam sub muliebri tam in se quam in ordine ad alios se habeat, quare eo non magis utetur.

Unde et multas mulieres reperimus hujusmodi virilem habitum gessisse et comas succidisse, sicut fuerunt beata Tecla, Pauli apostoli discipula, beata Eugenia, beata Natalia beati Adriani martiris uxor, sancta Pelagia, sanctæ etiam Marina, Eufrosina, Audoena et quamplures aliæ.

Quod etiam a parentibus illicenciata recessit, non debet sibi divino jussu monite ad malum imputari. Plus enim oportet Deo quam hominibus obedire; nam obligatio ad obedientiam Dei omnem aliam obligationem, etiam ad proprios parentes, antecedit. Unde et verisimile est quod si a patre et matre licentiam petivisset, voluissent et merito causam talis sui recessus cognoscere et fortassis aliqua secreta quæ non valuisset ipsis detegere, ipsam interrogassent. Imo et quando totam sui recessus causam ipsis aperuisset, ipsam tamquam fatuam et insanam, non credentes eam a Deo fuisse monitam valde duriter increpassent.

Non mirum etiam si quædam futura contingentia prænunciaverit, supposito, ut præmissum est, quod ab eo ministerio beatorum spirituum fuerit docta et directa cujus æterno conspicui omnia sunt præsentia.

Quod vero accusatur non voluisse se ipsam submittere judicio Ecclesiæ militantis, si bene ejus factum et ea quæ ipsa dixit attendantur, non videtur mihi esse propterea sibi aliquid improperandum, nam omnia illa super quibus sollicitatur ut judicio Ecclesiæ militantis se submittat, ipsa, ut asserit, ex Deo habet per revelationem et ita illa certissime cognoscit et tenet quæ aliis sunt occulta et fortassis non credibilia : unde in talibus non debet quis cogi præcise ad denegandum seu diffitendum, alias iniquum et injustum videretur esse tale præceptum. Nam talia quæ ex divina revelatione cum tanta certitudine procedunt libertatem inducunt, secundum illud *Secunda ad Corinthios* III, « Ubi spiritus Domini, ibi libertas » et *ad Galatas* V, « Si spiritu ducimini non estis sub lege. » Hæc enim lex spiritus Domini tamquam superior eximit ab omni alia lege. Neque etiam adhuc omnino recusavit ipsa Puella judicium Ecclesiæ militantis, imo se ipsam cum suis omnibus dictis et factis submisit judicio Concilii generalis et sanctæ Sedis apostolicæ.

Quantum autem ad hoc quod dicitur post abjurationem, etc. virilem habitum resumpsisse et suis spiritibus iterum adhesisse, ipsa satis videtur respondisse, videlicet quod numquam intellexerat se illis suis apparitionibus renuntiasse. Sibi enim lecta est quædam scedula papirea quam longa carceris afflictione et metu ac timore mortis maxime aggravata non intellexit et quam, si intellexisset, nunquam in æternum consensisset. Et ita ad veritatem non potuit propterea, ut videtur, juste judicari relapsa. Habitum etiam virilem resumpsit et quia timebat Deum offendere, qui eum sibi instituerat si absque ejus ordinatione ipsum dimitteret, et etiam necessitate, ut fertur, coacta, quia mulie[b]res vestes sibi abstulerunt viriles juxta eam reponendo. Et ita mea tenui et minus consulta opinione et salvo semper judicio meliori nihil in ejus dictis aut factis reperitur unde potuerit sic judicari relapsa, schismatica et hæretica aut unde ad fidei judicium juste adduci debuerit. Et hæc quoad primum.

Tandem vero quoad formam processus seu procedendi modum, quantum sub tam brevi decursu valui comprehendere ex qua plurimis videretur qui processui et fine insudarunt in modo procedendi et judicandi defecisse. Quæ, quia magis ad dominos juristas spectant, sub arcta brevitate perpauca perstringam.

Primo itaque fori et judicis incompetentia ipsum processum pariter et sententiam exinde secutam corruere et nullos esse demonstrant. Ipse enim judex fertur fuisse parte [inimicorum], domini nostri regis et ipsius Puellæ formalissimus inimicus; a quo etiam ipsa Puella ad dominum nostrum Papam et ad generale Concilium ante sententiam appellavit. Item coassistentes sibi omnes capitales ipsius Puellæ inimicos advocasse et illos quos videbat plane veritatem dicentes sicut fuerunt graves viri et solemnes doctores magistri Jo. Lohier et N. Bessy, gravissime increpans cum maximo eorum terrore et pavore, a castro Rothomagensi dicitur expulisse.

Item propter carcerum indispositionem et custodum incompetentiam, propter etiam timorem et assidue incussum sibi terrorem, propter quæstionum sibi difficilimarum et arduarum sibi factam interrogationem et maxime propter falsam et calomniosam articulorum deliberare seu consulere et rationes dare tam Parisius quam alibi debentium transmissorum formationem. Et ex his siquidem præcipue videtur præfatus processus dici debere merito invalidus et censeri et per consequens sententia ex eo subsecuta pro nulla reputari.

" Et hæc sunt quæ sub præmissa correctione et protestatione et submissione de præsenti materia per modum opinionis solum et probabiliter mihi Johanni, episcopo Abrincensi, sunt visa conjecturanda.

Sic scriptum : J. Abrincensis episcopus.

14.

BOUCARD ET LE SECOURABLE

(Extrait du poème latin de Guillaume Ybert, sur la ville de Saint-Lô, MDCLXVIII.)

(Voir chapitre III, p. 138 et 154.)

Quà gelidas igitur valles, et mollia prata
Solis ad Occasum rorans interfluit amnis;
Est antiqua Domus (nostri dixere *Vacellas*[1])
Inclyta nominibus multis, Authoris honore,

1. La Vaucelle.

Regis [1] et hospitio, Galileæ Virginis ædes,
Cui patris [2] impositum castro cum corpore nomen
Præsul Abrincarum *Bovcardo* [3] sanguine cretus,
Isque potens meritis, et claro nobilis ortu,
Illius author erat, sed longe clarius ipse
Æternumque sibi nomen pietate paravit :
Annua [4] quippe suo Genitricis in Ædibus almæ
Tempus ad hoc Cleris numerata ex ære reliquit
Dona, preces resono psallentibus ore diurnas,
Alternaque Chori populos certantibus unà
Numinis ad summi cultum pietate movere.
Cætera ne memorem, bis sex stipendia vitæ
Annua [5] constituit pueris, quos ipsa doceret
Harcvriana [6] domus, censu dotata perenni,
Ut sic liberius doctas edisceret artes
Inprimis humili selecta è plebe Iuuentus,
Quam nec dura sequi Musarum dulcia castra
Pauperies patitur, nec mollis inertia suadet
Occultas animi sub pectore prodere vires.
Nec tamen id nullo credas fecisse Iuuentæ
Muneris exemplo, nullique fuisse secundum :
Nam *Svccvrribilis* [7], junctus mihi sanguine, primus
De patriâ cupiens tali pietate mereri,
Templa suis etiam coluit Parnassia donis,
Vnde juventuti, rerum cui suppetat usus,
Sufficiens Musis census legatur ab ipso.

1. François Ier et Charles IX.
2. Sainte-Perrenelle.
3. Jean Boucard, évêque d'Avranches.
4. A. D. 1484.
5. A. D. 1488-1489.
6. *Collegium Harcurianum Parisiis.*
7. Pierre le Secourable, *Primarius ac Provisor Colleg. Harcuriani*, 1484.

15.

Extraits des registres des commissaires ordonnez par le Roy près sa personne sur le fait des biens des rebelles.

(*Document inédit.* — Voir chapitre IV, p. 245.)

1595. — Sur la requeste présentée par les boursiers théologiens du collège de Harcourt en l'Université de Paris tendant afin que suivant les lettres patentes du Roy par eulx obtenues le dernier de juillet quinze cent IIII XX treize, mainlevée leur soit faicte de tout et chascuns leurs biens meubles et immeubles fruictz et revenuz d'iceux arréraiges de rentes et aultres choses à eulx appartenant, saisis soubz prétexte de rebellion. Et que les commissaires établiz ou requis d'iceux leurs fermiers et redevables et autres, qu'il appartiendra soient contraints leur en rendre compte et payer le reliquat comm'aussi ceux qui ont jouy desdicts fruicts soient pareillement contraincts à la restitution d'iceux par toutes voies dues et raisonnables. Nonobstant tous dons et remises qu'ils pourroient en avoir obtenu mesme certain prétendu don faict à un nommé **Adrien Pierre** des deux tiers des fruicts et revenus des fiefs des terres de La Haye et La Hedouinière situés au dedans du diocèse de Coustance qui demeurera nul et de nul effet et valeur, suivant les susdictes lettres. *Veu* ladicte requeste lesdictes lettres patentes de mainlevée dudict jour dernier de juillet quinze cent IIII XX treize, acte d'attestation faicte pardevant le lieutenant général du Bailly de Costantin en la viconté de Coustance du vingt-neuvième avril audict an quinze cent IIII XX treize. Que maitre **Thomas Lamy**, théologien, **Denys Guillot**, principal et autres boursiers dudict collège de Harcourt se soient retirés en ladite ville de Coustance dès le commencement des troubles. Conclusions du procureur du Roy et tout considéré les commissaires ayant esgard ausdictes lettres patentes et requeste d'iceux boursiers et théologiens dudict collège de Harcourt leur ont faict et font mainlevée de tous et chacuns leurs biens et revenus cy-devant saisis à cause de rebellion dont ils jouiront plainement et paisiblement du jour de la réduction de ladite ville de Paris en l'obéissance du roy ensemble de ce qui se trouvera encore en nature ès-mains de leurs fermiers, commissaires et redevables et n'aura esté touché par les receveurs à ce commis au profit de sa majesté et sans préjudice des dons et remises faictes par ladicte majesté pour les biens meubles fruicts et arréraiges de rentes escheuz auparavant ledict jour d'icelle réduction de Paris. Faict à Paris, le vingt-uniesme jour d'octobre mil cinq cens quatre vingt quinze.

Signé de Villoutreys.

21 oct. 1595. La Haye et la Hédouinière [1].

(*Document inédit.* — Voir chapitre IV, p. 245.)

1595. — Les COMMISSAIRES ordonnez par le roy près sa personne sur le faict des biens des rebelles. Au bailly de Costantin ou son lieutenant et premier juge royal sur ce requis et chacuns d'eulx comme il appartiendra. Nous vous mandons et en la vertu du pouvoir à nous donné enjoignons par ces patentes que à la requeste des boursiers et théologiens du collège de HARCOURT en l'Université de Paris, vous procédiez à l'exécution du jugement ci attaiché et nous ce jourd'hui donne sur la requeste par eulx présentée et suivant iceluy les faictes jouir plainement et paisiblement de la mainlevée à eux accordée de tous et chacuns leurs biens et revenus cy-devant saisis à cause de rebellion à commencer du jour de la réduction de ladicte ville de Paris en l'obéissance du roy ensemble de ce qui se trouvera encores en nature ès mains de leurs fermiers, commissaires et redevables, et n'aura été touché par les receveurs à ce commis au profict de sa majesté. contraingnant et faisant contraindre à ce faire souffrir et obéir tous ceux qu'il appartiendra par toutes voies et manières dues et raisonnables sans préjudice des dons et remises faictes par sadicte majesté pour les biens meubles, arréraiges de rentes escheuz auparavant ledict jour d'icelle réduction de Paris. Mandons en outre au premier huissier ou sergent royal sur ce requis faire toutes significations, commandements, adjournements, saisies et autres exploits requis et nécessaires pour l'exécution du susdit jugement de ce faire. Nous avons ensemble audict huissier ou sergent donné et donnons pouvoir, commission et mandement spécial par dictes présentes. Faict à Paris le vingt-unième jour d'octobre mil cinq cent quatre vingt quinze [2].

DE VILLOUTREYS.

16.

Élection du proviseur Turgot par Messieurs les boursiers du collège d'Harcourt, en remplacement de Raoul Nepveu, proviseur déposé. 1598.

(*Document inédit.* — Voir chapitre IV, p. 250.)

Anno Domini millesimo quingentesimo nonagesimo octavo, die septima mensis Augusti, hora septima matutina, ad supplicationem

1. Archives nationales, M. M. 133.
2. Cette deuxième pièce ordonne la mise à exécution de la première.

doctissimorum magistrorum Ludovici **Picquelin** prioris, et bursariorum collegii HARCURIANI fundati in famosa Universitate Parisiensi, nos, notarii, auctoritate apostolica venerabilisque curiæ episcopalis Parisiensis, jurati, recepti et immatriculati subscripti, ad præfatum collegium contulimus, ubi, invocato divino spiritu, missaque in ejusdem collegii sacello celebrata, pulsata tympana convenerunt expresse ad sacellum affati magistri, Ludovicus **Picquelin**, prior et bursarius, ac Guillelmus **Leschassier**, Adrianus **Behotte**, Bertrandus **Le Got**, atque Alexander **Le Grand**, dicti collegii bursarii, de numero octo bursariorum vocem destituendi et eligendi provisorem ejusdem collegii HARCURIANI habentium. Eoque tempore, designatus prior, videns et animadvertens magistrum **Rodolphum Nepveu**, magno cum honore ei dixit, nullam vocem neque præsentiam in comitiis et congregationibus per bursarios collegii faciendis habere, ibique esse facienda a bursariis ex tempore, secundum mandatum nobilium et egregiorum virorum, dominorum Joannis du **Vivier** in Filiatu Parisiensi consiliarius insignis, ecclesiæ et almæ Universitatis Parisiensis cancellarii, Caroli **Le Rouge**, præfatæ Universitatis rectoris, et Joannis **Tourneroche**, sacræ facultatis theologiæ Parisiensis doctoris et scindici, comitia et congregationem, eam ob rem, ipsum **Nepveu** exoravit quatinus a sacello discedere, eisdemque bursariis locum cedere dignaretur. Quod cum ipse **Nepveu** facere noluisset, idem prior, suo et bursariorum nomine, ad evitandum scandalum, protestatus est bursarios in aula communitatis aut sacello extra majus altare constructo, comitia et congregationem suam pro hac vice esse facturos, et ita valitura fore et esse comitia et congregationem, ac si in dicto sacello et loco majorum ac solito fuerint. De quibus, idem prior, suo et bursariorum nomine, actum petiit a nobis, quod concessimus; et quia, iterum atque iterum eumdem **Nepveu** rogavit ut exiret, neque exire voluit, virtute protestationis et concessionis actu, idem prior, cum affatis bursariis et nobiscum, præfatam capellam, magnæ capellæ annexam et contiguam loco designato ad facienda comitia ac congregationem bursariorum retro majus allare majoris capellaniæ intravit, clausaque janua, mandatum nobilium et egregiorum virorum dominorum Cancellarii, Rectoris et Scindici decretorum seu arrestorum supremi senatus Parisiensis clausulam incipientem: *Que ausdictes charges de supérieurs*, etc., latorum pro regula seu reformatione Universitatis Parisiensis de diebus decima tertia augusti millesimo quingentesimo septuagesimo quinto et vicesima septembris millesimo quingentesimo septuagesimo septimo factorum et pronunciatorum, decretum, seu arrestum magni regis consilii, de decima quarta martii, anno Domini, millesimo quingentesimo nonagesimo octavo; cum significatione a nobis notariis subsignatis, illis hesterna die facta, de verbo ad verbum, alta et intelligibili voce perlegit. Quibus perlectis, dixit mandato dictorum dominorum fore et esse parendum cui annuentes omnes et singuli bursarii excepto Bertrando **Le Got**, dixerunt se esse paratos ad parendum, et executioni esse mandandum, non obstante oppositione affati **Le Got** subsignata et a nobis recepta. Tunc idem Prior, omnes et singulos affatos bursarios, luculenta oratione hortatus est, quatinus ex tempore super depositionis declaratione de officio provisoris dicti collegii nuper per dictum **Nepveu** possesso, nunc occupato contra statuta dicti collegii et arresta supremi Filiatus, deliberarent. Quo audito, designatus **Leschassier**, alta et intelligibili voce dixit, affatum **Nepveu**, ipso pure et facto, virtute fundationis collegii decretorum supremi senatus magnique consilii, omni honore, dignitate et auctoritate provisoris ipsius collegii destitutum et privatum, et ideo, quantum ad se attinet, eundem **Nepveu** destitutum esse et privatum declaravit. Cui declarationi destitutionis, omnes et singuli præfati bursarii, eundem **Nepveu** destitutum et privatum, uno consensu declararunt, excepto affato **Le Got**, qui iterum se opposuit et actum petiit suæ oppositionis, quem concessimus ei ; nonobstante qua oppositione, affatus prior, nomine bursarii, eundem **Nepveu** destitutum et privatum declaravit et virtute declarationum præfatarum, consensit ipsum **Nepveu** esse destitutum et privatum omni honore, dignitate et auctoritate provisoris dicti collegii HARCURIANI. His factis, idem prior bursarius exposuit iisdem bursariis de numero octo bursariorum vocem et potestatem eligendi habentium, tres a collegio, urbe et academia Parisiensi, ubi debent actualem et personalem residentiam abesse, nec brevi tempore statutoque illis die ad prestandum eligendum provisorem inveniri posse, neque ad collegium repeti præsertim, cum sit expresse positum in statutis dicti collegii, ut in electione provisoris, nullus bursariorum expectetur, sed pro quolibet absente, alius substituatur. Ideo æquum ei videri in electione facienda, alios tres in supplementum pro consilio et sine præjudicio juris octo acquisiti, ac ita quod jus eligendi in futurum acquirere non possint propter consilium acceptum et datum fore et esse rogandos, ut electioni interesse dignarentur. Cui præfati quatuor bursarii annuentes, ipse consensit fore et esse rogandos magistros Thomam **Gallot** doctorem et primarium dicti collegii, Joannem **Papavoyne** et Jacobum **de la Vigne**, ejusdem collegii bursarios, de numero octo non existentes. Qui tres rogati advenerunt ; et iterum, clausa janua, ipse prior, eloquenti oratione, perlectis iterum alta voce prædictis mandato decretis supremi senatus et olici (*sic*) cum significatione nostra, exposuit destitutum et depositum esse ab omni honore dignitate et auctoritate provisoris dicti collegii magistrum Rodolphum **Nepveu**, et ideo, non esse utile, neque opportunum collegio et communitati bursariorum, diutius provisore orbari ; imo, ex tempore ad electionem provisoris dicti collegii esse providendum, ne defectu provisoris, collegium et communitas bursariorum dispendium et detrimentum patiatur, humiliter supplicando suos conbursarios cum rogatis bursariis tribus pro consilio ut deliberarent de electione facienda. Qui omnes et singuli bursarii, tam de numero octo, quam rogati, inter se deliberatione habita ne diutius orbatum et viduatum remaneret collegium de persona provisoris, et communitas bursariorum censuerunt et ordinarunt ad electionem futuri provisoris esse procedendum, idque facientes, prostratis genibus, elevatisque in cœlum oculis et manibus, devote hymnum *Veni Creator* decantarunt. Quo facto, idem prior hortatus est eleganti oratione, ut neque amore, neque favore eligerent, sed quem dictaret divinus Spiritus, suggereretque, oriundum *de Normania*, virum pium, catholicum, sapientem et studiosorum amatorem, de quorum numero nullos esse in accademia et inter eos clarere nobilem et egregium virum pietate et doctrina, percelebrem dominum **Turgot**. Quibus narratis, affatus **Leschassier** eundem **Turgot** elegit in provisorem dicti collegii HARCURIANI. Adrianus **Behotte** elegit etiam **Turgot**; Bertrandus **Le Got** se opposuit electioni, suamque oppositionem signavit. Alexander **Le Grand** eundem **Turgot** elegit. Joannes **Papavoyne** se opposuit et subsignavit oppositionem. Thomas **Gallot** elegit **Turgot** et Jacobus **La Vigne** neque eligere, neque nominare voluit, sed ad præfatorum dominorum mandatum se remisit. His factis nominationibus et oppositionibus, prædictus dominus prior pro se et virtute suæ bursæ eundem **Turgot** elegit et conclusit tanquam prior ipsum **Turgot** fore et esse provisorem dicti collegii. De quibus præmissis omnibus et singulis, præfatus prior, suo nomine et bursariorum, petiit a nobis subsignatis notariis, sibi et omnibus bursariis ac aliis quorum interest aut intererit, unum aut plura, publicum seu publica, instrumentum seu instrumenta fieri atque tradi, quod concessimus. Actum in dictis locis, anno, die et mense quibus supra. Et ex tempore, dictus prior, suo et bursariorum nomine in dicta capella, præfata omnia affato **Rodolpho Nepveu** significavit ne imposterum dignitate, auctoritate et potestate debita et attributa provisoribus dicti collegii uteretur, sed cederet locum et discederet ab administratione et locis debitis provisori et restitueret statuta ipsius collegii cum omnibus ad collegium pertinentibus, apud se, vel in sua potestate existentibus, et ubicunque positis; de quibus dictus prior, suo et bursariorum nomine, a nobis petiit actum seu acta sibi et omnibus quorum interest aut intererit, fieri et tradi; quod concessimus eodem in sacello, anno, die et mense quo supra.

BROUET, promotor et notarius publicus. Remansit minuta apud Almam.

GILLEBERT, notarius publicus, immatriculatus.

17.

ÉLECTION DU PROVISEUR AU COLLÈGE D'HARCOURT.

I. — Mandement du chancelier de l'église de Paris Jean du Vivier, aux prieur et boursiers du collége d'Harcourt d'installer Georges Turgot, comme proviseur dudit collège, portant approbation de son élection par l'Université et la nation de Normandie (1598).

(*Document inédit*. — Voir chapitre IV, p. 249.)

Nos Joannes du Vivier, domini nostri regis christianissimi, in suo supremo filiatu Parisiensi, consiliarius, insignis Ecclesie et alme Universitatis Parisiensis cancellarius, ejusdemque ecclesie Parisiensis canonicus prebendatus; Carolus le Rouge, predicte Universitatis rector, ac Joannes Tourneroche, sacre facultatis theologie Parisiensis doctor et scindicus, superiores et reformatores famosi collegii Harcuriani, in prefata Universitate fundati, universis presentes litteras inspecturis, salutem in Domino. Notum facimus, quod hodie, presentata est nobis electio provisoris prefati collegii Harcuriani, qua constat nobis priorem et quinque bursarios vocem electivam habentes, vocatis pro consilio ad electionem tribus ejusdem collegii bursariis propter absentiam ab academia et urbe Parisiensi aliorum trium, discretum virum, magistrum Georgium Turgot, in sacra pagina licentiatum, de Normania oriundum, elegisse. Qui quidem Turgot, a nobis, omni cum honore et humilitate, personaliter requisivit et supplicavit quatinus dictam electionem de se factam, ratam et gratam habere dignaremur. Cui requisitioni et supplicationi annuentes, perpensa et considerata ejusdem Turgot qualitate, prudentia, scientia, doctrina, morumque probitate, predictam electionem ratam et gratam habuimus et habemus, in quantumque opus est ratificavimus et ratificamus, eamdemque dignitatem seu officium provisoris collegii Harcuriani, dicto Turgot, contulimus et donavimus, conferimusque et donamus. Quocirca, mandamus antiquiori bursario in collegio residenti et reperto, quatinus eumdem Turgot in corporalem, realem et actualem possessionem dignitatis seu officii provisoris collegii Harcuriani, suorumque jurium ponat et inducat, adhibitis solemnitatibus requisitis, jure cujuscumque salvo. In cujus rei fidem presentes litteras per magistrum Claudium Gillebert clericum Parisiensem presbyterum, auctoritate apostolica ac venerabilis curie episcopalis Parisiensis notarium, ac scribam nostrum, fieri et subsignari, sigillorumque nostrorum appositione muniri fecimus. Anno Domini millesimo, quingentesimo, nonagesimo octavo, die vero septima mensis augusti [1].

De mandato prefatorum dominorum reformatorum.

GILLEBERT.

II. — **Procès-verbal de l'élection par les boursiers du collège d'Harcourt du proviseur Pierre Padet (1621).**

(*Document inédit.* — Voir chapitre IV, p. 250.)

In nomine Domini, Amen. Presentis publici instrumenti tenore cunctis sit notum et pateat evidenter quod anno ejusdem Domini millesimo sexcentesimo vigesimo primo, die vero tertia mensis Julii, post meridiem, circiter horam quintam, in nostrum Claudii **Lagrippe** et Stephani **Cordonnier**, publicorum authoritate apostolica curiæque episcopalis Parisiensis notariorum juratorum Parisiis, debitæ immatriculatorum presentia personaliter in sacello collegii HARCURIANI, Parisiis fundati, comparuerunt venerabiles et discreti viri magistri Michael **Groult**, prior, Franciscus **Coulard**, senior in sacra theologie facultate baccalaureus, Ludovicus **Benoist**, Bertrandus **Duguey**, Nicolaus **Foigard**, Nicolaus **Quintaine**, venerandæ nationis Normanniæ procurator, et Franciscus **Mallet**, procurator dicti collegii, omnes et singuli bursarii theologi et provisori eligendo a statuto designati ratione suarum diocesum de prioris dicti mandato, legitime convocati ad sonum campanæ, qui, post invocationem Sancti Spiritus, justis prius rite piis nobilissimi ac clarissimi viri domini Georgii TURGOTII dum viveret predicti collegii provisoris meritissimi manibus persolutis, processerunt ad electionem novi provisoris in locum laudati domini TURGOTII insequendo statuta prædicti collegii et procedendo elegerunt unanimiter et communi omnium consensu et suffragio venerabilem et discretum virum magistrum Petrum PADET, presbyterum diocesis Constantiensis in Normannia, socium Sorbonicum et in sacra theologiæ facultate Parisiensis licentiatum nec non in philosophia professorem celeberrimum in dicto collegio, tanquam sufficientem capacem et idoneum ad dictam dignitatem provisoris tenendum, regendum et gubernandum, ea tamen lege et conditione ut domini cancellarius universitatis Parisiensis, antiquior magister secularis in theologia regens de natione Normannorum si quis sit, alioquin alius antiquior magister secularis in theologia regens cujuscumque fuerit nationis, ac rector dictæ Universitatis pro tempore existens, dictum Dominum PADET sic provisorem electum a supradictis bursariis theologis

---

1. Notons qu'à cet acte en est joint un autre conçu dans les mêmes termes, portant seulement une date postérieure, celle du 7 décembre 1598 et la mention du recteur Jean TOURNEROCHE qui avait succédé à Charles LEROUGE.

Harcurianis præsentatum ipsis confirment et approbent juxta leges præscriptas in statutis. Quiquidem dominus Petrus PADET sic provisor electus et a dictis priore et bursariis electoribus vocatus et requisitus an vellet dictam electionem gratam habere et provisoriam acceptare ea lege et conditione ut statuta dicti collegii exacte inviolabiliter, et adamussim servaret, dictam electionem gratam habuit et eamdem dignitatem provisoris se acceptare pollicitus est sub his conditionibus ut videlicet statuta dicti collegii sancte et inviolabiliter quantum fieri poterit ex æquo et bono servet et tueatur nec non rem et commodum totius collegii et utriusque sodalitatis promoveat et procuret. De quibus præmissis predicti domini tam provisor sic electus quam prior et bursarii a nobis actum seu acta petierunt et requisiverunt. Acta fuerunt hæc in dicta capella præsentibus nobis ante dictis et subsignatis notariis. Dicti domini comparentes una cum dicto domino provisore electo et nobis notariis signarunt in presentia minutam quæ permansit penes dictum Cordonnier, alterum ex nobis notariis, anno et die supradictis[1].

CORDONNIER, LAGRIPPE, notarii.

III. — Procès-verbal de l'installation du proviseur Pierre Padet.

(Document inédit. — Voir chapitre V, p. 274.)

1621. — Anno Domini ejusdem millesimo sexcentesimo vigesimo primo die quinta mensis Julii, circiter horam secundam pomeridianam, in nostrum notariorum supranominatorum subsignatorum præsentiam, in aula minore theologorum dicti collegii HARCURIANI Parisius, in universitate fundati, coram venerabilibus et discretis viris dominis Silvio a Petraviva presbytero, datore, theologocanonico et cancellario insignis ecclesiæ et almæ Universitatis Parisiensis, Guillelmo Izabel, antiquiore magistro seculari in theologia, regente de natione Normannorum, ac Johanne Potier, dicte Universitatis Parisiensis rectore, ibidem convocatis et presentibus, comparuit venerabilis et discretus vir, magister Petrus PADET, presbyter diocesis Constanciensis, socius Sorbonicus, in predicta theologiæ facultate licenciatus, nec non is philosophia professor celeberrimus, qui, eisdem dominis cancellario, magistro sæculari et antiquiori regenti in dicta theologia de natione Normannorum, et Johanni Potier, rectori Universitatis Parisiensis, dixit et exposuit in præsentia prioris ac bursariorum prædicti collegii HARCURIANI, se de dignitate provisoris ejusdem collegii per obitum defuncti nobilissimi et clarissimi viri domini Johannis TURGOTII, et in ejus locum, per dictos priorem et bursarios dicti

1. Même formule employée en 1712 pour le proviseur DAGOUMER.

collegii nominatum et electum fuisse prout litteris et acto nominationis et electionis eorumdem apparere fecit, petens et humiliter requirens ut litteras seu actum confirmationis, ratificationis et approbationis dicte electionis et nominationis, approbare, confirmare et ratificare vellent et dignarentur. Quiquidem domini cancellarius, antiquior magister sæcularis regens in sacra theologia de natione Normannorum et rector dictæ almæ Universitatis, audita et intellecta lectura acti prædictæ nominationis et electionis, ac oratione prioris ejusdem collegii facta, eamdem electionem et nominationem de persona dicti domini Petri PADET sic electi viva voce confirmarunt, approbarunt et ratificaverunt, prout confirmant, approbant et ratificant, consentientes prout consenserunt eumdem dominum PADET in possessionem corporalem, realem et actualem prædictæ dignitatis provisoriæ hujusmodi collegii HARCURIANI, suorumque jurium et pertinentium universorum poni et induci. His factis, prænominatus dominus PADET, eisdem dominis cancellario, magistro antiquiori sæculari ac rectori gratias egit, statim et illico, possessionem corporalem, realem et actualem dictæ dignitatis provisoris, suorumque jurium et pertinentium universorum et singulorum; et id, per ingressum capelle dicti collegii, aspersionem aquæ benedictæ, fusionem precum, genibus flexis ante majus altare, osculum ejusdem altaris, sessionem sedis a parte dextra provisoribus affectæ, traditionem clavium, pulsum campanæ, et per alias solemnitates in talibus fieri solitas debite observatas, nobis notariis præsentibus, cœpit et adeptus est, nemine contradicente vel se opponente. Et paulo post, in signo jucunditatis et lætitiæ, *Te Deum laudamus*, per bursarios et scolasticos, alta voce cantatum fuit cum oratione et collecta. Quamquidem possessionis adeptionem, alta et intelligibili voce, coram multis et quam plurimis assistentibus publicavimus et notificavimus, ne quis ignorantiæ causam prætendere possit et valeat imposterum. De quibus premissis, tam dictus dominus PADET quam prior et bursarii, actum seu acta, unum vel plura, illis fieri atque tradi petierunt a nobis notariis supranominatis et subsignatis, quibus concessimus. Acta fuerunt hæc, anno et die supradictis [1].

CORDONNIER, LAGRIPPE, *notarii*.

IV. — Acceptation par le recteur Dagoumer de la charge de proviseur du collège d'Harcourt et confirmation de son élection.

(*Document inédit*. — Voir chapitre VI, p. 348.)

1712. — Et die eadem (quarta) eorumdem mensis (Augusti) et anni (1712) circa horam sextam post meridianam, in nostrum con-

1. En 1712, même cérémonie pour l'élection de DAGOUMER.

siliariorum Regis notariorum supra subsignatorum præsentia, in aula theologorum dicti collegii HARCURIANI Parisiis in Universitate fundati, coram venerabilibus et discretis viris dominis Edmundo Pirot, presbitero, sacræ facultatis Parisiensis doctore theologo, abbate de Hermeriis, Eminentissimi et Reverendissimi cardinalis D. D. de Noailles vicario generale, insignis et metropolitanæ ecclesiæ et almæ Universitatis Parisiensis cancellario Petro Aubin, presbitero, diocesis Constantiensis, ejusdem sacræ facultatis Parisiis antiquiore doctore Normano ad presens Parisiis existente, Jacobo Robbe, ex rectore ejusdem universitatis ibidem convocatis et existentibus comparuit amplissimus vir dominus Guillelmus Dagoumer, almæ Universitatis Parisiensis Rector, in collegio Harcuriano philosophiæ professor celeberrimus qui eisdem dominis exposuit et dixit in presentia senioris et bursariorum predicti collegii HARCURIANI se de dignitate provisoris et primarii ejusdem collegii per obitum clarissimi viri domini Joannis DE LA BRIERE DE LOUVANCY et in ejus locum per dictos seniorem et bursarios dicti collegii nominatum et electum fuisse prout litteris et acto nominationis et electionis eorumdem apparere fecit petens et requirens, et litteras seu actum confirmationis, ratificationis et approbationis dictæ electionis et nominationis approbare confirmare et ratificare vellent et dignarentur. Qui quidem domini cancellarius, antiquior magister secularis regens in sacra theologia de natione Normannorum Parisiis nunc degens, ac dominus exrector attento quod dictus DAGOUMER est actu rector ejusdem Universitatis, audita et intellecta lectura prædictæ nominationis et electionis, et oratione senioris ejusdem collegii facta eandem electionem et nominationem de persona dicti domini Guillelmi DAGOUMER sic electi una voce confirmarunt, approbarunt et ratificaverunt prout confirmant approbant et ratificant consentientes prout consenserunt eundem dominum DAGOUMER in possessionem, corporalem, realem et actualem prædictæ dignitatis provisoriæ et primariæ hujusmodi collegii HARCURIANI suorumque jurium et pertinentium universorum poni et induci. Ad hæc comparuit Magister Joannes Baptista Legrand, etiam bursarius dicti collegii, qui diligenter dicta electione de verbo ad verbum illam ratificavit in toto prout sic ibi presens ad fuisset. De quibus ipse dominus DAGOUMER, senior et bursarii actum a nobis notariis petierunt ipsis concessum ; acta fuerunt hæc anno, die et loco supradicto et signaverunt cum nobis notariis in minuta presentium alteram sequente [1].

FROMOMT, VATRY.

---

1. Nous ne mentionnons pas l'acte qui suit parce qu'il est la reproduction du procès-verbal d'installation que nous avons déjà transcrit pour le proviseur PADET.

18.

Extrait des Turgotiana (Jesuito-graphia).

(Hanc Alcofribas recensuit et notis ad fidem faciendam illustravit.)

(Document inédit. — Voir chapitre V, p. 272.)

Opulentas civitates
Semper quærunt isti patres,
Ubi sunt commoditates.

Claras ædes, bonum vinum,
Bonum panem, bonum lignum,
Et pallium tempestivum.

Ambiunt ubique primum,
Non admittunt peregrinum,
Non surgunt ad matutinum.

Sunt audaces ad petendum,
Prompti ad accipiendum,
Stabiles ad succedendum.

Eminent inter clericos,
Imperant inter laïcos,
Excellunt inter aulicos.

Jesuitæ bullas habent
Quibus absolvere possent
Qui parentes occidissent.

Qui nobiles, qui formosi,
Divites, ingeniosi,
Jesuitis sunt prætiosi.

Primo vivunt carcerati,
In camera separati,
Dum sint multum meditati.

Quæ sit hæc meditatio?
Docent **Chastelli** actio
Et **Ravaillaci** passio.

Vere sunt gladiatores
Isti patres proditores,
Cum curam cultri habeant.

19.

I. Extrait des registres du Conseil privé du Roy.
(*Affaire Behotte.*)

(Voir chapitre V, p. 262.)

1604. — Entre Maistre Adrien **Behotte**, Maistre ès arts en l'Université de Paris, principal du collège de Harcour, chanoine et grand archidiacre en l'Église de Notre-Dame de Rouen, demandeur en requeste du 12 juillet dernier, et Maistre **Jean de Casevan** et **Louis Bretel**, Escholier étudiant en ladite Université de Paris. Veu par le Roy en son Conseil ladite requeste, tendant à ce que ledit Behotte soit déchargé de l'assignation à luy donnée par devant les Gens tenans les requestes du Palais à Rouen, et les parties renvoyées pardevant le Prévost de Paris ou son Lieutenant. Arrest sur icelle desdits jour et an. Procès-verbal du 7 juin dernier, contenant la prise de possession faite par ledit Behotte de ladite Prébende et Archidiaconé, en vertu de la signature et provision par luy obtenue en Cour de Rome; exploits d'assignations ausdits Bretel et Casevan, pardevant ledit Prévost de Paris, les 15 et 25 juin dernier, à la requeste dudit Behotte: Sentence dudit Prévost de Paris du premier juillet dernier, par laquelle est ordonné que ledit Bretel communiquera ses titres et capacitez dans un mois: Coppie collationnée des Lettres Patentes, du 19 décembre 1543, vérifiées et enregistrées au Grand Conseil, le 21 janvier 1544, par lesquelles est dit, qu'encores que les Cardinaux, en vertu de leurs Indultes puissent et prétendent que les procez et differens concernans les bénéfices de leurs collations, doivent estre traitez audit Grand Conseil; néanmoins ladite Université de Paris n'y auroit esté comprise, Voulant Sa Majesté que les causes et procez d'icelle soient renvoyées pardevant ledit Prevost de Paris. Arrest du Parlement de Paris du premier avril 1583, entre Jacques Turgot, Escholier, Religieux profez de l'Ordre Saint-Dominique, Prieur du Prieuré de Saint-Pierre-de-la-Carvaille, Diocèse de Sées, demandeur, et Maistre Alain Muset, défendeur, pour raison dudit Prieuré de Carvaille, par lequel est ordonné que les parties se pourvoiroient pardevant ledit Prévost de Paris. Lettres Patentes du mois de juin 1584, registrées audit Parlement de Paris, par lesquelles est ordonné que tous les différens et procez, où lesdits suppôts et officiers de ladite Université auroient intérest, seroient renvoyez pardevant ledit Prevost de Paris leur Conservateur, en quelque juridiction que lesdites causes fussent pendantes, même hors le ressort du Parlement de Paris. Autres lettres du 22 juin 1594, aussi registrées en la Cour de Parlement de Paris, le 17 aoust ensuivant, portans confirmation de tous lesdits Privilèges de ladite Université, nonobstant quelconques Lettres de restriction, impétrées ou à impétrer. Arrest du Conseil du 20 aoust 1594 entre Maistre Guillaume Rovale Prestre, Escholier étudiant en ladite Université, et Maistre François Carpentier, pour raison du Prieuré de Saint-Ypasse de Fleury près Aumalle, par lequel les parties sont renvoyées au principal pardevant ledit Prévost de Paris, et les procédures faites au Parlement de Rouen, cassées et révoquées. Extrait des Registres du Grand Conseil, contenant les Lettres Patentes du 15 avril 1595, portant attribution de Juridiction de tous les procez et différens, meus et à mouvoir, du sieur Archevêque de Rouen, et des bénéfices à sa collation, interdiction à tous autres juges d'en connoistre. Lettre de Committimus dudit Casevan du 14 juin dernier. Requeste d'intervention dudit Archevesque de Rouen du 10 décembre. Requeste dudit Behotte du 14 du mois de décembre, sur laquelle auroit esté ordonné, qu'à faute d'avoir par ledit sieur Archevesque, fourny de ses moyens d'intervention, il seroit passé outre au jugement dudit procez, et tout ce que par lesdites parties a esté écrit et produit : Ouy le rapport du Commissaire. Le Roy en son Conseil, faisant droit sur ladite instance, sans s'arrester à ladite requeste d'intervention du sieur Archevesque de Rouen, a renvoyé et renvoye les procez et différens d'entre lesdites parties pardevant le Prévost de Paris ou son Lieutenant, Juge Conservateur des Privilèges de ladite Université, circonstances et dépendances, dépens réservez. Fait au Conseil privé du Roy tenu à Paris le dix-septième décembre 1604. — Signé, LE TANEUR [1].

II. Extrait des registres du Conseil privé du Roy. 1605.
(Affaire Behotte.)

1605. — Entre Messire **Charles de Bourbon**, Archevesque de ROUEN, demandeur en requeste du vingt-quatrième janvier 1605, et Maistre **Adrien Behotte**, pourveu de la Chanoinie et Archidiaconé de l'Eglise de Notre-Dame de ROUEN, Régent en l'Université de Paris, et Principal du Collège de HARCOURT. **Jean Casevan** aussi pourveu dudit Archidiaconé et **Louis Bretel**, défendeur. Veu par le Roy en son Conseil ladite requeste, à ce que sans avoir égard à l'Arrest du dix-septième décembre 1604, il soit ordonné qu'il baillera ses moyens d'intervention, et les parties renvoyées au Grand Conseil, suivant son évocation générale. Arrest sur icelle dudit jour, par lequel est ordonné que ladite requeste sera signifiée audit Behotte, et autres qu'il appartiendra, et assignation à eux donnée au mois audit Conseil, pendant lequel défenses sont faites, tant audit Grand Conseil que Prévost de Paris, de prendre connaissance des differens des parties et ausdites parties d'y faire poursuite. Exploit d'assignation du vingt-sixième janvier 1605 donnée audit Conseil, ausdits Casevan, Behotte et Bretel. Lettre d'évocation du sieur Archevesque

1. *Recueil des Privilèges de l'Université*, p. 48. Paris, 1674.

de Rouen du 15 avril 1595, portant attribution de Jurisdiction de tous ses procez, meus et à mouvoir, et des bénéfices à sa collation audit Grand Conseil, et interdiction à tous autres Juges d'en connoistre. Arrest du dixième jour de décembre 1604, par lequel ledit sieur de Bourbon, archevesque de Rouen, est receu partie intervenante, et ordonné qu'il baillera ses moyens d'intervention dans trois jours. Arrest dudit Conseil du 17 décembre 1604 entre ledit Behotte, demandeur en requeste du 12 juillet 1604, lesdits Casevan et Bretel défendeurs, et ledit sieur Archevesque intervenant, par lequel, sans s'arrester à ladite intervention, les parties soient renvoyées pardevant le Prevost de Paris ou son Lieutenant, Juge Conservateur des Privilèges de ladite Université. Forclusions de produire par lesdits Behotte, Casevan et Bretel, des 26 et 30 mars 1605. Arrest du 29 avril 1605, par lequel le sieur Cardinal de Joyeuse, Archevesque de Rouen, est receu partie intervenante audit procez, et ordonné qu'il baillera ses moyens d'intervention dans trois jours : signification d'icelle ausdits Behotte, Casevan et Bretel du 23 may dernier : Forclusions de produire par lesdits Casevan et Bretel des 12 et 14 mai 1605. Autre arrest du 2 juin ensuivant, par lequel ledit sieur Cardinal de Joyeuse est forclos de fournir ses moyens d'intervention. Est ordonné qu'il sera passé outre au jugement de ladite instance : signification d'iceluy dudit jour. Arrest dudit Conseil du 13 juin 1605, par lequel est ordonné que le jugement dudit procez surseoiera pour deux mois, pendant lesquels pourra ledit sieur Cardinal de Joyeuse fournir ses moyens d'intervention. Autre arrest dudit Conseil du 21 novembre dernier, par lequel est ordonné que dans quinzaine pour tous délais, ledit sieur Cardinal de Joyeuse écrira et produira en ladite instance tout ce que bon luy semblera : Autrement ledit temps passé, sera procédé au jugement dudit procez sur ce qui se trouvera produit, sans autre forclusion ny signification de requeste : Signification d'iceluy, du 24 novembre 1605 ; autre arrest du 13 décembre audit an, par lequel est ordonné qu'à faute d'avoir écrit et produit par le sieur Cardinal de Joyeuse il sera passé outre au jugement dudit procez : signification du 14 dudit mois de décembre : Certificat du commis à la garde des sacs, du 28 décembre 1605 qu'il n'a esté aucune chose produite par ledit sieur Cardinal de Joyeuse, et tout ce que par lesdites parties a esté écrit et produit : Ouy le rapport du commissaire ; et tout considéré. Le Roy en son Conseil, sans s'arrester à ladite requeste du 23 janvier 1605 et intervention dudit Cardinal de Joyeuse, a renvoyé et renvoye lesdites parties pardevant le Prévost de Paris, ou son Lieutenant, Juge Conservateur des privilèges de l'Université de Paris, pour y procéder suivant les derniers errements, sans dépens. Fait au Conseil privé du Roy, tenu à Paris le trentième décembre mil six cent cinq. — Signé, LE TANNEUR [1].

1. *Recueil des Privilèges de l'Université*, p. 49.

20.

LE THÉATRE

AU COLLÈGE D'HARCOURT.

(Voir chapitre V, p. 326 et suiv., chapitre VI, p. 357, 361.)

BOECE, martyr

Tragédie chrétienne

qui sera représentée au collège d'Harcourt
pour la Distribution des Prix, le 30 juillet, à midi, 1682.

La scène est à Pavie, au palais de Théodoric.

Acteurs du Prologue.

GÉNIES CÉLESTES.
Omer-Talon . . . . *de Paris.*
Guillaume Joly de Fleury . . . . *de Paris.*

GÉNIES DE L'ENVIE ET DE LA TRISTESSE.
François Blin . . . . *de Paris.*
Claude de la Saulaye . . . . *de Sezannes.*

Acteurs de la Pièce.

THÉODORIC, roi des Goths.
Achille de Harlay . . . . *de Paris.*

JUSTINIEN, neveu de l'Empereur JUSTIN, et protecteur de BOECE.
Joseph de Morais de Brezolles . . . . . *de Rennes.*

AMALAZONTHE, fille de THÉODORIC.
Bernard Joisel de Mony . . . . *de Paris.*

ATHALARIC, frère de THÉODORIC.
Joseph-Omer Joly de Fleury . . . . *de Paris.*

SÉVÈRE, sénateur romain.
Philippe-François de Granmont . . . . . *de Paris.*

CAMILLE, sénateur romain.
Louis-Gaspard Matharel . . . . *de Paris.*

BOECE.
Armand-Rolland Bignon . . . . *de Paris.*
RUSTICIENNE, femme de BOECE.
Jacques de Viennois . . . . *de Grenoble.*
CYPRIEN, ennemi de BOECE.
Loüis Buffilet . . . . *de Paris.*
TRIGILLA, ennemi de BOECE.
Jean Dartois . . . . *de Paris.*
CONIGASTE, ennemi de BOECE.
François Alexandre . . . . *de Paris.*
ACASTE, gouverneur de Pavie.
Loüis Loyseau . . . . *de Paris.*
BASILE, capitaine des gardes.
Loüis du Flot. . . . . *de Paris.*
GARDES.

ROMULUS

Tragédie, qui sera représentée pour la Distribution des Prix au collège d'Harcourt, le 28 juillet 1685.

La scène est dans un bois, proche la ville d'Albe.

Jacques-François Des Vaulx, *de Levaré*, ouvrira le théâtre.

Acteurs du Prologue.

MARS.
Pierre de la Marche . . . . *de Paris.*
GÉNIES DE MARS ET DE LA VICTOIRE.
Omer-Talon . . . . *de Paris.*
Charles Riant de Vitré. . . . . *de Belléme.*
OMER-TALON *dansera.*

Acteurs de la Tragédie.

AMULIUS, Roy d'Albe, usurpateur.
Jacques-François Des Vaulx . . . . *de Levaré.*
NUMITOR, frère aîné d'AMULIUS, dépouillé de ses États.
François Redouan . . . . *de Châlons-sur-Marne.*

HARCOURT-SAINT-LOUIS.

TATIUS, Prince des Sabins, rival de ROMULUS.
Guillaume JOLY DE FLEURY. . . . . *de Paris.*
FAUSTULE, Pasteur, père putatif de ROMULUS et de REMUS.
Louis DE CHALORIGNY. . . . . *de Paris.*
VENULEIA, fille d'AMULIUS.
René-Nicolas DE FLEURY. . . . . *de Paris.*
ROMULUS, petit-fils de NUMITOR.
Jean-Baptiste-Henry DE FLEURY . . . . . . *de Paris.*
REMUS, frère de ROMULUS.
Guillaume THOMIER. . . . . *de Paris.*
METHIUS, ami de ROMULUS.
Jean-François LE ROY. . . . . *de Paris.*
FABIUS, Prince allié de ROMULUS.
Pierre DE LA MARCHE . . . . *de Paris.*
CLUSIUS, Prince allié de ROMULUS.
Philippe SAUVAGE . . . . *de Paris.*
FULVIUS, Prince allié de ROMULUS.
Mathieu GOUËT . . . . *de Caen.*

Le même sujet, *Romulus*, inspira une autre tragédie qui fut représentée pour la distribution des prix du collège d'HARCOURT, le 28 juillet 1688.

La scène est dans un bois, près d'Albe.

ACTEURS DU PROLOGUE.

MARS.
Nicolas-Alexandre GABIA DES COMBES . . . . *de Paris.*

GÉNIES DE MARS ET DE LA VICTOIRE.
Jean-Claude-François FORGET . . . . *de Paris.*
Jean-Baptiste DREUX . . . . *de Paris.*
Florimond-Charles LANGLOIS. . . . . *de Paris.*
Louis DE BEYSNE . . . . *de Paris.*

ACTEURS DE LA PIÈCE.

NUMITOR, frère d'AMULIUS.
François-Deslandes D'HOUVILLE. . . . . . . *de Chartres.*
AMULIUS, usurpateur du trône d'Albe.
Nicolas-Charles DAUSSART . . . . *de Paris.*

ÉRIXÈNE, fille d'AMULIUS.
Pierre RIOULT-DEUÏLLY . . . .   de Paris.
ROMULUS, petit-fils de NUMITOR.
Guillaume JOLY DE FLEURY. . . . .   de Paris.
REMUS, frère de ROMULUS.
OMER-TALON . . . .   de Paris.
TATIUS, roi des Sabins.
Jean-Claude FORGET . . . .   de Paris.
FAUSTULE, berger.
Charles-François PERRAULT . . . .   de Paris.
ACCIE, nourrice de ROMULUS.
Jean-Baptiste DREUX . . . .   de Paris.
METIUS, ami de ROMULUS.
Jean-Claude-François FORGET . . . . . .   de Paris.
FABIUS, allié de ROMULUS
Nicolas-Alexandre GABIA DES COMBES . . . .   de Paris.
CLUSIUS, allié de ROMULUS.
Louis DE BEYSNE. . . . .   de Paris.
SOLDATS.

SÉDECIAS

Tragédie avec des chœurs mis en musique
par M. Du Bousset.

Représentée au Collège d'Harcourt, le 12 août 1697.

A Paris, chez JEAN DELAULNE, rue de la Harpe,
au Collège d'Harcourt, *A l'Image Saint-Jean*.

M DC XCVII [1].

PROLOGUE A LA LOUANGE DE LOUIS-LE-GRAND.

ACTEURS DU PROLOGUE.

LA VICTOIRE.
Philippe-Charles D'ÉTHAMPES (*sic*), chevalier de
Malthe (*sic*). . . . .   de Paris.

1. Brochure petit in-4° de 18 pages, provenant de la Bibliothèque de SOLEINNE (n° 3646), et qui appartient actuellement à la Bibliothèque de la *Société des auteurs et compositeurs dramatiques*.

LA PAIX.
François-Olivier DE CUVILLE. . . . . *de Paris.*

ACTEURS DE LA TRAGÉDIE.

La scène est à Reblatha, au camp du roy d'Assyrie.

SEDECIAS, Roy de Juda.
Rodolphe CHAMBON. . . . . *de Marseille.*

NABUCHODONOSOR, Roy d'Assyrie.
Louis-Hiacinthe DE LA CROIX . . . . *de Narbonne.*

OSIAS, fils de Sedecias.
Philippe-Charles D'ÉTHAMPES (*sic*), chevalier de
Malthe. . . . . *de Paris.*

MISAEL, second fils de Sedecias.
François-Olivier DE CUVILLE. . . . . *de Paris.*

JOSIAS, prince du sang de Sedecias.
Jean-Baptiste LE DUC . . . . *de Paris.*

SACRA, Pontife.
Mathieu L'AMI (*sic*). . . . . *de Paris.*

AREMANT, généralissime de l'armée de NABUCHODONOSOR.
Jean LA BOULE . . . . *de Baïonne.*

NABUSARDAN, général de l'armée de NABUCHODONOSOR.
François LE CHARIER . . . . *de Paris.*

ARIOC, capitaine des gardes de NABUCHODONOSOR.
Jean DE LAUNOY. . . . . *de Coutances.*

ZACHUR, ami d'AREMANT.
Henri-Noël DE LA NOUE . . . . *de Vannes.*

JOAS

Tragédie tirée de l'Écriture Sainte

sera représentée au collège d'Harcourt pour la distribution des Prix, le mardi dix-huitième août 1716, à une heure après-midi.

Acteurs du prologue.

PHILOROMÆUS.
Nicolas-René Barriere de la Motte . . . . *de Paris.*

EULALUS.
Louis-Nicolas Rocher . . . . *de Paris.*

CHRYSIPPUS.
Pierre-Claude Amant-Douté . . . . *d'Issoudun.*

Acteurs de la tragédie.

JOAS, Roi de Juda, fils d'OCHOSIAS.
Jean-Louis Portail de Léry . . . . . . *de Paris.*

ACHAB, frère d'ATHALIE.
Antoine-Louis Portail de Vaudreuil . . . *de Paris.*

JOAD, autrement JOIADA, grand prêtre.
Nicolas-François Briquet . . . . *de Paris.*

ELIÉZEB, prince et confident du grand prêtre.
Pierre-Claude Amant-Douté . . . . *d'Issoudun.*

ZACHARIE, fils du grand prêtre.
Pierre-Jérôme de la Martelière . . . . . *de Paris.*

ABNER, un des principaux officiers du roi.
François Aufrye . . . . *de Rouen.*

MATHAN, grand sacrificateur de BAAL.
Alexandre Larrard . . . . *de Bourdeaux.*

NABAL, confident et favori d'ACHAB.
Louis-Nicolas Rocher . . . . *de Paris.*

AZARIAS, chef des lévites.
Nicolas-René Barriere de la Motte . . . . *de Paris.*

ABSALON

Tragédie tirée de l'Écriture Sainte

qui sera représentée sur le théâtre du collège d'HARCOURT, avec les intermèdes en musique, pour la Distribution des Prix du samedi 21 août 1723.

ACTEURS.

DAVID, Roi d'Israël.
Henri D'HERBIGNY DE THIBOUVILLE . . . . . *de Paris.*

ABSALON, fils de David.
Antoine-François DE PARDAILLAN DE GONDRIN . *de Versailles.*

SADOC, grand prêtre.
Thomas BOUTIN DE DIENCOURT. . . . . . . *de Paris.*

PHILOXÈNE, prince syrien, ami d'ABSALON.
Jean-Charles DE BONNEVIE . . . . *de Paris.*

JOAB, général des armées.
Eustache-Pierre MEUNIER. . . . . *de Paris.*

ARCHITOPHEL, ministre de DAVID, confident d'ABSALON.
Guillaume-François PERIGON. . . . . . . *de Paris.*

CISAY, ministre de DAVID.
Gaspard VIDAUD D'ANTHON . . . . *de Grenoble.*

ZAMRI, confident d'ARCHITOPHEL
Pierre-Armand D'HERBIGNY . . . . *de Paris.*

MACHIR, officier de DAVID.
Nicolas BOUTIN DE PAULMERY . . . . . . *de Paris.*

GARDES.

Pierre-Armand D'HERBIGNY ouvrira le théâtre par un discours au roi; Pierre-Antoine d'HERBIGNY et BOUTIN DE POMMERY diront le prologue; Eustache MEUNIER dira l'épilogue et Thomas BOUTIN DE DIENCOURT fera le compliment pour la distribution des prix.

La scène est auprès des murs de Manheim, dans la tente de David.

Un ballet, dont les livrets étaient également imprimés, et où l'on retrouve la plupart de nos élèves-acteurs, servait d'intermède à chacune de ces représentations solennelles.

21.

Édit du Recteur relativement à la nomination du principal du collège d'Harcourt (1602-25 avril).

(Voir chapitre V, p. 261.)

Viso libello supplice a M. Johanne **Leprieur**, collegii Harcuriani bursario nobis porrecto, quo postulabat ut non liceret dicti collegii provisori primarium instituere inconsultis bursariis ; inspectis prædicti collegii statutis, variis codicillis, examinatis rationibus a prædicto **Leprieur** et provisore propositis, et auditis Academiæ censoribus : nos, Yvo **Herbin**, Academiæ Parisiensis rector, statuimus, de ipsius **Leprieur** consensu, juxta prædicti collegii statuta et consuetudines, ut hujus collegii provisor de primatu collegii Harcuriani disponat, communicato consilio cum priore ejusdem collegii. Actum in gymnasio Plessæo, die 25ᵃ Aprilis, anno 1602.

22.

Vente d'un terrain faite au cardinal de Richelieu par le collège d'Harcourt pour la reconstruction du collège du Trésorier (26 mars 1639).

(Voir chapitre V, p. 295.)

MM. les recteur, doyens, procureurs et autres officiers et suppôts de l'Université de Paris, assemblez en la salle du collège de Harcour, pour plusieurs et diverses affaires de la dite Université, lecture leur ayant esté faite d'une délibération signée par les y dénommez et commençant en cette forme : « Ce jourd'huy mardy, 15ᵉ mars 1639, P. **Padet**, licencié en théologie et proviseur du collège d'Harcour, fondé en l'Université de Paris, rue de la Harpe ; Nicolas **Quintaine**, bachelier en théologie et prieur ; Jacques du **Chevreul**, bachelier en théologie, principal et procureur ; J. **Guenon**, licencié en théologie ; P. **Picard**, professeur en 4ᵉ ; L. **Picquelin**, bachelier en théologie ; Noël **Lebel** ; J. **Trotin**, professeur en 5ᵉ ; Guill. **Desaubris**, professeur en 6ᵉ ; P. **Lebourg**, bachelier en théologie et professeur en rhétorique ; René **Robeville**, bachelier en théologie et recteur de l'Université ; Thomas **Fortin** et Jacques **Quintaine**, principal des boursiers, grammairiens et artistes ; tous boursiers théologiens dudit collège de Harcour, assemblez en la salle dudit collège au son de la cloche et manière accoustumée pour traiter les affaires dudit collège ; après qu'il a esté exposé par ledit proviseur, que le plan attenant le collège des Thrésoriers, qui leur appartient et qui consiste en 62 toises, 9 pieds, et un vieux bastiment, ainsi qu'il appert par la visite et rapport qu'en ont fait **Ch. Gazeau**, maistre maçon, et **J. Duqué**, maistre charpentier, estait nécessaire pour ayder au restablissement et remplacement dudit collège des Thrésoriers, à raison de la rue qu'on y fait pour aller à la place de devant l'église de Sorbonne, et que pour ce faire, Mgr l'éminentissime cardinal duc de Richelieu leur en faisoit offrir 13 000 liv.; par un commun consentement ont accepté la dite offre de 13 000 liv., qui seront utilement employées à acquitter une partie des rentes dont le collège est redevable pour plusieurs acquisitions et maisons faites de nouveau ; et tous en particulier et en général ont déclaré qu'ils estaient bien aises de pouvoir en ceste occasion tesmoigner qu'ils sont les très humbles et très obéissants serviteurs de son Éminence ; et les dits proviseur, prieur et principal ont esté chargés d'en faire faire le contrat avec les solemnitez requises, soubs le bon plaisir de l'Université et aucthorité.... »

23.

Lettre inédite de Racine à Robert d'Andilly, publiée par M. Gazier, maître de conférences à la Sorbonne, dans la *Revue internationale de l'enseignement*, du 15 juin 1888.

(Voir chapitre V, p. 309.)

« De Paris, ce 26ᵉ janvier 1659.

« .... Il faut, monsieur, que je vous fasse part des belles choses que nous vimes et que nous entendîmes hier à Saint-Louis, M. du Fossé et moi. Nous y arrivâmes justement comme on y allait commencer le catéchisme. Il y avait un très grand nombre de gens ; nous fûmes néanmoins assez bien placés. Le mal est qu'il nous en a coûté à chacun un sou marqué pour des chaises. Il y avait de grands préparatifs, un Jésus dans la crèche, des Anges, des Bergers et des Innocents. Aussi nous vimes bien que ce catéchisme était un de leurs plus solennels ; c'était même l'anniversaire de celui dont on leur parla l'année passée dans la Xᵉ lettre provinciale[1]. Ils n'en

---

1. C'est xviiᵉ qu'il faut lire. Voici les propres termes de **Pascal** : « N'est-ce pas ce que vous dites dans vos livres, dans vos entretiens, dans vos *catéchismes*, comme vous fîtes encore les fêtes de Noël à Saint-Louis, en demandant à une de vos petites bergères : « Pour

sont pas devenus plus sages, car vous allez voir qu'ils ont fait incomparablement plus de sottises en celui-ci qu'en l'autre. Dès que le Père fut entré, il demanda beaucoup d'attention à ses auditeurs, leur faisant entendre que tout ce qui s'allait dire n'était pas seulement pour des enfants, mais pour les personnes même les plus âgées et les plus savantes. D'abord il fit paraître des Anges qui annoncèrent que le Sauveur de tous les hommes était né. Après, les Bergers lui rendirent leurs hommages. Ensuite l'Empereur parla ainsi à l'Impératrice[1] : « Puisque ces petits Innocents furent les
« premiers, après les anges et les pasteurs, qui honorèrent la crèche
« du Sauveur de tous les hommes, il est bien juste que ceux qui les
« représentent ici lui viennent maintenant rendre leurs hommages.
« Que vous en semble, ma chère sœur? » L'Impératrice répondit
« que cela était bien juste, en effet, mais qu'il fallait, outre cela,
que, comme les premiers avaient sauvé cet adorable Sauveur en se laissant égorger pour lui, ceux-ci, au contraire, l'adorassent en le vengeant de ses ennemis, et en étouffant ce monstre pernicieux et cette damnable doctrine qui n'en faisait qu'un demi-sauveur. Le Père trouva cette comparaison bien juste. C'est pourquoi, comme l'Impératrice ne se faisait pas entendre à son gré, il répéta lui-même à haute voix et avec ses gestes ordinaires ce qu'elle avait dit. Ensuite l'Empereur témoigna qu'il approuvait fort ce discours de sa chère sœur, et il parla ainsi : « Allons donc, petits Innocents, ar-
« mez-vous, venez combattre les ennemis de Jésus, j'entends ces
« nouveaux hérétiques de notre temps dont l'erreur n'en veut faire
« que la moitié d'un sauveur : donnez à ce monstre autant de
« coups qu'il a de têtes[2], et délivrez-en la crèche de Jésus. »
Aussitôt on vit monter sur des bancs ces valeureux champions qui étaient au nombre de cinq, trois garçons et deux filles. Le premier coup qu'ils donnèrent portait ainsi[3] : « O Jésus, l'aimable et
« charitable Sauveur, faites-nous accomplir vos saints commande-
« ments, qui nous sont toujours possibles par votre grâce qui ne
« nous manque jamais. » — « Fort bien, dit le Père, car nous

« qui est venu Jésus-Christ, ma fille ? — Pour tous les hommes, mon
« Père. — Eh quoi ! ma fille, vous n'êtes donc pas de ces nouveaux
« hérétiques qui disent qu'il n'est venu que pour les prédestinés ? »
Les enfants vous croient là-dessus et plusieurs autres aussi.... »

1. L'*empereur*, l'*impératrice*, et plus loin la *surintendante*, dont il est question dans cette lettre, étaient des dignitaires du catéchisme choisis parmi les enfants les plus méritants. Aujourd'hui encore on leur donne les noms d'*intendant* et *intendante*.
2. Le *monstre* avait cinq têtes correspondant aux cinq propositions tirées du livre de l'*Augustinus* de **Jansénius** et condamnées par le pape.
3. Les enfants avaient chacun une épée portant l'écriteau sur lequel se trouvait l'invocation qu'ils récitaient.

« autres catholiques nous soutenons que ces commandements sont
« toujours possibles, et que la grâce ne nous manque jamais, au
« lieu que les ennemis de Jésus disent que les uns sont impossibles,
« et que l'autre nous manque. »

« Je ne me souviens pas bien en quels termes était conçu le second coup, car je fus diverti de mon attention par l'arrivée d'un Père qui nous pensa faire perdre haleine à force de rire, tant son visage avait l'air d'un véritable Escobar ; mais je fus un badin[1], je perdis sans doute quelque chose de bon.

« Voici le troisième : « O Jésus, l'aimable et charitable Sauveur,
« dont les petites mains et les petits pieds seront un jour attachés
« sur la croix pour le salut de tous les hommes, remplissez-nous
« de votre amour. » Le Père fit son commentaire là-dessus et dit tout ce qu'ils ont coutume de dire sur ce sujet. Une des filles porta ainsi la quatrième botte : « O Jésus, etc.... qui ne voulez damner
« personne, appliquez sur nous le mérite de votre sang précieux,
« afin que nous entrions avec vous dans votre paradis. » Le Père fit de grandes exclamations en disant : « Non, non, cet aimable
« Sauveur ne veut damner personne et au contraire ses ennemis
« disent qu'il en a créé plusieurs pour les damner ; mais cela est
« seulement possible à penser. Allons, Henriette, courage, ma fille!
« un cinquième coup d'épée sur ce monstre, il n'en peut plus, vous l'achéverez. Henriette donc s'exprima ainsi : « O Jésus, etc., qui
« êtes mort non seulement pour les Juifs qui vous ont crucifié, mais
« même pour vos ennemis, pour ces malheureux hérétiques de
« notre temps, convertissez-les, je vous en prie, et faites-les renon-
« cer à leurs détestables erreurs. » — « O la belle prière ! s'écria-
« t-il, ô que voilà qui est beau ! répétez, ma fille, et que tout le
« monde vous entende. »

« Enfin il répéta aussi lui-même, et fit faire la conclusion de tous ces discours par la surintendante ; mais elle ne dit que les mêmes choses que les premières. Le Père parla encore beaucoup sur ce sujet, et vint ensuite à la distribution des prix. Il leur donna un livre dont ils faisaient grand cas ; au moins il était bien relié. « En
« voici le titre, dit-il, *la science des sciences, ou méthode pour ap-*
« *prendre à bien mourir*. Pères, donnez ce livre à vos enfants,
« maris à vos femmes, maîtres, donnez-le à vos valets, sinon aux
« étrennes, au moins à la foire de saint Germain. La mort va par-
« tout, c'est pourquoi il faut avoir ce livre partout. Car vous verrez
« de pauvres valets qui sont à l'article de la mort. Hé bien ! le
« prêtre leur apportera les sacrements ; mais croyez-vous qu'il
« veuille demeurer auprès d'eux ? Oh ! qu'il n'a garde ! Vous n'avez
« donc qu'à prendre ce livre et faire faire un acte de résignation
« qui est dedans à vos garçons[2], et ils seront infailliblement sau-
« vés. »

1. Un *étourdi*, un *sot*.
2. C'est-à-dire à vos domestiques.

« Je vous rapporte ses propres paroles, mais il les accompagnait des plus beaux gestes du monde. Il était tard, c'est pourquoi nous n'eûmes pas la patience d'attendre la fin. Nous y avions perdu assez de temps. »

24.

REVISION ET CONFIRMATION
DES ANCIENS STATUTS
DU COLLÈGE D'HARCOURT

Au commencement du XVIIIe siècle.

(Voir chapitre VI, p. 340.)

Arrest de la Cour du Parlement, contenant règlement général pour la conduite, discipline et administration du Collège d'Harcourt, à la date du 27 juin 1703 [1].

La Cour ordonne, après le rapport fait par **Edme Pirot**, docteur en théologie de la Maison de Sorbonne, chancelier de l'Église et Université de Paris, et **Edme Pourchot**, ancien Recteur de l'Université et professeur en philosophie au collège Mazarin, de leur visite faite au collège d'Harcourt au mois de décembre 1701, en présence d'**Antoine Portail**, conseiller, et de **Charles Barrin de la Galissonnière**, doyen des substituts du Procureur général :

« Que les qualitez et fonctions de Proviseur et de Principal dudit collège d'Harcourt seront et demeureront perpétuellement unies et inséparables, pour estre exercées par un seul, sans néanmoins que celuy qui remplira lesdites places puisse prétendre estre en droit de recevoir la somme de trois cents livres par chacun an en ladite qualité de Principal, ainsi qu'il s'est pratiqué depuis quelque temps dans ledit Collège, mais seulement jouir des privilèges et prérogatives attachés à la qualité de Principal, conformément aux statuts de l'Université.

1. Archiv. de l'Univ. Bib. de la Sorb. carton 17, liasse III, collège d'Harcourt, n° 8.

Que le Proviseur choisira un Sous-Principal à sa volonté, qu'il pourra destituer de la même manière, et qui ne dépendra que de luy.

Que le Proviseur et Principal tiendra seul les Pensionnaires comme chef du Collège.

Qu'il jouira du legs porté par le testament dudit **Padet**, évalué à la somme de neuf mille sept cent trente-sept livres, en donnant par luy bonne et suffisante caution de rendre ladite somme en deniers ou en meubles et ustensiles de pareille valeur à son successeur.

Qu'il nourrira les Régens suivant l'usage du Collège d'Harcourt, et les statuts de l'Université. Pourra néanmoins, en cas que l'économie devienne trop faible pour y suffire, se retirer par devers la Cour pour y estre pourvu ainsi qu'il appartiendra.

Que ledit Proviseur sera tenu de payer par chacun an à la Communauté des Boursiers pour le loyer des bâtiments de l'enceinte intérieure du Collège, telle qu'elle est à présent, la somme de deux mil livres, et, en cas qu'il se trouve avoir payé une moindre somme depuis le temps qu'il exerce ladite fonction de Proviseur jusqu'à présent, il sera tenu de payer incessamment le surplus jusqu'à concurrence de ladite somme de deux mil livres, le tout sans préjudice des actions et prétentions desdits Boursiers contre la succession de maître **Jean le François**, ci-devant Proviseur dudit Collège, tant pour les loyers desdits bâtiments qu'il n'a payez que sur le pied de douze cens livres par chacun an, que pour la restitution de la somme de trois cens livres qu'il a receüe annuellement sur les revenus de la communauté desdits Boursiers en qualité de Principal, ensemble pour raison de l'emprunt fait par ledit **Le François** de la somme de soixante-dix-sept mil livres pour la réfection des maisons appartenant audit Collège, et spécialement pour la construction du nouveau bâtiment étant sur la rue de la Harpe, et de l'emploi desdits deniers, même pour la prétendue dissipation des meubles de l'Infirmerie léguez par ledit **Padet**, pour raison de quoy lesdits Boursiers se pourvoiront ainsi qu'ils aviseront bon estre, défenses au contraire.

Que la Communauté des Proviseur, Prieur et Boursiers de la première fondation subsistera en telle sorte qu'il y aura toujours douze Boursiers-Théologiens, dans le nombre desquels il y en aura nécessairement deux du diocèse de Coutance, deux du Diocèse de Bayeux, deux du Diocèse d'Évreux et deux du Diocèse de Rouen, auxquels huit Boursiers seulement appartiendra le droit d'élire le Proviseur ; et à l'égard des quatre autres, ils seront choisis indifféremment de tout pays : sera néanmoins permis audit Proviseur d'admettre au nombre desdits quatre Boursiers-Théologiens les Boursiers fondés par lesdits **Michel Pèlerin**, **Rouxel** et **Quintaine**, desquels il sera fait mention cy-après, le tout par provision seulement et jusques à ce que les revenus dudit Collège soient augmentez.

Que lesdits Boursiers-Théologiens éliront un Prieur et un Procureur, conformément aux anciens Statuts dudit Collège, comme aussi qu'il sera choisi parmi eux un Bibliothécaire en exécution de la fondation dudit **Padet**.

A l'égard des Boursiers-Artistes ou Grammairiens de ladite première fondation qui devraient estre au nombre de vingt-huit, ils demeureront réduits comme ils sont au nombre de dix, et ce pareillement par provision seulement, et jusqu'à ce que les revenus dudit Collège soient suffisants pour en entretenir un plus grand nombre, desquels dix Boursiers-Artistes il en sera pris deux de chacun des quatre Diocèses susdits, et deux indifféremment de toute autre nation.

Qu'il y aura toujours dans ledit Collège un Principal desdits Boursiers-Artistes, conformément ausdits Statuts du Collège.

Et quant à ce qui concerne les autres Boursiers établis depuis la première fondation, le nombre de ceux qui ont été fondés par Messire **Jean Boucard**, Evesque d'Avranches, demeurera aussi réduit par provision à celuy des trois Boursiers-Artistes, desquels il y en aura un nommé par le Chapitre d'Avranches, un par les Trésoriers de l'Eglise de Saint-Lo, et le troisième par les héritiers du Fondateur s'il s'en trouve, et à leur défaut par le Chapitre d'Avranches et lesdits Trésoriers de l'Église de Saint-Lo, tour à tour.

Semblablement le nombre des Boursiers des fondations de Messire **Geoffroy-Herbert**, Evesque de Coutances et de **Godefroy Herbert**, Seigneur de Breau et d'Imberville, sera réduit à quatre, par provision seulement, entre lesquels il y en aura deux qui seront nommez par le Chapitre de l'Eglise Cathédrale de Coutances, et deux par la famille des Fondateurs, s'il en reste, sinon la nomination appartiendra entièrement audit Chapitre de Coutances.

Pareillement la fondation dudit **Jean Michel**, Chancelier de l'Église de Coutances demeurera réduite à un seul, lequel sera nommé par les héritiers dudit Fondateur pour jouir des droits et émoluments des Boursiers-Artiens et Grammairiens, depuis la plus basse classe jusqu'à la fin de son cours de Philosophie, et de ceux des Théologiens (à l'exception du droit d'élire le Proviseur) si-tost qu'il sera en estat d'être admis au nombre desdits Boursiers-Théologiens.

Les bourses fondées par lesdits **Le Rouxel, Pèlerin, Quintaine** et **Noël** subsisteront en leur entier, conformément aux intentions du Fondateur.

La fondation d'une bourse faite par le nommé **Guion Gervais** sera pareillement exécutée, si mieux n'aime ledit Collège rendre et restituer aux héritiers dudit Fondateur la somme de douze cent soixante-dix-sept livres neuf sols trois deniers receus desdits héritiers, en exécution de ladite fondation.

Nul ne pourra être admis au nombre des Boursiers-Théologiens, si ce n'est pour étudier en Théologie jusqu'au Doctorat inclusivement, ainsi qu'il sera dit cy-après; sans qu'aucuns de ceux qui seront receus au nombre desdits Théologiens puisse avoir plus de trois cens livres de revenu, tant en patrimoine qu'en Bénéfices, et semblablement ceux qui auront plus de cent cinquante livres de rente, tant en patrimoine qu'en Bénéfices, ne pourront être receus au nombre des Boursiers-Artistes, autrement les bourses des uns et des autres seront déclarées vacantes de plein droit, ce qui aura lieu pareillement en cas que les Théologiens acquièrent plus de trois cens livres, et les Artistes plus de cent cinquante livres de rente pendant qu'ils tiendront leurs bourses, le tout conformément aux lettres patentes données en explication des anciens Statuts de 1665, régistrées en la Cour le 7 septembre 1675.

Ordonne que tous les Boursiers-Théologiens, y compris celui fondé par ledit **Robert Pèlerin**, recevront le degré de Maître-ès-Arts pour pouvoir commencer à jouir de leurs bourses, après quoi lesdits Boursiers, ensemble celui de la fondation dudit **Robert Pèlerin**, lorsqu'il optera d'étudier en Théologie, seront tenus dans quatre ans, à compter du jour qu'ils auront commencé d'étudier en Théologie, soit qu'ils demeurassent alors dans ledit Collège d'HARCOURT ou ailleurs, et soit qu'ils aient commencé leur cours de Théologie avant que d'estre receus Boursiers-Théologiens audit Collège, ou après y avoir été receus, de supplier en ladite Faculté de Théologie, afin d'être examinez pour recevoir le degré de Bachelier en ladite Faculté, et dans les six mois suivants ils seront obligés de répondre de Tentative; sinon et à faute de ce faire; et en cas qu'ils laissent passer cinq années entières, à compter du jour qu'ils auront commencé leurs études de Théologie, sans répondre de Tentative, leurs bourses demeureront vacantes de plein droit.

Lesdits Boursiers-Théologiens qui auront receu le degré de Bachelier seront tenus d'entrer dans la prochaine Licence et un an après ladite Licence achevée, de recevoir le degré de Docteur, sinon et à faute de ce faire dans ledit temps et iceluy passé leursdites Bourses demeureront pareillement vacantes de plein droit, sans qu'en aucun cas et sous quelque prétexte que ce soit ils puissent conserver leursdites Bourses, et demeurer dans ledit Collège en qualité de Boursiers plus de trois mois après qu'ils auront pris le degré de Docteur dans les temps cy-dessus marquez.

Le mesme sera observé à proportion par le Boursier de la fondation dudit **Pèlerin**, pour obtenir le bonnet de Docteur en Médecine, suivant les Statuts et l'usage de l'Université, lorsque ledit Boursier aura opté d'étudier en Médecine suivant la faculté à lui accordée par ladite fondation.

Et attendu que les nommez **Desauthieux, Polynier, Esnault, Villiers, Dubourg, Adam** et **Juestz** n'ont point satisfait aux conditions cy-dessus prescrites, conformément aux Statuts du Collège et aux Lettres patentes de 1665, déclare leurs bourses vacantes, et en conséquence ordonne que ledit Proviseur sera tenu d'y pourvoir incessamment.

Les Boursiers-Artistes ne pourront conserver leurs Bourses et demeurer dans le Collège en qualité de Boursiers-Artistes, plus de trois mois après avoir achevé leurs cours de Philosophie, et sera ledit Proviseur tenu d'y pourvoir après ledit temps, ou d'avertir les présentateurs d'y nommer sous les peines cy-après portées.

La Manse de chacun des Boursiers-Théologiens, à l'exception de ceux qui sont de la fondation desdits **Rouxel**, **Pèlerin** et **Quintaine**, demeurera fixée par provision à la somme de cinquante livres par chacune année, laquelle sera payée auxdits Boursiers par le Procureur du Collège.

Le Proviseur recevra double Manse, suivant l'usage.

Plus, il sera payé annuellement par ledit Procureur auxdits Boursiers-Théologiens la somme de six cens livres de rente à eux léguée par ledit **Fortin**, laquelle sera partagée entr'eux par égale portion.

La Manse de chaque Boursier-Artiste sera de quatorze sols par semaine, faisant en tout la somme de trente-six livres dix sols par chacun an.

Le Boursier fondé par ledit **Pèlerin** recevra le double de ladite Manse, et de plus treize livres par chacun an, ou cinq sols par chacune semaine, ainsi qu'il est porté par ses titres.

Celuy de la fondation dudit **Le Rouxel** recevra cent quarante livres.

Et celui de la fondation dudit **Quintaine** recevra cent vingt-cinq livres par chacune année.

Outre ladite Manse de chacun des Boursiers-Artistes, il sera donné annuellement par le Procureur du Collège à leur communauté la somme de trois cens livres, léguée par ledit **Padet**, pour le sel, bois, chandelles et autres nécessitez de ladite Communauté, et sera ladite somme payée d'avance et de quartier en quartier.

Plus, sera aussi donné par chacun an, par ledit Procureur à ladite Communauté des Boursiers-Artistes, la somme de cens livres léguée par ledit **Fortin** pour estre employée selon la prudence du Proviseur et du Principal des Boursiers-Artistes, à leur acheter des livres, plumes, papiers et écritoires dont ils auront besoin.

Sera tenu ledit Collège de faire incessamment un fond de la somme de dix-huit cens livres provenant tant du legs de mil livres porté par le testament dudit **Desauberis**, professeur audit Collège, que de la somme de trois cens livres pour laquelle la vaisselle dudit **Desauberis**, léguée pareillement auxdits Boursiers-Artistes, a été vendue ; ensemble de celle de cinq cens livres à eux léguée par ledit **Denis**, aussi Professeur audit Collège, toutes lesquelles sommes ont été employées au profit dudit Collège, tant en bâtiments qu'en payement de dettes ; et cependant ledit Collège en payera la rente, montant à quatre-vingt-dix livres par chacun an à la Communauté desdits Boursiers-Artistes, laquelle somme sera employée tant à l'entretien de leur linge, vaisselle, et autres ustensiles de cuisine, qu'aux menues réparations des logements par eux habitez et autres nécessitez.

Seront, en outre, les arrérages de la rente léguée auxdits Boursiers-Artistes par ledit **Thomas Fortin**, montant ensemble à la somme de huit cens livres, employées tant à acheter le linge et vaisselle de cuisine, dont lesdits Boursiers-Artistes ont actuellement besoin, qu'à faire carreler leursdits logements, et à refaire les portes, fenêtres et châssis qui peuvent y manquer.

Et, en cas que les affaires du Collège, devenant meilleures, le nombre des Boursiers-Artistes soit augmenté, leurs logements seront augmentez à proportion et rétablis comme ils étaient autrefois.

Les Boursiers-Artistes partageront avec les Théologiens et le Proviseur la somme de dix livres pour chacun des *Obits* fondez dans la Chapelle du Collège, en telle sorte, néanmoins, que la distribution de chacun des Boursiers-Théologiens soit double de celle de chacun des Artistes, et celle dudit Proviseur double de celle de chacun desdits Boursiers-Théologiens.

Le Proviseur donnera des Provisions scellées du sceau du Collège à tous les Boursiers, même à ceux qui sont déjà receus dans ledit Collège et qui n'en ont point, lesquelles seront transcrites dans le Registre de la Communauté qui sera entre les mains du Prieur, sans que le Procureur dudit Collège puisse payer valablement lesdits Boursiers que sur le vu desdites Provisions, dont il sera tenu de faire mention dans la première quittance qu'il en retirera, et si aucun Boursier se trouve avoir joui de la Bourse, au delà du temps ci-dessus marqué, ledit Proviseur sera tenu, conformément à l'Article LXI des Statuts de la Faculté des Arts, de restituer de ses propres deniers à la Communauté la valeur des fruits et émoluments qui auront esté injustement perçus par sa faute, pour n'avoir pas pourvu à ladite bourse, ou pour avoir négligé de faire savoir aux Présentateurs qu'ils eussent à y nommer.

Si lesdits Présentateurs, après avoir esté dûement avertis de nommer sont en demeure de le faire au delà du temps porté par les fondations desdites Bourses, ou au delà de six mois à l'égard des fondations où le temps de pourvoir aux Bourses vacantes n'est pas marqué, le revenu de ladite bourse tournera au profit de la Communanté : mais si lesdits Présentateurs préviennent ledit temps, ledit revenu sera donné au Boursier nommé, et sera au surplus l'article VIII des Statuts du Collège, concernant la présentation, exécuté selon sa forme et teneur.

Les Boursiers des fondations desdits **Michel, Le Rouxel, Pèlerin** et **Quintaine** seront reçus de plein droit et sans nouvelles Provisions au nombre des Boursiers-Théologiens, après qu'ils auront fait leur cours de Philosophie et qu'ils auront acquis le degré de Maître-ès-Arts, et ils jouiront des droits et distributions des autres Boursiers, sans néanmoins qu'ils puissent participer au droit d'élire le Proviseur, et à la charge que les Boursiers fondés par lesdits **Le Rouxel**, **Pèlerin** et **Quintaine** continueront de recevoir la Manse qu'ils prenaient auparavant en qualité de Boursiers-Artistes, sans aucune augmentation.

Et à l'égard du Boursier fondé par ledit **Michel**, il suivra en toutes choses l'estat des Boursiers-Artistes pendant qu'il étudiera dans la Faculté des Arts, et l'état des Boursiers-Théologiens pendant qu'il étudiera en Théologie, à l'exception, néanmoins, du droit d'élire le Proviseur, comme il a été dit cy-dessus.

Le Prieur des Boursiers-Théologiens sera élu chaque année, au jour de saint Luc, conformément à l'article LXXIII des Statuts du Collège.

Le Proviseur assemblera tous les lundis, à une heure convenable, les Prieur, Procureur, et Boursiers-Théologiens, pour traiter des affaires de la Communauté dans une salle qui sera destinée à ces sortes d'assemblées, et il conclura à la pluralité des suffrages qu'il laissera entièrement libres.

Le Prieur présidera auxdites assemblées en l'absence dudit Proviseur, et il conclura comme luy à la pluralité des suffrages.

Il tiendra le Registre des délibérations, dans lequel il écrira fidèlement ce qui aura été résolu par la Communauté ou par le plus grand nombre, et au commencement de chaque assemblée, il relira toujours le résultat de la précédente, qui sera signé alors par le Proviseur, le Prieur, le Procureur et les deux plus anciens Boursiers.

Ledit Prieur présidera pareillement aux conférences de Théologie, qui se feront chaque semaine dans la même salle d'assemblée, et où chacun des Boursiers répondra à son tour.

Il marquera au commencement de chaque mois les jours des *Obits*.

Il aura soin que la rente de cent livres par chacun an, donnée à la Chapelle par ledit **Thomas Fortin**, soit employée utilement, tant pour acheter et blanchir le linge de ladite Chapelle que pour les cierges, les bougies, le pain à consacrer et les autres choses nécessaires.

Enfin il satisfera à tous les devoirs prescrits par les Statuts, et pour son honoraire, il recevra par chacun an la somme de soixante livres des mains du Procureur du Collège.

Ledit Procureur sera pareillement élu tous les ans, quatre jours après le Prieur, suivant l'article LXXVI des Statuts du Collège.

Il ne fera aucun marché ni convention concernant ledit Collège, sans avoir le consentement par écrit de la Communauté, lequel sera transcrit dans le Livre des délibérations.

Il rendra ses comptes au moins une fois l'an, le vingt-un décembre, jour de saint Thomas, Apôtre.

Et quinze jours avant la reddition desdits comptes, il en fera faire deux copies, outre celle que ledit Procureur aura par devers luy, desquelles il en donnera une au Proviseur, et l'autre aux Prieur et Boursiers, afin qu'ils aient le temps de les examiner, si bon leur semble, avant que le compte soit présenté.

Après la reddition desdits comptes, il sera mis dans les Archives une des copies desdits comptes, signée par la Communauté, et communiquée aux trois Approbateurs marqués dans ledit article LXIX des Statuts du Collège ; l'autre sera donnée au nouveau Procureur en charge, et le rendant compte gardera la sienne par-devers luy pour sa décharge, laquelle sera aussi signée par toute la Compagnie, ou par le plus grand nombre.

Ledit Procureur retiendra tant pour son honoraire, que pour les ports de lettres, et autres menus frais, la somme de cinquante livres par chacun an, sans qu'à l'avenir il puisse jouir des prétendus droits allouez depuis quelques années aux Procureurs pour l'audition des comptes, pour la collation après les comptes, pour la signature des Baux, et autres de quelque nature qu'ils puissent estre.

L'élection du Bibliothécaire se fera en la manière portée par le Testament dudit **Padet**.

Il aura une chambre auprès de la Bibliothèque, si faire se peut.

Il tiendra ladite Bibliothèque ouverte pour les Régens et Boursiers-Théologiens du Collège, aux jours et aux heures qui seront réglées par le Proviseur, et même à d'autres jours et heures, en cas de besoins particuliers, et si ledit Proviseur le juge ainsi à propos.

Il se chargera des Livres dont il sera fait deux catalogues, l'un desquels sera mis dans les Archives, et l'autre dans la Bibliothèque.

Le Proviseur et le Prieur visiteront de temps en temps ladite Bibliothèque pour voir si les Livres ne se dissipent point, et s'ils sont en bon estat, et ils s'en feront rendre un compte exact par le Bibliothécaire, en présence de toute la Communauté, au moins une fois chaque année, suivant l'article LXXXII des Statuts du Collège et ledit Bibliothécaire recevra pour son honoraire par chacun an la somme de soixante livres, léguée par ledit **Padet**.

Le Principal des Boursiers-Artistes sera élu conformément à l'article LXXX des Statuts du Collège, et attendu que la place est actuellement vacante, il sera incessamment procédé à ladite élection. Pourra ledit Principal des Artistes estre choisi dans le nombre des Boursiers-Théologiens, s'il s'en trouve parmi eux qui aient les qualitez nécessaires pour remplir ledit emploi, auquel cas il continuera de jouir des émoluments de sa Bourse, tant et si longtemps qu'il pourra demeurer Boursier.

Ledit Principal des Boursiers-Artistes veillera continuellement sur leur conduite et sur leurs études, dont il leur fera rendre raison au moins tous les samedis de chaque semaine.

Il les instruira des premiers éléments de la doctrine chrétienne, leur fera faire les prières en commun le matin et le soir, et celles qui leur sont prescrites à la fin du repas, pour le Roy, et pour leurs bienfaiteurs, et s'appliquera à faire en sorte qu'ils s'acquittent de tous leurs devoirs d'étude et de religion avec l'assiduité et la modestie convenables.

Il rendra compte, tous les vendredis de la recette et dépense de la Communauté desdits Boursiers-Artistes, au Proviseur, au Prieur, et à ceux des Boursiers-Théologiens qui voudront l'entendre, et il en tiendra registre dont il fera un double, qui sera examiné au jour que le Procureur des Boursiers-Théologiens rendra compte de sa gestion pour avoir sa décharge de toute la Communauté, laquelle fera donner par chacun an, audit Principal des Boursiers-Artistes, la somme de cent livres à lui laissée expressément par ledit **Fortin**, par contrat en forme de transaction du deux septembre mil six cent soixante-dix-sept, et outre ladite somme, il recevra encore, tous les ans, pareille somme de cent livres, sur les biens laissés par ledit **Padet**, et suivant son intention, marquée par son Testament.

Les Boursiers-Théologiens, qui ne sont pas de la Communauté des Pensionnaires, prendront leurs repas dans ladite Communauté des Boursiers-Artistes, et auront part au legs de trois cents livres par an fait par ledit **Pierre Padet**, pour les menues nécessitez de la Communauté des Artistes, suivant l'intention dudit Testateur. Mais en ce cas, lesdits Boursiers-Théologiens tiendront une conduite sage et régulière, en sorte que le Principal des Boursiers-Artistes n'ait aucun sujet de s'en plaindre, à peine d'être privez de leurs distributions, ce qui dépendra de la prudence du Proviseur.

Le Chapelain dudit Collège sera choisi par préférence entre les Boursiers-Théologiens, s'il se trouve parmi eux un sujet qui soit Prestre, et digne d'exercer ledit emploi ; il célébrera la Messe tous les jours, et le Procureur du Collège lui payera, suivant l'usage, la somme de deux cents livres par chacun an.

Le Sous-Principal sera chargé de célébrer une Messe basse les jours de Dimanche et Fête à une heure commode, pour ceux qui ne peuvent pas assister à la grande Messe dudit Collège, en exécution de la fondation dudit **Padet** de l'an 1645.

Si le Principal des Boursiers-Artistes est Prêtre, il sera chargé de l'exécution de la fondation faite par ledit **Thomas Fortin**, d'une Messe basse tous les jours de l'année, auquel cas il recevra la somme de deux cens livres par an attachée à ladite fondation, et en cas que ledit Principal des Boursiers-Artistes ne soit pas Prestre, ou qu'il ne veuille pas se charger d'acquitter ladite fondation, elle sera acquittée par le Sous-Principal, et à son défaut, par un des Boursiers-Théologiens, s'il y en a qui soient Prestres, préférablement à tous autres, et en cas que le Sous-Principal soit chargé de célébrer ladite Messe basse fondée par ledit **Fortin**, le Proviseur dira ou fera dire par un des Boursiers, s'il s'en trouve en estat de le faire, celle qui a été fondée pour les Dimanches et Fêtes, par ledit **Padet**.

Le Proviseur et Principal aura soin que la prière se fasse en commun pour les Pensionnaires, et que le Principal des Boursiers-Artistes la fasse pareillement pour les Boursiers-Artistes, le matin et le soir à des heures convenables, suivant l'usage de l'Université.

Il donnera ordre, tous les jours d'exercice, que des deux Messes dont le Collège est chargé, savoir celle de la première fondation et celle de la fondation dudit **Fortin**, il y en ait une célébrée le matin avant l'entrée des Classes, en faveur de ceux qui ne peuvent pas l'entendre dans un autre temps, et l'autre à la sortie des classes, à laquelle assisteront les Maistres et les Ecoliers.

A l'égard des jours de Dimanches et Festes, il chantera ou fera chanter, par le Chapelain, la grande Messe à l'heure ordinaire, où se trouveront les Maistres, les Pensionnaires et tous les Boursiers. Lesdits Boursiers, tant Théologiens qu'Artistes, seront tenus d'y assister en habit clérical, s'ils sont Clercs, et de servir à la célébration de l'office divin, soit par le chant, soit en faisant les fonctions de leur Ordre, ce qui aura pareillement lieu pour l'Office des Vespres, les jours de Dimanches et Festes ordinaires ; pour celui des Matines les jours de Festes solennelles, et pour celui de Vigiles des Morts, les jours d'*Obits*.

Le Proviseur fera des instructions Chrestiennes dans la Chapelle au moins tous les Dimanches pour les Pensionnaires et les Boursiers.

Il choisira d'autres jours et heures commodes pour faire aussi des instructions Chrestiennes aux domestiques du Collège, ou de ceux qui y demeurent, ce qu'il sera tenu de faire au moins une fois chaque semaine, et en cas qu'il ne puisse pas toujours s'acquitter de ce devoir par luy-même, il le fera remplir par le Sous-Principal ou par quelqu'autre Ecclésiastique, et il se fera rendre compte de la manière dont le Sous-Principal ou l'Ecclésiastique par lui commis s'en seront acquitez.

Ledit Proviseur aura attention dans le choix des Professeurs, non seulement à la doctrine et à la capacité, mais encore à la religion et aux mœurs, sans qu'il puisse faire aucune convention avec eux par billets ou autrement, et au surplus ledit Proviseur se conformera à leur égard aux Statuts de l'Université, Arrêts et Règlements de la Cour.

Il visitera souvent les Classes, et assemblera lesdits Professeurs au moins une fois le mois, pour prendre avec eux les mesures nécessaires et les moyens convenables pour procurer l'avancement des jeunes gens dont l'instruction leur est confiée.

Il tiendra pareillement la main à ce que les Ecoliers soient élevés dans la piété aussi bien, et encore plus que dans l'étude des sciences humaines, et pour cet effet il recommandera que le samedi ou tel autre jour de la semaine qu'il jugera convenable, on fasse le Catéchisme, surtout dans les basses classes, et que les Ecoliers ne passent jamais un jour sans apprendre par mémoire une ou deux maximes de l'Ecriture Sainte, suivant l'esprit des Statuts de la Faculté des Arts, et l'usage de quelques Collèges de l'Université, lesquelles maximes pourront servir pour mériter le prix de mémoire à la distribution générale des prix.

Les Professeurs ne se contenteront pas de s'acquitter de leur devoir, en ce qui regarde l'instruction des Ecoliers, ils s'appliqueront encore à aider le Proviseur et Principal à maintenir la discipline, et ils lui rendront l'honneur, le respect et l'obéissance qui lui sont dûs en qualité de Chef du Collège.

Le Sous-Principal visitera pareillement les Classes, se trouvera dans la Cour, à l'entrée et à la sortie des Ecoliers, empêchera qu'ils ne s'échappent pendant le temps des leçons, et les contiendra dans leur devoir.

Et pour ses soins et outre les avantages que lui fera le Proviseur et Principal, il recevra du Procureur de la Communauté des Boursiers la somme de cent livres annuellement pour satisfaire à l'intention dudit Padet, marquée dans son testament; et pour suivre en tout l'esprit du testateur, il sera pris sur le revenu dudit Collège et payé par le Procureur, ce qui conviendra en temps et lieu pour les chaires des Professeurs, les bancs des Ecoliers et les réparations des classes.

Les clefs de la porte du Collège seront remises tous les soirs par le Portier entre les mains du Proviseur et Principal à l'heure marquée par les Statuts de l'Université; et s'il y a quelque porte secrète qui donne entrée dans le Collège, elle sera incessamment murée, comme contraire au bon ordre et à l'exacte discipline.

Il sera incessamment procédé à l'inventaire des titres concernant le Collège, lesquels seront mis en ordre dans une armoire qui sera placée dans la salle destinée aux assemblées de la Communauté des Boursiers-Théologiens, et ladite armoire sera fermée au moins de trois clefs, dont il y en aura une entre les mains du Proviseur, une autre entre les mains du Prieur, et une autre entre les mains du Procureur.

Ordonne que le Procureur aura soin de faire imprimer aux dépens du Collège les anciens Statuts dudit Collège, les Lettres patentes de 1665, ensemble le présent Arrêt, pour en être donné un exemplaire à chacun des Boursiers, et il en sera fait lecture au moins deux fois l'année, suivant l'article LXXXIII des anciens Statuts, en présence des Boursiers-Théologiens et Artistes qui seront assemblez à cet effet; et seront au surplus les Statuts généraux de l'Université, les Statuts particuliers dudit Collège, les Arrêts et Règlements de la Cour exécutez selon leur forme et teneur, dans tous les cas non exprimez dans le présent Règlement. Fait en Parlement le vingt-septième juin mil sept cent trois.

SIGNÉ : DONGOIS.

25.

VINUM BURGUNDUM

(Voir chapitre VI, p. 351.)

TESTA, Burgundo gravidam liquore
Quam Iocus circumvolat, et nitenti
Sanitas vultu rubicunda, et insons
    Risus, Amorque :
Te canam fandi celebrem magistram.
Tu potes tardos homines docere,
Improbus quos vix labor eruditas
    Fingat ad artes.
Te fugit nigrâ truculenta fronte
Cura. Quos urgens rigidis Egestas
Obligat vinclis, tua, vi potente,
    Pocula solvunt.
Anxio surgit cibus apparatu ;
Docta sed frustra manus elaborat
Splendidis dulcem dapibus saporem,
    Ni comes adsis.
Nam suum Rhemi licet usque Bacchum
Jactitent ; æstu petulans jocoso
Hic quidem fervet cyathis, et aurâ
    Limpidus acri.
Vellicat nares avidas ; venenum
At latet ; multos facies fefellit.
Hic tamen mensam modico secundam
    Munere spargat.
Tu senum nutrix querulos benigno
Lacte titillas refovesque alumnos.
Ut valens per te redit in caduca
    Membra juventa !
Vatis effœtam malè si reliquit
Igneus mentem calor, atque vena
Ingenî, dives modò quæ fluebat,
    Si pigra torpet :
Tu Caballino melior fluento
Suscitas Musam residem, et vigentes

Spiritus, grandique pares cothurno
      Fortior afflas.
Quid ciet dirum tuba rauca bellum ?
Plus scyphi prosunt. Ferus inde miles
Hauriat robur : peritura siccus
      Vix trahit arma.
Sed datum Marti satis est cruento.
Aptior ludis simul et choreis
Evoca lentam, bona Testa, fausto
      Nectare pacem.
Nunc beant unctas tua dona cœnas.
Mox et in pagis resupina pubes
Tædium belli tibi tradet amplis
      Mergere trullis.
Noxio lædat stomacum Lyæo
Præla quem passim subigunt, racemus ;
Hic gravet nervos, caput angat ille
      Perfidus hospes :
Tu subis nervis capitique sana ;
Nec levat tristes medicina morbos,
Ut latex pellit tuus, innocentis
      Filius uvæ.
Somnus aversâ fugitivus alâ
Nil preces curat levis obstinatas :
Fuderis rorem, revolabit imbre
      Udus amico.
At verecundi violare leges
Liberi nobis scelus esto ; teque
Speret haud æquam tua qui protervè
      Munera tractat.
Perge vitali, pia Testa, succo
Principis corpus vegetum tueri,
Salva quo salvo benè temnat omnes
      Gallia casus.
Vina sic, quæ fert ubicumque tellus,
Victa decedant tibi, regiæque
Audias mensæ decus, et salutis
      Optima custos.

          BENIGNUS GRENAN, *Burgundus,*
            Humanitatis professor in Harcurio.

CAMPANIA VINDICATA

SIVE LAUS VINI REMENSIS A POETA BURGUNDO ELEGANTER
QUIDEM, SED IMMERITO CULPATI.

Huc te, Remensi nata solo, tui
Poscunt honores, nobilis Amphora :
 Adesto ; Campanoque vires
 Adde novas animosa Vati.
Men' gratus error ludit, an intimis
Gliscens medullis insinuat calor ;
 Venisque conceptus sonantes
 Se liquor in numeros resolvit ?
Quantùm superbas Vitis, humi licet
Prorepat, anteït fructibus arbores ;
 Tantùm, orbe quæ toto premuntur,
 Vina super generosiora
Remense surgit. Cedite Massica
Cantata Flacco Silleriis ; neque
 Chio remixtum certet audax
 Collibus Aïacis Falernum.
Cernis micanti concolor ut vitro
Latex in auras, gemmeus aspici,
 Scintillet exultim ; utque dulces
 Naribus illecebras propinet
Succi latentis proditor halitus ;
Ut spuma motu lactea turbido
 Crystallinum blando repente
 Cum fremitu reparet nitorem ?
Non hæc inerti, non malè fervido
Sapore peccant pocula : nectare
 Tam blandiuntur delicato,
 Quam liquido placuêre vultu.
Non hæc, malignus quidlibet obstrepat
Livor, nocentes dissimulant dolos
 Leni veneno. Vina certant
 Ingenuos retinere Gentis
Campana mores. Non stomacho movent
Ægro tumultum ; non gravidum caput
 Fuligine infestant opacâ :
 Didita sed facili per omnes

Flexus meatu, nec mala renibus
Tristis relinquunt semina calculi;
 Nec pœnitendâ segniores
 Articulos hebetant podagrâ.
Ergo ut secundis (parcere nam decet
Raro liquori) se comitem addidit
 Mensis renidens Testa; frontem,
 Arbitra lætitiæ, resolvit
Austeriorum. Tunc cyathos juvat
Siccare molles : Tunc hilaris jocos
 Conviva fundit liberales;
 Tunc procul alterius valere
Viles Lyaei relliquias jubet
Fastidiosus. Non meritas tamen
 Burgunda laudes invidebo
 Testa tibi; modo, te secundâ,
Regnet Remensis. Tu reficis gravi
Exsucca morbo corpora; languido
 Tu rore solaris caducam
 Mitior et refoves Senectam.
Nam quod severas eluis efficax
Curas : quod addis robora militi :
 Hoc et popinis hausta passim
 Vappa sibi decus arrogabit.
Vos, ô Britanni, (fœdera nunc sinunt
Incœpta Pacis) dissociabilem
 Tranate pontum. Quid cruento
 Perdere opes juvat usque Marte?
Lætis Remensem quàm satius fuit
Stipare Bacchum navibus : et domum
 Auferre funestis trophæis
 Exuvias pretiosiores!
At, qui procaci carmine munera
Campana vellit, Neustriasco miser
 Limo, vel acri fæce guttur
 Yvriaci recreet rubelli.

Offerebat Civitati Remensi, Carolus Coffin Remensis,
 Humanitatis Professor in Collegio Dormano-Bellovaco.
   (*Anno Domini*, m dcc xii.)

AD CLARISSIMUM VIRUM

GUIDONEM-CRESSENTIUM FAGON

Regis a Secretioribus Consiliis, Archiatrorum
Comitem, ut suam Burgundo Vino præstantiam adversus
Campanum Vinum asserat.

Summe Pæoniæ Magister artis,
Cui se Gallia tota debet, ex quo
Rex debet vegetam tibi salutem;
Burgundus tibi supplicem libellum
Huc affert Bromius. Vides ut olli
Se summittere, turgidosque fasces,
Rhemensis neget arroganter Uva.
Illam compta cohors beatulorum
Stipant; hanc miserè colunt, in unâ
Defixi faciunt beatitates.
Illam præterea ferociorem
Reddunt commoda non putanda parvi,
Si se contineat : color vel ipso
Pellucens mage, puriorque vitro ;
Subtilis sapor, et vibrante flammâ
Obtusum licet, atque iners palatum
Efficax pupugisse : odorque, qualem
Quisquis nare semel bibat sagaci,
Illum combibat usque et usque odorem;
Nec se sit potis abstinere ab illo.
Hæc tot commoda non putanda parvi
Rivalem faciunt ferociorem.
Hinc inversa scyphis tumet, fremitque;
Spumasque agglomerat furore mixtas,
Æstuans, levis, inquies, proterva.
Quin et exacuit fero liquore
Vatem in nos animosior; sonantes
Imò se in numeros loquax resolvit :
Ut, Testam indocilis pati tot annos
Mensarum dominam elegantiorum,
Testam deprimeret procax, novamque
Fronti splendidulæ adderet coronam.

Et jam turgida futili triumpho,
Cuppis luxurians in ebriosis,
Gemmarum segetem micantiorum
Per convivia lætiora jactat.
Jam caput sibi, quotquot orbe toto
Nascuntur, generosiora vina
Inclinare latex jubet tyrannus.
Nil posthac tibi proderit, Falernum,
Magnus quod fidicen lyræ Latinæ
Te plectro haud imitabili sacravit,
Et latè dedit imperare vinis.
En sceptrum Uva tibi rapit superba ;
Rex olim, imperio novi Poetæ
Nunc plebecula vilis, hanc adoras.
Nil nostro quoque proderit Lyæo
Quod dulci utile mitior maritat.
Ipse et Silleriæ jubetur Uvae,
Mensarum dominam elegantiorum,
Pronam advolvere, subditamque Testam.
Quid? vultu ille nitens benigniori,
An sub limpidulô colore mendax
Celat toxica ; blandiensque tortor,
Mordaci stomachum exedit veneno ?
Anne adulterat impios liquores
Calculus comes, et comes podagra :
Turba et fertilis innatat malorum ?
Rivalem exprimat hæc imago Vitem.
Ergo, Pæoniæ Magister artis,
Burgundus tibi se, suosque honores
Commendat Bromius, rogatque contra
Audaces numeros, modosque, largæ
Quos vix pulmo animæ capax anhelet ;
Contra et delicias beatulorum
Ut linguam sibi commodes patronam,
Compescasque animos ferocis Uvæ.
Hoc se jure suo rogare censet,
Si lenis tibi semper, atque faustus
Aspersit calices modestiores :
Si judex satis indicavit usus,
Rivalem ut bonitate vincit Uvam.
Quanquàm, te moderante, sanitatem

Regis si fovet innocente succo;
Regis, cujus adhuc virens senectus
Integræ nihil invidet juventæ :
Quid grandes numeros, modosve curet?
Quid fastum metuat beatulorum,
Et fastidia delicatulorum ?
Hoc erit titulo satis beatus.

BENIGNUS GRENAN, *Burgundus*,
professor humanitatis in Harcurio.

26.

I. — RÉCAPITULATION DU REVENU ANNUEL

Provenant des donations faites en faveur des boursiers du Collège d'HARCOURT; sans y comprendre le loyer des bâtiments de l'enceinte intérieure de ce Collège, ny le revenu de la Communauté des Pensionnaires.

(Voir chapitre VI, p. 336.)

1311-1691

		l.	s.	d.
1311	Ancien domaine du Collège.	3 794	»	»
1416	Rente sur le *Chapitre de* NOTRE DAME DE PARIS.	3	8	9
1461	Maisons données par CATHERINE D'ALENÇON	2 776	»	»
1505	Maison donnée par un PROVISEUR.	500	»	»
1509	Fief donné par un *Évéque* DE COUTANCE.	900	»	»
1523	Maisons bâties vis-à-vis la PLACE DE LA SORBONNE.	1 100	»	»
1535	Rente donnée par un *Évéque* d'AVRANCHE.	275	»	»
1550	Maison de la donation de M⁰ JEAN MICHEL.	300	»	»
	A REPORTER...	9 648	8	9

		l.	s.	d.
	Report...	9 648	8	9
1630	Maison construite sur un fond acquis du Collège de Bayeux.......	380	»	»
1650	Maison de la donation de M° Jean Rouxel...............	580	»	»
1659	Rente achetée du Collège de Bayeux.	390	»	»
1670	Place et maisons sur les *Fossés de la Ville*...............	350	»	»
1670	Rentes acquises sur les sieurs de Contrepont et de Biville......	285	»	»
1697	Maison bâtie sur un fond acquis en 1682...............	900	»	»
	Rente due sur le sieur Martin.....	12	»	»
	Terres et vignes à *Bagneux, Arcueil* et *Montrouge*.............	55	»	»
	Total...	12 600	8	9

II. — RÉCAPITULATION DES DONATIONS

Faites aux boursiers
dont les fonds sont aliénés à cause des bâtiments du Collège.

1691

		l.	s.	d.
1313	Rente de 250 l. donnée par les Fondateurs, dont le fond est.......	5 000	»	»
1317	Fief de Gigermont, vendu du temps de M° Pierre Padet, *Proviseur*[1]...			
1384	Six cents florins d'or, donnés par M° Jean Boutin, *Proviseur*, lesquels valent suivant notre monnoie....	6 000	»	»
	A reporter...	11 000	»	»

1. On peut voir le prix de cette vente dans les comptes rendus depuis 1621.

	l.	s.
REPORT...	11 000	» »
1416 Mille neuf cent quatre-vingt-quatorze écus d'or à la couronne, donnés par Me THOMAS DE SAINT-PIERRE, *Proviseur*, valans de la monnoie qui a cours présentement[1].......	18 879	» »
1416 Six cens livres encore données par le même THOMAS DE SAINT-PIERRE...	600	» »
1621 Meubles et vaisselle d'argent donnés par Me GEORGES TURGOT......		
1633 etc. Fondations faites par Me JEAN ROUXEL.............	10 800	» »
1637 Émoluments de la *Communauté des pensionnaires*..........	4 500	» »
1638 Autres émoluments provenus de la *Communauté des pensionnaires*...	6 300	» »
1638 Fondation de Me FRANÇOIS COULART..	1 200	» »
1643 Fondation de JULIEN LE FAUCONNIER..	800	» »
1644 Fondation de Mes ROBERT et NICOLAS PÈLERIN.............	5 975	» »
1644 Fondation de Me PIERRE RICHER, *Docteur en médecine*.........	648	» »
1646 Vente de la terre d'IMBERVILLE 26 000 l. dont ont été aliénées.......	20 500	» »
1648 Fondation de Me Jacques DU CHEVREUIL.	6 750	» »
1649 Prix de la vente du fief de RAFOUEL du temps de Me PIERRE PADET....	9 000	» »
1649 Donation de Me PIERRE PADET....	16 000	» »
1649 Autre donation de Me PIERRE PADET..	10 000	» »
1650 Fondation de Me NICOLAS QUINTAINE..	5 900	» »
1657 Donation de Me PIERRE PADET.....	8 000	» »
1665 Fondation de Me PIERRE PADET....	37 635	» »
À REPORTER...	174 487	» »

1. L'évaluation de ces florins et écus d'or à la couronne est confirmée au *Traité des Monnoies de France anciennes et nouvelles*, fait par le sieur **Le Blanc**, imprimé à Paris chez Boudot, en 1690.)

		l.	s.	d.
	Report...	174 487	»	»
1668	Fondation de M⁰ Guillaume des Auberis...............	1 175	»	»
1677	Fondation de Mᵉ Thomas Fortin, *Proviseur*...............	61 135	»	»
1679	Fondation de Guion Gervais.....	1 277	»	»
1681	Donation de Mᵉ Jean Denys......	1 700	»	»
1683	Rachat de rente donnée aux boursiers par Mᵉ Thomas Fortin.......	2 300	»	»
1691	Fondation de Mᵉ Louis Noël.....	3 400	»	»
	Total......	245 474	»	»

Par l'état de ces biens il paroist que les boursiers du Collège d'Harcourt jouissent de 12 600 l. de revenu, en ce non compris le loyer des bâtiments de l'intérieur du Collège, qui doit être au moins de 6 000 l. par chacun an, ce qui composeroit un revenu annuel de 18 600 l.

Il paroist par ce même état, qu'il y a eu 245 474 l. des biens donnés au profit des boursiers, avec plusieurs autres biens dont on ne peut faire l'estimation à présent, qui ont été aliénés à cause de la construction des bâtiments du Collège, outre et par dessus les 6 496 l. 19 s. 9 d. de rente annuelle, dont la communauté des boursiers est chargée : de sorte qu'il est évident par ce qu'on vient d'exposer, et par le Mémoire particulier des emprunts qui ont été faits à cause de l'intérieur du Collège, que les bâtiments de l'enceinte intérieure de ce même Collège, et la plus grande partie du fonds sur lequel ils sont construits, coûtent près de 500 000 livres aux boursiers.

27.

RÈGLEMENT DU COLLÈGE D'HARCOURT

(*Document inédit*. — Voir chapitre VI, p. 370 st suiv.)

SERVANDA A CONVICTORIBUS HARCURIANIS PRAECIPUE CIRCA REM DIVINAM.

Singulis diebus Dominicis et Festis, atque etiam quando vacant scholae, horâ 7ᵃ matutinâ surgunt è lecto convictores. Paulopost, dato signo, Deum precantur pariter in eodem loco. Horâ 7ᵃ cum mediâ in Sacellum se conferunt, quâ par est pietate et modestiâ sacris intersunt.

Peractâ re divinâ (auditâ diebus dominicis concione sacrâ post Evangelium) tempus conceditur sumendo jentaculo et relaxandis animis donec hora decima dederit. Tunc horâ decimâ receptui canitur. Ante horam duodecimam, nempe horâ undecimâ cum tribus quadrantibus, signum datur ad prandium ; post prandium recreantur animi, usque ad sesquihoram pomeridianam quâ datur signum ad preces vespertinas Ecclesiae; quibus absolutis convictor quilibet in Museum se recipit operam studiis navaturus; aestate, nempe à Paschate (aut circiter) ad Idus Septembris. Per reliquum anni tempus post vesperas genio indulgent usque ad 4^{am} horam cum dimidia, dominicis et festis, at usque ad 4^{am} tantum aliis diebus cessationis à scholis : postea student usque ad coenam. Horâ 4^a cum mediâ, dato signo, in aulam divertunt omnes ad merendam; tum genio, ut par est, indulgent usque dum ad coenam (horâ 7^a cum quadrante) aere campano agitato vocentur, Coenati animum relaxant donec horâ 8^a cum tribus quadrantibus receptui canatur.

Diebus non festis, seu quibus collegium frequentatur : convictores surgunt hora 6^a matutina. Dehinc elapsâ horæ 4^a parte simul orant. Post orationem student usque ad horam 7^{am} cum tribus, ut aiunt, quadrantibus. Tum jentaculum sumunt, et omnia sibi comparant necessaria ad excipienda praeceptorum seu professorum praecepta ipsa hora 8^a cum quadrante. Horâ decimâ cum mediâ scholâ quisque suâ egreditur, in Sacellum modeste se confert sacro ut intersit; post sacrum sua in cubicula recedunt omnes studiis operam daturi.

Singulis hebdomadibus (feriâ 4^a plerumque si post meridiem vacant scholæ) post sacrum omnes convictores Christianae Religionis mysteriis imbuuntur; qui nondum ad sacram Eucharistiam sunt admissi doctrinae Christianae rudimentis, seorsim ab aliis, informantur. Tenentur omnes habere Novum J. C. Testamentum, Catechismum, et librum Precum, V. g. diurnale Parisiense pro vesperis, et canonem Missae, matutinis horis, prae manibus habendum.

Singulis Sabbatis post sacrum, lectis professorum schedulis, siqui officio per hebdomadam defuerint mulctantur; qui satisfecerunt remunerantur.

Kalendis Octobris vel 6° aut 5° aut etiam 4° Nonas Octobris (modo sit dies Lunae aut Martis vel etiam Mercurii) horâ octavâ cum mediâ matutinâ cantatur hymnus *Veni creator* et Missa de Spiritu Sancto ritu solemni majore. Post Missam jentaculum sumunt convictores. Horâ circiter 10^a habentur orationes.

Postridie frequentantur scholae, sed mane usque ad horam 10^{am} tantum. Sero usque ad 5^{am} horam hâc hebdomadâ solâ. Item his tribus aut quatuor diebus scholas ingrediuntur horâ 3^a pomeridiana cum quadrante ut aestate fieri solet. Sequenti vero hebdomadâ ingrediuntur horâ 2ª cum quadrante usque ad diem Lunae propiorem diei 15ᵃᵉ Martis ; qua quidem die intrantur in scholas hora 3ª cum quadrante. Feria 6ª (seu die Veneris) quae prima occurrit post instaurationem scholarum, sacra concio horâ 4ª pomeridianâ cum mediâ habetur in Sacello, omnibus magno silentio audientibus sacrum oratorem. Deinde externi domum, convictores in cubiculo se recipiunt quâ decet modestiâ et gravitate.

Sabbato sequenti vacant scholae. Hora 2ª pomeridiana receptui signum datur. Exinde, quisque conscientiae suae vulnera et labes proprio sacerdoti patefacere satagit in sacello. Horâ 6ª cum quadrante omnes vespertinis Ecclesiae precibus intersunt. Dominicâ seq. celebratur Missa hora 8ª cum mediâ matutina.

Die 18 Octobris, in festo S. Lucae, horâ ipsâ 9ª cum media cantatur *Veni creator* et celebratur Missa de festo ritu solemni minore ad instaurationem studiorum theologicorum et ad electionem dignissimi Prioris utriusque domus Harcurianae; 2ª oratio de Sᵗᵒ-Hermelando, 3ª de Sᵗᵒ-Spiritu. Si sit Dominica transferatur festum S. Lucae ; die Lunae celebratur Missa votiva de Sᵗᵒ Spiritu.

Die 23ª Octobris, in festo S. Romani Rhotomagensium Archiepiscopi, et Venerandae Normannorum Nationis Patroni secundarii, celebratis pridie horâ 1ª pomeridiana vesperis, celebratur Missa ritu solemni majore horâ ipsâ 10ª. Cui non intersunt convictores, quia horâ 7ª cum quadrante interfuerunt privato sacro. — Post Missam solemnem unus è tribulibus venerandae nationis dicit orationem panegyricam Sᵗᵒ Romano.

Die 30 Octobris (vel 29, si dies 30 sit Dominica), paulo ante 4ᵃᵐ horam, vesperae, deinde habetur sacra concio. Pridie festi Omnium Sanctorum vacant scholae. Ex aulâ recedunt omnes discipuli horâ 2ª pomeridianâ, ut peccatorum sordes sacramento confessionis expiari curent. Vesperae horâ 6ª cum quadrante deinde completoria decantantur.

Die 1ª Novembris, in festo Omnium Sanctorum, saltem ipsâ horâ 6ª matutina cantantur Nocturni cum Laudibus. Horâ 8ª cum mediâ, vel (si peccatorum exomologeses adhuc fiant) horâ 9ª sacrum solemne absque concione sacrâ, etiamsi Dominica occurret. Horâ sesquiprimâ pomeridianâ vespertinae Ecclesiae preces de omnibus S. S. deinde et vesperae pro Defunctis, postea completorium dicuntur continenter. Hodie ab Aulâ recedere non jubentur discipuli, modo hodiernis Christianae pietatis officiis rite perfuncti sint. Ipsâ horâ 5ª cum dimidiâ serotinâ cantantur Nocturni et Laudes pro Defunctis.

Die 2ª Novembris, in commemoratione omnium fidelium Defunctorum, surgunt convictores horâ 7ª matutina, et horâ 8ª 7 *psalmis pœnitentialibus* recitatis, celebratur Missa major postquam cantatur ℟ *Libera* cum omnibus versibus, deinde psalmus *De profundis*.

Pridie *festi conceptionis* B. M. V. vesperae horâ 6ª ferè cum mediâ serotinâ. In festo Missa hora 7ª cum mediâ.

Praevigilio Natalis Domini paulo ante 4ᵃᵐ horam vespertinam habetur sacra concio; et vacant scholae usque ad diem 29 decembris exclusive.

Vigiliâ Natalis Domini, horâ sesquiprimâ pomeridiana cantantur vesperae, deinde receptui canitur, et horâ circiter 3ᵃ dato signo in Sacellum modestè et suo ordine redeunt convictores peccata sua apud Sacerdotem proprium deposituri. Hora 7ᵃ Completorium; hora 9ᵃ inchoantur Nocturni : deinde absolutis Nocturnis inchoatur Missa quae dicitur in Galli cantu (modo hora 11ᵃ cum media dederit). Celebratur ritu solemni minore et post Laudes absolutas, lectum petit quisque jejunus.

Die *Natalis Domini,* horâ 8ᵃ matutina surgunt omnes. Horâ 8ᵃ cum mediâ celebratur citrà cantum Missa quae dicitur in Aurora, cui intersunt ex devotione plurimi, et horâ 9ᵃ Missa 3ᵃ celebratur ritu annuali; et Sanctissimo Christi corpore pascuntur ii quibus pasci datum est. Re divinâ peractà, nemo ab honestâ oblectatione arceatur, nisi quem diei tanta solemnitas in officio suo continere nequiverit. Vesperae horà sesquiprimâ pomeridiana; horâ 6ᵃ cum mediâ Completorium deinde cantatur; ad Salutem vespertinam ℟ *Verbum,* hymnus *Christe Redemptor* è Nocturno ℣ *Notum fecit Dñus,* oratio festi, Ant. *Alma* cum ℣ et oratione *Domine Salvum* ℟ ter, cum ℣ et oratione pro Rege.

Pridie Circumcisionis et Epiphaniae et Sancti Hilarii hora 6ᵃ et quadrante vesperae.

Die Purificationis B. M. V. Missa horâ 8ᵃ cum mediâ nec tardiùs adsunt convictores habentes prae manibus cereos, quos offerunt dum fit oblatio; (pridie festi serotinis horis aut non frequentantur scholae, aut hora 3ᵃ cum media clauduntur, ut detur tempus peccata deposituris. Vesperae hora 6ᵃ cum quadrante).

Feriantur ab studiis Magistri et Discipuli die 28ᵃ Januarii Divo Carolo Magno sacrâ.

FESTA MOBILIA.

Feria 5ᵃ seu die Jovis ante Quinquagesimam non frequentantur scholae post meridiem. Horâ 6ᵃ vigiliae solemnes pro Defuncto D. **Radulpho d'Harcour.** orat. *Deus qui inter.* et *Deus veniae;* et *Fidelium.* Die Veneris sequenti, horâ 10ᵃ Missa Solemnis, in quâ cantatur Prosa et post Missam ℟ *Libera* cum unico *Veni creator,* etc.

Sabbato ante Dominicam Quinquagesimae post meridiem non frequentantur scholae nec diebus Lunae et Martis post Quinquagesimam nec sequenti die Mercurii quae dicitur feria 4ᵃ Cinerum matutinis horis tantum. Qua quidem die, manè 8ᵃ tantummodo horâ pulsatur ad excitandum adhuc dormitantes discipulos. Horâ 9ᵃ cum mediâ recitantur in Sacello *psalmi poenitentiales ;* fit benedictio et impositio cinerum, et cantatur Missa absque Vesperis, nisi die sequenti officium fiat de S. Mathia.

Die Veneris ante Dominicam 1ᵃᵐ Quadragesimae serotinis horis habetur sacra concio. Sabbato sequenti, non frequentantur scholae, ut unusquisque facta, dicta, cogitata, praetermissa per diem recognoscat; et horâ 2ª pomeridianâ et sequentibus peccata confiteatur Sacerdoti. — Vesperae horâ circiter XIª.

Dominica 1ª. Quadragesima horâ 8ª circiter, Res divina fit, concio habetur, sed brevissima.

Diebus Martis, Jovis et Sabbati hebdomadae 3ᵃᵉ Quadragesimae vacant scholae post meridiem tantùm. Singulis diebus Martis et Jovis per quadragesimam tribus quadrantibus ante finem scholarum catechizantur Juniores.

Sabbato ante Dominicam Palmarum, horâ circiter 2ª post meridiem usque ad 7ᵃᵐ plures adsunt Sacramenti poenitentiae ministri in Sacello ad excipiendas poenitentium confessiones, etc., sic diebus Mercurii, Jovis, Veneris pro pueris, et Sabbati hebdomadae sequentis, et Sabbato in albis.

Dominicâ Palmarum, horâ 8ª matutinâ Benedictio aquae lustralis et palmarum, deinde Processio (aulam circumeundo). Nulla post Evangelium homelia habetur; intra Missarum solemnia officium Tenebrarum, seu Vigiliarum et Laudum pro triduo ante Pascha solemniter cantatur feriis 4ª, 5ª, et 6ª horâ 4ª cum dimidiâ serotinâ.

Feria 5ª Majoris hebdomadae horâ 9ª cum mediâ Missa solemnis celebratur post recitatos psalmos poenitentiae. Post Missam vesperae. Horâ 4ª vespertinâ lavatur altare seu lapides altarium lavantur.

Hoc biduo post meridiem audiuntur a Sacerdotibus confessiones eorum qui hoc anno Eucharistiam percepturi non sunt. Hodie serotinâ horâ 9ª coram S. S. Eucharistiae omnes unius ore orant, postea discedunt. Magistri vicissim pernoctant.

Feria 6ª Parasceve Domini, horâ 8ª concio sacra de Christi Passione; deinde cantantur lectiones, tractus, Passio, monitiones et orationes. Tum fit adoratio crucis : postea celebratur Missa ex praesanctificatis, vesperae dicuntur absque cantu, et proinde absque impositione Antiphonarum ante psalmos. Horâ circiter 2ª receptui signum datur, et puerorum confessiones audiuntur, ut heri.

Sabbato sancto horâ 9ª cum mediâ, dum cantantur Litaniae, ignis benedicitur in vestibulo Sacelli; postea benedicitur cereus Paschalis, tum leguntur Prophetiae, denique Sacra fiunt.

Sero horâ 7ª Completorium. Non dicitur Ant. *Regina*. [horâ circiter 2ª ex aulâ receditur.]

Dominica Resurrectionis. Nocturnum ipsâ horâ 6ª matutina vel 5ª horâ cum mediâ, deinde Laudes. Horâ 8ª cum mediâ fit aspersio aquae lustralis, deinde sacrum solemne. Sequitur communio Paschalis. Vesperae integrae horâ sesquiprimâ pomeridianâ, deinde concio sacra (si quae habenda sit) habetur. Horâ 6ª cum mediâ Completorium, dehinc Salus vespertina, ut notatur in graduali.

Horâ solitâ receptui signum datur, si nulla post vesperas sit habita sacra concio.

In translatione S^{ti} Nicolai et feriis San-Dionysiacis pro peregrinantibus missa hora 5^a.

Postridie translationis S. Nicolai et feriarum San-Dionysiacarum indictarum (*Lendit*), mane hora una solito tardius surgunt convictores.

Prae vigiliâ Pentecostes sacra concio paulo ante horam 5^{am} vespertinam.

Pridie Pentecostes vacant scholae (ante Missam quae dicitur cum cantu hora 7^a cum media cantatur *Veni creator*). Horâ 2^a pomeridiana, receptui canitur, et peccata Sacerdotibus aperiuntur. Horâ 6^a cum quadrante dicuntur vesperae et completorium.

Ipso die, horâ 5^a cum mediâ matutina Nocturnum et Laudes; hora 8^a cum mediâ aspersio aquae lustralis, tum hymnus *Veni creator* cantatur et fit thurificatio, deinde Missa. Horâ 1^a cum media vesperae : tum concio si haberi debeat. Horâ 6^a cum tribus quadrantibus Completorium, postea ad Salutem ℟. *Non accepimus* (è feria 6^a) prosa *Veni sancte Spiritus* è Missa ⨍ *Emitte Spiritum tuum et creabuntur*, oratio festi. Antiphona *Regina* cum ⨍ et oratio *Domine Salvum*. 3.

Fer. 2^a et 3^a Pentecostes, horâ 7^a cum mediâ cantatur hymnus *Veni creator* imponente celebrante ⨍ *Emitte*, oratio *Deus qui hodierna die corda*, etc., absque thurificatione. Deinde Missa major ritu duplici majori.

Pridiè Ascensionis Christi et festi Corporis Christi, vesperae primae horâ 6^a cum quadrante. Ipso die horâ 7^a cum media, id est horâ solitâ, Missa solemnis.

Pridie Octavae Corp. Christi 1^{ae} vesperae horâ 6^a ferè cum mediâ. Ipsâ die octavâ, horâ 6^a matutinâ *Socii Harcuriani* in cappis thurificantes excipiunt S. S. Sacramentum à Magistris in theologiâ rite procedentibus delatum ad mensam ipso in aditu collegii paratam. Horâ 7^a celebratur missa privata in qua consecratur hostia solemniter deferenda. Horâ 7^a cum mediâ proceditur aulam aulaeis ornatam circumeundo. Initio offertorii, de clero et populo omnes sacris Ministris accensos suos cereos cum donariis offerunt. A celebrante post sumptum pretiosum sanguinem consumitur hostia in processione delata, nisi post Missam majorem celebranda sit privata Missa. Tunc vero post majorem Missam celebrans dicto *Placeat* dat benedictionem ut notatur in ceremoniali. *Hodie non cantantur vesperae in Sacello quia post meridiem non festivatur.*

Prae vigiliâ Assumptionis. B. M. V. habeatur (*olim*) concio hora fere 5^a pomeridiana. Ipsa vigiliâ vacant scholae. Horâ 4^a pomeridiana adsunt convictores vesperis, quae a veneranda natione cantantur; deinde peccata Sacerdotibus in collegio confitentur.

Ipsâ die Assumptae Virgini sacrâ, horâ 5^a cum mediâ, Nocturni dicuntur cum Laudibus. Horâ 8ª cum mediâ celebratur Missa major. Horâ 10ª ab aulâ recedunt omnes propter Missam venerandae nationis; sed post meridiem horâ 4ª in aulam redeundi signum datur. Vesperae et completorium horâ sesquiprimâ pomeridianâ.

Rhetoris discipuli collegium (1713) non frequentant elapso die 13 Augusti; nec humanistae elapso die 19º; nec Tertiani elapso die 22 aut 27º; nec cæteri elapso die 23 aut 28º ejusdem mensis Augusti. Semihorâ priusquam alii discipuli exirent, è scholâ exierunt non ita pridem Physici die 22ª Julii, sic Logici die 25, Rhetores die 1ª Augusti, Humanistae nonis ejusdem mensis, si eo anno professor humanitatis tragœdiam instituebat, secus, idibus ejusdem Augusti cum cæteris.

Die 25 Augusti celebratur ritu solemni minore Festum S. Ludovici Regis, Harcurianorum Patroni Secundarii, pridie in vesperis ℞ cantate ultimum è 3º Noct. Die festo, Missa hora solita[1].

Die 7ª Septembris intersunt omnes primis vesperis Venerandae Nationis hora 1ª pomeridiana, postea recedunt et peccatorum sordibus confessionis sacramento expiandis vacant. Die 8ª ipso festo horâ 8ª matutina Missa major.

Die Veneris post festum Exaltationis Stae Crucis (Septembri Mense) celebratur anniversarium D. Radulphi d'Harcour, ritu solemni. Pridie horâ 6ª vespertinâ vigiliae seu Nocturni cum Laudibus. Ipso die horâ 7ª cum mediâ Missa solemnis cum prosâ cantatur. Responsorium *Libera* cum *Veni creator*, etc., in M. 3 orationes 1º *Deus indulgentiarum*... Radulphi sacerdotis, dicitur Prosa, omnes convictores solemni sacro adsunt[2].

---

1. La grande fête patronale du Collège d'Harcourt et de la Nation de Normandie, était celle de l'*Immaculée Conception de la Sainte Vierge* « *feste propre et peculiaire des Normands*, » dit du Breul, p. 641 de ses *Antiquitez de Paris* où il donne la curieuse description des cérémonies de cette solennité. (Voir chap. Ier, p. 16.)

2. Comme on le voit par les détails liturgiques assez complets dans lesquels entre ce règlement, il servait tout à la fois de règle pour la discipline scolaire et de cérémonial pour les exercices religieux. Nous croyons aussi qu'il devait être lu publiquement à la Communauté et que le prieur d'HARCOURT était chargé de veiller à son observation.

28.
ANCIENNE UNIVERSITÉ DE PARIS.

Répartition des 47 prix d'honneur distribués au Concours général entre les Collèges de Paris, de 1747 à 1793.

COLLÈGE du Plessis-Sorbonne	12
— des Grassins	9
— d'Harcourt	9
— de Lisieux	6
— de Louis-le-Grand	4
— de Navarre	3
— de Montaigu	2
— de Dormans-Beauvais	1
— de Mazarin	1
— du Cardinal-Lemoine	0
— de La Marche	0

On ne cite que deux exemples d'élèves ayant obtenu deux années de suite le prix d'honneur :

$\left.\begin{array}{l}1756\\1757\end{array}\right\}$ de **La Harpe**, du Collège d'Harcourt.

$\left.\begin{array}{l}1774\\1775\end{array}\right\}$ **Noël**, du Collège des Grassins.

On cite un seul exemple d'un collège ayant remporté trois années de suite le prix d'honneur, le Collège d'Harcourt, en 1762, 1763 et 1764.

COLLÈGE D'HARCOURT

NOMINATIONS OBTENUES AU CONCOURS GÉNÉRAL

1° PAR LES ÉLÈVES DE RHÉTORIQUE; 2° PAR QUELQUES ÉLÈVES PARTICULIÈREMENT REMARQUABLES, DE 1747 à 1793[1].

1747   Millard (Lambertus).
        Encoignard (Jacobus-Antonius).
1748   —— Pas de nomination.

---

[1]. Cette liste est extraite des procès-verbaux de l'Université. Les noms, en grandes lettres capitales, désignent les prix de *discours latin*, les autres, en petites capitales, n'indiquent que les prix ordinaires; les lettres grasses représentent les accessits.

Nous avons pris soin de distinguer par un caractère italique plus fort les lauréats originaires de la Province de Normandie.

1749	MAUDUIT (Franciscus), *Constantiensis.*	
1750	AME (Ludovicus), *Constantiensis.*	1er prix d'honneur du collège.
1751	MICHEL (Petrus), *Constantiensis.* Monlieu de l'Arménerie (Joannes-Franck-Hervæus), *Bajocensis.*	
1752	—— Pas de nomination.	
1753	**Seignelay-Colbert-de-Castle-hill**, *Scotus.*	
1754	SEIGNELAY-COLBERT-DE-CASTLE-HILL (Antonius-Joannes), *Scotus* [veteran.].	2e prix d'honneur du collège.
1755	**Famin** (Petrus-Natalis), *Parisinus.*	
1756	DE LA HARPE (Joannes-Franciscus), *Parisinus.* **Le Vacher** (Thomas), *Ebroïcensis.* **Hullot** (Jacobus-Rodolphus), *Ebroïcensis* (Vernonæus).	3e prix d'honneur du collège.
1757	DE LA HARPE (J. F.), [veteran].	4e prix d'honneur
1758	**Doucet** (Joannes-Baptista-Nicolaus-Gaston). *Parisinus.* PARSEVAL DE LA BROSSE DE BRIOU (Petrus-Carolus), *Aurelianensis.* **Le Jeune** (Michael-Nicolaus), *Bajocensis.* **Du Douyt** (Bonaventura), *Constantiensis.* **De Reversac de Celes de Roquefort** (Maria-Emmanuel), *Tolosanus.*	du collège.
1759	**Gallis de Mesnilgrand** (Joannes-Jacobus-Laurentius-Martinus), *Constantiensis.* DE BRÉTIGNÈRES DE SAINT-GERMAIN (Anna-Carolus-Renatus), *Parisinus.* LE CROSNIER (Franciscus-Josephus), *Abrincensis.* **Durand** (Joannes-Nicolaus), *Parisinus.*	
1760	**Thomas** (Bernardus-Fredericus), *Semuræus.* **Joua** (Joannes-Carolus), *Ebroïcensis.* GUÉROULT (Claudius-Petrus-Bernardus). *Rothomagœus.* **De Reffuveille** (Jacobus-Hyeronimus), *Parisinus.* **Pavyot de Saint-Aubin** (Hector-Nicolaus). *Rothomagœus.*	
1761	BINARD (Michael-Andreas-Sylvester), *Constantiensis.* COLONIA (Petrus-Josephus), *Aquensis.* **Thomas** [veteran.]. **De Reffuveille** [veteran.]. JOUA, [veteran.]. DE COLINS (Henricus-Joannes-Baptista), *Parisinus.*	

1762 LE TELLIER (Antonius), *Ebroïcensis*.   5ᵉ prix d'honneur
     BINARD [veteran.].   du collège.
     DUPUIS (Carolus-Franciscus), *Rothomagensis*.
     Goudin de la Fontaine (Joannes-Paulus), *Parisinus*.
     De Montezan (Ludovicus), *Lugdunœus*.
     De Franquières du Châtelet (Laurentius-Aymond), *Gratianopolitanus*.
1763 DUPUIS [veteran.].   6ᵉ prix d'honneur
     SÉJAN (Jacobus), *Parisinus*.   du collège.
     LE TELLIER [vetéran.].
     AGIER DE LA BRETONNIÈRE (Petrus-Joannes), *Parisinus*.
     DE SESMAISONS (Claudius-Franciscus-Joannes-Baptista-Donatianus), *Nannetœus*.   Cette année 1763,
     DE BOUFFLERS (Ludovicus-Eduardus), *Parisiensis*.   sur 17 prix de rhétorique, 11 prix au collège
     Boivin de la Martinière (Guilhelmus), *Virœus*.   d'Harcourt.
1764 AGIER DE LA BRETONNIÈRE [veteran.].   7ᵉ prix d'honneur
     EIMAR (Jacobus-Dominicus), *Mimutensis?*   du collège.
     Nau (Joannes-Josephus), *Parisinus*.
     Lefèvre (Ludovicus-Thomas), *Ebroïcensis*.
     HUET (Marcus-Antonius), *Bretolœus*.
1765 **Truffer** (Joannes-Baptista), *Constantiensis*.
     Séjan (Albertus), *Parisinus*.
1766 TRUFFER [veteran.].   8ᵉ prix d'honneur
     CHARPENTIER DE BOISGIBAULT (Elisabeth-Jacobus), *Parisinus*.   du collège.
     REY (Paulus-Franciscus-Maria), *San-Dominicanus*.
     GUYON-CHEVALIER (Joannes-Maria), *Parisinus*.
     Foullon de Chaintre (Josephus-Petrus-Franciscus).
     Guéroult (Petrus-Antonius-Remigius-Guillelmus), *Rothomagœus*.
1767 GUILLEMAIN (Jacobus-Carolus), *Parisinus*.
     LE SEINE (Jacobus), *Constantiensis*.
     Beauvais (Joannes-Ludovicus), *Rothomagœus*.
     GUYON-CHEVALIER [veteran.].
1768 AUBIN (Joannes-Petrus), *Melodunensis*.
     Legris (Dionysius-Joannes), *Parisinus*.
     Quatremère (Marcus-Stephanus), *Parisinus*.
     DE GOUY D'ARSY (Ludovicus-Martha), *Parisinus*.

1769 DONDEAU (Ludovicus-Jacobus), *Trecensis.*
AUBIN [veteran.].
Herbin (Nicolaus-Josephus), *Parisinus.*
DE COUSSY (Mathurinus-Carolus), *Parisiensis.*
Deffoux (Antonius), *Parisinus.*
DE TROPHIME (Trophimus-Gerard), *Londiniensis* (veteran.).
PARIS (Ludovicus-Antonius), *Parisinus.*
1770 Herbin [veteran.].
DE LA FARE (Anna-Henricus-Ludovicus), *Lucionensis.*
Hulin (Mathæus-Stephanus), *Abrincensis.*
Varignon (Franciscus-Dionysius), *Parisinus.*
1771 —— Pas de nomination.
1772 MOTEL (Gabriel), *Claromontanus-Bellovacus.*
1773 GARDIN (Bernardinus), *Constantiensis.*
DONDEAU DES AVONES (Nicolaus), *Trecensis.*
De Franclieu (Carolus), *Parisinus.*
1774 —— Pas de nomination.
1775 Ameline (Carolus-Alexander), *Constantiensis.*
1776 Bernier de Maligny (Ludovicus-Joachim-Xaverius), *Pictaviensis.*
1777 ANQUETIL (Nicolaus-Severinus), *Constantiensis.*
Le Comte (Joannes-Jacobus), *Tolosanus.*
De Bras (Joannes-Nicolaus-Hubertus), *Parisinus.*
PARIZE DE HARDY (Ludovicus-Maria), *Guadalupensis.*
Petit (Joannes-Ludovicus-Franciscus-Maria), *Rothomagæus.*
1778 GAUTIER (Joannes-Josephus), *Parisinus.*
LE COCQ (Anna-Franciscus-Michaël), *Constantiensis.*
De Bras [veteran.].
1779 Mayer (Joannes-Andreas), *Parisinus.*
Guillemin (Joannes-Petrus), *Carnutensis.*
La Plaigne (Blasius), *Nemausinus.*
1780 Le Pitre (Jacobus-Franciscus).
DAIREAUX (Nicolaus-Franciscus-Carolus), *Constantiensis.*
Frestel (Felix), *Bajocæus.*
1781 DAIREAUX [veteran.].
MARIGNER DE LA CREUSARDIÈRE (Augustus-Jacobus), *Parisinus.*
1782 SURBLED (Richardus), *Viræus.*

1782 Jaquin (Carolus-Franciscus-Maria), *Martinicanus*.
Sicot (Joannes-Jacobus), *Bajocensis*.
1783 Lefevre (Remigius), *Laudunensis*.
Cheval (Chrisostomus-Jacobus-Philippus), *Rothomagensis*.
Quequet (Carolus-Franciscus), *Parisinus*.
Hédouin (Julianus-Franciscus-Joannes), *Constantiensis*.
1784 Le Thuillier (Carolus-Hervæus-Nicolaus), *Rothomagensis*.
Quequet [veteran.].
Osmont (Andreas), *Constantiensis*.
1785 Le Brun de la Houssaye (Carolus-Amandus).
Marigner (Augustinus-Andreas).
Trouvé des Roches (Claudius-Josephus), *Andegavensis*.
Mercier de Saint-Aurèle (Carolus-Josephus), *Guadalupæus*.
Brunet (Petrus-Natalis), *Sagiensis*.
Auger (Jodocus-Franciscus-Ludovicus), *Parisinus*.
Huet (Edmundus-Stephanus), *Parisinus*.
Guillaume (Laurentius-Mathæus), *Parisinus*.
1786 Roux de Laborie (Antonius-Athanasius), *Ambianensis*.
Trouvé des Roches [veteran.].
Louvel (Nicolaus-Ludovicus-Maria), *Constantiensis*.
Malus de Mauroy (Marcus-Antonius-Maria), *Insulanus*.
De Monfleury (Dominicus-Edmundus-Maria), *Bajocensis*.
1787 Roux de Laborie [veteran.].
Lemoine (Ludovicus), *Abrincensis*.
Louvel [veteran.].
Malus de Mauroy [veteran.].
Élie de Beaumont (Joannes-Baptista-Anna-Robertus), *Sagiensis*.
Vimeux (Carolus-Antonius), *Parisinus*.
Belime (Carolus-Henricus), *Parisinus*.
Gentil (Michaël-Josephus), *Parisinus*.
Desessarts (Carolus-Maria-Michaël), *Rupellensis*.
1788 Vimeux [veteran].
Jourdain (Laurentius), *Carnutensis*.
Masson (Petrus), *Parisinus*.

1788 Villot de Fréville (Joannes-Baptista-Maximilianus), *Parisinus.*
Lemoine [veteran.].
Lebrun (Ceranus), *Parisinus.*
Mugnerot (Petrus-Joannes-Baptista), *Parisinus.*
Fain (Joannes-Ludovicus), *Parisinus* [veteran.].
Élie de Beaumont, [veteran].
Jourdain [veteran.].
1789 Mugnerot [veteran.].
1790 Delisle (Ludovicus-Joannes-Maria), *Guadalupinus.*
1791 Pannelier (Jean-Amable), de *Paris.*
Le Soinne (Nicolas-Maximilien), de *Liège.*
Lourdet (Claude-Paul), de *Paris.*
Jullien (Marc-Antoine), de *Paris.*
Delisle [veteran.].
Letellier (Jean-Joseph), de *Rouen.*
1792 BURNOUF (Jean-Louis), de *Valognes.*
Pannelier [veteran.].
D'Estrouvelles (Charles-Jean-Robert), du *département de Paris.*
Cerisier (Julien-Gabriel), de *Coutances.*
1793 Grandmaison (Jean-Louis de), du *département de Paris.*
Marcel (Jean-Joseph), du *département de Paris.*
Auvray (Jean-Antoine), du *département de la Manche.*

(Le palmarès est pour la première fois rédigé en français.)

9e et dernier prix d'honneur du collège.

Nous avions l'intention d'ajouter à cette liste la nomenclature des lauréats du collège au *Concours général* dans toutes les facultés pour les classes de rhétorique, de seconde et de troisième, et à partir de 1758, de quatrième, de cinquième et de sixième, mais la place nous fait défaut. Force nous est donc de nous borner à mentionner seulement les prix et les principales nominations qui se rattachent aux noms les plus marquants.

1747 En seconde : *Discours français :* 1er prix, J. B. Charles Marie de Beauvais.
En seconde : *Version grecque :* 1er prix, le même.
— — 2e prix, Jean-Baptiste **Guyot**.

1747 En troisième : *Thème latin :* 1ᵉʳ prix, François **Mauduit**.
— — 2ᵉ prix, Th.-Louis-Alex.-Hector de **Mac-Mahon**, *Irlandais*.
1748 En seconde : *Thème latin :* 1ᵉʳ prix, J.-B.-Pierre **Ducournau**, d'*Aix*.
En troisième : *Thème :* 2ᵉ prix, Pierre **Michel**, de *Coutances*.
1751 — *Thème :* 2ᵉ prix, Louis-Gabriel **Le Veneur** de **Tilliers**, de *Paris*.
1753 En troisième : *Thème :* 1ᵉʳ accessit, Jean-François **de la Harpe**, de *Paris*.
1755 En seconde : *Vers latins :* 1ᵉʳ accessit, Jean-François **de la Harpe**.
— *Version latine :* 1ᵉʳ prix, le même.
1756 En rhétorique : *Vers latins :* 2ᵉ prix, le même.
— *Version grecque :* 1ᵉʳ prix, le même qui remporta le prix d'honneur en 1756.
1757 En rhétorique : *Discours français :* 1ᵉʳ prix, le même qui remporta le prix d'honneur en 1757.
— *Version grecque :* 1ᵉʳ prix, le même.
— *Vers latins :* 2ᵉ prix, le même.
En seconde : *Version latine :* 1ᵉʳ accessit, J.-B.-Gaston-Nicolas **Doucet**, de *Paris*.
1758 En sixième : *Thème :* 1ᵉʳ prix, Louis-Edouard **de Boufflers**, de *Paris*.
1759 En cinquième : *Thème :* 2ᵉ prix, Louis-Thomas **Le Febvre**, d'*Évreux*.
1760 En troisième : *Version latine :* 1ᵉʳ prix, Charles-François **Dupuis**.
— *Version grecque :* 2ᵉ prix, Charles-François **Dupuis**.
En quatrième : *Version latine :* 2ᵉ prix, Lazare-Adrien **Thomas**.
1761 En rhétorique : *Version latine :* 1ᵉʳ prix, Henri **de Colins**, de *Paris*.
En seconde : *Thème latin :* 2ᵉ prix, François **Thomas**, de *Rouen*.
— *Version grecque :* 1ᵉʳ prix, Charles-François **Dupuis**.
— *Version latine :* 2ᵉ prix, le même.
En troisième : *Thème latin :* 2ᵉ prix, Louis-Thomas **Le Febvre**, d'*Évreux*.
— *Version latine :* 1ᵉʳ prix, Louis-Edouard **de Boufflers**.
— *Version grecque :* 2ᵉ prix, Jacques **Séjan**.
En cinquième : *Thème latin :* 2ᵉ prix, J.-Bap. **Chevallier**, de *Paris*.
— *Version latine :* 1ᵉʳ prix, Nicolas **Perrée**.
1762 En seconde : *Version grecque :* 1ᵉʳ prix, Louis-Edouard **de Boufflers**.
— *Version latine :* 2ᵉ prix, Jacques **Séjan**.
En troisième : *Thème latin :* 2ᵉ prix, Louis-Adrien **Thomas**.
En quatrième : *Thème latin :* 2ᵉ prix, Jean-Baptiste **Chevallier**.
En cinquième : *Version latine :* 1ᵉʳ prix, Franç.-Joseph **Le Cavellier**, de *Coutances*.

1763 En seconde : *Thème latin* : 2ᵉ prix, Louis-Adrien **Thomas**.
— *Version grecque* : 1ᵉʳ prix, Marc-Antoine **Huet**, d'*Évreux*.
En troisième : *Version latine* : 1ᵉʳ prix, Jean-Baptiste **Truffer**.
— *Version grecque* : 1ᵉʳ prix, Jacques **Charpentier de Boisgibault**, de *Paris*.
En cinquième : *Thème latin* : 2ᵉ prix, Charles **de Coussy**, de *Paris*.
— *Version latine* : 2ᵉ prix, Jacques **Menastier**.
1764 Aucun nom célèbre à signaler en dehors du prix d'honneur.
1765 En troisième : *Thème latin* : 1ᵉʳ prix, Charles **Guillemain**, de *Paris*.
1766 En troisième : *Thème latin* : 1ᵉʳ prix, Pierre **Aubin**, de *Melun*.
— — 2ᵉ prix, Charles **de Coussy**, de *Paris*.
— *Version latine* : 1ᵉʳ prix, Pierre **Aubin**.
— — 1ᵉʳ accessit, Jean-Louis **Carnot**.
En quatrième : *Thème latin* : 1ᵉʳ prix, Pierre **Trophime de Montmoyant**, de *Paris*.
1767 En seconde : *Thème* : 2ᵉ prix, Jean-Pierre **Néel**, de *Rouen*.
— *Version latine* : 1ᵉʳ prix, Pierre **Aubin**.
En troisième : *Thème* : 2ᵉ prix, Joseph **Herbin**.
— *Vers latins* : 2ᵉ prix, Louis-Antoine **Paris**, de *Paris*.
— *Version latine* : 1ᵉʳ prix, Louis **Dondeau**, de *Troyes*.
1768 En rhétorique : *Version grecque* : 1ᵉʳ prix, Gérard **de Trophime**.
En seconde : *Version grecque* : 1ᵉʳ prix, Louis **Dondeau**, de *Troyes*.
1769 Aucun nom remarquable à signaler en dehors des précédents.
1770 En troisième : *Thème* : 1ᵉʳ prix, François **Bertinet**, de *Paris*.
1771 En seconde : *Version latine* : 2ᵉ prix, Jean-Marie **Hérault de Séchelles**, de *Paris*.
1772 et 1773 Aucun nom à signaler.
1774 En troisième : *Version latine* : 1ᵉʳ accessit, Jean-Claude **Le Nain de Tillemont**, de *Paris*.
— *Thème latin* : 1ᵉʳ accessit, Nicolas-Séverin **Anquetil**, de *Coutances*.
1775 — *Version latine* et *Vers latins* : 2ᵉ prix, Louis **de Franclieu**.
1776 En seconde : *Thème* : 1ᵉʳ prix, Joseph **Gautier**, de *Paris*.
1777 à 1785 Pas de nominations importantes en dehors des lauréats de rhétorique.
1785 En seconde : *Version grecque* : 1ᵉʳ prix, Pierre **de Siletz**.
En quatrième : *Version latine* : 1ᵉʳ prix, J.-B.-Maximilien **Villot de Freville**, de *Paris*.
1786 En troisième : *Version grecque* : 1ᵉʳ prix, Laurent **Jourdain**, de *Chartres*.

1786 En cinquième : *Thème latin :* 1er accessit, Jean-François **de Boissonnade de Fontarabie**, de *Paris*.
1787-1789 Aucun succès éclatant à signaler en dehors des lauréats de
   rhétorique.
1790 En troisième : *Thème :* 1er prix, Jean-Louis **Burnouf**, de *Coutances*.
   En quatrième : *Thème et version latine :* 2e prix, Amable **Boullanger**, de *Paris*.
1791 En seconde : *Thème latin :* 1er prix, Jean-Louis **Burnouf**.
   — *Vers latins :* 2e prix, le même.
   En troisième : *Vers latins :* 2e prix, Jean-François **de Grandmaison**, de *Paris*.
1792 En seconde : *Thème latin :* 2e prix, Jean-Joseph **Maral**, de *Paris*.
   En quatrième : *Thème :* 2e prix, J.-B.-Philibert **Bosse**, de *Paris*.
1793 En seconde : *Thème latin :* 2e prix, Amable **Boullanger**.
   — *Version grecque :* 2e prix, le même.
   En troisième : *Version grecque :* 1er prix, Léon **Martin**, de *Paris*.
   — — 2e prix, François **Percheron**,
   de *Paris*.
   En cinquième : *Thème :* 2e prix, Constant **Mary**, de l'*Eure*.
   — *Version latine :* 2e prix, le même.

Si maintenant nous voulons résumer toutes les nominations de prix et d'accessits nous arrivons au total suivant de :

194 prix,
449 accessits,

soit 643 nominations de 1747 à 1793.

29.

LES OBITS AU COLLÈGE D'HARCOURT.

(Voir chapitre VII, p. 424, note 2.)

Catalogus obituum in Harcuriano sacello singulis annis solemniter celebrandorum non pro iis tantum quorum nomina in hoc indice descripta sunt, sed etiam pro Magistro Petro Padet licentiato theologo, provisore, M. Joanne Rouxel Bursæ fundatore sacerdote, et Juliano Fauconnier collegii

Harcuriani janitore, propter eorum in augendà pecunia liberalitatem.

Præterea in quatuor festis solemnibus, scilicet die Paschalis, Pentecostes, Sanctorum Omnium, et Natalis Domini, post vesperas dici debet psal. *de profundis* cum oratione pro M. Petro Richer, doctore medico.

Mense Januario.

Primâ die Veneris hujus mensis non occupatâ, celebrabitur obitus pro Magistro Jacobo du Chevreul, Harcurianae scholae moderatore.
16. Pro Juliano Fauconnier, Harcuriani collegii janitore.
19. Pro M. Nicolao Confrant, socio et Parisiensi pœnitentiario.
23. Pro M. Thoma de S^{to} Petro, provisore.
24. Anniversarius dies M. Petri Padet, provisoris.
26. Pro Guione Gervais, benefactore.

Mense Februario.

Primâ die Veneris, pro M. Jacobo du Chevreul, Harcur. scholae moderatore.
Die Veneris post cineres, pro Radulpho de Haricuriâ, archiadiacono Constantiensi, collegii fundatore.
6. Pro Joanne Boivin provisore, et ecclesiae S. S. Gervasii et Protasi pastore.
8. Pro Roberto Cibolle, provisore et universitatis apud B. Mariam cancellario.
9. Pro R. R. d. d. Gaufredo de Herbert, Constantiensi episcopo et grammaticorum fundatore.
13. Pro Radulpho Boissel, socio.
14. Pro Anguerando Sanguin, Abrincensis ecclesiae magno decano.
20. Pro M. Dionisio Duchesne, provisore.
26. Pro M. Cristiano Folliot, Harcurianae scholae moderatore.

Mense Martio.

Primâ die Veneris, pro M. Jacobo du Chevreul, Harcur. scholae moderatore.
Primâ die lunae 4^{or} temporum, pro M. Petro Padet, provisore.
6. Pro D. Provost Barone de Nainville et amicissimo.
7. Pro M. Thoma Fortin, provisore et s. f. p. doctore missa et Laudes. Sol. cuilibet 20.
8. Pro M. Anguerando Sanguin, Abrincensis ecclesiae magno decano.

10. Pro M. Thoma Fortin, provisore et sacrae facult. Paris. doctore theol.
11. Pro R. R. d. d. Roberto de Haricuriâ, Const. episcopo et B. fundatoris executore.
15. Pro Jacobo Ferey, socio et sacræ facultat. Paris. doctore theologo.
24. Pro Bertrando et Thoma David fratribus et Bursariis.

Mense Aprili.

Primâ die Veneris, pro Jacobo du Chevreul, Harcur. scholae moderatore.
5. Pro Joanne Allain, archidiacono de Caleso, et provisore.
7. Pro Juliano Fauconnier, collegii janitore.
19. Pro RR. dd. Ludovico de Herbert, Abrincensi episcopo.
27. Pro Joanne Thoma, socio et S. f. P. doctore.
27. Pro Georgio Turgot, provisore.
28. Pro Stephano Gervais, provisore.

Mense Maio.

Primâ die Veneris, pro Jacobo du Chevreul, Harcur. scholae moderatore.
Die martis post Ascensionem, missa pro Lud. Le Sauvage clerico ven. nationis decano. Adest venerandus ordo et cuilibet 10 asses.
4. Pro Richardo de Hautefunay et Domus benefactoribus.
10. Pro Gaufredo de Herbert, Constantiensi episcopo et gramm. fundatore.
11. Pro Radulpho Boissel, socio.
15. Pro Guillelmo Desaubris, philosophiae professore.
21. Pro Nicolao Pellerin, sacerdote.
27. Pro Ursino de Talvende, socio.
29. Pro M. Martino Massin, socio.

Mense Junio.

Prima die Veneris, pro Jacobo du Chevreul, Harcur. scholae moderatore.
Primâ die lunae 4^{or} temporum, pro M. Petro Padet, provisore.
4. Pro Joanne Petit, socio et Vindicensi episcopo.
7. Pro Georgio Turgot, provisore.
8. Pro Catharina de Alençonio, ducessa de Bavariâ.
17. Pro Roberto Goulet, socio.
21. Pro Joanne Roussel, socio.
22. Pro Stephano Le Roux, provisore.

Mense Julio.

Primâ die Veneris, pro M. Jacob du Chevreul, Harcur. scholae moderatore.
7. Pro Radulpho Bouveris, socio et sacrae facult. Parisiensis doctore.
9. Pro Benedicto de la Noüe, provisore.
11. Pro Georgio Ferey, socio et S. F. Parisiensis doctore.
16. Pro Roberto Cibolle, provis. et universitatis apud B. Mariam cancellario.
19. Pro M. Joanne Allain, provisore.
27. Pro M. Joanne Morin, provisore.
30. Pro Jacobo et Guillelmo Rondin fratribus et sociis.

Mense Augusto.

Primâ die Veneris, pro M. Jacobo du Chevreul, Harcur. scholae moderatore.
Sabbato post diem 2^{am}, preces pro Joanne de Louvancy, provisore.
Sabbato post domin. 4^{am}, preces pro Joanne des Authieux, socio et philosophiae professore.
9. Pro Joanne Allain, provisore.
12. Pro Joanne de La Fosse, socio.
13. Pro RR. dd. Gaufredo de Herbert, Const. episcopo et grammaticorum fundatore.
23. Pro Radulpho Boissel, socio.
27. Pro Joanne Michel, socio et ecclesiae Constantiensis cancellario.
30. Pro Isabellâ, Francorum Reginâ.

Mense Septembri.

Prima die Veneris, pro M. Jacobo du Chevreul, Harcur. scholae moderatore.
Prima die lunae 4^{or} temporum, pro M. Petro Padet, provisore.
5. Pro M. Georgio Turgot, provisore.
6. Pro Juliano Fauconnier, collegii janitore.
18. Pro Joanne Boutin, provisore et regis protophysico.
20. Pro Francisco Coulard, socio et venerandae nationis decano.
24. Pro Nicolao Quintaine, sacerdote et universitatis scribâ.
25. Pro Nicolao Pellerin, sacerdote.
Die Veneris post exaltationem S. crucis, Obitus pro Radulpho de Haricuriâ, archidiacono Constantiensi et fundatore.

Mense Octobri.

Primâ die Veneris, pro M. Jacobo du Chevreul, collegii Harcur. moderatore.
7. Pro Nicolao Confrant, socio et ecclesiae S. S. Innocentium pastore.
11. Pro Domus Benefactoribus.
12. Pro Joanne Rouxel de Mathonville, benefactore.
17. Pro Guillelmo Desaubris, philosophiae professore.
20. Pro patre et matre Joannis Aubry, et Benefactoribus Domus.
24. Pro M. Petro le Secourable, provisore et S. S. f. doctore Sorboniæ.

Mense Novembri.

Primâ die Veneris, pro M. Jacobo du Chevreuil, Harcur. scholae moderatore.
4. Pro Ludovico Noel, sacerdote et philosophiæ professore, pro Fundatoribus et Benefactoribus Domus.
10. Pro D. Gotofredo de Herbert dicto de Imbervilla et du Breau.
14. Pro RR. dd. Joanne Boucard, socio, Abrincensi episcopo et Carolo 7° a confessionibus et secretis et 11 bursarum fundatore.
15. Pro Nicolao Confrant, socio et pœnitentiario Parisiensi.
16. Pro Joanne Allain, provisore.
24. Pro Roberto Pellerin, sacerdote.
26. Pro RR. dd. Gaufredo de Herbert, Constant. episcopo.

Mense Decembri.

Primâ die Veneris, pro M. Jacobo du Chevreul, Harcur. scholae moder.
Prima die lunae 4°r temporum, pro M. Petro Padet, provisore.
5. Pro Henrico de La Cuisse.
10. Pro Radulpho Boissel, socio.
11. Pro Guillelmo Aubry, socio.
16. Pro Thoma Fortin, doctore et provisore.
17. Pro Domûs Benefactoribus.
18. Pro patre Le Blanc, socio.

45.

30.

Notes d'un élève et quittance de sa pension sous le proviseur Duval.

(*Document inédit.* Voir chapitre VII, p. 399 et 421.)

1777. — BULLETIN DE NOTES.

Au verso.

CHAMBRE COMMUNE.	**CLASSE.**
Le 9 novembre 1777.	Le 10 novembre 1777.
M. Nau,	M. Nau,

Prière, Église. .	*Asses bien.*	Thème.	*Très bien.*	
Catéchisme . . .	*Fort bien.*	Version	*Asses bien.*	
Étude	*Asses bien.*	Vers		
Docilité	*Fort bien.*	Place.	*Le 1ᵉʳ sur 60.*	
Humeur	*De même.*	Explication . . .	*Asses bien.*	
Propreté.	*De même.*	Leçons.	*Passablement.*	
Histoire		Écriture.	*Bien.*	
		Application . . .	*De même.*	

Signé : **Paquelin,**
De l'Oratoire.

Signé : **Bouvron,**
De l'Oratoire.

1782. — QUITTANCE D'UN TRIMESTRE DE PENSION.

Je soussigné, proviseur et principal du collège d'HARCOURT :
Reconnais avoir reçu de Monsieur **Nau**[1], la somme de trois cent quarante-quatre livres, six sols, huit deniers, pour la pension de Messieurs ses fils et de Monsieur leur précepteur, commençant le premier avril mil sept cent quatre vingt-deux et finissant le dernier de juin mil sept cent quatre vingt-deux.

Dont quittance. A Paris, le seize juillet mil sept quatre vingt-deux.

Signé : DUVAL.

1. Ce bulletin et cette quittance se rapportent aux fils de **Marc-Antoine Nau**, marchand drapier à Paris, en 1761, qualifié secrétaire du Roy. (*Papiers des collections du Musée Carnavalet* communiqués par M. **Faucou**, sous-conservateur de la bibliothèque.)

31.

COLLÈGE D'HARCOURT
1793

(*Document inédit.* Voir chapitre VII, p. 459.)

ÉTAT DES PERSONNES QUI Y SONT EMPLOYÉES.

	l.	s.	d.
Pierre Duval, ancien principal et *émérite*. .	1 700	»	»
Nicolas Daireaux, principal actuel.	1 400	»	»
Pierre Coutures, professeur de philosophie.	2 400	»	»
Autre professeur de philosophie qui n'est pas remplacé.	»	»	»
Pierre Guéroult, professeur de rhétorique.	2 400	»	»
Jean Truffer, professeur de seconde. . . .	2 200	»	»
Jean Marin Leseigneur, professeur de troisième	2 200	»	»
Gisles Vasse, professeur de quatrième. . . .	2 000	»	»
Bernardin Gardin, professeur de cinquième.	2 000	»	»
Jean-Baptiste Lhermitte, professeur de sixième.	2 000	»	»

Sont payés par le Collège :

Idem Nicolas Daireaux, qui a double bourse.	600	»	»
Charles Daireaux, principal des boursiers. .	800	»	»
Jacques Th. Lécrivain, sous-principal[1]. . .	200	»	»
Claude Garnier, maître de quartier.	300	»	»
Pierre Fourier Mangin, maître de quartier. .	300	»	»
Louis Cosme, prieur	60	»	»
Ambroise Lefebure, bibliothécaire.	60	»	»
Jean-Marie Leseigneur, procureur	600	»	»

1. Les honoraires du sous-principal ont toujours été de 800 l.

	l.	s.	d
1ᵉʳ CHAPELAIN.	400	»	»
2ᵉ CHAPELAIN.	340	»	»
SACRISTAIN.	36	»	»

CERTIFIÉ VÉRITABLE, à Paris, ce 25 avril 1793, l'an II de la République. Signé : DAIREAUX, *proviseur et principal.*

NOTA. Le nombre des bourses fondées était :

De 1ʳᵉ Fondation, *Boursiers Théologiens.*	12
De 1ʳᵉ Fondation, *Boursiers d'Artistes et Grammairiens.*	28
Fondation de J. BERNARD, évêque d'Avranches.	3
Fondation de Godefroy HERBERT, évêque de Coutances, et de Geoffroy DE HEBERT, seigneur du Bréau et d'Imberville	4
Fondation de J. MICHEL, de Coutances.	1
Fondation de ROUSSEL, PÈLERIN, QUINTAINE et NOËL.	4
	52

En 1793 il se trouvait :

11 Grands boursiers présents ;
4 Grands boursiers absents ;
23 Petits boursiers présents ;
8 Petits boursiers absents ;
6 Bourses vacantes.

Les grandes bourses devaient être estimées à 700 l. et les petites à 650 l.

DÉCLARATION

DES IMMEUBLES DU COLLÈGE D'HARCOURT

SIS DANS LE DÉPARTEMENT DE PARIS

7 messidor an II (25 juin 1794)

(*Document inédit.* Voir chapitre VII, p. 459.)

MAISONS DE PARIS.   Revenu annuel.

Rue de la Harpe en montant à droite :

Nos		l.	s.	d.
122	Maison louée à CAZEAU, marchand boursier............	980	»	»
120 et 121	Maison louée à LA ROUVILLOIS..	1 200	»	»
118 et 119	Maison louée à D'ARDELON, limonadier.............	1 300	»	»
117	Le Collège d'HARCOURT, point de location...........			
116 et 115	Maison louée à AUBENET, cordonnier..............	1 620	»	»
114	Boutique louée à CHOPART, épicier...............	650	»	»
113	Maison louée à CAUTERELLE, marchand mercier.........	950	»	»
112 et 111	Maison louée à AUGER, marchand quincaillier...........	1 900	»	»
103	Deux corps de logis au fond d'une allée loués à CHAON, menuisier.............	860	»	»
	A REPORTER...	9 460	»	»

Nos		l.	s.	d.
	Report...	9 460	»	»

Rue de la Harpe à gauche en montant :

484	Maison louée à Paristol, cordonnier	1 700	»	»
485	Maison louée à Robinot	1 350[1]	»	»
486	Maison louée à Jobey	1 500	»	»

Rue des Maçons :

6	Maison louée à la veuve Perdeveaux	724	»	»
7	Maison louée à Rollot	1 500	»	»

Rue des Francs-Bourgeois :

127, 128 et 125	Maison louée en détail, déduction faite des gages du portier, lesquels sont de 150 livres . . .	4 934	10	»
124 et 123	Maison louée à Tourillon, épicier	2 240	»	»
118 et 117	Maison louée à Doseine, traiteur.	7 000	»	»
116 et 115	Maison louée, avec hangards, à Leseigneur, entrepreneur . . .	1 700	»	»

Rue Saint-Étienne-des-Grés :

2	Maison louée à Thibault	250	»	»

Rue Bordette :

44	Maison louée à Robinet, épicier.	900	»	»
45	Maison louée à Dumont, limonadier	860	»	»
46	Maison et une autre maison vis-à-vis n° 3, louées à Monchot, boulanger	1 800	»	»
	A reporter . . .	35 718	10	»

1. Ces trois derniers numéros sont ceux de la section, les anciens sont effacés.

Nos		l.	s.	d.
	Report...	35 718	10	»
4	Une maison louée à MULLER, tourneur, et à DIMANCHE (chacun d'eux a son bail particulier)..	1 230	»	»
5	Deux maisons, l'une sur la rue, l'autre dans une cour en face louées à DESMAZURES, marchand de fer............	1 200	»	»
6	Une maison louée à FLEURY...	1 500	»	»
	Toutes les maisons susdites sont louées la somme de.......	39 648	10	»

District du Bourg de l'Égalité :

1	Trois arpents de terre situés à CACHAN, territoire de GENTILLY, loués à ROMONET, laboureur audit CACHAN, la somme de... 66 l.			
2	Deux arpents et 1/4 de vignes et terres labourables au terroir de BAGNEUX loués à CHAILLON, vigneron à FONTENAY-AUX-ROSES, la somme de........ 60 l.			
	Ces deux articles ci-dessus montant par an à la somme de...	126	»	»
		39 774	10	»

CERTIFIÉ VÉRITABLE par moi, Procureur du Collège d'HARCOURT, ce **7 Messidor an II** de la République Française une et indivisible. Signé : LESEIGNEUR.

32.

1824. — Réclamation en faveur de MM. d'Harcourt pour obtenir que leur nom soit rappelé sur les murs du Collège royal de Saint-Louis (*Mémoire de la comtesse d'Harcourt*).

(*Document inédit*. Voir chapitre VIII, p. 480.)

Les premiers fondements du collège d'Harcourt, le plus ancien de l'Université, furent jetés, en 1280, par Raoul d'Harcourt, chanoine de Paris, qui avait occupé les premières dignités ecclésiastiques dans plusieurs diocèses de la Normandie ; il acheta quelques maisons et les fit disposer pour la commodité des écoliers ; mais surpris par la mort avant d'avoir achevé cette louable entreprise, il chargea, par son testament, son frère Robert, évêque de Coutances, de continuer son ouvrage et d'y mettre la dernière main. Animé par les mêmes sentiments qui avaient dirigé Raoul, l'évêque de Coutances termina sa fondation qui n'était encore qu'ébauchée. Il acheta, sur les biens legs qu'il avait reçus, plusieurs autres maisons avec leurs dépendances ; il dota l'établissement d'une rente annuelle et perpétuelle, considérable pour le temps, il la *donna, assigna, constitua et consacra*, ainsi que les maisons et le terrain sur lequel elles étaient bâties (ce sont les termes de l'acte de fondation), pour l'usage, la nourriture et l'entretien de quarante jeunes gens pauvres, étudiant dans les arts et la théologie. Enfin, il dressa les statuts dudit collège, en 86 articles, et termina ainsi, le 7 septembre 1311, la fondation d'un établissement qui n'avait point encore de modèle.

Quelque temps après, en 1336, un troisième frère, Guy de Harcourt, évêque de Lisieux, marchant sur les traces de ses aînés, contribua à la fondation du collège de Lisieux, en donnant mille livres parisis pour 24 pauvres étudiants, à la nomination de ses successeurs à l'évêché de Lisieux ; en outre, cent livres parisis pour le logement. Ce collège n'existe plus, mais en parcourant l'histoire de cette époque, on ne peut s'empêcher d'admirer le zèle et le désintéressement de ces trois estimables ecclésiastiques et de plusieurs autres membres de la même famille, lesquels, s'occupant à l'envi des intérêts de l'Etat et de l'éducation publique, dans un temps où elle était encore si négligée, n'ont laissé à leurs parents que le droit de voir le premier collège de l'Université porter un nom qui rappelle de si honorables souvenirs. Redemander ce nom, le solliciter de la bonté, on oserait presque dire de la justice du roi et du gouvernement, n'est-ce pas un devoir pour les neveux, pour les descendants de ces hommes qui ont tant honoré leur famille par des établissements utiles à l'État? Ne serait-ce pas une dette, en quelque sorte nationale, que de reconnaître de si grands services en rendant au collège d'HARCOURT le nom qu'il a porté cinq siècles? qu'il portait encore il y a peu d'années! qui a même survécu aux désastres de la Révolution! Et si on lui en a donné un tellement auguste qu'il ne soit presque pas possible de le changer, ne pourrait-on pas ajouter au nom de *saint Louis* celui de *Harcourt*, qui a été si célèbre sous le règne de tant de rois? Cette alliance concilierait les anciens et les nouveaux souvenirs, et, sans doute, le saint roi lui-même, sous l'arbre de Vincennes, l'eût ordonné, s'il eût permis toutefois que son nom fût substitué à celui de l'un de ses sujets. Mais les annales de l'Université, en nous apprenant que la chapelle du collège de HARCOURT, fut une des premières érigées en l'honneur de *saint Louis*, rendent ce rapprochement aussi naturel que convenable. Et dans un temps où les fondations du genre de celle du collège de HARCOURT seraient si salutaires, si utiles à la société, qui pourrait encourager les fondateurs à suivre l'exemple des prélats dont nous avons parlé, si leur famille ne pouvait obtenir la restitution d'un nom qui était un de ses plus précieux héritages?

On pourrait objecter que cette réclamation aurait dû être faite plus tôt : diverses circonstances ne l'ont pas permis; mais le collège de HARCOURT comptant bien plus de siècles que le collège de SAINT-LOUIS ne compte d'années, la prescription est toute entière en sa faveur.

On peut dire encore que le gouvernement ayant fait tous les frais de ce nouveau collège, il était naturel qu'il le nommât lui-même; que d'ailleurs un nouvel usage voulait que les collèges royaux portassent des noms de rois.

Nous répondrons d'abord à cet argument que, le gouvernement s'étant emparé à l'époque de la Révolution de tous les biens appartenant au collège d'HARCOURT, des bâtiments qu'il a fait abattre lui-même, et dont il a joui trente ans, sans aucun avantage pour le bien de l'éducation publique, il fallait bien qu'il reconstruisît ce qu'il avait détruit. Que la reconstruction ait été faite sur un plan ou sur un autre, cette circonstance ne change rien à l'état des choses; il n'en est pas moins certain que si **Raoul et Robert de Harcourt** n'avaient pas donné le terrain et fait toute la fondation, on n'y aurait pas établi un collège aujourd'hui : l'emplacement du nouveau collège est exactement le même que celui de l'ancien, une portion des premiers bâtiments subsiste même encore ; la façade sur la rue de la Harpe n'a point été changée, et la porte extérieure sur laquelle on voyait les armes de HARCOURT et l'inscription *Collegium Harcurianum*, reconstruite en 1675, est encore un monument assez remarquable de la bizarre architecture de ce siècle.

Quant à l'usage tout nouveau de donner des noms de rois aux collèges royaux, nous répondrons qu'on n'en a point donné au collège de VERSAILLES; et que le collège de HARCOURT étant le seul ancien collège qui ait été rétabli, et pour lequel on puisse faire cette réclamation, la demande de la famille ne peut tirer à conséquence que pour le bien de l'État, en encourageant les établissements qui pourraient avoir lieu à l'avenir.

Enfin, un religieux souvenir fournit encore à la famille d'Harcourt l'objet d'une demande relative au premier fondateur du collège : le 17e article des statuts dressés, en 1311, par Robert de Harcourt, porte ce qui suit :

« Deux fois par an, l'on fera, dans la maison, un service pour
« notre frère, Raoul de Harcourt, le vendredi d'avant les Cen-
« dres, et le vendredi d'après l'Exaltation de la Sainte Croix, » et les sages précautions du fondateur ajoutent cet article : « Tous les
« écoliers seront tenus d'assister en personne aux susdits offices,
« sous peine d'un denier d'amende ; avec cette réserve pourtant
« que nous n'entendons pas obliger ceux qui étudient dans les arts
« à assister à la messe les jours de leçons. »

Pourrait-on ne pas souscrire encore aujourd'hui à cette antique ordonnance d'un frère, si bien, si clairement, si sagement exprimée ; et le rétablissement de ces messes dans la chapelle du collège, lesquelles, d'après les statuts mêmes du pieux évêque de COUTANCES, ne doivent déranger en aucune manière l'ordre de la maison, n'est-ce pas encore une dette et de l'État et de la famille ?

33.

LISTE DES PROVISEURS
DU LYCÉE SAINT-LOUIS

(Voir chapitre VIII, p. 511.)

1820-1825. M. l'abbé THIBAULT ✱ (Nicolas).
- Né vers mars 1769,
- au diocèse de Nancy.
- Déc. le 28 mars 1830, à Paris.

1825-1830. M. l'abbé GANSER (Valentin-Ernest).
- Né vers nov. 1775,
- au diocèse de Cologne.
- Décédé le 4 juill. 1842, à Paris.

1830-1834. M. LIEZ ✱ (Arsène-Ambroise-Joseph).
- Né le 20 juillet 1790, à Paris.
- Décédé le 10 mai 1838, à Paris.

1834-1838. M. Poirson ✻ (Auguste-Simon-Jean-Chrysostôme). { Né le 20 août 1795, à Paris. Décédé le 19 juill. 1871, à Versailles.

1838-1844. M. Lorain ✻ Pollux (dit Paul). { Né le 5 février 1799, à Paris. Décédé le 9 janv. 1861, à Paris.

1844-1852. M. Poulain dit de Bossay O. ✻ (Prosper-Auguste). { Né le 17 juin 1798, à Preuilly (I.-et-Loire). Décédé le 21 nov. 1876, à Paris.

1852-1865. M. Legrand O. ✻ (Ch.-Jean-Baptiste). { Né le 22 août 1809, à Toul (Meurthe). Décédé le 4 déc. 1882, à Brest.

1865-1868. M. Boutan O. ✻ (Augustin). { Né le 4 juin 1820, à Lectoure (Gers).

1868-1874. M. Joguet O. ✻ (Vincent). { Né le 21 décemb. 1815, à Lyon. Décédé le 2 déc. 1874, au Lycée Saint-Louis.

1874-1883. M. Gautier O. ✻ (Alexandre). { Né le 11 février 1822, à Boursay (Loir-et-Cher).

1883- . M. Joubin (Louis), O. ✻ (*en fonctions*). { Né le 19 août 1831, à Saint-Brieuc (Côtes-du-Nord).

34.

LISTE DES PROFESSEURS

QUI ONT PRONONCÉ

LES DISCOURS DE LA DISTRIBUTION DES PRIX DU LYCÉE

MM.
- 1821 Perreau, prof. de rhétorique.
- 1822 Valette, prof. de philosophie.
- 1823 Alexandre, prof. de rhétorique.
- 1824 Gros, prof. de seconde.
- 1825 Édouard Dumont, prof. d'histoire.
- 1826 Babinet, prof. de physique.
- 1827 Vendel-Heyl, prof. de seconde.
- 1828 Forgeot, prof. de troisième.
- 1829 Roberge, prof. de troisième.
- 1830 Vernadé, prof. de quatrième.
- 1831 Thuillier, agrégé de philosophie.
- 1832 Bellaguet, prof. de rhétorique.
- 1833 Charpentier, prof. de rhétorique.
- 1834 Genouille, prof. de sixième.
- 1835 Régnier, prof. de seconde.
- 1836 Huguet, prof. de quatrième.
- 1837 Chardin, prof. de cinquième.
- 1838 Sédillot, prof. d'histoire.
- 1839 Puech, prof. de cinquième.
- 1840 Brosselard, prof. de quatrième.
- 1841 Valton, prof. de seconde.
- 1842 Pierron, prof. de troisième.
- 1843 Mallet, prof. de philosophie.
- 1844 Mesnard, prof. de seconde.
- 1845 Loudierre, prof. de rhétorique.
- 1846 Demogeot, prof. de rhétorique.
- 1847 Duruy, prof. d'histoire.
- 1848 Vincent, prof. de mathém. spéc.
- 1849 Croiset, prof. de seconde.
- 1850 Cartelier, prof. de rhétorique française.
- 1851 Delbès, prof. de cinquième.
- 1852 Lissajous, prof. de physique.
- 1853 Pierron, prof. de troisième.
- 1854 Sédillot, premier prof. d'histoire.
- 1855 Theil, prof. de quatrième.

MM.
- 1856 Levasseur, prof. de seconde.
- 1857 Boutan, prof. de physique.
- 1858 Evelart, prof. de quatrième.
- 1859 Etienne, prof. de rhétorique.
- 1860 Denis, prof. de sixième.
- 1861 Anquez, prof. d'histoire.
- 1862 Delzons, prof. de troisième.
- 1863 Gérardin, prof. d'histoire.
- 1864 Monginot, prof. de cinquième.
- 1865 Bertin, prof. de troisième.
- 1866 Waddington, prof. de philosophie.
- 1867 Coville, prof. de littérature.
- 1868 Maurat, prof. de physique.
- 1869 Deltour, prof. de rhétorique.
- 1870 »
- 1871 »
- 1872 Fernet, prof. de physique.
- 1873 Person, prof. de sixième.
- 1874 Jacob, prof. de rhétorique.
- 1875 Feugère, prof. de seconde.
- 1876 Jannetaz, prof. de cinquième.
- 1877 Gazier, prof. de cinquième.
- 1878 Person, prof. de littérature.
- 1879 Henry, prof. de rhétorique.
- 1880 Pichon, prof. de seconde.
- 1881 de Calonne, prof. de littérature.
- 1882 Dereux, prof. de philosophie.
- 1883 Darlu, prof. de philosophie.
- 1884 Grégoire, prof. d'histoire.
- 1885 Lucas, prof. de mathém. spéc.
- 1886 Lacour-Gayet, prof. d'histoire.
- 1887 Dufet, prof. de physique.
- 1888 Chuquet, prof. d'allemand.
- 1889 Schäfer, prof. d'histoire.
- 1890 Nicolas, prof. de littérature.
- 1891 Agabriel, prof. d'histoire.

— 718 —

35.

LISTE DES PROFESSEURS
DU LYCÉE SAINT-LOUIS
DE 1820 A 1891.

(Voir chapitre VIII, p. 523.)

Achaintre	(1836)	Blanchard	(1882)	Chely	(1857)		
Acis	(1872)	Blanchet	(1832)	Chervet	(1889)		
Adnot	(1882)	Bloquel	(1832)	Chouiloux des Ra-			
Agabriel	(1891)	Bloume	(1839)	drets	(1855)		
Alexandre	(1820)	Bodemez	(1859)	Chuquet	(1877)		
Alibert	(1830)	Bony	(1882)	Clémenson	(1859)		
Allain	(1852)	Boutet de Montvel	(1853)	Colardeau	(1888)		
Amiot	(1843)	Bos	(1865)	Collier	(1884)		
Anceau	(1820)	Bouché	(1840)	Combette	(1874)		
Angély (d')	(1839)	Bougueret	(1879)	Coudert	(1877)		
Anquez	(1858)	Boulanger	(1889)	Cougny	(1874)		
Ansart	(1820)	Boutan	(1855)	Coulon	(1849)		
Arnal	(1828)	Bonty	(1881)	Coulonche (de la)	(1862)		
Asselin	(1872)	Briges	(1835)	Courcelles	(1876)		
Aubert	(1845)	Brion	(1875)	Courgeon	(1841)		
		Briot	(1853)	Courserant	(1836)		
Babinet	(1820)	Brosselard	(1839)	Coville	(1862)		
Baillaud	(1874)	Brouillot	(1848)	Créhange	(1883)		
Baize	(1890)	Brunel	(1886)	Crétin	(1881)		
Barberet	(1836)	Burat	(1867)	Croiset	(1846)		
Bardin	(1830)	Büys	(1877)	Croizet	(1873)		
Barrault	(1856)			Cruciani	(1881)		
Barroux	(1841)	Caboche	(1835)	Cucheval	(1870)		
Bary	(1858)	Calonne (de)	(1881)	Cuvillier	(1856)		
Battier	(1869)	Calvet	(1881)				
Baudot	(1891)	Caqué	(1876)	Darboux	(1865)		
Beaufils	(1865)	Carême	(1870)	Darlu	(1882)		
Beaujean	(1851)	Caron	(1880)	Debras	(1865)		
Beljame	(1863)	Cartelier	(1848)	Debray	(1854)		
Bellaguet	(1832)	Carvalho	(1889)	Defrenne	(1828)		
Bellocq	(1881)	Cashin	(1874)	Defonte	(1881)		
Bernardin	(1890)	Catalan	(1851)	Delbès	(1850)		
Bertin	(1865)	Cazin	(1865)	Delisle	(1827)		
Bertrand	(1844)	Cesari	(1878)	Deltour	(1865)		
Besse	(1870)	Chabozy	(1882)	Delzons	(1859)		
Beylard	(1887)	Chappuyzi	(1836)	Demogeot	(1845)		
Biennoury	(1855)	Chardin	(1834)	Denis	(1848)		
Bigourdan	(1848)	Charpentier	(1832)	Dereux	(1882)		
Binet de Sainte-		Chassevent	(1870)	Desains	(1842)		
Preuve	(1832)	Chauveau	(1881)	Desdouits	(1848)		

Desplats	(1860)	Goblin	(1865)	Laurent	(1881)
Dessenon	(1888)	Godart	(1887)	Lebarbier	(1859)
Devos	(1883)	Godin	(1827)	Lecomte	(1885)
Diguet	(1876)	Gœury	(1861)	Le Coq de Bois-Bau-	
Dorland	(1834)	Goulin	(1890)	dran	(1855)
Dragicsevics	(1874)	Gréard	(1860)	Leduc	(1884)
Drion	(1854)	Grechez	(1874)	Lefébure de Fourcy	(1820)
Dubois	(1820)	Grégoire	(1881)	Lebugeur	(1881)
Ducellier	(1855)	Grenier	(1833)	Leissus	(1874)
Duchemin-Boisjousse	(1848)	Gros	(1824)	Ligny (de)	(1848)
Dufet	(1878)	Grosjean	(1881)	Lemonnier	(1863)
Dufy	(1834)	Guadelli	(1883)	Leroy	(1824)
Duhaut	(1876)	Guédet	(1842)	Leroyer	(1863)
Dumont	(1823)	Guérard	(1835)	Leune	(1863)
Dupuis	(1832)	Guérillot	(1884)	Levasseur	(1856)
Duquesnois	(1837)	Guérin	(1820)	Leys	(1883)
Durny (V.)	(1846)	Guilhou	(1824)	Lesage	(1845)
Duruy (A.)	(1884)	Guiot	(1840)	Lesseynue	(1859)
Duplay	(1839)	Guiraudet	(1853)	Lestrade	(1828)
				Lesueur	(1841)
Elliot	(1877)	Halbwachs	(1880)	Lissajous	(1850)
Espitallier	(1879)	Hanicque	(1888)	Loiseau	(1866)
Etienne	(1858)	Harant	(1870)	Longchamps (Go-	
Évelard	(1855)	Hautière (de la)	(1875)	hierre de)	(1891)
Évellin	(1881)	Hébert	(1841)	Longet	(1844)
		Henet	(1881)	Lorquet	(1848)
Fabre	(1846)	Henry	(1880)	Loudierre	(1837)
Fabre (J.)	(1879)	Hubault	(1852)	Lucas	(1860)
Faurie	(1853)	Huguet	(1835)	Lurat	(1834)
Favier	(1823)				
Fernet	(1855)	Iehl	(1888)	Macé	(1845)
Feugère	(1875)	Isambert	(1869)	Maigrot	(1881)
Fleury	(1869)			Maitrot	(1878)
Forgeot	(1824)	Jacob	(1845)	Mallet	(1845)
Fougère	(1848)	Jacob	(1872)	Manuel	(1850)
Frontera	(1853)	Jannetaz	(1869)	Marchal	(1859)
Fustel-de-Coulanges	(1859)	Janson-Durville	(1836)	Martin	(1872)
		Jarry de Mancy	(1820)	Martyn	(1874)
Gail	(1820)	Javary	(1877)	Masson	(1829)
Galtier	(1837)	Jodin	(1881)	Maubeuge	(1870)
Garnier	(1823)	Joly	(1823)	Mauduit	(1867)
Gauthiot	(1874)	Jourdan	(1844)	Méneau	(1876)
Gazier	(1875)	Jumeau	(1820)	Menjaud	(1837)
Genouille	(1834)			Mérat	(1875)
George	(1876)	Kiœss	(1866)	Meynal	(1859)
Gernez	(1868)	Koch	(1865)	Millet	(1886)
Gérardin	(1861)			Moncourt	(1859)
Gerardin	(1870)	Labbé	(1857)	Monginot	(1864)
Gevet	(1846)	Labonne	(1873)	Montucci	(1850)
Gibon	(1842)	Lacour-Gayet	(1884)	Moreau-Duviquet	(1866)
Gillet	(1862)	Lafargue	(1841)	Morgan	(1850)
Gillette	(1874)	Laisné	(1847)	Maurat	(1863)
Girardet	(1875)	Landois	(1824)	Moyencourt (de)	(1846)
Gobert	(1820)	Langlois	(1820)		
Gobelin	(1843)	Launay	(1888)	Nauteuil	(1866)

Neufforge (de)	(1837)	Rabec	(1858)	Strelhy	(1868)
Nicolas	(1885)	Raby	(1880)	Stropeno	(1885)
		Rebière	(1881)	Stryenski	(1890)
Offret	(1886)	Régnier	(1832)	Suckau (de)	(1837)
		Renard	(1839)	Sullivan	(1828)
Papin	(1867)	Reynolds	(1875)		
Paquier	(1879)	Ricard	(1866)	Taillefer	(1840)
Paté-Desormes	(1824)	Richard	(1820)	Taranne	(1837)
Périé	(1883)	Rittier	(1876)	Tarnier	(1847)
Périgot	(1865)	Rives	(1858)	Tartinville	(1879)
Perreau	(1820)	Rivière	(1882)	Tavernier	(1869)
Perrinot	(1854)	Roberge	(1823)	Theil	(1853)
Perroux	(1881)	Robert	(1855)	Tissot	(1854)
Person	(1870)	Robert	(1889)	Todière	(1837)
Pescher	(1824)	Roger	(1840)	Tournoux	(1869)
Pessonneaux	(1848)	Roguet	(1832)		
Pey	(1854)	Rohmer	(1880)	Vacquant	(1864)
Piboen	(1852)	Rouché	(1873)	Valette	(1820)
Pichon	(1879)	Rousset	(1841)	Valton	(1843)
Philippe	(1866)	Rousset	(1886)	Vandel-Heyl	(1820)
Piéron	(1878)	Rouzée	(1830)	Vannson	(1837)
Pierron	(1843)			Vendryès	(1842)
Pineau	(1884)	Saisset	(1872)	Vernadé	(1820)
Pitay	(1828)	Salacroux	(1828)	Viallet	(1828)
Planche	(1831)	Salone	(1883)	Vieille	(1852)
Poulain	(1831)	Sanis	(1850)	Vimont	(1866)
Pressoir	(1890)	Salves (de)	(1842)	Vincent	(1831)
Prieur	(1324)	Schæffer	(1877)	Vintéjoux	(1873)
Privat-Deschanel	(1848)	Schœn	(1830)		
Prunières	(1846)	Sédillot	(1834)		
Puech	(1838)	Séguier	(1864)	Waddington	(1865)
		Servent	(1883)	Weimann	(1888)
Quesnerie (de la)	(1884)	Simon	(1863)	Witcomb	(1848)
Quet	(1850)	Soldin	(1877)	Wolf	(1832)

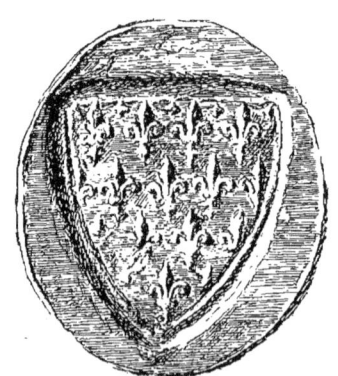

A l'occasion du banquet de l'*Association amicale des anciens élèves* du lycée Saint-Louis, le 27 janvier 1891, M. le proviseur **Joubin** improvisa, sur le dessin de *L'Escholier normand* que M. **Rochegrosse** venait de nous donner pour notre frontispice, les vers que nous transcrivons à la page suivante.

L'ESCHOLIER NORMAND

PAR M. G. ROCHEGROSSE.

A cette porte hospitalière,
Que la Charité vient d'ouvrir,
On heurte, et la ruche escholière
Suspend un instant son plaisir.

Fatigué par un long chemin,
Un pauvre enfant de Normandie
Frappe d'une tremblante main,
Et tout inquiet écoute et prie.

« Tu viens à nous avec raison, »
Dit une voix joyeuse et claire,
« D'Harcourt t'accueille ; en sa maison
Toujours l'escholier trouve un frère !

« Sous notre toit chaque escholier
Travaille au profit de la France.
Avec nous tu viendras prier ;
Nos chants berceront ta souffrance !

« Car le Dieu qu'ici l'on révère
Au cœur nous mit un double amour :
Aux études, à la prière,
Il nous invite tour à tour.

« Viens, à l'abri de ces grands murs,
Ame, de science altérée,
Écouter auprès d'amis sûrs
Du maître la voix inspirée.

« Des flancs de la montagne sainte
La source abondante jaillit ;
Frère, viens y puiser sans crainte,
Au nom d'Harcourt qui te bénit ! »

Hos ego versiculos feci, ferat unus honorem,
G. ROCHEGROSSE, *Pictor.*
27 janvier 1891.

L. JOUBIN,
Proviseur du Lycée Saint-Louis.

TABLE DES MATIERES

Préface.   XI-XV

CHAPITRE Ier.

LA NATION DE NORMANDIE.

Origines, sceaux, armes, dignités, assemblées, statuts, calendrier, revenus. — Autorité de la Nation de Normandie. — Une invitation royale aux funérailles d'un prince du sang.   1

CHAPITRE II.

FONDATION DU COLLÉGE D'HARCOURT.

La famille de Robert et de Raoul d'Harcourt. — L'idée première de leur fondation. — Raoul d'Harcourt entreprend de la réaliser en 1280. — Un collège au XIIIe siècle. — Robert d'Harcourt achève l'œuvre de son frère. — Contrats, Chartes et Statuts de fondation en 1309, 1310 et 1311.   43

CHAPITRE III.

LE COLLÉGE D'HARCOURT ET SES PROVISEURS AUX XIVe ET XVe SIÈCLES.

(Les deux premiers siècles harcuriens.)

Les premiers proviseurs du collège d'Harcourt : Marin de Marigny et Richard Barbe. — L'organisation et le sceau du collège. — L'Université et les collèges au temps d'Étienne Marcel. — Les proviseurs Jean Boutin et Thomas de Saint-Pierre, médecins de Charles VI. — Essais de suggestion et d'hypnotisme au XIVe siècle. — Troubles dans l'Université. — Préludes de l'insurrection cabochienne au collège d'Harcourt. — L'Université et le collège d'Harcourt au temps de l'occupation de Paris par les Anglais. — La réforme du cardinal d'Estouteville. — Deux Harcuriens défenseurs de Jeanne d'Arc : Robert Cybole et Jean Boucard de La Vaucelle. — Abolition de la fête du *roi des fous*. — L'origine de la censure dramatique. — Une garde nationale universitaire. — Les livres des nominalistes chargés de chaînes par l'évêque d'Avranches. — La Saint-Charlemagne. — Destitution d'un régent de philosophie par le proviseur Étienne Gervais. — Le destitué Pierre le Secourable devient proviseur à son tour.   91

CHAPITRE IV.

LE COLLEGE D'HARCOURT ET L'ENSEIGNEMENT AU XVIe SIÈCLE.

(Troisième siècle harcurien.)

Etat florissant des collèges à la fin du XVe siècle. — La Renaissance des lettres commencée par Louis XII. — Nouvelles oppositions aux farces et soties dans les collèges. — Fondations importantes au collège d'Harcourt. — Luttes de l'Université contre le concordat de 1518. — Les serments du prévôt de Paris en faveur des écoliers. — Les pièces de comédie supprimées à l'occasion du désastre de Pavie. — La visite du Recteur au Pré-aux-Clers. — Les *Colloques* d'Érasme. — La fondation du Collège de France. — L'établissement du plein exercice au collège d'Harcourt. — Les classes, les auteurs, l'obligation de parler latin, le fouet, la nourriture, les jeux, les honoraires des régents, les émeutes du Pré-aux-Clers, le *Lendit* au XVIe siècle. — Le proviseur Maillard au concile de Trente. — Les précurseurs de la Ligue au collège d'Harcourt. — Inauguration du théâtre classique. — Réformes de l'enseignement proposées par Ramus. — Les abus du plein exercice. — Querelles religieuses dans l'Université. — Harcuriens marquants. — La fondation du collège de Clermont. — La Saint-Barthélemy. — Les ordonnances de Blois. — Le proviseur Quittebeuf déposé. — L'Université au temps de la Ligue. — Biens du collège confisqués et rendus. — Révocation du ligueur Nepveu et installation du proviseur Turgot. 161

CHAPITRE V.

Le collège d'Harcourt au XVIIe siècle.

(*Quatrième siècle harcurien.*)

La réforme de l'Université à la fin du XVIe siècle. — Les proviseurs Turgot et Padet rendent au collège d'Harcourt son ancienne prospérité. — Etablissement de la communauté des pensionnaires. — Luttes contre les Jésuites. — Une tentative de sécularisation de l'enseignement. — Les solennités harcuriennes. — Le panégyrique du roi Louis XIII au collège d'Harcourt. — L'organisation du collège. — Provisorat de Me Fortin. — Querelles avec les boursiers ; un coup d'état scolaire. — Une révocation de principal. — Constructions nouvelles. — Les revenus du collège. — Le gallicanisme au collège d'Harcourt. — Provisorat de Me Jean Le François. — La déclaration de 1682 et le Cartésianisme. — Acquisitions nouvelles. — La comptabilité et l'esprit du collège. — Visites de personnages illustres; élèves remarquables; les compliments de J. des Authieux ; discours de rentrée des classes. — Le théâtre au collège d'Harcourt. Tragédies de *Boëce, Romulus, Sédécias.* 253

CHAPITRE VI.

Le collège d'Harcourt au XVIIIe siècle.

(*Cinquième siècle harcurien.*)

Provisorat de Me de la Brière de Louvancy. — Réclamation des boursiers. — Revenus et dépenses de la communauté des pensionnaires. — Règlements nouveaux. — La Nation de Normandie expulsée du collège d'Harcourt. — Une distribution de prix. — Provisorat de Me Dagoumer. — Une querelle littéraire au sujet de l'oraison funèbre de Louis XIV. — Nouvelles visites illustres. — Un des héros de Lesage. — Les tragédies de *Joas* et d'*Absalon*. — L'enseignement *laïque, gratuit* et *obligatoire* au XVIIIe siècle. — Réglement des pensionnaires du collège d'Harcourt. — Les exercices littéraires. — Provisorat de Gilles Asselin. — La tragédie de la *Mort de César* offerte par Voltaire et jouée pour la première fois au collège d'Harcourt. — Les feux d'artifice dans les collèges de Paris. — L'établissement du Concours général : lauréats du collège. — Correspondance de G. Asselin. — Un comédien salé. — Situation matérielle du collège. — Une nuit tragique. 333

CHAPITRE VII.

Le collège d'Harcourt et ses derniers proviseurs avant la Révolution.

(Fin du cinquième siècle harcurien.)

Provisorat de Me Louvel. — Le concours d'agrégation. — Projet de modification du Concours général. — L'achat d'un terrain pour le jour de promenade des élèves. — Nouvelles tracasseries des boursiers. — Un curé poète. — Talleyrand au collège d'Harcourt. — Provisorat de Me Duval. — La situation matérielle du collège. — Un nouveau *Lutrin*. — Charité des élèves. — Un député du Tiers choisi au collège d'Harcourt. — Le serment civique. — Le proviseur Daireaux, et le collège d'Harcourt à la veille de la Révolution. — Le lauréat Burnouf. — La dernière distribution des prix. — Un mot sur la bibliothèque du collège : ses origines, son catalogue et ses ressources. — État du personnel en 1793. 399

CHAPITRE VIII.

Le collège d'Harcourt et sa renaissance sous le nom de lycée Saint-Louis.

Affectations diverses des bâtiments du collège d'Harcourt pendant la période révolutionnaire. — Morcellement et mise en vente des locaux et du terrain. — Projets de Napoléon Ier. — Ordonnances de Louis XVIII. — Ouverture du collège Saint-Louis. — Origine de ce nom donné à l'ancien collège. — Réclamations de la comtesse E. d'Harcourt. — Nom des fondateurs ajouté à celui du lycée actuel. — Nouvelles constructions. — Plans divers. — Chapelle du lycée et ses peintures. — Inauguration du monument commémoratif de la guerre de 1870-1871. — Courte biographie des proviseurs, notes sur les censeurs et les aumôniers ; particularités sur certains professeurs. — Hommages rendus par leurs collègues aux professeurs honoraires. — Mention des lauréats du Concours général et des élèves célèbres. — Statistique des nominations au Concours général et des admissions aux Écoles du gouvernement. — Le lycée pendant le Siège et la Commune. — Transformation scientifique du lycée. — Tableau de l'administration du lycée. — État actuel de l'établissement ; budget, dépense, nourriture. — Classes : distribution du travail et emploi du temps. — La Saint-Charlemagne au lycée Saint-Louis. — Fondation de l'Association amicale des anciens Élèves du lycée Saint-Louis. — Son but, ses réunions, ses présidents, ses banquets, ses fondations, sa médaille. 461

TABLE DES DOCUMENTS ANNEXES

1. — Notice sur le cartulaire du collège d'Harcourt conservé à la bibliothèque de Chartres. (Voir chap. I, p. 7 et suiv.)   571
2. — VIDIMUS du roi Henri V d'Angleterre relatant les lettres patentes accordées par Philippe le Bel en 1309 et 1312 à Robert d'Harcourt au sujet de la fondation du collège. (Voir chap. II, p. 63, et chap. III, p. 121.)   573
3. — Acquisition des trois maisons dites d'Avranches, par Robert d'Harcourt, pour y établir le collège fondé par son frère. (Voir chap. II, p. 64.) *Document inédit.*   577
4. — Acte d'achèvement en 1311 par Robert d'Harcourt, évêque de Coutances, de la fondation du collège d'Harcourt, commencée en 1280 par son frère Raoul d'Harcourt, archidiacre de Coutances. (Voir chap. II, p. 68.)   579
5. — Texte latin des statuts du collège. (Voir chap. II, p. 69 et suiv.)   579
6. — Approbation de l'évêque de Paris donnée en 1312 à la fondation du collège d'Harcourt. (Voir chap. II, p. 84.)   590
7. — Bref du pape Clément V, en faveur du collège d'Harcourt, en l'an 1313. (Voir chap. II, p. 86.)   591
8. — Listes chronologiques des proviseurs, fondateurs et bienfaiteurs du collège d'Harcourt. (Voir chap. III à chap. VIII.) *Documents en partie inédits.*   592
9. — Liste des recteurs de l'Université qui ont appartenu au collège d'Harcourt. (Voir chap. III à chap. VIII.) *Document inédit.*   596
10. — Fondation de deux messes par semaine et d'un obit par an par Me Jean Boutin, ancien proviseur du collège d'Harcourt, à la date du 8 janvier 1384. (Voir chap. III, p. 99 et 103.) *Document inédit.*   597
11. — Confirmation par le roi Henri VI d'Angleterre de tous les droits, rentes et possessions du collège d'Harcourt, en Normandie et autres lieux. (Voir chap. III, p. 121.) *Document inédit.*   600
12. — Plaidoyer de Robert Cybole en faveur de Jeanne d'Arc. (Voir chap. III, p. 129 et suiv.)   602
13. — Jugement de Jean Boucard, évêque d'Avranches, sur la cause de Jeanne d'Arc. (Voir chap. III, p. 139.)   635
14. — Boucard et le Secourable, extrait du poème latin de G. Ybert. (Voir chap. III, p. 138 et 154.)   640
15. — Extraits des registres des commissaires ordonnez par le Roy près sa personne sur le fait des biens des rebelles. — La Haye et la Hédouinière. (Voir chap. IV, p. 245.) *Document inédit.*   642
16. — Élection du proviseur Turgot par Messieurs les boursiers du collège d'Harcourt, en remplacement de Raoul Nepveu. (Voir chap. IV, p. 250.) *Document inédit.*   643
17. — Documents sur l'élection du proviseur au collège d'Harcourt :
    1. Mandement du chancelier de l'Église de Paris aux prieur et boursiers sur l'installation du Proviseur G. Turgot. (Voir chap. IV, p. 249.) *Document inédit.*   647

II. — Procès-verbal de l'élection par les boursiers du collège d'Harcourt du proviseur **Padet**. (Voir chap. IV, p.250.) *Document inédit.* 648
III. Procès-verbal de l'installation du proviseur P. Padet. (Voir chap. V, p. 274.) *Document inédit.* 649
IV. Acceptation par le recteur Dagoumer de la charge de proviseur et confirmation de son élection. (Voir chap. VI, p. 348.) *Document inédit.* 650
18. — Turgotiana. (Voir chap. V, p. 272.) *Document inédit.* 652
19. — Extraits des registres du conseil privé du Roy (*affaire Béhotte*). (Voir chap. V, p. 262.) 653
20. — Le théâtre au collège d'Harcourt : Boëce. — Romulus.— Sédécias. — Joas. — Absalon. (Voir chap. V, p. 326 et suiv. — Chap. VI, p. 357 et 361.) 656
21. — Edit du recteur relativement à la nomination du principal du collège d'Harcourt, en 1602. (Voir chap. V, p. 261.) 663
22. — Vente d'un terrain faite au cardinal de Richelieu par le proviseur et les boursiers du collège d'Harcourt pour la reconstruction du collège du Trésorier. (Voir chap. V, p. 295.) 663
23. — Lettre inédite de Racine à Robert d'Andilly. (Voir chap. V, p. 309.) 664
24. — Revision et confirmation des anciens statuts du collège d'Harcourt en 1703. (Voir chap. VI, p. 340.) 667
25. — Vers de Grenan sur le vin de Bourgogne et de Coffin sur le vin de Champagne. (Voir chap. VI, p. 351.) 678
26. — Récapitulation des donations faites au collège d'Harcourt et du revenu annuel de 1311 à 1691. (Voir chap. VI, p. 326.) 684
27. — Texte latin du règlement des pensionnaires du collège d'Harcourt. (Voir chap. VI, p. 370 et suiv.) *Document inédit.* 687
28. — Liste des nominations obtenues par les élèves du collège d'Harcourt au Concours général, de 1747 à 1793. (Voir chap. VI. p. 383.) *Document inédit.* 694
29. — Les obits au collège d'Harcourt. (Voir chap. VII, p. 424, note 2.) *Document inédit.* 702
30. — Notes d'un élève et quittance de sa pension sous le proviseur Duval. (Voir chap. VII, p. 399 et 421.) *Document inédit.* 707
31. — Etat du personnel du collège d'Harcourt en 1793. — Déclaration des immeubles du collège d'Harcourt en 1794. (Voir chap. VII, p. 423 et 459.) *Documents inédits.* 708
32. — Réclamation en faveur de MM. d'Harcourt pour obtenir que leur nom soit rappelé sur les murs du collège royal de Saint-Louis. (Voir chap. VIII, p. 480.) *Document inédit.* 713
33. — Liste des proviseurs du lycée Saint-Louis depuis 1820 jusqu'à nos jours. (Voir chap. VIII, p. 511.) 715
34. — Liste des professeurs qui ont prononcé les discours de la distribution des prix. 717
35. — Liste des professeurs du lycée Saint-Louis depuis 1820 jusqu'à nos jours. (Voir chap. VIII, p. 523.) *Document inédit.* 718

Vers improvisés par M. le proviseur Joubin sur l'*Escholier Normand* de M. G. Rochegrosse (Banquet de l'Association, 1891).

TABLE DES GRAVURES ET PLANS

Frontispice.

Un jeune écolier normand venant frapper à la porte du collège d'Harcourt au commencement du XIVe siècle, dessiné spécialement pour l'ouvrage par G. Rochegrosse.   IV
Écusson de l'ancien duché de Normandie.   XVI

Chapitre Ier.

Louis XI sanctionnant de nouveaux statuts universitaires.   1
Sceau des quatre Nations de la faculté des arts.   4
Sceau et contre-sceau de la Nation de Normandie.   6
Un procureur de la Nation de Normandie.   8
Un recteur de l'Université de Paris (XVIe siècle).   9
Un bedeau de l'Université de Paris (XVIe siècle).   12
Charte de Philippe-Auguste et légende de S. Romain.   14
Réception des membres de la Nation de Normandie et serment de ses dignitaires devant les rois de France et d'Angleterre.   19
Election d'un Recteur. — La Vierge conseille le Recteur.   21
Bulle donnée par le pape aux dignitaires de l'Université. — Serment des membres de l'Université.   23
Grand sceau de l'Université.   24
Contre-sceau de l'Université.   25
Un examen. — La Vierge délivre l'âme d'un docteur.   31

Chapitre II.

Le château d'Harcourt au XVIe siècle.   42
Tours et fossés de l'ancien château féodal d'Harcourt.   45
La chapelle de l'hôtel d'Harcourt à Paris.   51
Robert d'Harcourt en prière sur la tombe de son frère.   61
Emplacement où fut fondé le collège d'après le plan de Berty.   66
Plan de la Tapisserie ou du Cerceau représentant le collège.   67
Ecusson du collège d'Harcourt.   87

Chapitre III.

Façade de l'ancienne École de médecine.   90
Sceau particulier du collège d'Harcourt.   105
Une réparation publique faite en 1410 à l'Université par les sergents du prévôt de Paris.   107
Le triomphe de Jeanne d'Arc.   132
Vitrail de la cathédrale d'Évreux représentant Robert Cybole, Jean de Rouen et Guillaume de Floques.   137

Chapitre IV.

Une classe au XVIe siècle.	160
Plan du grand Pré-aux-Clers en 1694.	181
L'abbaye de Saint-Germain-des-Prés et le Pré-aux-Clers au XVIe siècle.	204
La Saint-Barthélemy.	228
Procession de la Ligue.	239

Chapitre V.

Le collège d'Harcourt d'après le plan Turgot.	252
Epitaphe du proviseur Turgot.	273
Portrait du proviseur Padet.	275
Portrait du professeur Halley.	291
Façades extérieure et intérieure du collège d'Harcourt d'après un dessin de 1707.	302
Portes du collège d'Harcourt données par le proviseur Fortin et conservées sous le vestibule du lycée Saint-Louis.	304

Chapitre VI.

Le collège d'Harcourt au XVIIIe siècle, d'après une gravure de Martinet.	332
Le jeu de billard au collège d'Harcourt.	338
Portrait du proviseur Asselin.	377
Plan du quartier des Écoles en 1770.	392-393

Chapitre VII.

Mandement du Recteur pour la fête de Saint-Nicolas.	398
Un groupe d'écoliers au XVIIIe siècle.	403
Plan du collège d'Harcourt en 1778.	414-415
Titre du catalogue de la bibliothèque du collège.	444
Grand fer des reliures de la bibliothèque.	457
Petit fer des reliures.	458

Chapitre VIII.

Saint Louis sous le chêne de Vincennes, d'après la statue de M. Guillaume, au Palais de Justice.	460
Fragment du plan actuel du quartier des écoles.	462
Plan du ci-devant collège d'Harcourt en 1798.	464
Légende de ce plan.	465
Plan du collège Saint-Louis de 1819 à 1832.	488
Vestibule du lycée Saint-Louis.	490
Partie centrale du lycée Saint-Louis.	492
Vue à vol d'oiseau des bâtiments du lycée Saint-Louis.	492-493
Plan du lycée Saint-Louis en 1890.	494
Intérieur de la chapelle du lycée Saint-Louis.	496

TABLEAUX DE LA CHAPELLE.

Education de saint Louis 498
Saint Louis approuvant les plans des Quinze-Vingts 500
Saint Louis rendant la justice sous le chêne de Vincennes. 502-503
Monument commémoratif élevé dans la chapelle du lycée Saint-Louis aux anciens élèves morts pendant la guerre de 1870. 506
Costume des élèves d'après les prescriptions ministérielles de 1832, 1848 et 1890. 548
Dessin de la médaille d'honneur décernée par l'Association des anciens élèves du lycée Saint-Louis aux lauréats de l'Association. 567

DOCUMENTS ANNEXES.

Sceau du collège d'Harcourt trouvé au bas de la fondation du proviseur Boutin. 600
Contre-sceau de Saint-Louis. 720

ADDITIONS

Un oubli involontaire nous a empêché de signaler à la page 399 que, sous le provisorat de M⁰ **Louvel**, parmi les maîtres du collège d'HARCOURT, on comptait des *Oratoriens*, comme en témoigne un bulletin de notes de l'élève **Nau**, en 1777, signé des maîtres **Paquelin** et **Bouvron**, avec la mention *de l'Oratoire*. On trouvera cette pièce à la page 707 de nos *documents annexes*, avec la quittance d'un trimestre de pension du même élève, en 1682.

A la page 430, nous parlons du *serment civique* prêté, en février 1790, par les élèves du collège accompagnés du proviseur **Duval**. Remarquons, à ce sujet, qu'il ne s'agit pas du serment à la *Constitution civile du clergé*, qui ne fut exigé qu'à la fin de 1790. Le *serment civique* de fidélité à la Nation, à la Loi et au Roi ne contenait rien de répréhensible, tandis que le *serment à la Constitution civile du clergé* était inacceptable pour une conscience catholique parce qu'il impliquait la violation des lois de l'Église. Un rapport de l'époque constate que onze professeurs du collège d'HARCOURT refusèrent de prêter ce serment schismatique; le sous-principal **Lécrivain** et cinq professeurs seulement s'y soumirent. Pour expliquer cette défection, il ne faut pas oublier qu'à cette époque, il y avait, par suite de l'*agrégation*, un nombre assez considérable de professeurs laïques dans les collèges de l'Université.

A la page 456, ajouter le nom de **Ambroise Lefébure**, bibliothécaire en 1793.

Inauguration du lycée Voltaire le 13 juillet 1891. — Nous lisons dans le *Petit Moniteur* qu'après avoir visité les bâtiments de ce Lycée, M. le Président de la République s'est arrêté dans l'appartement de M. le Proviseur : « Je vous félicite Monsieur, dit M. **Carnot** à M. **Taboureux**, d'être si bien logé. Vos élèves doivent se trouver ici très heureux, et les études leur seront rendues plus faciles, sans doute. » — « Où est le temps, ajoute M. **Floquet**, où élève du lycée SAINT-LOUIS, je grattais de l'ongle les murs noirs de moisissure et d'humidité ? »
Nous espérons que cette parole de M. le Président de la Chambre, tout en évoquant, sous des couleurs un peu chargées, le souvenir d'un passé que rien ne rappelle aujourd'hui, attirera néanmoins la sollicitude de l'Administration sur les projets d'assainissement du lycée SAINT-LOUIS, dont nous avons dit un mot à la page 491.

A la page 538, nous aurions dû aussi rappeler, avec le *Journal officiel* du 16 juin 1871, qu'après la Guerre et la Commune, la population scolaire avait à peu près disparu. Il en résulta que la situation financière des lycées fut compromise au point qu'il fallut imposer, pendant quelque temps, aux professeurs, une réduction de traitement[1].

A la page 542, ajouter à la liste des médecins le Dr **Maigne**, 1840.

A la page 548, nous avons reproduit les trois costumes donnés aux élèves des collèges et lycées de l'Université depuis 1832 jusqu'à la dernière transformation en 1890 : le frac, la tunique et la redingote.

1. *Recueil des Lois et Actes de l'Instruction Publique*, 1871.

CORRECTIONS

Page 13, en note : *lire* chap. V et VI, *au lieu de* chap. II, III, IV.
Page 19, en note : *lire* chap. VI, *au lieu de* chap. IV.
Page 54, ligne 29 : *lire* terre, *au lieu de* tare.
Page 65, note 1 : *lire* chap. VIII, p. 414-415, *au lieu de* chap. IV.
Page 75, ligne 32 : *lire* excédant, *au lieu de* excédent.
Page 78, ligne 16 : *lire* choisiront, *au lieu de* choisir.
Page 118, proviseur **D.** du Quesnay : *lire* 1430-1455, *au lieu de* 1430-1435.
Page 183, lignes 26 et 28 : *lire* Laisné, *au lieu de* Laïsne.
Page 187, ligne 29 : *lire* Feré ou Férey, *au lieu de* Fere.
Page 235, ligne 23 : *lire* fit-il, *au lieu de* fil-il.
Page 260, dernière ligne : *lire* devint, *au lieu de* pevint.
Page 312, proviseur **Jean Le François** : *lire* 1680-1701, *au lieu de* 1682-1701.
Page 326, ligne 23 : *lire* M. **Gounod**, ancien élève du lycée Saint-Louis, a réussi, *au lieu de* on a réussi.
Page 333, proviseur **Jean de La Brière** : *lire* 1701-1713, *au lieu de* 1701-1712.
Page 414, note 1 : *lire* Philippe-Auguste, *au lieu de* Philippe-le-Bel.
Page 424, note 2, troisième ligne : *lire* chaque mois *au lieu de* chaque semaine.
Page 434, ligne 21 : *lire* qu'il y avait 500 élèves, *au lieu de* qu'ils étaient nombreux.
Page 443, ligne 26 : *lire* qu'ils avaient *au lieu de* qu'il avait.
Page 452, ligne 13 : *lire* on y trouve un certain nombre.
Page 461, ligne 4 du sommaire : *lire* collège, *au lieu de* lycée.
Page 463, dernière ligne de la note : *lire* jusqu'à, *au lieu de* usqu'à.
Page 495, ligne 10 : *lire* plus haut (p. 492-493), *au lieu de* plus loin.
Page 523, ligne 1 : *lire* cousin, *au lieu de* frère.
Page 535, ligne 14 : *lire* Denormandie, *et non* de Normandie.
Page 561, ligne 2 : *lire* qui, *au lieu de* qu.
Page 573, n° 2 : supprimer les mots *document inédit*.
Page 574, ligne 6 : *lire* fuerint, *au lieu de* fuerunt.

PARIS. — IMPRIMERIE DELALAIN FRÈRES,

1 ET 3, RUE DE LA SORBONNE.

NOUVELLES ADDITIONS ET CORRECTIONS
SUIVIES DE LA TABLE GÉNÉRALE

A la page 98, nous avons dit, au sujet du proviseur **Richard Barbe**, que nous ne connaissions rien de lui, pas même son diocèse d'origine. Or, depuis l'impression de notre travail, a paru le second volume du magnifique *Chartularium Universitatis Parisiensis*, et nous y puisons, sur ce point, d'utiles renseignements que son savant auteur vient d'ailleurs de nous signaler dans le bienveillant compte rendu dont il nous a honoré au *Bulletin critique*[1]. Nous apprenons ainsi que **Richard Barbe** était du diocèse de Rouen, maître ès-arts de la Nation de Normandie, avant 1342, et qu'à cette date il se trouvait à Avignon au nombre des dix messagers de l'Université de Paris qui sollicitaient du pape Clément VI la collation de certains bénéfices ecclésiastiques dès qu'ils viendraient à vaquer. C'est ce que l'on appelait des survivances expectatives. Nous voyons aussi que **Richard Barbe** étudia la théologie avec succès et fut pourvu d'un canonicat, car il est qualifié bachelier en théologie et chanoine de Beauvais, dans plusieurs documents cités par le **P. Denifle**, à une époque où **Barbe** n'était pas encore proviseur du collège d'HARCOURT[2]. Ce canonicat est peut-être le bénéfice qu'il avait demandé au pape. **Richard Barbe** fut même docteur en théologie et prit part, à ce titre, à certaines controverses Scotistes soulevées de son temps sur la volonté divine. **Duplessis d'Argentré**, dans sa *Collectio judiciorum de novis erroribus*, mentionne, en effet, ses opinions à la date de 1360, *hic Parisiensis doctor ita dicebat circa annum* 1360[3].

Au bas de la page 202, une phrase incomplète semble dire que **Calvin** fut *contemporain* d'Érasme et de Rabelais au collège de MONTAIGU, alors qu'Érasme l'avait quitté en 1497, trente ans avant que Calvin y parût et que Rabelais n'y vint jamais. Pour respecter la vérité des faits, il faut lire que **Calvin** « avait été élevé à MONTAIGU *et se distingua par ses écrits* presqu'en même temps qu'Érasme et Rabelais. » On sait en effet que les *Colloques* d'Érasme, dont nous parlons à la page 184, sont de 1528, que le roman rabelaisien est antérieur à 1533, et que l'*Institution chrétienne* parut en 1535.

A la page 209, ligne 23, ajoutons que Nicolas **Maillard** fut aussi proviseur d'un autre collège normand, voisin et mitoyen du collège d'HARCOURT, celui de JUSTICE, dont nous nous proposons de raconter un jour l'histoire. (V. Arch. nat. M. 137.)

---

1. *Bulletin critique*, n° du 1er février 1892.
2. *Chartularium Universitatis Parisiensis*, auct. Denifle et Chatelain, t. II, p. 528 et 529, note 8.
3. D. d'Argentré, coll. jud., t. I, p. 334-335.

— 758 —

A la page 215, ligne 31, au lieu de 1665, il faut lire 1565.

Mentionnons au XVII° siècle, sous le provisorat de **Pierre Padet**, chapitre V, plusieurs thèses de philosophie soutenues au COLLÈGE D'HARCOURT : le 1ᵉʳ août 1638, celles de Jean-Baptiste **Pellot**, de Lyon, dédiées au cardinal de **Richelieu**; le 15 juillet 1640, celles de Charles de **Sévigné-Monmoron**, de Rennes, dédiées également au cardinal de **Richelieu**; le 3 septembre 1662, celles de Louis **le Blay de Quesnay**, de Normandie; le 26 août 1663, celles de Henri Louis **Barrin de la Galissonnière**, de Bourges, sous la présidence du professeur **des Auberis**; en 1664, celles de **Renart de Fuchsamberg**, sous la présidence du professeur **Noël**.

Le 2 mai 1663, François **Guenon**, de Coutances, soutenait aussi ses thèses de théologie au collège d'HARCOURT, *in aula Harcuriana*. (V. Bibl. de la Sorbon. Arm. IV. 20; V. 14. 16, et *Revue des bibliothèques*, août, septembre, octobre 1891.)

A la page 352, ligne 31, nous rappelons que **B. Grenan**, professeur de rhétorique au collège d'HARCOURT, prononça l'oraison funèbre de **Louis XIV**, dans l'église de la SORBONNE. Nous avons retrouvé le mandement du Recteur **Demontempuys**, qui invitait l'Université de Paris à cette solennité, le 11 décembre 1715, et il n'est pas sans intérêt de le transcrire ici à titre de document.

Mandatum Rectoris. — UNIVERSITAS PARISIENSIS nunquam peni-
« tius meminit se a Regibus suis conditam et institutam fuisse, quam
« ubi aliquod laudis aut pietatis obsequium optimis suis Parentibus
« præstandum est. Quandonam vero hujus utriusque officii justior
« fuit necessitas quam in præsenti **Ludovici XIV** obitu ? Multam
« enim vero laudem et sibi et toti Galliæ accivit ille Princeps vere
« Magnus : sed ea quæ magna et laudabilia nobis videntur, judicat
« ipse Deus in justitia : et quo Princeps qui regnavit diutius, eo
« magis timendum habet ne ab eo corripiatur qui Rex est regum et
« Dominus dominantium. Quam ob causam, nos Joannes Gabriel
« **Demontempuys**, Rector universi studii Parisiensis, mandamus et
« præcipimus omnibus et singulis ejusdem Universitatis Doctoribus,
« Magistris, clientibus et administris ut conveniant omnes, ornati, ut
« decet, in ædem Deo sacram sub invocatione sanctæ Ursulæ in Sor-
« bona, die Mercurii undecim decembris, hora sesqui-octava matutina,
« æternam christianissimo regi quietem apud Deum adprecaturi. Rem
« sacram, pro sua pietate in regem defunctum, suaque in Academiam
« nostram benignitate faciet Eminentissimus cardinalis **Noaillius**,
« archiepiscopus Parisiensis. Inter sacrum solemne funebrem ora-
« tionem habebit vir clarissimus **Benignus Grenan**, humanitatis pro-
« fessor in *schola Harcuriana*. Ad partem tam pii officii invitamus
« honestum virum quemque erga Academiam nostram bene animatum.
« Solido die sileant scholae.

47.

« Datum in Ædibus nostris Sorbonæ-Plessæis, die quarta mensis
« decembris anno millesimo septingentesimo decimo quinto. (V. Bib.
« Sorb. U. 17, 44.)

C'est à ce recteur **Demontempuys**, chanoine de Notre-Dame, qu'arriva, en 1726, l'aventure assez piquante, racontée par l'avocat **Barbier** dans son *Journal*. Il avait entendu faire un tel éloge de la pièce de *Zaïre* de **Voltaire** et du jeu admirable de mademoiselle **Gaussin**, qu'il voulut en juger par lui-même. Mais, comme il ne convenait pas à un ecclésiastique d'aller à la comédie dans son costume, il eut l'idée bizarre de se déguiser en femme. « Pour cela, dit **Barbier**, il a trouvé dans un vieux coffre les habits de sa grand' mère : manteau, jupe, écharpe et cornettes très hautes, tandis qu'on les porte très basses. Il s'est affublé de ces habits de femme sans songer à l'extravagance de son habillement, par la différence de ceux qui sont d'usage et de mode. Personne ne l'a vu ; il est monté en fiacre et s'est campé aux troisièmes loges, à la Comédie. Des gens ont trouvé cette figure extraordinaire, ont descendu au parterre en ont averti d'autres ; enfin, on a regardé mon homme, et les gens du parterre ont fait un tapage de tous les diables, suivant la louable coutume, quand quelque chose déplait au parterre. L'exempt a su que c'était un homme déguisé en femme ; il a monté en haut, il a fait sortir l'homme, il l'a mis en fiacre et l'a conduit chez M. **Hérault**, lieutenant de police, qui n'était pas alors chez lui. C'est son premier secrétaire qui l'a reçu et qui me l'a dit, jamais homme n'a été plus fâché et plus interdit de la sottise qu'il avait faite. Le secrétaire a prévenu M. **Hérault** du caractère de cet homme, dont la figure était, dit-on, des plus risibles. On le renvoya chez lui, on lui promit de ne point dire son nom, mais tout Paris l'a su. » (*Journal de Barbier*, t. Ier, p. 418. éd. Charpentier, 1866). On fit même une chanson de cette équipée, dont le refrain disait :

> Question rare et nouvelle
> Pour les savants de Paris ;
> Dira-t-on *mademoiselle*
> Ou *monsieur* **Demontempuys** ?

De précieux documents qui viennent seulement de nous arriver de Vire nous permettent de compléter et de corriger aussi plusieurs faits concernant le provisorat de **Gilles Asselin**, chapitre V.

Ainsi à la page 393, sur la foi d'un travail de M. **Finot**, nous avions affirmé, tout en émettant des doutes au sujet de son exactitude (page 378), que G. **Asselin** n'avait été ordonné prêtre qu'en 1752, à l'âge de *70 ans*, afin de pouvoir prendre le grade de docteur en théologie. Or, le diplôme de doctorat de G. **Asselin**, que nous avons sous les yeux, porte formellement qu'il fut fait docteur le 23 novembre 1720, c'est-à-dire trente-deux ans plus tôt que ne le prétend M. **Finot**, et à l'âge de *38 ans*, au lieu de 70 ans : *Magister Thomas Ægidius Asselin, Bajocensis, doctoratus gradum seu doctoratum in nostra*

Universis praesentes literas inspecturis, Decanus et Facultas Sacrae Theologiae Venerabilis Studii Parisiensis, Salutem in eo qui est omnium vera salus. Cum Universa fides Catholica cultoribus suum naturale exquirat, quam Divina legis praecepto suit adstrich, ut fideli testimonio perhibeant veritati: multo magis convenit, ut Magistri Sacrae Theologiae Professores, qui veritatem de divinui scrutantur, et in ea alios instruunt, et informant, ut sic nec amore vel favore autalia quacumque occasione, debent à rectitudine veritatis, aut rationis Cum igitur non solum fama referente, sed ipsa rei evidentia declarante veracitas nobis constet, dilectum nostrum Venerabilem et discretum virum Magistrum Thomam Asselin Presbyterum Bajocensem — — — — — — — — — — — — — — vita, moribus et scientia fore multipliciter commendabilem: volentes quantum nobis incumbit hac in parte veritati testimonium perhibere, tenore praesentium notum facimus tum praesentibus quam futuris, quod praefatus Magister Thomas Asselin Bajocensis Doctoralis gradum seu Doctoratum — Magistri Facultatis praevii examinibus rigorosis secunda quandam nostrae Facultatis statuta et consuetudines diligenter prahibitis solemnitatibus in talibus observari suetis laudabiliter et honorifice est adeptus. Die vigesima tertia Novembris Anni Domini nostri Jesu Christi Septuagesimo — — — — — — — — — in cuius rei testimonium Sigillum nostrum — — — libris sacris Maximis approbandis Diatim Lazurri in nostra Congregatione generali apud Collegium Sorbonae, solemniter celebrata, anno Domini millesimo septingentesimo vigesimo primo die secunda Januarii.   De Mandato DD. Decani et Magistrorum
praefatae Facultatis Sacrae Theologiae Parisiensis.

Diplôme de doctorat en théologie du proviseur Asselin.

facultate.... laudabiliter et honorifice est adeptus die vigesima tertia novembris anno Domini millesimo septingentesimo vigesimo[1].

A propos des affaires du JANSÉNISME, dont nous parlons à la page 387, nous devons rappeler que le collège d'HARCOURT devint un instant suspect au gouvernement sous le provisorat de **G. Asselin**. Une lettre du cardinal de **Fleury** qui lui est adressée, nous apprend qu'il fut obligé d'expulser certains précepteurs demeurant au collège avec leurs élèves, que l'on accusait de trop aimer PORT-ROYAL. Voici cette lettre intéressante à plus d'un point de vue :

« A Rambouillet, le 28 avril 1733. »

« Vous pouvez vous souvenir, Monsieur, que je vous parlay il y a
« environ un mois d'un grand nombre de mauvais précepteurs qui
« sont dans votre collège, et je suis par malheur encore plus confirmé
« aujourd'huy dans cette opinion que je ne l'estais alors. Je scay avec
« certitude par des témoignages indubitables que les sieurs **François**,
« **Lenard** et **Racine** ont conduit plusieurs fois des gens du monde et
« de toute profession sur les ruines du PORT-ROYAL-DES-CHAMPS,
« qu'ils ont enlevé des ossements du cimetière avec la terre et qu'ils
« ont approuvé des convulsionnaires qui y ont donné des scenes tres
« indécentes. Ces trois hommes ne sont pas les seuls de votre collège,
« et il y en a encore plusieurs autres, mais dont on n'a pu me dire
« les noms. Vous les connoitrez seurement si vous vous donnez quelques
« soins pour approfondir leur conduite, et je puis vous assurer que les
« Jansénistes regardent votre college comme un azile pour eux. Je suis
« bien éloigné d'avoir le plus léger soupçon sur vos sentiments, et je
« n'ay aucune inquiétude sur ce que vous pensez personnellement. Mais
« vous estes rempli de douceur, de bonté et vous aimez la paix. S'il
« falloit l'achepter au prix du mal qu'ils peuvent faire parmi votre
« jeunesse, ce serait non seulement une fausse paix, mais elle en-
« traineroit encore les suites les plus facheuses. Je vous prie donc
« instamment de vous défaire de ces trois précepteurs, et de ceux qui
« pensent comme eux. Si les parents de leurs écoliers, n'y veulent pas
« consentir, il vaut encore mieux les prier de se retirer car il est
« certain que le mal gagneroit et que votre college se gateroit entiè-
« rement et sans ressource; personne au monde ne scait que je vous
« en écris et je vous laisse conduire tout avec votre prudence ordi-
« naire. Vous connoissez, Monsieur, l'estime particulière que j'ay pour
« vous. « CARD. DE FLEURY[2].

Dans un registre de comptes de 1762, sous le provisorat de M. **Asselin**, nous retrouvons encore des noms d'élèves distingués qui prouvent que l'aristocratie était largement représentée au collège d'HARCOURT : D'Andigné, d'Argouges d'Asnebecq, d'Arsilly, d'Aubigny, de la Buissonnière, Bonnet de Chamblin, de Bethune, de Boufflers,

1. Voir ci-contre la reproduction de ce diplôme.
2. On sait que le cardinal de **Fleury** fut élève du collège d'HARCOURT. v. p. 309.

Brouard de Clermont, Breton des Chapelle, de la Blotterie, de la Ballue, de Bellegarde, de Boishimont, de Boutteville, de Choiseul, de Canillac, de Cibeins, de Civerac, de Curzac, de Charlemagne, de Courcy, de Chateauvieux, de Saint-Euphraise, de Franquières, de Fitz-James, d'Herouville, d'Hostel, de l'Hospital, de Launai, du Lude, de Marcheville, de Montperny, de Montlezun, de Montmelas, de Neuville, d'Ornano, de Prix, de Parcieu, de la Rochefoucauld, de Rochechouart, de Roux, de Razay, de Sailly, de la Salle, de Saint-Romain, de Saint-Mesme, de la Suse, de Sesmaisons, de Selle, de la Tour, de Tonnerre, de Tournon, de Tavannes, de Virieu, de Veseaux, de Vermonet, de Villemain.

A la page 501, en note, nous devons rectifier la légende qui veut que les QUINZE-VINGTS aient été fondés pour des chevaliers aveugles revenant de Terre Sainte. La vérité est qu'il n'y eut jamais de *chevaliers* dans cet établissement, comme l'a prouvé M. Legrand dans son remarquable livre : *Les Quinze-Vingts depuis leur fondation jusqu'à leur translation au faubourg Saint-Antoine*, Paris, 1887.

A la page 507, ajoutons à la liste des anciens élèves morts au champ d'honneur, le nom de **Fontaine**, officier de marine, tué en 1885, à TAM-SUI (Chine).

A la page 511, nous aurions dû parler de l'organisation actuelle du lycée, en rappelant qu'elle comprend trois ordres de fonctionnaires principaux : une administration, un service de santé et un corps professoral considérable. Nous allons les mentionner ici sommairement.

I. L'administration se compose d'un proviseur, d'un censeur, d'un aumônier, d'un économe et de trois surveillants généraux.

Le *proviseur* est le chef du lycée et doit, à ce titre, exercer une haute surveillance sur tous les services de la maison. Il rend compte de sa gestion au bureau ou à la commission d'administration académique.

Le *censeur*, placé sous les ordres du proviseur, est le surveillant spécial et immédiat de tout ce qui concerne l'enseignement et la discipline. Il doit rendre compte, chaque jour, au proviseur de l'état du lycée.

L'*aumônier* est chargé de l'instruction religieuse des élèves et de tout ce qui se rapporte au culte et à la fréquentation des sacrements.

L'*économe* que l'on appelait encore *procureur*, en 1802, comme sous l'ancien régime, est chargé de la caisse, du recouvrement des fonds, des dépenses et payements soit au personnel, soit aux fournisseurs pour la nourriture et l'entretien des élèves et de la maison. Il est assisté à SAINT-LOUIS par trois commis d'économat.

Les trois *surveillants généraux* président à la discipline des trois divisions entre lesquelles sont répartis les élèves. Ils sont assistés dans leurs fonctions par 32 *maîtres répétiteurs* pour la surveillance des études et des récréations.

Tous les matins, un conseil de discipline et d'administration se réunit dans le cabinet du proviseur; le censeur et les surveillants généraux y rendent compte des faits intéressants qui se sont passés la veille et prennent les dispositions nécessaires pour la journée. Les notes données par les maîtres répétiteurs sont mises par eux sous les yeux du proviseur, qui prend ainsi connaissance du travail quotidien de tous les internes.

II. Le service de santé est placé sous la direction de six médecins, dont un chirurgien et un interne qui réside au lycée. Ils sont aidés pour le service de l'infirmerie par trois religieuses.

III. Le corps professoral comprend 44 professeurs pour les sciences et 29 pour les lettres, répartis de la manière suivante.

1° Pour les sciences :

   6 professseurs chargés de la préparation aux Écoles polytechnique, normale et centrale,
   2 professeurs de géométrie descriptive,
   5 professeurs de physique et chimie.
   1 professeur d'histoire naturelle,
  10 professeurs de mathématiques élémentaires,
   2 professeurs de littérature,
   4 professeurs d'histoire et géographie,
   4 professeurs d'allemand.
   2 professeurs d'anglais,
   2 professeurs de travaux graphiques,
   3 professeurs de dessin d'imitation.
   3 préparateurs de physique et chimie.
  44

2° Pour les lettres :

   2 professeurs de philosophie,
   2 professeurs de rhétorique,
   3 professeurs de mathématiques.
   3 professeurs de physique,
   1 professeur de sciences naturelles,
   4 professeurs d'histoire.
   1 professeur de seconde.
   4 professeurs d'allemand,
   1 professeur d'anglais.
   1 professeur de travaux graphiques,
   3 professeurs de dessin,
   2 maîtres de gymnastique,
   2 maîtres d'exercices militaires.
  29

Enfin, 116 interrogateurs, dont 31 sont professeurs au lycée et 85 appartiennent aux autres lycées et aux grandes écoles de Paris.

Il y en a :
- 57 pour les mathématiques,
- 8 pour la géométrie descriptive,
- 32 pour la physique et chimie,
- 10 pour l'histoire et la géographie,
- 7 pour l'allemand,
- 2 pour l'anglais.

116

Le corps professoral s'élève donc au lycée Saint-Louis à un total de 189 personnes et même 221 si on y ajoute les 32 maîtres répétiteurs mentionnés plus haut.

Rectifions à la page 522, ligne 31 : au sujet de M. **Chappuis**, lire (1860-1873) au lieu de (1861-1868).

A la page 535, ajoutons à la liste des anciens élèves le nom de M. **Dupuy**, inspecteur d'académie.

A cette même page 535, parmi les élèves de marque du lycée SAINT-LOUIS, réparons des omissions involontaires, en citant les noms de Emmanuel **d'Alzon**, fondateur du COLLÈGE DE L'ASSOMPTION, à Nîmes; des deux frères **de Cambis**; de **Gondinet**, l'auteur et l'inspirateur de pièces si connues et si ingénieuses, de l'académicien **Mézières** qui commença ses classes à SAINT-LOUIS, d'Armand **de Pontmartin** qui obtint dix-neuf nominations au Concours général, en quatre ans. Dans sa blibliothèque, un ami a compté jusqu'à 164 volumes des prix qu'il avait remportés au collège et au Concours général, dans toutes les facultés latines, grecques et françaises. Le « *vieux critique* », comme il s'appelait, avait conservé le meilleur souvenir de ses années de collège, 1824 à 1830. Il aimait à en parler et à rappeler les noms des brillants et aristocratiques camarades qu'il y avait connus : outre **d'Alzon**, Henri et Alfred **de Cambis**, Pierre **de Brézé**, actuellement évêque de MOULINS, Charles **de la Bouillerie**, Léon **de Bernis**, Ugolin **de Cayla**, Louis **d'Eckmühl**, Hector **de la Ferrière**, Adrien **de la Hante**, Raymond **de Monteynard**, Guy **de la Tour du Pin**, Féodor **de Torcy**. (Voir *Souvenirs d'un vieux critique*, t. I. p. 339 et *Mémoires*, t. I, p. 57, 59, 63.)

En 1826, quand A. **de Pontmartin** remporta, au Concours général, le prix de *Vers latins*, dont le sujet était l'*Invasion de la Grèce* par les armées de **Xerxès**, il ne se doutait pas que cinquante-quatre ans plus tard, il pourrait hélas ! appliquer à PARIS ces vers qu'il avait composés pour ATHÈNES :

> Adsit, et insultet patriis jam mœnibus hostis
> Barbarus ; ingenuâ se jactet servus in urbe.
> Vos tamen, o cives, nunquam cognata relinquet
> Libertas : inter bellique fugæque labores,
> Vobis libertas vultu arridebit amico.....
> Tuque, novo splendore nitens, rediviva resurge,
> O dilecta Diis ! o Patria !....

Mentionnons encore plusieurs anciens élèves : parmi les membres de l'Académie française, l'ancien bâtonnier de l'ordre des avocats, M. **Rousse**, qui fut un grand citoyen aux jours néfastes de 1871 ; et à la Direction des Beaux-Arts, M. **Roujon**, deux *Saint-Louis*, qu'il ne faut pas oublier. Et puisque nous venons de parler de l'Académie, pourquoi ne rappellerions-nous pas le nom d'un autre élève, du chef du secrétariat qui en est inséparable, M. J. **Pingard** ?

A la page 557, outre la *Saint-Charlemagne*, l'usage de célébrer la *fête des Rois* s'est conservé au lycée. Le 6 janvier, le menu des élèves est avantageusement modifié et, à chaque table, on boit à la royauté de la fève, comme le faisaient les anciens *harcuriens*.

A la page 560, réparons l'oubli d'un vice-président qui suppléa le général **Salanson** (et non **Salançon**) au banquet de l'Association de 1883, M. **Lavollée** (Charles) ancien préfet.

A la page 592, ajouter sur la liste des proviseurs, au nom de **Richard Barbe**, la mention de *Rouen*.

A la page 707, à propos de l'élève **Nau**, les deux oratoriens dont nous parlons, **Paquelin** et **Bouvron**, étaient au nombre des membres laïques de la Congrégation de l'Oratoire qui, au XVIIIe siècle, allaient professer dans les collèges où on les envoyait[1]. L'élève **Nau** devint sans doute l'oratorien connu sous ce nom. Le célèbre Père **de Condren**, 2e général de l'Oratoire (1629), avait été aussi élève du collège d'HARCOURT.

A la page 720, 2e colonne, lire **Sirvent** au lieu de **Servent**.

A la page 733, ligne 7, lire 1782 au lieu de 1682.

Nous voudrions encore exprimer ici toute notre reconnaissance aux bienveillants critiques qui ont rendu compte, en des termes souvent trop flatteurs, de notre livre dans les revues et journaux où l'on se préoccupe de l'enseignement universitaire et de son histoire. Ne pouvant citer tous les auteurs de ces articles, nous rappellerons seulement que M. **Havet**, professeur au COLLEGE DE FRANCE, et M. **Agabriel**, notre collègue, ont les premiers signalé cet ouvrage à l'attention du public, dans leurs beaux discours de la distribution des prix du Lycée SAINT-LOUIS. M. **Havet** n'a pas manqué de faire ressortir l'heureuse pensée qu'a eue l'Association des anciens élèves d'ajouter au prix qu'elle distribue chaque année, une médaille commémorative des dates de fondation du COLLEGE D'HARCOURT et de son rétablissement sous le nom de LYCÉE SAINT-LOUIS. Cette médaille due à l'initiative de M. **Pélicier**, ancien président de l'Association, et à la générosité du duc **d'Harcourt**, a été remise en 1891, à l'élève **Jarry**. Nous savons

---

1. V. P. Lallemand, *Essai sur l'histoire de l'éducation dans l'ancien Oratoire de France*, chap. VII.

qu'elle sera également distribuée aux vingt-sept lauréats survivants de l'Association, dont nous avons inscrit les noms à la page 559[1]. L'Annuaire de 1892 rendra compte de cette cérémonie.

[1]. MM. **Royer, Guay** et **Olive** sont décédés, comme on le verra dans la liste des trente et un noms, dressée par M. **Pélicier**, qu'il nous a semblé intéressant de répéter ici, en indiquant la position actuelle de chacun de nos lauréats. C'est ce qui nous permet de réparer un oubli dans la liste de la page 559, sur laquelle a été omis le nom de M. **Paul Gallois** qui avait obtenu, en 1875, une mention spéciale, à titre exceptionnel, parmi les lauréats de l'Association.

MM.

1861.	DOUET ✹ (Eugène).	Directeur des manufactures de l'État,	à Nantes.
1862.	ROYER	Élève de l'École polytechnique décédé le 3 novembre 1865,	à Avallon.
1863.	CHAUFTON ✹ (Albert).	Docteur en droit, Avocat au Conseil d'État et à la cour de Cassation,	à Paris.
1864.	BRAIVE ✹ (François).	Chef de bataillon, Commandant en second le Prytanée militaire,	de La Flèche.
1865.	PINTART ✹ (Jules).	Chef de bataillon du génie,	à Mézières.
1866.	ANQUETIL ✹ (Jules)	Chef de bataillon du génie, 3e régiment,	à Arras.
1867.	DE BELLEGARDE ✹ (Amédée).	Chef d'État major de la 33e division d'infanterie,	à Montauban.
1868.	REISET ✹ (Louis).	Chef d'escadrons d'artillerie, Directeur de l'instruction militaire,	à l'Ecole polytechnique.
1869.	GUAY (Marcel).	Avocat, docteur en droit, décédé le 17 novembre 1887,	à Longjumeau.
1870.	RABANIS ✹ (Georges).	Capitaine du génie,	à Laghouat (Algérie).
1872.	RENARD (Paul).	Capitaine d'État-major particulier d'artillerie, attaché au cabinet du Ministre de la Guerre,	à Paris.
1873.	FOUCHÉ (Maurice).	Professeur de mathématiques à Sainte-Barbe,	à Paris.
1874.	LACOUR (Émile).	Professeur de mathématiques au lycée Saint-Louis,	à Paris.
1875.	PUISEUX (Pierre).	Maître de conférences à la Faculté des sciences,	de Paris.
1875.	GALLOIS (*Mention*) (Paul).	Docteur-Médecin, ancien interne des Hôpitaux,	à Paris.
1876.	OLIVE (Jean-Marie).	Lieutenant d'artillerie décédé le 13 mars 1886,	à Rueil.

	MM.		
1877.	Lyon ✳ (Gustave).	Ancien élève de l'École polytechnique, Chef de la maison Pleyel, Wolff et Cie,	à Paris.
1878.	Janet (Armand).	Ingénieur des constructions navales,	à Toulon.
1879.	Spiers (Victor).	Professeur de lettres,	à Philadelphie.
1880.	Vignal (Paul).	Capitaine du génie 3e régiment (Ecole supérieure de guerre, breveté en 1891),	à Arras.
1881.	Andoyer (Henri).	Maître de conférences à la Faculté des sciences,	de Toulouse.
1882.	Blanleuil (Louis).	Capitaine du génie,	à Bastia.
1883.	Brand (Émile).	Lieutenant d'artillerie de marine à la Poudrerie,	de Sevran-Livry.
1884.	Caboche (Alexandre).	Ingénieur ordinaire des ponts et chaussées,	à Royan.
1885.	Godron (Henri).	Ingénieur ordinaire des ponts et chaussées,	à Alençon.
1886.	Chair (Lucien).	Professeur de physique au collège,	d'Auxerre.
1887.	Antonin Roger (Maurice).	Élève de l'École normale supérieure (lettres),	à Paris.
1888.	Vintéjoux (René).	Agrégé de mathématiques, soldat au 117e d'infanterie,	à Paris.
1889.	Douxami (Henri).	Élève de l'École normale supérieure (sciences),	à Paris.
1890.	Greffe (Émile).	Élève de l'École normale supérieure (sciences),	à Paris.
1891.	Jarry (Raymond).	Élève de l'École normale supérieure (sciences),	à Paris.

TABLE GÉNÉRALE

Absalon, Tragédie, 353, 662.
Achaintre, 718.
Achille, Tragédie, 326.
Acis, 718.
Adam, 601.
Adam, boursier, 340, 670.
Adnot, 718.
Agabriel, 717, 718, 745.
Agnadel, 167.
Aguesseau (d'), 327, 362.
Aillot (Jean), 104, 599.
Ailly (d'), 33, 146.
Aimery, 163.
Alain (Jean), proviseur, 189, 198, 202, 214, 215, 221, 222, 593, 594. 704, 705.
Alain-Muset, 653.
Albert le Grand, 450.
Albret (Jeanne d'), 227.
Alcandro, 167.
Aleinvilliers, 64, 577, 578.
Alem, 543.
Alembert (d'), 416, 419.
Alençon (comte d'), 59, 218.
Alençon (duc d'), 153.
Alençon (Catherine d'), 150, 153, 154, 594, 684, 704.
Alençon (Jean d'), 596.
Alès (Alexandre de), 447.
Alexandre IV, 3.
Alexandre VI, 224.
Alexandre (François), 523.
Alexandre, 471, 523, 717. 718.
Alibert, 542, 718.
Aligre (chancelier d'), 267.
Aligre (Gilles d'), 311.
Allain, professeur, 718.
Allain (E.), 430.
Alligre ou Aligre, 456, 457.
Alvarez, 505.
Alzon (d'), 744.
Amar, 475.
Amboise (Jacques-Marie d'). 242, 243, 596.
Amboise (Georges d'), 166, 171, 179.
Ambroise, 505.
Ame (Louis), 383, 695.
Ameline (Alexandre), 697.

Ami (Mathieu l'), 660.
Amiot, 718.
Amyot, 281.
Anceau, 471, 718.
Ancien (l'), 8, 10.
Andigné (d'), 740.
Andilly (Robert d'), 309, 664.
Andoyer, 559, 747.
André (Jean), 448.
Angély (d'), 718.
Angoulême (duc d'), 246.
Angoulême (duc d'), 475.
Anjou (Charles d'), 49.
Anne d'Angleterre, 349.
Anne d'Autriche, 366.
Anquetil (Jacques), 431, 559, 599, 697, 701, 746.
Anquez, 523, 717, 718.
Ansard, 471, 718.
Anselme (P.), 43, 92.
Ansse de Villoison, 420.
Anthemius, 300.
Anthon (Gaspard Vidaud d'), 662.
Anticoton, 454.
Antoine, 505.
Appariteurs ou huissiers, 11, 12, 27.
Appien, 453.
Arcueil, 117, 183, 685.
Ardelon, 710.
Argentré (d'), 737.
Argouges d'Asnebecq, 740.
Aristote, 30, 125, 126, 137, 146, 309, 315, 334, 381, 443, 449, 450.
Armand, 505.
Armelin, 505.
Arménerie (Montlieu de l'), 695.
Armenonville (d'), 367, 368.
Arnal, 718.
Arnoul (Claude), 219.
Arnaud de Corbie, 113.
Arnauld, 305.
Arod, 394.
Arsilly (d'), 740.
Arsy (de Gouy d'), 696.
Artiens ou Artistes, voir Bourses et boursiers.

Ascagne, 207.
Asnières, 102.
Asselin (Gilles), proviseur, 353, 376-378, 380, 382, 384-389, 391-394, 415, 538, 593, 739, 740.
Asselin (Jean), professeur, 538, 718.
Assemblée des Nations, 5, 13.
Astrée (l'), 454.
Athènes, 741.
Aubenet, 710.
Auberis (des), 283, 291, 292, 295, 445, 595, 663, 671, 687, 704, 706, 738.
Aubert (Jean), 260, 265, 278, 596.
Aubert (de Carentan), 171.
Aubert, 523, 718.
Aubigny (d'), 231, 740.
Aubin (Jean), 696, 697, 701.
Aubin (Pierre), 651.
Aubry, 120, 137, 447, 596.
Aubry (Jean), 706.
Audebard de Ferussac (d'), 507.
Audier, 505.
Audin, 168.
Aufrye, 661.
Auger, Censeur, 344.
Auger, lauréat, 698.
Auger, marchand, 710.
Augustins (Ordre des), 47.
Aulberoche (P. d'), 277.
Aumale (d'), 140.
Aumôniers, 522, 523, 543, 742.
Aumont (Louis d'), 320.
Aurilly (d'), 46.
Ausseur, 551.
Aussonvilliers (Jean d'), 170, Auteuil (Nicolas d'), 101
Authieux (Beaudouin des), 316, 317, 320, 340, 363, 374, 375, 572, 670, 705.
Autriche (Élisabeth d'), 221.
Auvers (d'), 46.

Auvray (Emmanuel), 431, 699.
Auxerre, 64, 283, 294.
Avones (Dondeau des), 697.
Avranches, 4, 64, 65, 99.
Avril (Jacques), 202.
Avril (Jean), 240, 243, 596.
Aynès, 505.
Babinet, 471, 523, 525, 717, 718.
Baccalauréat, 32.
Bachelet, 324.
Bagneux, 685, 712.
Baillaud, 718.
Baillet, 439.
Bailly, 491, 493.
Baize, 718.
Bâle (concile de), 123.
Baliue (de la), 742.
Bar (de), 115.
Barante (de), 153, 162.
Barbe (Richard), proviseur, 91, 98, 99, 592, 737, 745.
Barbe (Guillaume), 104, 599.
Barbé, 412.
Barberet, 718.
Barbier, 537.
Barbier, 739.
Bardin, 718.
Barnouin, 538.
Baronius, 263.
Barrière de la Motte, 661.
Barrin de la Galissonnière, 667, 738.
Barrault, 718.
Barroux, 718.
Barthélemy (abbé), 419.
Bary, 718.
Basile, 55.
Basset, 133.
Basset (Giles), 596.
Basset de la Parenterie, 415.
Basset des Rosiers, 414-417, 596.
Bassot, 507.
Batelier d'Aviron (Le), 135.
Battier, 718.
Baudelaire, 535.
Baudoin, 307.
Baudot, 718.
Bavière (cour de), 154.
Bayard, 167.
Bayard de la Vingtrie, 507.
Baye (Nicolas de), 109.

Bayeux, 5, 56, 58, 91, 102, 685.
Bayle, 543.
Bazot (Claude), 596.
Beau, 507.
Beaucourt (G. de), 123, 124.
Beauffet (Guillaume de), 84, 590.
Beaufils, boursier, 104. 599.
Beaufils, professeur, 718.
Beaufort, 267.
Beauharnais (de), 431.
Beaujan, 523, 718.
Beaumanoir (de), 278.
Beaumont (Alix de), 46.
Beaumont (Jean de), 48.
Beaumont (de), archevêque, 388.
Beaumont (Élie de), 698, 699.
Beaune (Renaud de), 254.
Beauquemar (de), 299.
Beauvais (Vincent de), 450.
Beauvais (Jean - Baptiste de), 394.
Beauvais (Jean de), 104, 599.
Beauvais (Marie de), 699.
Beauvais (Jean-Louis), 696.
Beauvais, 133, 263, 307.
Beauveau (Louis de), 361.
Beauvilliers (duc de), 351.
Bec (chronique du), 148, 166.
Bedeau, voir Appariteurs.
Bedford (duc de), 601.
Bédoyère (La), 535.
Béhotte, 260, 262, 644, 646, 653, 654, 655.
Belbœuf, 57.
Belime, 698.
Beljame, 718.
Bellaguet, 524, 717, 718.
Bellanger, 507.
Bellarmin, 271, 449.
Bellechaume-Poubeau, 350.
Bellegarde (de), 559, 742, 746.
Belleville, 310.
Belley, 542.
Bellocq, 718.
Benoit XIII, 112.
Benoist (Louis), 261, 648.
Beraud, 507.
Béraut (Jean), 104, 599.
Beringhen (Henri de), 375.

Bernard, abbé, 366.
Bernard, aumônier, 543.
Bernard, évêque, 709.
Bernard le Danois, 43, 44.
Bernardin, 718.
Bernis (Léon de), 744.
Bérot (Étienne), 93.
Berquin, 186.
Berrier, 364.
Bertin, 717, 718.
Bertinet, 701.
Bertrand (J.), 229.
Bertrand, 523, 718.
Berty (Plan), 58, 165, 489.
Besse, 718.
Béthune (Ervard de), 126.
Béthune (de), 740.
Beudant, 535.
Beurnère, 457.
Beylard, 718.
Beysne (Louis de), 658, 659.
Beze (Th. de), 214, 229.
Béziers, 48.
Bibliothèque et bibliothécaire, 296, 298, 341, 441, 459.
Biennoury, 499, 501, 524, 718.
Bigne (Marguerin de la), proviseur, 239-245, 258.
Bigne (Marguerin de la), doyen du Mans, 241, 334.
Bignon (Paul), 311.
Bignon (Armand), 657.
Bigot, 104, 599.
Bigourdan, 718.
Billy (Toustain de), 62, 258.
Binard, 695, 696.
Binet, 421, 430, 434.
Bische (de), 202.
Biville (de), 885.
Blainville, 156.
Blanc (Le), 686, 706.
Blanchard (Auguste), 507
Blanchard, professeur, 718
Blanchet, 718.
Blancmesnil, 388.
Blauleuil (Louis), 559, 747.
Blauvac (abbé), 369.
Blay de Quesnay, 738.
Blin, 656.
Blondel, 449.
Bloquet, 718.

Blotterie (de la), 742.
Bloume, 718.
Bochard, 138.
Bochet, 507, 513, 514, 524, 535, 536, 540, 560.
Bodemez. 718.
Bodem, 504.
Boëce, tragédie, 253.
Boeswilwald, 555.
Boffrand (Germain), 323.
Boileau, 309, 315, 351,453.
Bois, 543.
Boisgibaud (de), 400, 696, 701.
Boisgobey (de), 535.
Boishimont (de), 742.
Boissel (Raoul), 595, 703, 704, 705, 706.
Boissonnade, 431. 702.
Boissy (de), 427.
Bonfils, 537, 542.
Boniface VIII, 63.
Bonnel de Longchamps, 560.
Bonnet de Chamblin, 740.
Bonneval (de), 376.
Bonnevie (de), 662.
Bontemps, 404.
Bony, 718.
Boquet, 540.
Bordeaux (duc de), 472, 475.
Bornèque, 507.
Bos, 524, 718.
Bossay (Poulain de), 514, 515, 541, 543.
Bosse, 702.
Bossuet, 39, 263, 356, 451, 453, 592.
Bossulus, 246.
Boucard, évêque d'Avranches, XIII, 33, 91, 123, 138-141, 144, 146, 148-150, 153, 167, 346, 594-596, 640, 641, 669, 706.
Boucaut, 294.
Bouchard, 507.
Bouché, 718.
Boucher, 214.
Boudot, 686.
Bouettin, 387, 388.
Boufflers (de), 400, 740.
Bougueret, 718.
Bouillerie (Charles de la), 744.
Bouillet, 535.

Bouillon (Prince de), 321.
Boujonnier, 260.
Boulanger, 394, 702, 718.
Boulay (du), 1, 3, 5, 7, 10, 11, 16, 25, 26, 35, 38, 54, 58, 59, 65, 68, 69, 78, 98, 108, 109, 111, 113, 119, 126, 128, 142-147, 152, 158, 163-165, 283, 310, 412, 486.
Boule (La), 660.
Boulenc (dom), 48.
Boulet, 316.
Bouquet (abbé), 543.
Boumbaki, 535.
Bourbon, boursier, 260, 266, 267.
Bourbon (Charles de, cardinal de Joyeuse), 262, 663.
Bourbon - Condé (Charles de) 360.
Bourbon (duc de), 364, 368.
Bourdaloue, 356.
Bourges, 139.
Bourlet, 535.
Bourmont (A. de), 126.
Bourses et boursiers, 29, 60, 70, 83, 296, 298, 341, 373.
Boursier (Guillaume), 156.
Boussard, 344.
Boutan, 517, 518, 523, 540, 543, 716-718.
Boutet de Montvel, 718.
Boutin (Jean), proviseur, 91, 99-103, 105, 110, 112, 150, 592-594, 685, 705.
Boutin de Dieucourt, 662.
Boutin de Pommery, 662.
Boutteville (le), 742.
Douty, 524, 718.
Bouvier (Raoul), 595, 785.
Bouvron, 707, 745.
Boyer, 388.
Boysse, 326, 328.
Boyvin, 166, 167, 169, 592-594, 703.
Brabant (Godefroy de) 575.
Brahaut, 507.
Braive, 559, 746.
Brame, 525, 535, 560.
Brand, 559, 746.
Bras (de), 697.

Brasseur, 102, 115.
Bravais, 535, 536.
Bréhal, 139.
Brenet, 25.
Bréquigny, 151.
Bretel (Louis), 653, 655.
Breteuil. 123.
Brétignères (de), 695.
Bretonnière (Agier de la). 384, 400, 696.
Breul (du), 16, 54, 57, 65, 68, 86, 92-94, 106, 108, 109, 106, 258, 283.
Brézé (de), évêque de Moulins, 535, 744.
Brézé (Pierre de), sénéchal de Normandie, 135.
Brézolles (Joseph de), 327, 656.
Brice, 303, 309, 486.
Briçonnet, chancelier de France, 157.
Briçonnet (Jacques), 375.
Brienne (Loménie de), 357.
Brière (Jean de la), proviseur, 333-337, 339, 340, 342-347, 455, 593, 595.
Briffe (Amilly de la), 347.
Briges, 717.
Brion, 718.
Brione (Julienne de), 102.
Brionne (de), 46.
Briot, 523, 535, 718.
Briou (Parceval de la Brosse de), 695.
Briquet, 100.
Briquet (Nicolas), 661.
Brissaud, 524, 541, 542, 560, 561.
Brock (Jean de), 375.
Broglie (duc de), 419, 535, 536, 539.
Brosselard, 717, 718.
Brouardel, 535.
Brouet, 646.
Brouillot, 718.
Broutta, 524.
Bruel, 258.
Brunel, 718.
Brunet, 452.
Brunet (Natalis), 698.
Bûcherie (rue de la), 19.
Budan, 472.
Buffilet, 657.

Buffon, 433.
Buillon (Denys de), 345.
Buissonnière (de la), 740.
Burat, 718.
Buridan, 33, 146.
Burnouf, 430, 434, 435, 437, 532, 536, 699, 702.
Busson-Billault, 535, 559.
Butor, 276.
Buys, 718.

Caboche, 114, 523, 555, 559, 718, 746.
Cachan (Arcueil-), 712.
Caen, 64, 121.
Cailleau, 456.
Calendrier de l'Université, 33.
Calmann-Lévy, 419.
Calonne (de), 717, 718.
Calvet, 718.
Calvin, 284, 737.
Cambis (de), 744.
Cambrai, 115.
Camp (du), 536.
Campan, 115.
Candidats aux examens, 30.
Canillac (de), 742.
Cantiers (Guillaume de), 112, 115.
Capelle, 469.
Capperonnier (Claude), 382.
Capperonnier (Jean), 381.
Capet (Hugues), 166.
Caqué, 718.
Carbonnelli, 592.
Carcassonne (vicomte de), 48.
Cardon, 599.
Carel, 316.
Carême, 523, 718.
Carette, 532.
Carnavalet (Musée), 431.
Carnot (Jean-Louis), 701.
Caron (Pierre), 104.
Caron, lauréat, 532, 718.
Carpentier, 654.
Cartelier, 717, 718.
Cartésianisme, 309. 315.
Carvalho, 524.
Casevan (Jean de), 653.
Cashin, 718.
Castera, 394.

Castille (Blanche de), 54.
Castillony (Antoine de), 375.
Castillouy (François de), 375.
Catalan, 718.
Catulle, 256.
Cauchon, 120, 133.
Cauterelle, 710.
Caux, 57.
Cave, 507.
Cavellier (Le), 700.
Cayla (Ugolin de), 744.
Cayx, 514.
Cazeau, 710.
Caziu, 718.
Célestin III, 95.
Censeur, 8, 25, 129, 521, 522, 742.
Cerisier (Julien-Gabriel), 699.
César (Commentaires), 256. 263, 374.
Cesari, 718.
Chabozy, 718.
Chabrol (comte de), 483.
Chaillon, 375, 712.
Chaillot, 543.
Chaintre (Foulon de), 696.
Chair (Paul), 559, 746.
Châlons, 263.
Chaloriguy (Louis de), 658.
Chamarande (de), 375, 376.
Chambon, 660.
Chamillard (Michel de), 319.
Champs-Élysées (promenade des écoliers), 410-412.
Chancelier de l'Université, 2, 10, 11.
Chantepie (de), XII.
Chaon, 710.
Chapelain, 60.
Chapelle (Breton des), 742.
Chapelle du collège d'Harcourt, 85, 86, 261, 301.
Chapelle du lycée Saint-Louis, 495, 510.
Chapotain (P), 53, 60, 85, 165, 266.
Chappuis, 522, 741, 543, 547, 744.
Chappuizy, 718.
Charbonnet, 423.
Chardin, 717, 718.

Chardon, 103.
Charlemagne, XIII, 1.
Charlemagne (fête de la Saint-), 14, 147, 310, 551, 553-556.
Charlemagne (de), 742.
Charles (Dauphin, duc de Normandie), 96, 98.
Charles IV, 4.
Charles V, 137.
Charles VI, 91, 99, 100-102, 108, 111, 112, 114, 116, 118, 124, 140.
Charles VII, 118, 120, 122-124, 129, 135, 139, 140, 141, 151, 156, 254.
Charles VIII, 162, 171.
Charles IX, 138, 641.
Charles-Quint, 137.
Charles de Valois, 56, 59.
Charles-le-Simple, 44.
Charles-le-Téméraire, 141, 145.
Charon, 104.
Charpentier, 524, 701.
Charpentier (Jacques), 227.
Charpentier, professeur, 717, 718.
Chartier (Louis), 393.
Chartier (Guillaume), 125.
Chartres, 59, 571.
Chassevent-Bacques, 501. 503, 524, 718.
Chastenet, 116.
Chataigne (Pierre), 104.
Châteaubrun, 393.
Châteauneuf, 358.
Chateauvieux (de), 742.
Chatelain, XV, 2, 442, 452.
Chatillon (Jeanne de), 59.
Chaudé, 510, 519.
Chaufton, 599, 745.
Chaumont (Denys de), 114.
Chaussier, 230.
Chauveau, 718.
Chauvin, 150, 475, 518, 540.
Chely, 718.
Chemin, 439.
Chennevières (de), 504.
Chereau, 100, 102, 103.
Cherey, 93.
Chervet, 718.
Chesneau, XIV, 301, 402.
Cheval (Chrysostome), 698.
Chevallier (Étienne), 202.

Condren (de), 745.

Chevallier (J. B), 700.
Chevreul (Jacques du), 276, 280, 283-285, 295, 300, 307, 322, 663, 686, 703, 704-706.
Chevry (Raoul de), 56.
Choiseul-Gouffier, 417, 418-420, 472, 742.
Chopart, 710.
Choudard-Desforges, 431.
Chouilloux - des - Radrets, 718.
Chrestien, 154.
Chrestien de Poly, 507.
Christianon (Nicolas), 594.
Chuquet, 524, 717, 718.
Cibeins (de) ou Cibens, 394, 742.
Cicéron (discours), 256, 374, 439.
Cinglant, 144.
Cinq-Mars, 260.
Civerac (de), 742.
Clamanges (Nicolas de), 148.
Classes, 150, 164, 189, 191.
Clauset, 393.
Cleiftie, 507.
Clemenson, 718.
Clément IV, 23.
Clément V, 63, 85, 86, 591.
Clément VI, 737.
Clément VII, 110.
Clément XI, 334, 389.
Clerc, 470, 521, 523, 543.
Clermont (Brouard de), 742.
Cluny (Hôtel de), 153.
Cocaigne, 200.
Cocheris, 166, 182, 394.
Cochet (Jean), 383.
Cœur (Jacques), 92.
Coffin, 351, 367, 382, 431, 560, 681.
Coignart (J. B.), 382, 433.
Colardeau, 718.
Colas, bibliothécaire, 456.
Colbert (Nicolas), 301.
Coligny (Nicolle de), 102, 394.
Colins (de), 695, 700.
Collèges, leur organisation primitive, 37, 60.
Collège de Bayeux, 280, 685.
Collège de Beauvais, 261, 265, 351, 401.

Collège de Boucourt, 169, 262.
Collège des Bons Enfants, 92, 93, 95, 169.
Collège de Bourgogne, 168.
Collège du Cardinal-Lemoine, 109, 262, 276. 401.
Collège de Calvi, 265, 266.
Collège des Cholets. 212.
Collège de Clermont ou Louis-le-Grand, 13, 161, 268, 274, 277, 283, 285, 313, 328, 351, 402, 404, 435, 456, 478.
Collège de Dormans-Beauvais, 309, 382.
Collège de la Flèche, 267.
Collège des Grassins, 274, 385, 404.
Collège d'Harcourt, XI, XII, XIII, 1, 5, 10, 13, 15, 16, 22, 26, 35, 37, 46, 58, 65, 68, 83, 86, 91, 94, 95-99, 100-103, 106, 110-114, 116, 118, 120, 138, 142, 149-151, 153-157, 158, 161, 164-167, 253, 349, 353, 399, 461, 573, 577, 590, 591, 710, 713, 714.
— Statuts du collège, 69, 579 ; — règlement des pensionnaires. 370, 687.
Collège de Justice, 5, 94, 153, 165, 169, 487, 737.
Collège de Lisieux, 5, 94, 163, 165, 401, 404, 713.
Collège des Lombards. 308.
Collège de Maître Gervais, 313.
Collège du Mans, 277, 278, 313.
Collège de Mantes, 363.
Collège de la Marche, 169, 404.
Collège Mazarin ou collège des Quatre Nations, 17, 301, 365, 366, 404, 435.
Collège de Montaigu, 168, 404, 440, 737.
Collège de Navarre, 99, 104, 111, 119, 125, 165, 169, 274, 404, 438.
Collège du Plessis, 5, 274, 383, 404, 468.
Collège Royal ou de France, 161, 265-267, 268, 274,

282, 286, 293, 294, 295 384, 745.
Collège Saint-Louis, 461 469, 479, 484, 713, 714.
Collège Saint-Victor, 101.
Collège de Séez, 5, 153, 165.
Collège des Trente-trois, 366.
Collège du Trésorier, 5, 57, 69, 295.
Columbeis (Thomas de), 577.
Colleville, 375.
Collier, 718.
Collot (Bernard), 382, 431.
Colonia, 695.
Combart (Louis), 319.
Combe (Honoré de la), 375.
Combeau, 542.
Combette, 524, 531, 718.
Comédies, 168.
Comines, 263.
Commandeur, 439.
Conches (Feuillet de), 360.
Condé (Prince de), 17, 18.
Condorcet, 438.
Compayré, 257.
Concours d'agrégation, 38, 403.
Concours général, 382, 406-410, 431, 694.
Confrans (Nicolas), 117, 703, 705.
Constance (concile), 115.
Constantin, 300.
Contrepont (de), 685.
Convers, 553.
Coppée, 527, 536, 553, 560, 563, 564.
Coquelcy, 254.
Corbet, 172.
Corbière, 478.
Cordier, 195.
Cordonnier (Etienne), 648.
Corlieu, 102, 103, 587.
Corneille (Philippe), 596.
Corneille (Pierre), 266, 300, 326, 415, 417, 453.
Corneille (Thomas), 378.
Costefrède, 394.
Cosme (Louis), 459, 708.
Cosnard, 560, 561.
Cotentin (Louis de), 62.
Cothenet, 507.

HARCOURT-SAINT-LOUIS. 48

Cottin, 560.
Coudert, 718.
Couderc de Fonlongue, 507.
Cougny, 143, 524, 718.
Coulonche (de la), 718.
Coullard, 294, 445, 648, 686, 705.
Coupan, 555.
Couppey, 285.
Courcot, 532.
Courcy (de), 742.
Courgeon, 524.
Courseraut, 718.
Cousin, 463.
Cousinot, 109, 110, 113.
Coussay (de), 393.
Coussy (Mathurin), 697, 701.
Contances, 5, 56, 58, 62, 63, 65, 68, 84, 89, 99, 101, 105, 112, 117, 170, 171, 274, 283, 294, 300, 307, 312, 333.
Coutures, 459.
Couvains, 155.
Coville, 113, 114, 117, 118.
Créhange, 718.
Cretin, 718.
Creusardière (de la), 697.
Crève-Cœur (de), 102.
Crévier, 11, 21, 38, 54, 98, 109, 142-144, 152, 163, 164, 257, 266, 486.
Crispin, 452.
Critton, 266, 269.
Crœzer, 394.
Croisette (Perrette de la), 102.
Croiset, 717, 718.
Crommelin, 331.
Crouzet, 440, 441.
Cucheval, 718.
Cruciani, 718.
Cujas, 454.
Curzac (de) 742.
Cuvier, 432.
Cuville (Olivier de), 375, 660.
Cuvillier, 718.
Cybole (Robert), proviseur, 120, 123-125, 129, 130, 131, 134, 135, 137, 141, 148, 443, 449, 602, 703, 705.
Cyrano de Bergerac, 264.

Dacier, 385.
Dagoumer, proviseur, 59, 334, 346, 348, 349, 350, 358, 359, 360, 362, 368-370, 376, 581.
Dagnin, 510, 560.
Daine, 376.
Daireaux (Charles), 459, 708.
Daireaux (Nicolas), 459, 708, 709.
Daireaux, proviseur, 399, 432-434, 441, 459, 697.
Daly, 491, 493.
Dambray, 421, 482.
Damilaville, 413.
Dancel, 322.
Danès, 227.
Daugeau, 360.
Dangeon, 376.
Daniel (Jacques), 104, 599.
Daniel (Roger), 104, 599.
Danot, 599.
Danville, 394.
Darboux, 523, 524, 718.
Darlu, 717, 718.
Dartois, 657.
Daru, 467.
Dassance, 523, 543.
Daumas, 510, 543.
Daussart, 658.
David (Bertrand et Thomas), 595, 704.
David (Nicolas), 366.
David (Tragédie), 446.
Deboudachier, 543.
Debras, 554, 697, 718.
Debray, 523, 718.
Deffoux, 697.
Defonte, 718.
Defrenne, 718.
Degand, 394.
Degouy, 394.
Dehennot, 284, 285, 322.
Delachon, 64, 577, 578.
Delahaye, 103.
Delalain, xv, 384, 535, 560.
Delaulne, 659.
Delbès, 717, 718.
Delf, 159.
Delille ou Delisle, professeur, 525, 718.
Delisle (Ant.), 202.
Delisle (L.), 62, 82, 435.

Delisle, lauréat, 430, 699.
Delisle, (madame), 435.
Delorme, 104.
Deltour, 523, 717, 718.
Delzons, 717, 718.
Demandion, 507.
Demogeot, 524-526, 717, 718.
Demontempuys, 266, 737, 738, 739.
Démosthène, 256, 375.
Denais, 268.
Dendeleux, 507.
Denifle (P.), 2, 3, 7, 10, 58, 442, 737.
Deniset, 242, 246, 596.
Denormandie, 510, 539, 547, 558, 560, 564, 567, 735.
Denys d'Halicarnasse, 453.
Denys (Jean), 295, 671, 687.
Denys, professeur, 717, 718.
Deprez, 522, 543.
Dereux, 717, 718.
Desains, 718.
Descartes, 309, 315, 634, 369, 381, 451.
Deschamps, 354.
Deschamps (Gilles), 99, 110, 111, 112, 689.
Deschamps (Pierre), 155.
Deschamps (Robert), 110.
Descudet, 543.
Desdouits, 718.
Desessart, 698.
Desjardins, 536.
Desmazures, 712.
Desmonville, 258 (voir Turgot).
Desplats, 719.
Despois, 532, 536.
Dessenon, 719.
Déterminances ou examens, 29, 33.
Dethermes, 394.
Deu, 190.
Deville, 439.
Deville-Chabrol, 507.
Devos, 719.
Dezobry, 324, 420.
Dheulland, 64.
Dias, 202.
Diderot, 380, 415, 416, 526.
Didier, 521, 543, 571.
Didot, xiv, 20, 51, 52, 385, 419-421.
Didron, xiv, 135.

48

Diencourt (de), 662.
Diguet, 719.
Dimanche, 712.
Dimart, 325.
Disnée, 201.
Diodore de Sicile, 453.
Dion Cassius, 453.
Doctorat, 127.
Dondeau, 697, 701.
Dongois, 677.
Dorat, 227.
Dorland, 719.
Dorp, 33.
Dortal, 394.
Doseine, 711.
Dossier, 39, 40, 272. 286.
Doster, 272.
Douarche, 223, 270, 368.
Doucet (Camille), 510, 512, 536, 560, 563, 695.
Doucet (Nicolas) 700.
Douet, 559, 746.
Douet d'Arcq, 6.
Douté (Armand), 362, 661.
Douxami, 559, 747.
Doyen, 8, 25.
Dragicsevics, 719.
Dreux, 658, 659.
Dreux-Brézé, 17.
Drion, 719.
Drouard de Bousset. 329.
Dubois, 471, 719.
Dubois (Alphée), 566.
Dubourg, 340, 670.
Dubourg (Jean), 100.
Duc (Thomas), 104.
Ducange, 486.
Duché, 363.
Duchemin-Boisjousse, 719.
Duchesne, 28.
Duchesne, 394, 532.
Ducis, 599.
Duclos, 416.
Ducourneau, 700.
Du Douyt, 695.
Dufet, 524. 536, 717, 719.
Dufour, 320, 559.
Dufourny, 440.
Dufy, 719.
Duguet, 648.
Duhamel, 231, 264.
Duhant, 719.
Dujardin, 99, 103.
Dulac, 563.
Dumarsais, 523, 543.

Dumont, 711.
Dumont (Edouard), 524, 717, 719.
Duns-Scot, 381.
Dupin (Ellies), 334.
Dupin, 395.
Duplay, 719.
Dupont, proviseur, 235,239, 258, 693.
Duprat, 375.
Duprat, chancelier, 175.
Duprez, XIV. 65, 281, 461, 463, 487, 489. 491, 493, 495.
Dupuis, professeur, 719.
Dupuis (Charles), 384, 399, 696, 700.
Dupuy, Inspecteur d'académie, 744.
Duqué, 295, 664.
Duquesne (Richard), 104.
Duquesnoy, 202.
Duquesnois, 719.
Durand-Dezormeaux, 507.
Durand (Nicolas), 695.
Duremort (Gilles de), 137.
Durieux, 341.
Dursé, 456.
Duruy (A.), 719.
Duruy (Victor). 523. 717, 719.
Duval (Guillaume), 293.
Duval (Pierre), proviseur, 399, 406, 421-425, 429, 432, 459, 521, 593,707, 708.
Duval (poète). 431.
Dyanville, 394.

Eckmühl (Louis d'), 744.
Ecole de médecine de Paris, 102.
Ecoliers : enseignement, 33, 125, 186, 187, 255, 256, 263, 368; — exercices littéraires. 373, 376; — langage latin 192; — vêtement, 35, 50, 128, 339, 548; — nourriture, 53, 194, 280, 337, 545; — jeux, théâtre, 143, 197, 326, 339, 357, 361, 656; — punitions, fouet, 60, 185, 193, 194.

Econome, voir Procureur, 513, 742.
Edison, 555.
Edouard VIII, 354.
Egger, 431, 523, 559.
Eimar, 696.
Elbœuf (d') 46.
Electeurs, 10, 21.
Elections. 22.
Eliçagaray, 472.
Elien, 453.
Elliot, 719.
Eméritat, 38, 530.
Emery, 521, 543.
Encoignard, 694.
Engouleveut, 293.
Epaignes (d'), 166.
Erasme, 161, 166, 184-186. 255, 737.
Eschine, 375.
Eschyle, 527.
Esnault, 340, 670.
Espitallier, 719.
Essards (Pierre des), 113, 114.
Essarts (Mathieu des), 85.
Estienne (Henri), 453.
Estienne (Antoine), 420.
Estienne (Robert), 447, 486.
Estouteville (Guillaume d'), 91, 124-126, 129, 139, 148. 165, 254.
Estouteville (Jean d'), 124, 156.
Estouteville (Jacques d'), 147.
Estouteville (Louis d'), 125, 140.
Estronvelles (d'), 430, 699.
Esturville (de l'), 300.
Etampes (Charles d'), 329, 659.
Etienne, 523, 524, 717, 719.
Euclide, 256, 450.
Eugène IV, 123, 124.
Eusèbe, 263.
Evelart, 527, 531, 717, 719.
Evellin, 524, 719.
Evreux, 5, 56, 58, 101, 112, 115, 117, 123, 135, 148.
Examens, 29, 33.
Examinateurs, 10, 29, 125.
Ezanville, 279.

— 756 —

Fabre (Joseph), XIII, 134, 719.
Fabre (Jean), 447.
Fabre (Examinateur), 524, 533, 541, 719.
Fabry, 261.
Faculté des arts, 2, 98.
Faculté de décret, 2.
Faculté de Médecine, 2.
Faculté de théologie, 2.
Fagon, 682.
Fain (Jean-Louis), 699.
Falaise (Jean), 202.
Falaise, 258.
Famin, 695.
Farjonal, 329.
Faucou, 463.
Faure, 46, 47, 48.
Faurie, 523, 719.
Favier, 719.
Favyn, 227.
Faye, 536.
Félibien, 49, 59, 69, 114, 149, 166, 168, 256.
Félix V, 123.
Fénelon, 329, 351, 353, 356, 451, 453.
Fere, 187.
Fernet, 523, 717, 719.
Féron (Jean le), 52, 94.
Féron (Jean), 104.
Ferret, 523, 543.
Ferré, 594, 704.
Ferrier (du), 211.
Ferrière, 155.
Ferrière (Hector de la), 744.
Ferté, 404.
Fessard, 107, 159.
Fêtes universitaires, 14-17, 179, 371, 745.
Fétis, 329.
Feu (Romain du), 260, 262,
Feugère, 531, 717, 719.
Filleul, 326.
Fillon, 179.
Fine, 216.
Finot, 378, 386, 388, 739.
Fiquet, 38.
Fitz-James (de), 742.
Flamanville (de), 375.
Flandrin (abbé), 543.
Fléchier, 356.
Fleury (cardinal de), 35, 309, 740.
Fleury (historien), 112, 486.

Fleury (Joly de), 327, 328, 362, 392, 486, 656, 658, 659.
Fleury (Louis), 507.
Fleury, 712.
Fleury, professeur, 719.
Feury (Henri de), 658.
Fleury (Nicolas de), 658.
Floques (Guillaume de), 135.
Floques (Robert de), 135.
Floquet, 535.
Florence (concile de), 212.
Florus, 263.
Flot (Louis du), 657.
Flouri, 577.
Foigard, 648.
Foissy (de), 394.
Folliot (Chrestien), 154, 594, 703.
Fontaine, 742.
Fontanelle (Burnier de), 475.
Fontenay-aux-Roses, 712.
Fontpertuis (de), 393.
Forgeot, 717, 719.
Forget, 328, 659.
Forest-Defaye, 507.
Fortin (Thomas), proviseur, 92, 291, 295, 297-299, 300-303, 305-310, 312-314, 322, 333, 380, 390, 434, 443, 445, 663, 671-676, 687, 703, 704, 705.
Fossé (du), 664.
Fou (Raoul du), 224.
Fouarre (Rue du), 34, 36, 52, 62, 97, 104, 165.
Foubert, 359.
Fouché, 559, 746.
Fougère, 719.
Fouquier-Tinville, 385.
Fourmoy, 366.
Fourneau, 364, 400.
Fournel, 122, 148.
Fourqueux (Bouvard de), 311, 675.
Franciscus caletensis, 572.
François Ier, 138, 169, 641.
François, 739.
Francs-Bourgeois (Rue des), 34.
Franclieu (de), 697, 701.
Franklin (A.), 159, 442, 443, 445, 455, 456, 458, 459.

Franquières (de), 400, 696, 742.
Fraser, 269.
Frayssinous, 481, 514.
Fréron, 417.
Frestel, 697.
Fréville (Villot de), 699, 701.
Frey, 260, 451.
Froissart, 263, 385.
Froly, 543.
Fromentin, 383.
Fromont, 651.
Frontera, 719.
Fustel de Coulanges, 523, 719.

Gabia des Combes, 658, 659.
Gail, 471, 719.
Gaillardin, 535.
Gaillon (Roger de), 117, 118, 593.
Galland, 187, 205, 227, 237.
Gallet (Denys), 189, 190, 198, 216.
Gallicanisme, 305, 313, 314.
Gallifet (de), 535.
Gallis de Mesnilgrand, 695.
Gallois (père et fils), 531, 746.
Gallot, 645.
Galoches, 36,
Galtier, 719.
Ganser, 512, 513, 543, 715.
Gardin-Dumesnil, 384.
Gardino (Guillelmus de), 599.
Gardin, 459, 697, 708.
Gariod, 507.
Garnier, éditeur, XIV, 239.
Garnier, surveillant, 459.
Garnier, auteur dramatique, 331, 708.
Garnier, professeur, 525, 719.
Gaspard, 653.
Gassendi, 381.
Gasté, XV, 381, 417.
Gaussin, 739.
Gautereau, 507.
Gautier, proviseur, 519, 523, 543, 716.
Gautier (Léon), 47, 48.

Gautier (Jean-Joseph), 697, 701.
Gauthier-Villars, 535.
Gauthiot, 719.
Gay (évêque), 535.
Gayrard (abbé), 535.
Gazeau, 295, 664.
Gazier, 309, 524, 664, 717. 719.
Genlis (de), 394.
Genouille, 521, 543, 717, 719.
Gentil, 698.
Gentilly, 712.
George, 719.
Georget-Lachenais, 508.
Gérard (Jérôme), 202.
Gérard (Michel), 276.
Gérardin, 717, 719.
Gérin, 306.
Gering (Ulrich), 159.
Gernez, 719.
Gerson, 108, 119, 120, 133, 134, 449.
Gerusez, 535.
Gervais (Étienne), proviseur, 94, 150, 154, 155, 593, 594, 704.
Gervais (Guillaume), 308, 325, 595, 669, 687, 703.
Gevet, 719.
Gibert, 385.
Gibon, 719.
Gibouyn. 181, 182, 596.
Gidel, 197.
Gigermont (fief de), 95, 685.
Gilbout-Havart, 200.
Gillebert, 646, 647, 648.
Gillet, 719.
Gillette, 719.
Girard, 141, 148, 217.
Girard, 507.
Girardet, 719.
Girardon. 323.
Gobelin, 719.
Gobert, 471, 719.
Goblin, 719.
Godard, 719.
Godeau, 350.
Godefroi, 114.
Godin, 719.
Godron, 559, 746.
Gœury, 719.
Gondinet, 744.
Gondrin (Pardailhac de), 363, 662.

Gontaut-Biron, 535.
Gonzague (Louis de), 243.
Gesse, 531.
Goube, 308.
Goubert, 104, 599.
Goudin de la Fontaine, 696.
Gouët, 658.
Goujet, 168, 187, 227, 243-245, 264-268, 274, 277, 278, 282, 289, 292, 294, 307, 322, 334, 381.
Goulet, 173, 594, 704.
Goulin, 719.
Gounod, 535, 536, 553.
Gournay (Amelot de), 375.
Gouy d'Arcy, 696.
Gramont, 394.
Grand Schisme, 111, 115.
Grange (de la), 299.
Granger, 265.
Granges (des), 17.
Grangier, 260, 262-264, 596.
Grandmaison, 430, 441, 459, 699, 702.
Grandmont (de), 327.
Grassoreille, 120.
Gratry, 535.
Gréard, XIV, 439, 523, 719.
Greauline, 172.
Grechez, 719.
Greffe, 559, 747.
Greffier, 11, 26.
Grégoire IX, 2, 162.
Grégoire X, 23.
Grégoire XII, 111.
Grégoire, docteur, 55.
Grégoire, professeur, 717, 719.
Grenan, 318, 319, 330, 343, 351-358. 679, 684, 738.
Grenier, 719.
Grimm, 415-417.
Grimaldi, 140.
Groningue, 267.
Gros. 717, 719.
Grosbois (de), 483.
Grosjean, 719.
Groslambert, 532.
Grotius, 449
Groult (Michel) 648.
Groult, 189.
Guadelli, 719.
Guay, 559, 746.

Guadet, 719.
Guenaud, 394.
Guéneau (de Mussy), 394, 472, 482, 483, 535.
Guenon (François), 738.
Guenon (Jean), 260, 265, 295, 355, 663.
Guérard, 96.
Guérard, 719.
Guérillot, 719.
Guérin (Guillaume), 260.
Guérin (Jeanne), 170.
Guérin, professeur, 471, 719.
Guérin, Sanguin ou Enguerrand, 216.
Guéroult, 429, 432, 441, 459, 695, 696, 708.
Guesdon, 597.
Guespin, 104.
Guidot, 592.
Guichardin, 453.
Guignet, 469.
Guillaume (Laurent-Mathieu), 698.
Guillaume de Hainaut, 59.
Guillaume de Histelle, 63 573.
Guillaume de Nangis, 48.
Guillaume-le-Conquérant, 44.
Guilbert, 202.
Guilbert de Metz, 110.
Guilhou, 719.
Guillemain (Charles), 696. 701.
Guillemin (Jean), 697.
Guillem, 100.
Guillot, 245, 642.
Guinaud, 439.
Guindorff, 508.
Guiot, 111, 258, 719.
Guiraudet, 523, 719.
Guise (duc de), 226, 236, 327.
Guizot, 514.
Guyon, 696.
Guyot, 699.

Haag, 560, 582.
Hachette, 535.
Halbwachs, 719.
Halley, 285, 289, 322, 323 378.

Hamel, 433.
Hamelin, 413, 535.
Ramilton, 245, 246.
Hanicque, 719.
Hannot, 323.
Hante (Adrien de la), 744.
Harant, 531. 719.
Harcourt (Henri d'), 43.
Harcourt (Agnès d'), 49.
Harcourt (Errand d'), 44.
Harcourt (François d'), 374.
Harcourt (Guy d'), 49, 50, 52, 63, 73, 88, 593, 713.
Harcourt (Jean d'), 46, 47, 49, 140, 291.
Harcourt (Jeanne d'), 49.
Harcourt (Marguerite d'), 140, 155.
Harcourt (Raoul d'), 43, 46, 49, 50, 52, 55-69, 72, 84, 88, 89, 94, 152, 171, 172, 372, 480-482, 485, 542, 573, 576, 577, 579, 582, 591-593, 690, 693, 705, 713-715.
Harcourt (Robert d'), 43-46, 49, 50, 52, 55, 59, 62, 63, 65, 68, 69, 84-87, 89, 91, 92, 94, 95, 104, 105, 121, 171, 300, 441, 480, 481, 485, 487, 542, 573, 575-577, 579, 590, 59?, 593, 600, 704, 705, 713-715.
Harcourt (Richard d'), 46.
Harcourt de Beuvron (Charles d'), 321.
Harcourt de Beuvron (Henri d'), 361.
Harcourt (Comte d') 515, 518.
Harcourt (Comtesse d'), 424, 463, 479-483, 485, 486, 511.
Harcourt (Duc d'), XIV, 487, 566.
Harcourt (cartulaire d'), 7, 20, 31, 571, 573.
Harcourt (Salette d'), 117, 187.
Hardi, 418, 419.
Hardy (Jules), 508.
Hardy (Louis, Parize de), 697.

Harel, 152.
Harel-Delanoë, 533.
Harlay (du), 327, 350, 656.
Hasfeld (d'), 316.
Haton de la Goupillière, 535.
Hauteville (Jean d'), 53.
Haudefuney, 595, 704.
Hautière (de la), 719.
Havet, 535, 536, 560, 745.
Hay, 104, 599.
Haye-Hédouvinière (La), 171, 173, 201, 222, 642, 643.
Hébert (Jean), 170.
Hébert (Nicolas), 262, 523.
Hébert, professeur, 719.
Hédouin, 698.
Hégésippe, 263.
Henet, 719.
Henri II, 206.
Henri III, 224, 230, 236, 246.
Henri IV, 191, 224, 238, 243, 247, 249, 253, 257, 267, 270, 287, 454, 514.
Henri V d'Angleterre, 119, 121, 573, 600.
Henri VI, 119, 121, 600.
Henri VIII, 327, 354.
Henry, professeur, 717, 719.
Henry, boursier, 346.
Hérault, 739.
Herbert, évêque, 169-171, 200, 262, 594, 669, 703, 705, 706, 709.
Herbert (Louis de), 704.
Herbin (Nicolas), 697, 701.
Herbin (Yves), 262, 663.
Hérivaux, 401.
Hermaut, 56.
Hérodote, 263, 453.
Hérouval-Vion (de), 577.
Hérouville (d'), 742.
Hervieux, (Jean) 594.
Hervieux, (Richard), 202.
Hésiode, 192, 256.
Heurtevent-Dremer, 508.
Heuze, 202.
Hillairet, 542.
Hippocrate, 454.
Hispanus (Petrus), 126.
Hobbes, 399.
Hobe, 104.

Hofbauër, 20.
Holbach (d'), 416.
Holkot, 448.
Homère, 192, 256.
Honorius, pape, 55, 100.
Hopital (de l'), 212.
Hospital (de l'), 742.
Horace, 192, 256, 374, 453.
Hostel (d'), 742.
Houël, 542.
Houlebet (Thomas de), 577, 578.
Houssaye (La), 375, 698.
Houville (Deslandes d'), 658.
Houvillard-Delaval, 354.
Houyer, 450.
Hubault, 719.
Hubert (Claude), 202.
Hubner (de), 535.
Huet (Edmond-Étienne), 258, 698.
Huet (Marc-Antoine), 696, 701.
Hugonin, 135.
Hugues, 508.
Huguet, 717, 719.
Hullin, 697.
Hulot, 419, 695.
Hulst (Mgr d'), 130.
Huss (Jean), 116.

Ichl, 719.
Igny (Courchand d'), 375.
Innocent III, 2.
Intrants, voyez Electeurs.
Ion, 237, 249.
Isabeau, 116.
Isabelle de France, 49.
Isambert, 719.
Isocrate, 256.
Ivry (d'), 102.
Izabel, 649.

Jacob, 524, 717, 719.
Jacob, 719.
Jacques III, 351.
Jacquinet, 532, 536.
Jager, 305.
Jaillot, 154, 166, 486.
Jamin, 248.
Jan, 508.
Janet, 535, 536, 559, 746.

Jannetaz, 717, 719.
Jansénisme, 305, 359, 387-390, 739.
Jansénius, 449, 665.
Janson-Durville, 719.
Jaquin (Marie), 698.
Jarry, 745, 747.
Jarry de Mancy, 719.
Jaurès, 535.
Javary, 532, 719.
Jay (Michel le), 266.
Jean (Jules), 508.
Jean II, 96.
Jean XXIII, 99.
Jean (roi), 179.
Jean(évêque de Meaux),125.
Jean de la Croix, 182.
Jean-sans-Peur, 112, 113.
Jeanne d'Arc (plaidoyers barcuriens en faveur de), 4, 120, 122, 125, 129-131, 133, 134, 138-140, 148, 153.
Jessé le Duc, 310-312.
Jesuito-graphia, 652.
Joanne, 178.
Joas, tragédie, 361, 661.
Jobey, 711.
Jodelle, 221.
Jodin, 719.
Joguet, proviseur, 510, 518, 519, 537, 538, 543, 716,
Joinville (Chaillou de), 375.
Joirin, 439.
Joly (Antoine), 375.
Joly, professeur, 719.
Jolly des Hayes, 508.
Joran, 174.
Jornandes, 263.
Josset, 343, 344.
Joua, 695.
Joubin, proviseur, XV, 434, 520, 531, 543, 556, 716, 723.
Jourdan, 434.
Jourdan, professeur, 719.
Jourdain (Charles), 7, 11, 28, 34, 37, 40, 98, 118, 119, 148, 172, 262, 269, 270, 276, 278-280, 267, 288, 292, 293, 310, 313, 315, 334, 335, 349, 354, 360, 366-368, 379, 380, 385, 390, 401, 404, 405, 424, 438, 592.

Jourdain (Laurent), 698, 699, 701.
Juetz ou Juestz, 341, 670.
Jules II, 170.
Juliers (Marie de), 84, 575.
Jullien, 699.
Jumeau, 471, 719.
Justice (Jean de), 281.
Juvénal, 192, 256, 321.

Katow (de), 538.
Kennedy, 142.
Kicess, 719.
Koch, 719.

Labbé (Gilles), 103, 599.
Labbé, 531, 719.
La Barre (Jean de), 177.
Labiche, 445, 456, 535.
Labitte, 214, 238.
Labonne, 719.
Laborie (Roux de), 698.
Laboulaye, 535.
La Bruyère, 453.
Lachièvre, 104, 599.
La Condamine, 416.
La Coupe (Pillat de), 415.
Lacour, 559, 746.
Lacour-Gayet, 305, 310, 386, 536, 717.
Lacourt (Jean de), 202.
La Croix (Louis de), 660.
La Croix du Maine, 137.
Lacrollière (Jean de), 600.
La Cuisse (Henri de), 595, 706.
Ladoucette (de), 535.
Ladvocat, 358.
La Fare (Louis de), 697.
La Fayette, 421.
La Foliette (Des Casaux de), 375.
La Folletière (Pierre de), 375.
La Fontaine (Jean de), 122, 317, 427, 453, 526.
La Fontaine (Goudin de), 696.
La Force (Piganiol de), 301, 303, 324, 343, 486.
Laforêt, 97.
La Fosse (Jean de), 202, 594, 705.

Lagace du Roule, 375.
La Grave (Peyre de), 497.
Lagrenée (de), 535.
Lagrippe, 648, 649.
La Harpe (de), 384, 432, 694, 695, 700.
La Haye (Christophe de), 375.
La Houssaye, 375.
Lahure, 535.
Lair, 334, 496.
Laire, 457.
Laisne, 183.
Laisné, 288.
Laisné, professeur, 719.
Lajaille, 394.
Lakanal (lycée), 553.
Lalande, 439.
La Marche (Claude de), 657.
La Marche (Pierre de), 657, 658.
La Mare (Guillaume de), 171.
La Mare (Marie de), 201.
La Martelière (Jean de), 320.
La Martelière (Pierre de), 362, 661.
La Martinière (de), 400, 415.
Lambin, 227.
Lameire, 134.
Lamettrie, 357.
La Monnoye (Daffry de), 510, 540, 560, 564.
La Montagne, 327.
La Moricière (de), 535.
La Mothe (Barrière de), 661.
La Mouche (Pierre de), 376.
Lamy, proviseur, 233-234, 235, 245, 593, 596, 642.
Lançon (Durand de), 507.
Landois, 719.
Langlet, 375.
Langlois, 57.
Langlois (Joachim), 202.
Langlois, précepteur, 419.
Langlois, professeur, 471, 719.
Langlois (Charles), 658.
Langsdorff, 539.
Lanéry d'Arc, 130, 134.
Lanjuinais, 463.

La Noue (Benoist de), proviseur, 183, 593, 594, 705.
La Noue (Noël de), 660, 705.
Lantoine (H.), 168, 191, 253, 255, 315.
La Place (Claude de), 274, 276, 596.
La Place (Marie de), 431.
La Plaigne, 697.
La Ramée, 161, 203, 205, 206, 219, 221, 227, 229, 237.
Larrard, 661.
Lareyre, 394.
Laroche, xiv.
Larond, 418.
La Roque (André de), 44, 46, 47-50, 52, 59, 62-64, 84, 87, 88, 89, 91, 92, 94, 121, 486, 576.
La Rouvillois, 710.
La Saulaye (Claude de), 656.
Lascaris (Jean), 167.
Lasnon, 439.
La Suze (de), 418, 419.
Latomus, 187.
Latouche, 394.
La Tour d'Aigues (Bruni de), 376.
La Trémoille, 175.
Laudis (Guillelmus de), 597, 599.
Launai (de), 742.
Launay, 719.
Launoy (Jean de), 660.
Laur, 389.
Lauverens, 524.
Laval-Montmorency, 378.
Laverdy (de), 410.
La Vigne (de), 645, 646.
Lavoisé, 343.
Lebarbier, 719.
Le Bel (Dominique), 75, 375.
Le Bel (Noël), 295, 663.
Lebeurrier, 102.
Le Blanc, 686, 706.
Lebœuf (abbé), 92, 106, 182, 184, 369, 394.
Le Bourg, 280, 287, 295, 596, 663.
Lebreton, 116, 274, 334, 378, 384, 421, 422, 432, 433.
Lebrun (Jean), 202, 699.
Lebrun (Céran), 699.
Le Brun de la Houssaye, 698.
Leca, 532.
Lecanu, 63, 88.
Le Cavellier, 700.
Le Charier, 660.
Le Clerc, 439, 514.
Lecomte, professeur, 719.
Leçons, voir Classes.
Le Conte (Jean Jacques), 697.
Lecoq (Claude), 202.
Lecoq (Michel), 697.
Le Coq de Bois Baudran, 523.
Lecoy de la Marche, xv, 30, 50, 52.
Lécrivain, 459, 708.
Lecrosnier, xiv, 103.
Le Crosnier (François), 695.
Leczinska (Marie), 365.
Le Danois, 139.
Le Duc (Jean Baptiste), 660.
Le Duc, professeur, 719.
Le Fauconnier (Jean), 294, 538, 595, 686, 702-705.
Léfébure (bibliothécaire), 459, 708.
Lefébure de Fourcy, 471, 523.
Lefebvre (Rémi), 698.
Lefèvre (Jean), 442.
Lefèvre (Nicolas), 442.
Lefèvre (Pierre), 137, 349.
Lefèvre (Louis), 696, 700.
Le François (Jean), proviseur, 253, 291, 307, 312-316, 323, 326, 335, 336, 593, 596, 668.
Legeay, 170.
Le Gendre (Louis), 382, 431.
Léger, 174.
Le Goff, 542.
Legot, 85, 249, 645, 646.
Legrand, proviseur, 510, 512, 515-517, 543, 555, 716.
Legrand, boursier, 595, 644, 646.
Legrand, 742.
Le Grand, 644, 646.
Legris, 696.
Lehoc, 418.
Lehugeur, 719.
Leibnitz, 451.
Leissus, 719.
Le Jay, 266.
Le Jeune, 695.
Le Landais, 259.
Leliis (Théodore de), 139.
Leloup, 433.
Le Maistre, 147.
Le Massif, 376.
Le Melorel, 315, 363, 451.
Lemierre, 395.
Lemoine, 698, 699.
Le Monnier, 381.
Lemonnier, 719.
Lemontey, 389.
Lenard, 740.
Lendit, 207, 355.
Lenglier, 510, 522, 543.
Lenoir, 50.
Léon X, 183, 474.
Le Pellenier (Robert), 158.
Le Pelletier (de Mortefontaine), 376.
Lepelletier, 438.
Leplay, 535.
Le Prêtre, 467, 487.
Lepingard, 138, 148, 154.
Le Pitre, 697.
Le Portier de Marigny, 91.
Le Prévost de Saint-Julien, 375.
Le Prévost (Charles), 595.
Leprieur (Jean), 663.
Le Rouge, 249, 644, 647.
Le Roux (Etienne), 187-189, 593, 594, 704.
Leroux (Pierre), 518.
Le Roux de Lincy, 105.
Leroy, 394.
Le Roy (Michel), 189.
Le Roy (François), 658.
Leroyer, 719.
Léry (Portail de), 661.
Lesage, 333, 358, 359.
Lesage, professeur, 719.
Le Sauvage, 34, 173, 396.
Leschassier, 644, 645.
Le Secourable (Pierre), proviseur, 91, 150, 152, 154-159, 197, 593, 594, 640.
Leseigneur, 400, 458, 708.
Le Seine, 696.
Le Soinne, 699.

Lesseynne, 719.
Lestrade, 524.
Lesueur, 719,
Le Tanneur, 654, 655.
Le Tellier, 399, 696, 699.
Le Tellier (chancelier), 320.
Létendard, 472.
Letermelier, 543.
Le Thuillier, 698.
Letort, 394.
Leune, 719.
Le Vacher, 695.
Le Vaillant, 321.
Le Vasseur, 424-426.
Levasseur, 516, 523, 717.
Le Veneur (Ambroise), 183.
Le Veneur de Tilliers, 700.
Leverrier, 535.
Le Viel, 599.
Le Vieux (Robert), 104.
Leviez, 510, 535, 560.
Leys, 719.
Lhermitte, 459, 708.
Licence, 126.
Liénard, 260.
Liez, 489, 513, 543, 715.
Ligny (de), 719.
Lilly (de), 375.
Lipse, 451.
Lire (Nicolas de), 447.
Lissajous, 523, 717.
Littré, 188.
Locart, 394.
Loiseau, 719.
Lombard (Pierre), 77.
Loménie de Brienne, 357.
Longchamps (Bonnel de), 560.
Longchamps (Gohierre de), 719.
Longet, 719.
Lorain, proviseur, 514, 716.
Lorquet, 719.
Lorraine (cardinal de), 210, 212.
Losyer (Jean de), 600.
Lot, 508.
Loudières, 524, 717.
Louis XI, 2, 141, 144-148, 151, 155, 162, 164, 165, 169, 208.
Louis XII, 157, 161, 162, 166, 167, 170, 171.
Louis XIII, 253, 268, 272, 277, 286.

Louis XIV, 18, 39, 43. 44, 260, 276, 300, 308, 310, 311, 313, 314, 316, 318.
329, 330, 333, 334, 340, 349, 350-355, 359, 378, 384, 475, 478, 595, 736.
Louis XV, 39, 288, 354, 365, 383, 896, 737.
Louis XVI, 365, 385, 423.
Louis XVIII, 461, 478, 482.
Lourdet, 693.
Louvel (Nicolas), proviseur. 392, 399, 400, 402-406, 413, 414, 417, 421, 593, 698.
Louvency, voir Jean de la Brière, proviseur.
Louvois, 330.
Loyseau, 657.
Lucas, 717, 719.
Luce (Siméon), xv, 92, 100, 130, 140, 141, 148.
Lude (du), 742.
Luitprand, 264.
Lune (comte de), 210.
Luquard, 456.
Lurat, 719.
Luther, 184, 202, 449.
Luthereau. 146.
Luynes (de), 483. 535.
Luzerne-Garaby (La), 285.
Lycée, son organisation. 742,
Lyon (Gustave), 559, 746.

Mabille, 278.
Mac-Donald, 431.
Macé, 719.
Mac-Mahon (Hector de), 384, 760.
Magdebourg (centuriateurs de), 241.
Magoué de la Magouérie, 508.
Maigrot, 719.
Maillard (Ambroise), 202.
Maillard (François), 301.
Maillard (Louis), 317.
Maillard (Nicolas), proviseur, 161, 209-215. 218, 221, 737.
Maîtres répétiteurs, 742.
Maitrot, 719.

Malartre, 394.
Malduict, 128.
Malebranche, 452.
Maligny (Bernier de), 697.
Mallet, 717, 719.
Mallet (François), 648.
Malpoyvre, 599.
Maltor, 412, 413.
Mame, XIV.
Mangin, 459, 708.
Manoury, 508, 560.
Mansard, 323.
Manuel, 523, 719.
Maral, 702.
Marcel (Étienne), 91, 96-98, 282.
Marchal, 719.
Marcheville (de), 742.
Marcile, 244, 265.
Marc-Sée, 542.
Mareschaux, 287.
Margency (de), 417.
Mariana, 271.
Marie-Antoinette, 423.
Marie (Gilles), 120.
Marigner, 698.
Marigny (de), proviseur. 86, 91, 92, 94, 95, 98.
Mariotte, 508.
Marle (Henri de), 115.
Marle (Jean de), 115.
Marmontel, 410.
Marot, 207.
Marquet, 394.
Marsile, 33, 146.
Martainville, 436.
Martin, 221, 299, 300, 308, 313, 685.
Martin (Léon), 702.
Martin, professeur, 719.
Martinet, 301.
Martinets, 36.
Martyn, 719.
Mary, 702.
Mas (Jean de), 171.
Massebault, 158.
Massenet, 535.
Massieu, 439.
Massillon, 353.
Massin, 704.
Masson (Pierre), 698.
Masson, professeur, 719.
Materne, 521, 543.
Matharel, 656.
Mathurius, 6.

— 762 —

Matignon (Léonce de), 375, 376.
Matinée, xv, 347.
Maubeuge, 719.
Mauduit. 413.
Mauduit (François), 695, 700.
Mauduit, professeur, 719.
Manhault, 104, 599.
Mauny (de), 140.
Maurat, 531, 717, 719.
Maurel, 439.
Maurice, 202.
Maurin, xi.
Mauroy (Malus de), 698.
Maussion, 375.
Mayenne (duc de), 247.
Mayer, 697.
Mazarin, 285, 291.
Maze, 515, 516, 519, 520, 525, 527, 535, 541, 542, 558, 560.
Mazure, 28, 305, 472.
Medavid, 261.
Médecins, 542, 742.
Médicis (Catherine de), 227.
Médicis (Marie de), 286.
Meissonnier, 535.
Meltor, 421.
Ménastier, 701.
Méneau, 719.
Menjaud, 719.
Ménorval (de), 441.
Mérat, 719.
Mercier, 186.
Mergiers (Alix de), 101.
Mérignon (Bertrand de), 266.
Mertian, 699.
Meslin, 439.
Mesmes (Henri de), 168, 196, 370.
Mesnard, 717.
Mesnil-Amey (du), 149.
Mesnil (J. B. du), 223.
Messagers et messageries de l'Université, 11.
Messin, 595.
Metot, 295.
Metz (Richard de), 106.
Meulan (comtes de), 166.
Meunier, 662.
Meurci, 453.
Meynal, 719.
Meynard, 508.
Mézeray, 486.

Mézerey (Nicolas de), 99, 597, 599.
Mézières, 744.
Mianville (de), xv, 15.
Michaux, 495.
Michel (Jean), bienfaiteur, 200, 201, 595, 668, 669, 672, 673, 684, 705, 709.
Michel (Guillaume), 202.
Michel (Jean), boursier, 157, 202.
Michel (Pierre), 202.
Michel, lauréat, 695, 700.
Michelet, 53, 83, 227.
Mieulle (de), 508.
Mignault, 247.
Migne, 211.
Mignon (clos), 117.
Mignot (Jean), 374, 375.
Mignot (Des Aulnais), 376.
Miles, 154, 593.
Millard, 694.
Millet, 719.
Milon, 104, 599.
Miroudot du Bourg, 386.
Mitantier, 394.
Moïse, 263.
Molé (Édouard), 254.
Molière, 315, 336, 392.
Molinier, 362, 442, 443, 447, 449.
Monaco, 140.
Moncourt, 719.
Monchot, 711.
Monginot, 717, 719.
Monpou, 524.
Monstrelet, 263, 453.
Montantier (de), 312.
Montdésert (de), 600.
Montespan, 363.
Montesquieu, 433.
Montesquiou (de), 535.
Monteynard (Raymond de), 744.
Montezan (de), 400, 696, 739.
Montfleury (Dominique-Edmond-Marie de), 698.
Montlezun (de), 742.
Montmoyaut (de), 701.
Montmelas (de), 742.
Montparnasse, 44.
Montperny (de), 742.
Montucci, 719.
Mony (Bernard de), 327, 656.
Moreau, 394.

Moreau, médecin, 325.
Moreau-Duviquez, 719.
Morel (Jean), 265.
Morel (Paul), 508.
Moreri, 138, 308, 334, 486.
Morgan, 719.
Morin, 25.
Morin-Lavallée, 178, 241, 313, 334, 381.
Morin (Simon), 138.
Morin, proviseur, 173, 174, 178, 593, 594.
Morus, 327.
Motel, 697.
Moulin, 354, 542.
Mourier, 510.
Moussy (Barjot de), 313.
Moyencourt (de), 719.
Mugnerot, 699.
Muldrac (Antoine), 219, 596.
Muldrac (Jacques), 199, 202.
Muldrac (Jean), 219.
Muller, 712.
Murville, 508.
Mynard, 508.
Nabuchodonosor, tragédie, 328.
Nainville (Provost de), 703.
Nangis (Guillaume de), 48.
Nanteuil (Paul), 497, 499, 524, 719.
Napoléon Ier, 359, 461, 466-468.
Nation d'Allemagne, 4, 89, 143, 147, 186.
Nation d'Angleterre, 14.
Nation de France, 14, 38, 115, 186, 421.
Nation de Normandie, tout le chapitre Ier, 4-40, 52, 78, 103, 115, 152, 153, 156, 182, 186, 276, 333, 346, 354, 355, 358, 360, 363, 364, 366, 367, 370, 372, 399-402, 405, 406, 409, 410-413, 421, 422, 430, 557, 571, 572, 587.
Nation de Picardie, 14, 39
Nau (Joseph), 696.
Nau (Marc-Antoine), 707.
Navarre (Marguerite de), 293.
Necker, 430.

— 763 —

Nepveu (Raoul), proviseur, 161, 244, 248-250, 253, 261, 269, 593, 596, 643.
Nepveu (Rodolphe), 644, 645, 646.
Neret, 375.
Nettement, 535.
Nétumières (de), 394.
Neufforge (de), 720.
Neuville (de), 394, 742.
Nicéron, 245, 267, 334.
Nicolas v, 124, 129, 135.
Nicolas, 577.
Nicolas, proviseur, 717, 720.
Nicolaewitch, 508.
Nicole (Pierre), 285.
Nicolle, 472, 479, 511.
Noailles (cardinal de), 350, 351, 359, 535, 651, 738.
Noël (Louis), 297, 298, 299, 308, 594, 663, 663, 687, 706, 709, 738.
Noël (Pierre), 202.
Noel, 701.
Nominalisme et nominaux, 145.
Notre-Dame, 11, 17, 19, 56, 684.
Notre-Dame-du-Parc, 47, 50.
Notre-Dame-de-Saint-Lô, 148, 149.
Nourrit, 535.
Nulli (Robert de), 173.

Obits, 424, 702.
Ockam, 33, 145, 381.
Œuvre (de L'), 22, 28, 87, 189, 282, 285, 306, 307, 813.
Offret, 720.
Ohmer, 521, 522, 543.
Olieu, 533.
Olive, 559, 746.
Olivier, 510.
Ollivier, 542.
Origène, 449.
Orléans (duc d'), 393.
Orléans (Raimond d'), 201.
Ornano (d'), 742.
Ortolo, 532.
Osiandre, 268, 449.
Osmond, 698.

Oursel, 274, 348, 376, 421.
Ovide, 192, 256.

Padet (proviseur), 157, 254, 260, 268, 272, 274, 375-284, 287, 292-303, 307, 322, 325, 346, 373, 378, 443, 448, 454, 455, 512, 593, 595, 598, 648, 650, 663, 668, 669, 674-677, 685, 686, 702-704, 706, 738.
Pageau, 306.
Paillard, 137.
Pallavicini, 210, 211.
Pannelier, 699.
Pantagruel, 193.
Papavoyne, 250, 645, 646.
Papin, 720
Papinien, 59.
Paquelin, 707.
Paquier, 720.
Paradis, 187.
Paranymphe, 188.
Parc (François du), 24.
Parcieu (de), 742.
Paris (Paulin), 137, 138.
Paris (Louis-Antoine), 697, 701.
Paris (comte de), 524.
Paristol, 711.
Pascal III, 2, 147.
Pascal, 285, 297, 303, 305, 334, 390. 664.
Pasquier (Etienne), 89, 115, 164, 223, 236.
Passerat, 267.
Pasteur, 535, 536.
Paté-Desormes, 720.
Paterculus, 453.
Patin (Gui), 293.
Paul II, 141.
Pelet (Joseph). 394.
Pelet (Louis), 394.
Pélicier, xII, 326, 462, 665, 666, 745.
Pellerin (Michel), 668, 669.
Pellerin (Nicolas), 294, 595, 686, 704, 705, 709.
Pellerin (Robert), 294, 595, 670-673, 686, 706, 709.
Pellier, 525.
Pellieux (Alfred de), 508.

Pellot, 737.
Percheron, 702.
Perdeveaux, 711.
Périé, 720.
Périès, 55, 289.
Périgon, 662.
Périgot, 531, 720.
Perraud (évêque), 535, 536.
Perrault, 659.
Perreau, professeur, 471, 717, 720.
Perrens, 98.
Perrée (Nicolas), 700.
Perreyve, 523, 535, 543.
Perrey, 508.
Perrinot, 720.
Perroux, 720.
Perse, 256.
Person, 717, 720.
Pescher, 720.
Pessonneaux, 720.
Petau, 261.
Pétion, 434, 436.
Petit (Jean, cordelier), 112.
Petit (Jean, évêque), 200, 594.
Petit (François-Marie), 697.
Petit (abbé), 416.
Petit-Pied, 260.
Pétrarque, 97.
Petraviva, 649.
Pey, 720.
Peyrot, 533.
Philippeaux, 18.
Philippe, 720.
Philippe-Auguste, 15, 46, 63, 95, 178, 316, 413.
Philippe-le-Bel, 56, 57, 63, 83, 92, 95, 121, 203, 274, 514, 573, 575.
Philippe-le-Hardi, 43, 56, 62.
Philippe-de-Valois, 96, 176.
Piboen, 720.
Picard, boursier, 280, 295, 663.
Picard (Simon), 599.
Picard (poète), 431.
Pichon, 717, 720.
Picquelin (Louis), 249, 280, 295, 644, 663.
Pie II, 162.
Piénud, 321, 445.
Piéron, 720.

Pierre, 642.
Pierre-aux-Bœufs, 108, 109.
Pierron, XI, 150, 354, 378, 430, 432, 433, 435, 525, 527, 536, 537, 717, 720.
Pierreville-la-Hague, 274.
Pigace, 104.
Pignet, 117.
Pin (de la Tour du), 744.
Pinard, 138.
Pineau, 720.
Pindare, 192, 256, 453.
Pingard, 745.
Pintart, 559, 746.
Piolin, 241, 242.
Pirot, 341, 342, 455, 651.
Pistoye (Louis), 533.
Pitay, 720.
Pitel, 375.
Pitemen, 99, 104, 599.
Plailly (Pierre de), 59.
Planche, 720.
Platon, 256.
Plaute, 256, 308, 452.
Plein exercice, 37, 61, 93, 150, 163, 189.
Plessis (du), 274.
Plessix (Julienne du), 102.
Pline, 453.
Plon, 495.
Plumard, 375.
Plutarque, 453.
Poinson, 100.
Poiret, 435, 437.
Poirier, 350.
Poirson, 513, 716.
Poisonnier, 394.
Poitevin, 219.
Polignac (cardinal de), 309, 310.
Politien, 268.
Polyeucte, tragédie, 326.
Polynier, 341, 670.
Pommeraye, 156, 179.
Ponbriant, 394.
Poncher, 157.
Pontanus, 139,
Pontchartrain, 39.
Pougerville (de), 535.
Pont (Pierre du), 194.
Pont-Saint-Pierre (de), 561.
Pontmartin (de), 744.
Porchereux, 439.
Porée, 47, 135, 148, 166, 351-354.

Porion, 503.
Porphyre, 30.
Portail (Antoine), 455, 667.
Portalis, 421.
Porte, 375.
Portionnistes, 153.
Port-Royal, 334.
Postel (Jean), 120, 121.
Postel, professeur, 187.
Potage, 104, 599.
Pothouin, 394.
Potier, 649.
Poubelle, 551.
Poulain, 716, 720.
Pourchot, 341, 342, 343, 380, 667.
Prades (Martin de), 386, 387.
Pré-aux-Clers, 161, 202-206, 291, 411.
Pré (Denys du), 216.
Pressat, 439.
Presles (Raoul de), 203.
Pressoir, 720.
Prévost d'Exiles, 356.
Prieur, 78, 296, 524, 588.
Principal de collège, 60, 81, 229, 230, 233, 298.
Priscien, 30.
Privat-Deschanel, 720.
Prix (de), 742.
Procope, 361.
Procope, historien, 326.
Procureur de collège, 60, 80, 296.
Procureur de nation, 5, 7.
Professeurs, voir Régents et 573, 742.
Pron, 535, 539.
Properce, 256.
Proviseur, 37, 60, 78, 237, 249, 296, 298, 341, 511-521, 587, 742.
Proust, 595.
Prunière, 720.
Puech, 717, 720.
Puiseux, 110, 112, 559, 746.
Puissard, 394.
Puyferrat (de), 508.
Puyol (Mgr.), 227.

Quatremère, 696.
Quédeville, 363.
Quellain, 508.

Quequet, 698.
Quérard, 421.
Quesnay (Denys du), proviseur, 117, 118, 122, 123, 137.
Quesnel, 389.
Quesnerie (de la), 720.
Questeur, 10, 25, 26.
Quet, 720.
Quicherat, 34, 60, 83, 114, 120, 142, 145, 208, 218, 223.
Quillet, 322, 323.
Quintaine (Jacques), 295, 663.
Quintaine (Nicolas), 260, 268, 280, 293, 295, 595, 648, 663, 668, 669, 671, 672, 673, 686, 705, 709.
Quinze-vingts (hospice), 501, 742.
Quittebœuf, (Ollivier de), proviseur, 161, 199, 202, 224, 225, 229, 232, 234, 235, 244, 593.
Quittebœuf (Jean de), 202, 233, 234.

Rabanis, 559, 746.
Rabec, 720.
Rabelais, 192-195, 202, 233, 255, 737.
Raby, 720.
Racine, 309, 328, 330, 361, 453.
Racine (précepteur), 740.
Ramier, 104, 599.
Rance, 254, 255.
Ranquet, 300.
Raray, 394.
Rathery, 126, 128, 153, 193-195, 205, 206, 209, 371.
Ravallet, 202.
Ravel (de), 508.
Ravenne, 104.
Razay (de), 742.
Réalistes, 145.
Rebière, 524.
Réblatha, 328.
Rebuffe, 101.
Receveur, voir Questeur.
Recteur, 10, 33-35.
Recteurs harcuriens, 596.

Redouan, 657.
Reffuveille, 695.
Regad, 508.
Régents, 37, 260, 286.
Regis, 104, 699.
Régnault, 362, 363, 535, 558.
Regnier, 39.
Régnier, 524, 717, 720.
Reiset, 559, 746.
Renack, 533.
Renard, 559, 720, 746.
Renart de Fuchsamberg, 738.
Renaud de Corbeil, 92.
Renault, 508
Rendu, 535.
Retz (Cardinal de). 276.
Reusse (de), 543, 470.
Réveillé-Parise, 268.
Reversac (de Roquefort de), 695.
Rey, 696.
Reynaud, 518.
Reynolds, 531, 720.
Riant de Vitré, 657.
Ribet, 130.
Ricard, 720.
Richard (Comte d'Évreux), 102.
Richard (Pierre), 443, 450, 471, 594.
Richelieu (cardinal de), 266, 301, 323, 664, 738.
Richelieu (duc de), 472.
Richelieu (Alphonse de), 293.
Richelieu (Louis du Plessis de), 279.
Richer (Edmond), 238, 247, 449.
Richer (Pierre), 294, 686.
Rigault, 538.
Rimini (Grégoire de), 33, 146.
Rioult-Dreuilly, 659.
Rittier, 720.
Riveran, 202.
Rives, 720.
Rivière, 720.
Roberge, 717, 720.
Robert, 720.
Robeville, 295, 663.
Robespierre, 439.
Robinet, 711.
Robinot, 711.

Robiquet, 236, 239.
Robbe, 651.
Rochechouart (de), 394, 742.
Rochedragon, 394.
Rochefort (Guy de), 157.
Rochefoucauld (de la), 535, 742.
Rochegrosse, 720.
Rocher (du), 49.
Rocher, 661.
Roche-Tesson (Jeanne de la), 46.
Rohan (Gaston de), 288, 317. 390.
Rohan-Guémené (de), 317.
Roger, censeur, 521, 524.
Roger (Louis), 532.
Roger (Maurice), 553, 559, 746.
Roger, professeur, 720.
Roguet, 720.
Rohmer, 720.
Roland, 555.
Rollin, 263, 318, 342, 351, 367, 369, 424, 486.
Rollon, 44.
Rollot, 711.
Romouet, 712.
Romulus, tragédie, 327.
Rondin (Guillaume), 244, 594, 704.
Rondin (Jacques), 244, 594. 704.
Ronseray (de), 560.
Rosay-en-Brie, 34.
Roscelin, 145.
Roslin, 508.
Rouché, 720.
Rouelle, 720.
Rouen (Eustache de), 62.
Rouen (Jean de la Motte de), 135, 596.
Rouen (Jean de), 246, 260.
Rougé (de), 394.
Rouget-de-l'Isle, 527.
Rouillard, 227.
Roujou, 745.
Roullier, 508
Rousse, Académicien, 745.
Rousseau, 399, 433, 526.
Roussel, 315, 347, 394, 704, 709.
Rousset (Camille), 523, 720.
Roussillon (Berthe de), 48.
Roux (de), 742.

Rouxel (Jean), 294. 346 668, 669, 671-673, 685
686, 702, 706.
Rouzée, 720.
Rovale, 654.
Royer, 559, 746.
Royer-Collard, 514.
Royou (de), 505.
Roze, 214, 237.
Rue (Robert de la), 364.
Ruellé, 234, 235.
Ruinart, 486.
Rupert, 449.
Ryant, 205.
Ryswick (paix de), 39.

Saânne (Guillaume de), 57.
Sabatier, 543.
Sabourin, 510.
Saché, 543.
Sailly (de), 394, 742.
Sainctes (Claude de), 224, 225.
Saisset, 720.
Saisseval (de), 394.
Salacroux, 543.
Salanson, 560.
Salle (Pajeot de la), 742.
Salomé, 524.
Salone, 720.
Salluste, 192, 256, 263.
Salpétrière, 411.
Salves (de), 720.
Sanguinède, 543.
Sanis, 720.
Santeuil, 358.
Sappey, 535, 559.
Satyre Ménippée, 237, 266, 454.
Sauvage, 658.
Sauval, 89, 93.
Savoie (Louise de), 169.
Savoisy (de), 35, 108.
Saxe (Albert de), 33.
Scaliger, 453.
Sceau des quatre nations, 4. — de la nation de Normandie, 6 — de l'Université, 25. — du collège d'Harcourt, 105, 600.
Schæfer, 717, 720.
Schœn, 720.
Scott de Funechon, 375.
Scudéry, 300.

Séchelles (Hérault de), 417ᵉ 420, 701.
Second (Pierre), 205.
Sédécias, Tragédie, 328, 330, 331, 656.
Sederon, 394.
Sédillot, 523, 717, 720.
Séguier, chancelier, 289, 291.
Séguier, professeur, 720.
Seignelay-Colbert, 384, 695.
Seize (Les), 277.
Séjan (Albert), 696.
Séjan (Jacques), 696, 700.
Selle (de), 742.
Serre, 453.
Serres, 394.
Serret, 532.
Servin, 277.
Sesmaisons (de), 696, 742.
Sévigné (de), 285.
Sévigné-Monmoron (de), 738.
Sibour, 470, 523, 543.
Sicard, 430.
Sicard (Guillaume), 600.
Sicot, 698.
Sienne (de), 149.
Siletz (de), 701.
Silvestre, 104, 599.
Silvy, 429.
Siméon, 469.
Simon (Jules), 559.
Simon, 720.
Simon de Colines, 184.
Siral, 104, 599.
Sirvent, 720, 745.
Soldin, 720.
Sophocle, 196, 375.
Sorbon (Robert de), 29, 48, 55, 57, 265.
Sorbonne, 104, 165, 184, 266, 537.
Soulié, 523, 543.
Soulier (du), 394.
Soye, 509.
Soyer, 533.
Specht, 509.
Spiers, 559, 747.
Statuts de la nation de Normandie, 20 ; — des Tartes, 28.
Standonc, 195.
Stanislas de Pologne, 378, 386.

Stopindon, 121, 576.
Strelhy, 720.
Streyenski, 720.
Stropen, 720.
Stuard (Marie), Tragédie, 328.
Sturgeon, 121, 576.
Suaire (Louis), 376.
Suckau (de), 720.
Suétone, 453.
Suhel, 104, 599.
Suffren de Saint-Tropez, 375.
Suilliot, 509.
Sullivan, 720.
Sulpice-Sévère, 453.
Surbled, 697.
Suresnes, 183.
Surgy (Brière de), 438.
Surveillants généraux, 532, 742.
Suzzoni, 509.
Saint-Abdon, 135.
Saint-Ambroise, 448.
Saint-André-des-Arts, 35.
Saint-Aubert, 140.
Saint-Aubin (Pavyot de), 695.
Saint-Augustin, 438.
Saint-Aurèle (Mercier de), 698.
Saint-Barthélemy, 229.
Saint-Benoist (ordre de), 124.
Saint-Bernard, 438.
Saint-Bonaventure, 447, 449.
Sainte-Catherine, 24.
Sainte-Catherine-du-Val des Écoliers, 108, 159.
Saint-Charlemagne, 91, 461, 554, 557.
Saint-Côme et Damien, 35, 64, 84.
Saint-Cyrille de Jérusalem, 438.
Saint-Denys, 207, 223, 371.
Saint-Denys de l'Estrée, 117.
Saint Denis l'Aréopagiste, 439.
Saint-Edmond, 14.
Saint-Éloi, 64.
Saint-Esprit (messe du), 362, 371.
Saint-Étienne-des-Grès, 16.

Saint-Étienne-du-Mont, 262, 430.
Saint-Euphraise (Mongeot de), 742.
Saint-Évremond (de), 285, 526, 541.
Saint-Florentin, 412, 422.
Saint-François-de-Salles, 449.
Sainte-Geneviève-du-Mont, 205, 238.
Sainte-Geneviève (abbaye de), 16, 401.
Saint-Germain-l'Auxerrois, 92.
Saint-Germain-des-Prés, 181, 183, 203, 205.
Saint-Germain-le-Vieux, 35.
Saint-Georges, 525.
Saint-Gilles, 64.
Saint-Grégoire de Naziance, 439.
Saint-Grégoire de Nysse, 449.
Saint-Guillaume, 14.
Saint-Hilaire, 85, 342, 343.
Saint-Isidore d'Espagne, 439.
Saint-Jacques-du-Haut-Pas, 16.
Saint-Jean Damascène, 439.
Saint-Jean-des-Champs, 169.
Saint-Jean-Chrysostôme, 438.
Saint-Jérôme, 439.
Saint-Julien-le-Pauvre, 7, 13, 26, 64, 93.
Saint-Louis (Roi), 46-49, 54, 95, 486, 501.
Saint-Louis d'Antin, 481.
Saint-Marc, 115.
Saint-Marceau, 411.
Sainte-Marie (Amaury de), 172.
Saint-Martin des Champs, (prieuré), 124, 279.
Saint-Martin-des-Orges, 182.
Saint-Maurice (Barbayrac de), 505.
Saint-Médard (Paroisse), 220.
Saint-Mesme (de), 742.

— 767 —

Saint-Michel (abbaye du Mont), 124.
Saint-Nicaise, 166.
Saint-Nicolas, 14, 24, 64, 371.
Saint-Nicolas-du-Chardonnet, 16.
Saint-Patrice, 64.
Saint-Paul de Cormery,148.
Saint-Paul-Saint-Louis, 159.
Saint-Pierre de la Carvaille (Prieuré de), 653.
Saint-Pierre (Thomas de), proviseur, 101-106, 110, 116, 592, 597, 686, 703.
Saint-Philibert (baronnie), 139.
Saint-Pol, 137.
Sainte-Preuve (Binet de), 525, 718.
Saint-Roch, 367.
Saint-Romain, 14, 15, 16, 371.
Saint-Romain (de), 742.
Saint-Sauveur-le-Vicomte, 63, 88, 101, 102.
Saint-Sennen, 135.
Saint-Séverin, 358.
Saint-Théobald, 64.
Saint-Thomas, 146, 449.
Sainte-Union, 236.
Sainte-Ursule, 16.
Saint-Victor (archives de), 55.
Saint-Waast, 294.
Saint-Ypasse (Prieuré de). 654.

Tacite, 263.
Taillefer, 472, 720.
Talon, conseiller, 287.
Talon (Omer), 327, 328, 656, 657.
Talleyrand Périgord (de), 399, 417, 438, 535.
Talpin, 199, 217, 218, 220.
Talvende (Ursin de), 104, 110, 112-116, 595, 599, 704.
Tamsui (Chine), 742.
Tanquard, 599.
Tanquerel, 212, 213, 222, 224.

Taranne,165,191,198, 263, 720.
Tarin, 260, 266-268, 274, 277, 596.
Tarnier, 720.
Tartinville, 720.
Tavannes (de). 742.
Tavernier, 313, 720.
Tempeste (Pierre), 194.
Tempier, 96.
Térence, 192, 256, 374, 558.
Testu, 341.
Theil, 717, 720.
Théobaud de Fromentières, 172.
Théocrite, 256.
Thetion, 394.
Thibault, proviseur, 470, 481, 511, 512, 715.
Thibault, 711.
Thiboust, 190.
Thibouville (d'Herbigny de), 662.
Thiers, 559.
Thomas, 394.
Thomas (Adrien), 700, 701.
Thomas (Bernard), 695.
Thomas (Charles), 203.
Thomas (François). 700.
Thomas (Jean), 595.
Thomier, 658.
Thou (Achille de), 260.
Thou (Christophe de). 212-214, 222, 225, 254.
Thou (François de), 260, 268.
Thou (Jacques de), 260.
Thouroude, 401.
Thucydide, 263.
Thuillier, 717.
Thurot, 2-4, 29, 30, 32, 37, 60, 83, 99, 126, 164, 535.
Thury (Héricart de), 483-485.
Tibulle, 256.
Tiferne (de), 126, 168.
Tignonville (de). 109, 110.
Tillemont, 376, 701.
Tireavant, 104, 599.
Tisserand, 58.
Tissot, 720.
Tite-Live, 263.
Todière, 220.
Tonnerre (de), 742.

Toppfer, 535.
Torcy (Féodor de), 744.
Torigny-Matignon, 140.
Tot de Varneville, 375.
Tour (de la), 742.
Tournebut (de), 122.
Tourneroche, 249 ,250, 644, 616.
Tournon (de), 742.
Tournoux, 720.
Toustain de Billy, 170, 258.
Tovigis, 104, 599.
Trancavel, 48.
Travers, xv.
Treignac de Comborn, 135.
Tremeau, 394.
Trente (Concile de), 211, 221.
Trente ans (Guerre de), 211.
Trentinian, 540.
Trochon, 543.
Troisier, 542.
Trop-Hardi, 103, 599.
Trophime (Gérard de), 697, 701.
Trotin, 295, 663.
Troucel, 443, 447.
Trouvé, 394.
Trouvé des Roches, 698.
Truffer, 384, 385, 414. 426, 459, 696, 701, 708.
Trutat, 394.
Try, 560.
Tuetey, 109, 112, 118.
Turgot (Georges), proviseur, 95, 98, 249, 250, 253, 254, 257, 259, 260-264, 266, 268 -274, 279, 282, 283, 299, 443, 593, 595, 646, 647, 686, 704, 705.
Turgot (Charles), 258.
Turgot (Jacques), 653.
Turgot (Louis), 258.
Turgot de Saint-Clair. 299.
Turgotiana, 652.
Turnèbe, 206, 227, 237.
Turpin, 170.

Ulmo (Petrus de) ou Delorme, 104, 599.
Unigenitus (la Bulle), 387-390.

— 768 —

Université de Caen, 121.
Université de Paris : fondation, 1, 2 ; — organisation en facultés et nations, 2, 3, 4 ; — dignitaires, 10, 11, 12, 33 ; — fêtes, supplications, 13-17 ; — convocations extraordinaires, 17-20, 355, 422 ; — revenus des messageries, 34, 366 ; — ses efforts contre l'indiscipline des écoliers, 36, 143 ; — sa situation au temps d'Etienne Marcel, 96-98 ; — troubles dans l'Université, 106 - 110, 113, 205-208, 314 ; — son intervention dans la politique, 112-114 ; — sa situation pendant la guerre de Cent ans, 118-120 ; — ses réformes, 124-129, 254-258 ; — son opposition au concordat de François Ier, 174 ; — les conservateurs de ses privilèges apostoliques et royaux, 120, 176 ; — sa conduite au temps de la Ligue, 214, 236-239 ; — son autorité sur les collèges, 249, 385, 391 ; — ses démêlés avec les jésuites, 276-279, 305, 313, 367, 401 ; — création du concours général, 382 ; — de l'agrégation, 403.
Université de Pau, 367.
Université de Reims, 367.
Urbain VI, 571.

Vacquant, 523, 720.
Vadelorge, 22, 23.

Vallée, 365, 389.
Valens, 260, 266, 267.
Valette, 470, 717, 720.
Valois (Marguerite de), 226.
Vallesyo (Lud. de), 597.
Valroger (Louvel de), 414.
Valton, 717, 720.
Vannson, 720.
Varcolier, XIV, 65.
Varignon, 697.
Varrot, 104.
Vatimesnil (de), 514.
Vatry, 651.
Vast, 239.
Vatable, 187.
Vaublanc (de), 483.
Vaucanu, XIV, 44.
Vaudreuil (Portail de), 362.
Vaulx (des), 657.
Vauvilliers, 385.
Vayer (du), 448.
Vendel-Heyl, 471, 717, 720.
Vendryès, 720,
Verconsin, 535.
Vermonet (de), 742.
Vernadé, 470, 524, 720.
Versoris (Pierre de), 223.
Veseaux (de), 742.
Viallard, 272.
Viallet, 720.
Vidus-Vidius, 187.
Viel, 344, 366.
Vieille, 523, 720.
Vienne (Louis de), 391.
Viennois (Jacques de), 327, 657.
Vignal, 559, 747.
Vigor, 210.
Villarceaux, 278.
Villemain (de), 742.
Villemot, 543, 544.
Villeneuve (de), 400.
Villeroy (de), 453.
Vilevaux, 151.
Villedieu (de), 126.

Villequier (d'Aumont de), 320.
Villiers, 341, 670.
Villot, 394.
Villot de Fréville, 701.
Villoutreys (de), 642, 643.
Vimeux, 698.
Vimont, 720.
Vincent, 537, 717, 720.
Viollet-Leduc, 128.
Vintéjoux (père et fils), 524, 531, 559, 720, 747.
Virgile, 374.
Virieu (de), 742.
Viriville (Vallet de), 52, 34, 116, 119, 140.
Vissac, 323, 358, 523, 543.
Vitray, 454.
Vitré (Riant de), 657.
Vitry (Jacques de), 54, 97.
Vivès, 195.
Vivien, 378.
Vivier (Jean du), 249, 250, 644, 646, 647.
Voltaire, 378, 379, 413, 526, 739.
Vosseur, 560.
Vulpian, 535.

Waddington, 206, 221, 229, 523, 535, 536, 717, 720.
Weimann, 720.
Witcomb, 720.
Wolf, 720.

Xénophon, 263.
Xerxes, 744.

Ybert, 138, 149, 154, 159.
Ybert (Madeleine), 155.

Zévort, 543.
Zola, 535.
Zonaras, 263.

Lavollée, 745.   Maunoury, 560.

Paris. Imprimerie DELALAIN Frères, 1 et 3, rue de la Sorbonne.

www.ingramcontent.com/pod-product-compliance
Lightning Source LLC
Chambersburg PA
CBHW061730300426
44115CB00009B/1166